换个方法
读
《易经》

Huangefangfa
duyijing

刘明武 著

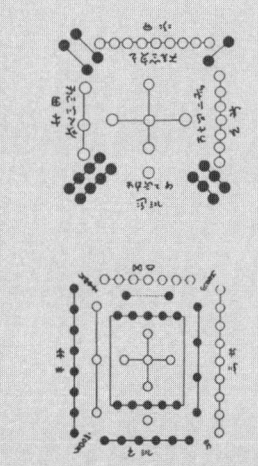

湖南科学技术出版社

追问·溯源·创造

——代序言

一部《易经》，从古至今，吸引了中外无数研究者，刘明武是其中之一，我认为，他的研究在当下具有里程碑的意义。

《易经》传播已有几千年的历史，历来人们称赞它博大精深，是"大道之源，群经之首，设教之书"，是阐述天地世间万象变化的古老经典，是认识和预测世界、把握世界规律与理论之涵盖万有、纲纪群伦、广大精微的古代文明百科全书。这部中华民族数千年智慧凝聚的天下之公器，一直影响着我们文明的发展，我国近代哲学、史学、文学、宗教、天文、地理、中医、农学、文字、数术、民俗几乎所有领域无不受其影响……

《易经》作为人类"公道"，延续至今，不仅有本土易学，还有国际易学。国际易学，且不说汉唐以降，东亚日本和朝鲜半岛学人对于《易经》的青睐与研究，始自16世纪至今，耶稣会士汉学家、欧美汉学家和学者就从未中断过对《易经》的译迻与研究。1687年7月23日来到中国的法国耶稣会士白晋（Joachim Bouvet，1656—1730），他的《易经总旨》(Idea Generalis Doctrinae libri Ye Kin) 是《易经》西传的第一个版本。《易经》英译始于麦丽芝（Canon Thomas R. H. Meclatehie）1876年的译本。仅在20世纪，在异国他乡安家落户的《易经》译本和研究就有一百多部——欧洲二十余部，亚洲九部，美国及加拿大五十三部，英国汉学家理雅各（James Legge）、翟理思（Herbert Allen Giles）、魏莱（Arthur

Waley)、艾约瑟（Joseph Edkins）、闵福德（John Minford）、蒲乐道（John Blofeld），德国汉学家卫礼贤（Richard Wilhelm），美国汉学家林理彰（Richard John Lynn）、夏含夷（Edward Louis Shaughnessy）、卢大荣神父（Richard Rutt）、裴松梅（Margarel J. Pearson）及俄国汉学家Ю. к. 尤. 康. 楚紫气（又名尤. 康. 休茨基，Юлиан Константинович Щуцкий）等，都是翻译和研究《易经》的著名学者。

中国本土的《易经》研究，从重注疏到阐述其价值；国际易学则从接受顾颉刚等"古史辨"的学术倾向到阐释与发挥、"追索本义，秉承直译，充分发挥译者的主体性"，这便体现了国内外易学译迻、传播与研究的新趋势。

但是，从古代起，研究《易经》，常用常见的方法基本有以下几种：其一，以书论书，以经解经，以字解字，以卦解卦，这种方法可以称为"以书论之"；其二，"我认为是这样就是这样，我认为是那样就是那样"，这种方法可以称为"以我论之"；其三，"权威认为是这样，我就跟着说是这样；权威认为是那样，我就跟着说是那样"，这种方法可以称为"以权威论之"。另外，国际易学研究者，一是根据中国易学研究家的研究为底本进行译迻和研究，二是根据自己文化的理解与视角进行更自由的译迻与研究。

这些研究方法之外还有一种方法，这就是刘明武的方法：以天文论人文，以太阳历论洛书论太极论八卦，以阴阳合历论河图论六十四卦，这种方法可以称为"以天文论之""以太阳论之""以日月星论之"的《易经》研究。

刘明武是把找矿科学家的思路与方法引入文化研究的第一人。地质学有一个"追问"的思路，找到矿之后，一定要追问"矿从何处来"的成矿之因，一定要追问："有，为什么有？"同时，还要追问："有，有什么用？"

把追问的思路别出心裁地引入文化研究，刘明武把书读活了：

面对《易经》，追问《易经》如何形成？

面对《黄帝内经》，追问《黄帝内经》如何形成？

《易经》谈阴阳不谈五行，五行从何而来？

《易经》谈"河出图洛出书",什么是河图、什么是洛书?河图洛书从何而来,表达的又是什么?

《易经》的基础是六十四卦,六十四卦的基础是八卦,八卦从何而来,表达的又是什么?

《易经》之中有天干无地支,天干地支从何而来,表达的又是什么?

《易经·系辞下》记载的五大先贤——包牺氏、神农氏、黄帝、尧、舜,个个都是发明家,都有器具发明创造的功绩,《易经》研究者应不应该有所发明、有所创造?

"道器并重"是《易经》的核心,老子继承道而反对器,算不算文化失传?

神农氏务农而称"圣",孔夫子骂请教务农的学生为小人。农业大国的圣人不研究农业,算不算文化失传?

《易经·系辞上》:"一阴一阳之谓道。"道中的阴阳是一比一的平衡关系,董仲舒论君臣、父子、夫妻关系论出"三纲",其中的阴阳关系是"阳为阴纲"。"阳为阴纲"算不算伪道,算不算文化变质?

追问,追问,不停地追问,是刘明武研究《易经》的第一步。

对刘明武的研究之所以如此清楚,是因为刘明武开始研究《易经》的文章大都是由我编发的。

1993 年,我创办《中国文化研究》。1999 年接到刘明武的第一次投稿,看完稿子后,与刘明武通电话。我说,时下的文化研究大多是"炒剩饭",你的文章是用心写的,《中国文化研究》是季刊,再大的专家一般来说也是一年只刊发一两篇,你不在此例。2000 年,我编发了刘明武的两篇文章:《"象与器"简论》和《道与器的曲折历程:试论老子、孔子从〈易〉上的后退》。2001 年,刘明武的《是"阴阳和合"还是"阳为阴纲":评董仲舒的阴阳观》一文,我编发在《中国文化研究》的头条,这一期上有汤用彤、许倬云两位院士的文章。

2003 年,我告别《中国文化研究》,但还继续主编《汉学研究》。《汉学研究》的宗旨在于中西文化交流,主要发表研究 SINOLOGY 和国外汉学家研究中华文化的文章。为了能发国内著名学者和有新意的国学文章,《汉学研究》特辟了"国学特稿"栏目。这一栏目,发表最多的是刘明武的文章。2014 年，《汉学研究》成为核心期刊，刘明武也成了本刊的铁杆作者，曾经连续三期，"国学特稿"栏目刊发刘明武研究太阳历的文章。

刘明武将追问的问题归纳为几个千古之谜：

《易经》谈阴阳不谈五行，《尚书》谈五行不谈出处，五行之谜是千古第一谜。

阴阳与五行是什么关系？这是千古第二谜。

天干地支从何而来，基本功能为何？这是千古第三谜。

广泛出现的 72 与 36 这两个数据从何而来？这是千古第四谜。

洛书为什么有，有什么用？河图为什么有，有什么用？这是两个根本之谜。

解答千古之谜，仅仅查现成的书，查一个民族的书，根本找不出答案。受云南丽江纳西族保存中原古乐的启示，受孔夫子"天子失官，学在四夷"的启示，刘明武溯源的目光注视到了边陲少数民族。

功夫不负有心人！苍天不负有心人！

果然，刘明武在少数民族同胞那里发现了文化大矿：

——彝族文化有太极有八卦，有河图，有洛书；

——水族文化有太极有八卦，有《连山易》；

——苗族文化有太极有九卦，在一阴一阳之外，还有不阴不阳；还有三阶幻方，四阶幻方，五阶幻方，乃至六阶、八阶、十阶幻方……

"有！也能解释有。"这是少数民族的文化特色。边陲少数民族保留了对源头文化的解释，这是刘明武的一大发现。

苗族文化有阴阳，也能解释阴阳。《苗族古历》："冬至阳旦，夏至阴旦。"冬至夏至，区分于立竿测影。阴阳的本源在太阳，在太阳回归的起始点与转折点。

苗族文化有不阴不阳，也能解释不阴不阳。寒暑之间有温带，冬至夏至之间有春分有秋分，这里是不阴不阳的发源地。阴阳加不阴不阳，才能解释"三生万物"的"三"，才能解释"阴阳三合"的"三"。阴阳的本源在太阳，不阴不阳的本源同样在太阳。

彝族文化有洛书河图，也能解释洛书河图。洛书表达的是五行（季）

十月太阳历，河图表达的是阴阳合历（太阳历、太阴历、北斗历三历合一的阴阳合历）。阴阳五行、天干地支、72 与 36 这些文化要素，在华夏文化像一盘散乱的珍珠，而在彝族文化里则是一条完美、精美的项链。之所以形成一系列千古之谜，根本原因在于中原失传了河图洛书的本义，失传了十月太阳历。

彝族文化有太极八卦，也能解释太极八卦。八卦，彝族文化称为"宇宙八角"。八角，表达的是八方。八方对应的是太阳历八节。时间空间，融汇于八卦。太极，第一重意思是太阳回归形成的一寒一暑。

《连山易》在中原失传了，但水族还有保存。《连山易》的基础是八卦。八卦，水族文化称为"八山"。八山，为太阳历八节。《连山易》以九月为开端之端月。端月相当于汉族的正月。水族九月过大年。在中原，九月正是收获的大忙季节，怎么能停下来载歌载舞过大年？《连山易》之所以在中原失传，根本原因在于大年节的安排不合理。

多个民族均采用太阳历，太阳历可以完美地解释太极八卦、河图洛书。太阳历证明，多个民族的文化实际上同根同源。

彝族学者称彝族的太阳历是颛顼历。颛顼何许人也？黄帝的孙子。颛顼墓，是在我的家乡濮阳发现的。颛顼墓有天下第一龙，天下第一虎。彝族自称"倮倮"。彝语的"倮倮"，汉语的"龙虎"。

水族尊猘韦氏为祖先。猘韦氏，《庄子·大宗师》中有记载。《庄子》中的猘韦氏，位列伏羲氏、黄帝之前。水族自称根在中原，中心在滑县——我的出生地。

倮倮族以昌意为祖先。在今天的中原，问一百人，相信九十九个不知道昌意是谁。昌意，是《史记》第一页记载的人物。昌意，黄帝次子，生于帝丘（今河南濮阳），为颛顼的父亲。"昌意降若水。"今天的倮倮族，牢牢记住了《史记·五帝本纪》中的这句话。

纳西族自称是羲和的后代。羲和，是《尚书·尧典》记载的人物。羲和，是尧时代的天文观测者。纳西族的文字，保留的是象形文字。

彝族的文字，保留的是甲骨文。组成洛书的两个圆○●，在中原文化中仅仅有其形，而在彝族文化中则是有形有音有义：彝语发音为"土鲁"，汉语意思为"宇宙"。宇，四方上下的三维空间；宙，一维时间。

四维时空，形成在洛书。时空物三位一体的宇宙（时空）观，奠定于洛书时代。时间空间，是自然科学所有学科的理论基础。"有洛书，洛书有什么用"，刘明武如此解答。

研究中华文化，不能仅仅局限于中原，也应该兼顾边陲；研究中华文化，不能仅仅局限于华夏，也应该兼顾兄弟民族。毫无疑问，兼容并包的胸怀才是正确的。中原不能解答的问题，求助于边陲同胞，这是刘明武文化研究的独到之处。汉族学者虚心向兄弟民族学习，并借助少数民族的典籍理清华夏文化源头之谜，这个先例是他创造的。发现多个民族文化的同根同源，这应该是他的一大发现。

解答千古之谜，是刘明武《易经》研究的第二步。

书中的道理在书外，人文的道理在天文。刘明武认为，研究中华文化，绝对不能以书为源头。绝对不能以文字为源头。中华文化的源头在哪里？刘明武给出的答案是：在天文，在历法，首先在太阳历。

将人文的源头追溯至天文，这是刘明武《易经》研究的第三步。

中华文明是从农业文明开始的。农业文明最重要最根本的标志是"有没有粮食"，中华大地上最早的粮食在哪里？靠近北回归线的湖南道县发现一万两千年前的人工水稻，这是中华大地上最早的人工水稻。长江流域的浙江河姆渡发现近百吨七八千年前的人工水稻，这是中华大地上出土最多的人工水稻。谈史前人工水稻，目的是证明太阳历。

下面三句种植谚语，刘明武反复引用。

"非天时，虽十尧不能冬生一穗。"这是《韩非子·功名》记载的古代种植谚语。

"过了芒种，种了白种。"这是东北现今还在采用的种植谚语。

"过了立秋，种也没收。"这是湖南现今还在采用的种植谚语。

农业生产，勤劳是必须的，工具是重要的，但节令是根本的。不按节令下种，绝对不会有收获。芒种与立秋，属于二十四节气。二十四节气，属于太阳历。没有太阳历，种植也不会有收获；人工水稻的出现，是否能够证明太阳历的出现？

七八千年前的人工水稻，证明七八千年前就有了太阳历，这一逻辑关系完全成立。

一万两千年前的人工水稻，证明一万两千年前就有了太阳历，这一逻辑关系完全成立。

太阳历的每一个节令，都是精确的时间单位，春夏秋冬四时、十二月、二十四节气是循环的时间系统。没有精确的时间单位，不知道今年"何时下种，何时收获"，没有循环的时间系统，不知道明年"何时下种，何时收获"；没有种植与收获不会有农业文明，没有农业文明不会有中华文明。刘明武认为，研究中华文化与中华文明，应以精确的时间单位与循环的时间系统为源头。精确的时间单位与循环的时间系统，首先集中于区分岁、月、日、时的太阳历。太阳历在中华大地上的出现，远远早于文字。

中华文明起始于农业文明，农业文明最根本的标志是"有没有粮食"。以人工水稻而论，中华文明不是上下五千年，应该是上下一万年或万年以前。有理有据地把中华文明诠释在万年以前，毫无疑问，这是一个值得重视、值得研究的新观点。

2010年10月17日，《南方日报》以《不懂天文历法　读不懂中华文化》为题，以整版的篇幅，报道刘明武研究太阳历的成果，人民网、新华网、光明网等几十家网站转载。2011年7月24日，《南方日报》以《人类还会敬畏太阳吗》为题，以整版的篇幅，继续报道刘明武研究太阳历的成果，国内外几十家网站转载。太阳历是中华文化的源头，太阳历是中华文明的基础。这是两篇长文，阐述了他研究的核心内容。

有太阳历，太阳历有什么用？这是刘明武研究的第四步。

经典之前无经典，所以经典不是以书论书论出来的。《易经》《黄帝内经》的基础是日月星——太阳历、太阴历、北斗历，根本基础在太阳历。以太阳历为第一基础，形成了中华大地上的部部经典。

先秦时期，中华大地上连十本书也没有，由此证明，先秦诸子也不是抄书抄出来的。子子论阴阳，家家论五行，阴阳五行是诸子百家论证问题的依据；阴阳五行发源于十月太阳历，这证明太阳历是孕育和诞生诸子百家的温床。

太阳历奠定了中华文化、中医文化的基础，太阳历奠定了自然百科的基础，太阳历孕育出诸子百家……这是太阳历的功用！

天上的太阳还在，后世子孙还会做出什么新贡献？

以太阳历为基础，刘明武研究了下面几个领域的问题：一是天灾的规律性与规定性；二是疫病的规律性与规定性；三是疑难病的医治；四是发明创造的哲理与实践。

研究地球上的天灾，绝对不能仅仅局限于地球，必须与天文相联系。以太阳历为基础，刘明武撰写的《三线四点下的天气与天灾》一文，编发在 2014 年《汉学研究》秋冬卷的头条。

钱塘江在地球上，但钱塘江大潮的决定因素在月亮，月亮背后的决定因素是太阳。刘明武以三点一线为基础，写出《日月星对应的规定性与天灾发生的规定性》，2016 年刊发在《汉学研究》秋冬卷。

刘明武是一位独立思考和慧眼独具的学者，他先后出版的《寻找元文化》《打扫孔家店》《黄帝文化与皇帝文化》《换个方法读〈内经〉》《太阳与中医》等著作，每一部书都能给学界和读者以深刻的启发。以太阳历为基础研究《黄帝内经》，刘明武写出了《换个方法读〈内经〉》，写出了《太阳与中医》。中医与西医，筷子与刀叉，两种智慧，两种思路，两种方法；刀叉可以解答的问题，筷子也可以解答；刀叉不能解答的问题，筷子同样可以解答。在《太阳与中医》一书中，癌症、冠心病、糖尿病、尿毒症、痛风等十大疑难病是可以治愈的。以治愈十大疑难病为前提振兴中医文化，是刘明武的一大目标。

以太阳历为基础研究《易经》，刘明武写出了《换个方法读〈易经〉》。写书不是目的，写书的目的是重新找回"以天文论人文"的思路，重新找回"以太阳论之""以日月星论之"的方法。如此因天之序、因时之序的论证方式，延续于部部经典，延续于先秦诸子，延续于《史记》《汉书》《淮南子》，只有重新找回源头的思路与方法，才能创造出穿越时空的经典和穿越时空的文章。

在比较中研究《易经》，又是一个不同之处。

论证问题，《圣经》建立的是"以神论之"的论证方式，《易经》建立的是"以天论之"的论证方式。

如何为人？《圣经》建立的坐标是"神如何，人如何"，《易经》建立的坐标是"天如何，人如何；地如何，人如何"。

《圣经》中的亚当、夏娃一出生就有神赐的伊甸园，不用动手动脑就能过上幸福生活；《易经》中的包牺氏、神农氏、黄帝、尧、舜没有神赐的伊甸园，必须动手动脑才能过上幸福生活。

《圣经》中的神，反对人的发明创造，包括反对亚当、夏娃穿衣裳；《易经》之道是启示发明创造的道，中华先贤名下的发明创造全部是在道理启示下进行的。

"神是唯一的神"，《圣经》强调的是一个"神"字。"道器并重"，《易经》强调的是"道""器"两个字。器，指的是生活器具、生产工具与狩猎、自卫的武器。

有不同也有相同。重视昼夜，重视寒暑，重视朔望；敬畏太阳，敬畏月亮；研究风向，研究疫病，研究香料。这些都是《圣经》与《易经》《黄帝内经》的共同点。

文化研究与发明创造并重，是刘明武研究《易经》的落脚点。"道器并重"是《易经》的核心，文化创造者又是新器具的创造者，是《易经》为后世树立起的榜样。无论是《易经·系辞传》记载的包牺氏、神农氏、黄帝、尧、舜，还是《韩非子·五蠹》记载的燧人氏、有巢氏，他们个个都是发明创造的典范。新的领域、新的创造，唯一性、空前性，是这些创造的基本特征。刘明武认为，长江后浪推前浪，文化继承者，《易经》研究者，应该像先贤一样成为发明创造者。

一个工程师进入文化领域，先解答"有，为什么有"，后解答"有，有什么用"，落脚点落在"先贤是发明创造的典范，子孙应该如何学习先贤"，刘明武开创了一条新的研究思路。

书中没有的，等等地下；地下没有的，到边陲看看。从中原追溯至深山，从人文追溯至天文，追溯至太阳，刘明武开创的是一种新的研究方法。

写文章写书，提出一系列新问题的同时又研究一系列新器具；道器并重，道术并重，道技并重；刘明武继承的是真正的中华元文化。

文化是化人之道，文明是文化人创造出的成果，这是刘明武对文化与文明的界定与区分。

近年来，刘明武一直在以太阳历为基准研究气候异常（风向异常、雨雪量异常、温度异常，物候异常、雷声异常）。我们通话中，他多次谈到疫病发生的原因。他说，《礼记》与《吕氏春秋》中有"春行秋令，其民大疫"的结论；云南彝族有"冬天打雷，白骨成堆"的民谣；湘西苗族有"年前响大雷，年后有大灾"的民谣；山东有"冬至开了河，尸体垒成摞"的民谣；从书里到民间，处处有以气候异常论疫病的判断标准；我们不能数典忘祖，更不能忘祖而不数典。把人放在天地之间来认识，把人放在四时之中、气候之中、物候之中、风向之中、雨量之中、雷声之中来认识，中医文化并没有错，错在后人"日用而不知"。深信刘明武对于中华元文化的研究能够发扬光大，在预报天灾、预报疫情、解答难题中为中华民族造福，为人类造福。

在中国传统文化这个广袤的领域，我们期待更多的学者在人文与天文的研究中能为中华文化的发展与繁荣作出贡献！

阎纯德
于北京半亩春秋

历在《易》先，知《易》须知历

——代前言

一、 面对《易经》的追问

一部书如何写？如果今天提出如此问题，相信大多数作者都会给出相同的答案：先收集参考资料。有图书馆的地方，须先到图书馆去收集资料。

这本书如何说，那本书如何说；这一子如何说，那一子如何说；古希腊的书如何说，现代欧洲的书如何说。写书之前，作者需要努力收集这些基础性的资料。以书论书，抄这本书，抄那本书，这是今天的写书常识。

面对群经之首的《易经》，需要追问的是：创作《易经》的中华先贤，他们参考的资料是什么呢？

当时的中华大地上有图书馆吗？

毫无疑问，当时的中华大地上没有图书馆！

《易经》之前还有经典吗？

毫无疑问，《易经》之前没有经典！

当时中华大地上有文字性的参考资料吗？

毫无疑问，当时的中华大地上没有文字性的参考资料！

没有图书馆，没有经典，没有文字性的参考资料，如此"三没有"，中华先贤创作《易经》时，参考的是什么呢？

二、 从"民以食为天" 谈起

从混沌到文明，从猿人到文明人，最根本、最重要的是什么呢？

是文字吗？

不是！

最重要的是粮食！

民以食为天，这是最基本的道理。

没有粮食，一切无从谈起。

"民以食为天！"这是中国的格言。这一格言，是由《汉书·列传第十三》记载的。把食与天之间划出恒等号，这是中华文化的态度。

"粮食即大梵！"这是印度的格言。这一格言，是由《五十奥义书·泰迪黎邪奥义书·第三卷》记载的。《五十奥义书》的大梵，是生产宇宙万物的生生之源。《五十奥义书》有"上帝唯一，大梵更高"之语。把粮食与造物主相等同，这是印度文化的态度。

粮食的重要性，中华文化与印度文化的看法完全一致。

粮食的种植与收获，仅仅靠辛勤劳动可以吗？

不可以！

粮食的种植与收获，仅仅靠先进器具可以吗？

不可以！

收获与丰收，辛勤劳动与先进器具，粮食种植与收获的两大基本前提，并不是根本前提。

那么，根本前提是什么呢？

三、 三句古今谚语

种植与收获的根本前提是什么？

是天时！这是原则性的答案。

是太阳历划分出的二十四节气！这是具体的答案。

请看下面三句古今种植谚语：

第一句是古代谚语。"非天时，虽十尧不能冬生一穗。"这句谚语由

《韩非子·功名》所记载。春夏秋冬，是立竿测影确定的四大时间单位与时间顺序；春生夏长秋收冬藏，是四大时间单位下万物的四种状态。循时而生，循时而长，循时而收，循时而藏，是万物的习性。何时下种，何时收获，必须合于天时。如果不遵循天时，十个尧也不会在冬天收获一粒粮食。尧为圣人之君，圣人之君也必须遵循天时。

第二句是当代谚语。"过了芒种，种了白种。"这是东北今天还在沿用的种植谚语。芒种，二十四节气之一。在太阳回归年前半年十二个节气中，排位第十二。东北第一季种植，必须在临近芒种或芒种当天下种。过了芒种这天，下种也不会有收获。

芒种，确定于立竿测影。芒种这天正中午，竿下日影的长度为0.2591丈。日影长度，体现的是严格的规定性。

第三句仍然是当代谚语。"过了立秋，种也没收。"这是湖南今天还在沿用的种植谚语。立秋，二十四节气之一。在太阳回归年后半年十二个节气中，排位第四，在二十四节气中排位第十六。湖南晚稻种植，必须在临近立秋或立秋当天下种。过了立秋这天，下种也不会有收获。

立秋，确定于立竿测影。立秋这天正中午，竿下日影的长度为0.4573丈。日影长度，体现的是严格的规定性。

古今三句种植谚语，揭示出的是太阳历在农业文明中的基础性与严肃性。粮食种植，必须严格遵循节令。不遵循天时下种，绝对不会有收获。

古今三句种植谚语，揭示出一个逻辑关系：在中华大地上，人工粮食的出现等于太阳历的形成。

中美两个国家的考古队在湖南道县玉蟾岩发现1.2万年前的人工水稻。对照三句种植谚语，是不是可以说：在1.2万年前，中华先贤就制定出了太阳历。

四、 精确的时间单位与循环的时间系统

节气节气，节与气并不是一回事！月初为节，月中为气。

二十四节气的每一节、每一气都是精确的时间单位，完整的二十四节气是一个无限循环的时间系统。

观乎天文的落脚点在"以察时变"。岁月日时,是精确的时间单位。二十四节气、六十岁一循环的甲子纪年是循环的时间系统。人文的根源在天文,人文的起始点在"以察时变"。时间的变化,变化的时间,是农民种植必须遵循的规矩,是牧民放牧必须遵循的规矩,是渔民打鱼必须遵循的规矩,是各行各业必须遵循的规矩。认识时间顺序,信守时间顺序,这就是规矩。

精确的时间单位,经得起历史的检验。

无限循环的时间系统,具有永恒性与常青性。

达到这一步,其历程可能是上下几万年。

五、 观测太阳的方法

制定太阳历的前提是观测太阳。

观测太阳,中华先贤采用多种方法:

其一,山头观测法。这种方法由《山海经》所记载。《山海经·大荒东经》记载了七座日月所出之山,《山海经·大荒西经》记载了七座日月所入之山,七座山头界定出六个空隙,一个空隙一个月,循环一次一共十二个月。七座山六个空隙,相当于《周髀算经》中的"七衡六间"。

其二,地平大圆观测法。这种方法由《周髀算经》所记载。《周髀算经·日月历法》:"故冬至……日出巽而入坤,见日光少,故曰寒。夏至……日出艮而入乾,见日光多,故曰暑。"巽,表东南;坤,表西南;艮,表东北;乾,表西北;如此四大方位,是后天八卦中的方位。天体与地平面相交的交线是一个大圆,用后天八卦表达方位,这是地平大圆观测法。这一方法由《周髀算经》所记载,实际产生远远在《周髀算经》之前。

冬至,日出东南方,日落西南方;夏至,日出东北方,日落西北方。日出方位,循环在东南、东北之间;日落方位,循环在西南、西北之间。日出东南,是太阳回归年的起始点;日出东北,是太阳回归年的转折点。太阳回归年的起始点,万物开始萌芽;太阳回归年的转折点,万物开始成熟(死亡)。只有懂得日出方位的常识,才能理解汉代扬雄在《太玄·玄摛(chi)》留下"日一南而万物死,日一北而万物生"的论断。

其三，立竿测影观测法。这种方法同样由《周髀算经》所记载。《周髀算经·天体测量》记载的二十四节气，就是立竿测影划分出来的。

冬至夏至，是中华文化成熟的标志；二十四节气，是中华文化精美的标志。

六、 多种太阳历

今天沿用的太阳历，是十二月太阳历。十二月太阳历，一月一节一气，十二个月一共二十四个节气，完美而精确。达到这一步，绝非易事。

十二月太阳历之前，中华先贤曾经创制过多种太阳历：

寒暑循环的两季太阳历！

寒温暑循环的三季太阳历！

金木水火土五季十月太阳历！

分至启闭八节太阳历！

……

太阳历远远早于文字！

文字之前，为表达太阳历，中华先贤创造出岩画——岩石上的画。

文字之前，为表达太阳历，中华先贤创造出陶画——陶器上的画。

文字之前，为表达太阳历，中华先贤在石器、工器、金器上创造出了几何图形——方、圆、三角形、五环轮、八角形。

文字之前，为表达太阳历，中华先贤创造出抽象符号——洛书河图、太极八卦。

岩画、陶画、玉器金器画、抽象符号，是文字之前表达太阳历的四大阶段。

一部《易经》是以抽象符号——太极八卦、洛书河图为基础的。

太极，表达的是太阳回归形成的一寒一暑。一寒一暑抽象出了一阴一阳。

八卦，表达的是太阳回归形成的分至启闭。分，春分秋分；至，冬至夏至；启，立春立夏；闭，立秋立冬。

洛书，表达的是五季（五行）十月太阳历。

河图，表达的是四时十二月阴阳合历。十二月阴阳合历以十二月太阳历为基础，融合十二月太阴历与十二月北斗历。太阳历定四时，太阴历定朔望，北斗历定寒暑，三大功能融为一体。

八卦，是圣人的作品；河图洛书，是圣人效法的圣物。《易经·系辞传》有如此介绍，由此论之，河图洛书应该早于八卦。

"日月为易。"化学元典《周易参同契》指出，《易》是表达日月法则的。

"日往则月来，月往则日来，日月相推而明生焉。"这是《易经·系辞下》留下的至理名言。日主昼，月主夜。昼夜，现象上形成于日往月来，实质上形成于地球自转。日往月来，是中华先贤研究的对象。

"寒往则暑来，暑往则寒来，寒暑相推而岁成焉。"这是《易经·系辞下》留下的至理名言。寒暑，现象上形成于太阳回归，实质上形成于地球公转。太阳回归，是中华先贤研究的对象。

太阳回归与日往月来，是《易经》的核心。

七、 化天下的人文

"观乎天文，以察时变；观乎人文，以化成天下。"这是《易经·贲·彖传》中的一句名言。天文在先，人文在后，是这一论断中的顺序。

化天下的人文是变化的时间，时间的变化。

《尸子》："伏羲氏画八卦，别八节而化天下。"

八卦表达的是太阳历八节！

太阳历八节的首要作用，就是指导农业生产。

中华文明是从农业文明开始的，有农业文明才有中华文明；太阳历八节之所以能化天下，奥秘就在这里。

洛书河图位于八卦之前，洛书河图的功能是什么呢？

洛书别五行而化天下！

河图别四时而化天下！

与洛书河图相比较，八卦更为简洁，更易记忆，这是表达形式上的进步！

八、 天道之归纳， 阴阳之抽象

从天文到人文，最基础、最重要、最精炼的成果是天道的归纳与阴阳的抽象。

天道在何处？

在正中午的日影中！

在春夏秋冬四时中！

在昼动夜静中！

简而言之，在太阳，在月亮。

《周髀算经·陈子模型》："日中立竿测影，此一者，天道之数。"《周髀算经》告诉后人，正中午的日影可以论天道，

《逸周书·周月解》："万物春生、夏长、秋收、冬藏。天地之正，四时之极，不易之道。"《逸周书》告诉后人，春夏秋冬四时可以论天道。

《管子·枢言》："道之在天，日也。"《管子》告诉后人，太阳本身可以论天道。

《尸子》："昼动而夜息，天之道也。"《尸子》告诉后人，昼夜可以论天道。

《尚书·大禹谟》："时乃天道。"以时间之时论天道，这是精髓之论。

书中的道理在书外，人文的道理在天文。

书中的道理在书外，人文的根源在太阳。

书中的道理在书外，人文就在时间中。

《黄帝四经·经法·四度》："动静参于天地谓之文。"人有动静，动静有坐标，动静有规矩，动静的坐标、规矩在太阳回归，在月亮圆缺。人之动静合于太阳回归之序，合于月亮圆缺之序，即是人文之文。

《易经·系辞上》："一阴一阳之谓道。"这是抽象之论。《易经·系辞上》："阴阳之义配日月。"这是抽象与形象并列之论。阴阳，一抽象于寒暑，二抽象于昼夜。寒暑循环即是道，昼夜循环即是道。

天道的归纳，阴阳的抽象，这是《周易》两大奠基之作。

中华文化、中医文化，以及先秦诸子百家，全部是从天道阴阳出发的。换言之，中华文化、中医文化，以及先秦诸子百家，全部是从太阳历出发的。

九、历在《易》先，欲知《易》须先知历

《易经》为群经之首，是历史的共识！

《易经》之首在何处？在六十四卦！

六十四卦之首在何处？在八卦！

八卦之首在何处？在阴阳两爻！

阴阳两爻组成八卦，组成六十四卦。

追溯出阴阳的来源，《易经》的神秘性就会大白于天下。

《苗族古历》："冬至阳旦，夏至阴旦。"冬至夏至，是太阳回归年的起始点与转折点；阴阳第一发源地在"两至"。冬至，统帅着太阳回归年前半年的十二个节气；夏至，统帅着太阳回归年后半年的十二个节气；"两至"属于太阳历，阴阳出于"两至"，阴阳是不是出于太阳历？阴阳的第一发源地在太阳，是苗族太阳历的解答。

"一年分两截，两截分阴阳。"彝族十月太阳历如是解释阴阳。从冬至到夏至，这是两截之分的前一截；从夏至到冬至，是两截之分的后一截。阴阳的第一发源地在太阳，是彝族太阳历的解答。

阴阳的第一发源地在太阳！

阴阳之后还有五行，五行的根源在何处？

五行唯一的发源地在十月太阳历。

云南宁蒗县小凉山民间的彝族同胞保留有十月太阳历，是中国社会科学院研究员刘尧汉的发现。

贵州毕节的彝族典籍《土鲁窦吉》（汉语意思为"宇宙生化"）中保存有十月太阳历，是彝族同胞王子国的贡献。洛书表达的就是十月太阳历，是《土鲁窦吉》的解释。

三星堆遗址出土有大小不同的五环轮，大凉山彝族典籍解释说，五环轮表达的就是五行十月太阳历。

五行的唯一发源地在太阳历！

彝族典籍《土鲁窦吉》指出，河图表达的是四时十二月阴阳合历。

八卦是太阳历八节历是彝族文化、水族文化的共同解释。八卦，彝族文化称为"宇宙八角"。宇宙八角，指的是空间八方。八方，合于太阳

历八节。时间空间，在宇宙八角这里融合为一体。

六十四卦是历吗？

是！

六十四卦表达的是阴阳合历。

六十四卦每卦六爻，$64 \times 6 = 384$（爻），阴阳合历闰年的天数为 384 天，这是巧合吗？

闰年 13 个月，每个月的天数为：

$$384 \div 13 = 29.53846（天）$$

《周髀算经》中的朔望月天数为 29.53085 天。

今天阴阳合历中朔望月为 29.5306 天。

三个数据对照，是不是可以证明六十四卦表达的是阴阳合历？！

在抽象符号阶段，中华先贤创造出了洛书河图、太极八卦，无论表达形式怎么变化，但是两个基本点是不变的：

太极的上下两个顶端表达的是冬至夏至！

八卦的上下两卦表达的是冬至夏至！

洛书的上下两端表达的是冬至夏至！

河图的上下两端表达的是冬至夏至！

冬至夏至，抽象出一阴一阳。

中华大地上的第一部书（洛书），表达的是十月太阳历；中华大地上的第一张图（河图），表达的是十二月阴阳合历；不懂历，能读懂第一部书、第一张图吗？

阴阳太极可以表达循环的寒暑，可以表达循环的昼夜。寒暑属纯太阳历，昼夜属阴阳合历；不懂历，能读懂太极吗？

八卦表达的是太阳历八节；不懂历，能读懂八卦吗？

六十四卦表达的是阴阳合历；不懂历，能读懂六十四卦吗？

十、 一棵树万朵花

以一阴一阳为基础，演化出中华大地上的自然百科。

（一）算术

奇偶之数，是从太阳历开始的。

加减乘除四则运算，是从太阳历开始的。

整数、分数、小数，是从太阳历开始的。

"观阴阳之割裂，总算术之根源。"大数学家刘徽在《九章算术·序》中留下如此结论。算术的根源在阴阳，阴阳的根源在太阳。

世界很大，但数学体系只有两种：一是《几何原本》建立的逻辑演绎体系，一是《九章算术》建立的机械化算法体系。当今计算机数学，恰恰是机械化算法。

算术这朵花，根植于太阳历。

（二）音律

《周髀算经·陈子模型》："冬至夏至，观律之数，听钟之音。"这一论断告诉后人，历律同根同源。历与律，是一根藤上的两个瓜。中华先贤在创建太阳历的同时，又划分出五音六律。

五音，对应十月太阳历的五行。木行角，火行徵，土行宫，金行商，水行羽，这是《素问·金匮真言论》的诠释。

六律（阴六吕阳六律），对应太阳历的十二月。一月一律，十二月十二律，这是《礼记》与《吕氏春秋》的共同记载。

勾股定理是一回事，证明勾股定理又是一回事。同理，十二律是一回事，证明十二律又是一回事。明世子朱载堉，以内方外圆的几何图形为依据，开方计算，证明了十二律的均等性与循环性，称为"十二平均律"。十二平均律，是当今世界采用的音律标准。

音律这朵花，根植于太阳历。

（三）化学

写中国化学史，必须从《周易参同契》开始；写世界化学史，必须从《周易参同契》开始。为什么？

人类历史上最早的人工化合物——氧化铅（Pb_3O_4）、硫化汞（HgS），最早的人工提纯单质——纯铅、纯汞，最早由《周易参同契》记载。分解与化合，化学中最基本的作用，最早由《周易参同契》记载。

"日月为易"这一归纳，是在《周易参同契》中出现的。

《周易参同契》："物无阴阳，违天背元。牝鸡自卵，其雏不全。"没有公鸡的作用，母鸡下的鸡蛋孵不出小鸡。《周易参同契》以形象的比喻说明，两种元素之所以能够化合，在于属性上的阴阳之分，同性的两种元素是不能化合的。阴阳模型，是解释化合与分解的理论基础。

化学这朵花，根植于太阳历。

（四）物理

中华大地上没有产生现代物理学，但是西方一流的物理学家皆崇拜阴阳。

量子物理学大家、诺贝尔物理学奖获得者玻尔，1936年到中国，一看到阴阳太极图，马上就得出结论：一阴一阳，是并协原理的先河。并协原理，是量子论的核心。1981年，美国科学院院士、美国物理学家惠勒到我国访问，北京、上海、合肥的几次演讲，次次谈到玻尔与太极图的故事。

惠勒的演讲，集为《物理学和质朴性》一书。太极图赫然出现在书的第一页，图下文字为"阴阳——被玻尔用来作为并协性的象征"。

美国物理学家、诺贝尔物理学奖获得者卡普拉著《物理学之道》，太极图、八卦图、六十四卦图在书中悉数出现。卡普拉诠释太极图，诠释出的是"空间与时间"。

物理学这朵花，根植于太阳历。

（五）几何

"上帝做事时总要凭借几何学。"古希腊哲学家柏拉图把几何学归功于上帝。

中国的几何学，应归功于太阳。

立竿测影，太阳一升起，一条直线自然而然形成于竿下，这就是日影。日影与测影之竿底部的交接处，形成的是直角。日影与测影之竿顶端相连，直角三角形在此成立。从太阳升起到太阳落山，竿下日影的轨迹是半个椭圆。

立竿测影分出东西南北四方，东西一维，南北一维，两维坐标在此成立。

测影之竿为上下一维，与东西南北两维相联系，三维坐标在此成立。

竿下日影的变动，揭示的是时间变化，三维坐标加上流动的时间，四维时空在此成立。

在北回归线两侧的湖南与广东，出土有等边三角形、正方形、圆、八角形；在中华大地上，出土有石器时代的玉器五角形与八角形，特别值得介绍的是，洞庭湖南岸汤家岗出土距今千年左右的八分方圆图。一个圆，内部有两组平行线，将圆的内部均匀地分成八等份；两组平行线交汇中心是一个标标准准的正方形。两组平行线相交于圆，形成八个直角三角形。这个八分方圆图，应该是中国几何学完美的标志。

彝族、苗族的儿童与妇女服饰中，有直线，有平行线，有直角三角形，有锐角三角形，有八角形，有正方形，有长方形，有 360 度的正圆，有椭圆，有无限循环的卍，最为关键的是有八角形。八角形，源于太阳历的八节。

安徽蚌埠双墩遗址出土有两个等边三角形组成的六角形，这个千年前的六角形表达的是太阳历。在苗族文化中，一阴一阳之外还有个不阴不阳。一阴一阳解释寒暑，不阴不阳解释寒暑中间的温带。从寒到暑，有一个过渡的温带；从暑到寒，同样有一个过渡的温带。屈原在《天问》中有"阴阳三合，何本何化"之问。苗族学者认为，只有用一阴一阳加不阴不阳才能正确解释"阴阳三合"，只有用一阴一阳加不阴不阳才能正确解释"三生万物"。等边三角形，可能表达的是太阳回归年上半年的寒温暑和下半年的暑温寒。两个等边三角形组成的六角形，与以色列国旗的六角形一模一样。

几何图形，绝大部分表达的是太阳历。

《周髀算经·商高定理》："古者包牺立周天历度。"包牺，又称伏羲氏。直角三角形，发现在日影下，伏羲氏应该是最早的发现者。勾股定理，归功于伏羲氏，应该称为"伏羲定理"。

几何学这朵花，根植于太阳历。

（六）中医

小小银针，是中华民族的骄傲。

针经《灵枢》，是中医文化的瑰宝。

《灵枢·九针十二原》在开篇处指出，针经的纲纪，在一与九。

一和九两个奇数，怎么会是针经之纲纪？

一和九，出于洛书的上九下一。上九下一，表达的是冬至夏至：一表冬至，九表夏至。冬至论寒，夏至论暑；冬至论阳，夏至论阴；寒暑阴阳，决定着万物的生死，决定着阴阳二气的升降，决定着"离离原上草"的"一岁一枯荣"。上九下一，还有空间意义：上九为南，下一为北；南北相连，即指导航空航海的子午线。

十月太阳历，一与九之所以是针经之纲纪的奥秘，在于一与九出于十月太阳历。

十月太阳历是针经之纲纪。

《素问·金匮真言论》在论春夏秋冬四时与东西南北中五方时，出现"八七五九六"五个奇偶之数。这五个奇偶之数是河图中的生成之数。有生有成：一月生六月成，二月生七月成，三月生八月成，四月生九月成，五月生十月成。以生成之数表达春夏秋冬四时，表达东西南北中五方，是《黄帝内经》的表达方式，也是《礼记·月令》与《吕氏春秋·十二纪》的表达方式。这五个奇偶之数，每一个数都有时空意义：八，空间表东方，时令表四时之春；七，空间表南方，时令表四时之夏；五，空间表中央，时令表四时之末的十八天；九，空间表西方，时令表四时之秋；六，空间表北方，时令表四时之冬。这五个奇偶之数，是五行十月太阳历在四时十二月历中的延续。一六北方水，二七南方火，三八东方木，四九西方金，五十中央土。河图表达的是以十二月太阳历为基础的阴阳合历。

《素问·金匮真言论》五个奇偶之数，出于十二月阴阳合历。

十二月阴阳合历，是《素问》之纲纪。

中医这朵花，根植于以十二月太阳历为基础的阴阳合历。

（七）围棋

围棋，黑白两分，一阴一阳，千变万化，奥妙无穷，为什么？

因为围棋根植于太阳历。

请看《围棋十三经·棋局篇》给出的答案："夫万物之数，从一而起……一者，生数之主，据其极而运四方也。三百六十，以象周天之数。分而为四，以象四时……棋三百六十，白黑相伴，以法阴阳。"

围棋这朵花，根植于太阳历。

（八）先秦诸子

天道阴阳，是先秦诸子论证问题的依据。

道家以道论德，儒家以道论礼，孙子以道论兵，管子以道论政、以道论法……

"阴阳"一词遍布诸子，《礼记》《道德经》《管子》《墨子》《孙子》《庄子》之中无处不在；"五行"一词遍布百家，儒家、道家、法家、杂家之中无处不在；阴阳五行，出于十月太阳历。由此可见，孕育诸子百家的温床是太阳历。

先秦时期，中华大地上的书没有十本，所以说，诸子百家不是"以书论书"论出来的，而是"以天文论人文"论出来的，是"以太阳论之"论出来的。

"以天文论人文"，是中华先贤创造中华文化、中医文化的根本思路，"以太阳论之""以月亮论之""以北斗论之"是中华先贤创造中华文化、中医文化的具体方法，这就是中华文化、中医文化永恒而常青的奥秘。诸子延续的是这一思路，这一方法，所以先秦时期留下一个理论百花园。

先秦理论百花园，根植于太阳历。

西汉董仲舒借助皇权"罢黜百家，独尊儒术"，从此之后，"以书论书"的"子曰诗云"，取代了"以天文论人文"的思路，取代了"以日月星论之"的方法。西汉以后为什么再也产生不出诸子，再也产生不了理论百花园，根本原因就在于源头思路与方法的失传。

十一、 文化创造与器具发明

《易经·系辞》记载有五大先贤——包牺氏、神农氏、黄帝、尧、舜，这五大先贤既是文化创造者，又是器具发明者。

包牺氏在文化上的贡献是创作八卦，在器具上的贡献是发明网罟。

神农氏在文化上的贡献是创作《神农本草经》，在器具上的贡献是发明农业生产工具耒耜，在商业领域的贡献是建立了中华大地上的第一个交易市场。

黄帝、尧、舜名下记载有史无前例的十大发明创造——衣裳、舟车、臼杵、弓矢、书契、宫室……

《尚书》记载有三大先贤——尧、舜、禹，三大先贤名下都有发明创造的功绩。尧名下有太阳历与二十八宿历，舜名下有音律与度量衡的统一，禹名下有洪水治理。大禹治水的过程中，还发明了四种交通工具。陆行之车，渡水之船，沼泽有橇，登山有樏。四种交通工具，《史记》有专门记载。杜甫写《禹庙》诗："早知乘四载，疏凿控三巴。"这里的"四载"，指的就是四种交通器具。

空前性、创新性、超越性，是中华先贤发明创造的三大特征。

所谓空前性，即史无前例，在历史上是第一次出现。

所谓创新性，有两重含义：一指本身之新，即这一项发明创造本身具有空前性；二指领域之新，即这一项发明创造是在新领域内出现的。

所谓超越性，指的是后贤对先贤的超越。超越先贤是后贤的基本责任，在中华先贤这里，在《周易》《尚书》两部经典这里，先贤的功绩是后人创新的基础，是后人创新的台阶，而不是后人创新的障碍，更不是阻碍后人前进的铜墙铁壁。

发明创造，一靠发明者的聪明才智，二靠系统理论的指导。中华先贤的发明创造，靠的是系统的理论指导。发明创造的系统理论，《易经·系辞传》记载有两种：一是"尚象制器"，二是"道器转化"。

尚，有参考、比照、仿照之义。象，指自然之象与抽象之象。制，制作、制造。器，生产工具，生活器具。

一片旋转下落的枫叶，可以启示螺旋桨的发明；一片带刺的草叶，可以启示木工锯的发明。枫叶与草叶，属于形象之象。天地万物，均属于自然而然的形象之象。自然的形象之象，可以启示器具的发明创造。"尚象制器"的第一重意义，与现代仿生学相仿佛。

"尚象制器"还有第二重意义，这就是：参考八卦、六十四卦卦象进行发明创造。《易经·系辞下》："八卦成列，象在其中矣。"八卦、六十四卦卦象是抽象之象。抽象之象源于自然而然的形象之象。形象之象可以启示发明创造，抽象之象同样可以启示发明创造。

例如，臼杵。稻谷脱皮用的臼杵，是仿照小过卦卦象发明的。小过卦卦象由八卦中的震艮两卦组成（上震下艮）。震，象征雷；艮，象征山。雷，震动系统；山，稳定系统。臼杵，由一个稳定系统与一个震动的动力系统结合而成。动力系统从古至今经历了四次变化——人力、畜力、水动力、电力。每一种新动力的出现，就会形成新一代的臼杵。现在又出现了新的力——超声波，以触类旁通的哲理而论，新动力的出现肯定会产生一种新形式的臼杵——碾米机。以触类旁通的哲理而论，新动力的出现，还可以产生很多很多新器具。

又如，弧矢。弧矢者，弓箭也。狩猎御敌的弓箭是仿照睽卦卦象发明的。睽卦卦象由八卦中的离兑两卦组成（上离下兑）。离，象征火；兑，象征泽。火焰升腾，泽水下流，这是水火的本性。火升腾的方向向上，水流的方向向下。一个向上，一个向下，背道而驰也；背道而驰，睽也。拉弓射箭，拉弓向后，射箭向前。一个向后，一个向前，背道而驰也；背道而驰，睽也。古之弓箭，今之火箭，形式不同而原理一样：动力都在后面。后面的动力越大，前面的射程越远。

《易经·系辞下》："臼杵之利，万民以济。"发明臼杵，目的是造福万民。《易经·系辞下》："弧矢之利，以威天下。"发明弧矢，目的是捍卫天下。

再谈"道器转化"。"形而上者谓之道，形而下者谓之器，化而裁之谓之变，推而行之谓之通，举而措之天下之民谓之事业。"何谓事业？进行道器转化，由道理转化出器具，最终将道理与器具一并教与天下之民，让天下之民在一举一措之中自觉遵循道理，主动运用器具，如此方为事业。何为道？《易经·系辞上》："一阴一阳之谓道。"一阴一阳在何处？书外的阴阳在寒暑在昼夜，书中的阴阳在太极在八卦在六十四卦。寒暑、昼夜能指导发明创造吗？能！寒暑、昼夜隐藏有相辅相成的哲理，隐藏有一分为二、合二而一的哲理，明白这些哲理可以开阔思路，可以提高境界，可以在各个领域提出新问题。提出问题是解答问题的前提，所以书外的阴阳可以启示发明创造。太极图能指导发明创造吗？能！太极图阴阳两分，阴对面是阳，阳对面是阴，如此形式启示后人，每一个问题对面必然有一个相反的问题。八卦每一卦的对面都有相反的一卦，八卦变动一爻就会形成新的一卦，八卦的三爻变动会变出八个卦，如此形式启示后人，每一个问题的对面必然有一个相反的问题，每一个问题都会延伸出八个问题。六十四卦是八卦的重叠，重叠的形式可以启示发明创造，重叠的哲理同样可以启示发明创造。

源头先贤个个都是发明创造的典范，他们发明创造的理论与实践树立起的是永恒的典范。研究《易经》只会写书而不会发明创造，不是真正的研究者。研究《易经》只会写书而不会发明创造，对不起源头的先贤。

十二、 在先贤的基础上继续前进

换个方法如何换？答：以天文论人文。

著《换个方法读〈易经〉》的目的，是希望延续中华先贤创造的思路，延续中华先贤创造的方法，在先贤的基础上有新的创造，重新创造出让世界心悦诚服的新文明。

就世界而言，天文学是人类第一学，历法是文明第一法；就中华大地而言，天文学既是第一学又是母亲学，历法既是文明第一法又是母亲法；为什么这么说？因为中华文化、中医文化、自然百科、诸子百家都是由天文历法演化出来的。研究《易经》，应该先弄懂弄通天文历法，然后在各个领域提出新问题，解答新问题，有所发明，有所创造。

刘明武

于南海之滨

目 录

绪 论

一、 千古之谜的《周易》

每一种文化，每一种宗教，都有一部根本性的经典：欧美文化有希伯来先贤创造的《圣经》；伊斯兰文化有《可兰经》；印度文化有《五十奥义书》（释迦牟尼所创立的佛教继承的是《五十奥义书》中的宇宙观）；中华文化有《易经》，传世的一本即《周易》。世界很大，根本性的经典，就是这几部。

"这个"文化，"这个"宗教的传承者，必须会解释自己的经典，这是起码的常识。例如，牧师会解释《圣经》，阿訇会解释《可兰经》，印度学者会解释《奥义书》，大和尚会解释佛经，唯有《周易》这部经典例外，从古至今，注释《周易》的书从数量上说，汗牛充栋、堆积如山，种类上达数千种之多，但是《周易》至今仍然是个谜。

有！偏偏解释不了"为什么有"？

有！偏偏解释不了"有从何处来"？

有！偏偏解释不了"这到底是什么"？

千古之谜，由此形成。

二、 千古之谜的原因

《周易》缘何会成为千古之谜？

《周易》之所以成为千古之谜，笔者认为，原因有三：一是《周易》本身的奇特性；二是解读者的局限性；三，更重要的是，群经之首在《周易》，但人文之首并不在《周易》。简论如下：

（一）《周易》本身的奇特性

《周易》有三奇：由卦象与文字两种符号所组成，这是《周易》第一奇。

卦象在先，文字在后，与文字相比，卦象更具有根本性，这是《周易》第二奇。《周易》中首先出现的是六十四卦的卦象，后面的文字全部是对卦的解释。文字，是解读卦象的桥梁，卦象比文字更重要。

六十四卦之前还有八卦，但八卦还不是大根大本，因为八卦之前还有图，还有书——河图洛书（下面必要时会合称为图书）。八卦之前还有更为根本性的图与书，这是《周易》第三奇。

先谈第一奇。两种符号组成的经典，除了《周易》，全世界再也找不出第二部。《圣经》由文字符号所组成，《可兰经》由文字符号所组成，《奥义书》以及佛教经典全部由文字符号所组成，唯有《周易》这部经典是由抽象符号的卦象与文字符号两种符号所组成。卦象的本义是什么？卦象为何出现在文字之前？卦象为何比文字更具有根本性？这些问题解答不了，千古之谜将永远是谜。

再谈第二奇。卦象在先，文字在后，这是《周易》之中的排列顺序。与文字相较，卦象更具有根本性。卦象，可以直接称为卦。卦，不是什么，却又什么都是。面对卦，数学家、哲学家、军事家、医学家、天文学家、物理学家……无论什么家，只要认真研究，都可以找到自己学科的哲理之源。如此神奇、神秘的卦，全世界独一无二。卦为何如此神奇、如此神秘？这一问题解答不了，千古之谜将继续是谜。

再谈第三奇。"河出图，洛出书，圣人则之。"流行本《周易》与马王堆出土的《帛书周易》中均有这一论断。卦之前还有图还有书。图书符号—卦象符号—文字，《周易》实际上由三种符号所组成。据《周易·系辞下》记载，卦是圣人的作品，是圣人"仰观俯察"之后的成果，而图书则是圣人"则之"的圣物。"则之"之"则"，动词也。"则"有效法、遵循、以此为准之义。如此重要的图书，《周易》没有点滴介绍。图书之形是什么？图书内容是什么？图书从何而来，图书的原始意义？这些基本问题，《周易》并没有解答。"很重要！"这是两部《周易》对图书的共同结论。"为什么重要？"这两部《周易》没有任何解释，这就产生了第三奇。第三奇又是一大千古之谜。

（二）解释者的局限性

1. 书内论书　研究者的眼睛固定在书内——经内解经，卦内解卦，字内解字，完全忘记了书中的道理在书外。

2. 忘记天文　忘记了茫茫星空，忘记了人文的源头在天文，完全忘记了人文之前先贤的活动始于"仰观天文"。

3. 忘记地理　忘记了脚下的苍茫大地，忘记了"与我平行"的万物。

4. 忘记同胞兄弟　中华大地有东西南北四方之分，有东西南北中五方之分，有九州之分，不同的空间，生活着不同的人。《礼记》中有南蛮北狄、东夷西戎、中央华夏之分，现如今有 56 个民族之分，今天的文化研究，根本没有考虑到华夏文化之外的文化，例如彝族文化，例如苗族文化，例如水族文化。

5. 忘记边陲没有"焚书"　秦始皇"焚书"并没有焚边陲的书，所以边陲的书并没有因为"焚书"而出现缺失。忘记了"独尊儒术"的文化专制，并没有影响少数民族文化的继续传承，系统传承。完全没有想到，兄弟民族的文化并没有出现断层，彝、苗两族同胞那里会保留有更为完整的源头文化。

（三）学问与追问

面对经典，认真学习仅仅是第一步。学习之后的第二步是追问。

面对《周易》，需要追问的问题是：《周易》是怎么形成的？

面对《黄帝内经》，需要追问的问题是：《黄帝内经》是怎么形成的？

面对洛书河图，需要追问的问题是：洛书河图是怎么形成的？

面对八卦，需要追问的问题是：八卦是怎么形成的，表达的是什么？面对六十四卦，需要追问的问题是：六十四卦是怎么形成的，表达的是什么？

面对阴阳，需要追问的问题是：阴阳从何而来？

面对五行，需要追问的问题是：五行从何而来？

面对天干地支，需要追问的问题是：干支从何而来？

面对文学作品与民间广泛运用的 72、36 这两个数字，需要追问的问题是：72 与 36 从何而来？

群经之首在《周易》，人文之首在《周易》吗？《周易》为什么有一系列基本问题没有解答。这些基本问题是：

第一，五行从何而来？一部《周易》为什么没有出现"五行"这个词？

第二，阴阳与五行的关系为何？

第三，干支（天干地支）从何而来？

第四，图书从何而来，本义为何？

第五，文学作品与民间广泛运用的 72、36 这两个数字从何而来？

第六，奇偶之数从何而来？

没有解释五行金木水火土的来源，这里留下了千古之谜中的第一谜。

没有解释阴阳与五行的关系，这里留下了千古之谜中的第二谜。

十天干甲乙丙丁戊己庚辛壬癸，十二地支子丑寅卯辰巳午未申酉戌亥，天干地支是经典与诸子记载时间、区别空间的坐标。"先甲三日，后甲三日。"《周易》六十四卦中的第十八卦《蛊》卦的爻辞中出现了十天干的第一干——甲。"先庚三日，后庚三日。"《周易》六十四卦中的第五十七卦《巽》卦的爻辞中出现了十天干的第七干——庚。《周易》一没有出现系统完整的十天干，二没有出现系统完整的十二地支，三没有出现天干地支"从何而来"的解释，这里留下了千古之谜中的第三谜。

四是有图书之名，无图书之解，这里留下了千古之谜中的第四谜。

《西游记》中的孙悟空会 72 变，猪八戒会 36 变；《水浒传》108 将，其中有 72 地煞，36 天罡；文学作品中广泛出现的 72 与 36 这两个数据从何而来？《周易》没有解答，这里留下了千古之谜中的第五谜。

奇偶之数是各个学科的基础，是基础中最底层的基础。奇偶之数从何而来？这里留下了千古之谜中的第六谜。

六大千古之谜之外，实际上还有谜，例如尽善尽美的音乐从何而来？直角三角形从何而来？伏羲女娲手中规矩（方圆）从何而来？这些构成文化的基本要素，《周易》全部没有解答。

六大千古之谜，六大基本问题，解答不了这六大基本问题，一无法认识人文之源，二无法认识中医之源，三无法认识诸子，四无法认识《史记》《汉书》《淮南子》，五无法认识《辞海》《大辞典》后面附录的《干支纪年表》，六无法认识地图上的子午线。

有，一定有其来源！有，而没有解答其源，这说明什么？

是不是说明《周易》与"人文之源"之间还有相当的距离。换言之，《周易》虽然是群经之首但远非人文之首。

研究江河，一定要知其源头。研究草木，一定要知其根本。文化研究呢？是不是也应该追溯其根其本？！是不是也应该追溯其发源之源头？！

三、 追根溯源， 解开谜团的思考

追根溯源，解开谜团，笔者的基本思考如下：

第一，书是书外人写出来的。

第二，书中的思路是书外人的思路，书中的方法是书外人的方法。

第三，读书，不能只看书而忘记书外写书的人；读书，不能只看书而忘记书外的思路与方法。

第四，经典是经典之外的先贤创造出来的，阅读经典之时不能忘记创造

经典的先贤。

第五，经典的创作，一定有其思路，一定有其方法，阅读经典之时一定不能忘记先贤的思路与方法

第六，无限星空，是中华先贤观察、研究的第一对象。宽厚大地，是中华先贤观察、研究的第二对象。天地之间的万物与人，是中华先贤观察、研究的第三对象。要解开源头文化之谜，要解开《周易》之谜，这三大对象无论如何不能忽略。

第七，经典之前，还有更为基础的东西，研究经典无论如何不能仅仅以经典为开端。山中的岩画、地下陶器上的图画、地下玉器金器上的画、远古时期的祭祀台，这四大要素可以反映先贤的生活方式、思维方式，所以文化研究不能忽略山中岩画、地下文物与远古时期的祭祀台。要解开源头文化之谜，要解开《周易》之谜，这些要素是无论如何不能忽略的。

第八，在远古时期的中华大地上，与华族（华夏）同时存在或者说同时跨入文明的，还有"四夷"——南蛮、北狄、东夷、西戎，研究源头的文化，无论如何不能忘记兄弟民族。

"汉人"之称，始于《后汉书·南蛮西南夷列传》，之前称华称夏总称华夏。汉朝之前称华夏，汉朝之后称汉人，华族与汉族是恒等关系。华夏在中原，中心在禹州、新郑一带。《后汉书·西羌传》："西羌之本，出自三苗。"《后汉书》告诉后人，羌出于苗。《诗经·颂·殷武》："昔有成汤，自彼氐羌。"《诗经》告诉后人，成汤出于羌。羌在成汤时代，已进入中原华夏地区。《史记·六国》："禹兴于西羌。"治水的大禹，也是从西羌出发的。苗-羌-成汤-大禹，这一顺序所揭示出的是民族演化与融合。追溯源头的文化，能够舍弃从源到流一直在延续的苗族吗？

《孟子·离娄下》："舜……东夷之人也。文王……西夷之人也。"东夷在今天的山东，西夷在今天的陕西；舜为东夷人，文王为西夷人，但是两人均有大功于华夏，并赢得中原敬重。《孟子》记载的这两大事实，揭示出的仍然是民族的演化与融合。舜，东夷；文王，西夷；今日之彝族，《史记》中的西南夷；东夷、西夷、西南夷，地理位置不同，一个"夷"字相同，其中有没有血缘关系呢？研究源头的文化，能忘记东夷、西夷、西南夷吗？

"炎黄子孙"，这是中华民族的习惯称谓。炎黄炎黄，炎在先而黄在后。研究源头的文化，能忘记黄帝之前的炎帝吗？

"昔者黄帝得蚩尤而明于天道。"这句话在《管子·五行》先后出现了两次，这说明研究天道，蚩尤高明于黄帝。《史记·历书》在黄帝名下记载了一个伟大的功绩，这就是观天文制定了五行历。但是据《管子》的记载，五行太阳历是蚩尤辅佐黄帝制定的。研究源头的文化，能忘记与黄帝同时代的蚩尤吗？

从华夏到汉族的演化，这里需要简单介绍一下。《尚书·武成》最早出现了"华夏"一词，《春秋左传》中有"华"有"夏"有"华夏"。"有礼曰华，大国曰夏。"之后学者对"华夏"作出了文明意义的解释。华夏之华，通假于鲜花之花。华夏之华，可能与早期的先贤以花为历相关。《后汉书》出现了"汉人"一词，从此有了汉族之称谓，但华族与华夏的称谓也一直还在延续。

第九，"求野"与"学夷"的思路。《汉书·艺文志》："礼失而求诸野。"庙堂失传的礼，可以在山野乡村找回来，对此孔夫子留下了一句众所周知的名言"礼失而求诸野"。孔夫子的这句话，很多人都知道。"求野"，是孔夫子的思路。

"天子失官，学在四夷。"这也是孔夫子的话。这句话出于《春秋左传·昭公十七年》，意思是：中原华夏失传了的文化，可以在"四夷"找回来。何谓四夷？《礼记·王制》中的答案是："东夷、西戎、南蛮、北狄。"孔夫子的这句话，这一思路，很多人并不知道。

基于以上思考，面对这部全世界独一无二的经典，面对一系列具体的千古之谜，笔者提出换个方法读《易经》。

四、　换个方法换在何处

换个方法之换，体现在以下几个方面：

第一，以天文论人文。即从书里跳出书外，以书外的天文解读书内的人文。天文，指日月星辰自然分布所形成的自然之文。《汉书·艺文志》对"何谓天文"的解释是："天文者，序二十八宿，步五星日月，经纪吉凶之象，圣王所以参政也。"天文中，太阳是第一要素，月亮是第二要素，北斗星是第三要素，其它要素还有金木水火土五星与二十八星宿。以天文论人文，具体来说，就是离开以卦论卦、以经解经、以字解字的思路，从无限星空入手，从天文历法入手，具体从太阳历、太阴历、北斗历、阴阳合历入手去解读《周易》之基础，去解读《周易》之源头。

天文学是人类第一学，也是中华民族的第一学；历法是人类第一法，也是中华民族的第一法，从天文历法这一角度去理解《周易》，去解读文字之前的抽象符号。笔者解读的起点，在天文历法；笔者解读的重点，在文字之前的抽象符号。

第二，重视文字之前的图画与几何图形。岩石上的岩画，地下陶器上的陶画，玉器、金器上的画——几何图形，史前的祭祀台，都应该视为前后连续的文化"项链"。在这条"项链"中，解读出史前的天文历法，首先是太阳历。

第三，借助少数民族的文化。在中华大地上，民族虽多，但文化同源：彝族、苗族、水族文化中皆有阴阳五行、太极八卦、天干地支，尤其是彝族文化既保留了太极、八卦、洛书、河图，又能用天文历法解释解释这些抽象符号。《周易》留下的千古之谜，用彝族十月太阳历一个小时之内可以揭开谜底。

在一阴一阳之外，苗族文化还保留有一个不阴不阳。苗族的卦是九卦而非八卦，苗族讲万物生成哲学讲的是"三生万物"，"三"指的是三大要素——能量、质量、结构，这比现代物理学的质量、能量之外还多出了一个"结构"。阴阳五行、天干地支，在苗族文化中一样不缺，一样不少。

借助少数民族保存的史前历法，完全可以解答源头文化中的一系列谜团，完全可以解答《周易》没有解答的问题，用史前天文历法解释，一小时之内，千古之谜就会大白于天下。

也许读者会有下面的困惑：汉族不知道的事，少数民族会知道吗？汉族解答不了的问题，少数民族会解答吗？

华夏失传的文化，可以在中原之外的"四夷"找回来，对此孔夫子留下了一句"众所不知"的名言，这就是前面刚刚引用过的"天子失官，学在四夷"。这句名言涉及一段故事，涉及史前天文历法。这一历史典故出于"郯子说少暤氏以鸟纪官"，故事记载在《春秋左传·昭公十七年》。故事梗概如下：

少暤氏时代，以鸟名为官名。"是这样，为什么这样？"鲁昭公知其然而不知其所以然，故事由此开始。鲁昭公何许人也？鲁国的国君，周公的后代也。周公何许人也？周礼的制定者，周之贤臣，文化集大成者，孔夫子崇拜的对象。周公受封于鲁，周公后代不能解答的问题，一定是道大难题。

谁能解答这道大难题？东夷小国郯国的使者郯子顺利而轻松地解答了这一难题。

郯子来访，昭公问少暤氏为何以鸟名为官名？郯子解释说："少暤氏是我们的祖先，我知道这件事的'所以然'。郯子先从黄帝讲起，依次讲了炎帝、共工氏、太暤氏、少暤氏各个时期的官员设置：

——黄帝以云纪事，所以官员以云命名；

——炎帝以火纪事，所以官员以火命名；

——共工氏以水纪事，所以官员以水命名；

——太暤氏以龙纪事，所以官员以龙命名；

——少暤氏以鸟纪事，所以官员以鸟命名。

郯子然后又详细解释了少暤氏时代的官员之名与官员之事。以鸟命名官员，一种鸟一种事，"这种鸟"与"这种事"的关系是：

——凤鸟氏是总管太阳历的官；

——玄鸟氏是掌管春分秋分的官；

——伯赵氏是掌管冬至夏至的官；

——青鸟氏是掌管立春立夏的官；

——丹鸟氏是掌管立秋立冬的官。

这个故事有三重意义：

第一，官员设置的依据。天文历法在中华先贤这里，是"一等一"的大事。官员设置，首先设置主管历法的官。天文历法中最重要的是八节，即春分秋分、冬至夏至、立春立夏立秋立冬。八节，文中称为"分至启闭"。分即春分秋分两分，至即冬至夏至两至；启即立春立夏，闭即立秋立冬。两分两至加四立即分至启闭。分至启闭，各有官员负责。

第二，纪事纪的是什么？远古时期的结绳记事，纪的是天文历法而非琐碎小事，例如卖鸡蛋、卖猪娃。结绳纪事，纪的是历。

第三，天子失官，学在四夷。周公后代不明白的事情，东夷人还记得清清楚楚。中原失传了的东西，东夷人还有完整保留。鲁昭公时期，华夏文化中已经有了不能解释的文化。华夏不能解释的文化，东夷人还能清清楚楚地解答。所以孔夫子虚心地提出了"天子失官，学在四夷"。"失官"之"官"，为主管天文历法的官。《春秋左传·昭公二十九年》对"官"的解释是："故为五行之官，是为五官。"一行一官，五行五官，一官管一行，五官管五行。五行，是历法；五官，是主管历法的官。五行是历，是分五季十个月的太阳历。《周礼》以天地四时为坐标设立官职，分别为天官、地官、春官、夏官、秋官、冬官。五行十月太阳历，事关阴阳五行的发源，正是中原失传了五行十月太阳历，才有千古疑难、千古之谜的诞生。五行十月太阳历，后面会反复讨论，此处不赘。

"四夷"之四，为中州华夏四周之地。"四夷"之夷，为中州华夏四周的少数民族。孔夫子胸怀博大，为找回华夏失传的东西，倡导虚心学习"四夷"。舜为东夷人，文王为西夷人。舜为圣人，文王亦为圣人，夷人中也会产生圣人，也会产生率领华夏进步的圣人。在这一问题上，后人似乎缺乏清醒的认识。

"礼失而求诸野"之论与"学在四夷"之论，论的是虚心，论的是胸怀，论的是不耻下问。"求野"与"学夷"，实际上是解答难题的两大思路。

如果沿着这两条路追根溯源，《周易》之谜有没有解开的可能？完全有可能！请看，中原失传了的古乐，不是被云南纳西族保存了吗？

在孔夫子"求野""学夷"的启示下，在纳西族保存古乐的启示下，笔者把原有的研究思路"书中没有的，等等地下"修改为"书中没有的，等等地下；地下没有的，到山里看看"。所谓"到山里看看"，就是求助于少数民族。

岩画—陶画—玉器、金器画—抽象符号—文字，如果从现象上看，其间并没有直接的联系；如果从实质上看，其间存在着实质性的联系。其前后关系，在笔者看来，这是一条先后紧密衔接的文化项链。文化项链的核心，是太阳历。

运用"书中""地下""山中"（一是指岩画，二是指少数民族）"天文"相互验证的方法，沿着"书中的道理在书外，人文的道理在天文"这一思路，《周易》之谜有没有解开的可能？完全有可能！

笔者充满信心进行这一尝试。

绪论之论，结束于此。

从天文到人文

第一章

文明的门坎

人类的演变，从野蛮到文明，有一个门坎。门坎之外，人是动物；门坎之内，人是文明之人。这一门坎为何？这一问题，过去也有讨论，也有答案。笔者这里重新认识、重新讨论这一问题，并试图给出一个新的答案。

文明的门坎为何？

过去的答案是：会创造劳动工具！

在中华大地上，这是人们已经接受了的，并且已经习惯了的判断标准。

这个标准对吗？

不对！

为什么？

因为工具对于人类的生存与发展不具备根本性。

工具是重要的，而且非常重要！但工具对于人类的生存与发展不具有根本性。

根本性的门坎在哪里？

答：在历。

民以食为天！

无论是远古还是现在，人类的生存，以获取食物为第一本能、第一需要。五谷，是最为基础的食物。五谷的种植，是获取食物的重要途径。在五谷种植的过程中，工具无疑是重要的，而且很重要，非常重要。但是，工具再重要，都不具备根本性。为什么？因为工具之上还有更重要更根本的，这就是天文历法。

人类刚刚会制造工具时，工具是以木头、石头、骨头"三头"为特征，今天的工具以拖拉机、播种机、收割机"三机"为特征，毫无疑问，今天的工具远远先进于当初的工具。但是，即使掌握如此先进的工具，一旦错过"何时播种"的一个"时"字，绝对不会有收获。试想，误了一个"时"字，以"三头"为特征的工具会有收获吗？

"过了芒种，种了白种。"这一句是东北的谚语。芒种，是二十四节气之一。"夏满芒夏暑相连"。芒种，是立夏之后的夏季第三节。东西南北中，一地有一地种植的节令。东北，芒种时节，是播种的时节。

"过了立秋，种也无收。"这一句是湖南的谚语。立秋，是二十四节气之一。"秋处露秋寒霜降。"立秋，是秋季第一节。地处南方的湖南，可以种植两季稻。种第二季稻，必须在立秋之前。过了立秋种第二季稻，种也没有收获。

"白露早，寒露迟，秋分种麦正当时。"这一句是中原一带的种植谚语。黄河两岸种植的是冬小麦，冬小麦下种以秋分时节为宜。

东北与湖南，一南一北，相差几千里，但是在种植必须遵循天文历法这一基点上，却没有丝毫差别。

中原一带，包括河南河北、山东山西陕西诸省，这一带种植冬小麦。冬小麦下种，不能错过秋分。

对比之下可以知道，工具具有重要性而不具备根本性。因为工具解答不了根本问题"何时下种，何时收获"。谁能解答"何时下种，何时收获"的根本问题？答：天文历法。

所以，天文历法比工具更重要，更具有根本性；天文历法才是人类进入文明的真正标志。

种植之外，还有捕鱼，还有狩猎，还有放牧，捕鱼要知道"何时"有鱼，狩猎要知道"何时"禽多兽肥，放牧要知道小草"何时"发芽，草原上"何时"风吹草低，所有这些，都离不开"何时之时"的定量——天文历法。

工具是器——器具之器，天文历法是道——天道之道，认识并自觉遵守天道，人类才真正进入了文明。器是重要的，比器具更重要的是道。道器并重，才有了中华大地上的中华文明。结论：天文历法才是中华民族跨入文明的门坎。同理，天文历法才是人类跨入文明的门坎。

利用天文制定出历法，按照天文历法，能够向大地上自觉地投下种子，这里才是人类进入文明的门坎。简言之，能够自觉地种植，能够自觉地收获，才是人类进入文明的门坎。

天文学是人类第一学，也是中华民族的第一学；历法是人类第一法，也是中华民族的第一法。第一学、第一法，是笔者研究的出发点。

历，是人类跨入文明的真正门坎。

历是什么？历是以天文（物候）为参照坐标，制定出的时间系统。时间系统，由精确的时间单位与循环的时间系统两大部分所组成。

在中华大地上，制历可能花费了很长很长时间；也许是上万年，也许是几万年，也可能是几十万年。在这漫长的时间里，中华先贤制出了许多许多种历。归类划分，可以分为物候历与天文历两大类。从时间顺序上看，物候历在前，天文历在后；天文历中，对中华文化具有根本意义的是太阳历。

第二章
物候历

　　物候历，应该是最初的历。最初的历早已被天文历所取代，但进行一下回顾，是应该的。

　　物候历就是以植物枯荣、动物的生息为基准制出的历。物候历，是早期的、比较粗糙的历。

一、　陶罐上的物候历

　　《神话考古》一书告诉人们，出土的陶罐上的花、鱼、鸟，可能是史前历。中华先贤曾经以花为历，以鸟为历，以鱼为历。鱼鸟花虫，具体分类属于动物、植物，大类属于生物。所以，这里的历是物候历。

　　以花为历，即以花开花落为一年。

　　以鸟为历，即以大雁南来北往为一年。

　　以鱼为历，即以鱼的出现周期为一年。

　　华族即花族，花族即华族。华花通假，华族之华，即鲜花之花。仰韶文化出土的陶罐，上面有不同形式的"花"图案。"花"图案，实际就是以花为图腾。花图腾，以花为历也。何时花开？何时花落？时间时令上有严格的规定性，所以可以以花为坐标安排生产，安排生活。

二、　少数民族记载的物候历

　　云南少数民族还清晰地记载着一些物候历。

　　（一）彝族的树历与鸟历

　　1. 树历　以树为历，即以树叶发芽、树叶长成、树叶发黄、树叶落叶四个阶段为一年。

　　彝族典籍《西南彝志·第5卷》第14页上有这样的记载：

> 树木开花时，就叫春三月，
>
> 树木花谢了，就叫夏三月，
>
> 树果成熟了，就叫秋三月，
>
> 树叶枯萎了，就叫冬三月。

　　彝族的古歌中，还有"大树十二杈，一年十二月"的歌谣。

　　树历，是植物历。

　　2. 鸟历　以某一种鸟叫指导种植，彝族民间有这样的谚语：

> 听见布谷叫，应该种地了；

听见蝉儿鸣，该锄二道草；

听见金铃叫，开镰收割好；

听见乌鸦叫，天寒地冻了。

小鸟出现，会严格遵循时序。某种鸟会在某一时间段出现，会在某一时间段离去，从不失信。某种鸟的出现，代表着一个精确的时间段，同时也代表着一个精确的时间段的无限循环。

鸟鸣，会严格遵循时序。小鸟会在某一时间段歌唱。某种鸟的歌唱，代表着一个时间段。所以，彝族同胞会以鸟为历，指导种植与收获，指导全部的农业生产。

（二）怒族的物候历

滇西北有两条江，一条名为怒江，一条名为独龙江。怒江流域居住着一个少数民族——怒族，独龙江流域居住着一个少数民族——独龙族。两个少数民族至今还有完整的物候历记载。怒族、独龙族两个民族的物候历，由云南天文台李维宝先生的大作《云南少数民族天文历法研究》所记载。先介绍怒族的物候历。

怒族的物候历，分十二个月，怒族同胞用之指导生产，安排节日。

一月"提桃"，编竹篮，织麻布。

二月"引桃"，选定耕地。

三月"后桃儿"，砍山地，种旱包谷。

四月"锐桃"，备耕。

五月"欧桃"，种包谷、稻田栽秧苗；烧山地。

六月"出桃"，除杂草。

七月"黑儿桃"，山地播种。

八月"吓桃"，男子伐木，女子种苦荞。

九月"个儿桃"，收包谷，"天仙米"。

十月"车桃"，秋收忙月。

十一月"车提桃"，种蚕豆、豌豆。

十二月"车引桃"，砍柴，准备过年。

这里的"A桃B桃C桃D桃X桃"，李维宝先生只是原则性解释为物候之物，但并没有"哪一种物"的具体解释。这里"桃"，可能是桃树发芽、开花、结果、果熟的不同状态。

（三）独龙族的物候历

独龙族的物候历，也分十二个月，独龙族同胞用之指导生产，安排节日。

一月"得则卡龙"，山上积雪，男子狩猎，女子织麻布。

二月"阿蒙龙"，山顶有雪，江边种土豆、青稞。

三月"阿薄龙"，出草月，烧山地，普遍种土豆。

四月"奢久龙"，播种月，继续烧山地，种小麦、南瓜、芋头等。

五月"昌木蒋龙"，花开月，种苞谷、稗子等。

六月"阿石龙"，停止播种，薅草、捕鱼、挖贝母等。

七月"布安龙"，饥饿无粮食。

八月"阿茸龙"，小米熟，种苦荞。

九月"阿长木龙"，收苞谷、瓜类。

十月"旱洛龙"，全面收获粮食。

十一月"总木甲龙"，降雪月，砍柴，收荞子。

十二月"勒更龙"，大雪封山，男子狩猎、捕鱼，女子织麻布，作过新年的准备。

A龙B龙C龙D龙E龙……，十二个月十二条龙。

十二条龙用十二生肖冠名，这一冠名方法，彝族太阳历有记载：正月寅虎龙，二月卯兔龙，三月是真龙，四月是小龙，五月为午马龙，六月为未羊龙，其它几个月以此类推。

据此，笔者认为，龙之前的前缀，应该是独龙族十二生肖的发音。

（四）新疆杏花历

一位在新疆工作的朋友，曾经告诉我这样一个故事：天山脚下的一个兄弟民族，至今仍然有以花为历的习俗。如若问一个老人的年龄，他会告诉你："杏花开了N次了，我N岁了。我妈妈说，我是杏花开时生的。"

三、月信历

以女子月信为历，即人体历。女子月信一次记为一月，彝族文化、苗族文化中均记载有月信历。这里介绍苗族保留的月信历。

（一）苗族文化中的月信历

《苗族古历》一书中记载有月信历。女子月信，苗族同胞称为"来潮"

或"涨红水"。月信有 7 天的行经期，7 天安全期，7 天排卵期，7 天安全期，一共 28 天，月信受月亮周期影响，如期而至，所以称月信。苗族文化认为，月信历出现在女娲时代。女娲补天，以"芦灰止淫水"，实际上指的是治月经不调。

据《苗族古历》著者、苗族学者吴心源先生介绍，苗族月信历，一月 28 天，一年 13 个月 364 天。

（二）彝族月信历

彝族学者刘尧汉先生在《中国文明源新探》一书中介绍：

（彝族）尚残存"一月二十八天，一年十三个月共三百六十四天"的历法。这种"一月二十八天"的历法，实际上就是以妇女月经"二十八天"为周期的历法。

（三）汉族文化中的月信历

月信，发生在女子身上，却关乎天上的月亮，明代李时珍在《本草纲目·人部·妇人月水》中作出了如是对应性总结："月有盈亏，潮有朝夕，月事一月一行，与之相符，顾谓之月水、月信、月经。"月亮在天上，女子在地上，但是两者之间有因果性的对应关系：月亮围绕地球运行一周，亦即月亮圆缺一次，女子月信一次。

以月亮圆缺为坐标论女子月信，这是一个永恒的坐标。月亮圆缺一次，女子月信一次；多一次是病，少一次同样是病。"天人合一"，女子月信是最佳的一例。

第三章
天文历

天文，日月星辰在天上纵横交错形成的自然之文。

天文中，第一重要的因素是太阳，第二是月亮，第三是北斗，然后是金木水火土五大行星与二十八宿。

观天文以制历法，中华先贤制定出了太阳历、太阴历、北斗历、行星历，还有二十八宿历。

太阳历在后面专题讨论，这里主要讨论太阴历、北斗历，二十八宿历与行星历只作简要介绍。

一、太阴历

月球，是动态的。动态的月球，围绕地球做圆周循环运动。月球循环，受光面有一个圆缺晦明的变动。利用月球圆缺晦明变动周期，中华先贤制定出了朔望月。初一为朔，月亮无光。十五为望，月亮盈圆有光。

朔望月平均时间长度为 29.53 天。太阴历用大月、小月相间的方法来保证月初在朔，月中在望。十二个朔望月为一年。一二三四五六七八九十十一十二，十二个月中奇数月为大，偶数月为小。大月 30 天，小月 29 天。太阴历年的时间长度为 354 天或 355 天。太阴历把月亮圆缺与初一十五固定地联系在一起。月亮大而圆，便知是十五了。月亮不见了，便知是初一了。望月知日，是太阴历的最大优点。

太阴历的讨论，从少数民族同胞这里开始。

（一）苗族太阴历

苗族文化把太阳比作姑娘，把月亮比作小伙儿，苗族同胞有一首古歌名叫《太阳姑娘月亮小伙儿》，其中有这样的唱词：

太阳姑娘天上行，月亮小伙儿在追赶。

到了蛇、马月，日月分道行：太阳姑娘走远路，月亮小伙儿走近道。

又到牛、鼠月，日月换路走：月亮小伙儿走远路，太阳姑娘走近道。

太阳姑娘常勤快，天天走路一个样，年年月数都一样。

月亮小伙儿有点懒，有时小步走得慢，这个月就小，有时大步走得快，这个月就大。

大月 30 天，小月 29 天，大小相间。

这是贵州威宁一带流传的苗族古歌，由贵州雷山苗族同胞李国章先生所收集所记载。

古歌揭示出这样几大历史事实：

其一，苗族先贤是善于观察天文的先贤。

其二，苗族先贤发现了太阳、月亮运行的轨道不一样。

其三，苗族先贤以太阳回归论岁，以月亮圆缺论月；月有大小，苗族先贤发现了大、小月。

其四，"太阳天天走路一个样"，指的是太阳历每个月的天数相等。

其五，"月亮有时走小步，有时走大步"这里说明的是太阴历每个月的天数不相等，苗族先贤已经区分出大月与小月。

其六，蛇月、马月、牛月、鼠月……，苗族先贤在天文历法中使用十二属相记月。

苗语，也是把月亮称为太阴。

（二）彝族太阴历

在天文观测方面，彝族先贤作出了巨大贡献。记载天文观测，彝族典籍作出了巨大贡献。

月亮的观测，是天文观测的主要组成部分。彝族典籍《土鲁窦吉》（汉语译为"宇宙生化"）与《宇宙人文论》均有月亮观测的记载。

这里仅摘录《宇宙人文论》中的月亮观测与太阴历的制定。

关于月亮的变化，《宇宙人文论》中《论日月运行》如此归纳："月亮跑一圈，经历一个月，轮回一次盈亏圆缺。"一月之内，月亮有盈亏圆缺四大变化。

关于月亮四大变化的原因，《宇宙人文论·论日月运行》的详细解释是："月亮初一开始长体，十五圆满长成；初二、初三太阳月亮并行于地球两侧，太阳光不能远传到月亮上，月亮只有头发丝那样大一点；初七、初八太阳转出一角，月亮照着一边，有一半亮堂堂的，这就是'上弦月圆一半'。十五、十六太阳转到天空中，月亮转到地球面上，天气下降，地气上升，月光亮堂堂，清、浊二气明朗朗，这就是'十五月圆'的时候，有生命的样样发展。十八、十九太阳转过一方，月亮越过一角，渐渐移到二十二、二十三，太阳又转过一方，月亮又越了一角，清、浊二气接触半周，月亮只明一半，这就是'下弦月缺一半'。到三十日，太阳和月亮都同时越过地球两边去了，清气与浊气都积聚起来了，这就是'月光都尽'的'晦'日。"

月亮为什么有盈亏圆缺四大变化？彝族先贤已经认识到，月亮的变化，原因不仅仅在月亮本身，还关乎月亮之外的太阳与地球。是太阳、地球、月亮三者对应关系的变化，决定了月亮盈亏圆缺的四大变化。一个月之内，太阳、月亮、地球三者有四种对应关系，四种对应关系决定了四大变化：

初二、初三，太阳、月亮在地球的两侧，阳光只有一点照到月亮上，所以月光像头发丝那样大。月缺，原因在此。

初七、初八，太阳照着月亮的一边，所以月亮有一半是亮的。月亏，原因在此。

十五、十六，太阳可以光照月亮，所以月光亮堂堂，这就是'十五月圆'的原因。月盈月圆，原因在此。

十八、十九太阳转过一方，月亮缺了一角，渐渐移到二十二、二十三，太阳又转过一方，月亮又缺了一角，月亮只明一半，这就是'下弦月缺一半'。月亏另一半，原因在此。

到了三十，太阳和月亮同时处于地球的两边，阳光无法照到月球，这就是'月光都尽'的'晦'日。月晦无光，原因在此。

"太阳一天转一次，月亮一月圆一番。"《宇宙人文论·太阳和月亮根源》一文中还有如是之论。

月圆月缺，并不是月亮本身决定的，而是由太阳、地球、月球三者变化关系决定的。彝族先贤早就认识到这一点。

《宇宙人文论》将太阳称为"众阳之精"，将月亮称为"太阴之象"。

（三）华夏传承的太阴历

1. 《山海经》记载的月亮妈妈　《山海经》有生月的神话。《山海经·大荒西经》："大荒之中，有山，名曰日月山，天枢也。……有女子方浴月。帝俊妻常羲生月十有二，此始浴之。"这里的常羲生十二月，隐喻的是十二月太阴历的诞生。

《山海经·大荒南经》中有羲和生十日之说。

羲和生十日，常羲生十二月，应该是两种历法。十日，指的是十月太阳历。十二月，指的是十二月太阳历或十二月阴阳合历。《吕氏春秋》有"尚仪作占月"之说，《史记·历书·索引》有"常仪占月"之说，常羲、尚仪、常仪，三个名字仅仅是发音上的差别，应是一人之名。毕沅注："尚仪与嫦娥音通。"

《淮南子》中有嫦娥奔月的神话。《淮南子·览冥训》："羿请不死之药于西王母，姮娥窃以奔月。"高诱注："姮娥，羿妻。羿请不死之药于西王母，未及服之，姮娥盗食之，得仙，奔入月中为月精。"这一神话，将后羿与嫦娥联系在一起。后羿射日，十个太阳射落九个剩下一个；嫦娥奔月，一个月亮变成了十二个月。一个太阳、十二个月，两个神话前后有连续关系，即十月太阳历改革为十二月太阳历。

2.《周髀算经》中的月亮（太阴）历　精确的太阴历是在《周髀算经》中出现的，详细介绍如下：

月的界定。《周髀算经·日月历法》："月与日合，为一月。"月，并非仅有月亮一种因素所决定，而是由日月两种因素决定的。日月如何决定月？就是日月的会合。日与月会合一次就是一月，这里记载的是朔望月。

日月对应与朔望。日月会合，定出了朔望。

太阳-月球-地球，月球位于太阳、地球之间，三者以如此顺序排成一条直线，此时的月球晦暗不发光。初一，定名为朔。

太阳-地球-月球，地球位于太阳、月球之间，三者以如此顺序排成一条直线；此时月球又圆又亮。如此三点一线即十五。十五，定名为望。

月圆月缺，月缺月圆；一朔一望，一望一朔；初一十五，十五初一；如此循环，周而复始。从朔到朔，从望到望，这一区间的时间长度即朔望月。——朔望月由此而来。

朔望月，实际上是由太阳、月亮、地球三者两种对应关系所决定的。

《周礼·春官》："颁告朔于邦国。"《说文解字》："朔，月一日始苏也。"定哪一天为初一，由大史向诸侯国颁告。定朔，是天下大事。定朔的参照坐标在月亮，在月缺之日。

《尚书·召诰》："惟二月既望。"日月相望谓之望。《论衡·四讳》："十五日，日月相望谓之望。"十五日，月圆之日。望之确定，参照坐标在月亮。

朔望月的时间长度。《周髀算经·日月历法》："置小月二十九日。"又："置大月三十日。"朔望月分大小，大月 30 天，小月 29 天，大小相间。朔望月平均天数为 29.5308。

一个朔望月平均有 29.53 天。敬请记住这一数字。这一数字，会在六十四卦中出现。

小岁时间长度。《周髀算经》称太阳回归年为岁，称十二个朔望月为小岁。小岁天数为三百五十四天九百四十分天之三百四十八，换算成小数为

$354\dfrac{348}{940}$。

死与不死之说。神话中嫦娥的长生不老药，经典中的死生之说，实际上关乎着月亮的圆缺。请看先秦几部典籍中，关于月亮的死生之说。

《孙子兵法·虚实》："月有死生。"

《鹖冠子·王第》："月信死信生，终者有始。"

《楚辞·天问》："夜光何德？死则又育。"

月缺论死，月现论生。一死一生，终者有始，原始反终。"不死之药"的真实意义，在于月亮的圆缺。圆而缺，死；缺而圆，生。月亮圆缺的循环，即死而复生。

谈太阴历与《周易》有关系吗？《周易·系辞上》："原始反终，故知死生之说。"人死会复生吗？不会！能够死而复生者有谁？《孙子》《鹖冠子》《楚辞》三部典籍共同指出，能够死而复生者，只有天上的月亮。《周易》中的"原始反终"之论，只有放在太阴历中才能得到正确解答。

朔望月解答的问题。朔望月在人文、中医以及自然科学领域解答了一系列重大问题，分述如下：

其一，解答了月相与日期对应规律。初一即朔，月中即望。天上月圆人间月半月月圆逢月半。望月可以知日，望月可以知历。反之，知日也可以知月相。

其二，解答了宇宙与人生的两大规律。一是解答了潮汐的规律性，月圆潮汐来，月缺潮汐退；二是解答了女子月信的规律性，一月一次。

其三，解答了人体气血虚实变化的规律。《灵枢·岁露论》："人与天地相参也，与日月相应也。故月满则海水西盛，人血气积……至其月郭空，则海水东盛，人气血虚……"月满，海水西盛，人血气充实；月亏空，海水东盛，人气血虚。

其四，解答了补泻两大方法的参照坐标。月圆不补，月缺不泻，这是用药用针必须遵循的两大原则。这两大原则，始于《素问·八正神明论》篇。

3. 恒星月与近点月　同一个月亮，在不同坐标下，中华先贤还分出了以下恒星月与近点月。分述如下：

恒星月。以某一恒星为坐标，观察月球的出发与回归，这一周期所需要的时间长度，称为恒星月。

恒星月，时间长度为 27.322 天。

天文观测，远古时期的中华先贤真是下尽了功夫，所获得的数据，几乎精致到了极处。

朔望月。前面已经谈过，月缺为朔，月圆为望。月亮圆缺一次，为一个朔望月。朔，月亮位于太阳与地球之间。望，地球位于日月之间。日月与地球每月两次构成三点一线关系，这里是朔望月形成亦即月亮圆缺的奥秘。

《尚书·舜典》："正月上日。"疏："上日，朔日也。"《说文解字》："朔，月一日始苏也。"这一论断告诉后人，在尧舜时代，中华先贤已经认识并确定朔望月。

《周礼·春官·太史》："颁告朔于邦国。"朔，是天文历法的代名词。这一论断告诉后人，向万邦公布天文历法，是中央大国的责任。同时也说明，天文历法并不是每一个邦国都可以制定的。

近点月。近点月是指月球绕地球公转连续两次经过近地点（或远地点）的时间间隔。是月球运行的一种周期。由于近地点（或远地点）受邻近天体摄动，每月东移约3度，所以近点月较恒星月稍长，为27.5546日。

（四）太阴历小结

天上有月亮，人文中有太阴历。从天文到人文的转化，太阴历是一大成果。

一个月亮，一系列永恒而长青的人文成果。请看以下六大实例：

其一，历法中的成果。以月亮圆缺论出朔望月，以恒星为坐标论出恒星月，以与地球的远近距离论远点月、近点月……

其二，自然百科中的成果。日往月来可以论昼夜的形成，太阳论昼，月亮论夜。

月亮圆缺论大潮涨落的规律，钱塘江在地球上，但钱塘江大潮的决定因素在月亮——月亮不圆，大潮不会来。

月亮圆缺形成中医文化中的补泻原则——"月圆不补，月缺不泻"。

月亮圆缺为论女子月信的坐标，月亮圆缺一次，女子月信一次，多一次是错，少一次也是错。

其三，人文中的成果。以太阳回归论阴阳，即寒暑论阴阳，这是中华文化的源头。以日月论阴阳，这是源头之后的中游。华夏文化论阴阳，加进了月亮的因素。请看以下三个论断。

《周易·系辞上》："阴阳之义配日月。"

《素问·阴阳离合论》："日为阳，月为阴。"

《周髀算经·陈子模型》："阴阳之修，昼夜之象，昼者阳，夜者阴。"

"冬至阳旦,夏至阴旦",这里是以太阳单独论阴阳。"日为阳,月为阴"与"昼者阳,夜者阴"这里是以日月联合论阴阳。

天文历法,由纯太阳历到太阳历、太阴历合二而一,这对于天文历法进一步的精美精确有着极其重要的意义。阴阳,由太阳单独而论到日月联合而论,这对于文化的继承与发展有着极其重要的意义。

阴阳,被诸子百家所继承所发展。先秦诸子,创造出中华大地上的百花园。阴阳,被广泛诠释,这是中华文化的下游。江河的下游,河面广阔,波涛滚滚;文化的下游,百花齐放,百家争鸣。

其四,由月亮演化出的成语。"日中则昃,月盈则食",这是《周易·丰·象传》中出现的成语。

"月满则亏",这是《红楼梦》中秦可卿引用的成语。秦可卿以"水满则溢,月满则亏"之哲理告诫王熙凤"有"时要防备"无"。月满则亏,本来是自然现象,在这一自然现象中,抽象出了成功转化为失败的人文哲理。

月亮,是天文中一个重要因素。研究宇宙,研究人与万物,离不开月亮这一因素。忽略了月亮,不可能得出完整的研究成果。

月亮,是人文中一个重要因素。天上的月亮,化为人文中的阴阳之阴。月论阴,日论阳。月亮太阳,一阴一阳。一阴一阳,月亮太阳。天上的日月无处不在,知道了这一点,才能明白人文中的阴阳无处不在的根源。

认识中华文化、中医文化,首先应该认识太阳,其次应该认识月亮。

二、 北斗历

日月星,这一顺序中的星,指的是北斗星。北斗星的地位,仅次于日月。北斗星斗柄是动态的!斗柄之动,是圆周循环运动。观测斗柄循环,中华先贤制定出北斗历。

(一) 彝族文化中的北斗历

彝族文化中有北斗历,《彝族天文历法史》《云南少数民族天文历法研究》与彝族典籍《土鲁窦吉》均有记载。

1.《彝族天文历法史》中的北斗历　《彝族天文历法史》记载的北斗历,是与太阳历合一而论的。请看原文:

> 一月日北移,
>
> 二月近戈莫,

三月影正合，

四月已超出，

五月日折头，

六月星柄正，

七月星柄偏，

八月星柄斜，

九月星柄下，

十月正下指。

这里的十个月，前五个月描述的是太阳视运动，后五个月描述的是斗柄从上到下的旋转。

前五个月，太阳变化的基本规律是：一月即冬至所在月，日出方位从东南开始北移；五月即夏至所在月，日出方位从东北开始回转。太阳回归年的日出方位，就循环变化在这两个方位之间。三月应该是春分所在月，这一月日出正东方，日落正西方，早晨的日影合于正西方，夕阳西下的日影合于正东方。

后五个月，北斗变化的基本规律是：六月北斗星斗柄指向了正上方，即子午线的午位；到了十月斗柄指向了正下方，即子午线的子位。斗柄由午而子的旋转，明显的向西方偏移，发现在七月。

2. 《云南少数民族天文历法研究》中的北斗历　上古时代，有崇拜黑虎的羌民，有崇拜白虎的羌民。崇拜黑虎的羌民，观测太阳测定出了太阳回归周期的时间长度；崇拜白虎的羌民，观测北斗星的斗柄旋转，测定出了斗柄旋转周期的长度单位。并且认为，这两种周期的时间长度是等同的。黑虎羌演化出彝族先民，在观测太阳的同时，对北斗斗柄的循环给予同等的重视。

彝族先民将斗柄正下指定为阳年的开始，将斗柄正上指定为阴年的开始。

斗柄下指，冬至；斗柄上指，夏至。日影最长点，冬至；日影最短点，夏至。北斗历与太阳历，在当时有吻合之处。云南彝族以农历六月初六或五月初五为火把节节期，火把节又称星回节。星回有双重意义：一是太阳的回归；二是北斗星斗柄的回归。太阳回归，体现在两个地方：一是日影开始变长；二是日出方位由东北开始向东南循环。斗柄回归体现在一个地方，即斗柄指向由正南方开始向正北方循环。之所以取农历六月六日过节，是为了记忆方便。取五月五日过节，与夏至相关。夏至，汉族称端阳节。本意指夏至阳气上升至顶点。

3.《土鲁窦吉》中的北斗历　彝族有一幅汉族没有的罡煞图，这幅图就是表达北斗十月历的。

罡，天罡也。天罡，星名，即北斗七星的斗柄。《参同契》卷下："二月榆落，魁临於卯；八月麦生，天罡据酉。"《抱朴子内篇·杂应》："又思作七星北斗，以魁覆其头，以罡指前。"《土鲁窦吉》中有"北极星定罡"之说。煞，地煞也。地煞，星名，天空中的七十二颗星。在《水浒传》中，七十二地煞星应的是七十二位梁山好汉。

请看《土鲁窦吉》记载的罡煞图：

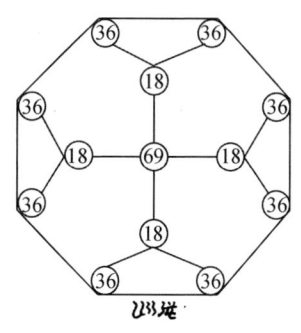

遮　佐

"遮佐"彝图名，意为"罡煞"，十个月为一年的历法运算规律

《土鲁窦吉》中有《立九宫定八卦》一文。文中指出，天罡指的是北极星，九宫与八卦都是天文历法的表达。《立九宫定八卦》一文告诉后人，是两位彝族先贤，建立了九宫，制定了八卦，划分了疆域，确定了地界。

《立九宫定八卦》一文告诉后人这样一些常识：

其一，九宫是九宫历，其中含有八卦。中央一宫，八方八宫，加在一起就是九宫。八宫合于时令八节，这里就是八卦。

其二，一人一宇宙。人体合于天体，文中出现了"一人一宇宙"之说。这与印度《五十奥义书》中的"大梵似我，我似大梵"有相同之处，与《周易》中"八卦一天体，八卦一人体"有相同之处。

其三，五行（五方）对应十天干。一行对应两干，五行对应十天干。

其四，四方对应十二属相。一方对应三个属相，四方对应十二属相。十天干与十二属相，一个是十，一个是十二，两者对应有"两相"之差。需要六次对应，即六十年一个甲子，干支对应才能完整完美。

干支对应的一甲子

甲子	乙丑	丙寅	丁卯	戊辰	己巳	庚午	辛未	壬申	癸酉	甲戌	乙亥
丙子	丁丑	戊寅	己卯	庚辰	辛巳	壬午	癸未	甲申	乙酉	丙戌	丁亥
戊子	己丑	庚寅	辛卯	壬辰	癸巳	甲午	乙未	丙申	丁酉	戊戌	己亥
庚子	辛丑	壬寅	癸卯	甲辰	乙巳	丙午	丁未	戊申	己酉	庚戌	辛亥
壬子	癸丑	甲寅	乙卯	丙辰	丁巳	戊午	己未	庚申	辛酉	壬戌	癸亥

其五，十二属相循环三周即是一罡。十二属相循环一周是十二天，循环二周是二十四天，循环三周是三十六天。十二属相循环三周即是一罡。一罡，实际上是一月。

其六，阳升阴降、左升右降。"阳升阴降，左升右降。"这是《土鲁窦吉》对阴阳二气运动的基本认识，完全可以在华夏文化中找到知音之论。阳升阴降与左升右降，是《黄帝内经》中的基本常识。

其七，首尾即始终。"首开始，尾告终；尾开始，首告终，首尾有始终。"这是《土鲁窦吉》对阴阳二气运动状态的解释。首尾相连，终始相连，这是圆周循环运动的典型特征。

"终则有始""原始反终"，这是《周易》与诸子解释天行、日行的专用词语。

两个民族在基本问题的认识上，具有惊人的一致性。

彝族罡煞图，是在《土鲁窦吉》中出现的。书中有图而没有注解，笔者专门写信请教这部书的保存者、翻译者彝族布摩王子国先生，王老先生回信解释如下：

"彝族罡煞图，从内到外的运算规律，中央为太极 69 之数，表示老阴老阳。按照天 3 地 2 的原理运算：$3 \times 6 = 18$，$2 \times 9 = 18$。如此运算，得出的结果是四方数。天 3 地 2 加一倍即天 6 地 4 运算：$6 \times 6 = 36$　$4 \times 9 = 36$。如此运算，得出的结果是八方数。九星循环、六气变通、三生人道，是运算的基础。

"从外到内，是八面归四方、四方归中央的合体关系，其运算过程是：八方归四面，八个 36 两两相加变成四个 72；四面归中央，四个 18 变成一个 72；四面数与中央数相加，即四个 72 加一个 72 等 360。按照天三地二的原理，阴阳生生不息的规律，算出 3 天过大年、2 天过小年的两个年节。"

天罡，指北斗星的斗柄。道教认为北斗丛星中有三十六个天罡星、七十二个地煞星。笔者认为，彝族罡煞图，表达的应该是北斗历。

一个月 36 天，两个月一行 72 天，广泛出现在文学作品中的 36 与 72 这两个数字，在十月太阳历出现过，在北斗历这里又一次出现。

唯有彝族的罡煞图，可以合理解答《黄帝内经》中两大基础性问题：①一脏主七十二天；②脾旺四时。一脏主七十二天，脾脏主四时之末十八天。《黄帝内经》中只有文字叙述，没有用历法数字。彝族罡煞图，可以合理解释脾脏位于五脏之中央，可以合理解释脾脏运枢四方，旺于四时。

《灵枢·九宫八风》中记载了北斗历，北斗历是用九宫图表达的。彝族罡煞图与北斗九宫历相仿。

（二）苗族北斗历

苗族文化里本来有北斗历。

据苗族史诗《道理书》记载，苗族先贤曾经在浑河黑水间生活，浑河黑水即今天的黄河领域。这一期间，苗族先贤所创建了纪日、纪时、纪月、纪年、纪季的天文历法，天文历法中包括北斗历。北斗历指向十二个方位，历中分出十二个月。

这一史实，由《中国少数民族天文史》所记载。

（三）华夏传承的北斗历

1.《鹖冠子》记载的北斗历　《鹖冠子》有一篇《环流》，其中有介绍北斗历。

斗柄是运动的，这是中华先贤的认识。

斗柄运动是圆周循环运动，这是中华先贤的认识。

“物极必反”一词可以形容循环运动，这是中华先贤的认识。

天文的斗柄东西南北四指，历中有春夏秋冬四时之变，这是中华先贤的认识。

《鹖冠子·环流》：“斗柄运于上，事立于下，斗柄指一方，四塞俱成。此道之用法也。”斗柄循环可以论道，这同样是中华先贤的认识。以斗柄论道，先秦典籍之中，唯见于《鹖冠子》。

2. 针经记载的北斗历　针经，《灵枢》是也。离开了天文历法，无法解释这部针经。针经之纲纪在十月太阳历，判断病因之标准在八节北斗历；人体气血盈虚变化的标准在月亮的圆缺。八节北斗历，记载在《灵枢·九宫八风》中。原文如下：

"太一常以冬至之日，居叶蛰之宫四十六日，明日居天留四十六日，明日居仓门四十六日，明日居阴洛四十五日，明日居天宫四十六日，明日居玄委四十六日，明日居仓果四十六日，明日居新洛四十五日，明日复居叶蛰之宫，曰冬至矣。太一日游，以冬至之日，居叶蛰之宫，数所在，日从一处，至九日，复反于一，常如是无已，终而复始。"

这里出现了循环游动的太一，出现了由太一所居住的中央宫与太一游动所决定的八宫。

先解释"太一"。太一，一是解释为形而上的道；二是解释为天文，例如北斗星、天极星。

太一即道。《庄子·列御寇》："太一形虚。"《庄子·天下》："建之以常无有，主之以太一。"道无形为无，万物有形为有。有生于无，道融于有无一体之中，是老子、庄子的基本立场，显然在《庄子》里，太一是道的代名词。

太一即道。《吕氏春秋·仲夏纪·大乐》："道也者，至精也，不可为形，不可为名，强为之，谓之太一。"在《吕氏春秋》里，太一即道，道即太一。

太一即道。"太一生水，水反辅太一，是以成天。天反辅太一，是以成地。"这是郭店竹简中的"太一"。生水、生天、生地，这里的太一，显然是道。

太一即北斗星。《鹖冠子·泰鸿》："中央者太一之位。"前面刚刚谈到，在《鹖冠子·环流》中，斗柄决定四时，斗柄可以论道。中央宫应该是北斗星的位置。

太一即天神。《东皇太一》是屈原《九歌》的篇名。《史记·封禅书》："天神贵者太一。"又："古者祭太一东南郊。"《章句》："祠在楚东，故称东皇。"太一，被解释为最高的天神。东南郊，这里指空间方位，也是冬至日的日出方位。

太一是天极星的代名词。《史记·天官书》："中宫天极星，其一明者，太一常居也。"太一，是中宫天极星的代名词。

太一即北斗星。《汉书·天文志》："斗为帝车，运于中央，临制四海。分阴阳，建四时，均五行，移节度，定诸纪，皆系于斗。"斗，北斗也。帝车，天帝所乘坐的车子也。北斗星，是天帝乘坐的车子。天帝乘坐车子运枢于中央，统领于四海，分出了寒暑阴阳，分出了四时五行，变换着八节、二十四节气。——《汉书》讲的是北斗历。

太一，可以论道，可以论北斗，可以论天神。综上所述，显然太一在自然法则的范围之内。决定九宫的太一，应该是有形之天文，例如北斗。

再谈"九宫"。中央一宫，加上四正四隅即四面八方八宫，1+8=9，如此即九宫。

表达北斗历，中华先贤创造出九宫。九宫，在中华大地上所起的作用是极其伟大的。天下九州的九，井田制的"井"，大都市的布局、小四合院的布局，就与九宫有着母源联系。

北斗历的基础是斗柄的圆周循环。利用斗柄圆周循环，针经《灵枢》解答了这样一些重大问题：

其一，斗柄八指与空间八方的对应。斗柄从正北方开始，由回归正北方，然后再重新出发，开始新的循环。东西南北四正，东北东南西南西北四隅，四面八方分出了八宫，空间方位与八宫对应如下：

> 正北，叶蛰宫；东北，天留宫；
>
> 正东，仓门宫；东南，阴洛宫；
>
> 正南，上天宫；西南，玄委宫；
>
> 正西，仓果宫；西北，新洛宫。

其二，斗柄八指与时令八节对应。斗柄八指，四正决定着两分两至，四隅决定着四立。具体的对应关系如下：

> 斗柄北指，冬至；斗柄南指，夏至；
>
> 斗柄东指，春分；斗柄西指，秋分；
>
> 柄指东北，立春；柄指东南，立夏；
>
> 柄指西南，立秋；柄指西北，立冬。

其三，斗柄八指与八种正风的判断。斗柄指向何方，风从何方来，逆于斗柄指向的风为实风。实风，又称正风、善风。实风、正风、善风的判断标准如下：

> 斗柄北指（冬至），北风为正。
>
> 斗柄东指（春分），东风为正。
>
> 斗柄南指（夏至），南风为正。
>
> 斗柄西指（秋分），西风为正。
>
> 柄指东北（立春），东北风为正。
>
> 柄指东南（立夏），东南风为正。
>
> 柄指西南（立秋），西南风为正。

柄指西北（立冬），西北风为正。

实风，是养人养万物的风。东风万物生，南风万物绿，西风万物萧，北风万物焦。

风与万物生长之间的对应关系，彝族文化描述得生动活泼，请看《土鲁窦吉·天地人生象》中的描述：

> 东方木行青，春由东方管，
>
> 东风吹过后，万物有生气；
>
> 南方火行赤，夏由南方管，
>
> 南风吹过后，万物绿油油；
>
> 西方金行白，秋由西方管，
>
> 西风吹过后，万物皆萧瑟；
>
> 北方水行黑，冬由北方管，
>
> 北风吹过后，万物皆枯焦。

彝族文化告诉人们，春夏秋冬一季一种风，四季四种风。一种风一种功能，四种风四种功能。春风万物生，夏风万物长，秋风万物熟，冬风万物藏。

以斗柄指向论实风，在世界民族之林中，有如此标准者，唯有我中华文化。这一标准，就记载在《灵枢·九宫八风》篇中。

其四，斗柄八指与八种虚风的判断。顺着斗柄指向而来的风为虚风。虚风，是伤人伤万物的风。虚风，又称邪风、贼风。

> 斗柄北指（冬至），南风为邪。
>
> 斗柄东指（春分），西风为邪。
>
> 斗柄南指（夏至），北风为邪。
>
> 斗柄西指（秋分），东风为邪。
>
> 柄指东北（立春），西南风为邪。
>
> 柄指东南（立夏），西北风为邪。
>
> 柄指西南（立秋），东北风为邪。
>
> 柄指西北（立冬），东南风为邪。

与斗柄指向相反180度的风为大邪风，实际上，偏离斗柄指向±45～90度的风均为邪风。

八种邪风八个名：冬至的南风为邪，名叫大弱风；夏至的北风为邪，名叫大刚风；春分的西风为邪，名叫刚风；秋分的东风为邪，名叫婴儿风；立春的西南风为邪，名叫谋风；立夏的西北风为邪，名叫折风；立秋的东北风为邪，名叫凶风；立冬的东南风为邪，名叫弱风。

邪风会伤人，八种邪风会伤及人的不同部位：冬至，大弱风伤害人体时，内则伤害到人体心脏，外则伤害到血脉，其气主热性疾病；夏至的大刚风伤人，内伤肾脏，外则伤骨；春分的刚风伤人，内伤肺脏，外伤害皮肤；秋分的婴儿风伤人，内伤肝脏，外伤筋；立春的谋风伤人，内伤害脾脏，外伤害肌肉；立夏的折风伤人，内伤小肠，多伤经脉；立秋的凶风伤人，内伤大肠，外伤害骨骼；立冬的弱风伤人，内伤胃腑，外伤肌肉。

其五，斗柄八指与风雨规律性的判断。斗柄的八指点，时令八节点。时令八节点，一是天文变化点，二是天气变化点。斗柄变化，天气变化，用《灵枢·九宫八风》篇中的话说是："太一移日，天必应之以风雨。"太一移日，实际上是太一从这一宫到下一宫的转换之日。这句话可以精确为："太一移宫之日，天必应之以风雨。"两宫交接点，天必应之以风雨。八节的交接点，是风雨发生点。《灵枢·九宫八风》篇中这一方法，与《周礼·地官》以"四时交会点"论"风雨交会点"的方法完全相同。所不同的是，《周礼》是以日影论四时，《灵枢》是以北斗论八节。

中华先贤还总结出这样一个规律：当日有雨，岁美而民安；交接点之前有雨，当年多雨；交接点之后有雨，当年多旱。

其六，斗柄下时空的统一。四时八节，属于时间；四面八方，属于空间；四面八方、四时八节统一在斗柄下，这就等于说，时间空间统一在斗柄下。

其七，斗柄循环往复与节令的循环往复。斗柄是循环的。斗柄循环，决定着节令的循环。循环终而复始。动，是绝对的。圆周之圆，是绝对的。

其八，岁的起点与终点。冬至，是太一游宫的起点，也是太一游宫的终点。北斗历，以冬至为起点，以冬至为终点。

太阳历同样是以冬至为起点，以冬至为终点的。请看以下三个例证：

例一，冬至，在《周髀算经》中，是二十四节气的起点，也是二十四节气的终点。

例二，冬至，在《汉书》中是岁的起点。《汉书·天文志》："岁始或冬至日。"

例三，冬至，在《后汉书》中是岁首。《后汉书·律历》："日影长则日远，天度之端也。日发其端，周而成岁。"又："岁首至也。"

其九，岁的时间长度。太一游八宫，其中六宫每一宫需要 46 天，有两宫需要 45 天，八宫即一岁的时间长度为：

$$(46×6)+(45×2)=366(天)$$

366 天，这个数据在《尚书·尧典》中出现过。《尚书》中的数据，是太阳历的数据，而《灵枢》中的数据，则是北斗历的数据。

3.《夏小正》记载的北斗历　《夏小正》，中华大地上现存最早的科学文献之一，为《大戴礼记》所收藏所记载。《大戴礼记·第四十七篇》即《夏小正》内容。

《礼记·礼运》："孔子曰：'我欲观夏道，是故之杞而不足征也，吾得夏时焉。'"《史记·夏本纪》中："孔子正夏时，学者多传夏小正云。"司马迁认为，孔子所指的夏时即夏小正。

《夏小正》出现了斗柄上指下指的记载：

正月……，斗柄悬在下。

六月，初昏斗柄正在上。

七月……，斗柄悬在下则旦。

太阳、月亮之外，研究北斗而且成历，在世界范围内，在笔者目前所掌握的资料中，只有我中华先贤。

4. 一点说明　需要说明的是，北斗斗柄指向所定出的八节与日影盈缩所定出的八节，在当时是近似或几近重合。在相当长的时间内，太阳回归的时间与斗柄循环旋转的时间是极其近似的。几千年过去了。历史证明，太阳回归与斗柄循环，所经历的时间是有差距的。这个时间差距，就是岁差。时间越长，岁差越大。时至今日，差距已经很大了。太阳历的冬至之日，北斗星斗柄并不是指向正北方。

（四）北斗历小结

北斗所蕴含的自然法则，在中华大地上，一是演化出北斗历，二是演化出九宫图，三是演化出中医文化。

以斗柄定寒暑，以斗柄定四时，以斗柄定八节，以斗柄定八风（八种正风，八种邪风），以斗柄定音律……一个北斗星斗柄，一系列的成果。这些成果，均具有永恒性，均具有常青性。

斗柄的圆周运动，《鹖冠子》称为"环流"。环者，圆也。环流者，圆周运动也。这里没有直线，所以也没有直线运动。所有的运动，均为圆周循环运动。

圆周循环，物极则反。所谓物极则反，就是从出发点出发再返回出发点。物极则反，本来是自然哲理，后又转化为人文哲理。

"日中见斗"一语，三次出现在《周易》经、传之中。

《周易》六十四卦的第五十五卦为丰卦。丰卦六二、九四两爻的爻辞中两次出现了"日中见斗"，《周易·象传》诠释丰卦又一次出现了"日中见斗"；认识斗，才有资格说斗；三次出现"日中见斗"，说明此时的中华先贤已经认识斗。斗，北斗也。

这里的"日中"一词，历史与现实中出现了三种解释：一是解释为中午，二是解释为春分，三可以解释为正南方。

"日中"一词，当然可以解释为中午。《周髀算经·陈子模型》："日中立竿测影，此一者，天道之数。"这里的"日中"，指的就是中午。

"日中"一词，还有一重意思——春分。《尚书·尧典》："日中，星鸟，以殷仲春"。这里的"日中"，指的就是春分。仲春，春三月的第二个月。仲春，春分的代名词。春分之日见到了北斗，春分的北斗，斗柄指向空间的正东方。

"日中"者，太阳在南中天也。《墨子·经上》："日中，正南也。"

在此，一定要记住"日中"一词的多重意义——既可以论中午，也可以论春分。

三、二十八宿历

二十八宿，在中华文化与中医文化中有着多重作用：一是坐标作用。观测太阳、月亮的运行，是以二十八宿为背景为坐标的。二是历法作用。二十八宿本身，也可以论节令。

二十八宿，在百年来的文化批判运动中，受到了"到底有没有"的质疑。实际上，二十八宿不仅华族有，彝族、苗族都有。不但书中有，地下文物同样有。

（一）地下的二十八宿

地下古墓中有两处发现了二十八宿：史前颛顼墓；战国时期的曾侯乙墓。

1. 颛顼墓中的第一龙、第一虎　1987 年夏，考古学家在濮阳仰韶遗迹中发现一座距今（6460±135）年的古墓（编号为 M45），其形状为南圆曲北方正，墓主人头南脚北，东西两侧有蚌壳组成的龙、虎——龙东虎西。龙，被称为"中华第一龙"。这里的"龙虎图"，被考古、天文两界的学者解释为天象图——龙为春龙，虎为秋虎。即二十八宿中的青龙、白虎两宿。

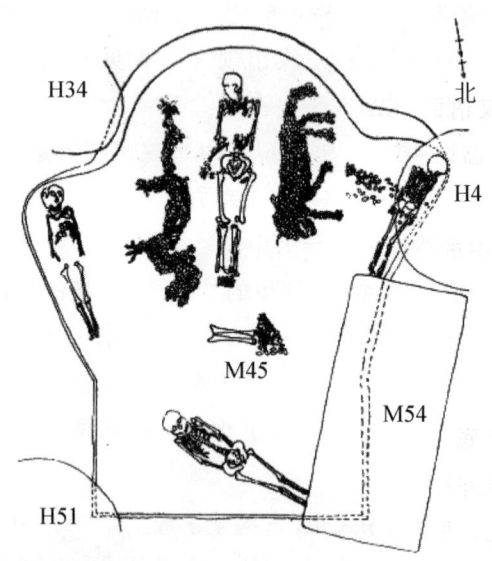

河南濮阳西水坡 M45 平面图

墓主人为谁？学界的共识为颛顼。

颛顼是谁？黄帝之孙也。

颛顼，《史记·五帝本纪第一》有如下介绍："黄帝崩，葬桥山。其孙昌意之子高阳立，是为帝颛顼也。帝颛顼高阳者，黄帝之孙而昌意之子也。静渊以有谋，疏通而知事；养材以任地，载时以象天，依鬼神以制义，治气以教化，絜诚以祭祀。北至于幽陵，南至于交趾，西至于流沙，东至于蟠木。动静之物，大小之神，日月所照，莫不砥属。"

这段文字，分四个层次介绍了颛顼。

一是身世。颛顼乃昌意之子，黄帝之孙。

二是品质。沉静稳练而有机谋，通达而知事理。

三是贡献。利用地利种植养殖，参照天象以划分四时，依顺鬼神以制定礼义，理顺天时以教化万民，洁净身心以祭祀鬼神。

四是教化范围。北至幽陵，南至交趾，西至流沙，东至蟠木。各种动物植物，大神小神，凡是日月照临的地方，全都平定，没有不归服的。幽陵、交趾、流沙、蟠木，这是颛顼教化所涉及的四方领域。

以上关于颛顼的内容，悉数出现在彝族学者龙正清先生的大作中，龙正清先生在其大作《彝族先天八卦历法简析》一文中介绍，彝族继承的天文历法是颛顼历。——彝族以颛顼为先贤，以继承颛顼文化为荣。

"帝高阳之苗裔兮，朕皇考曰伯庸。"这是屈原在《离骚》开篇处写下的一句话，现代汉语的意思是："我是帝高阳的后代子孙，我伟大的父亲名字叫伯庸"。帝高阳，就是颛顼。——屈原以颛顼为祖先，以颛顼后裔为荣。

2. 曾侯乙墓中的二十八宿　颛顼墓中的龙虎，是形象的图画而不是文字。

地下有没有文字明确记载的二十八宿呢？有！曾侯乙墓中有文字明确记载的二十八宿。

对二十八宿到底"有没有"的质疑，销声于曾侯乙墓的发现。1978年，在湖北省随县发现并挖掘了一座战国早期的古墓。古墓的主人为诸侯小国曾国国君，名字叫乙，所以这座墓被称为曾侯乙墓。墓中出土一件漆箱盖的面上，中心位置上是大"斗"字，环绕"斗"字有一圈的是二十八宿的名称，箱盖面两端绘有青龙、白虎的图像。这里既有文字的记载，也有形象的龙虎图形。

曾侯乙墓中的漆箱告诉世人这样一个重大事实：中华大地上有二十八宿。

曾侯乙墓中的漆箱箱盖

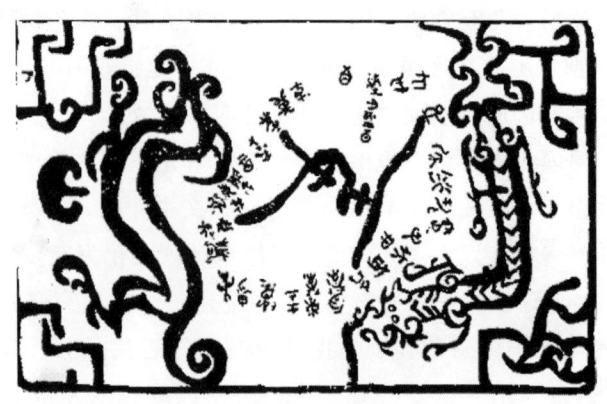

漆箱箱盖描绘图

（二）书中的二十八宿

二十八宿，彝族典籍中有记载，水族典籍中有记载，苗族古歌里有记载，华夏文献中有记载，依次介绍如下：

1. 水族二十八宿　水族文化中有二十八宿！

研究二十八宿，水族先贤留下了极其重要的成果。水族二十八宿一可以用于纪时（纪年、纪月、纪日、纪时），二可以用于预报天气，三可以预测丰年与灾年。摘其要者，简介如下：

（1）诗歌：在笔者所收集到的资料中，唯有水族同胞将二十八宿编成了诗歌。请看下面一首题目为《三元宿象大定》的诗歌：

　　二十八宿玄机中，亨通喜好与人同。

　　牛宿用于制被褥，蜂日且宜建畜棚。

　　一宿一星天地应，一宿一命鬼人从。

　　万般艰难无求有，九转阴阳辱还荣。

A 宿出现时缝制被褥，B 宿出现时构建牛棚，一宿按照一种生产，一宿按照一种生活。天人合一，合在生产生活与二十八宿对应中。

（2）七元历：十二支与二十八宿之间有一个对应关系，这一点是彝族、苗族、水族、华族二十八宿历共同拥有的。但唯有水族同胞保留了一种"七元历"。

所谓七元历，就是甲子与二十八宿对应配合的历。一个甲子基数为 60，二十八宿之数是 28，两者之间的最小公约数是 2，两者之间的最小公倍数是 420。

$$420 \div 60 = 7$$

按照甲子与二十八宿对应，对应七次即 420 天，这就是水族七元历。

（3）干支对应：七元历的基础是干支与二十八宿的对应，两者如何对应，请看水族文化的解释：

甲子（虚）、乙丑（危）、丙寅（室）、

丁卯（壁）、戊辰（奎）己巳（娄）、

庚午（胃）、辛未（昴）、壬申（毕）、

癸酉（觜）

甲戌（参）、乙亥（鬼）、丙子（井）、

丁丑（柳）、戊寅（星）、己卯（张）、

庚辰（翼）、辛巳（轸）、壬午（角）、

癸未（亢）

甲申（氐）、乙酉（房）、丙戌（心）、

丁亥（尾）、戊子（箕）、己丑（斗）、

庚寅（牛）、辛卯（女）、壬辰（虚）、

癸巳（危）

甲午（室）、乙未（壁）、丙申（奎）、

丁酉（娄）、戊戌（胃）、己亥（昴）、

庚子（毕）、辛丑（觜）、壬寅（参）、

癸卯（井）……

以下以此类推。虚宿，是干支与二十八宿对应的起始点。

敬请注意：干支与二十八宿之间存在着对应关系。这一点，是华族文化、彝族文化、苗族文化的共同点。

（4）大三元：所谓大三元，就是将二十八宿历分为上、中、下三元。上元、中元、下元每元之中又含 7 个小元，每个小元含 60 年，三元一共 1260 年。

$$60×7×3 = 1260（年）$$

下面摘录水族二十八宿历中一元（下元）的内容，供读者鉴赏：

第一元甲子　起宿　虚　1984 年

第二元甲子　起宿　奎　2044 年

第三元甲子　起宿　毕　2104 年

第四元甲子　起宿　鬼　2164 年

第五元甲子　起宿　翼　2224 年

第六元甲子　起宿　氐　2284 年

第七元甲子　起宿　箕　2344 年

2044 - 1984 = 60（年）

2104 - 2044 = 60（年）

2164 - 2104 = 60（年）

……

2344 - 2284 = 60（年）

这里可以清晰看出，一大元含 7 小元，每个小元含 60 年，一大元共有 1260 年。

第一个甲子年，对应虚宿；第二个甲子年，对应奎宿，对应有着严格的规定性。

试想一下，如果没有精细的天文观测，没有精细的人工计算，会作出如此的精密排布吗?!

大三元的作用，是用之于纪年。

（5）纪月纪日：水族二十八宿历，还可以用以记月、纪日、纪时。

纪月、纪日、纪时"如何纪"的讨论，本文不再讨论。毫无疑问，标志宿的选择应该是最重要的。

利用标志宿先确定正月，然后再依次确定二月、三月、四月、五月、六月、七月、八月、九月、十月、十一月、十二月。

同样的道理，利用标志宿先确定"何日是初一""何时是子时"。

（6）禁忌：二十八宿历，有非常明确的禁忌：年的禁忌，月的禁忌，日的禁忌。

禁忌之年，不宜"如何如何"。

禁忌之月，不宜"如何如何"。

禁忌之日，不宜"如何如何"。

禁忌内容的解释，站在今天的立场上看，肯定有迷信的内容。

问题是：禁忌的原始意义到底是什么呢？

天文异常，肯定有天气异常；天气异常，肯定有对人不利的一面。不利于生产，不利于生活。对人不利的一面，先贤称为"凶"。

禁忌，原始意义应该在天文异常与天气异常上。无限夸大禁忌的领域，应该属于文化的变质。

（7）干支揭示出的规律：十天干分五奇五偶，甲丙戊庚壬五干为奇，乙丁己辛癸五干为偶。水族文化以五奇干与十二地支第一支子配合，解答了丰年灾年的基本规律。请看下面事关丰年灾年预报的一首歌：

　　　甲子交春是丰年，

　　　丙子交春多旱田，

　　　戊子交春犯虫灾，

　　　庚子交春乱事连，

　　　壬子交春水涛天。

甲丙戊庚壬为十天干中的五奇干，子为十二地支中的第一支，交春为春季第一天的立春，五奇干对应第一支背景下的立春，为何会揭示天气旱涝的规律？

回顾一下《诗经》中的"月离于毕，俾滂沱矣"的诗句，就可以得出答案。干支与二十八宿之间的对应关系，是干支能够揭示天气旱涝规律的根本原因。

（8）清明节风向揭示出的规律：水族先贤利用清明节这一天的风向，会预报出一年之内的旱涝规律。

清明节这天，如果风从东方来，这一年为丰年；

清明节这天，如果风从南方来，这一年有旱灾；

清明节这天，如果风从西方来，这一年不太平；

清明节这天，如果风从北方来，这一年必有涝灾。

以清明节一天的风向，决定着丰年与灾年，如此之论可靠吗？

可靠！

这涉及到中华文化的系统论。

尝一口汤，是不是可以知道一锅汤的味道？

见一瓶水结冰，是不是可以知道冬天的来临？

针经《灵枢》中有"一日分四时"之论。所谓一日分四时，就是一日之内的子午卯酉四时可以论一年中的春夏秋冬——卯时论春，午时论夏，酉时论秋，子时论冬。

针经《灵枢》中还有以正月初一的风向论四时风向的论述："正月朔日，日中北风，夏，民多死。正月朔日，夕时北风，秋，民多死。终日北风，大病死者十有六。"朔日，初一也。日中，中午也。正月初一中午刮北风，会引起夏季的死亡。请看，这里的正月初一中午对应的是夏季。正月初一中午刮北风，预示着夏季的气候会异常。异常到什么程度？会引起"民多死"的后果。夕对应秋。正月初一黄昏时刮北风，预示着秋季的气候会异常。异常到什么程度？会引起"民多死"的后果。如果正月初一整天刮北风，会引起"十病六死"的严重后果。

正月初一气候温和且不起风，这是丰收年景的先兆，粮价贱，人也少病。正月初一，天气寒冷而有风，这是歉收年景的先兆。天气异常，物有病，人也会有病。

此处，笔者关注的问题有四：预报天气，水族与华族持同一方法论，这是其一。以一个节令论一年的气候，水族与华族持同一系统论，这是其二。以天文论天气，水族与华族的方法论具有长青意义，这是其三。最为关键是问题是：这种系统论在今天还能不能发挥出新的作用？

水族二十八宿星名表

动物图形	意译星名	对应西方星名	动物图形	意译星名	对应西方星名
〰	蛇	巨蟹	🐉	猪	飞马
~	蚯蚓	乌鸦	〰	鱼	双鱼
🦐	蟹	室女	🐚	螺	白羊
🦐	龙	天秤	🐕	狗	白羊
🦐	貉	天秤	🐢	雉	白羊
🦐	兔	天蝎	🐄	鸡	金牛
⊘	日	天蝎	🐄	鸟	金牛
♋	虎头	天蝎	🌿	猴	猎户
🐱	豹头	人马	🐦	獭	猎户
⊃⊂	蝎	人马	🐊	鹅	双子

续表

动物图形	意译星名	对应西方星名	动物图形	意译星名	对应西方星名
	牛头	摩羯		鬼	巨蟹
	女人	宝瓶		蜂	长蛇
	鼠	宝瓶		马	长蛇
	燕	飞马		蛛蛛	长蛇

2. 苗族二十八宿 苗族文化中有二十八宿!

苗族二十八宿,主要保留在民间口口相传的传统之中。

笔者此处介绍的是:黔东南苗族同胞保留的二十八宿历。二十八宿配十二物象,是黔东南苗族的口头历。十二物象,即汉族的十二生肖。苗族二十八宿以雷宿为序首,苗族十二物象以鼠为序首。下面依次介绍的内容有:苗族二十八宿星名;苗族十二物象;十二物象与二十八宿的对应。

(1)苗族二十八宿星名:①雷(雷鸟);②大龙;③竹鼠;④狸猫;⑤蝴蝶;⑥虎;⑦豹;⑧螃蟹;⑨水牛;⑩女;⑪鼠;⑫燕;⑬猪;⑭小龙;⑮螺蛳;⑯狗;⑰雉;⑱鸡;⑲鹰;⑳猿猴;㉑水獭;㉒天鹅(又称天狗);㉓羊;㉔蚂蜂;㉕马;㉖蜘蛛;㉗进蛇;㉘蚯蚓。

(2)苗族十二物象:①子鼠;②丑牛;③寅虎;④卯猫(兔);⑤辰龙;⑥巳蛇;⑦午蚕(马);⑧未羊;⑨申猴;⑩酉鸡;⑪戌狗;⑫亥猪。

(3)物象与星宿相配历:岁月日时之历法,苗族称为"诶进"。贵州苗族学者李国章先生告诉笔者:苗族将公鸡称为"诶","进"苗语中有慢慢爬行之义。太阳中的黑影,苗族解释为母鸡。地上的公鸡一叫,太阳中的母鸡才会出来。太阳出来了,慢慢在天上爬行。苗语"诶进"有三重意思:"公鸡叫母鸡才会出来"为第一重意思;"公鸡叫太阳才会升起"为第二重意思;隐喻天文历法是其第三重意思。

十二物象与二十八宿对应之历法如下:①虎进雷;②猫大龙;③龙竹鼠;④蛇狸猫;⑤蚕蝴蝶;⑥羊进虎;⑦猴进豹;⑧鸡螃蟹;⑨狗水牛;⑩猪进女;⑪鼠进鼠;⑫牛进燕;⑬虎进猪;⑭猫小龙;⑮龙螺蛳;⑯蛇进狗;⑰蚕进雉;⑱羊进鸡;⑲猴进鹰;⑳鸡猿猴;㉑狗水獭;㉒猪天鹅;

㉓鼠进羊；㉔牛蚂蜂；㉕虎进马；㉖猫蜘蛛；㉗龙进蛇；㉘蛇蚯蚓；㉙蚕进雷；㉚羊大龙；㉛猴竹鼠；㉜鸡狸猫；㉝狗蝴蝶；㉞猪进虎；㉟鼠进豹；㊱牛螃蟹；㊲虎水牛；㊳猫进女；㊴龙进鼠；㊵蛇进燕；㊶蚕进猪；㊷羊小龙；㊸猴螺蛳；㊹鸡进狗；㊺狗进雉；㊻猪进鸡；㊼鼠进鹰；㊽牛猿猴；㊾虎水獭；㊿猫天鹅；51龙进羊；52蛇蚂蜂；53蚕进马；54羊蜘蛛；55猴宿蛇；56鸡蚯蚓；57狗进雷；58猪大龙；59鼠竹鼠；60牛狸猫；61虎蝴蝶；62猫进虎；63龙进豹；64蛇螃蟹；65蚕水牛；66羊妇女；67猴进鼠；68鸡进燕；69狗进猪；70猪小龙；71鼠螺蛳；72牛进狗；73虎进雉；74猫进鸡；75龙进鹰；76蛇猿猴；77蚕水獭；78羊天鹅；79猴进鬼；80鸡蚂蜂；81狗进马；82猪蜘蛛；83鼠进蛇；84牛蚯蚓。

二十八宿历，苗族同胞用三字排的表述方式：虎进雷鸟宿，简写为虎进雷；猫进大龙宿简写为猫大龙。其他如此类推。虎进雷、猫进大龙，按苗语亦可记为寅进雷、卯大龙。

凡"a 进 b"或"c 进 d"这种句式，所讲的都是两者的对应关系，即"a 对应于 b"或"c 对应于 d"。苗族文化中的"虎进雷"，与《诗经》中的"月离于毕"相似。苗族十二物象中的猫，汉族十二属相中的兔。汉族十二属相以鼠为首，苗族同胞十二物象以虎为首。

物像（生肖）一十二，宿二十八，一个生肖对应一宿是一天，问题是朔望月大月 30 天，小月 29 天，大小月的对应构不成整数，苗族先贤创造出一种特殊的二十八宿历——"八十四诶进"。十二物像循环七轮，二十八宿循环三轮，这样形成完整而完美的配合。

12 与 28 的最小公倍数为 84。

找出 84 这一最小公倍数，说明什么？说明苗族先贤高超的求证能力。

苗族学者李国章先生说，"八十四诶进"可以表述太阳历，也可以表述月亮太阴历。表述太阳历，苗族诶进可以揭示出十二物像、二十八宿、地球与太阳运行在空间构成递进三角空间变化。表述太阴历，同样可以揭示出十二物像、二十八宿、地球亦与月亮运行在空间构成递进三角空间变化。

虎进雷的起始点对应于立春。

（4）苗族二十八宿的功能：在苗族文化中，二十八宿的功能是多方面的：其一，观测太阳、月亮运行的坐标；其二，确定春夏秋冬四时的坐标；其三，预报天气、天灾的坐标；其四，纪年、纪月、纪日的历。

3. 彝族二十八宿　彝族文化中有二十八宿！

（1）彝族二十八宿的记载：记载二十八宿的彝族典籍，笔者收集到的有《爨文丛刻》《彝族源流》《西南彝志》《物始纪略》。

（2）彝族二十八宿的名字：天文学中有二十八宿，彝族同胞认识是一致的。具体星宿的命名，彝族同胞并没有统一：四川凉山彝族有自己的命名，云南楚雄彝族也有自己的命名，命名大同而小异。

先请看《彝族源流》记载的二十八宿。《彝族源流·第七卷》中有一篇《论二十八宿》的专论。请看原文：

二十八宿星，

在眼前今天，

跟随明月亮，

普照在地上，

凡间的人们，

结婚要测它，

造屋推算它，

样样都顺利，

祭祀要测它，

凡事都如意，

人们这样说。

二十八宿星，

一旦说出来，

各有其名称；

时首星，

名叫金画眉；

丰满星，

名叫猫头鹰；

日头星，

名叫青豹子；

日手星，

名叫萤火虫；

日腰星，

名叫红豹子；

日尾星，

名叫青狼子；

停雪星，

名字叫蟋蟀；

晒雪星，

名字叫蚂蚱；

雪树枝星，

名字叫蜗牛；

雪树果星，

名叫白蝴蝶；

长颈星，

名字叫白鹤；

露丛星，

名字叫红牛；

露群星，

名叫白獐子；

豹角星，

名字叫青狐；

豹眼星，

名叫红蝙蝠；

豹嘴星，

名叫青蝙蝠；

豹腰星，

名字叫红豺；

豹脊星，

名叫青杜鹃；

豹尾星，

名字叫黑鼠；

有记星，

名叫红獐子；

雄刺猬星，

　名叫灰老鹰；

龙曲星，

　名叫黑獐子；

神树枝星，

　名字叫白猿；

神树果星，

　名叫公绵羊；

神树干星，

　名叫红猴子；

天风星，

　名字叫玄鸟；

太阴星，

　名叫黄獐子；

山羊眼星，

　名叫花獐子。

二十八宿星，

　颗颗有名称，

　就是这样的。

《彝族源流》中的二十八宿，以金画眉为第一宿。第一宿定为时首星。

《彝族源流》中的二十八宿，堪称动物园。

金画眉、白鹤、青杜鹃、玄鸟，这些是鸟。

青豹子、红豹子、白獐子、红獐子、黑獐子、黄獐子、花獐子、青狼子、青狐、红豺，这些是兽。

萤火虫、蟋蟀、蚂蚱、蜗牛，这些是昆虫。红猴子、白猿，则是人兽之间的灵长类动物。

红蝙蝠、青蝙蝠，这是鸟兽之间的两栖动物。

猫头鹰、灰老鹰，这是猛禽。

红牛、公绵羊，则是家畜。

豹眼、豹嘴、豹腰、豹脊、豹尾，这里有一只完整的豹子。完整的豹子，由五宿所组成。

树枝、树果、树干，这里有一棵树。树由三宿所组成。

《物始纪略》记载的二十八宿，相同于《彝族源流》的记载，这里不再引用。

再请看《爨文丛刻》记载的二十八宿。《爨文丛刻·玄通大书·下卷》记载了二十八宿，篇幅相当大。彝族二十八宿的汉译名为：

角木蛟、亢金龙、底土貉、房日兔、心月狐、尾火虎、箕水豹、斗木蟹、牛金牛、女土蝠、虚日鼠、危月燕、室火猪、壁水貐、奎木狼、娄金狗、胃土雉、昴日鸡、毕月乌、咀火猴、参水猿、井木犴、鬼金羊、柳土獐、星日马、张月鹿、异火蛇、轸水蚓。

《彝族源流》中的二十八宿，是用彝语命名的，《爨文丛刻》中的二十八宿则与华夏二十八宿进行了对应。

（3）彝族二十八宿图：《爨文丛刻·玄通大书·下卷》出现了一幅彝族二十八宿图，供读者鉴赏。

彝族典籍《爨文丛刻》中的二十八宿图

（4）彝族二十八宿的作用：彝族文化中有二十八宿历！

天文二十八星宿，人文二十八宿历。

彝族文化中的二十八宿，其作用是多方面的。纪日，是彝族二十八宿的第一作用；纪月，是彝族二十八宿的第二作用；本文先从这两个作用谈起。

纪日，一宿纪一日。二十八宿，在天体中组成一个大圆。月亮运行，每天会与二十八宿中的一宿发生对应关系。以月亮对应昴宿（昴日鸡）为第一天。昴宿，云南彝族同胞称为鸡窝星。月亮对应昴宿为一月的第一天，这是一月的起点。然后，月亮做圆周运动，每一天对应一宿，与二十八宿——进行对应。对应一宿是一日。纪日之标志，这是二十八宿的第一作用。

纪月，一周纪一月。从昴宿到胃宿（云南彝族同胞称胃宿为时尾星），一共二十八宿。二十八宿，一个天体大圆。月亮每晚对应一宿，运行一周，需要28天。以二十八宿为这个天体大圆标志，出现了28天（27天）的恒星月。纪月之标志，这是二十八宿的第二作用。恒星月长短变化的规律，彝族文化有如是记载：两个27天，一个28天，如此循环，恒星月平均27.32天。此处应该记住的是：恒星月不同于朔望月。

判断节令的开始。二十八宿中有时首星与时尾星两宿。时首星可以判断一月的开始，可以判断一季的开始。例如，早晨和晚上，每当时首星出现在南中天，就是彝族同胞的星回节（火把节）。时首星对应汉族的织女星，时尾星对应汉族的牛郎星。判断节令的首尾，这是二十八宿的又一功能。

纪年的标志星。彝族学者阿苏大岭先生，在其大作《破译千古易经——兼论彝汉文化的同源性》中，有关于彝族二十八宿的专论。专论中提到二十八宿可以作为标志性纪年：

> 甲子年，岁值星为 A 宿；
>
> 乙丑年，岁值星为 B 宿；
>
> 丙寅年，岁值星为 C 宿；
>
> 丁卯年，岁值星为 D 宿；
>
> ……

以此类推，一直推到一个甲子周期。

一个甲子60年。28与60的最小公倍数是420，实际上，二十八宿与甲子周期的完美对应，需要420年。

二十八宿还有预测风雨，预测丰年灾年的功能，在《爨文丛刻·玄通大书》中可以看到以下的内容：

> 某宿出现时，冬月天雨；
>
> 某宿出现时，牛马满山；

某宿出现时，财富粮足；

某宿出现时，稼穑枯萎；

某宿出现时，宜于栽树……

显然，二十八宿有预报天气的功能，有预报丰年灾年的功能。

某宿出现时，宜于建屋，宜于婚丧嫁娶；某宿出现时，不宜于建屋，不宜于婚丧嫁娶……

显然，二十八宿介入了生活领域，成了"应该做什么，不应该做什么"的判断标准。

4. 华夏文化中的二十八宿　中原华夏文化中有二十八宿！

（1）《尚书》记载的二十八宿：《尚书·尧典》云"星鸟，以殷仲春。星火，以正仲夏。星虚，以殷仲秋。星昴，以正仲冬"。

《尚书·尧典》中，实际上已经出现了二十八宿：

确定仲春的鸟星，是南方朱雀七宿的简称。

确定仲夏的火星，是东方苍龙七宿之一。

确定仲秋的虚星，是北方玄武七宿之一。

确定仲冬的昴星，是西方白虎七宿之一。

确定四仲（春分秋分，冬至夏至），太阳是第一坐标，二十八宿是第二坐标。

（2）《周礼》记载的二十八星：一部《周礼》，两次出现了"二十八星"之说，而且是和历法并列出现的。请看以下两个论断。

其一，《周礼·春官》："冯相氏掌十有二岁，十有二月，十有二辰，十日，二十有八星之位，辨其叙事，以会天位。"

其二，《周礼·秋官》："硩蔟氏掌覆夭鸟之巢。以方书十日之号，十有二辰之号，十有二月之号，十有二岁之号，二十有八星之号……"

其三，《周礼·冬官考工记》："弓二十有八，以象星也。"

《周礼》中的"二十有八星"，实际上就是二十八宿。十二岁、十二月、十二辰、十日，显然是指岁、月、日、时的历法。二十八星与历法并列出现，显然关乎历法。

一系列的"十二"与二十八宿之间如何对应？这涉及到一种天文历法。

12与28两者之间的最小公倍数为84。与84这个数字相关的历，汉族已经失传，但苗族同胞还有保留，前面已经讨论过这一问题。

《诗经》记载的二十八宿。《诗经》中的二十八宿不是整体出现的，而是单独出现的。它们的作用在天气预报。以二十八宿为坐标，既可以进行中长期预报，又可以进行短期准确的预报。

（3）《诗经》记载的二十八宿：《诗经·豳风·七月》云"七月流火，九月授衣"。流火之火，亦称大火，指的是二十八宿中的心星。从地球上观测，心星一直处于运动状态，春天在东，夏天在南，秋天在西，冬天在北。心星之动，实际原因在地球之动，在地球的公转与自转。农夫一旦发现心星西移，就知道应该准备御寒的衣服了。农夫以心星为坐标所进行的天气预报，是中长期天气预报。

《诗经·小雅·渐渐之石》："月离于毕，俾滂沱矣。"月，即月球。毕，即毕星，西方白虎七宿中的第五宿。离，通丽，靠近之义。当月球靠近毕星时，地球上观测区内就会出现大雨滂沱的天气。《渐渐之石》之诗，出于一位戍卒之口。戍卒，今天的战士。滂沱之雨，大雨也。能预报出磅礴大雨，属于精确的天气预报。战士以毕星为坐标的天气预报，是短期内的精确预报。

（4）《黄帝内经》记载的二十八宿：二十八宿，是在针经中出现的。针经者，《黄帝内经·灵枢》也。针经中的二十八宿，是论证经脉之气圆周运行的坐标。

《灵枢·五十营第十五》："天周二十八宿，宿三十六分，人气行一周，千八分。日行二十八宿，人经脉上下、左右、前后二十八脉，周身十六丈二尺，以应二十八宿。"

二十八宿在天体之中，经脉在人体之中；天体中的二十八宿为椭圆，人体中的经脉实际上也是椭圆；天体运动为圆运动，经脉之气运动同样为圆运动；日月循环以二十八宿为坐标，经脉之气循环同样以二十八宿为坐标。营，为营运循环。五十，为营运循环之数。针经讲五十营，讲的是经脉之气白天运行二十五周次，在黑夜运行也是二十五周次，昼夜之间循环运行五十周次。经脉之气运行五十周次之后，会合于手太阴肺经的寸口之处。

《灵枢·卫气行第七十六》："岁有十二月，日有十二辰，子午为经，卯酉为纬，天周二十八宿，而一面七星，四七二十八星，房昴为纬，虚张为经，是故房至毕为阳，昴至心为阴，阳主昼，阴主夜。"卫气，护卫人体之气。饮食入胃，消化之后化为气血。气一分为二化为营气与卫气，营气行于经脉，卫气行于皮肤。护卫人体，抵御着外邪的侵入。卫气，相当于西医所讲的"免疫力"。卫气是运动的！卫气运动，为圆周运动。圆周运动的参照坐标是二十八宿。二十八宿摆布形式为椭圆，椭圆一分为二，一半为阴一半为阳，这里也是昼夜形成的参照坐标。卫气运行，昼入阳经夜入阴经。卫气入阴入阳的标志在眼睛。卫气入阴，眼睛开始犯困，这就是晚上睡眠的原因。卫气入阳，眼睛开始睁开，这就是早上苏醒的原因。

《黄帝内经》中的二十八宿，是论证经脉之气"如何运行"的坐标，是论证卫气"如何入阴，如何入阳"的坐标。

不认识天文，能认识经络吗?!

不认识天文历法，能读懂针经吗?!

不懂天文历法，能读懂中医文化吗?

（5）《逸周书》记载的二十八宿：《逸周书·周月》云"唯一月既南至，昏，昴、毕见，日短极，微阳动于黄泉，阴降惨于万物"。

《逸周书》中的一月，是今天冬至所在的十一月。《史记·历书》："夏正以正月，殷正以十二月，周正以十一月。"正，正的是岁首之月，即确定某一月为一岁之首。周朝以十一月为正月。正月，也就是新年开端的一月。

这句话的意思是：一月冬至过后，黄昏时，二十八宿中的昴星、毕星现于中天，一年之中这一天的白昼短到了极点。地下阳气微微发动，阴气开始从根部离开万物，而地表阴气依然惨烈。

二十八宿在天上，阴阳（寒暑）二气在地表，但是两者之间的变化存在着对应关系。天文变化决定着地面上的寒暑变化。一朵小花的开放与枯萎，一个小蚯蚓的睡眠与苏醒，小鱼、小虾的繁殖与成长，均与天文变化有着亲密的关系。

《逸周书》中的二十八宿有两大功能：一是可以确定哪一天是冬至，二是可以确定阳气的萌动。

在《逸周书》中，昴、毕两宿是确定冬至的标志星。

（6）《礼记》记载的二十八宿：《礼记·曲礼上》云"前朱雀而后玄武，左青龙而右白虎"。

前朱雀后玄武，左青龙右白虎，《礼记》中的二十八宿进入了仪仗队，而《礼记·月令》中的二十八宿，则是观测太阳视运动的坐标。

（7）《吕氏春秋》记载的二十八宿：完整二十八宿是在《吕氏春秋》中出现的。

《吕氏春秋·有始》："何谓九野？中央曰钧天，其星角、亢、氐；东方曰苍天，其星房、心、尾；东北曰变天，其星箕、斗、牵牛；北方曰玄天，其星婺女、虚、危、营室；西北曰幽天，其星东壁、奎、娄；西方曰颢天，其星胃、昴、毕；西南曰朱天，其星觜巂、参、东井；南方曰炎天，其星舆鬼、柳、七星；东南曰阳天，其星张、翼、轸。"

稍加整理，可以整理出二十八宿与空间九野的对应关系：

中央钧天对应角、亢、氐三宿；

东方苍天对应房、心、尾三宿；

东北变天对应箕、斗、牵牛三宿；

北方玄天对应婺女、虚、危、营室四宿；

西北幽天对应东壁、奎、娄三宿；

西方颢天对应胃、昴、毕三宿；

西南朱天对应觜巂、参、东井三宿；

南方炎天对应舆鬼、柳、七星三宿；

东南阳天对应张、翼、轸三宿。

中央钧天、东方苍天、东北变天、北方玄天、西北幽天、西方颢天、西南朱天、南方炎天、东南阳天，天体中的九天，空间中的九野，上有九天，下有九野；天体空间与大地空间的对应是中华文化的基本点。

"豫章故郡，洪都新府。星分翼轸，地接衡庐。襟三江而带五湖，控蛮荆而引瓯越。"不理解二十八宿与大地九州的对应关系，无法读懂王勃的《滕王阁序》。

九野配二十八宿图

与九州的对应，就是与空间的对应；与东西南北四方的对应，仍然是与空间的对应。二十八宿与东西南北四方的具体关系如下。

东七宿（苍龙）：角、亢、氐、房、心、尾、箕。

西七宿（白虎）：奎、娄、胃、昴、毕、觜、参。

南七宿（朱雀）：井、鬼、柳、星、张、翼、轸。

北七宿（玄武）：斗、牛、女、虚、危、室、壁。

二十八宿与四方的对应，地下的记载在濮阳颛顼墓中，墓中东龙西虎所保留的就是这种对应方式。

东苍龙、西白虎、南朱雀、北玄武，四方对应四象，如此对应方式延续于汉代文献，延续于历代文献。

二十八宿本身是一个椭圆，这个椭圆可以将月球圆周运动定量化。《吕氏春秋·圆道》有如下记载："月躔二十八宿，轸与角属，圜道也。"

躔，日月运行的专用词。日躔、月躔，指的是日月在天体的运行轨迹或运行对应点。《吕氏春秋》论躔，论的是月亮与二十八宿某一宿的对应。

（8）《孙子兵法》记载的二十八宿：《孙子兵法·火攻第十二》云"发火有时，起火有日。时者，天之燥也。日者，月在箕、壁、翼、轸也。凡此四宿者，风起之日也"。

火攻，是战争中取胜的一个重要手段。《三国演义》中的诸葛亮最善于以火取胜。"火烧博望""火烧新野""火烧赤壁""火烧藤甲军"，都是诸葛亮以火取胜的战例。当然，演义不是历史，演义讲的是故事。孙子讲的不是故事而是军事哲理。战争中用火攻，必须看天文条件是否允许。火攻的天文条件就是月亮与箕、壁、翼、轸四宿的对应之日。

箕宿，是东方苍龙七宿的第七宿。

壁宿，是北方玄武七宿的第七宿。

翼宿，是南方朱雀七宿的第六宿。

轸宿，是南方朱雀七宿的第七宿。

月亮与此四宿对应之日，是有风之日。"风高放火天"是以"懂不懂"天文为前提的。"不懂天文不足以为将"，这是《孙子兵法》留下的基本标准。

（9）《鹖冠子》记载的二十八宿：《鹖冠子》一书中有苍龙、朱雀、白虎、玄武天文四象的记载。《鹖冠子·天权》："取法于天，四时求象。春用苍龙，夏用朱鸟，秋用白虎，冬用玄武。"四象为天文，天文四象主宰着春夏秋冬四时。

《鹖冠子·环流》以斗柄依据定四时，《鹖冠子·天权》以二十八宿为依据定四时，同样的春夏秋冬四时，《鹖冠子》采用两个论证依据。

（三）简评二十八宿

二十八宿，是中华先贤所研究所重视的主要对象。在民族大家庭中，多个民族的文化中，都有二十八宿的记载。

疑古思潮中，对二十八宿持否定、持外来说的观点，都是站不住脚的。

观测与研究二十八宿，除了天文历法的成果之外，还产生一系列成果，择其要者展示如下：

1. 天体大圆　在相互独立的宿与宿之间，中华先贤建立一个必然的联系天体大圆。本来各自独立的二十八颗星星，在天体大圆中联系到了一起。

天体大圆一半显现于天上，一半隐藏于地下。天体大圆，循环不已。循环一周，即是一岁。

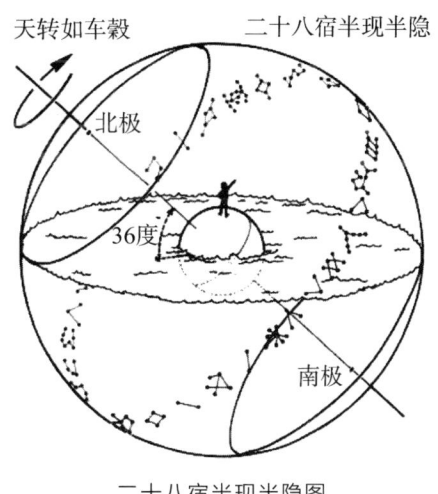

二十八宿半现半隐图

日影循环，斗柄循环，二十八宿大圆循环，在中华先贤的视野中，天体是动态的，天体之动是圆周循环运动。

2. 间距　宿与宿之间是有距离的。每宿之间的距离是不等的。《汉书·律历志》记载了二十八宿之间的距离，摘录如下：

角十二。亢九。氐十五。房五。心五。尾十八。箕十一。

东七十五度。

斗二十六。牛八。女十二。虚十。危十七。营室十六。壁九。

北九十八度。

奎十六。娄十二。胃十四。昴十一。毕十六。觜二。参九。

西八十度。

井三十三。鬼四。柳十五。星七。张十八。翼十八。轸十七。

南百一十二度。

东西南北四方的度数相加，得出的度数为：

75+98+80+112＝365（度）

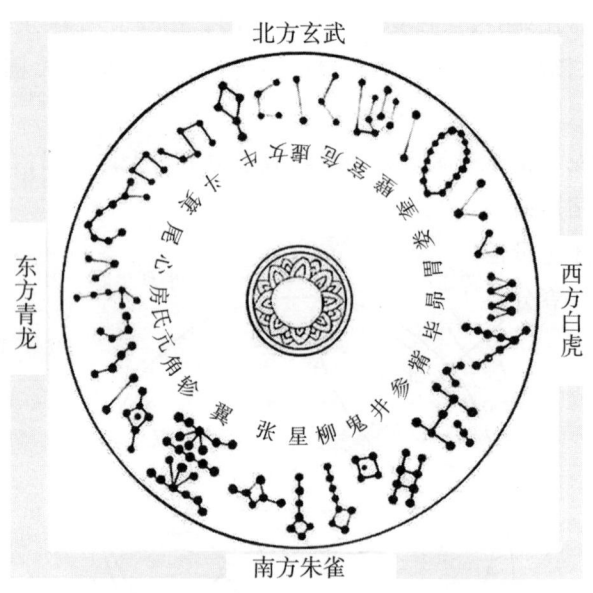

河北宣化墓出土辽代二十八宿星图

宿距组成的天体大圆，《汉书》中的数据是 365 度。

3. 两个作用　二十八宿，有两大作用：一是坐标；二是分辨四时。

先谈坐标作用。宿，又称舍。《史记·天官书》："二十八舍主十二州。"宿与舍，两者合称可称为宿舍。二十八宿，二十八座宿舍。

昼有太阳，夜有月亮。每一个昼夜的太阳月亮，都会对应于二十八星宿中的某一宿。中华先贤形象地称日月住进了某一宿、某一舍。《礼记·月令》、《吕氏春秋·十二纪》中的"日在 A""日在 B""日在 C""日在 D"，其中的 A、B、C、D 即是二十八宿的某一宿。"日在 A"，即以 A 为坐标确定此日太阳所处的位置。——此时此处的二十八宿，所起的是坐标作用。

分辨四时的作用。《尚书·尧典》中的鸟星、火星、虚星、昴星所辨别的是"四仲"——春分秋分，冬至夏至。《鹖冠子》中的苍龙、白虎、朱雀、玄武区分出的是春夏秋冬。此时此处的二十八宿，所起的作用是辨别四时。

4. 大圆中的"十"字坐标　大圆中的"十"字坐标，出于《灵枢·卫气行第七十六》："子午为经，卯酉为纬，天周二十八宿，而一面七星，四七二十八星，房昴为纬，虚张为经。"

二十八宿组成大圆，大圆分东西南北四面，一面七星，四七二十八星。大圆中间可以画出一个"十"字坐标：子午为经，卯酉为纬。下子上午，构成了上下一维；左卯右酉，构成了东西一维。子午对应的是虚张二宿，卯酉对应的是房昴二宿。虚星，北方玄武七宿中的第四宿；张星，南方朱雀中的第五宿；虚星居北方子位，张星居南方午位，两宿之间连出的直线为经线。房星，东方苍龙七宿中的第四宿；昴星，西方白虎七宿中的第四宿；房宿居东方卯位，昴宿居西方酉位，两宿之间连出的直线为纬线。"十"字坐标出现，其意义在于定量性的对应：一是与空间中东西南北的对应；二是与时令中的冬至夏至、春分秋分的对应；三是与十二支中的子午卯酉对应。

《淮南子·天文训》中十干十二辰二十八宿对应图

"十"字坐标定量，可以定量一岁中的春夏秋冬四时，可以定量一天中旦昼夕夜，可以定量营卫二气的运行，可以定量"何时苏醒"与"何时睡眠"。

天体大圆中建立"十"字坐标，是一件极其重要的大事。

5. 二十八宿融入九宫　呈椭圆状的二十八宿，古天文学家将其化为天体九野。天体九野，就是东西南北中五大空间加东北东、南、西、南、西、北四隅。

天体中的九野，中华大地上的九州，这两者是对应关系。

《吕氏春秋·有始》："天有九野，地有九州。"

《史记·五帝本纪》："禹别九州。"

九州为何？《尚书·禹贡》中的答案是：冀州、兖州、青州、徐州、扬州、荆州、豫州、梁州、雍州。

九州划分的依据为何？《周礼·春官》中的答案是："保章氏掌天星，以志星辰、日月之变动，以观天下之迁，辨其吉凶。以星土辨九州之地，所封封域，皆有分星，以观妖祥。"这一论断的答案是"以星土辨九州之地"。九州划分的依据在天文。

天分九野，地分九州。天文中的九野，地理中的九州，人文的九宫。天文与人文在这里走在一起。

二十八宿，可以用九宫表达；太阳历，可以用九宫表达；北斗历，同样可以用九宫表达。不理解天文，就无法理解九宫。九宫，是中华先贤最精致的归纳。天文、地理、人文、时令八节与空间八方都可以融入九宫。

九宫，可以解释井田制的"井"字形。

九宫，可以解释明堂建筑模式。

九宫，可以解释唐大都、元大都的模型。

九宫，可以解释宫殿的模型。

九宫，可以解释四合院的模型。

九宫，可以解释八阵图的模型。

……

九宫在中华文化与中医文化中具有基础性作用。九宫基础性、广泛性的奥秘，在于其发源于天文。天文在各个领域内具有基础性作用，读者朋友可以"接着说""继续说"。

6. 一道历史遗留的难题　360 度为正圆，365 度是椭圆。太阳沿二十八宿组成的椭圆旋转一周，即一个回归年。日行一度，历中一天。周天 365.25

度，历中 365.25 天。太阳回归年的轨迹，显然是椭圆而不是正圆。

这里产生了一道历史难题：同一个 365.25 天，却有两个不同的解释。

解释之一：源于二十八宿。

解释之二：源于日影循环。

两个不同的来源给出了两个答案：一个是恒定数；一个是平均数。

先谈恒定数。太阳沿着二十八宿构成的大椭圆 365.25 度循环一周即 365.25 天。这个答案最早出于《周髀算经》。《周髀算经·七衡六间》："故曰夏至在东井极内衡，日冬至在牵牛极外衡也，衡复更，终冬至。故曰一岁三百六十五日四分日之一。"东井，南方朱雀七宿中的第一宿。牵牛，北方玄武七宿中的第二宿。夏至，太阳对应于东井；冬至，太阳对应于牵牛。太阳从冬至到夏至（从外衡到内衡），从夏至到冬至（从内衡到外衡），即一个完整的太阳回归年。这里的回归年时间长度为 365.25 天。这里的 365.25，是一个恒定数。

再谈平均数的来源。日影循环在长短两极，循环一次即一个太阳回归年。太阳回归四次，揭示出一个基本规律：前三个回归年数据是 365 天，第四个回归年数据是 366 天。365、365、365、366，四数相加和为 1461 天。

$$1461 \div 4 = 365.25 （天）$$

这个答案同样出于《周髀算经》。《周髀算经·日月历法》："于是三百六十五日南极影长，明日反短。以岁终日影反长，故知之三百六十五日者三，三百六十六日者一，故知一岁三百六十五日四分日之一，岁终也。""四分日之一"，即 0.25 天. 这里的 365.25，是一个平均数。

以四岁的平均数为 365.25 天，《后汉书》中亦有如此论断。《后汉书·律历志》："日发其端，周而为岁，然其景（影）不变。四周，千四百六十一日而景复初。是则日行之终。以（4）周除（1461）日，得三百六十五又四分之一日，为岁之日数。"日影循环一周，即是一岁。日影循环四周，即是四岁。四岁的天数 1461 天。以四周之四除之，得平均数 365.25。《后汉书》中 365.25，是一个平均数。

恒定数，太阳视运动为匀速运动；平均数，太阳视运动为不匀速运动。匀速运动与不匀速运动，这涉及物理学的大根大本，绝对不能等闲视之。

恒定数与平均数，显然不是一回事。这里，留下了一个历史难题。这道历史难题，不应该永远难下去。

7.《淮南子》中的"四分之一" 论二十八宿星距，《淮南子》出现了 $365\frac{1}{4}$ 这一数据。

《淮南子·天文训》出现了与《后汉书·律历志》基本一样的星距，唯有箕星这里多出了 $\frac{1}{4}$——"箕十一四分一"。多出了 $\frac{1}{4}$，就圆满完成了"四分历"所需要的天体大圆的度数。

从冬至到夏至，《淮南子·天文训》出现了 $182\frac{5}{8}$ 度这一数据，从夏至到冬至，同样是 $182\frac{5}{8}$ 度这一数据。"两至"之间循环一次，即 $365\frac{1}{4}$ 度。

《淮南子·天文训》："日行一度，以周于天，日冬至峻狼之山，日移一度，凡行百八十二度八分度之五，而夏至牛首之山，反覆三百六十五度四分度之一而成一岁。"日行一度，历中一天。日行一度，历中一天；日行周天365.25 度，历中一岁 365.25 天。

对《淮南子》中多出的 $\frac{1}{4}$ 这个数据，笔者持怀疑态度。怀疑的依据何在？依据有四：一是彝族的结论，二是苗族的结论，三是《周髀算经》中的结论，四是《后汉书》中的结论。太阳回归年，其基本规律为一年一回归，四年真正大回归。四年之中四个数据365、365、365、366，四个数字相加之和为1461。

$$1461 \div 4 = 365.25$$

365.25，是四个太阳回归年的平均数，彝族十月太阳历如是说，苗族十二月太阳历如是说，《周髀算经》如是说，《后汉书》亦如是说，所以不能在二十八宿这个天体大圆中强加一个 $\frac{1}{4}$ 度，以适应太阳回归年 365.25 日。

8. 研究二十八宿历的当代意义 大地震、大海啸这一类天灾，到底有没有规律可循？用仪器用卫星能否找出地震、海啸的规律性？

地震、海啸肯定有其规律性，这是毫无疑问的。

再精密的仪器也发现不了这类天灾的规律性，这一点早已被现实所证明。

应该如何论？

答案：以天文论天气，以天文论天灾！

研究二十八宿的当代意义，就是希望找出天灾的规律性。

苗族二十八宿历，可以为找出地震、海啸的规律性提供依据。

苗族二十八宿历以动物命名，苗族十二地支同样是以动物命名，动物有同类异类之分——鼠与鼠是同类，鼠与蛇是异类；羊与羊是同类，羊与虎是异类。同类相亲，异类相害。据苗族学者李国章先生研究，大地震发生的时间，恰恰发生在"异类相害"的对应关系上，例如猪对应虎（猪进虎口），鼠对应蛇（鼠进蛇口）之日。"异类相害"之日，恰恰是地震发生之时，天文的异常与天灾的异常在此联系到了一起。

苗族文化对天灾的解释有道理吗？

请看看钱塘江大潮的发生！没有月亮与地球的直线对应，会有钱塘江大潮的发生吗？

没有太阳、地球与月亮的直线对应，会有钱塘江大潮的发生吗？

离开了天文，绝对发现不了天灾的规律。换言之，要想发现并掌握天灾的规律必须研究天文。

四、 行星历

金木水火土五星，一星一历，五星五历。五星均形成过历，由于没有永恒的精确性，所以先后一一失传。

（一）木星历

1.《国语》记载的木星历　《国语·周语下》："武王伐殷，岁在鹑火。"岁，即岁星。岁星，即木星。鹑火，十二次中的一个标志星。先贤将天体大圆即天赤道自西向东分为十二等分，这就是十二次。十二次，是太岁纪年法。太岁纪年，就是把天体均分为十二份。自东向西配以子丑寅卯十二支，十二支与十二次，数理相等而方向相反。岁星在天体大圆中运行，每一岁对应一个标志星。"十二次"中有十二个标志星，依次是：星纪、玄枵、娵訾、降娄、大梁、实沈、鹑首、鹑火、鹑尾、寿星、大火、析木。武王伐纣那一年，木星在鹑火之次。《国语》中的这句话说明一个问题：武王伐纣时，太岁纪年法已经出现，但木星历还在使用。

2.《春秋左传》记载的木星历　《春秋左传·襄公二十八年》："岁在星纪而淫于元（玄）枵。"岁，即岁星。岁星，即木星。星纪、玄枵，即天体大圆"十二次"中的两个标志星。"岁在星纪而淫于元（玄）枵"，讲的是木星本来应该对应于星纪却超前对应于玄枵。"淫"，古天文学术语，现代汉语为"超前"。《春秋左传》中的这句话说明两个问题：一是鲁襄公时代已经发现了木星对应超前；二是鲁襄公二十八年木星历已经失灵。

木星历失灵，原因在于"理想运行"与"实际运行"之间存在着差距。木星在天体大圆中运行，"理想运行"一周的时间是 12 岁，而"实际运行"一周的时间却是 11.8622 岁。时间中的实际差距，体现在对应坐标上就是"本来对应 A，实际却对应于 B"。对应不准，即所谓的失灵。失灵，所以失传。

失灵的行星历不可以纪年，但还可以作为研究气象、物象的标志。

3.《黄帝内经》与《淮南子》记载的木星历　《素问·气交变大论》："岁木太过，风气流行，脾土受邪。民病飧泄食减，体重烦冤，肠鸣腹支满，上应岁星。"

《淮南子·天文训》："东方，木也，其帝太昊，其佐句芒，执规而治春；其神为岁星，其兽苍龙，其音角，其日甲乙。"

《淮南子·天文训》："岁星之所居，五谷丰昌，其对为冲，岁乃有殃。"

三个论断中皆有"岁星"一词，岁星即木星。木星，在《黄帝内经》中的作用是纪季，而在《淮南子》中的作用是纪年。

《黄帝内经》以五行之木纪春。春，年年皆有，但并非年年的春季皆出现木星。如果此年之春，恰恰上有木星，就会出现"风气流行"的天气异常。和风细雨，是春季的正常特征。如果上有木星，就会出现春季风气太盛的异常，春木异常就会伤及脾胃。脾胃受邪，会引起泄泻、饮食减少、四肢无力、心情烦闷诸症。《黄帝内经》以天文论天气，天气正常有人体健康，天气异常有人体疾病。以天气异常论人体疾病，这一论证方式毫无疑问具有永恒性。

以木星纪年，可以预测五谷是否丰昌？《淮南子》以天文论天气，天气正常有五谷丰登，天气异常则会引起饥荒，这一论证方式毫无疑问具有永恒性。

"执规而治春"这句话告诉后人，规矩之规出于天文历法，具体出于四时之春。

四时之春对应二十八宿中东方苍龙七宿，对应五音中的角音，对应五行之木，对应十天干中的甲乙，对应五星中的木星。《淮南子》的这一"对应方式"完全相似于《礼记·月令》与《吕氏春秋·十二纪》。

木星的公转周期,《开元占经》引《洪范五行传》的数据是:十二岁一周天。春秋时期,天文学家已经发现了木星并不是 12 岁一周天,现代给出的数据是 11.86 年。

$$12-11.86=0.14（年）$$

前后比较,可以证明中国古代天文学家的认识精确性。

4. 彝族文化记载的木星周期 木星 12 年公转一周,彝族文化有如下解释:

龙年越过东方,在东南方住三年;

羊年越过南方,在西南方住三年;

狗年越过西方,在西北方住三年;

牛年越过北方,在东北方住三年。

龙羊狗牛四年,对应东西南北四方,木星在四方四隅循环一周。一隅三年,$3×4=12$,四隅 12 年。

（二）火星历

1.《黄帝内经》记载的火星历 《素问·气交变大论》:"岁火太过,炎暑流行,肺金受邪。民病疟,少气咳喘,血溢血泄注下,嗌燥耳聋,中热肩背热,上应荧惑星。"

荧惑星,即火星。火星是夏季的标志星。

夏季年年有,但并非年年的夏季皆出现火星。如果此年之夏,恰恰上应火星,就会出现"炎暑流行"的天气异常。炎热,是夏季的正常特征。如果过于炎热,就会伤及肺脏。肺脏受伤,会引起疟疾,咳嗽气喘,大小便带血,水泻,咽喉干燥,耳聋、胸中热肩背热等症。

2.《淮南子》记载的火星历 《淮南子·天文训》:"南方,火也,其帝炎帝,其佐朱明,执衡而治夏;其神为荧惑,其兽朱鸟,其音徵,其日丙丁。"

"执衡而治夏"这句话告诉后人,度量衡之衡出于天文历法,具体出于四时之夏。

四时之夏对应二十八宿中南方朱雀七宿,对应五音中的徵音,对应五行之火,对应十天干中的丙丁,对应五星中的火星。《淮南子》的这一"对应方式"完全相似于《礼记·月令》与《吕氏春秋·十二纪》。

火星公转周期，《开元占经》引《洪范五行传》的数据：火星二岁一周天。王冰："火气之精，上为荧惑星，七百四十日一周天。"火星公转一周的时间，现代给出的数据约是 687 天。

（三）土星历

1. 《黄帝内经》记载的土星历　《素问·气交变大论》："岁土太过，雨湿流行，肾水受邪。民病腹痛，清厥意不乐，体重烦冤，上应镇星。"

镇星，即土星。土星是中央的标志星。

《黄帝内经》论中央，不是孤零零的中央，而是统领四方的中央。中央对应五行之土，土行统领四时，统领四时之末 18 天。习惯上的说法是土行对应土星，土星对应长夏。长夏年年有，但并非年年的长夏皆出现土星。如果此年的长夏恰恰上应土星，就会出现"雨湿流行"的天气异常。长夏天气异常，就会伤及肾脏。肾脏受伤，会引起腹痛、四肢厥冷、心情忧郁、身体困重等症。

2. 《淮南子》记载的土星历　《淮南子·天文训》："中央，土也，其帝黄帝，其佐后土，执绳而制四方；其神为镇星，其兽黄龙，其音宫，其日戊己。"

"执绳"之"绳"，准绳也。

"执绳而制四方"这句话告诉后人，准绳之绳出于天文历法。

中央对应土星，对应五音中的宫音，对应五行之土，对应十天干中的戊己。《淮南子》的这一"对应方式"完全相似于《礼记·月令》与《吕氏春秋·十二纪》。

土星公转周期，《开元占经》给出的数据是 383 年又 13 周，平均一周的时间长度为 29.4615 年，现代给出的数据是 29.46 年。

（四）金星历

1. 《黄帝内经》记载的金星历　《素问·气交变大论》："岁金太过，燥气流行，肝木受邪。民病两胁下少腹痛，目赤痛眦疡，耳无所闻。肃杀而甚，则体重烦冤，胸痛引背，两胁满且痛引少腹，上应太白星。"

太白星，即金星。金星，是四时之秋的标志星。

秋季年年有，但并非年年的秋季皆出现金星。如果此年之秋，恰恰上应金星，就会出现"燥气流行"的天气异常。燥，是秋季的正常特征。如果过于干燥，就会伤及肝脏。肝脏受伤，会引起小腹疼痛、眼睛发红并且疼痛、眼角溃烂、耳朵听不到声音等症。

2.《淮南子》记载的土星历 《淮南子·天文训》："西方，金也，其帝少昊，其佐蓐收，执矩而治秋；其神为太白，其兽白虎，其音商，其日庚辛。"

"执矩而治秋"这句话告诉后人，规矩之矩形出于天文历法，具体出于四时之秋。

四时之秋对应二十八宿中西方白虎七宿，对应五音中的商音，对应五行之金，对应十天干中的庚辛，对应五星中的金星，《淮南子》的这一"对应方式"完全相似于《礼记·月令》与《吕氏春秋·十二纪》。

金星公转周期，《开元占经》引《洪范五行传》的数据是：一岁一周天。今天的数据约为 225 天。

（五）水星历

1.《黄帝内经》记载的水星历 《素问·气交变大论》："岁水太过，寒气流行，邪害心火。民病身热烦心躁悸，阴厥上下中寒，谵妄心痛，寒气早至，上应辰星。"

辰星，即水星。水星，是四时之冬的标志星。

冬季年年有，但并非年年的冬季皆会出现水星。如果此年之冬，恰恰上应水星，就会出现"寒气流行"的天气异常。寒，是冬季的正常特征。如果过于严寒，就会伤及心脏。心脏受伤，会引起发热，心悸，心痛，烦躁，全身发冷，四肢厥冷，谵语妄动等症。

2.《淮南子》记载的水星历 《淮南子·天文训》："北方，水也，其帝颛顼，其佐玄冥，执权而治冬；其神为辰星，其兽玄武，其音羽，其日壬癸。"

"执权而治冬"这句话告诉后人，权衡之权衡出于天文历法，具体出于四时之冬。

四时之冬对应二十八宿中北方玄武七宿，对应五音中的羽音，对应五行之水，对应十天干中的壬癸，对应五星中的水星，《淮南子》的这一"对应方式"完全相似于《礼记·月令》与《吕氏春秋·十二纪》。

水星公转周期，现代给出的数据约是 88 天。

（六）简评五星历

金木水火土五星，每一颗中华先贤都观察过、研究过。彝族、苗族两个民族中都有五星历的记载，这里仅介绍华夏文化的五星历。

1. 认识五星

（1）《尚书》所认识的五星：观测五星，认识五星的记载，首先是在《尚书》中出现的。《尚书·舜典》："在璇玑玉衡，以齐七政。"七政，有诠释者将其解释为日月与金木水火土五星。孔颖达疏："七政，其政有七，于玑衡察之，必在天者，知七政谓日月与五星也。木曰岁星，火曰荧惑星，土曰镇星，金曰太白星，水曰辰星。七政，《史记·天官书》解释为北斗七星。

（2）《诗经》所认识的五星：《诗经·小雅·大东》云"东有启明，西有长庚"。启明星与长庚星，实际上是一颗星，黎明时节出现称为启明星，黄昏时节出现称为长庚星。启明、长庚，又称为太白金星。总之，这颗星，就是五大行星中的金星。

"东启明西长庚南箕北斗朕是摘星手"，传说这是金殿面试时皇帝对探花出的上联；"春芍药夏牡丹秋菊冬梅臣是探花郎"，面对皇帝的上联，探花作出如此下联。启明、长庚，一颗星两个名，演化出一幅对联，也算是件雅事。

金星之所以又称为太白，是因为其光芒夺目，众星中最亮最白。

木星之所以又称为岁星，是因为其一岁居一辰，十二岁居十二辰。

水星之所以又称为辰星，是因为其总在太阳附近，距离最远不超过一辰——30度。

火星之所以又称为荧惑，是因为其光度变化大，路线复杂，令人不解迷惑。

土星之所以又称为镇星，是因为其29岁一周天，每一岁约对应于二十八宿的一宿。此对应，可以视之为镇守之镇。

（3）两部星经所认识的五星：五星观测，五星运行规律，记载在两部经典之中，一部是战国时期形成的《甘石星经》，一部是马王堆出土的《帛书五星占》。

《甘石星经》实际上是两部著作的合二为一，战国时期楚人甘德（今属湖北）、魏人石申（今河南开封），在先贤天文观测的基础上，系统地观察了金、木、水、火、土五大行星的运行，初步掌握了这些行星的运行规律，记录了八百颗恒星的名字，测定了一百二十一颗恒星的方位，两人各写出一部天文学著作，后人把这两部著作合起来，称为《甘石星经》。《甘石星经》是世界上最早的天文学著作之一。后人把甘德和石申测定恒星的记录又称为《甘石星表》。《甘石星经》失传了，据有关资料，具体失传在宋代。

《帛书五星占》出土于长沙马王堆汉墓。

书用整幅丝帛抄写而成，所以称为"帛书"。全书约八千字，前半部为《五星占》占文，后半部为五星行度表，根据观测到的景象，用列表的形式记录了从秦始皇元年（公元前246年）到汉文帝三年（公元前177年）七十年间木星、土星、金星的位置，以及这三颗行星在一个会合周期的动态。《五星占》延续了《甘石星经》中的内容。《五星占》记载了五星会合周期。

《文心雕龙·书记》解释"占"，解释为天文观测。五星占，即先贤对五星的观测。

2. 五星与日月合称为"七曜" 太阳，是第一重要的。太阴（月亮），是第二重要的。金木水火土五星，与日月并列，称为"七曜"。

《素问·天元纪大论》："太虚寥廓，肇基化元，万物资始，五运终天，布气真灵，总统坤元，九星悬朗，七曜周旋，曰阴曰阳，曰柔曰刚，幽显既位，寒暑弛张，生生化化，品物咸章。"

"七曜"之称，是在《黄帝内经》中出现的。

3. 认识五星的作用 太虚，指的是宇宙天体。宇宙天体，万物演化的环境。

九星，指的是北斗七星加辅佐二星。王冰注：九星谓天蓬、天内、天冲、天辅、天禽、天心、天任、天柱、天英。

七曜，指的是日月与金木水火土五星。王冰注：七曜，谓日月五星。

九星七曜，其作用关乎万物的生生化化。

天体之内，有九星七曜才有阴阳变化，有阴阳变化才有万物的生化。

4. 认识五星的不匀速运动 先秦时期的天文观测者，已经发现五大行星中有二星的运动为不匀速运动。《汉书·天文志》："古代五星之推无逆行者，至甘氏、石氏经，荧惑、太白为有逆行。"这里"甘氏、石氏经"，就是先秦时期出现的《甘石星经》。在《甘石星经》中，已经有荧惑、太白二星有逆行的记载。逆行，实际上是星际间圆周"不匀速"运动所引起的视觉中的假象。

汉代初期的天文观测者，已经发现五大行星的运动全部为不匀速运动，《隋书》记载了这一发现。《隋书·天文志》："汉初测候，乃知五星皆有逆行。"西汉之初，发现五星全部有"逆行"现象。

实际上，《素问·气交变大论》中已经记载五星运行有"徐疾逆顺"四种状态。徐，慢也；疾，快也；顺，顺行也：逆，逆行也。快、慢、顺、逆，这四种状态说明这样一个问题：行星运动是不匀速运动。

5. 认识五星之光有强弱之变化　《素问·气交变大论》记载了五星光芒有强弱之变。

如果五星的光芒大于平常二倍，大地上会出现自然灾害。如果五星的光芒小于平常一半，大地上的生化功能就会减退。

五星的光亮程度是变化的，即有时明亮，有时暗淡。光亮程度的变化，说明什么呢？说明五星与地球的距离发生了变化——距离远，暗淡；距离近，明亮。

实际上，行星运行的四种状态，《黄帝内经》区别出了四种光亮，本文仅介绍其中的两种。

五星的运转与地球本身的运动，并不是匀速直线运动，而是不匀速圆周曲线运动。运转中的五星，会与地球形成远与近的对应，这里应该是五星光芒强弱的根本原因。

6. 认识太阳、地球、行星三者间的对应　太阳、地球、行星三者之间，会出现"直线对应"关系，用形象的比喻，就是三者之间像"糖葫芦"一样串在一起。

五星之中，金水二星为地内行星，木火土三星为地外行星。

所谓地内行星，其公转轨道在地球与太阳之间。

所谓地外行星，其公转轨道在地球之外。

地内行星与太阳、地球的直线关系，可以分为两种：一种排布方式是：地内行星-太阳-地球；一种排布方式是太阳-地内行星-地球。

地外行星与太阳、地球的直线关系，同样可以分为两种：

一种排布方式是地外行星-太阳-地球；一种排布方式是太阳-地球-地外行星。

五大行星在特定的时间内，会与太阳、地球形成七星一线的"糖葫芦"。

一旦出现"糖葫芦"的现象，地球上的对应区就会出现天灾。天灾或旱或涝，或暴雨或暴雪，或地震或海啸。

（七）太岁纪年法

中华大地上，还曾经出现过一种太岁纪年法。

太岁纪年法为什么没有延续？因为木星纪年出现了"实际"与"理想"

的误差。

之前，认为木星圆周周期应该是十二年，实际上不到十二年。智慧的中华先贤又将稳固的地平大圆分为十二等份。十二等份用十二地支来命名：以寅为首，以丑为终，依次顺序是寅、卯、辰、巳、午、未、申、酉、戌、亥、子、丑。——空间界定，是十二地支的基本功能。

同样是十二等份，但是与木星运动方向相反。用地平大圆的十二等份来观察木星与二十八星宿，以此来确定不同的天文与不同的年岁。

太岁纪年法中，出现了十二个生僻的名词。《尔雅·释天》如此解释了这些生僻名词：

"太岁在寅曰摄提格，在卯曰单阏，在辰曰执徐，在巳曰大荒落，在午曰敦牂，在未曰协洽，在申曰涒滩，在酉曰作噩，在戌曰阉茂，在亥曰大渊献，在子曰困敦，在丑曰赤奋若。"

实际上，这十二个名词表达的还是"一定的空间"与"一定的时间"，一句话就是"时空定量的新名词"。

太岁在 A，太岁在 B，太岁在 C，太岁在 D，指的是地平大圆中的空间位置。曰 A 曰 B 曰 C 曰 D，指的是岁的定名。

《韩非子·饰邪》："初时者魏数年东乡攻尽陶卫，数年四乡以失其国，此非丰隆、五行、太一、王相、摄提……岁星数年在西也。"——请看，《韩非子》这里有摄提。

《楚辞·离骚》中有"摄提贞于孟陬兮，惟庚寅吾以降。"——请看，屈原这里有摄提。

摄提、摄提格，指的是寅位寅岁。其他以此类推。

在十二等份的一定空间中，出现了一定的星宿，首先确定的是"今岁何岁"，其次确定的是"今月何月"。这里介绍《淮南子·天文训》中的太岁纪年法：

太阴在寅，岁名曰摄提格，其雄为岁星，舍斗、牵牛，以十一月与之，晨出东方，东井、舆鬼为对。

太阴在卯，岁名曰单阏，岁星舍须女、虚、危，以十二月与之，晨出东方，柳、七星、张为对。

太阴在辰，岁名曰执徐，岁星舍营室、东壁，以正月与之，晨出东方，翼、轸为对。

太阴在巳，岁名曰大荒落，岁星舍奎、娄，以二月与之，晨出东方，角、亢为对。

太阴在午，岁名曰敦牂，岁星舍胃、昴、毕，以三月与之，晨出东方，氐、房、心为对。

太阴在未，岁名曰协洽，岁星舍觜、参，以四月与之，晨出东方，尾、箕为对。

太阴在申，岁名曰涒滩，岁星舍东井、舆鬼，以五月与之，晨出东方，斗、牵牛为对。

太阴在酉，岁名曰作鄂，岁星舍柳、七星、张，以六月与之，晨出东方，须女、虚、危为对。

太阴在戌，岁名曰阉茂，岁星舍翼、轸，以七月与之，晨出东方，营室、东壁为对。

太阴在亥，岁名曰大渊献，岁星舍角、亢，以八月与之，晨出东方，奎、娄为对。

太阴在子，岁名曰困敦，岁星舍氐、房、心，以九月与之，晨出东方，胃、昴、毕为对。

太阴在丑，岁名曰赤奋若，岁星舍尾、箕，以十月与之，晨出东方，觜巂、参为对。

太岁，在《淮南子》中改名为太阴。

"太阴在寅"之"寅"，即正月的代名词。之后依次出现的卯、辰是二月、三月的代名词。巳、午、未、申、酉、戌、亥、子、丑以此类推。

"太阴在寅"在前，"以十一月与之"在后，这是错误的。寅月是夏历的正月，十一月是周历的正月，寅月记作"十一月"，这是错误的。《史记·历书》："夏正以正月，殷正以十二月，周正以十一月。"夏商周三朝，正月是不同的。周以十一月为正月，殷商以十二月为正月，夏以一月为正月。十一月为子，十二月为丑，一月为寅，这是夏历的顺序。如果以十一月为正月，正确的写法是"太阴在子"。之所以敢于断然否定《淮南子》这一说法，还有两个依据，即：彝族太阳历以寅月为正月，苗族太阳历同样是以寅月为正月。

这里出现了十二个新名词——摄提格，单阏，执徐，大荒落，敦牂，协洽，涒滩，作鄂，阉茂，大渊献，困敦，赤奋若；十二个新名词从何而来？什么意思？十二个新名词从《史记·历书》来，表达的是十二地支。换言之，十二个新名词就是十二地支的代名词：困敦，子；赤奋若，丑；摄提格，寅；单阏，卯；执徐，辰；大荒落，巳；敦牂，午；协洽，未；涒滩，申；作鄂，酉；阉茂，戌；大渊献，亥。

"其雄为岁星"中的"雄"，是雄星的简称。"其雄为岁星"，说的是雄星就是这一年岁星。"其 A 为岁星""其 B 为岁星""其 C 为岁星"，这是一个具有普遍意义的句式，其意义与"其雄为岁星"完全相同。

"舍斗、牵牛……晨出东方，东井、舆鬼为对"，这句话的意思是：舍斗、牵牛两宿，凌晨出东方，与东井、舆鬼两宿遥遥相对。凡是此类句式的，皆相同意思。

一是十二支的某一支，二是岁名定名的 A 岁 B 岁 C 岁 D 岁，三是岁星与二十八星宿某两宿、某三宿的对应，四是"此月何月"的界定，五是早晨时分出现的是二十八星宿某两宿或某三宿，太岁纪年法"如何如何"的内容全部在此揭示出来。——一定的天文，一定的岁月确定，是太岁纪年法的基本功能。

随着太阳历的成熟，随着阴阳合历的精美精致，随着干支纪年法的简练简洁，太岁纪年法退出了历史；但是，不懂太岁纪年法，一读不懂韩非子，二读不懂屈原；一句话，不懂太岁纪年法，读不懂先秦典籍。

太岁纪年法的出现，说明的是中华先贤在天文研究领域内所付出的艰辛努力。"这样观测"与"那样观察"，方法上是灵活的。"这样的成果"与"那样的成果"，成果是可以进步，可以改变的。

经典之中，"太岁"之名首先是由《山海经》记载的。《山海经·海外南经》："地之所载，六合之间，四海之内，照之以日月，经之以星辰，纪之以四时，要之以太岁。"地，地球也，大地也。六合，四方上下也，宇宙也。四海，大华夏也。四时，春夏秋冬也。太岁，纪年方法也。大禹时代的《山海经》中出现了"太岁"之名，而且还有"要之以太岁"之警句。《山海经》产生于大禹时代，证明大禹时代就有了太岁纪年法。

太岁纪年法早已弃之不用，却留下一个永恒的方法，这就是：时间空间一分为十二的划分方法。空间中的天体大圆可以分为十二等份，时间中的年岁可以分为十二月。一分为十二，这一划分方法，一直延续到今天。一年（岁）分十二个月，一天分十二时辰；黄道即地球公转轨道可以划分为十二等份，天与地相交的地平大圆同样可以划分为十二等份。十二生肖、十二月、十二律、十二经络、空间十二方位，各个领域都可以看到十二这一数据。

一分为十二，如此细分，是中华先贤的一大贡献。

十二与三、六联系在一起，可以论天道。《国语·周语下》："纪之以三，平之以六，成之以十二，天之道也。"

（八）三、六、十二，这三个数为何可以论天道

十二平均律的证明者，明世子朱载堉在《律历融通·律数》中有如下诠释：

"所谓'纪之以三'者，三十度为一辰，三十日为一月，三百六十为一期，三十年为一世，三百年为一限之类是也。

"所谓'平之以六'者，若六时为昼，六时为夜；六月为盈，六月为缩；六律配五音，六甲配五子合为六十日，六十年退天一度之类是也。

"所谓'成之以十二'者，若黄钟之生十二律，而循环无端，以象天之十二方位，日之十二躔次，月之十二盈亏，星辰之十二宫，斗杓之十二建，岁之十二月，日之十二时，如是之类，皆与律吕之数相符。"

十二，这一数据遍布各个领域；一分为十二，是不是中华先贤的伟大贡献？

立竿测影，观测太阳，中华先贤创造出太阳历、制出十二律，历律均有严格的规定性，严格的规定性必须用精确之数来表达。历在《易》先，律在《易》先，要想弄懂弄通《周易》，必须先弄懂太阳历，以及同根同源的十二律。

太岁纪年的十二次与十二地支对应图

第四章
太阳历

从天文到人文，最重要的历，应该是史前太阳历。

史前太阳历，远远早于文字。人文的记载，最早是在山中岩画中出现的。

岩画，中国有，外国也有；东方有，西方也有。太阳历的讨论，先从岩画开始。

一、 岩画中的太阳历

文字之前的结绳记事，这是华族的记载与传说。文字之前，把年月日刻在树上、石头上，这是彝族的记载与传说。树的生命短，石头的生命长，刻在树上的记载消失了，刻在石头上的岩画仍然存在。从全球范围上看，环太平洋的山中均出现了岩画，岩画的内容非常丰富，有人有羊有牛有老虎……每一处岩画都有各自的内容，但也有一个共同点，这就是所有的岩画中均出现了太阳。

从中华大地上看，东方的连云港将军山、西北的宁夏贺兰山、西南云南的元江、北方内蒙阴山上的岩画中均有太阳。

岩画上有人有动物有太阳，这时的先贤已经认识到太阳与人与动物与万物之间的根本联系。

岩画中还出现有跪拜天体，跪拜太阳的画，这时的先贤已经认识到天体与太阳的重要性。

岩画上的太阳，分以下几类：惟妙惟肖的、光芒四射的太阳；具有威严形象的、人格化的太阳；抽象的太阳。下面选几幅岩画中的太阳，供读者欣赏。

岩画中人格化的太阳神

内蒙古桌子山岩画中的太阳

中国新疆库鲁克山岩刻

中国内蒙古阴山岩刻

中国宁夏贺兰山苦井沟岩刻

中国西藏阿里地区恰克索岩刻

新疆、内蒙古、宁夏、西藏岩画中的太阳

岩画中抽象的太阳

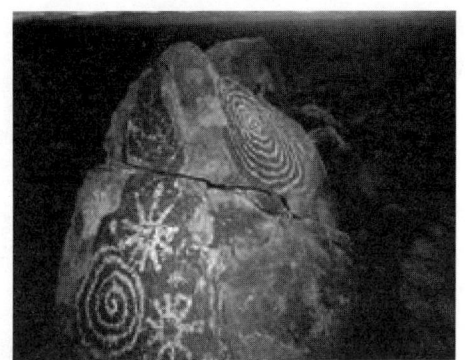

岩画中抽象与形象的太阳

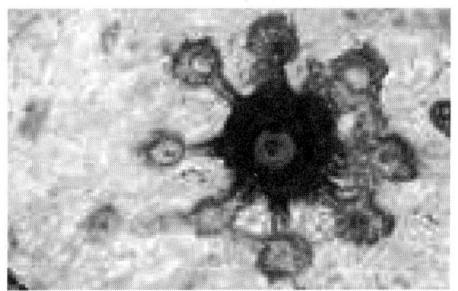

新郑具茨山岩画中的太阳

新郑具茨山岩画中的太阳

岩画中的太阳有多种形式：一是太阳的素描，直观而形象的太阳；二是人格化的太阳，太阳变成了老爷爷；三是神格化的太阳，太阳变成了太阳神；四是抽象的太阳，画出一个圆，圆中画出"十"字，"十"字的四个象限中点出四个点，即属于这类抽象画。

太阳出现在岩画中，说明这样几个问题：

其一，中华先贤已经认识到太阳的重要性、根本性，太阳已经成了崇拜的对象。

其二，中华先贤已经开始观测太阳，研究太阳。

其三，岩画阶段，实际上已经有了节令的基本区分。

二、 陶罐上的太阳历

陶罐上有太阳！

陶罐上有各式各样的太阳，有形象的太阳，有抽象的太阳！

陶罐，代表着一个时代。

陶罐说明了什么？

说明此时的先贤，已经认识制陶的陶土，已经掌握制陶的工艺，已经掌握烧陶的火候，更重要的是，已经掌握在陶罐上绘画的技术。

中华大地上的陶罐，是一种重要标志，具体是仰韶文化的标志。仰韶文化，代表的是黄河中游地区的新石器时代。仰韶文化，命名的基础是仰韶村。仰韶村，河南省渑池县的一个村庄。1921年在仰韶村有重大考古发现，从此中华大地上的产生了一个新名词——"仰韶文化"。

仰韶文化在时间上延续了二千多年，大约在公元前5000年～前3000年。仰韶文化在空间上分布相当广泛，分布在整个黄河中游，从今天的甘肃省到河南省。

当前在中国已发现上千处仰韶文化的遗址，其中以陕西省最多，共计2040处，占全国仰韶文化遗址数量的40%，是仰韶文化的中心。

仰韶文化的陶罐上有陶画，陶画中有鸟有鱼有花有人有太阳，陶罐时代的先贤已经认识到太阳与万物的根本联系。陶画中已经有无限循环的漩涡图，此时的先贤应该认识到气候循环与太阳回归之间的关系。

仰韶文化陶画中的太阳，分形象的太阳与抽象漩涡图两大类。形象的太阳，说明的是先贤认识到太阳的重要性。抽象漩涡图，说明的是先贤已经认识到气候的循环。陶画中还有四方八角形，说明的是先贤已经区分出四时八节。

（一）陶画中形象的太阳

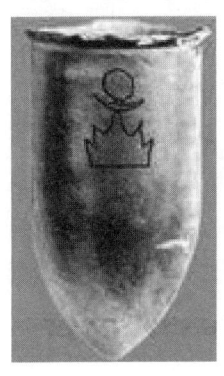

山的位置在下，太阳的位置在上，
太阳位于山之上

光芒四射的太阳，光芒有微微的
旋转之义（临洮县辛甸出土）

太阳周围有六个花瓣，花瓣微微呈循环状

（二）陶画中抽象的太阳漩涡图

彩陶时期形象的太阳漩涡图

彩陶时期抽象的太阳漩涡图

彩陶时期形象与抽象结合的太阳漩涡图

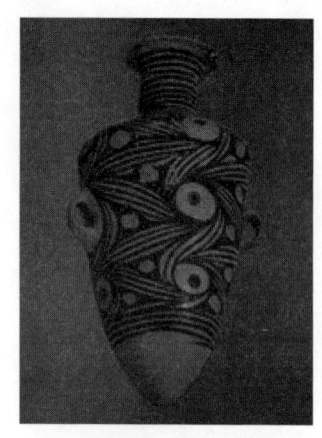

彩陶时期形象与抽象结合的
太阳漩涡图

（三）陶画中形象与抽象的八角

大汶口文化（公元前 4200～前 2600 年），是新石器时代后期父系氏族社会的典型文化形态。以泰山地区为中心，东起黄海之滨，西到鲁西平原东部，北至渤海南岸，南及今安徽的淮北一带，河南省也有少部分这类遗存的发现。因首先发现于大汶口，遂把以大汶口遗址大汶口文化遗存为代表的一类遗存，命名为"大汶口文化"。大汶口文化的发现，使黄河下游原始文化的历史，由四千多年前的龙山文化向前推进了二千多年。在大汶口出土的陶器上出现了精确精美的八角图。八角与时令八节之间有没有关系？八角与八卦之间有没有关系？希望读者与笔者共同思考。

四千多年前的夏代陶尊上的八角星

四千多年前的夏代陶尊（酒杯）
上的"八角星"

陶器上明确出现了四方八角图

陶罐上的太阳，存在着变化。一步步由形象变为抽象：形象的太阳，抽象的四面八方，抽象的流线。

形象的太阳，表达的是太阳的重要性与永恒性。

四面八方，与四时八节有没有关系？

四面八方，能简单理解为简单的图画吗？

（四）"卍"字符

"卍"字符，从陶罐一直延续到今天的服饰中。

从空间中看，卍是个世界性符号，希腊、印度、英国和俄罗斯等地的出土文物上都有卍字符，中国新石器时代的几处遗址中都发现了卍字符号。古希腊神话《木马屠城记》一书的插图中，也有卍字符号。佛教中的卍，象征吉祥福瑞，据说武则天决定汉语读"万"。以经典而论，在经典中，唯有印度《五十奥义书》记载了这个"卍"符号。

从时间上看，卍是个贯通古今的符号。今天的伊朗，地毯上仍然编织有卍字符。在中华大地上，少数民族女性服饰中仍然编织有卍字符。

甘肃马家窑彩陶上有卍字符

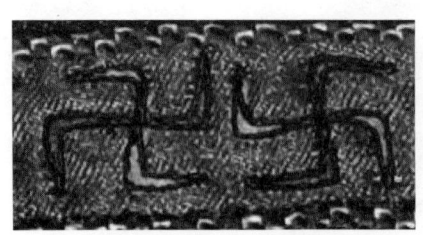

苗族服饰中的卍字符

彝族服饰中的卍字符

《木马屠城记》里的卍字符

　　三星堆出土的铜器中，有一件命名为"青铜神坛"的铜器。青铜神坛由上中下三部分组成，分天地人三界。中间部分的人界，站立着四个铜人。四个铜人戴着同样的帽子，帽子上环绕着一周卍字符。敬请注意，是一周而非一个。

　　卍，与天文历法有关系吗？具体与太阳历有关系吗？

　　《吕氏春秋·大乐》："天地车轮，终则复始。"卍，有没有"终则复始"的无限循环感？这个问题，苗族文化有解释。据贵州苗族学者李国章先生介绍："'卍'是苗族太极符，见于苗族服饰舟溪式，刺绣图案有右旋式'卐'和左旋式'卍'图形，位置在手肩和围腰帕上，用作太阳图的边框纹饰。阴阳对称，左右相间。苗语称'卍'为"霞"，意为车、旋，即天车、天旋。苗族服饰西江式刺绣和银饰有'Ⅹ'符，苗语称为'玉'，也是旋和天旋之意，通常位置在头部，也就是用于捆扎头发的前额围帕上，一边三个或四个，有的一边六个，左右对称，正前中央是太阳造型图。'Ⅹ'字符，有的书将苗语音和造型结合译称为'玉钩'。苗族在古代使用斗杓历。无论'卍'或'Ⅹ'，都是北斗七星在春夏秋冬四至点的抽象组合图。其中右旋'卐'表示按十二生肖行进方向行进，'卍'表示按二十八宿行进方向行进，舞蹈如此，纪历数星宿名和生肖名也是如此。"

　　作为天车、天旋的卍，在苗族服饰中，一是出现在太阳周围，二是与太阳排布相间。无论是何种形式出现，均紧紧伴随着太阳。如果说，卍表达的是无限循环的春夏秋冬四时，那么，卍在全世界出现，说明什么？是不是说明人类先贤共同认识到四时的无限循环性。彝族、苗族服饰把太阳放在头顶上，放在肩膀上，放在围腰间，这说明什么？是不是说明对太阳心悦诚服的崇拜？

三、　象牙上的太阳历

　　新石器时代的象牙梳，1959年山东大汶口遗址宁阳堡头出土，现藏于中国国家博物馆。此梳长16.2厘米，背厚齿薄，共有十六个细密的梳齿，梳身采用镂雕技术，雕出由三行条孔组成的"8"字形图案，是迄今为止保存最为完好的梳子。

　　象牙梳上有旋转的"S"形，由三条曲线组成；三条曲线，近似八卦的三阴三阳。"S"形，有动态循环之义。三阴三阳，有气候循环之义。

　　象牙梳，不能简单理解为生活中所用的梳头的梳子。"梳"在水族文化中，有极其重要的文化意义。梳，梳理的是天下吉凶。

　　太极图中的一阴一阳，一分为二又合二为一，表达的是无限循环的寒暑；首尾相望的"S"形三条曲线，一分为三又合三为一，表达的应该是无限循环的寒、温、暑，暑、温、寒。

新石器时代的
象牙梳

四、 玉器上的太阳历

玉器上有太阳！

玉器上有太阳历！

玉器，属于新石器时代晚期的产物，以龙山文化为代表。龙山文化遗址分布在山东、河南、陕西、安徽等地。

玉器上出现了与太阳历相关的图形。与太阳历相关的图形分两种：一种是四面八方图；一种是有无限循环之义的旋转图。

（一） 玉器上的四面八方图

安徽含山凌家滩出土的玉版，其中心就是一个正方形与八个直角三角形组成的四面八方图。空间中的四面八方与节令中的四时八节有没有对应关系？四面八方图被一个小圆所包围，小圆之外还有一个大圆，大圆与小圆之间的空间里是射线，请看下图：

这里值得追问的几个问题是：

小圆与太阳有没有对应关系？

射线与阳光有没有对应关系？

小圆与天体有没有对应关系？

内方外圆的图形与天圆地方的宇宙观有没有关系？

四面八方图与八卦之间有没有连续性的关系？

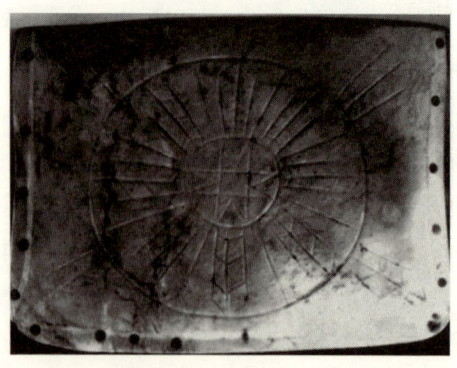

玉版上的八角图与丰富的几何图形（ 安徽含山凌家滩出土 ）

下面是水族同胞保存的《连山易》八卦，水族称八卦为八山，其中的几何图形与含山玉版上的几何图形相似。

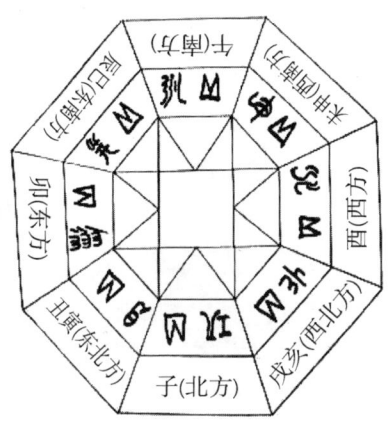

水族同胞保存的《连山易》 八山图

含山玉版上的八角图与水族八山图在母源上有没有联系？

（二）玉器上的八角图

安徽含山凌家滩出土的设计巧妙而大方的双猪玉龙。双猪玉龙的中心有一幅"八角图"。八角内心是一个小圆，八角被一个大圆所包围；两个完美的圆与八角组成一幅让人过目不忘的几何图。即使不知道这幅图的深邃意义，但是起码会感叹这幅图的精美。

含山双猪玉龙上的"八角图"

八角，彝族八卦称为"宇宙八角"。

彝族的宇宙八角一可以表达空间八方，二可以表达时令八节，玉龙上的"八角图"有没有这些时空意义？

（三）旋转型玉器

龙山文化中的玉器，其图形大都是具有无限循环之义的旋转图形。

具有旋转之义的龙山玉器

太阳回归年是循环的，寒暑是循环的，节令是循环的，玉器图形是循环的……

循环的太阳回归，循环的寒暑，循环的四时，循环的玉器，其间有没有必然的联系？

在一阴一阳之外，苗族文化中还有一个不阴不阳。不阴不阳，解释的是由寒到暑之间有一个过渡的温带，由暑到寒之间同样有一个过渡的温带，时间上相当于春分秋分时节。一阴一阳加不阴不阳，描述的是太阳历的寒、温、暑三季，旋转的三分玉器与寒、温、暑三季的太阳历有没有关系？

五、 金器上的太阳鸟

金器上有太阳！

四川成都金沙遗址出土的文物中有一个制作精美的金器太阳鸟。金器太阳鸟呈圆环状。圆环，具有无限循环、周而复始的特征。

如此精美的太阳鸟，在当今世界中会找到第二例吗？以太阳为坐标的创造物，一有领先意义，二有永恒意义。

四川三星堆出土的文物还有一个太阳运行十方图。十方图，放在平面上，给人以精致、精美、精确的感觉。

四只鸟象征春夏秋冬四时，十二道光芒象征十二个月，这是彝族同胞的解释。

金器中的太阳鸟与太阳运行十方图，是史前的文物，但是在大凉山彝族典籍中可以找到相似的对应物，这就是：十月太阳历与太阳历十方图。地下

四川金沙遗址出土的太阳鸟

文物与文字典籍的吻合，这说明什么？是不是说明敬畏太阳习俗的连续性?！是不是说明太阳历的悠久性?！

六、 太阳历演化的三大阶段

天地之间，最重要的是太阳，中华先贤在很早很早之前就认识到这一根本点。

认识太阳，制定太阳历，中华先贤经历了漫长的过程。

"《易》道深矣，人更三圣，世历千古。"这是《汉书·艺文志》对《周易》形成过程的评价。延续这一句式，可以对太阳历形成的过程作出这样一个评价："太阳历早矣，人更十圣，世历万古。"

太阳历，在时间上远远早于《周易》。

太阳历，在时间上远远早于八卦。

太阳历，在时间上远远早于太极。

太阳历，在时间上远远早于洛书、河图。

太极、图书、八卦，都是太阳历的表达。

笔者对太阳历形成的过程，做了以下总结：

岩画中的太阳与太阳历，应该是人文太阳历第一阶段的记录。

陶器中的太阳与太阳历，应该是人文太阳历第二阶段的记录。

玉器金器中的太阳与太阳历，应该是人文太阳历第三阶段的记录。

陶器、玉器、金器中有太阳与太阳历，陶器、玉器、金器之外有太阳观测台。

谈岩画与器具中的太阳，不应该忘记器具之外有太阳观测台。

远古与中古时期的祭祀台，应该全部是天文观测台。在中华大地上，东西南北中，都有这样的天文观测台。

天文观测台，有方形与圆形之分，无论是圆形还是方形，其对角线的连线或中心与两对角的连线，其指向均为冬至与夏至日出日落的空间方位。

祭祀台，是天文台。

祭祀，祭的是天文决定的节令。

《礼记·月令》记载，天子祭祀，祭的是"四立"——立春立夏立秋立冬。下面会讨论到这一点。

第五章
第一部书与十月太阳历

书中有太阳！

中华大地上的第一部书，是表达太阳历的。

第一部书，是用抽象符号表达的。

抽象符号首先是空心圆〇与实心圆●，其次是阳爻—与阴爻‐‐。两者形式不同，实质一样，都是表达一阴一阳的。阳奇阴偶，中华大地上的奇偶之数是在抽象符号阶段出现的。

〇●这两个符号，在中华大地上起码为三个民族所共有——苗族文化、彝族文化、华夏文化均有这两个符号。这两个符号的出现，标志着太阳历的成熟。

在华夏文化中，这两个符号有其形无读音，而在彝族文化中这两个符号有其形也有读音——读音为"土鲁"，汉语意思为"宇宙"。西安半坡出土的文物中，就有了〇堆积的三角形。

圆与爻相较，圆先而爻后。〇为阳，●为阴。空心圆与实心圆、奇数与偶数，组成中华大地上的第一部书、第一张图。书为洛书，图为河图。

《周易·系辞上》："河出图，洛出书，圣人则之。""图"与"书"这两个单音词均发源于《周易》。但是，这里只有图书之名，没有图书之形，更没有图书"所以然"的解释。源头文化最为重要的千古之谜在此形成。庆幸的是，彝族文化还保留有图书之形，还保留有图书所以然的解释。图书之形，图书之解，是由彝族典籍《土鲁窦吉》保存的。彝语"土鲁窦吉"，汉语译为"宇宙生化"。彝族文化谈宇宙生化，谈到了十月太阳历与十二月阴阳合历。阴阳合历由太阳历、太阴（月亮）历、北斗历三历合一而成。书表太阳历，图表阴阳合历，这是彝族文化的解释。

一、　书表十月太阳历

天下读书人千千万万，可是，有多少人知道中华大地上的第一部书与太阳历相关？

有多少人知道中华大地上的第一部书是表达十月太阳历的？

有多少人知道中华大地上的第一部书是由奇偶之数组成的？

下面以彝族鲁素为依据，介绍书中的十月太阳历。

（一）书之名

书之名，彝语发音为"鲁素"，"鲁素"音近洛书，汉语意思为龙书。

龙书，应该是中华大地上的第一部书。龙书，表达的是十月太阳历。龙为阳气龙，龙为时间龙。

（二）书之形

书之形由○●两个抽象符号所组成。○为阳为奇，●为阴为偶。空间摆布形式为：上九下一，左三右七，四二为肩，八六为足，五居中央。一三九七，四个奇数分居四方；二四六八，四个偶数分居四隅。这与中原华夏的洛书一模一样。

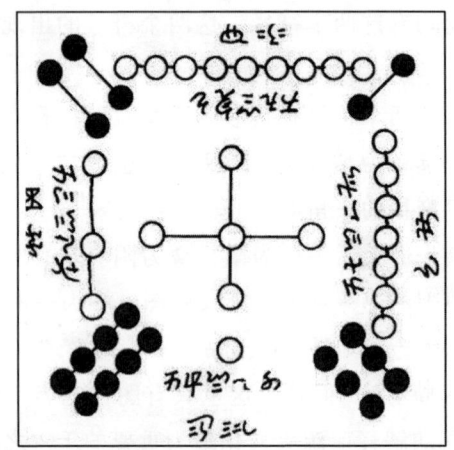

彝族的鲁素（汉语译为龙书，表达的是十月太阳历）

（三）书之数

书中含有九个奇偶之数。一三五七九五个奇数，二四六八四个偶数。奇数，由空心圆表达；偶数，由实心圆表达。

书之数的空间性，《土鲁窦吉·论十二支》这样描述的：

天一与天九，合二生成十，居南方北方。

天三与天七，合二生成十，居东方西方。

地二与地八，合二生成十，居东北西南。

地四与地六，合二生成十，居西北东南。

天一与天九，天三与天七，地二与地八，地四与地六，天数论阳，地数论阴，四组天地之数的和均等于十。

书之数可以论空间，论空间中的四面八方——东、西、南、北与东南、西北、东北、西南。

（四）三阶幻方

彝族的龙书，华夏的洛书，是中华先贤创造出来的三阶幻方。三阶幻方是最基础的幻方，又叫九宫格。一二三四五六七八九，九个数字排成纵横三行三列的矩阵。横竖之和、交叉之和皆为 15。

上下相加：

$$9+5+1 = 15$$

左右相加：

$$3+5+7 = 15$$

交叉相加：

$$2+5+8 = 15$$

$$4+5+6 = 15$$

如果去掉中间五这个奇数，那么上下左右、交叉之和全部为十。合十，是三阶幻方最基础的特征。敬请读者谨记，九宫格是人类历史中最早的三阶幻方。换言之，三阶幻方是现代多阶幻方的鼻祖。

为寻找外星人，美国发射太空探测器。太空探测器上，刻有代表地球人智慧的几个标志，其中之一就是脱胎于洛书的四阶幻方图。四阶幻方图上下左右相加皆为 34，洛书上下左右相加皆为 15。数学，简洁为上。显然，三阶幻方简洁于四阶幻方。

（五）书中的十月太阳历

在彝族文化中，洛书表达的是分十个月的十月太阳历。阴阳五行，天干地支，72、36、18 这一组常用数据，全部是从十月太阳历出发的。分述如下：

阴阳。十月太阳历，一年分两截，两截分阴阳。冬至，为太阳回归年的起始点与终结点；夏至，为太阳回归年的转折点。

从冬至到夏至为前半年，前半年天气越来越热，所以前半年为阳年。从夏至到冬至为后半年，后半年天气越来越寒，所以后半年为阴年。——阴阳之分，首先分于太阳回归的南来北往。

十月太阳历，分一二三四五六七八九十十个月。十个月中，一三五七九五个奇数月为阳，二四六八十五个偶数月为阴。——阴阳之分，其次分于奇偶之数。

五行。十月太阳历分五季十个月，五季称五行。一、三、九、七，这四个奇数代表四行。居于中央的五，统领二四六八这四个偶数代表一行。

一、三、九、七，代表的四行为水、木、火、金；五统领二四六八代表
一行为土。

五行即五季，五季即五行。五行以木行为首，以水行告终。依次顺序
为：木、火、土、金、水。终点之处，恰恰又是一个新的起点。

一行72天。一、三、九、七四个奇数代表的总天数是：

$$72×4 = 288（天）$$

四、二、八、六，这四个偶数每一个代表18天，总天数是：

$$18×4 = 72（天）$$

四个偶数，归属中央，由奇数五统领。

五行的总天数是：

$$72×4+18×4 = 360（天）$$

五居中央而统领四方。

奇偶之数与五行的具体对应关系，《土鲁窦吉》的解释如下：

以阳数一论水行，以阳数九论火行，以阳数三论木行，以阳数七论金
行。四个阳数，四个72天，分布在洛书的四方。

以阴数八论水、木两行之间的18天；以阴数四论木、火两行之间的18
天；以阴数二论火、金两行之间的18天；以阴数六论金、水两行之间的18
天；四隅四个18天。18×4 = 72（天）。四个18天，归属中央统领，五行属
性属于土。阳数五，统领四隅，运枢四方。

72×4 = 288，18×4 = 72，288+72 = 360（天）。五行即五季，五季即五行，
五行360天。

中央为什么统领四隅18天？诠释这一点，彝族文化创造出一个形象而
生动的故事：五弟兄分家。

弟兄五个分家，先分空间，后分时间。

分空间：大哥分管东方，二哥分管南方，三哥分管西方，四哥分管北
方，五弟分管中央。

分时间：大哥分管四时之春的90天，二哥分管四时之夏的90天，三哥
分管四时之秋的90天，四哥分管四时之冬的90天。

春夏秋冬四时每一时，四个哥哥每人分管90天。

分时间，把小弟弟忘了。小弟弟问：诸位哥哥，我的呢？四个哥哥连忙
每个人拿出18天给五弟。这样，五个弟兄每人分管72天。

五行结构，如此合理地保留在四时历之中。

五兄弟分家的故事，由彝族学者龙正清先生所记载，是在其大作《彝族历史文化研究文集》中出现的。

十月太阳历，在彝族龙书之中，是用奇偶之数表达的。书中奇偶之数，就是天地之数。

（六）十月太阳历置闰

四年之中，三个平年，一个闰年。四年一闰，后来欧洲的儒略历，与之完全一致。

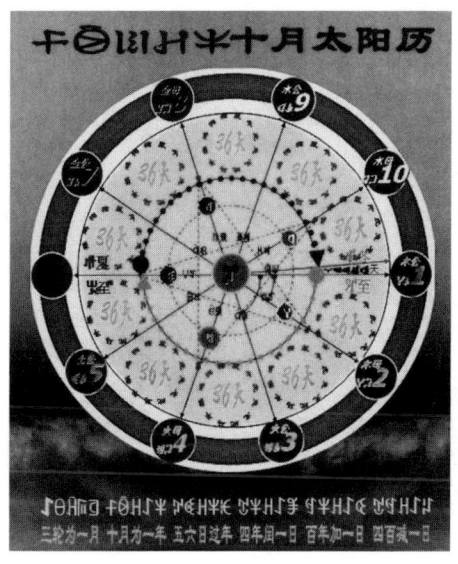

四川彝族杂志上的十月太阳历图

彝族先贤以 365 天为平年，以 366 天为闰年。十月太阳历每四年置一闰，置闰闰一天。平年的小年节过 2 天，闰年的小年节与大年节一样过 3 天。置闰的目的，就是将历法中的数字合于太阳回归年的实际数字。

十月太阳历数据的精确性。书中十月太阳历四年的总天数为 1461，四年的平均数为 365.25 天。

一直到 1281 年，元代郭守敬改历，在其制定的《授时历》中，将 365.25 这一数据精确为 365.2425。301 年后的 1582 年，教皇格利高里修改儒略历，将回归年长度由 365.25 精确为 365.2425。

$$365.25 - 365.2425 = 0.0075$$

上下几千年，太阳回归年的精确，仅仅体现在 0.0075 这个数据之中。这说明什么？是不是说明中华先贤在图书时代的求证能力已经达到了相当的高度？！

今天，太阳回归年的精确数据为 365.2422 天。

$$365.25 - 365.2422 = 0.0078 （天）$$

观测太阳，与中华先贤相较，今天的进步体现在小数点后的第三、第四位小数上。时代的进步，仪器的精密，都只能在精微的层面上修正先贤的认识。中华先贤求证出的基本数据，根本无法被否定。

二、第一部书与千古之谜解答

中华大地上的第一部书，奠定了中华文化与中医文化的基础。

此说的依据何在？

因为对中华文化与中医文化起着基础性作用的阴阳五行、天干地支，全部发源于此。《周易》的千古之谜全部可以在这里得到解答。详细讨论如下：

（一）阴阳之谜的解答

十月太阳历中的阴阳。十月太阳历中有两个重要节日——冬至与夏至。冬至，是太阳回归年的起点，夏至是太阳回归年的转折点。冬至与夏至，将太阳回归年分为前后两截：冬至到夏至，为前一截；夏至到冬至，为后一截。前一截为阳年，后一截为阴年。——事关根本的一阴一阳，抽象于太阳回归的起始点与转折点。

用现代天文学的观点看，冬至由太阳相交于南回归线所决定，夏至由太阳相交于北回归线所决定。彝族十月太阳历中的阴阳两截，量化出的南北回归线之间的两条线——太阳从南回归线到北回归线，这一截为阳；太阳从北回归线到南回归线，这一截为阴。前一截之所以为阳，因为天气一天天变暖变热，后一截之所以为阴，因为天气一天天变凉变寒。

彝族文化用太阳解释阴阳的观点，可以在苗族文化中找到完全相同的认识。《苗族古历》一书如此介绍了冬至夏至与阴阳的关系："冬至阳旦，夏至阴旦。"

如果说彝族十月太阳历中的阴阳两截，量化出的南北回归线之间的两条线，那么苗族古历的阴旦阳旦，量化出的则是南北回归线上的两个点。

点既是空间点，也是时间点；线既是空间线，也是时间线；阴阳，既融合了时间，也融合了空间。

阴阳，首先发源于太阳，具体发源于十月太阳历的冬至夏至。发源于太阳的阴阳，实际上是与太阳回归年相关的一寒一暑。

阴阳，还有一个发源地，这就是日月联合论阴阳。发源于日月的阴阳，实际上是日往月来形成的一昼一夜。

（二）五行之谜的解答

十月太阳历中的五行。太阳回归年分五季，五季称五行。一季一行，五季五行。与春夏秋冬命名四时一样，彝族先贤以金木水火土命名五行。五行一行一季72天，五行360天。十月太阳历中的五行，是太阳回归年的时间长度去尾数，然后一分为五的结果：

$$（365-5）÷5=72（天）$$
$$（366-6）÷5=72（天）$$

竿下测影，太阳之动四年之中前三年的回归周期（从日影最长点回归到日影最长点）为365天，后一年为366天，四年之中总的回归周期为1461天，平均数为1461÷4=365.25天。这四个数字，应该是中华先贤对太阳之动量化的共同认识。因为，这四个数字是在苗族太阳历、华夏太阳历、彝族太阳历中共同出现的。

五行，彝族十月太阳历的顺序如下：木、火、土、金、水。五行以木行为首，以水行告终。

五行，只有一个发源地，这就是十月太阳历。

（三）阴阳五行关系之谜的解答

阴阳与五行的关系有两种解释：一是五行在阴阳范畴之内；二是五行本身也分阴阳。

先谈阴阳范畴之内的五行。彝族十月太阳历分两截，两截分出了一阴一阳，即前一截为阳，后一截为阴。两截之分，符合太阳在南北回归线之间的一来一往。彝族十月太阳历分五行（五季），五行就包含在太阳回归年的两截之中。太阳回归的完整过程，一分为二是一阴一阳，一分为五是木火土金水五行，阴阳是基础，五行是阴阳基础上的细分。阴阳与五行的关系，这是根本性的解释。

再谈五行本身所分出的阴阳。五行每一行又分雌雄（阴阳），木分雌木雄木，火分雌火雄火，土分雌土雄土，金分雌金雄金，水分雌水雄水。五个奇数月一三五七九称雄，五个偶数月二四六八十称雌。雌雄即阴阳，雌阴而雄阳。奇数月为阳，偶数月为阴，五行本身分阴阳，这是十月太阳历对阴阳五行关系的另一种解释。阴阳与五行的关系，这是另一种解释。

太阳回归年两截的阴阳之分，可以解答《黄帝内经》中的一个基础性难题：《黄帝内经》强调"春夏养阳，秋冬养阴"。这里只有"应该这样"的结论，没有"为什么这样"的原因。太阳回归年两截之分，可以完美地解答这一难题。"春夏养阳，秋冬养阴"的原则，合于太阳之序，合于太阳在南北回归线之间的往来之序。实际上，准确的说法应该是：从冬至到夏至养阳，从夏至到冬至养阴。

五行每一行本身分阴阳，同样可以解答《黄帝内经》中的一个基础性难题：《黄帝内经》中木分阴木阳木，火分阴火阳火，土分阴土阳土，金分阴金阳金，水分阴水阳水；这里只有"是这样"的结论，并没有"为什么是这样"的解释，十月太阳历"行内分阴阳"可以清晰地解答这一难题。

（四）"生克之谜"的解答

五行生克，是中华先贤在万物之间所建立的"相互联系，相互制约"的简图。生克依据为何？这里也是一个谜。

十月太阳历可以解答生克之谜。

五行即五季，五季即五行。行行之间，生生不息，这里演化出五行相生的哲理。五行相生，解答了现实万物之间的相互联系。

五行可以表达五个季节，五个季节属于时间，时间顺序中存在着相互联系，这一点，可以说是绝对的。五行可以表达东西南北中五方，五方属于空间，空间中存在相互联系，这一点，同样可以说是绝对的。

所生之物都会成熟、都会衰亡，此行生物彼行熟，此行生物彼行死。换句话说，所生之物都有生命周期。此一行时间段是所生之物，在彼一行的时间段会成熟会枯黄会死亡，此行生物彼行死，这里演化出五行相克的哲理。五行相克，解答了现实万物之间的相互制约。五行可以表达时间，可以表达空间。时间空间中的万物，存在着"相互联系，相互制约"的关系，如此结论具有永恒性与常青性。

（五）干支之谜的解答

用干支纪年、纪月、纪日、纪时的方法，在《周易》《尚书》《诗经》《春秋左传》《国语》中均有出现。干支从何而来？华夏经典中均没有解答。

一句话，干支纪年法，在先秦典籍中无处不在。干支纪年，也一直沿用至今天。

干支从何而来？《周易》与《尚书》没有答案，华夏文化所有经典中均没有解答，诸子百家同样没有解答。干支问题，成了千古之谜中的重要一谜。

天干地支发源于十月太阳历，这是彝族文化的解释。

1. 十天干发源于十月太阳历　十月太阳历分十个月，月序为一二三四五六七八九十，依次用甲乙丙丁戊己庚辛壬癸来表达。在十月太阳历中，十天干是用于纪月序的。十天干，实际上是黄道大圆的十等份。纪月序，是十天干的第一功能。

2. 十二地支发源于十月太阳历　十月太阳历每月 36 天。36 天分上中下三旬，每旬 12 天，依次用子丑寅卯辰巳午未申酉戌亥来表达。在十月太阳历中，十二地支是用于纪日序的。纪日序，是十二地支的第一功能。

十月太阳历每月 36 天，每月含两个节气，一节一气各 18 天，每年 20 个节气。每年 20 个节气，不适合指导播种，不适合指导收获，于是自然发生了改革——十月太阳历改革为十二月太阳历后，20 个节气改革为 24 个节气。

太阳历改革之后，并没有抛弃干支，只是干支功能发生了改变：十二地支用于纪月，十天干用于纪日。一年十二个月用十二地支纪之。一月 30 天分三旬，每旬 10 天，依次用十天干纪之。

干支的永恒性。打开今天的地图，张张都有子午线。这里的地支，表达的是空间。离开了子午线，飞机不能航空，轮船不能航海。地支的永恒性就在这里。

打开《辞海》《汉语大词典》，后面皆附有干支纪年表。这里的干支，区分的是时间。时间具有永恒性与常青性，干支的永恒性与常青性就在这里。

（六）书之谜的解答

读书人知道第一部书是怎么形成的？

中华大地上的第一部书，形成于文字之前。书，表达的是十月太阳历。书，由抽象符号（奇偶之数）所组成。抽象符号、奇偶之数，一有严格的规定性，二有无限象征性。华夏的洛书，彝族的龙书，名字不同，实质相同。龙书之龙，与太阳相关，与时间相关。龙是阳气龙，龙是时间龙。书表太阳历。书是太阳历的成熟标志，是中华文化的成熟标志。

（七）数字之谜的解答

这里实际上隐含有两个谜：一个是奇偶之数之谜；一个是72与36这一组数字之谜。

1. 奇偶之数之谜的解答　奇偶之数的界定，是一个根本性的大问题。"一切都是数。数的关键是单双。"这是古希腊哲学家毕达哥拉斯留下的名言。"0是无，1是上帝，0与1创造了世界。"这是德国数学家、哲学家莱布尼茨留下的名言。在中华大地上，奇偶之数起于何时？起于文化开端之时，具体起于一阴一阳。

○●这两个抽象符号，组成中华大地上的第一部书——洛书；○为阳，●为阴；○为奇，●为偶。洛书表达的是十月太阳历，这是彝族典籍《宇宙生化》的解释。洛书，用九个数一二三四五六七八九来表达十月太阳历。九个数分奇分偶，分阴分阳；一三五七九，这五个数为阳为奇；二四六八，这四个数为阴为偶。阳奇阴偶，是从十月太阳历出发的。

九个奇偶之数最为基础是一与九两个奇数，两个奇数建立了针经之纲纪。针经《黄帝内经·灵枢》在开篇之作《九针十二原》中明确指出："始于一，终于九"为针经之纲纪。一，表达是冬至；九，表达是夏至。冬至阳旦，夏至阴旦。太阳历中的一阴一阳，构成了针经之纲纪。冬至一阳生，夏至一阴降。太阳历中的升降运动，构成了针经之纲纪。针经之纲纪的数字化，是从十月太阳历开始的。

《道德经·第四十二章》："万物负阴而抱阳。"阳奇阴偶。中华大地上万物的数字化，是从阴阳开始的，具体是从第一部书开始的。

2. 两个数字之谜的解答　在中华大地上，有一组神秘的数字，广泛地出现在各个领域，这组数字就是72与36。

孙悟空会72变，猪八戒会36变，《西游记》中有72与36这两个数。

108将分72地煞36天罡，《水浒传》中有72与36这两个数。

36洞天、72福地，道教中有72与36这两个数。

书中有36计，民间有72行。

广泛出现在文学作品中的这两个数从何而来？广泛出现在民间口语中的这两个数从何而来？

只有明白了十月太阳历，才能解答这两个数的来源。36，是十月太阳历中一月的天数；72，是十月太阳历中一行的天数。

三、 书与先天八卦的融合

《土鲁窦吉》解释，书演化出先天八卦。第一部书表达的是天文历法，八卦同样表达的是天文历法。关于书与先天八卦的融合，《土鲁窦吉》的解释如下：

乾卦在天九的位置上，坤卦在天一的位置上，离卦在天三的位置上，坎卦在天七的位置上；乾坤离坎四卦分布在东西南北四方。

震卦在地八的位置上，巽卦在地二的位置上，艮卦在地六的位置上，兑卦在地四的位置上；震巽艮兑分布在东北、西南、西北、东南四隅。

洛书与先天八卦如此融合在一起，凡洛书所表达的所有内容，先天八卦一样能表达。

在西方，直角三角形与四阶幻方是两回事；在表达十月太阳历的洛书里，直角三角形就隐藏在三阶幻方之中。

四、 第一部书简评

从天文到人文，形成中华大地上的第一部书。

中华大地上的第一部书表达的是天文历法，具体表达的是十月太阳历。

第一部书建立阴阳学说。太阳回归年分两截，两截分寒暑，寒暑这里抽象出了阴阳。太阳是阴阳学说的第一发源地。源于太阳的阴阳，构成了中华文化的基础，构成了中医文化的基础，构成了诸子百家的理论基础，构成了自然百科的理论基础。西方一流的物理学家之所以崇拜阴阳，因为阴阳的基础在天文在太阳。

第一部书建立五行学说。太阳回归年的时间长度（365 天、366 天）去尾数一分为五即五行，五行金木水火土，一行 72 天。以天文论人文，这是中华先贤所建立的论证方式。这一论证方式，始于洛书，延续于中医经典《黄帝内经》，延续于先秦诸子百家。五行，之所以是《黄帝内经》论病的依据，之所以是诸子百家论证问题的依据，最为关键的是五行的发源地在太阳。

第一部书建立时空一体的时空观。五行（五季）属于时间，五方东西南北中属于空间，五行对应于五方，时空一体的时空观在此确立。时空一体，这一点至关重要，无论是对人文，还是对自然百科。

第一部书建立五音之说。五行木火土金水，伴生五音角徵宫商羽——木音角，火音徵，土音宫，金音商，水音羽。五音是五行的伴生物，两者同根同源，均源于十月太阳历。

第一部书建立奇偶之数。书由奇偶之数所组成。奇偶之数的空间有序组合，形成书。数，发源于太阳。数，始于洛书。

第一部书建立自然之道。第一部书中的最基础的两个时令点是冬至夏至。冬至阳旦，夏至阴旦。太阳本身可以论阴阳，一阴一阳之谓道，太阳本身可以论道。《管子·枢言》："道之在天者，日也。"太阳之道，不是玄虚之道，而是可以重复，可以实证，可以测量，可以定量的自然之道。《道德经·第一章》开篇出现"道可道，非常道"之论断，这一论断将道玄虚化了。如果说，先天之道看不见又摸不着，属于"不可道之道"，那么太阳之道完全是可以实证、可以测量的"可道之道"。

第一部书建立了"三大体系"。"三大体系"依次是：永恒而长青的天文历法体系；严密的数理体系与优美的哲学（时空）体系。

第一部书建立"以天文论之"的论证方式。"以神论之"，这是《圣经》所建立的论证方式。"以天文论之"，这是洛书所建立的论证方式。"以神论之"，论证一切问题以神的意志为基准。"以天文论之"，论证一切问题首先以太阳之序为基准。阴阳五行，以及之后的四时八节，全部在太阳之序之中。"以天文论之"是原则，以太阳论之是具体。

总而言之，中华先贤以太阳为坐标创作了中华大地上的第一部书，第一部书奠定了中华文化与中医文化的理论基础，奠定了百子百科的理论基础。

至于书产生的时间，可能在万年之前。这样说的依据是：中华大地上有万年以前的人工水稻。

请看以下例证：

例一，湖南道县发现了一万二千年前的人工水稻。

例二，湖南澧县发现了八九千年前的人工水稻。

例三，浙江余姚县河姆渡史前遗址中发现了千年前上百吨的人工水稻。

例四，河南舞阳、浙江萧山均发现了史前人工水稻。

例五，长江中下游很多地方都发现了史前人工水稻。

没有天文历法，根本不会有自觉的耕种，根本不会有任何收获。没有天文历法能种出人工水稻吗？！

七八千年前的人工水稻证明：七八千年前的中华大地上已经有了天文历法。

八九千年前的人工水稻证明：八九千年前的中华大地上已经有了天文历法。

一万年前的人工水稻证明：一万年前的中华大地上已经有了天文历法。

一万年前位于黄帝以前，七八千年、八九千年前均位于殷商以前，几个"以前"说明：天文历法远远早于文字。

文字，只有几千年的历史；天文历法，应该有上万年的历史。

天文历法中最为基础的就是太阳历。今天的太阳历是十二月太阳历。十月太阳历产生于十二月太阳历之前，而十月太阳历恰恰是用洛书表达的。以天文历法而论，具体以太阳历而论，中华大地上的第一部书是不是产生于万年之前?!

第六章

第一张图与阴阳合历

阴阳合历，是阳历与阴历融合为一体的历。

现实世界中，欧美基督教采用的是太阳历，阿拉伯伊斯兰教采用的是太阴历，唯有中国和印度采用的是阴阳合历。但是，印度采用的是太阳历、太阴历二历合一的阴阳合历，而中国采用的是太阳历、太阴历、北斗历三历合一的阴阳合历。

一、　三历简介

三历者，太阳历、太阴历、北斗历也。

阴历，指太阴（月亮）历、北斗历，广义上还包括行星历与二十八宿历。本文讨论范围仅限于太阴历与北斗历。

（一）太阳历简介

阳历，专指太阳历。前面已经谈过，太阳历是以太阳回归为依据制定出来的历法。太阳回归，体现在两个方面：一是日出方位的循环变化在东北、东南两个方位之间；二是日影循环变化在长短两极之间。中华大地上的太阳历，远远早于文字。同一个太阳，人类先贤先后制定出了多种太阳历，玛雅文化中有十八月太阳历，彝族文化中有十月太阳历、十二月太阳历，苗族文化中有五月太阳历、八月太阳历、十月太阳历、十二月太阳历。《周髀算经》出现了以日影长短变化为依据的二十四节气，一节一气即一个太阳月，二十四节气属于十二月太阳历。

（二）太阴历简介

月亮，与太阳相对，所以称太阴。太阴历，是以月亮圆缺为依据制定出来的。中华先贤在很早很早以前，就重视了月亮。苗族、彝族文化里都有太阴历。

月亮圆缺一次为一个朔望月，月缺为朔，月圆为望。朔为初一，望为十五。朔望月，《周髀算经》出现了三个数据：30、29、$29\frac{499}{940}$。

《周髀算经·日月历法》："置大月三十日，置小月二十九日，置经月二十九日九百四十分日之四百九十九。"

大月小月，是阴历年十二个月的安排。阴历年一年之中安排六个大月六个小月——大月30天，小月29天，六大六小一共354天。"经月"是怎么回事？经月，是平均数，是76年的月数加闰月数计算出来的平均数。分母九百四十，是（912+28）之和。这个分母的所以然，在后面"如何置闰"的章节中介绍。

太阴历，远远早于《周髀算经》。

（三）北斗历简介

华夏经典中的北斗，是在《尚书》中出现的。《尚书·舜典》："在璇玑玉衡，以齐七政。"《汉书》将"璇玑玉衡"解释为北斗，《汉书·天文志》："北斗七星，所谓'璇玑玉衡'。"舜接班于尧，接任后的第一件事就是"观测北斗七星，列出了七件政事"。

以北斗斗柄定四时，是在《鹖冠子》中出现的。《鹖冠子·环流》："斗柄东指，天下皆春，斗柄南指，天下皆夏，斗柄西指，天下皆秋，斗柄北指，天下皆冬。"斗柄是循环的！斗柄循环有东西南北四指之变，节令有春夏秋冬四时之变。《鹖冠子》记载了斗柄循环与四时循环之间的对应关系。以北斗定四时，如此清晰的记载，先秦诸子中唯此一家。

以北斗斗柄定八节，是在《黄帝内经》中出现的。《灵枢·九宫八风》篇中以北斗斗柄八指定出了八节。斗柄八指：由正北方开始，依次经北方、东北、东方、东南、南方、西南、西方、西北，又回到正北方。八节：由冬至开始，依次定出立春、春分、立夏、夏至、立秋、秋分、立冬，又回归冬至。

北斗历，远远早于《黄帝内经》。

二、 第一张图与阴阳合历的关系

远在文字之前，中华先贤就创造出阴阳合历。

文字之前的阴阳合历，是用图表达的。

图，即"河出图"之"图"，这是中华大地上的第一张图。

第一张图，是由抽象符号组成的。抽象符号，即空心圆○和实心圆●。

图，华夏称河图，彝族称"付托"，两者语音相近、形式相同，但解释不同——汉族解释在"河马出图"的神话上，彝族解释在天文历法上。

下面以彝族付托为依据，介绍图中以太阳历为基础的阴阳合历。

（一）图之名

图之名，彝语发音为付托。付托音近河图，汉语意思为联姻。联姻，指的是一阴一阳的阴阳联姻，指的是一奇一偶的奇偶联姻。

（二）图之数

图中含有一二三四五六七八九十共十个奇偶之数。一三五七九，五个奇数，二四六八十五个偶数。奇数，由空心圆表达；偶数，由实心圆表达。

书之数一二三四五六七八九，图之数一二三四五六七八九十，图书之数是有差别的。差，就差在图比书多出一个数。

图之数，《土鲁窦吉·论十二支》的描述为：

　　　天一地六水，地二天七火，

　　　天三地八木，地四天九金，

　　　天五地十土，立天地根本。

　　　五十五数中，天有二十五，

　　　用来象征天，地数有三十，

　　　用来象征地。

这里的数，与天地解释在一起，与金木水火土五行解释在一起。

天一地六，地二天七，天三地八，地四天九，天五地十。天地可以论阴阳，地阴而天阳。天地之数亦即奇偶之数，阳奇而阴偶。

书中的奇偶之数分别而出，图中奇偶之数配对而出，这是图与书又一差别。

1. 生数与成数　数有生数成数之分：一奇一偶、一偶一奇，前者为生数，后者为成数。从万物生长收藏与天文历法的关系上解释，即一月生物六月成，二月生物七月成，三月生物八月成，四月生物九月成，五月生物十月成。

2. 数与五行五方的关系　五组天地之数，可以论金木水火土五行，可以论东西南北中五行。《土鲁窦吉》《宇宙人文论》《西南彝志》共同指出：

　　　一与六，空间对应北，五行对应水。

　　　二与七，空间对应南，五行对应火。

　　　三与八，空间对应东，五行对应木。

　　　四与九，空间对应西，五行对应金。

　　　五与十，空间对应中，五行对应土。

（三）图之形

图之形的空间摆布形式为：一六在下，二七在上，左三八右四九，中央五十。如此排布，与中原华夏的河图完全相同。

一奇一偶相互配合的如此摆布，形成这样一个有趣而神秘的现象：两个奇偶之数大小相减，所得的差均为五。

$$6-1=5$$
$$8-3=5$$
$$7-2=5$$
$$9-4=5$$
$$10-5=5$$

差五，是付托数字上的重要特征。

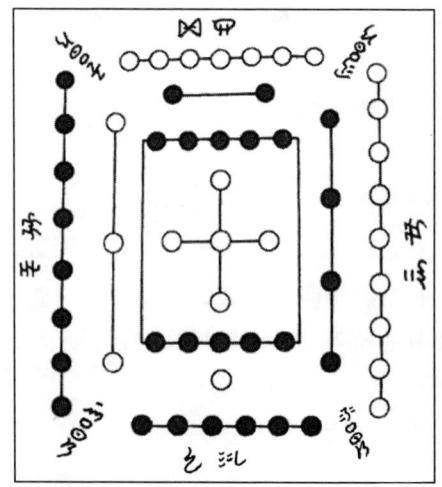

彝族文化所保存的付托（河图）

河图表达的是太阳历、太阴历、北斗历三历合一的十二月阴阳合历。四时对应四方，八节对应八方，四时又对应着万物的生长收藏过程，河图以奇偶之数构筑起一个时空物一体、无限循环的时空模型，以五行生克描绘出了自然界既相互联系又相互制约的一幅简图。"一切都是数。数的关键是单双。""0是无，1是上帝，0与1创造了世界。"这是西方两位哲学家、数学家留下的至理名言。只有从奇偶之数与时空模型这一角度，才能理解图与书的永恒性与常青性。

（四）图中的阴阳合历

阴阳合历，基础是太阳历，完美地融合了太阴历与北斗历。

图中的太阳历，其关键是太阳回归年。

图中的太阴历，其关键是朔望月。

图中的北斗历，其关键是斗柄指向定寒暑、定正月。

1. 图中的春夏秋冬四时　春夏秋冬四时，是用联姻的奇偶之数表达的：

　　一六表达冬至之冬；

　　二七表达夏至之夏；

　　三八表达春分之春；

　　四九表达秋分之秋；

　　五十表达统领四时四方的中央。

四季之中继续保持五行结构：春木、夏火、秋金、冬水，四时之末的最后 18 天属土。

2. 三历各自的作用　图中含有三种历，三历发挥着不同的作用。换言之，三种历各自有各自的作用。太阳历定岁，太阴历定月，北斗历定正月、定寒暑。

（1）太阳定岁：岁的时间长度，以太阳回归年的时间长度为基准。仍然是四年之中三个 365 天，一个 366 天，平均数据为 365.25 天。

冬至夏至两个基本点没有改变，这是图与书的相同点。

（2）太阴历定月：以月亮圆缺定月。月分大小，大月的时间长度为 30 天，小月为 29 天。奇数月为大，偶数月为小。一年十二个月，时间长度为 $(30 \times 6) + (29 \times 6) = 354$ 天。

（3）北斗历定寒暑：斗柄指向正北方为寒，斗柄指向正南方为暑。子北午南，子午两支可以论寒暑，可以分阴阳。

（4）北斗历定正月：斗柄指向东北寅位时，这一月定为正月。

《淮南子·天文训》："正月建寅。"所谓正月建寅，就是以寅月为正月。

哪个月定正月？不同的历有不同的规定：夏历以寅月为正，周历以子月（十一月）为正，殷历以丑月（十二月）为正。

这里需要解释一下"正月建寅"中的"建"字。一个字称"建"，两个字称"斗建"，这是北斗历留下的名词。观测北斗星，中华先贤发现斗柄一直在做圆周循环运动；圆周运动中的斗柄，有一个指向问题，即：斗柄指向有东西南北之变。斗柄指向的变化，大地上有春夏秋冬四时的变化。斗柄四指与四时之变的关系，《鹖冠子·环流》有明确之记载："斗柄东指，天下皆春；斗柄南指，天下皆夏；斗柄西指，天下皆秋；斗柄北指，天下皆冬。"

北斗指向，称为"斗建"。《汉书·律历志上》）："斗建下为十二辰，视其建而知其次。"《汉书》指出，观测斗柄指十二辰的方位，即可知道十二次，即相对应的月次。

斗柄指向，还有一个十二方位之变，按照十二地支将天体大圆分为十二等份，斗柄指向何方，即称为"建X"，斗柄指向子午线的子位，称为"建子"；斗柄指向子午线的午位，称为"建午"。一年十二个月，具体的斗建顺序为：正月建寅，二月建卯，三月建辰，四月建巳，五月建午，六月建未，七月建申，八月建酉，九月建戌，十月建亥，十一月建子，十二月建丑。

（5）太阴历定初一（春节）：春节与立春并不是重合的。立春，有时立在春节前，有时立在春节后，原因何在？立春，是二十四节气之一，二十四节气是太阳历决定的；春节，是太阴历决定的。这就是立春、春节不重合的根本原因。

太阳历定立春，北斗历定正月，太阴历定春节（初一），这就是三历合一的成果。

3. 阴阳合历的基本结构　阴阳合历的基本结构与十月太阳历的基本结构一样，同样是分季、分月、分日、分节气。所不同的是，变五行为四季，变十月为十二月，变20个节气为24个节气。

季的界定。阴阳合历分春夏秋冬四时，四时之中继续保持五行结构：春木、夏火、秋金、冬水，四季每季的最后18天属土。

月的界定。阴阳合历分十二个月，月为朔望月。月分大小，大月30天，小月29天。

年的界定。十二朔望月为一年，一年354天。

节气的界定。十月太阳历，十个月一共20个节气。每月36天，每月两个节气，即18天分一节一气。十二月太阳历，十二个月分24个节气，即15天一节一气。

两个节气的时间长度大于30天，朔望月的时间长度小于30天。所以，按日影论出的节气，在月亮圆缺论出的朔望月里并不是每个月都是一节一气。按节气顺序与时间顺序，朔望月积累到一定数目之后，就会出现有节无气的局面。有节无气之月，即是闰月。

4. 干支作用的转换　在十月太阳历中，十天干用来纪月，十二地支用来纪日，而在阴阳合历中干支的作用发生了转换：十天干用来纪日，十二地支用来纪月。

5. 阴阳合历的置闰　太阴历论年，一年 354 天；太阳历论岁，一岁 365.25 天。

年岁之间的时间差为：365.25−354＝11.25（天）。

为了使太阴历与太阳历协调一致，彝族的阴阳合历中五年置两个闰月，这和《周易·系辞上》中的"五岁再闰"是一致的。阴阳合历置闰不是闰一天，而是闰一月。闰月间距的规律是 33 个月、32 个月。

6. 图之数与四时五行的对应　金木水火土五行可以对应时间中的春夏秋冬，可以对应空间中的东西南北中。以五行为桥梁，就可以顺理成章地理解图书之数所表达的十二月历。

图之数与十二月历的对应关系，《土鲁窦吉》的具体介绍如下：

以三八论五行之木，论春季 90 天；

以二七论五行之火，论夏季 90 天；

以四九论五行之金，论秋季 90 天；

以一六论五行之水，论冬季 90 天；

以五十论五行之土，论中央之枢纽。

三八、二七、四九、一六，一共四组奇偶之数。这四组奇偶之数，可以表达无穷无尽的内容，但首先表达的是时间与空间，即一可以表达春夏秋冬四季，二可以表达东西南北四方。春夏秋冬四季融合在这四组奇偶之数的组合中。一季 90 天，四季 360 天（4×90），再加上两个过年日的 5~6 天。五年闰两个月，平均下来，一年的时间长度仍然是 365.25 天。河图以极其简易的方式，表达了四季十二月。

四时之中如何容纳五行结构？

彝族文化中以"五兄弟分家"的故事进行了解答：东西南北中，五兄弟各分管一方；春夏秋冬四时，四个哥哥分管每一时的 90 天，小弟弟怎么办？四个哥哥每人又拿出 18 天分给小弟弟，如此一来，五兄弟各管 72 天。

72 天是五行历每一行的天数，五行结构如此保留在四时历之中。

这个故事让人过目不忘，过耳不忘。这个故事可以合理地解释《黄帝内经》中的一道难题：五脏法时，肝主春，心主夏，肺主秋，肾主冬，脾主四时之末的四个 18 天。脾脏不属于四时但统帅四时，为什么？《黄帝内经》没有解释，这里也留下了一个千古之谜。只有太阳历，才能合理解答这一千古之谜。

三、 图解答的千古之谜

千古之谜，一是图本身的千古之谜，二是图解答的千古之谜。

（一）图本身的千古之谜

华夏文化，从《周易》到诸子百家，一直都在强调图的重要性，但是从《周易》到诸子百家均没有解释"图为什么重要"。

《周易·系辞上》："河出图，洛出书，圣人则之。"圣人为什么要则图则书？则图则书，则的是天文历法，这是彝族文化的解答。

第一部书形成于文字之前，第一张图同样形成于文字之前。书，表达的是十月太阳历。图，表达的是十二月阴阳合历，这是彝族文化的解答。

华夏的河图，彝族的付托，两者语音相近，实质相同。彝族典籍《土鲁窦吉》以十二月阴阳合历，解开了图之谜的谜底。

（二）图所解答的千古之谜

十二月阴阳合历解开了图之谜，图还解开了一系列具体的文化之谜：

1. "五位相合之谜"的解答　《周易·系辞上》："天一，地二；天三，地四；天五，地六；天七，地八；天九，地十。天数五，地数五，五位相得而各有合。""五位"，五组奇偶之数也。"各有合"如何合，这里形成一个谜。彝族付托揭示的谜底是：

> 一与六相合，
>
> 二与七相合，
>
> 三与八相合，
>
> 四与九相合，
>
> 五与十相合。

如此五位相合，合出了河图之形。

2. "奇偶之数与天干相合之谜"的解答　一二三四五六七八九十，甲乙丙丁戊己庚辛壬癸，十个奇偶之数与十天干之间有一个配合问题。如何配？也是一个谜。彝族付托揭示的谜底是：

> 一配甲六配己，一六之合即甲己之合。
>
> 二配乙七配庚，二七之合即乙庚之合。

三配丙八配辛，三八之合即丙辛之合。

四配丁九配壬，四九之合即丁壬之合。

五配戊十配癸，五十之合即戊癸之合。

3. "奇偶之数与五行相合之谜"的解答　《素问》《礼记·月令》《吕氏春秋·十二纪》出现了一组与东西南北中五方相应、与金木水火土五行相应的数字，"是这样，为什么这样"，典籍中均没有答案，彝族付托揭示的谜底是：

一与六合，北方水；

二与七合，南方火；

三与八合，东方木；

四与九合，西方金；

五与十合，中方土。

东西南北中，金木水火土，五组数字，在付托中如水乳交融一样巧妙地融合在一起。

4. "时空一体之谜"的解答　时，春夏秋冬四时；空，东西南北中。彝族付托，将两者巧妙地融合在一起：

一与六，合于四时之冬、五方之北；

二与七，合于四时之夏、五方之南；

三与八，合于四时之春、五方之东；

四与九，合于四时之秋、五方之西；

五与十，合于四时之末的四个18天，合于五方之中。

时空一体极为重要，因为这里是自然百科的理论基础。

四、 图与后天八卦的融合

《土鲁窦吉》解释，图演化出后天八卦。关于河图与后天八卦的融合，《土鲁窦吉》的解释如下：

震、兑、离、坎四卦分布于东西南北四方；坤卦位于西南，乾卦位于西北，巽卦位于东南，艮卦位于东北。

震卦合于三八之数，兑卦合于四九之数，离卦合于二七之数，坎卦合于一六之数。乾坤巽艮四卦分布在四方之数相交的四隅位置上。河图与后天八卦如此融合在一起，河图表达的春夏秋冬四时，后天八卦表达的是四时八节，形式不同而实质一样。

五、 第一张图所创建的文化基础

阳居于四方，阴居于四隅，阴与阳分别而居，这是书中的阴阳关系。图中的阴阳是密不可分的联合关系，联姻之联就体现在一阴一阳的密不可分上：一六、二七、三八、四九、五十，一奇一偶（一阴一阳）体现出的是阳离不开阴、阴离不开阳的紧密和合关系，这是图中的阴阳关系。

认识到阴与阳和合关系的重要性，认识到阴与阳平衡的重要性，这是至关重要的一大进步。太阴历与北斗历之所以在图中出现，就在于中华先贤认识与重视阴的作用。

西汉董仲舒论阴阳，论出一年之中阳有功而阴无用，如此阴阳之论与《周髀算经》以寒暑论阴阳是相悖的。以价值而论，董仲舒论出阳善阴恶，这与《周易》以日月论阴阳是相悖的。

认识到月亮的重要性，这是天文历法的一大进步，这是文化的一大进步。

《山海经》记载有这样两个神话故事：一个妈妈生十个太阳，一个妈妈生十二个月亮，两个妈妈还要为太阳月亮洗澡沐浴。

这两个神话故事，说明的问题是：中华先贤既重视太阳又重视月亮，先重视的是太阳，之后加月亮。太阳历、太阴历出现之后，中华先贤又制出了北斗历。北斗历这一贡献，在世界范围内，唯有我中华先贤。关于北斗历的伟大作用，后面会详细讨论。

太阳历、太阴历、北斗历三历合一的阴阳合历，是天文历法精致精美的标志，也是中华文化精致精美的标志。

天下识图人千千万万，可是，有多少识图人知道"图"这个单音词的出处，有多少人知道"图"与太阳历、太阴历、北斗历的联系？一句话，有多少识图人知道"图"这个单音词与阴阳合历的联系？

汉族读者朋友此处应该记住的两点是：

其一，书表太阳历，图表阴阳合历，这是彝族文化的解释。

其二，第一部书，表达的是文字之前的太阳历。第一张图，表达的是文字之前的阴阳合历，这也是彝族文化的解释。

第七章

八卦中的太阳历

在中华大地上，汉族、彝族、水族文化中均有八卦；苗族文化中也有卦，但不是八卦而是九卦。据云南白族学者王正坤先生介绍，云南少数民族中的白族、纳西族都崇尚八卦。值得特别介绍的是，韩国国旗上太阳周围有天地水火四卦。

八卦，有着深刻的文化底蕴。算命先生解释的八卦，绝非八卦的本义。

八卦表达的是太阳历八节（立春立夏立秋立冬，春分秋分冬至夏至），这是汉族、彝族、水族的共同解释。

八卦每卦三爻，八卦三八二十四爻，如果说八卦表达的是太阳历八节。那么，二十四爻表达的是什么呢？是不是二十四节气？！

一、　彝族八卦

彝族八卦的原始意义，在天文在历法。

在彝族文化中，八卦的名字称为"宇宙八角"。宇宙八角，指的是空间八方，即东、西、南、北与东北、东南、西南、西北。空间八方又对应着时令八节——立春立夏立秋立冬、春分秋分冬至夏至。八节中的春夏秋冬四时又对应着万物的生长收藏。时空物三位一体的时空观，确立在八卦之中。

八卦，彝族典籍中有，地下文物也有。

（一）地下文物中的彝族八卦图

云南晋宁石寨山出土的铜器中有一面制作精美的铜锣，铜锣中心是八角形的彝族八卦。在形式上，这里的彝族八卦与三星堆出土的太阳运行十方图异常相似，两者之间的区别就是八方与十方的两方之差。

云南晋宁石寨山出土的铜锣

（二）彝族典籍中的八卦

彝族典籍，凡是具有根本性的，都有八卦的论述——《土鲁窦吉》中有，《宇宙人文论》中有，《突鲁历咪》中有，《西南彝志》中有，《彝族通史》中有……

彝族八卦的可贵与伟大之处有四：一是清晰地解释了八卦与时令八节、空间八方的关系；二是清晰地解释了八卦与五行的关系；三是清晰地解释了八卦与干支的关系；四是以子午线为界将八卦一分为二，左四卦论阳右四卦论阴。

下面依次讨论彝族八卦。

彝族八卦之名。八卦之名，彝语发音依次是：哎、哺、且、舍、亨、哈、鲁、朵；与《周易》八卦的对应关系是：哎对应乾，哺对应坤、且对应离、舍对应坎、亨对应兑、哈对应艮、鲁对应震、朵对应巽。

彝族八卦之形。论述八卦的彝族典籍很多，但是有八卦之形的彝族典籍仅有几部，如《宇宙人文论》《突鲁历咪》。

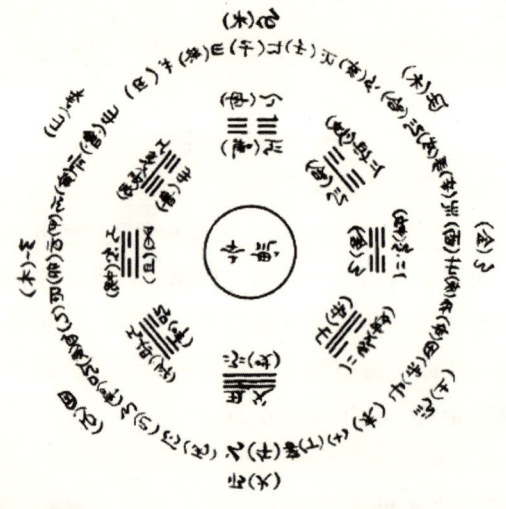

《宇宙人文论》中的八卦图

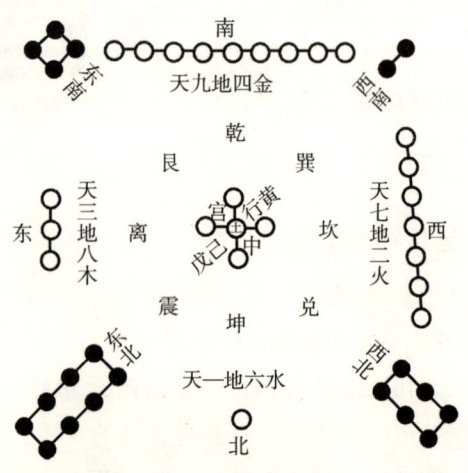

《土鲁窦吉》蕴含的洛书与先天八卦融合图

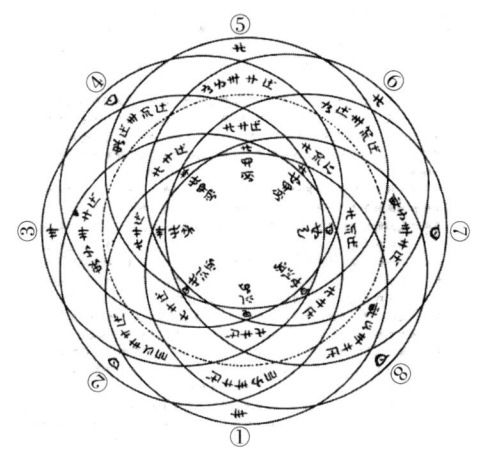

《宇宙人文论》中的清浊二气运行图

①冬至；②立春；③春分；④立夏；⑤夏至；⑥立秋；⑦秋分；⑧立冬

把八卦清晰地界定在时令八节与空间八方上，是彝族典籍的基本特色，下面依次介绍：

1. 彝族文化论八卦　彝族文化有一篇《说八角》是专门介绍八卦的，原文如下：

> 清气浊气形成宇宙，太阳月亮闪闪发光之后，到了实勺（人名：彝族先贤）的年代，宽大而洁白的宇宙间，通过四方，分出八面。以何为父母？以何为男女？宇宙的南方，又以何为主？宇宙的北方，又以何为主？宇宙的东方，又以何为主？宇宙的西方，又以何为主？这些问题如锦卷，从头到尾扯不清。这许多事情，有人讲述过，我曾听说过：清气、浊气形成明朗的天空，它的要源出自哎哺，在那个时候，宇宙有了四方，就好决定八角（彝族称八卦为宇宙八角），哎为父，哺为母，实勺时才清楚，加上鲁、朵、哈、亨和且、舍，就成了八角。宇宙是一个圆形的圈圈，它有着边边和中央。从此以后，宇宙的南边，以哎父为主。宇宙的北边，以坤母为主。宇宙的东边，以且男为主。宇宙的西边，以舍女为主。东与北之间，为宇宙一角，以鲁男为主。西与南之间，为宇宙一角，以朵女为主。西与北之间，为宇宙一角，以哈男为主。东与南之间，为宇宙一角，以亨女为主。宇宙的四方，生成了八角，观察宇宙间，还有变化的，有五行掌管，有公母归属，这些怎么说，听我告诉你。

清浊二气是宇宙变化的基础，四面八方是宇宙变化的结果。在这段内容

中，如果读者朋友能够记住了从四方到八面（八角）的变化，就抓住了这段
论述的核心。这里的八卦，还象征着一个完美的大家庭。大家庭中有父母，
儿女有三男三女。

2. 《土鲁窦吉》论八卦　《土鲁窦吉》中有一篇《八卦定八名》是专门
介绍八卦的，原文如下：

> 在太空端顶，青天象形成，
> 宇宙产生后，各主各的权，
> 各姓有根本。
> 五行产生后，充满宇宙间。
> 哎变而生火，火旺于南方。
> 哺变而生水，水生于北方。
> 采变而生木，木长于东方。
> 舍变而生银，西的银威高，
> 金布满中央。
> 鲁变而生山，朵变而生土，
> 亨变而生石，哈变而生禾，
> 这宇宙八方，由五行论定。
> 凡间世界，会动有生命，
> 土地形成，都是自五行，
> 就是这样的。
> 宇宙的首尾，大小怎样分，
> 是这样论定，哎哺为父母，
> 鲁子为长子，朵女为长女，
> 采子为次子，舍女为次女，
> 亨子为幼子，哈女为幼女。
> 这宇宙八方，父母自己分，
> 子女互相应，把它写成后，
> 永世流传了。

《八卦定八名》中的八卦，是彝族先天八卦。彝族先天八卦中的哎哺、
采舍、鲁朵、亨哈，相当于伏羲八卦的乾坤、离坎、震巽、艮兑。

《八卦定八名》中出现了"宇宙"一词。宇宙是变化的宇宙。宇宙变化

先变出了金木水火土五行，五行主管着东、西、南、北中五方，五行又变出了八卦，八卦主管着宇宙八方——东、西、南、北四方加东北、东南、西南、西北四隅。空间方位的划分，是一件极其重要的基础性任务。创作八卦的中华先贤，完美地完成了这一任务。

《八卦定八名》中的八卦，象征着一个完美的大家庭。大家庭中父母双全，儿女有三男三女。

居于南方的哎象征火，居于北方的哺象征水，这一点，与乾论天、坤论地是不同的。

彝族八卦与伏羲先天八卦比较表

	彝族八卦								伏羲八卦							
卦名	哎	哺	且	舍	鲁	朵	亨	哈	乾	坤	震	巽	坎	离	艮	兑
卦位	南	北	东	西	东北	西南	东南	西北	南	北	东北	西南	西	东	西北	东南
卦序	父	母	中男	中女	长男	长女	少男	少女	父	母	长男	长女	中男	中女	少男	少女
卦象	火	水	木	金	山	土	石	禾	天	地	雷	风	水	火	山	泽

3.《西南彝志》论八卦　《西南彝志·第四卷》中有一篇《论四象变八卦》是专门介绍八卦的，其基本精神如下：

宇宙变化，先形成圆形。圆形中又形成宇宙四方：南方、北方、东方、西方。宇宙的南方以乾父为主，宇宙的北方以坤母为主，宇宙的东方以离男为主，宇宙的西方以坎女为主。

四方形成之后，在此基础上又形成宇宙四角：东北、东南、西南、西北。宇宙的东北角以震男为主，宇宙的东南角以兑男为主，宇宙的西南角以巽女为主，宇宙的西北角以艮女为主。

《西南彝志》指出，宇宙的变化先有四方后有四角，一角由一卦主管，八角由八卦主管。一卦一个家庭成员，八卦八个成员。一个完整的八卦，一个完美的家庭。

4.《突鲁历咪》论八卦　彝语中的突鲁、土鲁，均为汉语中的宇宙；彝语典籍《突鲁历咪》，汉语译为《宇宙太极历理》。《突鲁历咪》最大的贡献，就是将八卦进行了量化：每一卦在天体大圆中主 45 度，每一卦在太阳历中主 45 天。请看《突鲁历咪》是如何描述"四象演生八卦"的：

> 清浊气升降运动，最后生成了宇宙。宇宙日升月往，社稷犹如苍天明朗，产生了乾南社坤北稷而后又产生了四象，四象运生八卦。四象八卦的布局，犹如卷起锦帛分先后。天地合高空，宇宙生四象。乾坤天地以精气漫盈，以日月分阴阳，阴阳相结合，先生四象，四象生八卦。乾坤拟称为父母，主宰寒暑。震巽坎离艮兑六子女卦，主宰衣食和福禄。乾象称父主宰宇宙之南，坤象称母主宰宇宙之北，坎象称男主宰宇宙东方，离象称女主宰宇宙西方；东与北之间是宇宙一角以震男为主，西与南之间是宇宙一角以巽女为主，东与南之间是宇宙一角以艮男为主，西与北之间是宇宙一角以兑女为主。

《中国彝族通史》注释八卦时，作出了这样的说明：乾阳居南，坤阴居北，坎阳精居东，离阴精居西，圆周 360 度，每象主 90 度。

乾卦居南，坤卦居北，坎卦居东，离卦居西，震卦居东北，艮卦居东南，巽卦居西南，兑卦居西北。左东为阳男，右西为阴女。年周 360 天，每卦主 45 天，由此而定就四时八节时度。

（三）彝族文化对八卦的解读

1. 时空　八卦所表达的第一内容就是时间与空间。时间，就是时令八节，空间就是宇宙八方。前面已有详细的讨论，这里不再重复讨论。

这里应该谨记的两点是：第一，宇宙八角即空间八方，八方对应时令八节，时空一体的时空观在此形成。第二，四正卦对应四方。乾南坤北，乾坤两卦位于南北两个方位上；离东坎西，坎离两卦位于东西两个方位上。

五行。八卦有五行属性，这一点很重要。《周易》没有出现"五行"一词，更没有解释八卦的五行属性，一个千古难题就产生此处。

彝族几部典籍都有八卦五行属性的解读，东西南北四方，一方属于一行，四方分属四行，东北东南西南西北四隅，共属一行。八卦的五行属性，在此得到了合理的解释。

东方卦属木，西方卦属金，南方卦属火，北方卦属水，中央卦属土。八卦与五行是一体关系，五行与五方是一体关系，彝族八卦凸显的是五行的时空属性。

《周易》八卦没有解释五行，彝族八卦解释出了五行与八卦的空间对应，这是《周易》八卦与彝族八卦的重大区别。

2. 干支　八卦与天干地支的对应，《周易》没有解答。这里，也留下了一个千古难题。

八卦与天干地支的对应，与十二属相的对应，彝族文化有明晰的解答，彝族典籍《突鲁历咪》是这样解答的：

> 自八卦中的乾父先演变，变成了天马象，其左边变成了丙象，右边变成了丁象。坤母者演成了鼠象，左边变成了壬象，右边变成了癸象。
>
> 坎次男演成了兔象，左边变成了甲象，右边变成了乙象。离次女演变成了鸡象，左边变成了庚象，右边变成了辛象。
>
> 震长男者左边演变成了牛象，左边变成了虎象。巽长女者左边演变成了羊象，左边变成了猴象。
>
> 艮少男者左边演变成了龙象，左边变成了蛇象。兑少女者左边演变成了狗象，左边变成了猪象。

稍加整理，可以看出八卦与天干地支、十二属相清晰的对应关系：

乾卦，天干对应丙丁，地支对应午，十二属相对应马；

坤卦，天干对应壬癸，地支对应子，十二属相对应鼠；

坎卦，天干对应甲乙，地支对应卯，十二属相对应兔；

离卦，天干对应庚辛，地支对应酉，十二属相对应鸡。

坎离乾坤四卦，空间对应的是东西南北四方，对应的是十天干中的甲乙丙丁庚辛壬癸八干，对应的是十二地支中的子午卯酉四支。

震卦，十二属相左邻牛右舍虎，这里隐藏的地支是丑寅两支；巽卦，十二属相左邻羊右舍猴，这里隐藏的地支是未申两支；艮卦，十二属相左邻龙右舍蛇，这里隐藏的地支是辰巳两支；兑卦，十二属相左邻狗右舍猪，这里隐藏的地支是戌亥两支；震巽艮兑四卦，空间对应的是东北西南东南西北四隅，对应的是十二地支中的丑寅未申辰巳戌亥八支。震巽艮兑四卦，与十天干没有对应关系。

十天干中的戊己两干，位于中央。

3. 家庭　一个八卦一个天体，一个八卦一个家庭。天体有天地风雷水火山泽八大要素，家庭有父母长男长女、中男中女、少男少女八大成员。

天体，以天地为根本。家庭，以父母为根本。八卦与家庭成员的具体对应关系是：

乾为父，坤为母；震为长男，巽为长女；坎为中男，离为中女；艮为少男，兑为少女。宇宙间的八角里，也有父母，也有子女。

在彝族典籍中处处都可以看到这一解释，《西南彝志》、《土鲁窦吉》、《宇宙人文论》中都有这一解释。

一个八卦一个家，天体与家庭的统一，这是彝族八卦与《周易》八卦的相同点。

4. 人体　一个八卦一个天体，一个八卦一个人体，天体与人体之间的关系是相互对应关系——天对应首，地对应腹，风对应股，雷对应足，水对应耳，火对应目，山对应手，泽对应口。"人体同于天体"，这是彝族文化中至关重要的一个观点。彝族典籍中大都有"人体同于天体"或者"一人一宇宙"的专论，这里摘录《土鲁窦吉》关于"人体与宇宙"的论述：

> 人体和宇宙一样的。清气和浊气充满宇宙之后，五行便成了人体的部分。五行中的金，相当于人的骨。五行中的火，相当于人的心脏。五行中的木，相当于人的肝脏。五行中的水，相当于人的肾脏。五行中的土，相当于人的脾脏。这就是说，人体上有的，宇宙也都有，宇宙间有的，人体也都有。
>
> 宇宙间的太阳，相当于人身体上的眼睛。宇宙间的月亮，相当于人身体上的耳朵。宇宙间不停地刮着风，就像是人身体上进进出出的气。宇宙间天清气朗，就像人喜形于色。隆隆而过的雷声，不就是像人在说话吗？高高的天上有八万四千颗星星，就像人身体上的长发，有八万四千根。地球的一周，是三百六十度，像人体的骨骼，有三百六十节。这样看来，有人有宇宙，有宇宙有人，人体如宇宙，宇宙像人体。看看人就知道宇宙，看看宇宙就知道人体。五行各司其职，清浊各尽其责……

八卦中的哎（乾），为人的上部，八卦中的哺（坤），为人的下部。八卦中的朵（离），即为人的舌。八卦中的鲁（坎），即为人的耳。八卦中的哈（艮），即为人的肩。八卦中的舍（巽），即为人的口。八卦中的亨（兑），即为人的眼。八卦中的且（震），即为人的鼻……

人体如同宇宙，人和宇宙是一起存在的。

5. 宇宙　○●彝族的两个文字，发音为"土鲁"，汉语意思为"宇宙"，彝族多部典籍是以"宇宙"命名的，如《宇宙人文论》《宇宙生化》《宇宙太极历法》……

无极生太极，宇宙的起点是无，这是彝族文化对从无到有的解释。

太极生两仪，两仪生四象，四象生八卦，宇宙演变是分裂而变，这是彝族文化对从有到有的解释。

太极位于中央，四象位于四方，八卦位于四面八方，这是彝族文化对宇宙空间形态的解释。

宇宙八角，八卦表达的是空间八方。八角之名，将八卦的神秘性一扫而空。解释八卦，彝族典籍解释在天文历法上，解释在时空上，解释在天体上，解释在人体的统一上，解释在天体与人体的统一上，唯独没有解释在虚无缥缈的玄虚上。

6. 圆　书外的天体是圆形的，书内太极、八卦是圆形的。

《土鲁历咪》中的天体大圆为360度，两仪相分各180度，四象相分各90度，五行相分各72度，八卦相分各45度，十天干相分各36度，十二地支相分各30度。

7. 年节　冬至过大年，夏至过小年，这是彝族十月太阳历所安排的两个年节。

年分平年、闰年。

平年过年，大年过3天，小年过2天。

闰年过年，大年过3天，小年同样过3天。

十月太阳历四年一闰。

冬至、夏至的确定，标志着中华先贤认识到了规律与永恒。

冬至，中午日影最长点，太阳回归年的起始点；夏至，中午日影最短点，太阳回归年的转折点；从地球形成的第一年起，就有这两个点（节令）；发现，有之；没有发现，亦有之。地球年龄，全球公认的数据是46亿年。46亿年，揭示的是永恒；年年有"两至"，揭示的是常青。

冬至夏至，是二十四节气的基础。

冬至夏至，是中华文化的基础。

冬至夏至，是中医文化的基础。

冬至夏至，是自然百科的基础。

8. 方圆　八卦与九宫，彝族文化是一体而论的。在平面上，八卦是圆，九宫为方，方与圆在八卦九宫这里融为一体。《土鲁窦吉》中有《立九宫定八卦》的专论，其基本精神如下：八卦，空间讲八方，这里没有中央。九宫，空间讲八方之外，又加进了中央。八卦九宫里的方圆，表达仍然是天文历法；这一问题，下面会讨论。

9. 图书与八卦关系的解释　关于图书与八卦的关系，《土鲁窦吉》的解释是：洛书演化出先天八卦，河图演化出后天八卦。按照这一解释，可以知道先天八卦表达是纯太阳历，后天八卦表达的是以太阳历为基础的阴阳合历。

书衍生出的是先天八卦，图衍生出的是后天八卦，这是《土鲁窦吉》的解释。

（四）彝族八卦简要述评

八卦，表达的是宇宙演化过程中的一个重要阶段，这是彝族典籍的共同结论。

八卦，表达的是空间八方与时令八节，这是彝族典籍的共同结论。

八卦，表达的是动态的空间，表达的是动态的时间，这是彝族典籍的共同结论。

彝族典籍告诉后人，彝族先贤非常重视观测天文，非常重视观测太阳和月亮的运行，彝族先贤观测日月出没的方位，由此区分出冬春夏秋四时和八节。有文字，所有这些都是用文字表达的。文字之前，所有这些都是用抽象符号表达的；抽象符号中就包括八卦。

彝族典籍告诉后人，彝族先贤非常重视观测风、雨、雷、电、霜、雪、云、雾的变化，所有这些，彝族典籍都有专门的论述文章。

这里值得强调的一点是：天地之间的风霜雨雪变化，都有其严格的规定性。一切严格的规定性，彝族先贤亦即中华先贤都将其融入了八卦。

部部典籍都涉及天文历法，这说明从文字之前到有文字之后，关于天文历法，彝族先贤研究的步伐一直都没有停止过。

彝族八卦与宇宙演化相关，与天文历法相关，与时间空间相关，与天文天气相关，与时令气候的大道理相关，与虚无缥缈无关。

《宇宙人文论》告诉后人，源头文化所出现的所有的抽象图——太极、图书、八卦，都是表达天文历法，都是表达宇宙演化的。《宇宙人文论》保留了一张《宇宙生化总图》，这张图将太极、图书、八卦、干支、五行、二十八宿融为一体，用来表达宇宙的演化。这张图恰恰是华夏文化中所没有的，附录于此，供读者欣赏。

彝族文化告诉世人，八卦承载的是文字之前的文化。

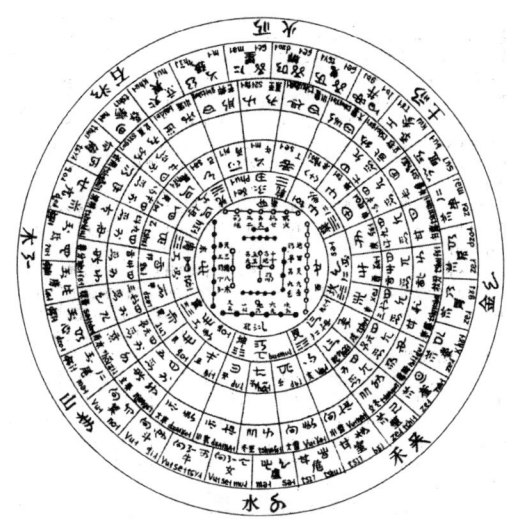

《宇宙人文论》所保留的《宇宙生化总图》

二、水族八卦与水族扐梳（洛书）

（一）水族简介

在民族大家庭中有水族一族。

水族，历史悠久且人口较少，很多人已经不知道这个古老而且是来自中原的民族。这里，有必要进行介绍。

水族人口四十余万，90%居住在黔南、黔东南的大山之中，饮食习惯为"食稻羹鱼"。

水族远古祖先尊盘古、牙娲（女娲），上古祖先尊狶韦氏。狶韦氏，《庄子·大宗师》中有记载。《庄子》中的狶韦氏，位列伏羲氏、黄帝之前。

水族有自己的语言。水语，为中古华夏语音。水族有自己的文字。水族同胞的解释，水族文字与汉字是"同祖不同宗"的关系。水族文字一是早于甲骨文的象形字；二是相似于甲骨文的天干地支；三是反写或倒写的汉字。文字，水族史称为陆铎所造。与仓颉造字不同的是，陆铎在造字的同时还造出表达时间与空间的天干地支。现实生活中，水族的重大活动，首先要祭陆铎。河南偃师县二里头村出土的24个夏陶文字，水书可以解释22个。水族有热爱文化的传统，信守"宁卖祖宗田，不卖祖宗言"的格言。

水族同胞自称根在中原，中心在河南滑县。滑县，夏代古国豕韦之地。

《汉书·韦贤传》："肃肃我祖，国之豕韦，黼衣朱绂，四牡龙旂。""国之豕韦"，是《汉书》对豕韦古国的记载。水族自称睢（或濉）。睢，豕韦切。水族同胞认为，睢就是"豕韦"二字的合音。

水族有严格的时间观念，一切活动都强调"合时不合时"。"合不合时"的推算，是按照八山原理、干支与年月日时的配合推算的。

水族同胞韦章炳著有《中国水书探析》一书，苗族同胞李国章收集有水族天文历法的资料，这是本文讨论水族文化的资料来源。

（二）水族《连山易》

水族，保留了《连山易》。据贵州商报报道，贵州省荔波县 2007 年一位水族老人献出了祖传的《连山易》。

水族《连山易》 八卦图

水族《连山易》用一个"鸣"字，描述了春夏秋冬四时："鸟鸣春、雷鸣夏、虫鸣秋、风鸣冬。"

同一个"鸣"字，发音的主体不同，鸟鸣、雷鸣、虫鸣、风鸣，这是春夏秋冬四时变化的天籁之音，这是春夏秋冬四时变化的物候特征。一句话，十二个字，犹如画龙点睛一样，点明了《连山易》与天文历法的关系。

《连山易》八卦，有两种形式：一种是由阴阳两爻组成；一种是由几何图形组成。

阴阳两爻组成的八卦，与伏羲八卦完全一致，只是摆布不同。

几何图形组成的八卦，形式非常新颖：四面八方、十二支、正方形、直角三角形、长方形、椭圆，多种几何学元素与天文历法和谐地融合在一起。

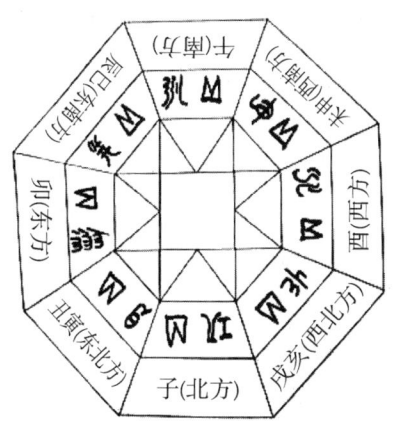

几何图形组成的《连山易》八卦

"上帝做事时总要凭借几何学。"《哲学的故事》一书中说,这句话是柏拉图的话。是谁的话并不重要,重要的是这个认识。上帝创造了万物,均有着奇妙的几何图形。中华大地上没有这句话,但太阳凭借着几何学创造万物,却体现在水族八卦之中。

(三)水族《连山易》八卦的解释

1. 八山:八卦之名 《连山易》八卦称为八山。八山之名与排列顺序是:从下从北开始,顺时针旋转,空间顺序依次是坎山、艮山、震山、巽山、历(离)山、坤山、兑山、乾山。八山,山山相连,平面上组成一个菱形圆。

2. 八山中的时间节令 八山表八节。八节者,四立加两分两至也。四立,立春立夏立秋立冬也。两分,春分秋分也。两至,冬至夏至也。

八山与八节的具体对应关系是:坎山表冬至,艮山表立春,震山表春分,巽山表立夏,历山表夏至,坤山表立秋,兑山表秋分,乾山表立冬。八山,表达的是时令八节。

八节,是太阳决定的。八山,表达的是太阳历。

3. 八山中的空间方位 八山,以北为下,以南为上,以左为东,以右为西。上南下北,左东右西。南历山北坎山,东震山西兑山,空间四维东西南北融合在四山之中。东北艮山,东南巽山,西南坤山,西北乾山,空间四隅东北东南西南西北融合在四山之中。八山,表达的是空间八方。

4. 八山中的天干地支 八山,一对应着十天干,二对应着十二地支。

八山与天干的对应关系:震山对应甲乙,历山对应丙丁,兑山对应庚辛，坎山对应壬癸，中央对应戊己。十天干和八山的对应关系，揭示出的是空间中的东西南北中五方。

八山与地支的对应关系：坎山对应子，艮山对应丑寅，震山对应卯，巽山对应辰巳，历山对应午，坤山对应未申，兑山对应酉，乾山对应戌亥。十二地支和八山的对应关系，揭示出的是空间八方基础上的进一步细分，将空间划分为十二方。十二方，可以对应太阳历中的十二个月。

5. 八山中的奇偶之数　八山加上中心的中央，对应于九个奇偶之数一二三四五六七八九。具体对应关系是：坎山一、艮山二、震山三、巽山四、中心中央五，历山九、坤山六、兑山七、乾山八。

坎山、历山的两个奇数一九相加合十，艮山、乾山的两个偶数二八相加合十，震山、兑山的两个奇数三七相加合十，巽山、坤山的两个偶数四六相加合十，八山中的奇偶之数合于洛书之数。

上九下一，左三右七，二四六八四个偶数分布在东南西南东北西北四隅，这一空间布局合于洛书之形。

（四）水族对"扐梳"（洛书）的解释

洛书，水族称为"扐梳"。扐梳，音近洛书。水族文化解释，"梳"有梳理吉凶之义。吉凶之判断，是由"合不合时"判断的。"合不合时"，是用天干地支推算的。

时间中的节令是从扐梳出发的。

空间方位是从扐梳出发的。

奇偶之数是从扐梳出发的。

天干地支是从扐梳出发的。

天籁之音是从节令中抽象出来的。

八山与扐梳的关系是融合的。

这就是水族扐梳！

水族扐梳其第一特征就是强调时间与空间的根本性。

水族同胞韦章炳先生认为，山东大汶口出土的象牙梳是梳理天下吉凶的重器而非梳头用的工具；象牙梳上的抽象符号图，应该是太阳八节图。

三、 苗族九卦

苗族文化中有九卦。

苗族是一个有着悠久历史的民族。苗族崇拜盘古、女娲，尊蚩尤为首领。种植水稻、冶铜、制历，在中华大地上可能以苗族为先。

苗族有自己的语言但没有自己的文字，苗族文化精髓赋存在古歌中，重大节日与婚丧嫁娶之时都有古歌的演唱，所以，源头的苗族文化在古歌演唱中代代流传。

湘西苗族学者吴心源与湘潭大学雷安平教授著有《苗族九卦寻踪》一文，文中介绍：九卦共有文字 210 段，234 行，3042 字。内容有卦名、卦象、卦文、卦义、卦理、卦势，涉及天文、地理、动物、植物、人居、器物、医学、哲学等学科知识，是苗族先民对人类自身、人与自然的认识、人与自然的和谐相处的科学总结，内涵极为丰富，是一个完整的宇宙模式，堪称百科全书。

天文，同样是苗族先贤研究的第一对象。九卦与天文历法有关系吗？《苗族九卦寻踪》一文中没有明确的答案。有间接答案吗？有！间接答案体现在如下证据之中：

其一，九卦讲阴阳。热为阳，冷为阴。上半年为热天，下半年为冷天。热冷即寒暑，寒暑即冷热。阳中有阴，阴中有阳，阴阳三合为二八月天。"不冷不热，五谷不结。"讲阴阳，讲冷热，落脚点是五谷的"结不结"。显然，讲阴阳冷热的九卦与天文历法相关。

其二，九卦讲物候。九卦对应物中有杏花，有桃花，有雷电，有流水，有洪水。这些自然现象，均在物候历的范畴之内。

其三，九卦讲空间。九卦讲上下、前后左右里外，还有中央之中。这与八卦讲四面八方有异曲同工之处。

其四，九卦讲声音。音有九音。九音中浊、清、弱、强、短、长、低、高音。这与五行分五音，八卦分八音，与十二月分十二律有异曲同工之处。

其五，九卦讲色彩。色有九色。九色分本色、红、绿、白、黑、青、黄、蓝、紫。这与五行分五色有异曲同工之处。

九卦有两个最为独特的地方：一是在一阴一阳之间创造出一个不阴不阳；二是创造出代表阴阳与不阴不阳的三个独特符号○●☉。○表示阳，表示火；●表示阴，表示水；☉表示不阴不阳，表示气。苗族先贤创造的阴阳、不阴不阳符号，与河图洛书中的符号相同，与八卦中的阴爻阳爻不同。

苗族九卦的简要述评：一年之中的寒热两分，这里抽象出了阴阳，苗族九卦将阴阳的源头追溯在太阳决定的寒暑这里。九卦中的阴阳，与彝族八卦、水族八山中的阴阳同一个来源，均来源于太阳。

从寒到暑有一个温带的过渡，从暑到寒，同样有一个温带的过渡。温就是不阴不阳。不阴不阳，根源仍然在太阳。

如果说，一阴一阳抽象于冬至夏至，那么，不阴不阳则是抽象于春分秋分。

"三三见九、九九八十一"，乘法口诀的根基就出于一阴一阳加不阴不阳。

九卦里出现了九种颜色、九种声音，这和华夏文化中的五行论五色、五行论五音具有一致性。但是，五色五音与九色、九音相较，苗族九卦似乎更为精细。

与图书中〇●阴阳两个符号相较，九卦中出现的是〇●⊙阴阳与不阴不阳三个符号。

多出一个⊙（不阴不阳）这个符号，其文化意义是巨大的。图书中的阴阳，一分为二又合二而一；九卦中的阴阳与不阴不阳，一分为三又合三而一。如果说阴阳太极图会引起西方一流物理学家的敬重，那么苗族九卦中的阴阳与不阴不阳，一旦见诸于世界，毫无疑问，会引起更大范围的、方方面面的专家的敬重。

苗族九卦存在着一个根本性的缺憾，即这里没有出现阴阳五行、天干地支的连贯性的解释。阴阳五行、天干地支，在苗族文化中全部都有，一样不缺，希望有朝一日，能够看到清晰而连贯的解释。

这里有必要介绍一个苗族同胞传承的"盘古开天，其中包括开历"的故事。苗族同胞传承的历史歌谣，集为《古老话》一书，1990年由岳麓书社出版。《古老话》开篇之作为《开天立地》，讲的是盘古开天地。盘古开天地的主要情节，与华夏传说大体相同。有一点不同的是：盘古开天，其中包括开历。盘古开天，一天分出了十二时。十二时用鼠、牛、虎、兔、龙、蛇、马、羊、猴、鸡、狗、猪来区分。盘古开天，开出了十二属相。盘古开天，理论上还有"无极生太极"一说。太极出现之后，起到的作用首先是制历：是太极决定"太阳白天出来晚上歇"；是太极决定"月亮一个月三十个模样"。

"太阳白天出来晚上歇"，这里是不是分别出了白天黑夜?!"月亮一个月三十个模样"，这里是不是确定了一月三十天?!

第八章

文字中的太阳历

中原华夏，部部经典都有太阳的记载。

天上的太阳进入人文，演化出文字中的历法，演化出书中的自然之道，演化出一部部经典，演化出中华大地上的自然百科，演化出先秦诸子百家。

可以这样说，认识天上的太阳与经典中的太阳，才能认识中华文化的根基；认识天上的太阳与经典中的太阳，才能顺利打开中华文化与中医文化的大门。

认识所有经典与诸子中的太阳与太阳历，才能认识《周易》中的太阳与太阳历。然后顺理成章地认识太阳历、太阴历、北斗历，以及三历合一的阴阳合历。

一、 经典记载的太阳与太阳历

（一）《尚书》中的太阳与太阳历

天文观测，是在《尚书》开篇之作《尧典》中出现的。

观测者为谁？观测地点在何处？天文观测对象为何？其他观测对象为何？观测结果为何？请看《尧典》中的介绍：

> 乃命羲和，钦若昊天，历象日月星辰，敬授人时。分命羲仲，宅嵎夷，曰旸谷。寅宾出日，平秩东作。日中，星鸟，以殷仲春。厥民析，鸟兽孳尾。申命羲叔，宅南交。平秩南讹，敬致。日永，星火，以正仲夏。厥民因，鸟兽希革。分命和仲，宅西，曰昧谷。寅饯纳日，平秩西成。宵中，星虚，以殷仲秋。厥民夷，鸟兽毛毨。申命和叔，宅朔方，曰幽都。平在朔易。日短，星昴，以正仲冬。厥民隩，鸟兽氄毛……期三百有六旬有六日，以闰月定四时，成岁。

这一论断告诉后人这样一些历史故事与重大成果：

1. 天文观测者　羲和二氏的羲仲、羲叔、和仲、和叔，是当时的天文学家，是尧所组织、所依靠的天文观测者。

2. 四大观测点　东方的旸谷，南方的交趾，西方的昧谷，北方的朔方，是尧设立的四大观测点。

3. 观测对象　观测点上的观测有四大对象，一是太阳，二是星宿，三是鸟兽，四是人的活动。太阳，是观测的第一对象。二十八星宿，是观测的第二对象。

东西南北四大观测点上观测太阳，观测的是日出方位的变化：

日出正东方，这一天定为仲春即春分；

日出东北方，这一天定为仲夏即夏至；

日出正东方，这一天定为仲秋即秋分；

日出东南方，这一天定为仲冬即冬至。

太阳回归一次是一岁，一岁之中，只有春分秋分这两天是日出正东方。

4. 与太阳相关的辞语与哲理　文中出现了"平秩东作""平秩南讹""平秩西成""平在朔易"四个词。古汉语离今天愈来愈远，有解释之必要。

"平秩东作"即观测、测定太阳从东方升起的时间与升起的方位。"平秩"，即辨别测定。"作"，开始之始也。《广雅·训诂》："作，始也。""东作"，即太阳从东方升起的时间与方位。春分，太阳相交于赤道线，所以日出正东方。

"平秩南讹"，指的是夏至点上的太阳开始向南回归。平秩，辨别测定。南，南北之南；讹，运行，运化。《孔传》："讹，化也，平秩南方化育之事。"夏至，太阳相交于北回归线。夏至之后，太阳开始向南回归线回归。从日出方位上看，日出方位一天天开始由东北转为东南。

"平秩西成"，指的是太阳落于正西方。《皋陶谟》郑注："成，终也。"《孔传》："秋，西方，万物成。"太阳落于正西方，这一天是秋分。秋分，太阳相交于赤道线，所以日落正西方。

"平在朔易"，指的是冬至点上的太阳开始向北循环。在，察。《尔雅·释诂》："在，察也。"朔，北方。易，易动。冬至，太阳相交于南回归线。冬至之后，太阳开始向北回归线回归。从日出方位上看，日出方位一天天开始由东南转为东北。

文中的"敬致"之"致"，至于之至也。指的是，太阳两个至于点——冬至点，夏至点。冬至夏至，一个太阳回归年一循环。这两个点，决定着万物的枯荣。中华大地上使用太阳历的民族，都敬重、敬畏这两个最重要的时令点。

太阳南北循环，关乎万物的生死。关于这一点，汉扬雄在《太玄·玄图》中有如下论述："日一南而万物死，日一北而万物生。"所谓的"日一南""日一北"，就是日出方位循环在东北东南之间，也就是太阳在两条回归线之间的循环。日由南而北，万物一步步生长；日由北而南，万物一步步死亡。

5. 四仲昼夜的特点　春分秋分，昼夜平均。夏至冬至，昼夜偏颇：夏至昼长夜短，冬至昼短夜长。

6. 四大节令与星宿的对应　观测恒星，观测的是二十八宿的哪一宿黄昏出现在南方正中天时与时令的关系：

春分，鸟星（南方朱雀七宿之简称）黄昏时出现于南方正中天；

夏至，火星（东方苍龙七宿之一）黄昏时出现于南方正中天；

秋分，虚星（北方玄武七宿之一）黄昏时出现于南方正中天；

冬至，昴星（北方玄武七宿之一）黄昏时出现于南方正中天。

7. 天文之外的观测对象　日月星辰之外，观测对象还有人与鸟兽。人与鸟兽的活动，受四大节令严格制约：

春分，人们在平原田野中活动，鸟兽开始生育繁殖；

夏至，人们在高处荫凉处活动，鸟兽开始羽毛稀疏；

秋分，人们又回到了平原田野，鸟兽开始更换新的羽毛；

冬至，人们活动在室内，鸟兽羽毛细软稠密。

8. 天文观测的重大成果　天文观测产生出了一系列的重大成果。这些重大成果至今还在采用。

（1）确定"四仲"：仲春、仲夏、仲秋、仲冬，即春分秋分、冬至夏至。"四仲"四大节令，是在《尚书·尧典》中出现的。

（2）确定岁的时间长度：366天，岁的时间长度，最早就是在《尚书·尧典》中出现的。

（3）置闰：找出了"闰"的方法，确定"闰月成岁"的原则。纯太阳历置闰，闰的是天，四年闰（多置）一天。阴阳合历置闰，闰的是月。尧曰："以闰月定四时。"这证明，尧时代的历是阴阳合历。

（4）政令的依据：尧，是以历为基准治理天下的。"允厘百工，庶绩咸熙。"尧在公布了天文历法之后，发布了这一敕令。允，用也。厘，治理也。百工，百官也。庶，众也。咸，所有也。熙，兴也。尧的敕令，完整的意思是：以四时为准则，百官们要把各项事务办好。这一敕令告诉后人，历为立政之本。

在尧时代，历为政令之本！政令并不是出于帝王个人的意志，而是以天文历法为准则制定出来的。

远古、中古的官员设置，也是以天文历法为准则的。《春秋左传》记载的是"以五行立五官"，《周礼》记载的是以春夏秋冬四时为准，创立出春官、夏官、秋官、冬官四种官。

（二）《山海经》中的太阳与月亮

《山海经》最早是在《史记·大宛传》出现的，其次见于《汉书·艺文志》。据介绍，《山海经》是大禹时代的作品。

历史上对《山海经》的介绍是：《山海经》共18卷，分为《山经》《海经》《荒经》。记载了我国古代山川、各地民俗、物产资源以及大量神异鬼怪的传说。《山经》以四方山川为纲，记述内容包括古史、草木、鸟兽、神话、宗教地理、植物、动物、矿物、物产、巫术、宗教、医药、民俗、民族等。《海经》除著录地理方位外，还记载远国异人的状貌和风格。在古代文化、科技和交通不发达的情况下，《山海经》是一部旅游、地理知识方面的百科全书，实际上也是我国记载神话最多的一部古书。

历史上对《山海经》的介绍，天文历法被忽略了。

《山海经》中有太阳的观测，这就是"山头观测法"。《山海经》中有太阳神话，也有月亮神话，这就是太阳妈妈生太阳，月亮妈妈生月亮。本文介绍《山海经》，主要介绍其中的太阳与太阳历，月亮与太阴历。首先介绍太阳，其次介绍月亮。

1. 女人生太阳的故事　谈太阳，《山海经》是用神话故事描述的。故事中的太阳是由妈妈生育的。

生太阳、给太阳沐浴的妈妈，是在《山海经·大荒南经》中出现的，其记载如下："东南海之外，甘水之间，有羲和之国。有女子名曰羲和，方浴日于甘渊。羲和者，帝俊之妻，生十日。"

故事告诉后人，羲和之国有一个女子名叫羲和。羲和生育出了十个太阳。现实中的妈妈都会在盆子里给宝宝洗浴，当初的太阳妈妈同样会给太阳洗浴。甘渊，是给太阳洗浴的地方。甘渊，实际上应该是日出或日落的地方。

羲和生十日与天上十日并出有没有联系？与十月太阳历有没有联系？应该有一定的联系。东晋郭璞注《山海经》，注出了"羲和，天地始生主日月者也"之说。日月绝非由人所主，所谓"主日月者"，应该是日月的观测者，太阳历、太阴（月亮）历制定者也。

2. 生月亮、给月亮沐浴的妈妈　谈月亮，《山海经》同样是用神话故事描述的。故事中的月亮是由妈妈生育的。

生月亮、给月亮沐浴的妈妈，是在《山海经·大荒西经》出现的，其记载如下："大荒之中，有山，名曰日月山，天枢也。……有女子方浴月。帝俊妻常羲生月十有二，此始浴之。"

生日与生月，浴日与浴月，隐喻的应该是对日月的观测，隐喻的应该是太阳历与太阴历两种历的制定。十日，可能指的是十月太阳历。十二月，可能指的是十二月太阳历或十二月阴阳合历。

浴月、浴日之说，意义相通相同，指的是日月出入之地。郭璞注常羲浴月："义与羲和浴日同。"《吕氏春秋·勿躬》中有"尚仪作占月"之说，《史记·历书·索引》有"常仪占月"之说，常羲、尚仪、常仪，三个名字仅仅是发音上的差别，应是一人之名。毕沅注："尚仪与嫦娥音通。"何谓占？《文心雕龙》注释为天文观测。《文心雕龙·书记》："占，觇也。星辰飞伏，伺候乃见。登观书云，故曰占也。"

《山海经》中有常羲生月之说，《淮南子》中有嫦娥奔月之说，生月与奔月，隐喻的是天文历法的重大改革，即太阴历的诞生。后羿射日与嫦娥奔月，两个故事的先后联系，实际上应该是太阳历融合了太阴历。

3. 太阳与山头历　云南天文台李维宝先生，在其大作《云南少数民族天文历法研究》中说，《山海经》所记载的日月出入之山，不能单纯视为神话，应该视为确定季节、确定年长度的天文观测，应该视为是山头太阳历的出现。

利用山头为固定标志，观测日出日落的周期，以此来确定一年的时间长度。山头观测法，产生了"山头历"。所谓山头观测法，就是利用自然界的大山山头对太阳进行观测，《山海经》记载了这种方法。

《山海经·大荒东经》记载了七座日月所出之山，《山海经·大荒西经》记载了七座日月所入之山。

七座日月所出之山，排列顺序从东南到东北，依次为：大言山、合虚山、明星山、鞠陵于天山、孽摇頵羝山、猗天苏门、壑明俊疾山。

七座日月所入之山，排列顺序从西南到西北，依次为：大荒山、常阳山、鏖鏊山、日月山、龙山、丰沮玉门山、方山。

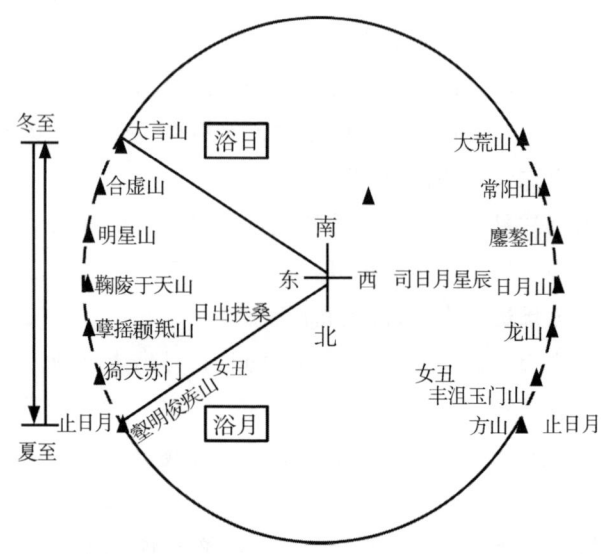

《山海经》 东、 西七座日月出入之山

日出方位是变化的，天天都在变化。一个太阳回归年，日出方位变化在东南、东北两个极限。大言山位于东南方，日出大言山，这一天是冬至。壑明俊疾山位于东北方，日出壑明俊疾山，这一天是夏至。

东北、东南，是日出方位的两个极限，西南、西北，是日落方位的两个极限，《山海经》之前的中华先贤已经发现了这一点。这一基础性发现记载在《山海经》之中。

4. 夸父追日的故事　"夸父追日"的故事，是在《山海经·海外北经》中出现的。原文如下：

　　夸父与日逐走，入日。渴，欲得饮，饮于河渭，河渭不足，北饮大泽，未至，道渴而死。弃其杖，化为邓林。

译文：神人夸父要与太阳赛跑而追赶它，已追上了太阳。这时夸父很渴，想要喝水，于是喝黄河和渭河中的水，喝完了两条河水还是不解渴，又要向北去喝大泽中的水，还没走到，就渴死在半路上了。他死时所抛掉的拐杖，变成了邓林。

今天的苗族同胞说，夸父是苗族先贤。在苗族传说中，夸父是蚩尤时代的一位太阳观测者。追日之说，实际上是太阳观测。观测太阳的目的，是制定太阳历。

在一部《山海经》中，有多处夸父的记载。后人对夸父的理解，绝不能仅仅停留在追日之"追"的表面现象上。

这里敬请记住的是：《山海经》中有太阳，有太阳观测者，有记载太阳回归年的山头历。

（三）《周礼》中的太阳与太阳历

人工观测太阳，最早是由《尚书·尧典》记载的。利用人工工具观测日影以制定太阳历，这一方法最早是由《周礼》记载的。

利用工具观测日影，《周礼》有三处记载。

其一，《周礼·地官》："以土圭之法测土深。正日景（影），以求地中。日南则景短，多暑；日北则景长，多寒；日东则景夕，多风；日西则景朝，多阴。日至之景，尺有五寸，谓之地中，天地之所合也，四时之所交也，风雨之所会也，阴阳之所和也。"

其二，《周礼·地官》："凡建邦国，以土圭土其地而制其域。"

其三，《周礼·春官》："土圭，以致四时日月。"

土圭，观测日影之器具也。利用这一器具，可以测日影定四方、正四时、界定土地之疆界。土圭之法，属于立竿测影之法。

所谓"测土深"，就是通过土圭测量日影的长短。

所谓"地中"，历史上的解释是理想的中心点，位于不东、不西、不南、不北之地。实际上，地中具有空间与时间上的双重意义：在时间，是夏至点；在空间，是太阳回归所至于的北回归线。"日至之景，尺有五寸，谓之地中。"日至之至，夏至也。一尺五寸，是夏至的日影长度。夏至的日影，是日影一年之中的最短点。日影最短点，是太阳回归点。用今天的观点看，北回归线并不是不东、不西、不南、不北之地。换言之，这里并不是地球的地中。

这三段论述，告诉后人这样两种方法与一系列基础性成果：

1. 利用工具观测太阳的方法　利用工具观测太阳法。《尚书》《山海经》记载的先贤，利用山头观测日月出没的方位，山头是自然之物。山头观测法，是远距离的观测法。《周礼》记载的先贤，利用土圭观测日影，土圭是人为创造的工具。土圭观测法，是近距离立竿测影的观测法。

观测太阳，从山头观测法到工具观测法，这是方法上的一大进步。

2. 天气预报方法　利用日影变化规律认识风雨变化规律法。远古、中古时期，没有今天的卫星，那么天气变化如何预报呢？利用日影变化规律去认识天气变化规律，是中华先贤所掌握的方法之一。日影最短的地中点，即夏至点。中华先贤认识到，地中点是"天地之所合"的所合点，是"风雨之所会"的风雨点。

地中点之外还有点，即夏至之外还有冬至，冬至夏至之外还有春分秋分；日影区分春夏秋冬，春夏秋冬决定风霜雨雪，天气变化可以从日影长短变化这里来认识。夏至点是北半球台风暴雨的起始点，秋分点是北半球台风暴雨的密集点或重大台风点，这是笔者多年观测的结果。

利用日影变化来认识天气变化，这一方法揭示出的是规律与永恒。

3. 几项伟大的成果　太阳观测，日影之下，区分开了一寒一暑（一阴一阳），区分出东西南北四方，区分出春夏秋冬四时，所有这些，都属于基础性成果。所有这些基础性成果，均具有永恒性与常青性。简要介绍如下：

其一，寒暑的确定。"日南则景短，多暑；日北则景长，多寒。"日，太阳。南，南来。日南，太阳南来也。太阳由南回归线出发，向北回归线进发，谓之南来。太阳南来，日影一天天变短，天气一天天变暖变热，此处区分出寒暑之暑。

日北，太阳北往也。太阳由北回归线出发，向南回归线进发，谓之北往。太阳北往，日影一天天变长，天气一天天变凉变寒，此处区分出寒暑之寒。利用日影的长短两极，区分出寒暑。

寒暑的确定，是一重大的基础性成果。之所以说基础性，因为寒暑两点即冬至夏至两点，奠定了中华文化与中医文化的共同基础——阴阳。

寒暑（冬至夏至）两点有丰富的、取之不尽的宝藏，需要继续挖掘。

其二，四时的确定。利用土圭观测日影，利用日影区分出四时。四时，在自然界可以界定万物生长收藏的四种状态。四时，在农业生产中是指导"何时播种，何时收获"的金科玉律。四时，在《黄帝内经》中是论证养生医病的依据。四时，在《尚书》、《管子》中是君王制定、发布政令的依据。

四时的确定，这一成果同样是一重大的基础性成果。

区分出四时，《周礼》只有原则之论而没有具体区分。具体的区分，在《逸周书》，在《周髀算经》。

其三，三维坐标的形成。东西南北四方，区分在土圭的日影下。东西一维，南北一维，平面上的"十"字型两维坐标在此形成。东西一维，南北一维，再加上土圭的上下一维，立体的三维坐标在此形成。

其四，"阴阳之所和"的解答。

《周礼》是以太阳本身论阴阳的，这一点非常重要。因为只有源于太阳的阴阳，才能打开《黄帝内经》的大门。以太阳本身论阴阳，华夏经典中，只有《周礼》与《周髀算经》，希望志同道合的朋友记住这一点。

"阴阳之所和也。"日影下有一阴一阳，一阴一阳是"所和"关系。

阴阳"如何和"？根据彝族十月太阳历与苗族古历中的"夏至阴旦"之说，笔者对夏至点的"阴阳之所和"解释如下：

夏至，太阳相交于北回归线。相交，是瞬间的对应。瞬间的对应之后，太阳即开始向南回归线回归。太阳的如此变化，产生了阴与阳的变化。夏至中午，是阳气上升的极点。中午之后，阳极生阴。阴气萌芽在阳极之处，"阴阳之所和"的含义就在此处。

日影下的阴阳，是一比一的平衡关系，是一比一的等量关系，是"寒往暑来，暑往寒来；阴尽阳来，阳尽阴来"的相互代换关系。《周礼》论阴阳关系，论出的是"所和"二字。

知道这一点，理解这一点非常重要。

其五，地界的划分。"凡建邦国，以土圭土其地而制其域。"这句话讲的就是土圭日影的另一种功能。土圭日影，可以引申出直线。土圭日影，可以连接为直角三角形。直线与直角三角形的功能，可以规划都市建设，可以划分土地界限。

大地有形。有形之大地的界限，可以划分，可以定量。空间无形。无形之空间的界限，同样可以划分，可以定量。中华先贤利用日影划分界限，这是一大基础贡献。

周代出现了井田制。井田制的"井"字形，应该是地界的空间定量。

（四）《周髀算经》中的太阳与太阳历

中华大地上完美完整的太阳历，是由《周髀算经》这部经典记载的。

以太阳为根本，是《周髀算经》这部经典的基本特征。《周髀算经》中的成果，百分之九十都是源于太阳。太阳历与太阴历合二为一的阴阳合历，精密的算术，直角三角形、勾股定理、椭圆，都产生于太阳观测的立竿测影之下。

卦，相关于太阳，表示的是节令与日出方位。《周髀算经》中的卦，是太阳历的表达。揭示卦之本义，揭示八卦与太阳历的关系，《周髀算经》是一个最有力的佐证。

阴阳，第一产生于太阳决定的冬至夏至，第二产生于日月决定的昼夜。能够完美解释阴阳的，能够轻松摘掉阴阳头上"玄学"帽子的经典，在华夏经典中唯有《周髀算经》。

《周髀算经》，又称《周髀》。中国历史上最早的天文历算之经书，唐代收入《算经十书》，列为《算经十书》之首。

周髀之周，历史中的说法有两种：一是周代之周；二是周公之周。在笔者看来，周髀之周，有周天之周的含义。因为《周髀算经》在开篇之处就出现了"周天"一词，一部《周髀算经》之中"周天"一词出现了十多次。

髀，历史中同样有两种说法：一是指大腿或股骨；一是指测量日影的长八尺之表。

《周髀算经》开篇之作是《商高定理》，《商高定理》记载了周公与商高的对话。"勾三股四弦五"的商高定理就出现在这一篇。

《周髀算经》用立竿测影的方法观测太阳，用恒星与月亮的对应关系观测月亮，这里集观测方法之大成，这里记载了中华先贤的思路与方法，可以无愧地说，《周髀算经》称得上是世界古代科学技术的一座不朽丰碑。

今天还在采用的二十四节气，就是在《周髀算经》中出现的。"何谓岁""何谓月""何谓日"的界定，也是在《周髀算经》中出现的。

《周髀算经》中的太阳与太阳历，依次讨论如下：

1. 观测太阳的第一人　包牺，是《周髀算经》第一页第一句话中出现的人物。包牺，是在周公与商高对话出现的。《周髀算经·商高定理》："古者包牺立周天历度。"这一论断中出现了"包牺"这位先贤。包牺名下，出现了"周天"这一名词，出现了历法之"历"，出现了度量之"度"。立，立的是天文历法。周天，指的是天体与天体观测。天体中的第一要素是太阳。《周髀算经》揭示，包牺是中华大地上观测太阳的第一人，是中华大地上制定太阳历的第一人。

太阳如何观测？从三个方面观测：一是观测日出方位南北两极的变化；二是观测太阳与二十八星宿的对应关系；三是观测日影长短两极的变化。

日出方位，变化在东南东北两个极限。《鹖冠子·王鈇》："日诚出诚入，南北有极。"

二十八宿组成的大圆为基准，观测太阳回归在天体中的定量。《周髀算经·天体测量》："立二十八宿，以周天历度之法。"

中午的日影，变化在长短两极。《周髀算经》："冬至晷长一丈三尺五寸，夏至晷长一尺六寸。"

太阳观测，创建了丰富的人文成果与自然科学的成果。这些成果，具有非凡的永恒意义。

2. 观测太阳的第二人　神农，在《周髀算经》中，是观测太阳的第二人。《周髀算经·日月历法》："古者包牺神农制作为历，度元之始。"包牺第一，神农第二，这一排列顺序告诉后人这样一个历史延续：从包牺到神农，中华先贤一直开创与延续"制作为历"的事业。"度元之始"，四个字中出现了一个"元"字、一个"始"字，什么意思？元年、元月、元旦，开始、始于，两个字揭示出一个重大事实：时间的开始，中华民族是从包牺、神农开始。在西方，这是当代物理学家追溯的问题。神农氏名下已经出现了日、月、星的一系列成果。

3. 观测太阳的成果　观测太阳，精密而系统、系统而重大的成果是由《周髀算经》记载的。分述如下：

（1）岁的平均值精确：366 天，是《尚书·尧典》确定出的岁的时间长度。365.25 天，是《周髀算经》重新确定出的岁的时间长度。冬至—夏至，夏至—冬至，太阳循环（回归）一次即是一岁。

365.25，不是一个常数而是一个平均数。

立竿测影，中华先贤发现，中午的日影规律性地变化在四年的四个数字之中：四年之中三年 365 天，一年 366 天。

$$（365×3）+366 = 1461 （天）$$

$$1461÷4 = 365.25 （天）$$

365、365、365、366 这四个数字，是立竿测影实测出来的。

1461 这个数字，是用乘法与加法联合运算得出来的和。365.25 这个数字，是用除法运算得出来的商。

实测的数字与四年的平均数，由《周髀算经·日月历法》所记载："以岁终日影反长，故知之三百六十五日者三，三百六十六日者一。故知一岁三百六十五日四分日之一，岁终也。"

　　从太阳到数字，从数字到运算，中华大地上的算术是从天文观测开始的，具体是从太阳观测开始的。

　　太阳回归，实际上是地球围绕太阳旋转。太阳回归年，实际上是地球绕太阳一周所需的时间。365.25，尾数为 0.25。0.25 是一的四分之一。所以，称为"四分历"。

　　365.25 这个数据，在欧洲是在儒略历中出现的。儒略历，产生于秦二世之后。

　　(2) 二十四节气的确立：立竿测影，中华先贤确定二十四节气。今天沿用的二十四节气，是《周髀算经》记载的。《周髀算经·天体测量》：

　　　凡八节二十四气，气损益九寸九分又六分之一。冬至晷长一丈三尺五寸，夏至晷长一尺六寸。问次节损益寸数长短各几何？

　　　冬至晷长一丈三尺五寸。

　　　小寒一丈二尺五寸，小分五。

　　　大寒一丈一尺五寸，小分四。

　　　立春一丈零五寸二分，小分三。

　　　雨水九尺五寸三分，小分二。

　　　启蛰八尺五寸四分，小分一。

　　　春分七尺五寸五分。

　　　清明六尺五寸五分，小分五。

　　　谷雨五尺五寸六分，小分四。

　　　立夏四尺五寸七分，小分三。

　　　小满三尺五寸八分，小分二。

　　　芒种二尺五寸九分，小分一。

　　　夏至一尺六寸。

　　　小暑二尺五寸九分，小分一。

　　　大暑三尺五寸八分，小分二。

　　　立秋四尺五寸七分，小分三。

　　　处暑五尺五寸六分，小分四。

　　　白露六尺五寸五分，小分五。

　　　秋分七尺五寸五分。

　　　寒露八尺五寸四分，小分一。

霜降九尺五寸三分，小分二。

立冬一丈零五寸二分，小分三。

小雪一丈一尺五寸一分，小分四。

大雪一丈二尺五寸，小分五。

凡为八节二十四气。

气损益九寸九分又六分之一。

冬至夏至，为损益之始。

今天仍然在广泛运用的二十四节气，就源于此处。

十月太阳历，确定二十个节气。一月 36 天，一月两个节气，18 天一节一气。《周髀算经》中的太阳历，是十二月太阳历。十二月太阳历，确定二十四个节气。一月两个节气，月初为节，月中为气。一节一气之间的间距为 15.22 日，一节一气 30.44 天。30.44 天这一数据，是应该清楚的。清楚了这一点，才能明白"闰"的为什么。

后人将二十四节气编成了一首歌，易于记忆、易于背诵，因此大江南北的男男女女、老老少少，很多人会背诵这首"节气歌"。摘录如下，供读者鉴赏：

春雨惊春清谷天，夏满芒夏暑相连；

秋处露秋寒霜降，冬雪雪冬小大寒。

每月两节不变更，最多相差一两天，

上半年来六廿一，下半年来八廿三。

今天的耕种，其规其矩，仍然是二十四节气。

"过了芒种，种了白种。"这是今天东北的种植谚语。

"过了立秋，种了没收。"这是今天湖南的种植谚语。

"白露早，寒露迟，秋分种麦正当时。"这是今天河南的种植谚语。

二十四节气，一具有永恒性，二具有常青性。

《逸周书·时训》中也有二十四节气的记载。《逸周书》中二十四节气的数量，与《周髀算经》记载的完全一致，但顺序上小有差别。《周髀算经》中的"春雨惊春清谷天"，《逸周书》中的顺序则是"春惊雨春谷清天"。

日影起始点与转折点（长短两极）的确定。立竿测影，中华先贤发现了日影的长短两极：日影最长点为一丈三尺五寸，最短点为一尺六寸。日影的变化，就循环在这两个极限之间。

日影最长点，是冬至点。日影最短点，是夏至点。冬至，为二十四节气第一节；第一节是太阳回归年的起始点。夏至，为二十四节气第十三节，第十三节是太阳回归年的转折点。

（3）岁、月、日的界定：何谓岁？何谓月？何谓日？这三个概念，《周髀算经·日月历法》用日月星之间的动态的对应关系作出了解答："故月与日合，为一月。日复日，为一日。日复星，为一岁。"

何谓月？答案是：太阳与月亮出现在同一直线上，这就是"月与日合"。"月与日合"，这里确定"一月"。

何谓日？从昨天的太阳到今天的太阳，这就是"日复日"。"日复日"，这里确定"一日"。

何谓岁？太阳从某恒星点出发，又再次回归对应于这一恒星时，这就是"日复星"。"日复星"，这里确定"一岁"。岁，是由太阳决定的。现实生活中，很少人知道这一点。

今天沿用的岁、月、日，是先贤用天文变化界定出来的。岁、月、日，每一个名词背后，体现出的是天文意义，体现出的是严格的定量。

（4）大岁小岁的界定：在《周髀算经》中，岁有大小之分。

小岁小在何处？小在天数上。《周髀算经·天文历法》："置小岁三百五十四日九百四十分日之三百四十八。"小岁 $354\frac{348}{940}$ 天。实际上，小岁是太阴历，是月亮圆缺十二次的天数。万物生长靠太阳，万物生长也靠月亮，中华先贤认识到太阳重要性之后，又认识到月亮的重要性。

大岁大在何处？大在天数上。《周髀算经·天文历法》："置大岁三百八十三日九百四十分日之八百四十七。"大岁 $383\frac{847}{940}$ 天。大岁，是阴阳合历的闰年（13 个月）的天数。$383\frac{847}{940}$ 换算成小数为 383.9。383.9 这一数据几近 384。

（5）阴阳合历的创立：阴阳合历，是太阳历与太阴历的合二为一的历。融太阳历与太阴历于一体，这是一件极其了不起的大事。太阳历，太阳法则也。太阴历，月亮法则也。融两大法则于一体，绝非易事。

太阳历，用以纪岁。

太阴历，用以纪月。

一年中的十二个月，是太阴历决定的。一年十二个月六大六小，总天数为$(30×6)+(29×6)=354$天。实际上，一年还多出$\dfrac{348}{940}$天。

（6）一个简洁的论断与十大基础性成果：这一论断是在《周髀算经·天文历法》中出现的。其原文是：

> 故冬至从坎阳在子，日出巽而入坤，见日光少，故曰寒。夏至从离阴在午，日出艮而入乾，见日光多，故曰暑。

这一论断非常简洁，但其解答了八个基础性问题：

其一，与日出方位相关的卦。卦的本义是表达太阳与太阳历的。这里出现了八卦中的六卦——坎离、巽坤、艮乾，六卦全部是表达太阳与太阳历的。巽坤、艮乾四卦表达的是日出方位，坎离两卦表达的是冬至夏至两个节令。

弄清楚卦的本义，非常重要。在今天的中华大地上，卦的本义几乎完全失传。卦的本义，几乎百分之九十九的人都认为卦是用来算命的。

广州人把无事生非、搬弄是非、挑拨是非的女人称为"八卦婆"。把八卦与品质低劣、胡说八道的女人相联系，这就是部分广州人对八卦本义的理解。

香港人把无中生有的新闻称为"八卦新闻"。把八卦与胡说联系在一起，这就是香港人对八卦本义的理解。

其二，与空间方位相关的卦。巽表东南，坤表西南，艮表东北，乾表西北，离表正南，坎表正北。

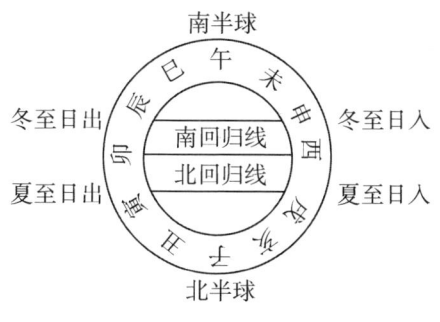

太阳周年视运行图

"日出巽而入坤"，即日出东南入于西南，这一天是冬至。东南、西南，这是空间八方中的两个方位。

"日出艮而入乾"，即日出东北入于西北，这一天是夏至。东北、西北，这是空间八方中的两个方位。——冬至不但定量在日影长度上，又可以定量在日出空间方位上。

卦，可以表达空间方位。

其三，卦表节令。冬至，记为坎；夏至，记为离。中华先贤用坎离两卦表达了冬至夏至。

卦，可以表达时间中的节令。

其四，一阴一阳的发源地。以太阳出入的方位定两至，以两至分阴阳——夏至阴，冬至阳。与太阳相关的阴阳，在两至这里诞生。

夏至为何论阴？冬至为何论阳？冬至夏至，阴阳两极。冬至阴极，夏至阳极。阳极生阴，阴极生阳。冬至是阳气萌芽的第一天，夏至是阴气萌芽的第一天；《苗族古历》里的"冬至阳旦，夏至阴旦"之论，可以与《周髀算经》中的这一论断相互印证。冬至夏至，一阴一阳。这里的阴阳，发源于太阳。

其五，地支的本义。这一论断中，出现了十二地支中的子午两支。子午两支一可以表达空间中的南北两极，二可以表达天气变化的寒暑两极，三可以表达八节中的冬至夏至，四可以表达抽象出的阴阳两极。

简而言之，地支的本义是表达时空的，是表达节令的。

其六，太阳视运动的无限循环。一日之中，太阳出没于东西；一岁之中，太阳循环于南北。这两大区别，中华先贤认识得非常清楚。一日之中，日出于东而没于西，这一点，现代人是清楚的。一岁之中，日出方位在东南、东北两极循环，这一点现代人很多是不清楚的。

中华先贤是如何认识一岁之中日出方位在东南、东北两极循环的呢？地平线与天际的交线，在平面上呈现出一个地平大圆。以地平大圆为框架，以观测者为中心，观测太阳出入的方位，可以清晰地认识太阳回归规律。一年之中，日出日入的方位，规律性地变化在四个方位上——东南西南、东北西北。日出东南之后，开始一步步回归东北；日出东北之后，又开始一步步回归东南。东南与东北，一岁之中，日出方位规律性地循环在这两个方位之间。

其七，日出方位与万物的生死。日出方位南北两极的变化，决定着万物的一生一死。汉代扬雄在《太玄·玄图》中留下了这样一个论断："日一南而万物死，日一北而万物生。"只有认识日出方位的南北变化，才能理解物生物死的变化；只有理解了这两点，才能理解扬雄的这一论断。

其八，表达太阳历的后天八卦。坎离两卦分居南北——离南坎北，如此摆布，属于后天八卦。先天八卦，乾南坤北；后天八卦，离南坎北。

先天八卦，揭示的是"从无到有"的宇宙演化。后天八卦揭示的是"从有到有"的宇宙演化。

乾坤表达天地，如果没有天地，万物演化无从谈起。所以，从无到有的演化，天地的作用是第一位的。坎离表达水火，后天之中，水火相济才能有万物。所以，从有到有的演化，水火的作用是第一位的。西方现代科学以水为生命之源，实际上只有水而没有火——广义上的温度，那就不会产生生机勃勃的万物。南北两极有的是水，那里有生机勃勃的万物吗？

（7）"穷达四极"的观测：从包牺到神农，从神农到周公，中华民族观测太阳的活动一直就没有停止过。观测太阳，其内容越来越广泛，越来越深入，请看《周髀算经·陈子模型》中的记载：

> 知日之高大，光之所照，一日所行，远近之数，人所望见，四极之穷，列星之宿，天地之广袤。

太阳有多高？阳光照多远？太阳日行几度？日地之间的远近距离几何？东西南北四方穷极之处其数有几？众星的位置在何处？广袤之天地其数几何？这些都在天文观测的范围之内。

"四极之穷"，实际上画出了一个无限延伸的"十字坐标"。不过，这个"十字坐标"不是平面坐标，而是球体曲面坐标。

穷，穷尽也。四极，东西南北四方之极限也。"四极之穷"，观测到四方的极限，即一直观测到看不到的地方。

（8）阴阳合历的置闰：太阳历论岁，岁的时间长度平均数据为 365.25 日。太阴历论年，年时间长度平均数据为 354 天。

一年一岁，相差 11.25 天。

太阴历必须与太阳历完美地融合在一起，如何融合？用置闰的方法融合。置闰如何置？《汉书·律历志》的答案是："三岁一闰，六岁二闰，九岁三闰，十四岁五闰，十七岁六闰，十九岁七闰。"

"三岁一闰，十九岁七闰"，这是置闰的原则。置闰，三岁多置一个月，十九岁多置七个月。闰月，就是赶齐太阳回归年的时间长度。$383\frac{847}{940}$ 天这个数字，源于 354+30。

一位朋友，夫妇俩都是学哲学的。孩子十九年才过一个生日。孩子快上大学了，这个问题仍然困惑着一家人。一次饭桌上，偶然谈起"十九岁七闰"的原则，朋友马上明白：孩子应该是在"七闰"之月出生的。

十九年七闰！这是应该牢记的文化常识。

（9）朔望月时间长度的确定：小月 29 天，大月 30 天，这是两个人为平衡的数字。真正朔望月的时间长度几多？《周髀算经·天文历法》："置经月二十九日九百四十分日之四百九十九。" $29\frac{499}{940}$，这是中华先贤所求出的朔望月时间长度。

940 这个分母说明，一个朔望月的时间长度，中华先贤是用 940 个朔望月的时间长度平均出来的。

$29\frac{499}{940}$ 换算成小数为 29.53，敬请记住这一数字。

为什么要记住这一数字？因为这一数字与《周易》相关。

六十四卦的总爻数是 384 爻。384 这一数字几近《周髀算经》中大岁的天数 $383\frac{847}{940}$。大岁有 13 个月。384÷13 = 29.53 总爻数除以 13 所得的商，恰恰是朔望月的天数。两组数字，仅仅是巧合吗？

（10）分母 940 的来源：在岁与月的时间长度中，均出现了 940 这一数据。这一数据从何而来？笔者曾经追溯了几年时间。最后才知道这是太阴历 76 年加 28 个闰月的数据。

12×76 = 912，这是太阴历 76 年的月数。

十九年七闰。76 年含四个 19 年。76 年的总月数为：7×（76÷19）= 28，912+28 = 940

分母 940，这一数据说明两个问题：一是说明中华先贤求证问题的能力；二是说明中华先贤求证问题所达到的精细程度。

（11）黄钟大吕之声的发源地：凡是优秀的文化，一定含有优美的音乐。按照孔子的评价，中华大地上的《韶乐》，已经达到了"尽善尽美"的境界。《论语》："子谓韶：'尽美矣，又尽善也。'"《韶乐》《论语》《庄子》《吕氏春秋》《淮南子》《史记》均有记载。《韶乐》，是舜时代的乐。舜时代的乐，已经尽善尽美。

"同律度量衡。"《尚书·舜典》记载了舜的功绩。舜名下的功绩，其中之一就是统一了音律与度量衡。

那么，音乐之源在何处呢？换句话说，中华大地上的音乐，是如何起源的呢？音乐起源的答案在《周髀算经》中。《周髀算经·陈子模型》："冬至夏至，观律之数，听钟之音。"

这一论断告诉后人，黄钟大吕之声是由冬至夏至确定的。历出自然，律亦出自然，两者同出于以太阳变化为大背景的天文之中。纪时之历与音律之律同根同源，就同在立竿测影的制历处。只有认识太阳历的出处，才能明白音乐的起源。

《礼记·乐记》："大乐与天地同和。"孔子的这一论断告诉后人，天籁之音源于天，地籁之音源于地；天籁地籁之音的合和，形成尽善尽美的大乐。"与天地同和"的大乐，其谜底被《周髀算经》所揭示。太阳交合于南北回归线时，一是决定了时令中的冬至夏至，二是决定了音乐中的黄钟大吕之声。

最早记载六律六吕的经典是《周礼》。《周礼·春官》曰："大师掌六律、六同以合阴阳之声。阳声：黄钟、大蔟、姑洗、蕤宾、夷则、无射。阴声：大吕、应钟、南吕、函钟、小吕、夹钟。皆文之以五声：宫、商、角、徵、羽；皆播之以八音：金、石、土、革、丝、木、匏、竹。"阴阳十二律，阴六律，阳六吕；阳声起于黄钟，阴声起于大吕，这是《周礼》的记载。

最详细将律吕与二十四节气对应的是《淮南子》。

《淮南子·天文训》以北斗星斗柄论二十四节气，以二十四节气论十二律。斗柄旋转，对应平面大圆中的十二地支，十二地支对应二十四节气，二十四节气对应阴六吕、阳六律。天文、节令、天籁之音的音律、天干地支，在《淮南子》中是一体出现的。这里的一节一气之间的间距是十五日，实际间距应该是 15.22 天。

二十四节气与阴阳十二律的对应关系，整理如下：

冬至，音比黄钟；

小寒，音比应钟；

大寒，音比无射；

立春，音比南吕；

雨水，音比夷则；

惊蛰，音比林钟；

春分，音比蕤宾；

清明，音比仲吕；

谷雨，音比姑洗；

立夏，音比夹钟；

小满，音比太蔟；

芒种，音比大吕。

夏至，音比黄钟；

小暑，音比大吕；

大暑，音比太蔟；

立秋，音比夹钟。

处暑，音比姑洗；

白露，音比仲吕；

秋分，音比蕤宾；

寒露，音比林钟；

霜降，音比夷则；

立冬，音比南吕；

小雪，音比无射；

大雪，音比应钟。

历律同源，这是《周髀算经》与《淮南子》的共同点。《周髀算经》以太阳历解释音律，《淮南子》以北斗历解释音律，这是两者之间的不同点。

这里应该谨记的两点是：

其一，《周髀算经》中的日影可以决定二十四节气，《淮南子》中的斗柄同样可以决定二十四节气。中华先贤求证一个问题，参照了多种天文坐标。

其二，《周髀算经》中的冬至夏至可以决定黄钟大吕之声，《淮南子》中的冬至夏至同样可以决定黄钟大吕之声。乐出自然，十二律源于自然节令，这一根本点是不变的。

到了明朝，世子朱载堉，将十二律与二十节气的对应关系，重新进行了整理。在朱载堉这里，十二律不但对应二十节气，而且还对应六十四卦。

朱载堉著《历律融通》一书。《历律融通》在世界音乐宝库中，占有极其重要的地位。《历律融通·律率》中的二十四节气与十二律、与六十四卦对应关系如下：

黄钟，冬至，益卦初九；

大吕，大寒，益卦六三；

太蔟，雨水，益卦九五；

夹钟，春分，震卦初九；

姑洗，谷雨，震卦六三；

仲吕，小满，震卦六五；

蕤宾，夏至，恒卦初六；

林钟，大暑，恒卦九三；

夷则，处暑，恒卦六五；

南吕，秋分，巽卦初六；

无射，霜降，巽卦九三；

应钟，小雪，巽卦九五。

稍加对比就可以看出，朱载堉所论的十二律与二十四节气的对应关系与《淮南子》有所不同。为什么不同？这是专业问题。具体的对应关系可以改变，不变的是十二律的母源在天文历法。不变与可变的对应关系，音乐家可以进行深入的、进一步的研究。笔者这里关心的是，朱载堉将六十四卦与天文历法联系在一起，将六十四卦与十二律联系在一起。

朱载堉指出，六十四卦与天文历法相关，与十二律相关，这里应该是六十四卦的本义。

阴阳十二律与六十四卦的关系，朱载堉在《律历融通》一书中作出详细而又具体的对应。

阴阳十二律与二十四节气的关系，朱载堉在《律历融通》一书中作出详细而又具体的对应。

"《易》以历为本，历在《易》先。"这是朱载堉在《进历书奏疏》中留下的论断。

《易》为群经之首，历为人文之首，历在《易》先，乐与历伴生，乐与历均早于《易》，希望读者记住这两点。

十二平均律，是朱载堉对中华民族的最大贡献，也是朱载堉对世界的最大贡献。

16世纪，十二平均律传到西方。18世纪，西方音乐家开始将十二平均律用于创作实践。1722年，巴赫将十二平均律引入著作《平均律钢琴曲集》（上卷），十二平均律从此传遍了西方，并延续至今。

需要说明的一点是，十二平均律由阴阳十二律而来，朱载堉是十二律的继承者、发展者，而不是十二律的创始者。

（12）立竿测影与直角三角形：中华先贤是在立竿测影的过程中发现了直角三角形：竿为股，影为勾，竿端与影端相连的斜线为弦，直角三角形就此成立。

《周髀算经·陈子模型》："日中立竿测影，此一者，天道之数。周髀长八尺，夏至之日晷一尺六寸。髀者，股也；正晷者，句也。"

这一论断中出现了"勾"与"股"。

在立竿测影的过程中，以髀（竿）为股，以日影为句（勾）。勾股两段相连，中华先贤在立竿测影的日影下发现了直角三角形。

古希腊的直角三角形是在纸上画出来的，东方的直角三角形是在空间自然形成的。

纸上直角三角形，画一个是一个；日影下的直角三角形，随着太阳的移动，一天可以形成亿万个。

纸上直角三角形与圆无关，日影下的直角三角形底边，一天的轨迹形成的是半椭圆。

一个直角三角形，在中华先贤手下，可以合成多种几何图形：可以化圆，可以合方；可以合成长方形，可以合成正方形。

这几种几何图形，华夏族记载在经典之中，少数民族记载在服饰之中——在苗族、彝族儿童和妇女的服饰中到处可以见到直角三角形、正方形、长方形、圆形这几种几何图形的组合。

（13）勾股定理：中学的几何教材中，称勾股定理为"毕达哥拉斯定理"，而在《周髀算经》的开篇第一篇，勾股定理是以商高命名的，被称为

"商高定理"。

《周髀算经·商高定理》："以为勾广三，股修四，径隅五。"

"勾广三，股修四，径隅五"，勾三股四弦五，勾股定理在此成立。勾股定理，是在《周髀算经·商高定理》中出现的，所以史称"商高定理"。如果以立竿测影为基准，这一定理在时间上还应往前推移。为什么？因为《周髀算经》指出，大禹治水时期，就广泛地使用直角三角形——用之测高，用之测远，用之测深。观测太阳，始于包牺。广泛使用直角三角形，始于大禹。勾股定理，应该称为"包牺定理"或"大禹定理"。

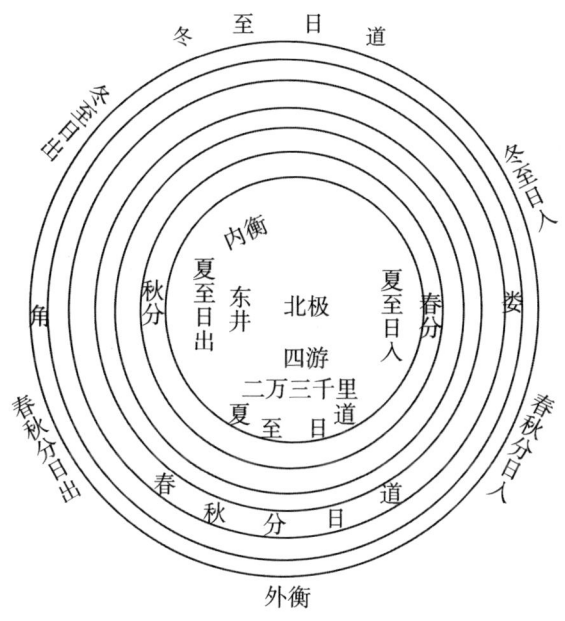

《周髀算经·七衡六间》中的六气循环图

（14）绘出七衡六间平面图：中华先贤将太阳回归年，抽象地绘制在一张图中。这张图由《周髀算经·七衡六间》所记载，图名为"七衡六间"。

何谓"七衡"？就是由里到外、由小到大的七个圆环。何谓"六间"？就是七个圆环界定出来的六个空白圆。《周髀算经·七衡六间》："凡为日月运行之圆周，七衡周而六间，以当六月。"一间代表一个月，六间代表六个月。太阳回归年，从南回归线到北回归线，一来六个月；从北回归线到南回归线，一往六个月，"七衡六间"的内外循环，表达的是一个完整的太阳回归年。

"七衡六间"，被历史忽略了。

忽略了"七衡六间"，产生了一系列文化之谜。

（15）"六气"之谜的解答：气理论是《黄帝内经》论病论养生的依据。五运六气，是气理论的两大基础性内容。五运，源于十月太阳历。六气，源于十二月太阳历，源于《周髀算经》。《周髀算经·日月历法》："日复星，为一岁。外衡冬至，内衡夏至。六气复返，皆谓中气。"这一论断解释了"六气"与太阳的关系。六气，实际上是阴六气、阳六气。太阳从内衡到外衡，六个月有阴六气。太阳从外衡到内衡，六个月有阳六气。十二月太阳历，十二个月一共十二气。这里是"六气"之说的发源地。

六气的母源在太阳，此说可以在彝族典籍《宇宙人文论》中找到知音之论。

《宇宙人文论·论闰年闰月和大月小月》中有一幅图为"闰年闰月图"，这幅图的注释出现六气之说，并且与十二地支进行了一一对应。详细而具体的对应关系如下：

子	十一月	天一气
丑	十二月	天二气
寅	正月	天三气
卯	二月	天四气
辰	三月	天五气
巳	四月	天六气
午	五月	地一气
未	六月	地二气
申	七月	地三气
酉	八月	地四气
戌	九月	地五气
亥	十月	地六气

天论阳，地论阴，天六气地六气即阳六气阴六气。一月一气，前六个月为阳六气，后六个月为阴六气。

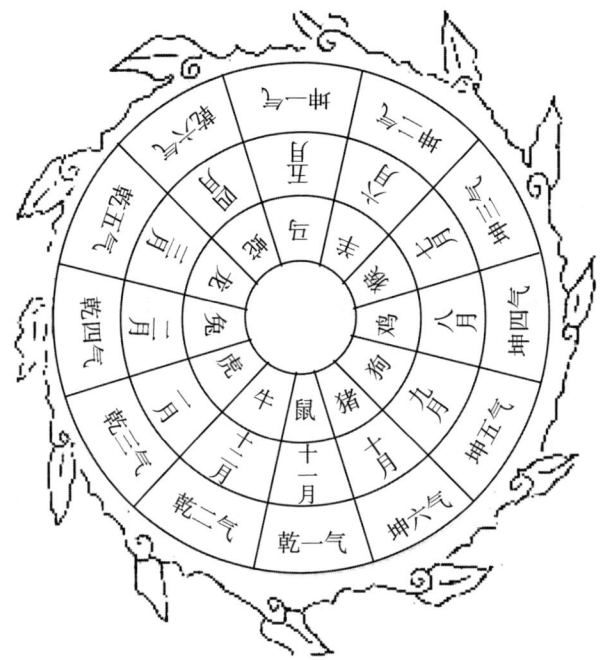

彝族天地（阴阳） 六气变化图

两个重大的变化点在十一月、五月，前者是日影最长点，后者是日影最短点。十一月即子月，太阳相交于南回归线；五月即午月，太阳相交于北回归线，子午两点是寒暑（阴阳）二气的转化点。彝族文化以太阳为坐标合理地解释了六气的"所以然"。

六气，是《黄帝内经》的理论基础。不用十二月太阳历，无法解释六气的奥秘。本来属于自然科学的"六气"之说，就成了迷信玄虚之说。

（16）六律之谜的解答：十二月太阳历，伴随诞生了十二律——阴六吕阳六律。历律同源，同在天文中，同在太阳中。南北回归线之间的空间段一分为六，太阳在其间的一来一往即是十二个月。不同的时间，不同的空间，太阳与地球不同的对应关系，这其中产生了美妙的天籁之音。中华先贤在此抽象出了十二律。十二月无声无形，十二律有声无形，《黄帝内经》以十二月、十二律为依据论出十二经络。

不认识十二月太阳历，十二律就成了千古之谜。

不认识十二月太阳历，十二经络早已成了千古之谜。

（17）六时之谜的解答：乾卦，六十四卦的第一卦；《周易·乾·象传》诠释乾卦，诠释了"六时"之说。

《周易·乾·象传》："大明终始，六位时成，时乘六龙以御天。"

"大明"为何？大明即太阳。《礼记·礼器》："大明生于东，月生于西。""终始"为何？运动无限循环的状态也。终则始，始则终。大明终始，即太阳的无限循环。太阳的无限循环，可以归纳为"六位"。

"六位"为何？平面图中的空间六间也。中华先贤利用日影长短两极的变化，绘制出了一个平面图。平面图中由里到外、由小到大画出七个圆，简称"七衡"。"七衡"，界定出了六个空间，简称"六间"。"六间"，所界定出的是一个完整的太阳回归年。从里到外，即从夏至到冬至的六个月；从外到里，即从冬至到夏至的六个月。六个月，用六个空间段来表达。时间中的六个月，空间中的六间，在这个平面图中融合在一起。这个平面图被《周髀算经·七衡六间》所记载。一间一月，即一位一时。一位一时，六位六时。"六位六时"可以用六龙来表达。龙，是时间龙。乾卦中的六爻，六位也，六时也，六龙也。

不认识十二月太阳历，"六时"之说就成了千古之谜。

不认识十二月太阳历，"六爻""六位""六龙"，全部会成为千古之谜。

（18）日影抽象出的哲理与格言："满招损，谦受益，时乃天道。"这是源于《尚书·大禹谟》的至理名言。这一至理名言，从古至今，千古流传。

值得追问的问题是：中华先贤凭借什么创造出如此不朽的名言？

答：凭借着太阳法则，凭借着日影变化。

《周髀算经·天体测量》："冬至夏至，为损益之始。"

立竿测影，日影变化在长短两极。冬至，日影最长；夏至，日影最短。长极开始变短，短极开始变长。日影长极为满。日影短极为谦。影长为益，影短为损。从冬至最长点开始，日影一天天开始缩短，日影缩短为损。从夏至最短点开始，日影一天天开始变长，日影增长为益。日影观测，演化出"冬至夏至，为损益之始"之说。

不朽的格言出于《尚书》，不朽格言的解释却在《周髀算经》。

日影长短损益之间，中华先贤界定出了二十四节气，界定出了十二月，界定出了一个完整的太阳回归年，也抽象出了"满招损，谦受益"的至理名言。

时间之时，可以论天道。"满招损，谦受益"的损益演化，又化出了"时乃天道"这一结论。

认识太阳，才能认识天道。《周髀算经·陈子模型》："日中立竿测影，此一者，天道之数。"这句话有多重意义：其一，日影变化可以代表天道变化。其二，立竿测影，中午的日影连线，就是天道线。其三，日影变化之数，就是天道之数。——天道，原本是可以测量的，可以定量的。

认识《周髀算经》中的天道，就可以轻松理解《周易》中的乾道。《周易·乾·象传》："大明终始，六位时成，时乘六龙以御天。乾道变化，各正性命，保合大和，乃利贞。首出庶物，万国咸宁。"乾为天，乾道即天道。天道体现在六时之中，六时是由大明决定的。大明即太阳，太阳决定六时，六时变化即天道变化。天道变化决定着万物的变化。

《尚书》告诉后人，时间即天道。《周髀算经》告诉后人，日影即天道。《周易》告诉后人，大明（太阳）变化即天道变化。

时间、日影、太阳，三者无一虚妄。一是可见，二是可言，三是可测量，四是可定量。玄妙之道，在这里变成了可言可见、可测可量之道。

（19）一个五位数的大分母：这个大分母，是在《周髀算经·日月历法》中出现的。求证月球运行的度数，先贤求出一个数据：——"月不及故舍十八度万七千八百六十分度之万一千六百二十八。"这里的整数为18，分母五位数17860，分子五位数11628。具体的运算，这里不再展开。此处五位数的分子分母，所揭示的是中华先贤卓越的计算能力，卓越的计算方法。可以查一查希腊，可以比一比印度、埃及的天文历法，查一查世界其他民族的天文历法，五位数的分母在谁家的文化中出现过？

（20）"三光者，日月星"：《三字经》中有"三才者，天地人；三光者，日月星"之说。"三才"一词，出于《周易》；"三光"一词，出于《周髀算经》。

《周髀算经·日月历法》："古者包牺神农，制作为历，度元之始，见三光未如其则，日月列星，未有分度，日主昼，月主夜，昼夜为一日，日月俱起建星。月度疾，日度迟，日月相逐于二十九日三十日间，而日行天二十九度余，未有定分。"

日月星三光，是两位先贤观测的对象。

（21）观测日月星所产生的成果：其一，昼夜的确定。"日主昼，月主夜。"昼见太阳，夜见月亮。昼夜的形成，决定于日月。

　　其二，周日的确定。"昼夜为一日。"昼白夜黑，一黑一白，一昼一夜，即是一日。

　　其三，建星的确定。建星，即标志星。牵牛星，曾经是中华先贤确定冬至的标志星。

　　其四，疾迟的区分。"月度疾，日度迟，日月相逐于二十九日三十日间，而日行天二十九度余，未有定分。一个"疾"字，一个"迟"字，比较并确定日月速度的差异。月日之行，日行迟而月行速。一个 29～30 天，一个 29 度有余；日，在时间范畴之内；度，在空间范畴之内；这里有时间的比较，也有空间度数的比较。

　　（22）阴阳平分点的确定：冬至，阳气的起点；夏至，阴气的起点。春分秋分，是阴阳二气的平分点。前面谈过阴阳二气的起点，下面谈阴阳二气的平分点。

　　《周髀算经·陈子模型》："故春秋分之日夜分之时，日光所照适至极，阴阳之分等也。"

　　"春秋分"，春分秋分也；"日夜分"，日夜平分也。昼阳夜阴，所以由日夜平分又推论出"阴阳之分等"。"分等"，等分也。一个太阳回归年分二十四节气，二十四节气只有春分秋分这两天昼夜的时间长度相等。

　　冬至，寒；夏至，暑。由寒到暑，上半年的平分点在春分。由暑到寒，下半年的平分点在秋分。

　　春分秋分，一可以实证在日影下，二可以验证在空间中。春分秋分这两天的日影长度均为 0.755 丈，这是日影下的实证。太阳回归的循环两次相交于赤道，这是空间的验证。

　　（23）昼夜论阴阳——阴阳的第二发源地：《周髀算经·陈子模型》云"昼者阳，夜者阴"。昼夜，由日月所决定。昼夜循环，由日往月来所决定。

　　阴阳，另一个发源地是冬至夏至；冬至夏至决定于日影的长短两极。《周髀算经·日月历法》："故冬至从坎阳在子……，夏至从离阴在午。"太阳决定着冬至夏至，冬至夏至决定着阴阳，阴阳对应着子午——阴对应于子，阳对应于午。太阳论阴阳，在所有的经典中，以这一论断论述得最为清晰。

　　阴阳，由太阳决定。太阳决定的阴阳，在自然界中有什么意义？太阳决定的阴阳，为周岁之寒暑。周岁之寒暑，决定着万物的生死，决定着"离离原上草，一岁一枯荣"。《黄帝四经·经法·君正》："天有生死之时。""生死之时"在何时？在冬至夏至。冬至，万物开始萌芽。夏至，万物开始成熟，开始枯黄。

寒暑，一岁一循环；昼夜，一天一循环。寒暑，决定着万物的生死。昼夜，决定着万物的动静。寒暑昼夜，均为自然法则。自然法则，用"阴阳"二字来抽象，是中华先贤的伟大贡献。

寒暑与昼夜，可以重复，可以实证，可以测量，可以定量。换言之，无论是周岁之阴阳，还是周日之阴阳，均可以重复，可以实证，可以测量，可以定量。

百年来文化批判者，如果阅读过《周髀算经》，绝不会斥阴阳为"玄学"。

（五）《黄帝内经》中的太阳与太阳历

有中医文化，中医文化从何而来？

中医文化的奠基之作是《黄帝内经》，《黄帝内经》是如何形成的？

中医经典《黄帝内经》形成于"以天文论医学"的思路之下，形成于"以太阳论之""以月亮论之""以北斗论之"的方法之下。换句话说，中医文化形成于太阳法则、月亮法则、北斗法则三大法则之下。太阳法则是形成《黄帝内经》最重要、最基础的第一法则。如果说《黄帝内经》中有"一百个为什么"，那么用太阳法则可以解答"一百个为什么"中的"九十五个"。

《黄帝内经》论证问题的基本依据，一个字叫"道"，两个字叫阴阳，四个字叫阴阳五行，四个字的还有五运六气、五音六律、五色五味，所有这些全部源于太阳历。

太阳历分十月太阳历与十二月太阳历，两种太阳历可以分别解答一系列基础性难题。这里，先择其要者介绍如下：

凡是以"五"字冠名的名词均发源于十月太阳历，例如五方、五音、五色、五味、五脏、五果、五畜、五菜……

阴阳五行、天干地支发源于十月太阳历，《灵枢》中的"一"与"九"这两个奇数，发源于表达十月太阳历的洛书——洛书中的上九下一。

凡是以"四""六""十二"冠名的名词均发源于十二月太阳历，例如四时、四方、六气、六律、十二月、十二律、十二经络……

阴阳五行、天干地支延续于十二月太阳历，《素问》中的"八""七""五""九""六"这五个奇偶之数，发源于表达阴阳合历的河图。

太阳历，为构成《黄帝内经》的第一基础，太阴（月亮）历与北斗历，是构成《黄帝内经》的第二、第三基础，太阳、太阴、北斗三历合一的阴阳合历是《黄帝内经》坚实的综合基础。

认识中医文化，认识中医文化的奠基之作《黄帝内经》首先要认识书外的太阳，书外的月亮，书外的北斗。否则，根本无法打开《黄帝内经》的大门，根本无法理解中医文化。

《黄帝内经》在今天，甚至在更早的时间里，已经成了千古之谜。不该这样，为什么这样？因为天文历法知识的失传，首先是十月太阳历的失传！

《黄帝内经》运用太阳历而没有介绍太阳历，这是形成千古之谜的根本原因。《黄帝内经》运用太阴历、北斗历而没有介绍太阴历、北斗历，这是形成千古之谜的重要原因。

"不知《易》，不足以言太医。"这一论断出于《类经·附翼》。这一名言是明代名医张介宾以药王孙思邈的名义留下的。这句话强调的是学医必须学《易》。但是"知《易》就可以言太医吗"？不能！为什么？因为《周易》言阴阳不言五行，而阴阳五行恰恰是《黄帝内经》的理论基础，所以，"知《易》也不可能精确言太医"。只有弄懂弄通了天文历法，首先是弄懂弄通十月太阳历，才可以真正"言太医"。

"历在《易》先，《易》以历为本"，朱载堉奏折中的这句话，是学医者应该知道，应该理解的。

下面以太阳历（十月太阳历与十二月太阳历）为依据，解答《黄帝内经》中的十大基础性难题。

第一道难题：何谓道？道，是在《素问·上古天真论》中出现的。

道，是《黄帝内经》论百病的依据，是《黄帝内经》论养生的依据。黄帝请教岐伯，第一话题是养生。养生如何养？关键在"知道"。

岐伯告诉黄帝："上古之人，其知道者，法于阴阳，和于术数，食饮有节，起居有常，不妄作劳，故能形与神俱，而尽终其天年，度百岁乃去。"养生哲理一共有五条，"知道"位于第一条。知，动词；道，名词。知道，就是认识道，理解道。

养生核心在于知道。何谓道？道，有两个解释：太阳单独可以论道，日月联合可以论道。

《管子》解释道，解释在太阳本身。《管子·枢言》："道之在天者，日也。"《管子》告诉后人，太阳本身可以论道。《周髀算经·陈子模型》："日中立竿测影，此一者，天道之数。"《周髀算经》告诉后人，日影可以论天道。

《周易》解释道，解释在太阳月亮中。《周易·系辞上》："一阴一阳之谓道。"又"阴阳之义配日月。"《尸子》："昼动而夜静，天之道也。"与《周易》一样，《尸子》同样是以昼夜论天道的。

太阳法则是道。太阳南北回归线的一来一往，形成一寒一暑。一寒一暑即是一阴一阳。知道寒暑之序的严格规定性，有序变化性，以及无限循环性，这就是知道。

日月法则是道。昼动夜静，由日往月来所决定。知道昼夜之序的严格规定性，有序变化性，以及无限循环性，这就是知道。

太阳论出的道，是可言之道，是可以定量的道。日月论出的道，同样是可言之道，是可以定量的道。

道，太阳法则也，日月法则也，日月星法则也。一句话，天文法则也。用哲学语言讲，自然之道有"本来如此"之义。人效法道，有"应该如此"之义。认识并明白了"本来如此"时时刻刻自觉要求自己"应该如此"，如此就是知"道"了。

养生之要，在于知道。知道，一要知寒暑之序，二要知昼夜之序。昼不动，夜不静，就是悖道。现实中的年轻人，夜间玩电脑，白天不起床。这是标准的悖道。如此混乱的生活，肯定半百而衰。

太阳法则是道！日月法则是道！知道，就是要认识与理解太阳法则，就是要认识与理解日月法则。太阳法则，在《黄帝内经》中处于首要的地位。

"言一而知百病之害"，这一论断《黄帝内经》反复出现。一就是道，道就是一。《韩非子·扬权》："道无双，故曰一。""望闻问切"之术具有重要性，而"言一"具有根本性。

道，是《黄帝内经》的大纲，是《黄帝内经》的大根大本。知道，是为医者的大纲，是为医者的大根大本。

第二道难题：何谓阴阳？养生为何要"法阴阳"？一个字是"道"，两个字是"阴阳"。阴阳与道，在《黄帝内经》中处于同等重要的地位。阴阳与道，是《黄帝内经》论证一切问题的基本依据。

养生，第一是要知道，第二是"法于阴阳"。何谓阴阳？一是与太阳相关的寒暑，二是与日月相关的昼夜。

"冬至阳旦，夏至阴旦。"这是与太阳相关的阴阳。与太阳相关的阴阳，是周岁的阴阳。周岁的阴阳，即无限循环的寒暑。法于阴阳，周岁之中要法寒暑。

《素问·阴阳离合论》："日为阳，月为阴。"《周髀算经·陈子模型》："昼者阳，夜者阴。"这是与日月相关的阴阳。与日月相关的阴阳，是周日的阴阳。周日的阴阳，即无限循环的昼夜。法于阴阳，周日之中要法昼夜。

在《黄帝内经》中，阴阳可以论所有问题：

阴阳可以论天地，可以论日月，可以论水火，可以论寒暑，可以论昼夜，可以论清浊、升降、形影……自然界一切相辅相成的两种因素均可以归结为阴阳。

阴阳可以论男女，可以论父母，可以论雌雄……人世间的一切相辅相成的两种因素均可以归结为阴阳。

阴阳可以论脏腑，可以论气血，可以论经络，可以论寒热……人体内一切相辅相成的两种因素均可以归结为阴阳。

阴阳可以论虚实，可以论寒热，可以论补泻，可以论升降。《素问·至真要大论》："谨察阴阳所在而调之，以平为期。"这一论断，是论医术的总纲。平衡阴阳，就是医术总纲。医术的基本方法可以归结为平衡阴阳。

阴阳，为何有如此伟大的功能？答：因为阴阳的根基伟大。阴阳，一源于太阳，二源于太阳月亮。源于太阳的阴阳，决定着万物的生死，源于日月的阴阳，决定着万物的动静，这一点，不论是否为医，都是应该牢记的。

第三道难题：何谓"术数"？养生为何要"合于术数"？术，为历的代名词。数，为历的规定性。

术与历的关系，清晰的解答在《史记·索引》之中。《史记·历书·索引》："盖黄帝考定星历。"注释这一论断，《史记·索引》有"黄帝使羲和占日，使常仪占月，区臾占星气，伶伦造律吕，大桡作甲子，隶首作算数，荣成综此六术而调历"之说。

占日、占月、占星气，为六术中的前三术；造律吕、作甲子、作算数为六术中的后三术；前三术讲的是天文观测，后三术讲的是历律创造。术，与天文历法在此联系到了一起。

数为历的规定性，日有数，月有数，星同样有数。

日影即天道，天道有数，《周髀算经》中有"天道有数"之论。《周髀算经·陈子模型》："日中立竿测影，此一者，天道之数。"日影可以论天道，日影可以定量在数中。日影之数，即是天道之数。

日月即阴阳，阴阳有数，《周髀算经》中有"阴阳有数"之论。《周髀算经·日月历法》："阴阳之数，日月之法。"这里的"阴阳之数"，出于日月。《周髀算经·日月历法》："日主昼，月主夜。"昼夜，肯定可以用规定之数来表达。昼夜之数，就是阴阳之数。

"日月有数，大小有定。"《黄帝阴符经》以日月论数，论出大小。

"日有冥有旦，有昼有夜，然后以为数。"《鹖冠子》以一日之内晨昏昼夜，论出数。

一天之内，昼夜有一定之数。一岁之内寒暑有一定之数，进而言之，四时有一定之数，八节有一定之数，养生必须严格遵循寒暑之数、四时之数、八节之数，《黄帝内经》的开篇之作《上古天真论》要求养生一定要"和于术数"，其意义就在于养生之序一定要合于自然变化之序。自然变化之序有着数字上的严格规定性，上古时期的中华先贤将这些数字记载在天文历法之中，运用到了医学与各个学科之中。

第四道难题：养生为何要"春夏养阳，秋冬养阴"？这一养生原则，出于《素问·四气调神大论》，原话是："夫四时阴阳者，万物之根本也，所以圣人春夏养阳，秋冬养阴。"这里的阴阳，是源于太阳法则的阴阳。此处的阴阳，寒暑也。

从冬至到夏至，太阳从南回归线到北回归线，这是太阳回归年的前半年，前半年天气一天天变暖变热。从夏至到冬至，太阳从北回归线到南回归线，这是太阳回归年的后半年，后半年天气一天天变凉变寒。前半年养阳，后半年养阴。"春夏养阳，秋冬养阴"的奥秘，就在于养生之序一定要合于太阳之序。

春生夏长秋收冬藏，万物之顺序也。万物之顺序，合于四时之序。四时之序，即太阳之序。万物之序严密地合于四时之序，人的养生之序能够例外吗？

第五道难题：何谓四时五行？《黄帝内经》以四时为坐标论脉象、论针刺、论养生、论医病，以五行为坐标论五脏、论五方、论五味、论五音，四时五行全部源于太阳。

四时，源于十二月太阳历。十二月太阳历分四季，春一季，夏一季，秋一季，冬一季。

五行，源于十月太阳历。十月太阳历分五行，木一行，火一行，金一行，水一行，土一行。

观测太阳分出四时，《尚书·尧典》《周礼》《周髀算经》中均有记载。观测太阳分出五行，唯有彝族文化里有记载。四时五行，均是太阳历分出的季节。四时与五行的划分，在先后顺序上，应该是五行在先，四时在后。

离开了十月太阳历，无法认识五行；离开了十二月太阳历，无法认识四时。

第六道难题：何谓六律？六律，是论证经络的坐标，是论证六腑的坐标。

《灵枢·经别》："六律建阴阳诸经而合之十二月、十二辰、十二节、十二经水、十二时、十二经脉者。"这一论断指出，六律是论证十二经络的依据。

《灵枢·经别》："天有六律，人有六腑。"这一论断指出，六律是论证六腑的依据。

六律发源于何处？答：发源于十二月太阳历。

六律与太阳历的关系，从原则到具体，下面一一梳理。

《周髀算经》解释音律的起源。《周髀算经·陈子模型》："冬至夏至，观律之数，听钟之音。"太阳决定着冬至夏至，冬至夏至决定着"律之数"、"钟之音"。历出自然，律亦出自然，两者同出于以太阳变化为大背景的天文之中。黄钟大吕之声出于自然，《周髀算经》做出了原则性解释。

《大戴礼记》解释十二月与十二律的关系。《大戴礼记·曾子天圆》："圣人谨守日月之数，以察星辰之行，以序四时之顺逆，谓之历。截十二管，以宗八音之上下清浊，谓之律也。"历，出于日月之数，合以星辰之行。律，有十二管，合于十二月。十二律出于十二月，《大戴礼记》作出如此具体的解答。

《周礼》解释的阳六律阴六吕。阳声有六律，阴声有六吕；阳声起于黄钟，阴声起于大吕。阴阳一共十二律，这是《周礼》的解释。

《汉书》解释律的阴阳之分。《汉书·律历上》："律有十二，阳六为律，阴六为吕。"律分阴阳，阳律阴吕，《汉书》作出如此解释。

论阴阳十二经络的依据是阴阳十二律，论阴阳十二律依据是太阳历的十二月。大树有年轮，山丹丹一年一朵花，人参花中也有岁的记录，岁月会在草木中留下踪迹。同样的道理，岁月会在人体中留下自己的影子，这就是十二月论十二经络的奥秘。十二月属于时间，时间无声无形，经络亦无形无声，经络的属性与时间的属性有相似相通之处。

《礼记·乐记》："大乐与天地同和。"太阳与大地不同的对应关系，有不同的季节。不同的季节，有不同的天籁之音、地籁之音、人籁之音。在制定太阳历的同时，中华先贤创造出音律标准，并以此为坐标论证出了人体经络。

离开了十二月太阳历，无法认识十二月、十二律、十二经络。

第七道难题：何谓五运六气？五运六气，均出于太阳历。五运，出于十月太阳历。六气，出于十二月太阳历。

五运，实际上是五行代名词。五行即五运，五运即五行。名称不同，意义相同。五行五运，五个季节，五种气候也。行，川流不息也；运，运行不息也。五个季节、五种气候的无限循环，就是五行五运的本义。五行五运，指的是五个循环不休的季节，五种循环不休的气候。五行五运即五季。彝族十月太阳历合理而精美的解释如下：

甲乙　木　72 天

丙丁　火　72 天

戊己　土　72 天

庚辛　金　72 天

壬癸　水　72 天

五行五运，五个川流不息的季节也。运与行，强调的是动态，强调的是变化，而且是无限循环的规律性变化。

六气，出于十二月太阳历。《周髀算经·日月历法》："外衡冬至，内衡夏至；六气复返，皆谓中气。"历法改革，五行改革为四时，十月改革为十二月。从冬至到夏至，一共六个月。从夏至到冬至，又是六个月。冬至到夏至的六个月，实际上是太阳从南回归线到北回归线的时间段；夏至到冬至，实际上是太阳从北回归线到南回归线的时间段。外衡，南回归线也；内衡，北回归线也。太阳在两条回归线的复返，一来六个月，一往六个月。一月一气，六月六气。"六气复返"即十二月十二气。六气，是十二月之中的两次循环。彝族典籍《宇宙人文论》以十二月为坐标合理地解释了阳六气，阴六气。一月一气，前六个月为阳六气，后六个月为阴六气。重大的变化点在十一月、五月，这两个变化点背后的决定因素是太阳。十一月即子月，太阳相交于南回归线；五月即午月，太阳相交于北回归线，子午两点是寒暑（阴阳）二气的转化点。以十二月太阳历为坐标，彝族文化合理地解释了十二月与十二气的对应关系。

一月一气是一种解释，十二月十二气，十二月分阳六气阴六气。六气，这是一种解释。

两个月为一气，十二个月从冬至开始到冬至结束，依次分为萌气、生气、长气、沉气、收气、藏气。六气，这是另一种解释。

六气与五行五运一样，与太阳相关。完整的太阳回归年一分为五为五行五运，一分为十二即阴六气阳六气，一分为六分为萌、生、长、沉、收、藏六气。

六气，是以"太阳论之"论出来的。

《素问·六节脏象论》："五天谓之候，三候谓之气，六气谓之时，四时谓之岁。"这四个界定，是天文历法中的常识，是中医学的基础。凡学医者，都应该知道这一点。为何一候以五天为基准，华夏文化没有解释，彝族文化、苗族文化中解释——一候五天，其基准是金木水火土五行。

第八道难题：何谓升降？疫病，是《黄帝内经》研究的重要对象。疫，传染之病也。徭役，家家户户需要交纳。疫病，千家万户可以传染。解释疫病的产生，出现"升降"二字。

《素问·刺法论》："升降不前，气交有变，即成暴郁。"暴郁，即积聚有时而突然爆发的剧烈郁气。突然爆发的剧烈郁气，会引起传染性的疫病。

升降，指的是寒暑二气亦即阴阳二气的一升一降。阴阳二气谁升谁降？答：阳升而阴降。

正常升降的时令点在哪里？答：在冬至夏至。冬至一阳生，夏至一阴降。

阳升阴降，《庄子·田子方》中有如下解释："至阴肃肃，至阳赫赫，肃肃出乎天，赫赫出乎地，两者交通成和，而物生焉。"《庄子》告诉后人，阴气从天而降，阳气从地而生，阴阳二气交通交和而产生万物。

　　冬至一阳动于黄泉之下，《逸周书·周月解》中有如下诠释："惟一月，既南至……微阳动于黄泉。"周历中的"一月"，是夏历中的十一月。《史记·历书》："周正以十一月。"正，正的是岁首之月。《史记》告诉后人，周朝以十一月为正月。周历，以日影最长点的十一月为岁首之月。"南至"，指的是日出方位至于东南方之南。"微阳"，指的是阳气初萌。"微阳动于黄泉"，指的是冬至这一天一阳萌生于黄泉。

　　阳气该升不升，阴气该降不降，升降出现了异常就会引起"该冷不冷，该热不热"的局面。"该热不热，五谷不结。该冷不冷，人要断种。"这是中原的民谣。"五谷不结"，病在五谷身上。"人要断种"，病在人体之中。升降失序一会病五谷，二会病男女。中原民谣用形象的语言，描述了"升降不前，气交有变"的严重后果。"冬至开了河，尸体垒成摞。"这是山东的民谣；冬至时节，河水应该结冰，一旦河水不结冰而成哗哗流水，那么就会有疫病的发生，人会大量死亡。"尸体垒成摞"，这是一个形象比喻。寒冬变暖冬，尸体积成堆，这是时令错乱的严重后果。

　　气交，寒暑之气的交接也，四时之气的交接也。寒暑之气的交接点，在冬至夏至。四时之气的交接点，在冬至夏至、春分秋分。气交正常，有春夏秋冬的温热寒凉。气交有变，会出现春不温、夏不热、秋不凉、冬不寒的异常。"气交有变"，指的是交接点上没有正常的交接。

　　《礼记·乐记》："寒暑不时则疾。""不时"所描述的是寒暑没有按时来，没有按时去。"不时"，寒暑失序也。寒暑失序则有疾病发生。轻微的寒暑失序，病。严重的寒暑失序，疫。

　　《礼记》与《吕氏春秋》中皆有"春行秋令，其民大疫"的论断。"春行秋令"指的是严重的寒暑失序。严重的寒暑失序，会产生传染性的疫病。

　　隋代巢元方在其大作《诸病源候论·疫疠病候》中留下了如此论断："一岁之内，节气不和，寒暑乖候，或有暴风急雨，雾露不散，则民多疾疫。"疫疠病，相当于今天的急性传染病。疫疠病之病因，在于寒暑失序，时令错乱。

　　《素问·刺法论》："天地迭移，三年化疫。"又："天运失序，后三年变疫。"寒暑失序即天地迭移，寒暑失序即天运失序，如此三年，必有大疫。

寒暑失序，升降不前也。连续三年寒暑失序，会有大面积疫病的发生。

只有太阳历，才能解释阴阳二气的升降。只有太阳历，才能解释阴阳二气的升降出入。

第九道难题：何谓升降出入？《素问·六微旨大论》："升降出入，无器不有。"升降出入，指的是阴阳二气圆周循环的四种状态。器，指的是有形之万物。有阴阳二气的升降出入，才有生长收藏循环不休的万物。

苗族文化以八个字精辟地解释了阴阳的合理性与永恒性。《苗族古历》："冬至阳旦，夏至阴旦。"元旦，是新年的第一天。阳旦，是阳气出现的第一天。阴旦，是阴气出现的第一天。冬至阳旦，合理地解释了"冬至一阳生（升）"。夏至阴旦，合理地解释了"夏至一阴生（降）"。

阴阳二气，一升一降，是严肃的太阳法则。升降异常，是疫病产生的根源。下面以四个时令点，讨论阴阳二气升降出入的圆周循环运动。

冬至点，是阴极点，阴极生阳，地下的阳气开始上升，地下种子开始萌芽。千里冰封的华北、东北、西北，冰冻三尺的大地一步步从下而上地融化，是阳气上升的标志。

春分点，阳气开始露出地面，以地面为界，上阴而下阳，阴阳二气呈平衡两分状态。中原的麦苗开始抬头，是阳气露出地面的标志。地面由寒变凉，棉衣换夹衣，是阴阳两分的标志。

夏至点，是阳极点，阳极生阴，阴气开始从天而降，阳气开始潜入地下。夏至点是万物茂盛点，也是万物生息的转换点。

秋分点，阴气降至地面，阳气潜入地下。以地面为界，上阴而下阳，阴阳二气呈平衡两分状态。珠江三角洲的大树下满地黄叶，是阴气到达地面的标志。地面由热变凉，单衣换夹衣，是阴阳两分的标志。

升降出入的循环，有正常异常之别。"过"与"不及"是两种异常状态。过，时令未至气已至，如夏季未到天先热。不及，时令已到气未至，如夏季已到天未热。一年异常，会引起疾病。连续三年异常，会引起疫病。

第十道难题：何谓"天地之正纪"？《素问·至真要大论》："气至之谓至，气分之谓分，至则气同，分则气异，所谓天地之正纪也。"

这一论断中，出现了"气至"与"气分"、"气同"与"气异"四个名词。认识这四个名词，就认识了"天地之正纪"。分别解释如下：

何谓"气至"？至者，止也。气至，气的至点也。冬至夏至，是气的两个至点。

何谓"气分"？分者，两分也。气分，气的两分点也。春分秋分，是气的两分点。

何谓"气同"？同者，同一种气也。

何谓"气异"？异者，两种气也。

"至则气同"，指的是气至点上只有同一种气，或寒气或暑气，或阴气或阳气。冬至点，是阴气的至点；此地此时，集中的是一种阴气。夏至点，是阳气的至点；此地此时，集中的是一种阳气。"至则气同"的意义，就在此处。

"分则气异"，指的是气分点上同时存在着两种气，阴气与阳气两种气同时存在。

春分点，同时存在着阴阳二气。以地面为界，阳气在下，阴气在上。阳气处于上升状态，阴气处于消退状态。

秋分点，同时存在着阴阳二气。以地面为界，阳气在下，阴气在上。阳气一步步潜入地下，阴气处于由霜而雪、由雪而冰的渐进状态。

天地之正纪，天道也。

春夏秋冬可以论道吗？请看下面四个论断：

其一，《逸周书》以四时论道。《逸周书·周月》："万物春生、夏长、秋收、冬藏。天地之正，四时之极，不易之道。"

其二，《周易》以四时论道。《周易·恒·象传》："日月得天而能久照，四时变化而能久成，圣人久于其道而天下化成。"

其三，《礼记》以天论四时。《礼记·孔子闲居》："天有四时，春秋冬夏。"

其四，《尚书》以时论道。《尚书·大禹谟》："时乃天道。"

医道从天地之正纪中来，医道从天道来；四时可以论天道，四时由太阳决定，这里可以认识太阳在中医文化中的基础性作用。

这里还有必要回答一下针经《灵枢》开篇处的一道难题，即针经法则为何是"一与九"？针刺，是中华民族的瑰宝。针刺，有一部针经，这就是《灵枢》。针经讲法则，法则在两个奇数"一与九"。"始于一，终于九焉。"这是《灵枢》第一篇《九针十二原》中出现的针经的法则。

一与九，这两个奇数出于洛书中的"上九下一"。

一与九，两个简单的奇数有着丰富的含义：

这里有水火两极。一与九，可以表达五行中的水火两极。

这里有南北两极。一与九，可以表达空间中的南北两极。

这里有寒暑两极。一与九，可以表达气候中的寒暑两极。

这里有时令两极。一与九，可以表达节气中的冬至夏至。

这里有阴阳两极。一代表冬至，九代表夏至。冬至阳旦，夏至阴旦。一与九，可以表达阴阳两极。

这里有升降两极。冬至一阳生，夏至一阴降。一与九，可以表达升降两极。

一与九，直接表达的是一个完整的太阳回归年，间接表达的则是无限循环的时间与空间。

一与九，实际上是十月太阳历的代名词。

太阳历，针经之纲纪也。

以太阳论之，论出阴阳，论出四时五行，论出五音六律、五运六气，论出"春夏养阳，秋冬养阴"的养生原则，论出"一与九"的针刺之纲纪……

舍弃太阳历，根本无法接近《黄帝内经》。近百年来，在中华大地上，《黄帝内经》一直被斥为"玄学"的代表作。如此批判，实际上都是中医文化大门之外的呐喊。所有的批判者，对天文历法，尤其是对太阳历缺乏基本的了解。

医生，《黄帝内经》称为"工"。《灵枢·邪气脏腑病形》："问其病，知其处，命曰工。"问，"望闻问切"之问也。一问便知"病在何处"者，便是工。

为工有其标准，首先是认识天文历法。请看下面两个论断。

第一，《素问·六节脏象论》："不知年之所加，气之盛衰，虚实之所起，不可以为工矣。"

第二，《灵枢·官针》："故用针者，不知年之所加，气之盛衰，虚实之所起，不可以为工也。"

为工之标准首先是"三知"。"三知"之中，第一知是"年之所加"。"年之所加"之年，是天文历法的概念。年，首先是太阳回归年，其次是太阴（月亮）历界定出的十二月的阴历年。"年之所加"之加，是指天文历法运算。"三不知不以为工"的标准，首先是要求为工者必须弄懂弄通天文历法。天文历法中，最基础、最根本的是太阳历。太阳历中，最基础、最根本的是孕育出阴阳五行、天干地支的十月太阳历。试问，不知天文历法，不知太阳历，尤其是不知十月太阳历，能够为工吗？

二、 诸子百家中的太阳历

书外以太阳论之，以日月论之，以天文论之；书内以阴阳论之，以五行论之，以四时论之，最终以道论之，这是先秦诸子（韩非子除外）论证问题的基本方式。不了解这一点，仅仅记住了"某一子""某一家"的几篇文章几句话，根本无法认识诸子百家。

"三代以上，人人皆知天文。'七月流火'，农夫之辞也。'三星在户'，妇人之语也。'月离于毕'，戍卒之作也。'龙尾伏辰'，儿童之谣也。后世文人学士，有问之而茫然无知者。"这是明末学者顾炎武在《日知录》所留下的一段话。这段话以"知不知天文"为界，对三代以上的先贤与后世文人学士作出基本区分。

"三代以上，人人皆知天文。"顾炎武此言不虚，打开先秦诸子的典籍，可以看到这样一种现象，那就是：子子论天文，家家论历法。离开了天文历法，离开了太阳、月亮、北斗、二十八宿，根本无法认识儒家、道家、法家、杂家、兵家……

这里选择儒家、杂家两家记载四时十二月历详细介绍，余者仅简要地介绍。

谈《周易》而先谈先秦诸子，是不是绕远了？非也！研究江河，沿中游溯流而上才能找到真正的源头。研究《周易》，需要先认识先秦诸子；认识先秦诸子，才能顺流而上，真正认识《周易》。

（一）儒家记载的四时十二月历

《礼记·月令》记载了一种四时十二月历。

四时十二月历集文化之大成：天文与人文、天时与人时、历与律、四时与五脏、四时与五方、五方与五帝、五方与五神、十二月与十二律、天文与明堂、四立与祭祀、天文历法与治理天下的政令、四时与时令的正常与反常等一系列重大问题，在这里是集中出现、一体解答的。了解了这些，才能了解中华文化的精美精致。在自然界，天文历法是自然法则；在人世间，天文历法则是论证一切问题的依据。

天人合一，合在何处？四时十二月历告诉人们，人文合于天文，人时合于天时，人德合于天德，人礼合于天序，人则合于天则，生产生活之序合于四时之序，万物的生长收藏合于四时之序，五音合于五行之序，十二律合于十二月之序……

天人合一，在今天只剩下一个名词，详细而具体的内容早已被后世子孙遗忘得干干净净。在早期的中华大地上，天人合一，是一种实实在在的生活方式。所以，本文有责任对四时十二月历进行详细的介绍。

四时十二月历基本特征，简介如下：

1. 一时的孟仲季之分　四时每一时有孟仲季之分：春，分孟春仲春季春三春；夏，分孟夏仲夏季夏三夏；秋，分孟秋仲秋季秋三秋；冬，分孟冬仲冬季冬三冬。

2. 一时对应一种天文　春夏秋冬四时，一时三个月，四时十二个月；十二个月，十二种天文现象。天文现象，第一标志在太阳，第二标志在二十八宿。不明白这两点，无法看懂《礼记》，无法看懂《吕氏春秋》，包括汉代文献，例如《淮南子》《汉书》。

"后世文人学士，有问之而茫然无知者。"为消除这种悲哀，此处详细介绍十二个月与十二种天文现象的对应关系：

孟春之月的天文现象。《礼记·月令》："孟春之月，日在营室，昏参中，旦尾中。"太阳，是确定孟春之月的第一标志。孟春之月即正月，太阳夜宿营室。营室，星名，二十八宿之一。《周礼·考工记·辀人》："龟蛇四游，以象营室也。"郑玄注："营室，玄武宿，与东壁连体而四星。"营室，是确定太阳位置的坐标。

二十八宿，在天体中构成一个大椭圆。这个椭圆，被中华先贤形象地分为二十八间宿舍。日月的运行，不同的季节对应于不同的星宿，先贤说日月住在这一间宿舍了。宿舍，实际上是观测日月运行的坐标。

"孟春之月，日在营室"，即开春第一月太阳宿在营室。

参星、尾星，是确定孟春之月的第二标志。所谓"昏参中"，就是黄昏时参星位于南中天。所谓"旦尾中"，就是拂晓时尾星位于南中天。

参星，二十八宿之一。奎、娄、胃、昴、毕、觜、参七宿，构成西方白虎。参，西方白虎第七宿。

尾星，二十八宿之一。角、亢、氐、房、心、尾、箕七宿，构成东方苍龙。尾，东方苍龙第六宿。

仲春之月的天文现象。《礼记·月令》："仲春之月，日在奎；昏弧中（唐石经《月令》作'昏东井中'），旦建星中。"

太阳，是确定仲春之月的第一标志。仲春之月即二月，太阳夜宿奎星处。奎，星名，二十八宿之一，西方白虎第一宿。《西游记》中的黄袍怪，就是由奎星下凡所变。

井、斗二宿，是确定仲春之月的第二标志。所谓"昏东井中"，就是黄昏时井星位于南中天。所谓"旦建星中"，就是拂晓时建星位于南中天。

井星，二十八宿之一。井、鬼、柳、星、张、翼、轸七宿，构成南方朱雀。井，南方朱雀第一宿。

建星，又简称星，二十八宿之一，南方朱雀第四宿。

季春之月的天文现象。《礼记·月令》："季春之月，日在胃；昏七星中，旦牵牛中。"

太阳，是确定季春之月的第一标志。季春之月即三月，太阳夜宿胃星处。胃，星名，二十八宿之一，西方白虎第三宿。

七星、牵牛，是确定仲春之月的第二标志。所谓"昏七星中"，就是黄昏时七星位于南中天。所谓"旦牵牛中"，就是拂晓时牵牛位于南中天。

七星，二十八宿中没有七星一说。七星，是否指北斗七星？北斗是由天枢、天璇、天玑、天权、玉衡、开阳、摇光七星组成的。从古至今，习惯上称为"北斗七星"。

牵牛星，即牛星。斗、牛、女、虚、危、室、壁七宿，构成北方玄武。牛，北方玄武第二宿。

孟夏之月的天文现象。《礼记·月令》："孟夏之月，日在毕；昏翼中，旦婺女中。"

太阳，是确定孟夏之月的第一标志。孟夏之月即四月，太阳夜宿毕星处。毕，星名，二十八宿之一，西方白虎第五宿。

翼、婺女二宿，是确定孟夏之月的第二标志。所谓"昏翼中"，就是黄昏时翼星位于南中天。所谓"旦婺女中"，就是拂晓时婺女星位于南中天。

翼，星名，二十八宿之一，南方朱雀第六宿。

婺女，星名，即女星，又名须女、务女，二十八宿之一，北方玄武第三宿。

仲夏之月的天文现象。《礼记·月令》：“仲夏之月，日在东井；昏亢中，旦危中。”

太阳，是确定仲夏之月的第一标志。仲夏之月即五月，太阳夜宿东井。东井，星名，二十八宿之一，南方朱雀第一宿。仲夏之月，太阳夜宿东井处。

亢、危二宿，是确定仲夏之月的第二标志。所谓“昏亢中”，就是黄昏时亢星位于南中天。所谓“旦危中”，就是拂晓时危星位于南中天。

亢，星名，二十八宿之一，东方苍龙第二宿。

危，星名，二十八宿之一，北方玄武第五宿。

亢宿，在《西游记》中化为艺术形象亢金龙。亢金龙头上长着一只根部粗大、顶部尖尖的角，正是这只角救了孙悟空。《西游记》第六十五回唐僧受难于小雷音寺，孙悟空被妖怪夹在金铙之内，玉帝派二十八宿前来解救。二十八宿用各种兵器都无法打破金铙，这时，亢金龙用头顶上的角钻在金铙缝里，孙悟空在亢金龙的角上钻了一个小孔，将身体缩成一个小芥子儿，藏在这个小孔中，让亢金龙拉了出来。

身为读者，不懂二十八宿，难以真正读懂《西游记》这部名著。身为作者，不懂二十八宿，也难以写出超越《西游记》的作品。

季夏之月的天文现象。《礼记·月令》：“季夏之月，日在柳；昏火中，旦奎中。”

太阳，是确定季夏之月的第一标志。季夏之月即六月，太阳夜宿柳星处。柳，星名，二十八宿之一，南方朱雀第三宿。

火，星名，即心星，二十八宿之一，东方苍龙第五宿。《诗经·七月》云：“七月流火，九月授衣。”流火之火，亦称大火，指的就是心星。从地球上观测，心星一直处于运动状态，春天在东，夏天在南，秋天在西，冬天在北。地球是动态的，站在地球上观测天文，日月星都是动态的。一旦发现心星西移，当时的农夫就知道该准备御寒的衣服了。

危，星名，二十八宿之一，北方玄武第五宿。

孟秋之月的天文现象。《礼记·月令》：“孟秋之月，日在翼；昏建星中，旦毕中。”

太阳，是确定孟秋之月的第一标志。孟秋之月即七月，太阳夜宿翼星处。翼，星名，二十八宿之一，南方朱雀第六宿。

星、毕二宿，是确定孟秋之月的第二标志。所谓"昏建星中"，就是黄昏时建星位于南中天。所谓"旦毕中"，就是拂晓时毕星位于南中天。

建星，星名，二十八宿之一，南方朱雀第四宿。

毕，星名，二十八宿之一，西方白虎第五宿。

仲秋之月的天文现象。《礼记·月令》："仲秋之月，日在角；昏牵牛中，旦觜觿中。"

太阳，是确定仲秋之月的第一标志。仲秋之月即八月，太阳夜宿角星处。角，星名，二十八宿之一，东方苍龙第一宿。

牵牛、觜觿二宿，是确定仲秋之月的第二标志。所谓"昏牵牛中"，就是黄昏时牵牛星位于南中天。所谓"旦觜觿中"，就是拂晓时觜觿星位于南中天。

牵牛星，星名，二十八宿之一，北方玄武第二宿。

觜觿，即觜星，二十八宿之一，西方白虎第六宿。

季秋之月的天文现象。《礼记·月令》："季秋之月，日在房；昏虚中，旦柳中。"

太阳，是确定季秋之月的第一标志。季秋之月即九月，太阳夜宿房星处。房，星名，二十八宿之一，东方苍龙第四宿。

虚、柳二宿，是确定季秋之月的第二标志。所谓"昏虚中"，就是黄昏时虚星位于南中天。所谓"旦柳中"，就是拂晓时柳星位于南中天。

虚，星名，二十八宿之一，北方玄武第四宿。

柳，星名，二十八宿之一，南方朱雀第三宿。

孟冬之月的天文现象。《礼记·月令》："孟冬之月，日在尾；昏危中，旦七星中。"

太阳，是确定孟冬之月的第一标志。孟冬之月即十月，太阳夜宿尾星处。尾，星名，二十八宿之一，东方苍龙第六宿。危、七星二宿，是确定孟冬之月的第二标志。所谓"昏危中"，就是黄昏时危星位于南中天。所谓"旦七星中"，就是拂晓时七星位于南中天。

危，星名，二十八宿之一，北方玄武第五宿。

七星，星名，二十八宿没有七星之说，不知是否为北斗？

仲冬之月的天文现象。《礼记·月令》："仲冬之月，日在斗；昏东壁中，旦轸中。"

太阳，是确定仲冬之月的第一标志。仲冬之月即十一月，太阳夜宿在斗。斗，斗木獬（犀牛），星名，二十八宿之一，北方玄武第一宿。

壁、轸二宿，是确定仲冬之月的第二标志。所谓"昏东壁中"，就是黄昏时东壁星位于南中天。所谓"旦轸中"，就是拂晓时轸星位于南中天。

壁，星名，二十八宿之一，北方玄武第七宿。

轸，星名，二十八宿之一，南方朱雀第七宿。

季冬之月的天文现象。《礼记·月令》："季冬之月，日在婺女；昏娄中，旦氐中。"

太阳，是确定季冬之月的第一标志。季冬之月即十二月，太阳夜宿婺女处。婺女，即女星，星名，二十八宿之一，北方玄武第三宿。

娄、氐二宿，是确定季冬之月的第二标志。所谓"昏娄中"，就是黄昏时娄星位于南中天。所谓"旦氐中"，就是拂晓时氐星位于南中天。

娄，星名，二十八宿之一，西方白虎第二宿。

氐，星名，二十八宿之一，东方苍龙第三宿。

以太阳与二十八宿对应论四时、十二月，是《礼记·月令》、《吕氏春秋·十二纪》的共同点。这一点，不同于《周髀算经》，因为《周髀算经》是以日影论四时、论二十四节气的。

太阳与二十八宿对应可以论十二月，日影变化即太阳本身也可以论十二月；确定十二月，中华先贤所采用的方法是那样的灵活。

3. 一时对应一个帝王　四时春夏秋冬，一时对应一位帝王，加上空间中的中央，四时五方对应着五位帝王：

　　春，对应于大皞；

　　夏，对应于炎帝；

　　秋，对应于少皞；

　　冬，对应于颛顼；

　　中央，对应于黄帝。

将时空人格化，用众所周知的五位先贤来表达时间与空间，这是中华文化的特色，这一特色被孔子所继承，实际上也被先秦诸子所继承。

4. 一时对应一个时令神　句芒司春，祝融司夏，蓐收司秋，玄冥司冬，后土司中央。《淮南子·天文训》称五神为"佐"。他们是辅佐五帝管理四时五方的。

五神，对农业生产、节令转换有着极其重要的意义。农耕文明，五神时时处处就出现在人民中间。城市化以后，五神的意义几近失传。这里有必要进行介绍：

司春之句芒。句芒，又名句龙，春神、木神、东方神。主管树木的发芽生长。主管太阳升起的地方。太阳从扶桑升起，扶桑归句芒管，年画中春天骑牛的牧童，头有双髻，手执柳鞭的，就是句芒，亦称芒童。《淮南子·天文训》："其佐句芒，持规而制春。"——规矩之规，由春而来。

司夏之祝融。祝融，夏神、火神、南方神，政治家、发明家、音乐家，本名重黎，中国上古帝王，以火施化，火正之官。祝融死后，葬在南岳衡山之阳，衡山最高峰称为祝融峰。《淮南子·天文训》："其佐朱明，持衡而制夏。"朱明，可能是祝融的谐音。——度量衡之衡，由夏而来。

司中央之后土。又称后土娘娘，她掌阴阳，育万物，被称为大地之母，是最早的地上之王。《淮南子·天文训》："其佐后土，持绳而治四方。"——准绳之绳，由中央而来。

司秋之蓐收。秋神、金神、西方神，左耳有蛇，乘两条龙，分管秋收之事，所以民间有"蓐收之府"牌坊。又分管西边太阳落下的地方，太阳下去的神叫红光，据说这就是蓐收。《淮南子·天文训》："其佐蓐收，持矩而治秋。"——规矩之矩，由秋而来。

司冬之玄冥。水神、冬神、北方神。古代民间用来指阴间，九泉。《淮南子·天文训》："其佐玄冥，持权而治冬。"——秤砣之权，由冬而来。

规矩权衡与准绳，是在四时中出现的。这里需要记住的是，规与矩，与春秋相关——春论规，秋论矩。

汉墓中的人身蛇尾的伏羲与女娲，一人拿规，一人拿矩。规矩，其源头在天文历法。方圆，其源头全部在天文历法。

5. 天子迎"四立" 四立者，立春立夏立秋立冬是也。四立之日，是重大节日。《礼记·月令》有这样的记载：

> 立春之日，天子帅领百官迎春于东郊。
>
> 立夏之日，天子帅领百官迎夏于南郊。
>
> 立秋之日，天子帅领百官迎秋于西郊。
>
> 立冬之日，天子帅领百官迎冬于北郊。

立春之后，春天来了，春天里应该干什么，不应该干什么；立夏之后，夏天来了，应该干什么，不应该干什么；立秋之后，秋天来了，应该干什么，不应该干什么；立冬之后，冬天来了，应该干什么，不应该干什么，是政令的基本内容。君王以四时为依据发布政令，这也是《礼记·月令》的记载。

6. 四时与五方对应　春夏秋冬四时对应着东西南北四方，加上四方中间的中央，四时对应着五方。

四时言时间，五方言空间，时空在这里完美地融合在一起。

7. 四时与十天干的对应　春夏秋冬，东西南北中，十天干甲乙丙丁戊己庚辛壬癸，在四时历这里，第一次完美地对应到了一起：

春，东方，对应十天干中的甲乙；

夏，南方，对应十天干中的丙丁；

秋，西方，对应十天干中的庚辛；

冬，北方，对应十天干中的壬癸；

中央，对应十天干中的戊己。

四时，时间也；五方，空间也。时间、空间、十天干，在这里第一次融合在一起。敬请记住，时间、空间、十天干融合在一起，是中华先贤对时空的高度抽象，是中华先贤对宇宙的高度抽象。这种抽象，是中华文化的优秀之处，是中华文化与西方文化的重大区别之处。

8. 四时与五行的对应　五行金木水火土，四时春夏秋冬，在四时历中第一次融合在一起：

春，东方，对应五行之木；

夏，南方，对应五行之火；

秋，西方，对应五行之金；

冬，北方，对应五行之水；

中央，对应五行之土。

五行历早于四时历，历法改革，四时历取代五行历之后，在四时历中仍然保留了五行历的基本结构。

五行融入四时，这一点非常重要，尤其是对于中医文化。

五行与天地并列而论，五行与四时并列而论，在中华元典中，在先秦诸子中，处处可以看到，请看以下例证。

其一，《帛书周易·二三子》曰："德与天地始，必顺五行。"

其二，《素问·阴阳应象大论》："天有四时五行，以生长收藏，以生寒暑燥湿风。"

其三，《礼记·礼运》："播五行于四时。"

其四，《春秋左传·昭公元年》："天有六气……分为四时，序为五节，过则为灾。"

其五，《春秋左传·昭公二十五年》："则天之明，因地之性，生其六气，用其五行。"

其六，《文子·道原》："和阴阳，节四时，调五行，润乎草木……"

其七，《鹖冠子·王鈇》："天用四时，地用五行，天子执一以居中央，调以五音，正以六律，纪以度数。"

先有五行历，后有四时历。历法改革，四时历取代了五行历，但四时历中仍然保留着五行结构，这就是五行与四时并列而论的所以然。

如果不明白"先有五行历，后有四时历"这一历史顺序，就理解不了五行与四时并列而论的所以然。

9. 五行与五音的对应　音律是太阳历的伴生物。五行历的伴生物是五音，十二月历的伴生物是十二律。阴六吕阳六律，历史上的习惯称为"六律"。

先谈五行与五音的对应。五行木火土金水，五音角徵宫商羽。木行音角，火行音徵，土行音宫，金行音商，水行音羽。《素问·金匮真言论》首次解释了如此对应关系。

四时历取代五行历之后，五音在四时历中仍然保留，只不过稍微变动了一下对应关系。四时春夏秋冬，五音角徵宫商羽，两者之间的对应关系是：春音角，夏音徵，秋音商，冬音羽；四时之中的中央，五音对应宫。

再谈十二月与十二律的对应。太阳从南回归线出发，由南而北时，称为"南来"。太阳南来，阳气一步步上升，一月一阳，六月六阳。一月一律，六月有阳六律。太阳从北回归线出发，由北而南时，称为"北往"。太阳北往，阴气一步步下降，一月一阴，六月六阴。一月一吕，六月有阴六吕。天籁之音，阴阳十二律，随十二月变化而变化。十二月与十二律的对应如下：

　　孟春一月，律正太蔟；仲春二月，律正夹钟；季春三月，律正姑洗。

孟夏四月，律正中吕；仲夏五月，律正蕤宾；季夏六月，律正林钟。

孟秋七月，律正夷则；仲秋八月，律正南吕；季秋九月，律正无射。

孟冬十月，律正应钟；仲冬十一月，律正黄钟；季冬十二月，律正大吕。

将律明确解释为万物万事之法的是《史记》。《史记·律书》："王者制事立法，物度轨则，壹禀於六律，六律为万事根本焉。"

10. 四时与奇偶之数的对应　春夏秋冬加中央，奇偶之数八七九六五。其对应关系是：

春，其数八；

夏，其数七；

秋，其数九；

冬，其数六；

中央，其数五。

这是河图中的数。河图，在今天的中华大地上，只有两个民族还有保留，这就是汉族与彝族。在今天的中华大地上，只有一个民族能够用天文历法解释河图，这就是彝族。

11. 十二月与明堂的对应　将天文历法融入建筑，将建筑模式融入教化，这里演化出中华民族所独有的"明堂"。在今天，"什么是明堂"已经被遗忘，在昨天，在上古与中古，"明堂"是那样的重要。

明堂，是一种方形建筑，空间方位坐北朝南。这种模式的文化含义如下：

关于明堂的记载。《周礼》《逸周书》《大戴礼记》中均有明堂的记载，这里仅介绍后两者记载的明堂。

"东应门，南库门，西皋门，北雉门。东方曰青阳，南方曰明堂，西方曰总章，北方曰玄堂，中央曰太庙。左为左介，右为右介。"这是《逸周书·明堂解》对明堂布局的解释。

东西南北中，这里有非常清晰的空间五方。

"明堂者，古有之也。凡九室：一室而有四户、八牖，三十六户、七十二牖。以茅盖屋，上圆下方……明堂月令，赤缀户也，白缀牖也。二九四七五三六一八……九室十二堂，室四户，户二牖，其宫方三百步……朱草日生一叶，至十五日生十五叶，十六日一叶落，终而复始也。"这是《大戴礼记·明堂》对明堂的记载。

"九室"，合于九宫。奇偶之数"二九四七五三六一八"，合于洛书之数。四户、八牖、十二堂、七十二牖，合于四时、八节、十二月、七十二候，明堂的结构完全吻合于阴阳合历。"叶生叶落，终而复始"，显然指的是"一岁一枯荣"的物候。这里的明堂，是合于四时十二月的建筑。

明堂格局的双重意义。明堂格局有时间、空间的两重意义。

时间意义。方形的明堂，中央一宫，四周十二宫。八宫，明合于八方，暗合于八节。十二宫合于十二月十二支。

空间意义。明堂为正方形或四边形，明合于东西南北四方，暗合于春夏秋冬四时。四时与四方的融合，实际上是时空的融合。坐北朝南，形式上的"向明"。坐北朝南，其文化含义为"向明而治"。《周易·说卦》"圣人南面而听天下，向明而治。"面向南方，是明君之明的基本标志。为何要面向南方？就是要面向太阳最明最亮的最佳状态。

再介绍明堂之制。明堂之制，是一种严肃的人文合于天文的教化。天文历法演化出明堂，明堂里进行天文历法的教化，这就是明堂之制。明堂之制，一化君王，二化天下。

先谈明堂化君王。明堂，是君王住所。住在明堂里的君王，必须深知天文历法。一年之中起居，必须合于四时之序。居于东合于春，居于南合于夏，居于西合于秋，居于北合于冬。

东西南北四面，一面三间房，四面十二间房，

十二间房十二个月，每换一次房就意味着在某一月。——君王的起居，合于天文历法。

再谈明堂化天下。不同的方位，不同的房间里，君王与大臣讨论不同的问题，发布不同的政令。例如居住在东面，意味着春季开始了。居住在东面的第一间房，意味着春季第一个月孟春开始了。此地此时，君王与大臣讨论的问题是：春季的天文如何？春季的万物如何？春季应该如何生活？春季应该如何生产？春季应该如何养生？春季应该如何调味？春季河中的鱼虾应该如何保护？春季山上的林木应该如何护理？

东面、南面、西面、北面，分别代表着春夏秋冬四时；第一间房分别意

味着春季、夏季、秋季和冬季第一个月，居住此处要思考的问题是"春如何、夏如何、秋如何、冬如何"。——君王的政令，合于天文历法。

历法与明堂化天下的经典记载。深厚的文化底蕴，体现在明堂之制之中。请看经典与文献的记载：

其一，《周髀算经》的记载。《周髀算经·商高定理》："古者包牺立周天历度。"包牺即伏羲氏，他是《周髀算经》记载的第一位历法创造者。包牺既是历法的创造者，又是历法的教化者。

其二，《尸子》的记载。《尸子》："伏羲始画八卦，别八节而化天下。"《尸子》所记载的伏羲氏是八节的创立者。八节，决定着天下的生长收藏，决定着天下的重大节日。化天下，化在生产与生活的秩序之中。

其三，《尚书》的记载。《尚书·尧典》："历象日月星辰，敬授民时。"又"期三百有六旬有六日，以闰月定四时，成岁。允厘百工，庶绩咸熙。"四时，是尧立政的依据。《尚书》所记载的尧，既是创造历法者，又是历法教化者。

《尚书·舜典》："在璇玑玉衡，以齐七政。"这是舜接班之后所作的第一件事。《汉书·天文志》对此的解释是："北斗七星，所谓'璇玑玉衡，以齐七政'。……斗为帝车，运于中央，临制四海。分阴阳，建四时，均五行，移节度，定诸纪，皆系于斗。"舜，与尧一样，同样是以天文制历法，以历法立政令。所不同的是，尧制历的坐标是太阳，舜制历的坐标是北斗。《尚书·舜典》所记载的舜，既是创造历法者，又是历法教化者。

其四，《逸周书》的记载。《逸周书·大聚》："旦闻禹之禁，春三月，山林不登斧，以成草木之长；三月湖不入网罟，以成鱼鳖之长。且以并农力执，成男女之功。夫然则有生而不失其宜，万物不失其性，人不失其事，天不失其时，以成万财。"《逸周书》所记载的大禹，以春夏秋冬为标准所发布出了"禹之禁"。禁令明确指出了"四不该"，即"春天不该干什么，夏天不该干什么，秋天不该干什么，冬天不该干什么"。这里的大禹，是遵守历法，遵守时序的典范。

其五，《礼记》的记载。《礼记·月令》记载了以"四立"之日为重大节日。立春之日，天子率领大臣到东郊迎春；立夏之日，天子率领大臣到南郊迎夏；立秋之日，天子率领大臣到西郊迎秋；立冬之日，天子率领大臣到北郊迎冬。

迎春之后，知道春天来了，春天里应该干什么，不应该干什么；迎夏之后，知道夏天来了，夏天里应该干什么，不应该干什么；迎秋之后，知道秋天来了，秋天里应该干什么，不应该干什么；迎冬之后，知道冬天来了，冬天里应该干什么，不应该干什么。"应该"与"不应该"，是政令的基本内容。《礼记·月令》所记载的古之天子，是遵守历法、遵守时序的典范。

其六，《素问·五运行大论》："黄帝坐明堂，始正天纲，临观八极，考建五常。"天纲，指的是天文变化之大纲。八极，指的是时之八节，地之八方。五常，指的是五行。五行，出于十月太阳历。《黄帝内经》所记载的黄帝，既是历法的创造者，又是历法的教化者。明堂，是黄帝实施教化的课堂。

其七，《管子·五行》："黄帝得蚩尤而明于天道……立五行以正天时……人与天调，然后天地之美生。"这里五行，是五行十月历。黄帝在蚩尤的辅佐下，制出了五行十月历。《管子》所记载的黄帝，既是历法创造的组织者，又是历法教化者。

其八，《史记·历书》："盖黄帝考定星历，建立五行，起消息，正闰余。"《史记》所记载的黄帝，既是历法的创造者，又是历法的教化者。

历法与明堂，明堂与历法，是一个统一体。明堂，按历法而建。在明堂里实施教化，是历法之教。明堂之制，应该是历法教化之制。

关于明堂与明堂之制，《淮南子》有这样两段哲理归纳，笔者认为，《淮南子》中的归纳，符合先贤的本意。摘录如下，供读者鉴赏。

《淮南子·时则训》："明堂之制，静则法准，动则法绳，春治以规，秋治以矩，冬治以权，夏治以衡，甘雨膏露以时降。"

这一论断指出，春夏秋冬四时，里面隐藏有人之准绳，隐藏有人之规矩，隐藏有人之权衡。

《淮南子·时则训》："制度：阴阳大制有六度：天为绳，地为准，春为规，夏为衡，秋为矩，冬为权。绳者，所以绳万物也；准者，所以准万物也；规者，所以员（圆）万物也；衡者，所以平万物也；矩者，所以方万物也；权者，所以权万物也。"

地为准，天为绳。方圆规矩在何处？在天地四时之中。

所谓明堂之制，即人之准绳合于天地之准绳，人之规矩合于四时之规矩，人之权衡合于万物之权衡。

明堂之制化天下，同样是化在两个方面：一是让天下人在生产生活中，自觉地遵守四时之序、四方之序与万物之序。最终的目的是，让天下人民懂得这样的基本道理：人文一定要合于天文，人时一定要合于天时，人理一定要合于天理。

这里需要补充一个问题，即：《月令》到底出于儒家还是出于儒家之前？《逸周书》中有《月令》之篇名，无《月令》之内容。《逸周书》是孔夫子编《尚书·周书》舍弃的文章，而《逸周书》中几篇文章的内容都是天文历法，所以有学者提出《礼记》中的《月令》实际是《逸周书》中的《月令》。研究天文历法，不是一子一家能够完成的重大任务，笔者赞成《月令》应归于《逸周书》的观点。

（二）杂家记载的十二月历太阳历

杂家中最有代表性的典籍是《吕氏春秋》。历史与当时的最重要、最根本的观点，都融汇于《吕氏春秋》。秦始皇焚书，没有焚这部书，所以从这部典籍中可以了解之前与当时的中华文化。

"天下非一人之天下也，天下之天下也。"这一至理名言，就是由《吕氏春秋》记载的。"外举不避仇，内举不避子。"祁黄羊贵公的故事，也是由《吕氏春秋》记载的。内举不避亲，外举不避仇，祁黄羊贵公，贵的是小公。以天下为天下人之天下，尧、舜贵公，贵的是大公。大公的榜样在何处？在天地日月中。《礼记·孔子闲居》记载有"三无私"："天无私覆，地无私载，日月无私照"，而《吕氏春秋·孟春纪·去私》记载有"四无私"，比《礼记》还多出了一条"四时无私行"。《吕氏春秋·孟春纪·去私》："天无私覆也，地无私载也，日月无私烛也，四时无私行也"。孔子为儒家，吕不韦为杂家，但是两家论大公无私之德，都论在自然法则中。谈人文先谈天文，以天文历法为根本论人文，是《吕氏春秋》与《礼记》的共同点，也是《吕氏春秋》与《周易》的共同点。

《吕氏春秋》集各家之大成，所以《汉书·艺文志》将其归于杂家。

《吕氏春秋》是以四时十二月历开篇的，是以四时十二月历立论的。

四时十二月历的内容，《吕氏春秋》与《礼记·月令》中完全一致。前面介绍《礼记·月令》，为了使读者易于接受，用的是现代白话文，用的是抽象归纳。这里介绍《吕氏春秋》，则要以文言文为主，以原文为主。

四时十二月：春三月，夏三月，秋三月，冬三月。四时十二月，上对应天文，下对应万物，中对应政令，还对应于自然百科中的奇偶之数，阴阳十二律。

政令必须遵循时令，农事必须遵循时令，捕鱼狩猎必须遵循时令，修筑城池、仓库、房屋必须遵循时令，一切行为都要遵循时令，这是《吕氏春秋》的基本立场。下面对原文进行选择性介绍：

1. 孟春　孟春之月，日在营室，昏参中，旦尾中。其日甲乙，其帝太皞，其神句芒，其虫鳞，其音角，律中太蔟，其数八，其味酸，其臭膻，其祀户，祭先脾。东风解冻，蛰虫始振，鱼上冰，獭祭鱼，候雁北。天子居青阳左个，乘鸾辂，驾苍龙，载青旗，衣青衣，服青玉，食麦与羊……

是月也，以立春……立春之日，天子亲率三公、九卿、诸侯、大夫，以迎春于东郊……

是月也，天子乃以元日祈谷于上帝。乃择元辰，天子亲载耒耜，措之参于保介之御间，率三公、九卿、诸侯、大夫，躬耕帝籍田……

是月也，天气下降，地气上腾，天地和同，草木繁动……

是月也，命乐正入学习舞。乃修祭典，命祀山林川泽，牺牲无用牝，禁止伐木；无覆巢，无杀……无聚大众，无置城郭……

孟春行夏令，则风雨不时，草木旱槁……行秋令，则民大疫，疾风暴雨数至，藜莠蓬蒿并兴；行冬令，则水潦为败，霜雪大挚，首种不入。

2. 仲春　仲春之月，日在奎，昏弧中，旦建星中。其日甲乙，其帝太皞，其神句芒，其虫鳞，其音角，律中夹钟，其数八，其味酸，其臭膻，其祀户，祭先脾。始雨水，桃李华，苍庚鸣，鹰化为鸠。天子居青阳太庙，乘鸾辂，驾苍龙，载青旗，衣青衣，服青玉，食麦与羊……

是月也，安萌牙，养幼少……

是月也，日夜分，雷乃发声，始电。蛰虫咸动，开户始出……日夜分，则同度量，钧衡石……

是月也，无竭川泽，无漉陂池，无焚山林。天子乃献羔开冰，先荐寝庙。

仲春行秋令，则其国大水，寒气总至，寇戎来征；行冬令，则阳气不胜，麦乃不熟，民多相掠；行夏令，则国乃大旱，暖气早来，虫螟为害。

3. 季春　季春之月，日在胃，昏七星中，旦牵牛中。其日甲乙，其帝太皞，其神句芒，其虫鳞，其音角，律中姑洗，其数八，其味酸，其臭膻，其祀户，祭先脾。桐始华，田鼠化为鴽，虹始见，萍始生。天子居青阳右个，乘鸾辂，驾苍龙，载青旗，衣青衣，服青玉，食麦与羊……

是月也，生气方盛，阳气发泄，生者毕出，萌者尽达，不可以内……

是月也，命司空曰："时雨将降，下水上腾，循行国邑，周视原野，修利堤防，导达沟渎，开通道路，无有障塞……

是月也，命野虞无伐桑柘。鸣鸠拂其羽，戴任降于桑……后妃斋戒，亲东乡躬桑。禁妇女无观，省妇使，劝蚕事。蚕事既登，分茧称丝效功……

是月也，命工师，令百工，审五库之量，金铁、皮革筋、角齿、羽箭干、脂胶丹漆……

是月也，乃合累牛、腾马、游牝于牧。牺牲驹犊，举书其数……

季春行冬令，则寒气时发，草木皆肃，国有大恐；行夏令，则民多疾疫，时雨不降，山陵不收；行秋令，则天多沈阴，淫雨早降，兵革并起。

4. 孟夏　孟夏之月，日在毕，昏翼中，旦婺女中。其日丙丁，其帝炎帝，其神祝融，其虫羽，其音徵，律中仲吕，其数七，其性礼，其事视，其味苦，其臭焦，其祀灶，祭先肺。蝼蝈鸣，丘蚓出……天子居明堂左个，乘朱辂，驾赤骝，载赤旗，衣赤衣，服赤玉，食菽与鸡……

是月也，以立夏……立夏之日，天子亲率三公九卿大夫，以迎夏于南郊。

是月也，继长增高，无有坏隳。无起土功，无发大众，无伐大树。

是月也……命野虞出行田原，劳农劝民，无或失时；命司徒循行县鄙，命农勉作，无伏于都。

是月也，驱兽无害五谷，无大田猎，农乃收麦……

是月也，聚蓄百药，靡草死，麦秋至。断薄刑，决小罪，出轻系。蚕事既毕，后妃献茧，乃收茧税，以桑为均……

孟夏行秋令，则苦雨数来，五谷不滋，四鄙入保；行冬令，则草木早枯，后乃大水，败其城郭；行春令，则虫蝗为败，暴风来格，秀草不实。

5. 仲夏　仲夏之月，日在东井，昏亢中，旦危中。其日丙丁，其帝炎帝，其神祝融，其虫羽，其音徵，律中蕤宾，其数七，其味苦，其臭焦，其祀灶，祭先肺。小暑至，螳螂生……天子居明堂太庙，乘朱辂，驾赤骝，载赤旗，衣朱衣，服赤玉，食菽与鸡……

是月也，命乐师，修鼗鞞鼓，均琴瑟管箫，执干戚戈羽，调竽笙埙……命有司为民祈祀山川百原，大雩帝，用盛乐。乃命百县，雩祭祀百辟卿士有益于民者，以祈谷实。农乃登黍。

是月也，天子以雏尝黍，羞以含桃，先荐寝庙。令民无刈蓝以染，无烧炭，无暴布……

是月也，日长至，阴阳争，死生分。……鹿角解，蝉始鸣，半夏生，木堇荣。

是月也，无用火南方，可以居高明，可以远眺望，可以登山陵，可以处台榭。

仲夏行冬令，则雹霰伤谷，道路不通，暴兵来至；行春令，则五谷晚熟，百螣时起，其国乃饥；行秋令，则草木零落，果实早成，民殃于疫。

6. 季夏　季夏之月，日在柳，昏心中，旦奎中。其日丙丁，其帝炎帝，其神祝融，其虫羽，其音徵，律中林钟。其数七，其味苦，其臭焦，其祀灶，祭先肺。凉风始至，蟋蟀居宇，鹰乃学习，腐草化为萤蚨。天子居明堂右个，乘朱辂，驾赤骝，载赤旗，衣朱衣，服赤玉，食菽与雉……

是月也，令渔师伐蛟取鼍，升龟取鼋。乃命虞人入材苇。

是月也，命妇官染采，黼黻文章，必以法故，无或差忒，黑黄苍赤，莫不质良，勿敢伪诈……

是月也，树木方盛，乃命虞人入山行木，无或斩伐……

是月也，土润溽暑，大雨时行，烧薙行水，利以杀草……

季夏行春令，则谷实解落，国多风咳，人乃迁徙；行秋令，则丘隰水潦，禾稼不熟，乃多女灾；行冬令，则寒气不时，鹰隼早鸷，四鄙入保。

中央土，其日戊己，其帝黄帝，其神后土，其虫倮，其音宫，律中黄钟之宫，其数五，其味甘，其臭香……天子居太庙太室，乘大辂，驾黄骝，载黄旗，衣黄衣，服黄玉，食稷与牛……

7. 孟秋　孟秋之月，日在翼，昏斗中，旦毕中。其日庚辛，其帝少暤，其神蓐收，其虫毛，其音商，律中夷则，其数九，其味辛，其臭腥，其祀门，祭先肝。凉风至，白露降，寒蝉鸣，鹰乃祭鸟，始用刑戮。天子居总章左个，乘戎路，驾白骆，载白旗，衣白衣，服白玉，食麻与犬……

是月也，以立秋……立秋之日，天子亲率三公九卿诸侯大夫，以迎秋于西郊。

是月也，命有司修法制，缮囹圄，具桎梏，禁止奸，慎罪邪……

是月也，农乃升谷，天子尝新，先荐寝庙。命百官始收敛，完堤防，谨壅塞，以备水潦；修宫室，坏墙垣，补城郭。

是月也，无以封侯、立大官，无割土地、行重币、出大使。行之是令，而凉风至三旬。

孟秋行冬令，则阴气大胜，介虫败谷，戎兵乃来；行春令，则其国乃旱，阳气后复还，五谷不实；行夏令，则多火灾，寒热不节，民多疟疾。

8. 仲秋　仲秋之月，日在角，昏牵牛中，旦觜觿中。其日庚辛，其帝少暤，其神蓐收，其虫毛，其音商，律中南吕。其数九，其味辛，其臭腥，其祀门，祭先肝。凉风生，候鸟来，玄鸟归，群鸟养羞。天子居总章太庙，乘戎路，驾白骆，载白旗，衣白衣，服白玉，食麻与犬……

是月也，养衰老，授几杖，行糜粥饮食。乃命司服，具饬衣裳，文绣有常，制有小大，度有短长，衣服有量……命有司申严百刑，斩杀必当，无或枉桡，枉桡不当，反受其殃。

是月也，乃命祝宰，巡行牺牲，视全具，案刍豢，瞻肥瘠，察物色，必比类，量小大，视长短，皆中度……

是月也，可以筑城郭，建都邑……务蓄菜，多积聚。乃劝种麦，无或失时，（其有失时），行罪无疑。

是月也，日夜分，雷乃始收声，蛰虫俯户。杀气浸盛，阳气日衰，水始涸。日夜分，则一度量，平权衡，正钧石，齐升斗。

是月也，易关市，来商旅，入货贿，以便民事。四方来杂，远乡皆至，则财物不匮，上无乏用，百事乃遂。凡举事无逆天数，必顺其时……

仲秋行春令，则秋雨不降，草木生荣，国乃有大恐；行夏令，则其国旱，蛰虫不藏，五谷复生；行冬令，则风灾数起，收雷先行，草木早死。

9. 季秋　季秋之月，日在房，昏虚中，旦柳中。其日庚辛，其帝少暤，其神蓐收，其虫毛，其音商，律中无射。其数九，其味辛，其臭腥，其祀门，祭先肝。候雁来……菊有黄华……天子居总章右个，乘戎路，驾白骆，载白旗，衣白衣，服白玉，食麻与犬……

是月也，申严号令，命百官贵贱，无不务入，以会天地之藏，无有宣出。命冢宰，农事备收，举五种之要……

是月也，霜始降，则百工休，乃命有司曰："寒气总至，民力不堪，其皆入室。"上丁，入学习吹。

是月也，大飨帝，尝牺牲……与诸侯所税于民，轻重之法，贡职之数，以远近土地所宜为度，以给郊庙之事，无有所私。

是月也，天子乃教于田猎，以习五戎。獀马……

是月也，草木黄落，乃伐薪为炭，蛰虫咸俯在穴……

是月也，天子乃以犬尝稻，先荐寝庙。

季秋行夏令，则其国大水，冬藏殃败，民多鼽窒；行冬令，则国多盗贼，边境不宁，土地分裂；行春令，则暖风来至，民气解堕，师旅必兴。

10. 孟冬　孟冬之月，日在尾，昏危中，旦七星中。其日壬癸，其帝颛顼，其神玄冥，其虫介，其音羽，律中应钟。其数六，其味咸，其臭朽，其祀行，祭先肾。水始冰，地始冻，雉入大水为蜃。虹藏不见。天子居玄堂左个，乘玄辂，驾铁骊，载玄旗，衣黑衣，服玄玉，食黍与彘……

是月也，以立冬……立冬之日，天子亲率三公九卿大夫，以迎冬于北郊。

是月也……天气上腾，地气下降，天地不通，闭而成冬……

是月也，工师效功，陈祭器，按度程，无或作为淫巧，以荡上心，必功致为上。物勒工名，以考其诚；工有不当，必行其罪，以穷其情。

是月也，大饮蒸，天子乃祈来年于天宗……劳农夫以休息之。天子乃命将率讲武，肄射御、角力。

是月也，乃命水虞渔师收水泉池泽之赋，无或敢侵削众庶兆民，以为天子取怨于下，其有若此者，行罪无赦。

孟冬行春令，则冻闭不密，地气发泄，民多流亡；行夏令，则国多暴风，方冬不寒，蛰虫复出；行秋令，则雪霜不时，小兵时起，土地侵削。

11. 仲冬　仲冬之月，日在斗，昏东壁中，旦轸中。其日壬癸，其帝颛顼，其神玄冥，其虫介，其音羽，律中黄钟。其数六，其味咸，其臭朽，其祀行，祭先肾。冰益壮，地始坼，鹖鴠不鸣，虎始交。天子居玄堂太庙，乘玄辂，驾铁骊，载玄旗，衣黑衣，服玄玉，食黍与彘……

是月也……审门闾，谨房室，必重闭。省妇事，毋得淫，虽有贵戚近习，无有不禁。乃命大酋，秫稻必齐，麹蘖必时，湛饎必洁，水泉必香，陶器必良，火齐必得，兼用六物……

是月也，农有不收藏积聚者，牛马畜兽有放佚者，取之不诘。山林薮泽，有能取蔬食田猎禽兽者，野虞教导之。其有侵夺者，罪之不赦。

是月也，日短至，阴阳争，诸生荡……日短至，则伐林木，取竹箭。

是月也，可以罢官之无事者，去器之无用者，涂阙庭门闾，筑囹圄，此所以助天地之闭藏也。

仲冬行夏令，则其国乃旱，气雾冥冥，雷乃发声。行秋令，则天时雨汁，瓜瓠不成，国有大兵。行春令，则虫螟为败，水泉减竭，民多疾疠。

12. 季冬　季冬之月，日在婺女，昏娄中，旦氐中。其日壬癸，其帝颛顼，其神玄冥，其虫介，其音羽，律中大吕，其数六，其味咸，其臭朽，其祀行，祭先肾。雁北乡，鹊始巢，（乳）雉雊（鸡乳），天子居玄堂右个，垂玄辂，驾铁骊，载玄旗，衣黑衣，服玄玉，食黍与彘……

是月也，命渔师始渔，天子亲往，乃尝鱼，先荐寝庙。冰方盛，水泽复坚，命取冰。冰已入，令告民，出五种。命司农计耦耕事，修耒耜，具田器。命乐师大合吹而罢。乃命四监，收秩薪柴，以供寝庙及百祀之薪燎。

是月也，日穷于次，月穷于纪，星回于天。数将几终，岁将更始。专于农民，无有所使。天子乃与卿大夫饬国典，论时令，以待来岁之宜……行之是令，此谓一终，三旬二日。

季冬行秋令，则白露蚤降，介虫为妖，四（邻）（鄙）入保；行春令，则胎夭多伤，国多固疾，命之曰逆；行夏令，则水潦败国，时雪不降，冰冻消释。

简评：孟春、仲春、季春，孟夏、仲夏、季夏，孟秋、仲秋、季秋，孟冬、仲冬、季冬，这是精确的十二个时间单位；春夏秋冬四时，这是循环的时间系统；《吕氏春秋》的开端，就开在精确的时间单位与循环时间系统之中。实际上，如此开端，其模式起于洛书，《周易》与《尚书》皆是这一模式，《礼记·月令》的开端同样是这一模式。

论证问题先论太阳，这一论证方式，《吕氏春秋·十二纪》与《礼记·月令》完全一致。

日在A，日在B，日在C，日在D，这里的ABCD是二十八星宿的代名词。在A，在B，在C，在D，表达的是太阳与某一宿的对应。地面上的日影，其长度可以确定春夏秋冬；天上的太阳与二十八星宿对应，同样可以确定春夏秋冬。

二十八星宿组成一个圆环，这里演化出"如环无端"一词。太阳与这一宿、那一宿的对应，大地上会发生这一时、那一时的变化。天文变化决定着四时变化，四时变化决定着气候变化与物候变化，生产生活必须随四时变化而变化，政令必须随四时变化而变化。——人时必须合于天时！

春有春令，夏有夏令，秋有秋令，冬有冬令，一种时一种令；时是时间，令是气候；时间有精确性，令有变化性；时与令，本来有严格的对应性；一旦令不应时，例如春行秋令，春行冬令，大面积的疫病就会发生。"（孟春）行秋令，则民大疫。"时令错乱会引起疫病，这是《吕氏春秋》对疫病之因的界定。"（孟春）行秋令，则民大疫。"这一论断，先是在《礼记·月令》中出现的。以时令错乱论疫病，是《黄帝内经》的基本立场。这一立场，不同于西医的"以细菌论之""以病毒论之"。

人生活在太阳之下，生活在四时八节之中，生活在温热凉寒、风雨霜雪的气候之中，论证问题时，论太阳、论时间、论时令、论气候，这一论证方式具有永恒性。

（三）道家、法家、兵家中的四时十二月太阳历

道家、法家、兵家，论证的问题不同，但论证问题的依据相同。阴阳五行四时，是道家、法家、兵家论证问题的共同依据。

下面摘录道家、法家、兵家所记载的四时，但不展开讨论。摘录的目的，是希望读者了解四时在学术中的地位。

1. 道家中的四时十二月太阳历

（1）《庄子》记载的四时：庄子敢于批评尧、舜，敢于批评黄帝，庄子敢于批评一切权威，但庄子尊崇阴阳，尊崇四时。一部《庄子》，四时有何地位、有何作用？请看以下论断。

《庄子·在宥》："阴阳并毗，四时不至，寒暑之和不成，其反伤人之形乎！"

《庄子·天道》："春夏先，秋冬后，四时之序也。"

《庄子·天道》："日月照而四时行。"

《庄子·天运》："四时迭起，万物循生；一盛一衰，文武伦经；一清一浊，阴阳调和，流光其声。"

《庄子·缮性》："古之人，在混芒之中……当是时也，阴阳和静，鬼神不扰，四时得节，万物不伤，群生不夭，人虽有知，无所用之，此之谓至一。"

《庄子·知北游》："天地有大美而不言，四时有明法而不议，万物有成理而不说。"

四时，在时间上出于庄子之前。四时，是《庄子》论证问题的依据。

（2）《文子》记载的四时十二月太阳历：《汉书·艺文志》有文子的记载，称其为老子的弟子。文子留下了九篇文章。文子崇尚道，道在哪里？道在阴阳中，道在四时中，道在五行中。阴阳、四时、五行，全部源于天文历法。文子认为，损益之理即太阳月亮之理。《文子·守法》："天道极即反，盈即损，日月是也。"养生哲理的"吐故纳新"，最早也是出于《文子》。一部《文子》，四时有何地位、有何作用？请看以下论断。

《文子·道原》："和阴阳，节四时，调五行，润乎草木，浸乎金石……"

《文子·道原》："大丈夫恬然无思，惔然无虑，以天为盖，以地为车，以四时为马，以阴阳为御……以天为盖则无所不覆也，以地为车则无所不载也，四时为马则无所不使也，阴阳御之则无所不备也。"

《文子·精诚》："阴阳四时非生万物也，雨露时降非养草木也，神明接，阴阳和，万物生矣。"

《文子·精诚》："天设日月，列星辰，张四时，调阴阳。日以暴之，夜以息之，风以乾之，雨露以濡之。"

《文子·精诚》："故大人与天地合德，与日月合明，与鬼神合灵，与四时合信。"

《文子·精诚》："昔黄帝之治天下，理日月之行，治阴阳之气，节四时之度，正律历之数，别男女，明上下，使强不掩弱，众不暴寡。"

《文子·九守》："故圣人法天顺地……以天为父，以地为母，阴阳为纲，四时为纪。"

《文子·九守》："天有四时、五行、九解、三百六十日，人有四支、五藏、九窍、三百六十节。"

四时，在时间上出于文子之前。四时，是文子论证问题的依据。

（3）《鹖冠子》记载的四时十二月太阳历：《鹖冠子》一书在"疑古思潮"中被斥之为"伪书"。这一结论，瓦解于马王堆汉墓帛书出土之时；因为，帛书中有《鹖冠子》一书。

"以人为本"这一成语，出于《鹖冠子》开篇之处。除了《鹖冠子》，没有第二个出处。这是《鹖冠子》第一特别之处。

以斗柄东西南北四指，论出春夏秋冬四时，这是《鹖冠子》第二特别之处。

以斗柄循环，"环流"一词，论出"物极则反"这一成语。这是《鹖冠子》第三特别之处。

一部《鹖冠子》，四时有何地位、有何作用？请看以下论断。

《鹖冠子·环流》："斗柄东指，天下皆春；斗柄南指，天下皆夏；斗柄西指，天下皆秋；斗柄北指，天下皆冬。斗柄运于上，事立于下，斗柄指一方，四塞俱成。"

《鹖冠子·度万》："阴阳者气之正也，天地者形神之正也，圣人者德之正也，法令者四时之正也。"

《鹖冠子·王铁》："天用四时，地用五行，天子执一以居中央，调以五音，正以六律，纪以度数，宰以刑德。"

《鹖冠子·王铁》："天始于元，地始于朔，四时始于历。"

《周髀算经》以日影为依据论证出了春夏秋冬，《鹖冠子》以斗柄指向为依据论证出了春夏秋冬，这说明什么？说明求证四时，中华先贤运用多重天文坐标。

四时，是鹖冠子论证问题的依据。

2. 法家中的四时五行　管子，《汉书·艺文志》归类于道家，言《管子》有八十篇。

后世将管子归类于法家，因为管子在强调"礼义廉耻"四维的同时，也强调规矩准绳。"夫法者，所以兴功惧暴也；律者，所以定分止争也。令者，所以令人知事也。法律政令，吏民规矩绳墨也。"强调法律政令的这一重要论断，就出于《管子·七臣七主》。

人文法出于天文历法，这是《管子》的基本点。法出自然，这是《管子》；法出君王，这是《韩非子》；这是早期法家与后期法家的根本区别点。

《管子·枢言》："道之在天者，日也。"以太阳本身论道，是《管子》的一大贡献。

以水论万物之本原，是《管子》的一大贡献。

《管子·五行》记载了五行历。记载五行历是蚩尤的创造，是《管子》的一大贡献。

记载蚩尤是最早的冶铜者，蚩尤高明于黄帝，如此记载是《管子》的一大贡献。

"治国之道，富民为先。" 这一论断是《管子》的一大贡献。

与《礼记》有《月令》，《吕氏春秋》有《十二纪》一样，《管子》有《幼宫》。《幼宫》以五、八、七、九、六这五个奇偶之数，论中东南西北五方、甘酸苦辛咸五味、黄青赤白黑五色、宫角徵商羽五音，论春夏秋冬四时，论君王之政令，论时令气候的正常与非常……

《管子》的贡献极其丰富，本文不再介绍。下面摘录九条《管子》论关于四时的论断，以便读者了解四时在《管子》中的地位与作用。

其一，《管子·牧民·国颂》："凡有地牧民者，务在四时，守在仓廪。"

其二，《管子·乘马·阴阳》："春秋冬夏，阴阳之推移也。"

其三，《管子·四时》："唯圣人知四时。不知四时，乃失国之基。"

其四，《管子·四时》："故天曰信明，地曰信圣，四时曰正，其王信明圣，其臣乃正。"

其五，《管子·四时》："是故阴阳者，天地之大理也，四时者，阴阳之大经也。"

其六，《管子·形势解》："春者，阳气始上，故万物生。夏者，阳气毕上，故万物长。秋者，阴气始下，故万物收。冬者，阴气毕下，故万物藏。故春夏生长，秋冬收藏，四时之节也。"

其七，《管子·形势解》："四时生长万物而收藏之，古以至今，不更其道。故曰：'古今一也。'"

其八，《管子·形势解》："天生四时，地生万财。"

其九，《管子·形势解》："故天予之时，地生之财。乱主上逆天道，下绝地理，故天不予时，地不生财。"

四时五行，在一部《管子》里，是论证所有问题的依据。

3. 兵家中的四时五行　兵家也论四时五行吗？兵家之中，四时五行有何地位、有何作用？请看以下论断：

（1）孙子论四时五行：《汉书艺·文志》"兵家权谋"的介绍中，有《吴孙子兵法》九卷八十二篇的介绍。写兵法的孙子，并没有带兵的经验。孙子论兵，并非以经验论出来的。那么，孙子论兵，其依据为何？请看以下论断。

其一，《孙子兵法·始计》："天者，阴阳、寒暑、时制也。"

其二，《孙子兵法·兵势》："终而复始，日月是也。死而更生，四时是也。"

其三，《孙子兵法·虚实》："故五行无常胜，四时无常位，日有短长，月有死生。"

其四，《孙子兵法·火攻》："发火有时，起火有日。时者，天之燥也。日者，月在箕、壁、翼、轸也。凡此四宿者，风起之日也。凡火攻，必因五火之变而应之。"

天文是孙子论兵的依据，四时五行是孙子论兵的依据。

（2）姜太公论四时五行：《六韬》，是以姜太公名义留下的兵法。《汉书·艺文志》"兵家权谋"的介绍中，有太公之人名，无《六韬》之书名。《六韬》之书是否出于姜太公，并不重要，重要的是，这部兵法的思路与中华文化的思路完全一样，全部是以四时论证问题的。请看以下论断。

其一，《六韬·守国》："天生四时，地生万物。"

其二，《六韬·守国》："故春道生，万物荣；夏道长，万物成；秋道敛，万物盈；冬道藏，万物静。盈则藏，藏则复起，莫知所终，莫知所始。圣人配之，以为天地经纪。"

其三，《六韬·五音》："五行之神，道之常也。金、木、水、火、土，各以其胜攻也。古者三皇之世，虚无之情，以制刚强。"

其四，《六韬·农器》："春钹草棘，其战车骑也；夏耨田畴，其战步兵也；秋刈禾薪，其粮食储备也；冬实仓廪，其坚守也……春秋治城郭，修沟渠，其堑垒也。"

四时五行，应该早于姜太公。姜太公论兵法，四时五行是基本依据。

（四）四时可以论道

书外的春夏秋冬四时，为何能够成为书内论证问题的依据？根本原因在于四时可以论道。或者说，四时本身就是道。四时可以论道，经典与诸子典籍以及汉代典籍中均有如此论断。请看以下例证。

《周髀算经·陈子模型》："日中立竿测影，此一者，天道之数。"这一论断告诉后人，日影变化即天道变化，日影之数即天道之数。立竿测影的重大成果，就是二十四节气。二十四节气，春夏秋冬含在其中。日影可以论道，春夏秋冬当然也可以论道矣。

《逸周书·周月解》："万物春生夏长秋收冬藏，天地之正，四时之极，不易之道。"这一论断直接告诉后人，四时循环本身就是不易之道。

《黄帝四经·经法·论约》："四时有度，天地之李（理）也。"四时转换就是天地之理，天地之理就是天地之道。

《尸子》："昼动而夜静，天之道也。"昼夜，就是天道。

《管子·枢言》："道之在天者，日也。"天道，太阳可以代表。

《史记·太史公自序》："夫春生夏长，秋收冬藏，此天道之大经也。"春夏秋冬，生长收藏，在时令与万物的四种状态中，体现出的就是"天道之大经"。

中华大地上为什么没有出现西方的实验室？这是笔者一直困惑的问题。这是因为先贤为子孙留下了一套论证问题的精密模式。

道，是论证问题的根本模式。

阴阳，是论证问题的一级模式。

五行，是论证问题的二级模式。

四时八节，是论证问题的三级模式。

十二月，是论证问题的四级模式。

弄懂了这些模式，就可以论证所有的问题。

道家论德，使用的是这套模式。

儒家论礼，使用的是这套模式。

兵家论兵，使用的是这套模式。

管子论政，使用的是这套模式。

音乐家论乐，使用的是这套模式。

数学家论数，使用的是这套模式。

化学家论分解化合，使用的是这套模式。

《黄帝内经》论医，使用的是这套模式。

中华大地上没有产生物理学，但是当代一流的物理学家论物理学重建的理论基础，使用的是阴阳模式。

这套模式为何如此重要？因为其根基无比稳固。这套模式，发源于天文历法，本源在太阳历。

太阳历是根，太阳历是本。要想弄懂中华文化的起源，这一点必须明白。

今天，如果重新恢复"以太阳论之"的思路，加上西方实证分析的模式，会不会像先贤那样，创造出新的、领先于世界的中华文明呢？

第九章

简论"从天文到人文"

一、第一学，第一法

中华文化不是起源于文字，更不是起源于道家、儒家，而是起源于远古的天文历法。

太阳历是人文的源头。

立竿测影，首先诞生了最伟大、最基础、最重要、最根本的两项成果：

太阳历诞生了！

音律诞生了！

与此同时，或在此基础上，又产生了一系列基础性成果：

直角三角形诞生了！

椭圆诞生了！

矩形、正方形诞生了！

奇偶之数抽象出来了！

升降之理抽象出来了！

循环之理抽象出来了！

圆周之理抽象出来了！

损益之理抽象出来了！

阴阳五行抽象出来了！

天干地支抽象出来了！

自然之道抽象出来了！

时间空间融合在一起了！

天人合一的哲学形成了！

天地人三才"合三而一"的认识形成了！

分裂而变的宇宙观形成了！

"效天法地"的人生观形成了！

洛书（鲁素）创作出来了！

河图（付托）创作出来了！

太极、八卦创作来了！

基础奠定了！

中华文化的基础奠定了！

中医文化的基础奠定了！

百子百科的基础奠定了!

太阳历远远早于文字,远远早于儒家、道家,也远远早于《周易》;历在《易》先,历在《易》前,有了这个基本把握,才能清楚地认识中华大地上的人文起源。

从天文到人文,成熟于十月太阳历,精美于十二月太阳历,永恒常青于十二月阴阳合历。

之所以说成熟,是因为冬至夏至、阴阳五行、五音、天干地支、东西南北中五方、奇偶之数、直角三角形、圆周循环运动,这些永恒的文化要素全部是从十月太阳历出发的。

之所以说精美,是因为源于十二月太阳历的十二月、十二律、十二经络、二十四节气,今天全部还在用。十二月、十二经络、二十四节气,中华民族还在用,十二律全世界在运用。再者,十月太阳历中的文化要素全部被十二月太阳历所继承。

之所以说常青与永恒,依据有四:其一,冬至与夏至,几千年流传下来,肯定还要几千年流传下去,这里体现的是不是太阳历的永恒性?! 冬至与夏至,年年都在过,这里体现的是不是太阳历的常青性?!

其二,初一月缺,十五月圆;月月如此,年年如此,上下几千年一直如此,这里体现的是不是太阴历的常青性与永恒性?! 以闰月的方法使月亮之序吻合于太阳之序,最终使春夏秋冬四时的秩序永不混乱;年年四季分明,这里体现的是不是阴阳合历的常青性与永恒性?!

其三,春节可以早于立春,可以晚于立春,可以重合于立春,为什么?前面已经谈过,春节是由北斗历确定的,而立春却是由太阳历确定的。《淮南子·天文训》:"斗杓为小岁,正月建寅。"北斗斗柄指向十二支的寅位,这一天是春节。春节的独立性,在于其属于北斗历。

春节由北斗历而定,冬至夏至、立春立夏立秋立冬由太阳历而定,初一十五由太阴历而定,三种历完美地融合在一起。有秩序而无乱序,阴阳合历的完美性就体现在这里。

阴阳合历融合太阳法则、月亮法则、北斗法则于一体,中华民族三历合一的阴阳合历,全世界独一无二。

就世界而言,天文学是人类第一学,历法是人类第一法;就中华大地而言,天文学既是第一学又是母亲学,历法既是第一法又是母亲法。因为正是以太阳历为根基，演化出伟大而长青的中华文化，演化出伟大而长青的中医文化，演化出百子百科。一源而百流，一树万朵花，有了这个基本把握，才能清楚地认识太阳历在人文中的意义。

二、历：指导生产的唯一坐标

生产中的天人合一，其坐标在何处？

原则答案：在太阳历！

具体答案：在二十四节气！

（一）小麦下种必须合时

种植的关键是"何时下种"，没有这一步，不可能有丰收的喜悦。

请看大河上下、长城内外的种植小麦的民谣：

1. 河南的民谣　"秋分早，霜降迟，寒露种麦正当时。"

2. 新疆北疆的民谣　"立秋早，寒露迟，白露种麦正当时。"

3. 甘肃南部的民谣　"白露早，寒露迟，秋分种麦正当时。"

4. 北京京郊的民谣　"秋分种麦，前十天不早，后十天不晚。"

5. 浙江的民谣　"大麦不过年，小麦立冬前。"

种植小麦，各地都有自己的民谣。

长城内外，大河上下，以二十四节气为依据，选择小麦下种的时令。

地理有南北差异，节令有前后差异，同样的种植小麦，同样的二十四节气，各地灵活地掌握着"下种"的"某一时，某一刻"。

民以食为天！农业大国上下数千年，以种植取食，唯一依据就是二十四节气。二十四节气为天时，不认识天时，会有民食吗？

（二）凡生产必须合时

种植小麦必须合时，必须合于节气，其他呢？

种植水稻呢？

种植高粱呢？

种植谷子呢？

种植荞麦呢？

种植棉花呢？

种植蔬菜呢？

农业生产必须以二十四节气为坐标，其他呢？

渔业生产呢？

牧业生产呢？

林业生产呢？

副业生产呢？

养殖业生产呢？

各个领域的生产呢？

毫无疑问，各个领域的生产都必须合时！

合时，合于二十四节气，合于太阳历，即生产中的天人合一。

生产秩序中的天人合一，必须信守，不许商量。

（三）渔猎必须合时

不合时令的种植就没有收获，所以种植者会自觉地遵守时令。

不合时令的捕鱼狩猎会危及鱼，会危及飞禽走兽；不合时令的伐木割草，会危及草木。所以大禹时代就出现了"非其时不准捕鱼，非其时不准伐木"的禁令。

"非其时不准捕鱼"，在这一原则面前，君王也不能例外。《国语·鲁语》记载了一则非常有教育意义的故事，故事的名字叫作"里革断罟"。里革，人名，鲁国之大臣。断，扯断。罟，渔网。里革断罟的故事，大意如下：鲁宣公要在夏天的池塘里捕鱼，被大臣里革制止。里革的制止，先用行动制止，后用语言制止。用行动制止，里革扯断了鲁宣公的渔网。用语言制止，里革讲述了历法常识。里革说：先贤有遗训，鸟兽鱼繁殖的季节，不应该捕鱼狩猎。时下是鱼繁殖的季节，这时下网捕鱼属于贪心无度。

这个故事有三重意义：一是时序的严肃性。遵守时序，遵守万物生长之序，是人的基本责任，君王也不能例外。二是君不遵守时序，臣可以批评，臣可以教育，可以制止。三是人的行为，不能危害天地，不能危害自然。里革，自然环境保护者，天文历法的执行者。里革，以自然法则批评君王行为的第一人。上逆天道，下绝地理，就会出现"天不予时，地不生财"的困境，这是里革时代的教育。

如果如此教育得以延续，里革的精神得以延续，谁敢毁坏山林？谁敢毁坏草原？谁敢污染江河？又有谁敢污染大气？

对照今天面临的严重污染，再回头看"人序合于自然之序"的中国哲学，再回头看敢于断网的里革，应该作何感想、反思呢？

（四）君王行政必须合时

太阳历既是生产的坐标，也是古代帝王的行政坐标。

天子发布政令，其依据是天文历法。春夏秋冬四时，一时有一时之政令，四时有四时之政令。春，禁止伐木，禁止毁坏鸟巢，劝民种桑养蚕。夏，无伐大树，无烧炭，劳农劝民，无失其时。秋，收新谷，修堤坝，禁止奸，慎罪邪。冬，伐林木，捕鱼猎兽，制器具，修末耜。政令中的"应该干什么"与"不能干什么"，并非出于天子的意志，而是由天文历法决定的。士商工农，一月有一事，十二月有十二事。休养生息，也在"事"的范围之内。

黄帝时代的行政以五行为基准，这是《管子·五行》的记载，也是《史记·五帝本纪》的记载。

尧时代的行政以四时为基准，这是《尚书·尧典》的记载。

大禹以四时为基准，这是《逸周书·大聚》的记载。

黄帝、尧、舜、禹依法行政，依的是太阳历与阴阳合历。详细的讨论，此处不再展开。

"不知四时，乃失国之基。"这是《管子·四时》留下的一个至关重要的论断。将四时界定为"国之基"，四时的重要性由此可见一斑。

《史记·律书》："王者制事立法，物度轨则，壹禀於六律，六律为万事根本焉。"王者以律为法，律对应于月，阴六吕阳六律对应于十二月。十二月的太阳历，是君王"制事立法"的参照坐标。

（五）祭祀必须合时

礼，包括祭祀。祭祀的重要性，《春秋左传·成公十三年》有如是解释："国之大事，在祀与戎。"祀，祭祀也。戎，战争也。这一论断指出，国有两件大事，祭祀与战争。古代战争，须秋后用兵，这里也有"合时"之义。战争问题，本文不展开讨论。这里集中精力讨论祭祀。

祭祀，必须合时！请看《礼记·月令》所记载的大型的、极其隆重的祭祀：

"立春之日，天子亲帅三公、九卿、诸侯、大夫，以迎春于东郊。

"立夏之日，天子亲帅三公、九卿、大夫，以迎夏于南郊。

"立秋之日，天子亲帅三公、九卿、诸侯、大夫，以迎秋于西郊。

"立冬之日，天子亲帅三公、九卿、大夫，以迎冬于北郊。"

立春立夏立秋立冬"四立",是由太阳决定的。以极其隆重的仪式迎"四立",说明的是对时令的敬畏,对时序的敬畏,归根结底,是对太阳法则的敬畏。

《圣经·旧约》记载了古希伯来人的祭祀,他们祭的是上帝,与"迎四立"相比较,可以看出两个民族不同的信仰——希伯来先贤崇拜的是神,华夏先贤崇拜的是太阳。

迎立春于东郊,迎立夏于南郊,迎立秋于西郊,迎立冬于北郊,东南西北四方与春夏秋冬四时又联系到了一起。这里,体现的是对时间与空间的敬重。时空一体,这一点对自然科学至关重要。

(六)太阳历改革的故事

人序合于太阳之序,这是目的。

精确地认识太阳之序,这是过程。

测定太阳之序,在中华先贤这里,经历漫长的过程。这里,有必要回顾太阳历改革的故事。十月太阳历改革为十二月太阳历,留下了一个优美而壮烈的神话。这个神话故事就是"后羿射日"。

"十日并出,焦禾稼",这是《淮南子·本经训》中记载的历史传说。

这个传说的字面意思是:天上有十个太阳,气候炎热,烧焦了地上的禾苗,为了使禾苗正常生长,一个济世救民的大英雄后羿用弓箭射掉了九个太阳。

$$10-9=1$$

天上留下了一个太阳!

一个太阳,气候正常,禾苗才得以正常生长。

"后羿射日"故事的真实意义,指的是十月太阳历的改革。

"十日并出"中的"十日",十月太阳历也。十月太阳历,每月36天,每月两个节令,18天一个节令,一个太阳回归年二十个节令。如此节令一不能准确地指导"何时下种",二不能准确地指导"何时收获",所以出现了"焦禾稼"的困境。历法改革,十二月、二十四节气的太阳历诞生了。十二个月,每月30天,每15天一个节气。每月一节一气,十二个月二十四个节气。二十四节气指导农业生产,再没有出现过失误,再没有出现过"焦禾稼"的局面。所以,二十四节气一直沿用至今。毫无疑问,一定还会沿用下去。一项成果,生命可以延续几千年,这就是笔者用"精美"一词形容十二月太阳历的所以然。试问，现代物理学有哪一个成果的生命可以延续百年？

与"后羿射日"并列的神话是"嫦娥奔月"。月亮历融合于太阳历，形成阴阳合历，应该是"嫦娥奔月"的真实含义。

射日的故事不仅汉族有，苗族、彝族也有。民族大家庭中的各重要成员，都记载有太阳历改革的故事。太阳历的重要性，以及太阳历改革的重要性，此处可见一斑。

（七）小结

下种，合于时！

过节，合于时！

礼，合于时！

祭，合于时！

养生医病，《素问》强调"因时之序"，《灵枢》强调"时""候"之序。在中医文化中，养生，必须合时！医病，必须合时！时间之时，是中医文化论证问题的第一坐标。

时间之时就是天道，《尚书·大禹谟》有"时乃天道"之论。

昼夜就是天道，《尸子》有"昼动夜静，天之道也"之论。

日影就是天道，《周髀算经·陈子模型》有"日中立竿测影，此一者，天道之数"之论。

春夏秋冬四时就是道，《逸周书·周月》有"万物春生夏长，秋收冬藏。天地之正，四时之极，不易之道"之论。

合于时，就是合于天理！

合于时，就是合于天道！

合于时，就是合于太阳之序！

合于时，就是合于日月之序！

时，出于历。

历，天理也，天道也！

历，早于文字，远远早于儒家、道家！

历从天文来，天文学是不是中华大地上的第一学，历法是不是中华大地上的第一法？！

日影变化所界定出的冬至夏至，一具有严格的规定性，二具有无限循环性，三具有永恒性，四具有常青性。只有日影的最长、最短两个点可以决定冬至夏至，这就是严格的规定性。周而复始，原始反终，这就是无限循环性。冬至夏至，几千年沿用下来，还要几千年沿用下去，这就是永恒性。人们年年都生活在冬至与夏至的转换之中，这就是所谓的常青性。

十二平均律全世界在采用，这说明什么？是不是说明太阳历的成果亦即源头处的中华文化可以跨越太平洋两岸？！可以跨越东西两半球？！

二十四节气，中华民族今天还在用；十二平均律，全世界在采用。这里要对以中华文化为玄学的文化批判运动提出两个问题：

中华文化错了吗？

中华文化真的是玄学吗？

三、 礼： 化人的规矩

泱泱中华，礼仪之邦。

有礼，才有文明之人！

有礼，才有文明之家！

有礼，才有文明之天下！

礼从何处来？

礼的重要性在何处？

下面讨论这一问题。

（一） 人与禽兽的分界线

礼仪之礼，是人禽之别的标志，是人兽之辨的标志。礼是人与禽兽的分界线，以礼为界，区分出人与禽兽：讲礼的是人，不讲礼的是禽兽。请看《礼记·曲礼》论"人禽之别"与"人兽之辨"："鹦鹉能言，不离飞鸟；猩猩能言，不离禽兽。今人而无礼，虽能言，不亦禽兽之心乎？夫唯禽兽无礼，故父子聚麀。是故圣人作，为礼以教人，使人以有礼。知自别于禽兽。"

不知礼，人如飞禽；不知礼，人即野兽。孔夫子用非常形象的比喻区分开了人禽之别，人兽之辨。

没有礼，世界就是动物世界。

（二） 礼的重要性

请看下列五个论断：

其一，"夫礼者，所以定亲疏，决嫌疑，别异同，明是非也。"（《礼记·曲礼》）

有了礼，才有了自己的家；有了礼，才有了别人的家。有了礼，才有了异同、是非标准。有了礼，才有了定亲疏、明彼此、别异同、辨是非的人。

其二，"治国不以礼，犹无耜而耕也。"（《礼记·礼运》）

国与国有疆界之分，还有礼仪之分。不同的疆界之内，有着不同的礼。治国须用礼，犹如耕田须用犁。无犁难以耕田，无礼难以治国。

其三，"礼，经国家，定社稷，序民人，利后嗣也。"（《春秋左传·隐公十一年》）

礼，是一条大纲。礼，是一种秩序。大纲，界定出了经纬；秩序，界定出了规矩；有大纲，才能有安定之社稷；有秩序，才能有人之规矩。没有礼，国家难治，社稷难安，人民难以有序。没有礼，必然不利于子孙。

其四，"夫礼，天之经，地之义也，民之行也。"（《春秋左传·昭公二十五年》）

"天经地义"一词，其本义是描述礼的。天经地义，是天道地理的代名词。礼，就是天道地理。合礼，就是合于天道地理。

其五，"夫人必知礼。"（《管子·五辅》）

知礼，是人之为人的基本前提。以礼为坐标，进行人禽之别、人兽之辨，在这一点上，管子完全相同于孔子。

礼一可以化育人，二可以化育家，三可以化育天下。反之，无礼不成人，无礼不成家，无礼不成国，无礼也难以成天下。

华夏之所以赢得四夷的尊重，之所以出现万邦来朝的盛景，与华夏之礼有没有直接的联系?!

（三）礼的来源

礼从何处来？

礼，是出于儒家吗？不是！

先请看《礼记·礼器》中的一个论断："礼也者，合于天时。"

礼出于天时，礼合于天时。不合天时者，即不合礼。

再请看《礼记·乐记》中的一个论断："大乐与天地同和，大礼与天地同节。"

大礼与大乐同源！如果说大乐源于太阳历，那么礼呢？与太阳历有关系吗？

再请看《礼记·礼运》中的一个论断："故夫礼，必本于大一，分而为天地，转而为阴阳，变而为四时……"

大一——天地—阴阳—四时，四个要素解释了礼的来源。大一，是道的代名词。《管子·枢言》指出，太阳本身就可以视为道。

太阳历可以论阴阳。日影最长点，冬至；日影最短点，夏至。"冬至阳旦，夏至阴旦。"阴阳由太阳决定，礼之源是不是在太阳？

太阳历可以论四时。《周髀算经》告诉后人，日影决定着四时。四时由太阳决定，礼之本是不是在太阳？

（四）夫妇之礼的源头在日月

夫妇之礼，是立家的准绳。家庭之礼，是定天下的基础。日月，一阴一阳；夫妇，一男一女。日月法则，演化出夫妇之礼。请看《礼记·礼器》中的一个论断："大明生于东，月生于西，此阴阳之分，夫妇之位也。"

大明即太阳。大明为阳，月亮为阴。太阳与月亮，高高在天上。夫妇一男一女，脚踏实地在地上。地上的夫妇之礼，源于天文中的日月。

治天下从齐家开始，齐家从正夫妇开始。先请看《礼记·内则》中的一个论断："礼始于谨夫妇。"

再请看《礼记·中庸》中的一个论断："君子之道，造端乎夫妇。"

君子之道，开端于夫妇。礼仪之礼，始于夫妇。

再请看《礼记·昏礼》中的一个论断："昏礼者，礼之本也。"

由群居到立家，家之礼开始了。"女有室，男有家"，这就是礼。夫妇之礼，开端于婚礼。

夫妇之礼之源，源于日月之理。

日月之理，何以能够正夫妇？奥秘在于日月之间的一来一往，在于日月之间的相互推动。《周易·系辞下》："日往则月来，月往则日来，日月相推而明生焉。"相互往来，相互推动，这是自然哲理。《礼记·曲礼上》："礼尚往来：往而不来，非礼也；来而不往，亦非礼也。"日月之间的关系，可以用"往来"二字来界定。夫妇之间的关系，可以用一个"礼"字来界定。礼，崇尚的是往来——有往有来。有往有来，即相互负责。相互负责，这是由自然哲理延伸出来的人文哲理。

由夫妇而父子，由父子而君臣，由君臣而上下，两者之间的关系均为礼仪关系，均为相互负责关系。

《礼记·礼运》记载了一个天下为公的时代。天下为公的时代，人际间的礼仪之礼是相互尊重、相互负责。孔夫子为此总结出了"十义":"父慈子孝,兄良弟恭,夫义妇听,长惠幼顺,君仁臣忠,十者谓之人义。"父子关系,父慈在先,子孝在后。父慈子孝,就是父子间的相互负责,就是父子间的往来之礼。以此类推夫妇、兄弟、长幼、君臣。

朋友之间,人与人之间,讲究信用,就是礼。《礼记·大学》:"与国人交止于信。"《论语·学而》:"与朋友交而不信乎?"信用之信,诚信之信,就是礼!

(五)太阳(日月)的品德

太阳,有值得效法的品德。日月,有值得效法的品德。

1. 无私 "日月无私照。"(《礼记·孔子闲居》)太阳照耀大地,太阳照耀万物,没有私心,不图回报。在日月这里,儒家发现了大公无私的品德。孔子认为,王者应该以日月为榜样,应该具有大公无私之品德。

2. 诚信 "日诚出诚入,南北有极。月信死信生,终则有始。"(《鹖冠子·王鈇第九》)在日月这里,道家发现了诚信的品德。鹖冠子认为,君王应该以日月为榜样,应该具有诚信之品德。

3. 有序 "终而复始,日月是也。"(《孙子兵法·兵势第五》)日月往来,有信有序;原始反终,终而复始。在日月这里,兵家发现了循环之秩序。孙子认为,日月之理里面含有"如何用兵"之理。

(六)小结

礼,是一种规矩!

礼,是一种人之为人必须信守的规矩。

是人都应该讲礼!人与人之间都应该讲礼!换言之,是人必须信守一种规矩。人与人之间,必须信守一种规矩。

礼,是一种生活模式!

不同的民族,有着不同的礼,即不同的民族有着不同的规矩,有着不同的模式。

《圣经·旧约》中的"摩西十诫",就是希伯来人的礼。

希伯来人的礼,是由神规定的。

"摩西十诫",是神亲口告诉摩西的。

中华大地上的华夏之礼,不是源于神而是源于太阳与月亮。离开了太阳,离开了日月,无法解释大礼之源。

礼源于道，道在何处？

道在太阳里！《管子·枢言》："道之在天，日也。"《管子》告诉后人，太阳本身可以论道，太阳可以视为道的代表。以道论礼，礼之源的清晰答案是不是呼之欲出？！

道在日月里！《周易·系辞上》："一阴一阳之谓道。"又："阴阳之义配日月。"《周易·系辞上》告诉后人，日月两者联合可以论道，日月可以视为道的代表。以道论礼，礼之源的清晰答案是不是呼之欲出？！

《逸周书》告诉后人，四时可以视为道！

《周髀算经》直接指出，日影可以视为道！

《尸子》告诉后人，昼夜可以视为道！

四时由日影变化而定，昼夜由日往月来而定，若以道论礼，礼之源的清晰答案是不是呼之欲出？！

"摩西十诫"以神的意志为坐标，这是希伯来文化！人礼以太阳之序，日月之序为坐标，这是中华文化！希望读者朋友记住这一差别。

以自然秩序为榜样建立人间秩序，以日月秩序为榜样建立夫妇秩序，总之，以宇宙法则为准则建立处世之道。——这就是中华文明的礼！

讲礼有礼的泱泱中华，赢得了东亚的尊重，赢得了世界的敬重。

四、乐：启蒙的坐标

音乐，是判断文明与愚蠢的基本标志。

没有音乐的民族，肯定是愚蠢的民族。

没有音乐的文化，肯定是落后的文化。

在很早很早以前，中华大地上就有了音乐；舜治理天下时，音乐已经达到了"尽善尽美"的境界。

中华文明是礼乐文明！

礼乐，是"化人"教育的两大内容。

礼乐同源！

礼与乐的根本之源在天地，首先在太阳历。

（一）音律的记载

音律，首先是在《尚书》中出现的。

先谈律。《尚书·舜典》："同律度量衡。"同，统一也。律，音律也。

这一论断指出，是舜统一了音律与度量衡。

统一的前提，是"已有"。统一，是"已有"基础上的统一。舜时代，或者是舜之前，中华大地上已经有了音律与度量衡。有，是一回事！标准不齐，是另外一回事！是舜第一次统一了音律与度量衡。

音律与度量衡之间有关系吗？这在西方文化中是不可思议的。但在中华大地上，音律与度量衡之间有着密不可分的关系。《国语·周语下》通过大臣单穆公之口解释了音律与度量衡之间的关系：大钟可以定音。为什么？因为大钟一有长度二有容量三有质量，不同的长度、容量、质量的大钟，界定出了不同的音。律与度量衡的统一，统一在"以钟定音"这里。

中小学的教材中，讲的是秦始皇统一了度量衡。实际上秦始皇统一度量衡，是第二次统一。

秦始皇时代，中华大地上的音律已经成熟已经完美，所以秦始皇统一度量衡时没有涉及音律。

敬请记住，是舜第一次统一了音律与度量衡。

何谓律？律有几律？《尚书·舜典》没有解释。

再谈音。音，首先出现的是八音。八音，在《尚书·舜典》中先后出现了两次。

第一次是在尧帝去世时出现的。尧帝去世，天下三载停止了八音。请看原文："二十有八载，帝乃殂落。百姓如丧考妣，三载，四海遏密八音。"这句话的意思：舜辅助尧二十八年后，尧帝去世了，群臣像死了父母一样悲痛，三年时间，四海停止演奏八音。

有八音，才能停止八音。《尚书·舜典》告诉后人，尧舜时代的中华大地上就有了八音。

第二次是舜论少年启蒙教育时出现的。请看原文："帝曰：'夔！命汝典乐，教胄子，直而温，宽而栗，刚而无虐，简而无傲。诗言志，歌永言，声依永，律和声。八音克谐，无相夺伦，神人以和。'"

舜帝在安排夔担任乐官时，交代了"如何启蒙"的一系列问题。舜说的话，翻译成现代汉语，其意思是："夔！任命你为乐官，教导少年，使他们正直而温和，宽大而坚栗，刚毅而不粗暴，简约而不傲慢。诗言志向，歌唱出的是语言，五声依唱而定，六律和谐五声。八类乐器的声音能够调和，不使它们乱了次序，那么神和人都会因此而和谐了。"

重视启蒙，是中华民族的优秀传统。舜时代的启蒙教育，已经形成系统。此时的启蒙，分仪表、品德、风格、礼乐、诗歌等重要内容。"温和、无傲"讲的是仪表，"宽厚、刚毅"讲的是品德，"简约"讲的是风格。在这段话中可以看出，文化化人要以诗化之，要以乐化之。

六律、五声、八音、诗在这段话中悉数出现。少儿启蒙，其中一项重要内容是音乐教育。至今还在广泛引用的"诗言志"一辞，就是在这段话中出现的。

何谓六律、五声、八音？《舜典》没有解释。

（二）音律的解释

音，为何有五音、八音之分？律，为何有阴六吕阳六律之分？音律从何而来？请看下面的解释：

1.《周礼》的解释　八音为何，六律为何，五声为何，详细的解释是在《周礼》中出现的。

何为八音？《周礼·春官》的解释如下："金、石、土、革、丝、木、匏、竹。"八音，是八种乐器的声音。

何为五声？《周礼·春官》的解释如下："宫、商、角、徵、羽。"

何为六律（阴六吕阳六律）？《周礼·春官》的解释如下："阳声：黄钟、大簇、姑洗、蕤宾、夷则、无射。阴声：大吕、应钟、南吕、函钟、小吕、夹钟。"

2.《黄帝内经》的解释　对五音的解释。五音宫商角徵羽，对应于时间，对应于空间，最为根本的是五音对应于五行，这是《黄帝内经》的解释。

《素问·金匮真言论》在五音与五行之间建立对应关系：

> 木，其音角；
>
> 火，其音徵；
>
> 土，其音宫；
>
> 金，其音商；
>
> 水，其音羽。

《素问·金匮真言论》在五音与五方之间建立对应关系：

> 东，其音角；
>
> 南，其音徵；

中，其音宫；

西，其音商；

北，其音羽。

《素问·金匮真言论》在五音与四时之间建立对应关系：

春，其音角；

夏，其音微；

中，其音宫；

秋，其音商；

冬，其音羽。

四时，是十二月太阳历所分出的四季。四时中保留有五行结构，这是十二月太阳历的基本特征。

五行历在先，四时历在后；四时十二个月对应的是十二律，五行对应的是五音。由此观之，五音的来源应该在十月太阳历。

对六律的解释。十二月对应于十二律，《灵枢·经别第十一》有如下解释："六律建阴阳诸经而合之十二月、十二辰。"

六律分阴阳，阳六律阴六吕，一共十二律。

经络分阴阳，阳六经阴六经，一共十二经。

六气分阴阳，阳六气阴六气，一共十二气。十二气即十二个月。

由此观之，六律的来源应该在十二月太阳历。

3. 《周髀算经》的解释 黄钟大吕之声，源于冬至夏至。

《周髀算经》论音律起源，追溯出源头在太阳历。《周髀算经·陈子模型》："冬至夏至，观律之数，听钟之音。"这一论断告诉后人，黄钟大吕之声是由冬至夏至确定的。

冬至，太阳对应于南回归线，此处是一和。夏至，太阳对应于北回归线，此处是一和。天地同和，和成了黄钟大吕之声。

4. 《大戴礼记》对历律一体的解释 在制历的同时，智慧的先贤又制出了律。历律伴生，《大戴礼记·曾子天圆》有如下解释："圣人谨守日月之数，以察星辰之行，以序四时之顺逆，谓之历。截十二管，以宗八音之上下清浊，谓之律也。"

立竿测影，第一诞生的是太阳历，第二诞生的是音律。音律，首先是五音，其次是六律。五音，出于十月太阳历；六律，出于十二月太阳历。

历出天文，律亦出天文，两者同出于以太阳变化为大背景的天文之中。纪时之历与音律之律同根同源，就同在立竿测影的制历处。认识太阳历的出处，就明白了音律的起源。

五音的源头在十月太阳历，十二律的源头在十二月太阳历。真诚地希望读者朋友记住这一点。

（三）诸子论乐

乐，启蒙教育的主要内容。

先秦诸子，论证问题都论及了乐。

1. 孔子论乐　"尽善尽美"，是孔子对韶乐的评价。韶乐是舜时代的音乐，在舜的时代，中华大地上的音乐已经尽善尽美。请看《论语·八佾》篇中孔子的原话："子谓韶：'尽美矣，又尽善也。'谓武：'尽美矣，未尽善也。'"

"昔者舜作五弦之琴，以歌南风。"是舜制造了五弦琴，这是《礼记·乐记》的记载。

《礼记·乐记》："大乐与天地同和，大礼与天地同节。……乐者，天地之和也；礼者，天地之序也。"礼乐同源，礼乐一体，这是孔子的论证方式。

《礼记·乐记》："故乐行而伦清，耳目聪明，血气和平，移风易俗，天下皆宁。"以乐养生，会达到"耳目聪明，血气和平"的效果。以乐化天下，会化育出"移风易俗，天下皆宁"的文明。

《礼记·乐记》是专门论乐的。诸子之中，乐之专论，独此一篇。

乐有正邪。孔夫子视郑国的音乐为"淫"。《论语》中的孔夫子论治国，治国方略中的一项就是"放郑声，远佞人"。

2. 庄子论乐　《论语》记载了韶乐，《庄子》也记载了韶乐。《庄子·至乐》："奏九韶以为乐。"韶乐之前还有乐，韶乐之后还有乐，关于韶乐之前之后的乐，《庄子·天下》的记载是："黄帝有《咸池》，尧有《大章》，舜有《大韶》，禹有《大夏》，汤有《大濩》，文王有辟雍之乐，武王、周公作《武》。"

《庄子·天下》还记载了《诗》《书》《礼》《乐》《易》《春秋》六部经典；描述这六部经典的核心，庄子有如是之论："《诗》以道志，《书》以道事，《礼》以道行，《乐》以道和，《易》以道阴阳，《春秋》以道名分。"这段话的意思是：《诗》言志，《书》言事，《礼》论规范，《乐》冶和平，

《易》论阴阳，《春秋》正名分。在庄子看来，《乐》是陶冶情操的。

《庄子·齐物论》还记载了几位技艺高超的琴师，鼓琴的昭文，鼓琴的师旷。师旷，作为琴师的代表，在一部《庄子》里反复出现过多次。论乐，庄子论出天籁之音、地籁之音、人籁之音。"天籁""地籁""人籁"三词，就在《庄子·齐物论》中出现的。

3. 晏子以音律论治国　烹调之理可以论治国，音乐之理同样可以论治国。请看《春秋左传·昭公二十年》记载的晏婴的治国之论：

> 齐侯至自田。宴子侍于遄台，子犹驰而造焉。
>
> 公曰："唯据与我和夫！"
>
> 宴子对曰："据亦同也，焉得为和？"
>
> 公曰："和与同异乎？"
>
> 对曰："和如羹焉：水、火、醯、醢、盐、梅以烹鱼肉，燀之以薪，宰夫和之，齐之以味；济之以不足，以泄其过。君子食之，以平其心。君臣亦然。君所谓可而有否焉，臣献其否以成其可；君所谓否而有可焉，臣献其可否以去其否：是以政平而不干，民无争心。故《诗》曰'亦有和羹，既戒既平。……'先王之济五味、和五声也，以平其心、成其政也。声亦如味：一气、二体、三类、四物、五声、六律、七音、八风、九歌，以相成也；清浊、小大、短长、疾徐、哀乐、刚柔、迟迅、高下、出入、周疏，以相济也。君子听之，以平其心。心平，德和，故《诗》'德音不瑕'。今据不然。君所谓可，据亦曰可；君所谓否，据亦曰否。若以水济水，谁能食之？若琴瑟之专壹，谁能听之？同之不可也如是！"

这则故事翻译成现代汉语，意思为：齐景公打猎归来，来到遄台，晏子伴随，梁丘据前来拜谒。齐景公说："只有梁丘据与我相和！"晏子说："那是同，不是和。"齐景公问："和与同不一样吗？"晏子说："完全不一样。"

晏婴首先用做羹为例，说明治国需要"和而不同"的哲理。做羹，一需要水与火；二需要各种调料醋、酱、盐、梅，三需要主要材料鱼和肉，优秀的厨师会把众多的材料进行合理地调和，这样才能做出味道鲜美的羹。美羹，产生于美妙之"和"。

假若让君臣共同来做这碗羹，君加盐，臣加醋；君加酱，臣加梅；君加水，臣加火，这是和。如此，方能和出美羹。如果君加盐，臣也加盐；君加水，臣也加水；君加酱，臣也加酱；君加梅，臣也加梅，这是同。同，做出的羹是难吃的羹。烹调中和而不同，有美羹。君臣间的和而不同，有上乘之治国方略。

晏婴其次用奏乐为例，说明治国需要"和而不同"的哲理。宴子说，美妙的乐曲，必须讲究一气、二体、三类、四物、五声、六律、七音、八风、九歌，清浊、小大、短长、疾徐、哀乐、刚柔、迟迅、高下、出入、周疏的相成相济。和而不同的相济，有美妙的音乐。若君臣联合奏乐，君奏高音臣奏高音，君奏低音臣奏低音，君快臣快，君慢臣慢，如此相同的演奏，绝对奏不出美妙的音乐。

相同的原料做不出鲜美的汤，相同的声音、相同的调子奏不出美妙的音乐。两个比喻说明的是一个道理，这个道理就是大政方针决策时，君臣之间的和而不同。

美羹，出于和而不同！

美乐，出于和而不同！

上乘的治国方略，出于和而不同！

4.《吕氏春秋》论乐　乐之源头在何处？《吕氏春秋·大乐》有如是之论："音乐之所由来者远矣。生于度量，本于太一。太一出两仪，两仪出阴阳。阴阳变化，一上一下，合而成章。"太一者，道也。太一，一分为二分出阴阳，一分为四分出四时，四时化出万物。万物之源，也是大乐之源。总之，大乐之源，源于道，源于自然。

古乐之古，古在何时？古在黄帝之前。《吕氏春秋·古乐》记载，在黄帝之前有朱襄氏、葛天氏治天下，中华大地上就有了乐。黄帝时代，铸造十二钟。黄帝之后有陶唐氏、颛顼、帝喾、舜、禹，每一位先贤名下都有乐。乐的功能，一是陶冶情操，二是养生治病。阴气重，需要医治！湿气重，需要医治！医治阴气湿气，引申出了舞蹈，舞蹈伴生了音乐。根据《吕氏春秋·古乐》的记载，舞蹈与音乐都出现于黄帝之前。《吕氏春秋》诞生于焚书之前，这里所引用的资料，具有可靠性。

古代有乐器吗？《吕氏春秋·古乐》记载了十多种，如鼙、鼓、钟、磬、管、埙、篪、鼗、椎、锺。

《吕氏春秋·古乐》还解释了八音出于八风。《黄帝内经》以八节论八风，《吕氏春秋》以八风论八音，归根结底，八音的源头在八节。八音与八风的对应，只有《吕氏春秋》有如此解释。黄帝之前有朱襄氏、葛天氏，只有《吕氏春秋》有如此记载。

乐，还分东音、南音、西音、北音。《吕氏春秋·音初》有如下记载：夏后氏作东音，歌为《破斧》；大禹时有南音，歌为《候人兮猗》；周公作西音，歌为《周南》、《召南》；有娥氏二女作北音，歌为《燕燕往飞》。

十二律与十二月的对应关系，《吕氏春秋·音初》有如下记载：

冬至生黄钟；

季冬生大吕；

孟春生太蔟；

仲春生夹钟；

季春生姑洗；

孟夏生仲吕；

仲夏生蕤宾；

季夏生林钟；

孟秋生夷则；

仲秋生南吕；

季秋生无射；

孟冬生应钟。

大乐源于天地之和，《吕氏春秋·音初》的归纳是："天地之风气正，则十二律定矣。"

大乐可以养生！《吕氏春秋·孝行》："养有五道：修宫室、安床第、节饮食，养体之道也；树五色，施五采，列文章，养目之道也；正六律，和五声，杂八音，养耳之道也；熟五谷，烹六畜，和煎调，养口之道也；和颜色，说言语，敬进退，养志之道也。此五者，代进而厚用之，可谓善养矣。"养体有道，养目有道，养耳有道，养口有道，养志有道，养生有五道，乐为养耳之道。

养生有五道，五道之中，乐居其一。

（四）朱载堉的伟大贡献

学习小提琴到西方去，学习钢琴到西方去，东方有值得西方学习的东西吗？西方从东方能够学习什么呢？

答：标准音调十二平均律！

目前世界上所采用的标准音调十二平均律源于中国。

将十二平均律贡献给世界的，是明世子朱载堉。十二律出于《周礼》，十二平均律出于明世子朱载堉。

朱载堉创造"新法密律"，用等比级数平均划分音律，将八度音等分为十二等份，形成十二个音程相等的半音。至此，阴阳十二律精密成了十二平均律。16世纪，十二平均律传到西方。1722年，德国大音乐家巴赫将十二平均律引入著作《平均律钢琴曲集》（上卷），十二平均律从此传遍了西方并被采用，而且延用至今。

音律出于自然，出于十二月太阳历。十二节与十二律之间的对应，朱载堉在《律历融通·黄钟历法上》给出的答案是：

仲冬对应黄钟；

大寒对应大吕；

雨水对应太蔟；

春分对应夹钟；

谷雨对应姑洗；

小满对应仲吕；

夏至对应蕤宾；

大暑对应林钟；

处暑对应夷则；

秋分对应南吕；

霜降对应无射；

小雪对应应钟。

亲爱的读者朋友，您知道十二平均律出于二十四节气吗？

亲爱的读者朋友，您知道二十四节气出于十二月太阳历吗？

亲爱的读者朋友，您知道十二平均律对世界的贡献吗？

亲爱的读者朋友，您知道德国古典音乐大师从东方引进了十二平均律吗？

（五）小结

礼乐同源！

原则上的源头，在天地。

具体上的源头，在太阳历。

太阳与地球，永远是对应关系。

太阳与地球，永远是两点一线的对应关系。

点，是不同的点。

点，是椭圆上的点。

最重要的是两个点：冬至一个点，夏至一个点。冬至，天地和合的点在南回归线。夏至，天地和合的点在北回归线。天地和合点，即太阳的直射点。这两个点天地和合，和出了黄钟大吕之声。

音乐能否治病，在今天的西方文化中，这个问题还在争论，而在《黄帝内经》《吕氏春秋》中，这个问题就是日常生活的常识。

认识中华大地上的音律，是不是需要从认识太阳历开始？

中华先贤所开创的礼乐启蒙、礼乐教育，在今天还有没有意义呢？

（六）"从天文到人文"简论

所谓简论，即仅仅就根本问题展开简要的讨论。

在中华大地上，从天文到人文，最为根本、最为重要的就是抽象出了阴阳，然后以循环的一阴一阳构筑起自然之道。一阴一阳，首先是在立竿测影的圭表下认识的。从中午的日影长短两极这里，中华先贤认识寒暑，抽象出了阴阳。从日影长短循环这里，抽象出了"一阴一阳之谓道"。一阴一阳，其次是在"日往月来，月往日来"中认识的。道、天道，实际上是日月法则，首先是太阳法则。道、天道，是中华先贤论证一切问题的依据。若以起初而论，以道为纲与以神为纲，是中华文化与希伯来文化的差异。若以东西而论，以道为纲与以神为纲，则是东西方之间的文化差异。

下面紧紧围绕"阴阳"两个字，围绕一个"道"字展开讨论。

1. 有关源流的四个论断　天文与人文的源流关系，总结在以下四个论断中：

其一，"观乎天文，以察时变；观乎人文，以化成天下。"（《周易·贲·象传》）

其二，"动静参于天地谓之文。"（《黄帝四经·经法·四度》）

其三，"经天纬地曰文。"（《春秋左传·昭公二十八年》）

其四，"天人同文，地人同理。"（《鹖冠子·度万》）

四个论断，一个指向，即人文的根源在天文。以天文为坐标，或者说，以天文为榜样，中华先贤创造出人文之文。人文之文，将人的一动一静规矩规范于天文之中。

2. 太阳：阴阳的源头　立竿测影，确定日影的长短两极。

日影的长短两极，确定冬至与夏至。

在冬至与夏至这里，中华先贤一是抽象出了寒暑，二是抽象出了阴阳。

在民族大家庭中，以太阳论阴阳的，不是华夏一个民族，而是多个民族。彝族、苗族、水族都是以太阳论阴阳的。

下面"以太阳论阴阳"的三条哲理，涉及到三个民族，敬请读者谨记。

其一，《苗族古历》："冬至阳旦，夏至阴旦"。

其二，彝族十月太阳历："一年分两截，两截分阴阳。"

其三，《周髀算经·日月历法》以日影长短两极论冬至夏至，以冬至夏至论寒暑，以寒暑论阴阳。寒阴而暑阳。

3. 阴阳：抽象符号的理论基础　以阴阳为基础，演化出一幅幅抽象的图画，抽象的图画首先是洛书河图、太极八卦。

阴阳，洛书的基础！

阴阳，河图的基础！

阴阳，太极的基础！

阴阳，八卦的基础！

阴阳，六十四卦的基础！

阴阳，子午线的两端！

……

正是这一幅幅抽象的图画，演化出伟大的中华文化，演化出伟大的中医文化。

不认识太阳历，会认识阴阳吗？

不认识阴阳，会认识由这些抽象符号组成的图书吗？

不认识图书，会打开中华文化、中医文化的大门吗？

4. 阴阳：构筑起至高无上的道　"一阴一阳之谓道。"

冬至论寒，夏至论暑，寒阴而暑阳，太阳本身可以满足"道"的基本条件。

日影变化下的寒暑无限循环，周而复始，原始反终，只有从这一角度出发，才能真正理解道的运动特点是"反动"。《道德经·第四十章》中的"反者，道之动"，只有放在一短一长、一长一短的日影下才能认识清楚。

希伯来文化中至高无上的是神（上帝），中华文化中至高无上的是道。

神解答了两大基本问题：一是"宇宙如何发生"，二是"人生如何度过"。用今天的话说，神解答的两大基本问题是"宇宙观"与"人生观"。

神解答的两大基本问题，道都解答了。

关于宇宙发生，请看下面三个论断。

《道德经·第四十二章》："道生一，一生二，二生三，三生万物。"

《庄子·大宗师》："夫道……生天生地。"

《周易·序卦》："有天地然后有万物，有万物然后有男女。"

道，以分裂而变的形式解答了"天地如何起源"。天地，以"有 AB 然后有 CD"形式解答了"万物与男女"的演化。

关于人生之终极坐标，请看下面三个论断。

《道德经·第二十五章》："人法地，地法天，天法道，道法自然。"

《论语·里仁》："朝闻道，夕死可矣！"

《论语·卫灵公》："君子谋道不谋食。"又："君子忧道不忧贫。"

人法天法地，最终必须法道。道，是人生之终极坐标。

5. 道：诸子百家的理论基础　诸子百家，一子论证一个问题，百家论证百个问题，这是诸子百家的不同点。

道，是诸子百家论证问题的根本依据，这是诸子百家的相同点。

"以道论之"，是诸子百家的论证方式。

儒家以道论人礼！

兵家以道论兵理！

法家以道论政理！

道家以道论德！

庖丁以道论解牛！

佝偻以道论承蜩！

茶有茶道，棋有棋道，剑有剑道；品茶者论道，博弈者论道，舞剑者论道……"以道论之"，论在各个领域。

一个字叫"道"，两个字叫"阴阳"。

特别应该提及的是道家，老子以阴阳论物理，留下了一句万古长青的名言"万物负阴而抱阳"，要想知道这句名言的常青性，请去看看门捷列夫化学元素周期表，周期表的化学元素哪一个不是阴阳两种成分？哪一个不是阴阳两分结构？

……

不懂阴阳，能够理解诸子百家吗？

6. 阴阳：几部经典的理论基础 《黄帝内经》以阴阳论医理，《周礼》以阴阳论音律，《周髀算经》以阴阳论寒暑论直角三角形论整数论分数论损益，大数学家刘徽以阴阳论数理，《周易参同契》以阴阳论分解化合之理……

不认识阴阳，能够认识中华大地上的几部经典吗？

不认识阴阳，能够认识中华大地上的数学与化学吗？

7. 阴阳：西方物理学家崇尚的对象 中华大地上没有产生现代物理学，但现代一流的物理学大家没有不崇尚阴阳的。量子力学大家、诺贝尔奖获得者玻尔把太极图放在族徽上，美国物理学学会主席、美国哲学学会副主席惠勒教授把太极图放在自己演讲集《物理学和质朴性》的第一页，美国物理学家、诺贝尔奖获得者卡普拉论物理学之道，太极八卦悉数出现……

谈阴阳，不能忘记法国传教士白晋。白晋，清康熙二十六年，白晋到中国传教，曾向康熙讲授几何学与算术。正是这个白晋，把卦图寄给了德国数学家、哲学家莱布尼茨。评价阴阳，白晋作出了一个再无法超越的评价。白晋认为，中国古老哲学体现在《易》图之中，它以阴阳简明自然的方法表示了所有科学原理（详见胡阳、李长铎所著《莱布尼茨二进制与伏羲八卦图考》，上海人民出版社，2006 年版第 2 页）。敬请注意，阴阳是所有科学原理，而不是一门或几门科学原理。

在传教士眼里，本来应该只有上帝。可是在传教士白晋眼里，既有西方上帝，还有东方的阴阳。

8. 天人合一哲学的形成 认识太阳之序，敬畏太阳之序，遵循太阳之序，从自然哲理中抽象出人文哲理，哲学中的天人合一在此形成。

人道合于天道，这就是天人合一。

人行合于天行，这就是天人合一。

人德合于天德，这就是天人合一。

人序合于天序，这就是天人合一。

人则合于天则，这就是天人合一。

人时合于天时，这就是天人合一。

人理合于天理，这就是天人合一。

……

人道合于天道，请看下面六个论断。

《素问·天元纪大论》："无道行私，必得夭殃。"

《礼记·礼器》："天道至教，圣人至德。"

《礼记·中庸》："诚者，天之道也。诚之者，人之道也。"

《管子·重令》："天道之数，至则反，盛则衰。人心之变，有余则骄，骄则缓怠。"

《庄子·庚桑楚》："夫春与秋，岂无得而然哉？天道已行矣。"

《文子·精诚》："天道无私就也，无私去也……顺之者利，逆之者凶。"

《吕氏春秋·圆道》："天道圆，地道方，圣王法之，所以立上下。"

人行合于天行，请看下面一个论断。

《周易·乾·象传》："天行健，君子以自强不息。"

人德合于天德，请看下面两个论断。

《周易·乾文言》："夫大人者，与天地合其德。"

《礼记·孔子闲居》："天无私覆，地无私载，日月无私照。"

人序合于天序，请看下面两个论断。

《国语·周语上》："天地之气，不失其序。"

《周易·乾文言》："与四时合其序。"

人则合于天则，请看下面一个论断。

《论语·泰伯》："唯天为大，唯尧则之。"

人时合于天时，请看下面三个论断。

《周髀算经·日月历法》："月与日合，为一月；日复日，为一日；日复星，为一岁。"

《逸周书·大明武解》："应天顺时。"

《周易·艮·象传》："时止则止，时行则行，动静不失其时，其道光明。"

人理合于天理，请看下面三个论断。

《周易·系辞上》："崇效天，卑法地。"

《周易·系辞上》："天地变化，圣人效之。"

《庄子·天运》："夫至乐者，先应之以人事，顺之以天理，行之以五德，应之以自然，然后调理四时，太和万物。"

以上论断，所论证问题的领域并不相同，但论证方式却完全相同，这一论证方式就是："天如何人如何"。"天如何人如何"这一论证方式，有别于《圣经》中的"神如何人如何"。

"天如何人如何"，这就是天人合一的哲学。

天人合一是哲学，更是生活方式。

天人合一，合在生产中！

天人合一，合在生活中！

天人合一，合在礼乐教化中！

天人合一，合在节日（节日决定于天文）中！

天人合一，合在祭祀活动中。

天人合一，合在发明创造中。这个问题在后面中会有专题讨论。

9. 书中的道理在书外　中华大地上的第一部书，不是抄书抄出来的，而是从天文到人文的记录。

中华大地上的第一张图，不是绘图绘出来的，而是从天文到人文的记录。

太阳历，形成第一部书。太阳历、太阴历、北斗历三历合一的阴阳合历，形成第一张图。

图书中的人文要素，全部来自书外：

太阳之序在书外！

月亮之序在书外！

北斗循环在书外！

日影循环在书外！

寒暑（阴阳）转换在书外！

冬至夏至在书外！

升降运动在书外！

天籁之音，地赖之音在书外！

时间空间在书外！

直角三角形在书外！

椭圆、正方形、长方形在书外！

圆周运动的哲理在书外！

周而复始的哲理在书外！

"满招损，谦受益"的哲理在书外！

数理化的基础全部在书外！

……

智慧的中华先贤将书外的道理融入了书中，融入了图中，融入了太极八卦之中。

书中的道理在书外，人文的道理在天文。

不懂天文历法，读不懂第一部书。

不懂天文历法，读不懂第一张图。

不懂天文历法，读不懂太极八卦。

总之，不懂天文历法，读不懂中华文化。

笔者有这样一个体会：不懂天文历法，研究中华文化犹如捡珍珠，只能一粒一粒地捡。弄懂了天文历法，尤其是弄懂了十月太阳历，再研究中华文化，犹如拿项链，轻轻一伸手，得到的就是一条完整而光彩夺目的项链。从太阳历入手，可以顺利地进入中华文化、中医文化的圣殿，阅览其中的自然百科。

中华文化、中医文化的根基在天文，首先在太阳在月亮。只要天文中的太阳月亮还在，中华大地上的人文就不会过时。只要天文中的太阳月亮还在，中华大地上的人文就会保持青春的魅力。

由神文而人文，这是希伯来文化。

由神话而人文，这是古希腊文化。

由天文而人文，这是中华文化。

中华大地上的文化，可以与中华大地之外的任何文化相媲美！

10. 器：与道并列并重的文化核心　中华先贤在制历的同时，还创造了一件件先进的器具。

"包牺神农，制作为历。"包牺与神农的贡献是制历，这是《周髀算经·日月历法》的记载。

包羲氏的贡献一是作八卦，二是织网罟；神农氏的贡献一是制造了耒耜，二是建立了交易市场，这是《周易·系辞下》的记载。八卦属于人文，网罟则属于器具，属于捕鱼狩猎的器具，耒耜属于农业生产的器具，请注意，这里两位先贤的贡献是两方面的，那就是制历与制器。

钻木取火，构木为巢，制弓矢、车船、臼杵，尝百草，这些都是中华先贤名下的功绩。这些功绩大都发生在有文字之前。这些功绩既见于传说，也见于诸子典籍。

今天称为"工具"，当初称为"器"。

"乘也者，君子之器也。"乘者，车也。《周易·系辞上》将陆地行驶的车子，称为君子之器。

"弓矢者，器也。"弓矢者，弓箭也。《周易·系辞上》将狩猎杀敌的弓箭，称为器。

"弧矢之利，以威天下。"《周易·系辞上》揭示出这样一个真理：有先进的武器，才有威风凛凛的天下。有先进的武器，才能使敌寇不敢怀觊觎之心。

天文历法是道，生产工具是器。时乃天道。按照天时下种，按照天时收获，利用器具下种，利用器具收获，道与器在此处并重并列在一起。

按照天时捕鱼，按照天时狩猎，利用器具捕鱼，利用器具狩猎，道与器在此处并重并列在一起。

"人惟求旧，器非求旧，惟新。"《尚书·盘庚上》揭示出一个哲理：朋友是旧的好，器具是新的好。朋友要旧，器具要新。

"工欲善其事，必先利其器。"利器，是善其事的前提。《论语·卫灵公》指出，要想做好这样的事，必须有这样的器。

《周礼》按照天地四时设置六种官员——天官、地官、春官、夏官、秋官、冬官。其中的冬官，就是主管器具制造的官员。

道，是重要的！器，同样是重要的！

一要研究道，二要发明器，这就是圣人。

动脑研究道，动手发明器，这才是圣人。

"形而上者谓之道，形而下者谓之器，化而裁之谓之变，推而行之谓之通，举而措之天下之民谓之事业。"《周易·系辞下》中的道器关系，如"车之两轮，鸟之两翼"。一要研究无形之道，二要研究有形之器；将道理与器具一并教会天下之民，这就是事业。这就是圣人的事业。

道器并重的实践，远远产生于《周易》之前。道器并重的理论，形成于《周易》之中。道器并重，构成了中华文化的核心。

《周易》的圣人，第一特征是动脑，第二特征是动手。动脑研究道，动手研究器。用形而上的道化出理性之人，用形而上的道化出先进之利器，如此之人方为圣人。《周易·系辞上》中有"圣人四道"，其中之一就是"尚象制器"。在远古、中古时期，尚象制器，既是发明创造的哲理，又是发明创造的实践。

道器并重，是中华文化独特之处，也是中华文化的优秀之处。

第十章

绪论

上篇谈"从天文到人文",本篇谈"以天文论人文"。

从天文到人文,追溯的是人文起源。

以天文论人文,研究的是《周易》本身。

《周易》为群经之首,但《周易》并不是人文之首。

人文之首在何处?答:人文之首在天文。

《周易》本身留下了一系列千古难题,例如图书问题,例如干支问题,例如论阴阳为何不论五行,例如奇偶之数的来源,这些千古难题只有放在天文历法中,首先放在十月太阳历中才能解答。

所以,阅读与研究《周易》,必须走"以天文论人文"这条路。

一、 起始点

中华大地上的人文,是从"仰观天文"开始的。阅读《圣经》可以知道,希伯来先贤是以神文为坐标创造了人文。阅读中华大地上的经典可以知道,中华先贤是以天文为坐标创造了人文。经典之前无经典,经典之前有什么?有日月星辰。有太阳回归,月亮圆缺,北斗星斗柄循环;有太阳与地球的对应,有日月对应,有日月与二十八星宿的对应。日月星辰之辰,指的是日月相会的瞬间,《春秋左传·昭公七年》有如下解释:"日月之会是谓辰。"寒往暑来,暑往寒来,表达的是太阳回归。"寒暑"一词,是在《周经·系辞下》中出现的。朔望,表达的是月亮圆缺。"朔望"一词,部部经典中均有出现。初一为朔,十五为望。朔望,抽象于太阳、月亮、地球三点一线时。"日月之会",即三点一线的对应。三点一线对应的瞬间谓之辰。天文研究,中华先贤远远走在了世界前列。研究中华文化的代表作《周易》,研究中医文化的代表作《黄帝内经》,必须牢牢地记住"仰观天文"这个起始点。研究诸子百家,同样应该牢牢地记住"仰观天文"这个起始点。

人文的起始,不是起始于文字,不是起始于一大堆的书,而是起始于天文。关于中华先贤"仰观天文"的记载,请看以下几个论断:

其一,"古者包羲氏之王天下也,仰则观象于天,俯则观法于地,观鸟兽之文与地之宜,近取诸身,远取诸物,于是始作八卦,以通神明之德,以类万物之情。"(《周易·系辞下》)

古者之古,古在上古,古在远古。包牺、包羲氏、伏羲氏,名字不同,实际上是一个代表性的先贤。在经典与传说中,他是仰观天文的第一人。仰观天文的落脚点，是"始作八卦"。始，起始也，最初也。八卦，始于伏羲氏。此处值得记住的是，八卦之前还有书，还有图。八卦是圣人的作品，而图书则是圣人效法的圣物。

其二，"古者包牺神农，制作为历，度元之始，见三光未如其则，日月列星，未有分度，日主昼，月主夜，昼夜为一日，日月俱起建星。"（《周髀算经·日月历法》）

这一论断告诉后人，观天文以制历，是从包牺、神农开始的。三光者，日月星。这里的顺序是日排第一，月排第二，星排第三。包牺与神农分出了昼夜，分出了观测日月运行的标志星——建星。建星，在二十八宿中。观测太阳，有太阳历；观测月亮，有太阴历；观测北斗星，有北斗历。观天文以制历，中华先贤远远走在了世界的前头。

其三，"观乎天文，以察时变；观乎人文，以化成天下。"（《周易·贲·彖传》）

这一论断告诉后人，天文与人文，有着天文在先、人文在后的先后关系。"观乎天文，以察时变。"察时变，察的是时令之时的变化，察的是岁月日时的变化。《尚书·大禹谟》："时乃天道。"《逸周书·周月书》以春夏秋冬四时为"不易之道"。察四时变化，察的是天道变化。"观乎人文，以化成天下。"化天下，化的是人时必须合于天时，人道必须合于天道，人理必须合于天理。部部经典论证问题，有一个普遍的论证方式，即"以天论之"，例如以天时论人时，以天道论人道，以天理论人理，以天德论人德，以天则论人则，以天行论君子行。"以天论之"，最基础的是以天时论人时——种植必须论天时，捕鱼必须论天时，狩猎必须论天时，放牧必须论天时。化天下，首先化的是人时必须合于天时。"观乎天文，以察时变。"敬请注意这一论断，时变之时一具有严格的规定性，二具有无限循环性。确定冬至夏至，确定中午子夜，一分一秒都不能差，这就是严格的规定性。冬至夏至一个太阳回归年一循环，中午子夜一天一循环，这就是无限循环性。《圣经》中的人理在"摩西十诫"，"摩西十诫"是神规定的。中华文化的人理在天理，天理第一讲究的是天时。天时，是自然法则规定的。

化，动词也。春风化雨，人文化天下。人文之文，将动物世界化成了人间天下。人文之化，将两条腿的动物化成了人。人文之前，人是动物；人文之后，动物是人。化，润物细无声。人文化天下，化在了心灵之中。

其四，"动静参于天地谓之文。"（《黄帝四经·经法·四度》）

人的一动一静必须与天文合拍，必须与地理合拍。人不可肆意妄为！人的行为必须有一定的规范，人的规范坐标在何处？正确的答案是：天文地理。

先有"仰观天文"，后才有人文之文。研究中华大地上的人文，是不是应该牢牢记住"仰观天文"这个起始点？

二、 落脚点

仰观天文的落脚点在何处？

答：在历法。

《周易·系辞下》中的包羲氏，始于仰观天文，终于创作八卦。

八卦是什么？

答：是八节历！

《尸子》："伏羲始画八卦，别八节而化天下。"在先秦诸子中，明确指出八卦就是八节历的，唯有尸子。伏羲所作的八卦，即通常所说的先天八卦。先天八卦就是八节历！别，区分也，确定也。"别八节"，就是区分、确定出了八节。八节为何？冬至夏至、春分秋分、立春立夏、立秋立冬是也。"别八节"的目的是"化天下"。有没有人文之天下，其标志在于"有没有历"。历，才是人类跨入文明的根本标志。此处敬请记住的是：化天下的是太阳法则，而不是君王之理。伏羲氏创造的表达八节的八卦，本质是"以天为师，以道为纲"。仰观天文，落脚于八卦。八卦就是八节历！——仰观天文，落脚于八节历。

伏羲先天八卦

在民族大家庭中，彝族有八卦，水族有八卦，苗族有九卦，彝族、水族、苗族解释卦全部解释为太阳历八节。

八卦之前还有图书。前面已经谈过，八卦是圣人的作品，图书是圣人"则之"的圣物。在民族大家庭中，只有汉族、彝族两个民族保留有图书，但是只有彝族能够用天文历法解释图书。

彝族文化解释，彝族的鲁素（华夏的洛书），彝族的付托（华夏的河图）都是表达天文历法的：鲁素表达的是十月太阳历，付托表达的是十二月阴阳合历。

八卦与图书，均出现于文字之前。

八卦与图书到底起于何时？换句话说，历到底起于何时？

有几个可参考的依据：一是地下出土的人工水稻；二是岩画与地下出土的各种天文图；三是各民族的记载与传说。

关于地下出土的人工水稻，有以下几个实例：

例一，浙江余姚县河姆渡史前遗址中发现了七八千年前的人工水稻。

例二，湖南澧县发现了八九千年前的人工水稻。

例三，湖南道县发现了一万二千年前的人工水稻。

没有天文历法，会有人工水稻的出现吗？人工水稻，是不是证明了这样一个问题：什么时候有人工水稻，证明了什么时候已经有了天文历法。

关于图画，有以下实例：

例一，山中岩画中有太阳。岩画中一有形象的太阳，二有抽象的太阳。何谓抽象的太阳？指各式各样的几何图，如旋涡图、四面八方图。

例二，地下的陶罐上有太阳。仰韶文化的陶罐上有太阳，一有形象的太阳，二有抽象的太阳。

例三，器物上有太阳。地下出土的象牙、玉器、金器上有太阳，一有形象的太阳，二有抽象的太阳。

形象的太阳，说明此时的先贤已经认识到了太阳的重要性；抽象的太阳，说明此时的先贤已经制出太阳历。太极、图书与八卦，应该都是在抽象阶段形成的。形象的太阳与抽象的太阳，是不是说明这样一个问题：中华先贤在很早很早的时候，远在文字之前就开始了对太阳的研究，并且在文字之前就制出了太阳历。

以开天辟地之后的先贤人物为标志，关于历到底起于何时，民族大家庭中有这样几个答案：

苗族文化记载，历是从盘古开天开始的！

水族文化记载，历是从猗韦氏开始的！

羌族文化记载，历是从燧人氏开始的！

华夏文化记载，历是从伏羲氏开始的！

盘古，苗族代代相传的古歌中有记载。水族所崇拜的先贤猗韦氏，在《庄子·大宗师》中有记载。《庄子》中的猗韦氏，在时间上早于伏戏氏（伏羲氏），早于黄帝。

制历，是开天辟地之后的一件至关重要的大事！

这里值得说明的一个问题是：彝族同样以伏羲氏为祖先。

华夏经典中的天文历法始于何时？在华夏早期的经典中，部部经典都有制历的记载或历的运用。请看以下实例：

例一，《尚书》中有制历的记载。《尚书·尧典》记载，尧的主要功绩就是观天文以制历。尧时代已经根据天文分出了四时，已经确定了回归年时间长度为366日。《尚书·尧典》的历，是"历象日月星辰"的结果，这里的历应该是太阳历、太阴历与二十八宿历三历合一的阴阳合历。

例二，《周礼》中有制历的记载。《周礼·地官·大司徒》记载了土圭测影之法。土圭测影，测的是日影。《周礼》记载了四时、十二月。《周礼》中的历，应该是纯太阳历。

例三，《周髀算经》全部内容都是制历的记载。制历的依据，是立竿测影。沿用至今天的二十四节气，就是出于《周髀算经·天体测量》。二十四节气，属于纯太阳历。《周髀算经》中出现朔望月的时间长度为 $29\frac{499}{940}$ 天，出现太阳回归年的时间长度为 $365\frac{1}{4}$ 天，出现闰年的时间长度为 $383\frac{847}{940}$ 天，所以《周髀算经》中有三种历，即太阳历、太阴历与阴阳合历。

这里，有必要介绍一下《周髀算经》中的后天八卦。

《周髀算经·日月历法》："故冬至从坎阳在子，日出巽而入坤，见日光少，故曰寒。夏至从离阴在午，日出艮而入乾，见日光多，故曰暑。"

坎在子，离在午，如此八卦即通常所说的后天八卦。后天八卦表达的仍然是太阳历。冬至这一天，日出于巽而入于坤。巽，东南方位也；坤，西南方位也。冬至这一天，日出于东南入于西南。冬至，形象用八卦中的坎卦来表达，抽象用十二地支中的子支来表达。冬至一阳升，升在坎卦、升在子午线的子位。坎卦、子位，位于空间中的北方。冬至寒冷，中华文化用空间中的北方来表达，实际上冬至这一天，太阳恰恰相交的是南回归线。冬至，二十四节气中的第一气。这个重要节令，涉及后天八卦中的三卦——巽卦、坤卦、坎卦。前两卦表达的是日出日落的方位，后一卦表达的是冬至本身。夏至这一天，日出于艮而入于乾。艮，东北方位也；乾，西北方位也。夏至这一天，日出于东北入于西北。夏至，形象用八卦中的离卦来表达，抽象用十二地支中的午支来表达。夏至一阴降，降在离卦，降在子午线的午位。离卦、午位，位于空间中的南方。夏至炎热，中华文化用空间中的南方来表达，实际上夏至这一天，太阳恰恰相交的是北回归线。夏至，二十四节气中的第十三气。夏至，是太阳回归点，这个重要节令，涉及后天八卦中的三卦——艮卦、乾卦、离卦。前两卦表达的是日出日落的方位，后一卦表达的是夏至本身。——仰观太阳，落脚于历法。太阳历，是八卦表达的，是十二支表达的。

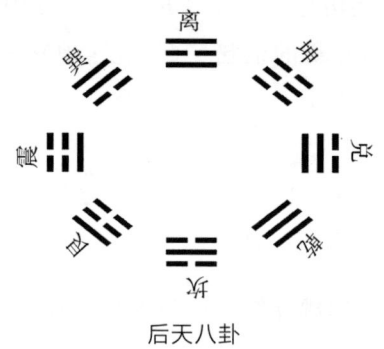

后天八卦

例四，《黄帝内经》对太阳历的运用。《素问》第二篇的题目为"四气调神大论"。调神即养生，养生论四时——春养肝，夏养心，秋养肺，冬养肾，四时之末的最后 18 天健脾。

以四时论养生，以四时论气象，以四时论脉象，以四时论物候，以四时论针刺，以四时论补泻，《素问》奠定了"以四时论之"的方法。

四时可以论 A，可以论 B，可以论 C，可以论 D……四时这里有归纳，四时这里有推理；离开了四时，中医就失去了论证问题的重要坐标。四时从何而来？从太阳历来。——太阳历是不是《黄帝内经》的理论基础？

"五日谓之候，三候谓之气，六气谓之时，四时谓之岁，而各从其主治焉。五运相袭，而皆治之，终期之日，周而复始，时立气布，如环无端，候亦同法。故曰：不知年之所加，气之盛衰，虚实之所起，不可以为工矣。"这一论断，是在《素问·六节脏象论》中出现的。何谓气？何谓候？何谓时？何谓岁？"五日谓之候，三候谓之气，六气谓之时，四时谓之岁。"这些内容全部在天文历法的范畴之内。这一论断落脚于"三不知不可以为工"上。"年之所加"在"三不知"的顺序中，排位第一。年，指的是天文历法。"所加"，指的是天文历法的推演。这一论断说明什么？是不是说明天文历法在《黄帝内经》中的基础性？"故用针者，不知年之所加，气之盛衰，虚实之所起，不可以为工也。""三不知不可以为工"的论断，在针经《灵枢》中又重新出现一次。除了太阳历，《黄帝内经》还运用了太阴历、北斗历、二十八宿历。试想，离开了天文历法会认识《黄帝内经》吗？

同样的道理，研究《周易》能离开天文历法吗？

如果说图书与八卦都是表达天文历法的，那么六十四卦呢？六十四卦也是表达历法的吗？

是！

六十四卦表达的是阴阳合历。

六十四卦每卦六爻，64×6＝384，六十四卦一共384爻。384，是六十四卦的爻数，也是阴阳合历闰年的天数。例如，2020年是闰年。闰年13个月，384天。

不懂太阳历，读不懂第一部书！

不懂阴阳合历，读不懂第一张图！

不懂四时八节，读不懂八卦！

不懂阴阳合历，读不懂六十四卦。

只有天文这把钥匙，才可以打开图、书的大门！

只有天文这把钥匙，才可以打开卦象的大门！

从天文历法入手认识《周易》，就会取得一通百通的结果。仅仅以经论经，以书论书，就会出现"一不通百不通"的困局。

三、三《易》简介

中华大地上曾出现过三种《易》，其中包括《周易》。在经典中，三种

《易》首先是在《周礼》中出现的。

《周礼·春官》："一曰连山，二曰归藏，三曰周易。其经卦皆八，其别皆六十有四。"

请看，《易》有三种！

三种《易》，《连山易》排第一，《归藏易》排第二，《周易》排第三。敬请注意，三种《易》排位第一的是《连山易》，排末尾的是《周易》。

《连山易》，今天的水族同胞还有保留。水族同胞自称根在中原，中心在河南滑县。与华族的关系，水族同胞的解释是：同祖不同宗。水族远古尊盘古、牙娲（女娲）为祖先，上古尊猗韦氏为祖先。《庄子·大宗师》有猗韦氏的记载。在《庄子》的记载中，猗韦氏得道早于伏戏氏（伏羲氏），远远早于黄帝。得道得什么？太阳本身可以论道，日月联合可以论道，四时可以论道，昼夜可以论道，猗韦氏得道得的是太阳之道，得的是日月之道，得的是昼夜之道、四时之道。猗韦氏得道早于伏羲氏、黄帝说明了什么？说明猗韦氏制历早于伏羲氏，早于黄帝。三种《易》，为何《连山易》排第一，猗韦氏制历最早，这大概是其根本原因。

三种《易》，实际上是三种历。

三种《易》，实际上是不同地区、不同部落的三种历。

冬至夏至相同，四时八节相同，是三种《易》三种八卦的相同点。年的始点——正月的安排不同，应该是三种《易》的不同点。例如，水族《连山易》以九月为端月——开端之月，端月过大年，要休息要娱乐要载歌载舞；在中原地区，九月恰恰是秋收大忙季节，九月过大年，显然行不通。大年节的安排不当，是不是《连山易》失传于中原的主要原因。

《周易》之外还有《易》，《周易》之前还有《易》，这一点是应该高度重视的。笔者陈述这一点的目的，是想提醒华夏后裔即汉族学者，千万不要以老大自居。研究《易》，我们必须老老实实、认认真真地向少数民族学习，尤其是彝族、苗族、水族这几个兄弟民族。

三《易》命名的依据为何？水族学者解释，《连山易》命名的依据，是艮卦的特征。《连山易》以八卦中的艮卦开篇，艮卦象征山，所以命名为《连山易》。《归藏易》命名的依据，史传是坤卦的功能。坤卦象征大地，大地有运载、收藏万物之功能，所以命名为《归藏易》。

那么，《周易》命名的依据是什么呢？

《周易》命名的依据不是卦象之特征，也不是卦象之功能，而是以卦理命名的。

四、《周易》 之名简论

《周易》的命名不是以卦象特征命名的，因为八卦与六十四卦之中，没有以"周"字命名的卦。

虽然六十四卦形成于周代，但《周易》命名的依据却是卦理！

《周易》之周，为圆周循环之周。《周易》之易，为日月为阴阳。

（一）《周易》之周

周，有圆周循环之义。请看下面几个论断。

其一，《周易·系辞上》："易与天地准，是故能弥纶天地之道。仰以观于天文，俯以察于地理，是故知幽明之故。原始反终，故知死生之说。"

这一论断明确指出，易之道即天地之道。天地之道是圆周循环之道吗？是！《吕氏春秋·大乐》："天地车轮，终则复始。"请看，这一论断将天地视为圆形车轮，将天地运动解释为车轮旋转。车轮旋转，终则复始。如此认识，是《吕氏春秋》延续中华先贤的认识。"终则复始"，形象地描述了圆周循环运动。"终则复始"与"原始反终"意义上相似相通。"原始反终"描述的是不是圆周循环运动？

寒论阴暑论阳，一寒一暑即一阴一阳，所以寒暑可以论天地之道。寒暑运动是首尾相接的圆周循环运动。"易与天地准"，准在寒暑圆周循环上。寒暑圆周循环，就是天道，就是天地之道。

夜论阴昼论阳，一昼一夜即一阳一阴，所以昼夜可以论天地之道。昼夜运动是首尾相接的圆周循环运动。"易与天地准"，准在昼夜圆周循环上。昼夜圆周循环，就是天道，就是天地之道。

太阳在天上，日影在地上，地上的日影可以论天道。中午的日影是一条变化的直线，长极而短，短极而长。天道运动是首尾相接的无限循环运动。"易与天地准"，准在何处？准在日影长短两极的循环变化上。日影长短两极的循环变化，就是天道，就是天地之道。

寒暑、昼夜、日影长短两极皆可以抽象为阴阳。阴阳是循环变化的阴阳，无论是周日中的昼夜变化还是周岁中的寒暑变化，均是首尾相接的无限循环运动。

幽者，阴也；明者，阳也。幽明本身就可以论阴阳，阴阳变化同样是首尾相接的圆周循环运动。

离离原上草，枯而荣，荣而枯，枯荣之变即死生之变；天上明月圆而缺，缺而圆，圆缺之变即死生之变；死生循环之变，可以用"原始反终"一词来形容。

综上所述，论《周易》之周，无论如何不能忘记无限循环的"原始反终"一词。

其二，《周易·系辞下》："易之为书也不可远，为道也屡迁，变动不居，周流六虚，上下无常，刚柔相易，不可为典要，唯变所适。"

道是动态之道！描述道的运动出现"周流六虚"一词。时间之时可以论道。道的运动空间范围是"六虚"。东西南北四方加上下，就是"六虚"。六虚，又名六合，在中华文化里指的是宇宙。道的运动状态是"周流"。周，有圆周运动之义，有周而复始之义，有终则有始之义，有无限循环之义。论《周易》之周，不能忘记"周流六虚"一词。

其三，《周易·蛊·彖传》："终则有始，天行也。"

《周易》论天行，论终始不论始终。从始到终，是一个过程。终则有始，其过程是无限循环。天行，具有无限循环性。无限循环，现象上是竿下日影的长短两极变化的直线运动，实质上是地球公转的圆周运动。论《周易》之周，不能忘记"终则有始"一词，不能忘记"原始反终"一词。终点又是新起点，竿下日影是这样，地球公转是这样。知道这些常识，才能理解"论终始不论始终"的所以然。

其四，《周易·系辞下》："日往则月来，月往则日来，日月相推而明生焉。"又："寒往则暑来，暑往则寒来，寒暑相推而岁成焉。"

日往月来，月往日来，其过程的实质是地球圆周运动与月球圆周运动。地球与月球的运动，是圆周循环运动。寒往暑来，暑往寒来，体现在两个地方：一是中午日影的长极而短、短极而长的变化；二是地球公转的无限循环。论《周易》之周，不能忘记"A往则来B，B往则A来"这一优美优雅的句式。

其五，最为关键的是，以震卦开端、以艮卦结尾的后天八卦，其本身的运动也是圆周循环运动。八卦循环一周，万物完成一个生长收藏的过程，《周易·说卦传》对此的解释是："万物之所成，终而所成始也。"终始相连，终点之后恰恰又是一个新的始点。

以上五个论断，能否说明一个问题，即《周易》之周，讲的是圆周循环之理。

（二）《周易》之易

何谓《易》呢？请看《庄子》与《周易参同契》中的两个论断：

其一，《庄子》论《易》。关于《易》，《庄子·天下》有如下诠释："《易》以道阴阳。"按照庄子的解释，《易》之核心是阐明阴阳的。

其二，《周易参同契》论《易》。关于《易》，人类历史上最早记载分解、化合反应的《周易参同契》有如下诠释："日月为易。""日为阳，月为阴。"《素问·阴阳离合论》以日月论阴阳。《周易参同契》与《庄子》两部典籍，说法不同，实质相同：《易》之根本，《易》之核心，在阴阳，在日月。

汉代学者郑玄论《周易》，论出了"简易""变易""不易"之说。相当多的学者以郑玄"三易"之说来诠释《易》。实际上，"简易""变易""不易"只是《易》的三大特征而非《易》之核心。《易》之核心在阴阳在日月，这一点，是《易》之研究者应该牢记的。

（三）多重意义

《易传》诠释《易》，诠释出多重意义：一是天地《易》；二是日月阴阳《易》；三是生生《易》；四是人文《易》；五是发明制器《易》；六是时间《易》；七是变化《易》；八是永恒《易》。

关于天地《易》，请看以下论断：

1. "在天成象，在地成形，变化见矣。"（《周易·系辞上》）

2. "易与天地准，是故能弥纶天地之道。仰以观于天文，俯以察于地理，是故知幽明之故。"（《周易·系辞上》）

3. "夫易广矣大矣。以言乎远则不御，以言乎迩则静而正，以言乎天地之间则备矣。"（《周易·系辞上》）

4. "圣人有以见天下之赜，而拟诸其形容，象其物宜，是故谓之象。"（《周易·系辞上》）

5. "法象莫大乎天地，变通莫大乎四时，悬象著明莫大乎日月。"（《周易·系辞上》）

6. "天垂象，见吉凶，圣人象之。河出图，洛出书，圣人则之。易有四

象，所以示也。"（《周易·系辞上》）

7. "昔者圣人之作易也，幽赞于神明而生蓍，参天两地而倚数，观变于阴阳而立卦，发挥于刚柔而生爻……"（《周易·说卦传》）

以上论断所论的《易》，是天地《易》。天与地的关系，是"一分为二，合二为一"的关系。天地《易》，即天文地理《易》。天文地理，是万物演化的基础。所以，人类从"开始提出问题"那一时刻起，就开始了认识天地的研究。《易》理表达的就是天地之理。天地之理中有繁育万物的哲理，有"如何做人"的哲理；中华先贤从天地之理中一是抽象出了"生生不息"的繁殖方式，二是抽象出了"天如何人如何，地如何人如何"的做人公式。一直沿用到今天的至理名言"有天地然后有万物"，就是源于前一个公式；一直沿用到今天的至理名言"天行健，君子以自强不息"与"地势坤，君子以厚德载物"，就是源于后一个公式。

关于日月阴阳《易》，请看以下四个论断：

1. "一阴一阳之谓道。"（《周易·系辞上》）

2. "阴阳之义配日月。"（《周易·系辞上》）

3. "日往则月来，月往则日来，日月相推而明生焉。寒往则暑来，暑往则寒来，寒暑相推而岁成焉。"（《周易·系辞下》）

4. "昔者圣人之作易也，将以顺性命之理，是以立天之道曰阴与阳，立地之道曰柔与刚，立人之道曰仁与义。"（《周易·说卦传》）

以上论断论《易》，论的是日月阴阳《易》，论的是天地阴阳《易》。以日月论阴阳，以天地论阴阳，这是中华先贤的优秀而独特的地方。阴阳，是天地之理的高度抽象，是日月之理的高度抽象，是万物之理的高度抽象。天地日月，全人类都认识。能从天地日月里抽象出阴阳的，唯我中华先贤。百年来的文化批判运动，批判的第一目标就是阴阳。阴阳，在"科玄之争"中被斥之玄学。玄学之玄，就玄在阴阳不可实证，不可重复上。实际上，书中的阴阳无法重复，无法实证，而天文历法中的阴阳时时刻刻都在重复，时时刻刻都在实证。昼为阳，夜为阴，这是周日的阴阳。昼夜所分出的阴阳，天天都在重复，天天都在实证。暑为阳，寒为阴，这是周岁的阴阳。寒暑所分出的阴阳，年年都在重复，年年都在实证。玄学之玄，有两重意思：一是玄妙，二是玄虚。阴阳是玄妙之学，而非玄虚之学。知道阴阳的第一发源地在天文历法，首先在太阳历，才能真正理解阴阳深厚的底蕴与广泛意义。

关于自然生生《易》，请看以下五个论断：

1. "生生之谓易。"（《周易·系辞上》）

2. "夫乾，其静也专，其动也直，是以大生焉。夫坤，其静也翕，其动也辟，是以广生焉。"（《周易·系辞上》）

3. "是故易有太极，是生两仪，两仪生四象，四象生八卦，八卦定吉凶，吉凶生大业。"（《周易·系辞上》）

4. "有天地然后万物生焉。"（《周易·序卦》）

5. "有天地然后有万物，有万物然后有男女。"（《周易·序卦》）

以上论断论《易》，论的是生生《易》。生生，即自然演化。生生《易》，即自然演化《易》。宇宙如何演化？这是文化、宗教必须回答的问题。《圣经·创世纪》以神的命令式解答了这一问题：神说要有 A，于是就有了 A；神说要有 B，于是就有了 B。《周易》用阴阳分裂而变的方式解答了这一问题：以太极为起点，一分为二，二分为四，四分为八。用文学的语言描述是："有 AB 然后有 CD。"

关于人文《易》，请看以下四个论断：

1. "易其至矣乎。夫易，圣人所以崇德而广业也。知崇礼卑。崇效天，卑法地。天地设位而易行乎其中矣。成性存存，道义之门。"（《周易·系辞上》）

2. "夫易，彰往而察来，而微显阐幽，开而当名辨物，正言断辞，则备矣。"（《周易·系辞下》）

3. "易之为书也不可远，为道也屡迁，变动不居，周流六虚，上下无常，刚柔相易，不可为典要，唯变所适。"（《周易·系辞下》）

4. "易之为书也，广大悉备。有天道焉，有人道焉，有地道焉。兼三才而两之，故六。六者非它也，三才之道也。"（《周易·系辞下》）

以上论断论《易》，论的是人文《易》。从天文到人文，即从天文中抽象出人文，从地理演化出人理，从天地之道中归纳出立人之道，这就是源头的中华文化。建立了"以天理论人理"的论证方式，这就是中华先贤的伟大贡献。人文《易》演化出了流传千古的"天地人三才"之说。天地人三者分而为三，合三为一，这里是天人合一哲学的发源地。

关于制器《易》，请看以下四个论断：

1. "八卦而小成，引而伸之，触类而长之，天下之能事毕矣。"（《周易·

系辞上》）

2. "易有圣人之道四焉，以言者尚其辞，以动者尚其变，以制器者尚其象，以卜筮者尚其占。"（《周易·系辞上》）

3. "见乃谓之象，形乃谓之器，制而用之谓之法，利用出入，民咸用之谓之神。"（《周易·系辞上》）

4. "形而上者谓之道，形而下者谓之器，化而裁之谓之变，推而行之谓之通，举而措之天下之民谓之事业。"（《周易·系辞上》）

以上论断论《易》，论的是发明创造的制器《易》。一部《圣经》只有一个字最重要，这个字就是"神"；一部《周易》有两个字最重要，这两个字就是"道"与"器"。神与道，有一个共同之处，有一个不同之处：共同之处即都是宇宙万物的创造者，都是"如何做人"的终极坐标。不同之处即神反对人进行器具的发明创造，而道却启示人进行器具的发明创造。生产离不开器具之器，生活离不开器具之器，稍微留心一下就会知道，源头钻木取火、构木为巢的中华先贤个个都是先进器具的发明创造者。进入经典，器具之器与至高无上的道并列在了一起。"道器并重"是《周易》的核心，也是中华文化的核心。为何会有领先于世界的中华文明？因为有"道器并重"的中华文化。为何会有东也敢打，西也敢打，而且谁都能够打败的"落后挨打"？因为失传、变质了"道器并重"的中华文化。

《周易》讲圣人之道，是行而论道之道。圣人之道有四，制器之道四居其一。在《周易》里，凡是称为圣人的，都有制器的功绩。没有制器的功绩，似乎称不起圣人。

制器《易》，被众多研究者忽略了。

关于时间《易》，请看以下十六大论断：

1. "大明终始，六位时成，时乘六龙以御天。"（《周易·乾·彖传》）

2. "与四时合其序。"（《周易·乾·文言》）

3. "天地以顺动，故日月不过，而四时不忒。"（《周易·豫·彖传》）

4. "观天之神道，而四时不忒，圣人以神道设教，而天下服矣。"（《周易·观·彖传》）

5. "观乎天文，以察时变。"（《周易·贲·彖传》）

6. "日月得天而能久照；四时变化而能久成。"（《周易·恒·彖传》）

7. "损刚益柔有时，损益盈虚，与时偕行。"（《周易·损·彖传》）

8. "凡益之道，与时偕行。"（《周易·益·象传》）

9. "天地革而四时成，汤武革命，顺乎天而应乎人，革之时义大矣哉！"（《周易·革·象传》）

10. "时止则止，时行则行，动静不失其时，其道光明。"（《周易·艮·象传》）

11. "日中则昃，月盈则食，天地盈虚，与时消息，而况人于人乎？"（《周易·丰·象传》）

12. "天地节而四时成，节以制度，不伤财，不害民。"（《周易·节·象传》）

13. "过以利贞，与时行也。"（《周易·过·象传》）

14. "变通者，趣（趋）时者也。"（《周易·系辞下》）

15. "易之为书也，原始要终以为质也。六爻相杂，唯其时物也。"（《周易·系辞下》）

16. "X之时，大矣哉！"这一句式，在《周易·象传》中出现十多次。

讲时间之时，是从六十四卦的第一卦乾卦开始的。乾卦的六爻，一可以解释为太阳回归年的前六个月，二可以解释为白天的六个时辰。六爻有多重意义，时间之时，位居其首。

一部两万多字的《周易》，关于时间之时的至理名言有几十句之多，一个"时"字出现五十多次，时间《易》的重要性，此处可见一斑。精确的时间单位，循环的时间系统，如此两个基点才是中华文化的起始点。

《周易》以时间之时论天理，论日月之理，论昼夜之理，论万物变化之理，以时论人理，以时论政理。守时，信守时序，在《周易》里，是做人的基本道理。守时，信守时序，是衡量圣人、大人、君子的基本尺度。天理体现在时序中，时间《易》的意义应该就在于此。

一个"时"字，为何如此重要？下面两个论断，可以解答这一难题。《尚书·大禹谟》："时乃天道。"《管子·四时》："不知四时，乃失国之基。"时间之时，就是天道。天道是人文之基础，焉能不重要？！

四时，乃国之基础。国之基础，焉能不重要？！

时间《易》，被众多研究者忽略了。

关于变化《易》，请看以下二十五个论断：

1. "乾道变化，各正性命，保合大和，乃利贞。"（《周易·乾·

象传》）

2. "地道变盈而流谦。"（《周易·谦·象传》）

3. "观乎天文，以察时变。"（《周易·贲·象传》）

4. "四时变化而能久成。"（《周易·恒·象传》）

5. "天地变化，草木蕃。"（《周易·坤·文言》）

6. "在天成象，在地成形，变化见矣。"（《周易·系辞上》）

7. "刚柔相推而生变化。"（《周易·系辞上》）

8. "君子居则观其象而玩其辞，动则观其变而玩其占。"（《周易·系辞上》）

9. "爻者，言乎变者也。"（《周易·系辞上》）

10. "通变之谓事。"（《周易·系辞上》）

11. "变通配四时。"（《周易·系辞上》）

12. "拟之而后言，议之而后动，拟议以成其变化。"（《周易·系辞上》）

13. "知变化之道者，知神之所为乎。"（《周易·系辞上》）

14. "以动者尚其变。"（《周易·系辞上》）

15. "参伍以变，错综其数，通其变，遂成天下之文。"（《周易·系辞上》）

16. "一阖一辟谓之变。"（《周易·系辞上》）

17. "变通莫大乎四时。"（《周易·系辞上》）

18. "圣人立象以尽意，设卦以尽情伪，系辞焉以尽其言，变而通之以尽利，鼓之舞之以尽神。"（《周易·系辞上》）

19. "极天下之赜者存乎卦，鼓天下之动者存乎辞，化而裁之存乎变，推而行之存乎通，神而明之存乎其人。"（《周易·系辞上》）

20. "刚柔相推，变在其中矣。"（《周易·系辞下》）

21. "变通者，趣（趋）时者也。"（《周易·系辞下》）

22. "功业见乎变。"（《周易·系辞下》）

23. "黄帝尧舜氏作，通其变，使民不倦。"（《周易·系辞下》）

24. "易穷则变，变则通，通则久。"（《周易·系辞下》）

25. "易之为书也不可远，为道也屡迁，变动不居，周流六虚，上下无常，刚柔相易，不可为典要，唯变所适。"（《周易·系辞下》）

讲变化，是从六十四卦的第一卦乾卦开始的。乾卦的六爻，可以解释为变化的六个阶段。六爻有多重意义，阶段性变化，位居其一。

太阳在变化！变化的太阳，分出了寒暑，分出了四时，分出了一周岁的前六个阳性月与后六个阴性月。

日月在变化！变化的日月，分出昼夜，分出早晨、傍晚、中午、子夜四个时段，分出一周日的前六个时辰、后六个时辰一共十二个时辰。

周日的两个变化点在中午子夜，周岁的两个变化点在冬至夏至。日中为午，夜半为子；冬至在子，夏至在午；子午两点是阴阳的转换点——子点阴极生阳，午点阳极生阴。寒暑变化，昼夜变化，均可以抽象为阴阳变化。

卦是变化之卦，爻是变化之爻；变化之卦，变化之爻，表达的是变化的时间与空间。空间，六虚也。六虚，四方上下也。四方上下，三维坐标也。时间之时，可以论道。道周游在六虚之中，实际上已经形成四维坐标。

变化有周期性！每一个变化的终点，就是一个新起点。"大明终始"之后，还有"原始反终""终则有始""物极必反""易穷则变""否极泰来"等众多成语。中华文化以太阳论终始，希伯来文化以上帝论始终。《圣经·新约·启示录》有"我是阿尔法，我是俄梅戛；我是首先的，我是末后的，我是始，我是终"的论断。在"终始"与"始终"的认识上，中华文化与希伯来文化有着惊人的一致性。所不同的是，一个是"以太阳论之"，一个是"以神论之"。

研究《周易》，落脚点不能以书为准，而应该落脚于认识变化、适应变化的"唯变所适"上。研究《周易》，一定要记住"易之为书也不可远，为道也屡迁，变动不居，周流六虚，上下无常，刚柔相易，不可为典要，唯变所适"这一论断。书中的道理重要，书外的道理更重要。

关于永恒《易》，请看以下两个论断：

1. "乾坤其易之蕴邪，乾坤成列，而易立乎其中矣。乾坤毁，则无以见易，易不可见，则乾坤或几乎息矣。"（《周易·系辞上》）

2. "天地之道，贞观者也。日月之道，贞明者也。天地之动，贞夫一者也。"（《周易·系辞下》）

乾坤之道，天地之道，日月之道，永恒之道也，长青之道也。《易》立乾坤之中，《易》立天地之中，《易》立日月之中，毫无疑问，《易》是永恒之《易》，《易》是长青之《易》。除非乾坤毁灭，《易》的生命才会终结。

这，是第一论断的意思。

以一个"贞"字，来描述天地之道，描述日月之道，描述天地之动，一个"贞"字难道有永恒之意义吗？有！贞，坚贞之贞，纯正之贞，始终如一之贞，固守正道之贞。一个"贞"字，讲的是始终如一，长青永恒。请看以下四个含有"贞"字的论断。

1. 《尚书·太甲下》："一人元良，万邦以贞。"

2. 《逸周书·谥法解》："清白守节曰贞，大虑克就曰贞，不隐无屈曰贞。"

3. 《周易·师·象传》："贞，正也。"

4. 《论语·卫灵公》："君子贞而不谅。"

纯正、忠贞、坚贞、始终如一，是一个"贞"字的基本含义。一部《周易》，从经到传，出现次数最多的是一个"贞"字，出现的次数高达111次之多，这里讲的是不是永恒《易》?!

五、 三种先后关系与一种论证方式

一是天文在人文之先，二是历在《易》之先，三是卦在文字之先，明白了这三种先后关系，就登上了《周易》这座圣殿的第一台阶。

历在《易》先，这是一个基本点。《易》以历为本，这是另一个基本点。明白了这两个基本点，就进入了《周易》这座圣殿。

论证问题的论证方式一不是"以书论之"，二不是"以人论之"，而是"以天论之"——以天论 A，以天论 B，以天论 C，以天论 D，明白了这种论证方式，就可以弄懂《周易》里的全部内容。天是原则，寒暑、昼夜、四时是具体。天理在何处？天理在寒暑在四时在昼夜。

天文可以论人文，天道可以论人道，天时可以论人时，天则可以论人则，天德可以论人德，天象可以论气象、物象、器象，天理可以论人理、物理、医理、兵理，明白了这一基本论证方式，就可以在《周易》的基础上继续前进。

此处需要说明的三个问题是：在源头文化里，天地往往是合一而论的，这是一。道，位于天地之上，位于天地之前，所以"以天论之"之上还有"以道论之"，这是二。用现代哲学的术语说，中华先贤论证问题的论证方式是本体论与认识论的统一，本体论与价值论的统一，本体论与方法论的统一，这是三。

六、 两种学法， 两种结果

研读《周易》，春秋之前与春秋时期，就出现了两种学法与两种结果。

一种学法是学大道，如此学《易》，其结果是"知道"，即明白了宇宙万物的基本道理——广大之理与精微之理，做人做事就不会出现违背天理的错误。请看孔夫子的两个论断：

其一，"加我数年，五十以学易，可以无大过矣。"（《论语·述而》）

其二，"洁静精微，易教也。"（《礼记·经解》）

另一种学法，是舍大道而取小术，专门以推演人事祸福。如此学《易》，其结果可以用一个"贼"字来形容。请看下面两个论断：

1. "易之失，贼。"（《礼记·经解》）

2. "阴阳家者流，盖出于羲和之官。敬顺昊天，历象日月星辰，敬授民时，此其所长也。及拘者为之，则牵于禁忌，泥于小数，舍人事而任鬼神。"（《汉书·艺文志》）

仰观天文，历象日月星辰，中华先贤创造了书创造了图创造了卦。图书与卦，表达的是天道。天道里有昼夜有寒暑有四时有八节有十二月有二十四节气，四时之前有五行，"敬授民时"是圣人著书绘图作卦的最终目的。圣人算卦，推算的是天时，推算的是历法。以卦算命，偏离了大道，偏离了天理。以卦算命，不讲"自强不息"的天理，不讲"厚德载物"的地理，只有"牵于禁忌，泥于小数"的邪说歪理。贼者，害也。《论语·宪问》中有"老而不死是为贼"之说，这里的"贼"，不是盗窃者，而是害人虫。学《易》舍大道而入小数（小术）是有害的。一是害己，二是害人。"易之失，贼。"希望学《易》者记住这句话。

阴阳家的前后变化，是从天文之占到命运之占的变化，这就是从大道到小数的变化。占，原始意义是天文观测。关于占的本意，下面会有专门讨论。这里，有几条道理，特别需要提醒相信算命的朋友：

《周易》以天理论人理，第一卦中的第一条人理是"天行健，君子以自强不息"。《周易》以地理论人理，第二卦中的第二条人理是"地势坤，君子以厚德载物"。请看，这两条人理讲自强讲厚德，其中有"生辰八字如何，命运就如何"的歪理吗？

　　《周易》中没有"因果报应"的说教，但有"有此因必有此果"的逻辑。《周易·系辞下》："善不积不足以成名，恶不积不足以灭身。"积善，成名；积恶，灭身。这一条哲理是针对个人而言的因果逻辑。《周易·坤·文言》："积善之家必有余庆，积不善之家必有余殃。"积善，有余庆；积不善，有余殃。这一条哲理是针对家庭而言的因果逻辑。前一条哲理讲立人，后一条哲理讲立家。请看，立人立家的哲理讲究的是积善，反对的是积恶。这里有"生辰八字如何，命运就如何"的邪说吗？

　　阴阳家，本来是最早的天文学家。开创中华文化的圣贤君王，重视的是天文历法，这时的阴阳家受到了重视；家天下之后的君王，重视的是权谋权术而不是天文历法；阴阳家在此发生了变质，天文大道的观测者、研究者变质为推演"命运如何"的算命先生。到了汉代，变质的阴阳家已经形成一种职业，而且专门以"选择吉日"、推算命运为生。

　　算命先生的结论可靠吗？

　　请看汉孝武帝时的一件事占出七个结论的荒唐。

　　皇帝办喜事，希望选一个好日子，请来了天下一流的算命先生，结果一件事占出了七个结论：

　　"孝武帝时，聚会占家问之，某日可取妇乎？五行家曰可，堪舆曰不可，建除家曰不吉，丛辰家曰大凶，历家曰小凶，天人家曰小吉，太一家曰大吉。"

　　一件事七个结论，这则故事记载在《史记·日者列传》中。皇帝选吉日，所用的肯定是一流的算命先生。同一件事，七家七个结论，如此结论可靠吗？普通百姓求卦，能请到一流的算命先生吗？街头巷尾算命先生，求的不是道，求的是烧饼馒头，不管你八字里缺什么，算命先生永远缺金，你不给他卦金，他中午饭肯定没有着落。

　　"易道深矣，人更三圣，世历三古。"《汉书·艺文志》如此评价《易》的形成过程。试想，三代圣人，历时三古的努力，仅仅是为了给算命先生留下一个饭碗？

　　人工水稻告诉后人，太阳之道、节令之道深于万年之上。有上万年的努力，也许是几万年的努力；有三代圣人的努力，也许是十代几十代圣人的努力，才产生了太阳历、太阴历、北斗历，最终合三为一形成全世界独一无二的阴阳合历，形成儒家十三经之首、道家三玄之首的《周易》，形成儒释道三家共同崇尚的《周易》。把一部如此重要的经典，交给算命仙进行"天上何时掉馅饼"的胡乱解释，实在是整个民族的耻辱。

这里，笔者再次提醒研究《周易》的朋友一定要记住这样几个基本点：

"自强不息"，是《周易》第一卦的人文哲理；

"厚德载物"，是《周易》第二卦的人文哲理；

启蒙重于饮食之需，是《周易》第四卦的人文哲理；

积善才能有成名之君子，积善才能有平安之家，这才是《周易》中真正的哲理。

以上的哲理，与算命术有关吗？与"天上何时掉馅饼"有关吗？

七、《周易》文字中关于"日月星"的警句

《周易》爻辞中有日月星，诠释爻辞的文字中有日月星，这里集中如下，供读者鉴赏：

（一）爻辞中的太阳

《离》卦，六十四卦序列中第三十卦。《离》卦爻辞中出现了太阳："日昃之离，不鼓缶而歌，则大耋之嗟，凶。"

日，太阳也。昃，夕阳西下也。《说文》："昃，日在西方时，侧也。"《春秋公羊传·定公十五年》："昃，日西也。"

日昃之离，太阳下山时迷离之晚霞也。

天文之后出现的人文，这是爻辞论证问题的基本公式。这里的天文是："日昃之离。"这里的人文是："不鼓缶而歌，则大耋之嗟，凶。"

天文中的事关太阳的"日昃之离"，这一发现应该早于《周易》，所以才有爻辞中的"日昃之离"。

"日昃之离"，是这里需要认识与谨记的。

"日昃之离"之后人文解释，可以理解为多种含义，所以这里需要谨记的是"以天文论人文"的思路；至于特殊论断，例如夕阳西下时的"鼓缶而歌"，以及一声叹息的"大耋之嗟"，则不必做过多的纠缠。

（二）爻辞中的月亮

六十四卦，其中小畜、归妹、中孚三卦的爻辞中出现事关月亮的"月几望"。

1.《小畜》卦上九：既雨既处，尚德载，妇贞厉。月几望，君子征凶。

2.《归妹》卦六五：帝乙归妹，其君之袂，不如其娣之袂良，月几

望，吉。

3.《中孚》卦六四：月几望，马匹亡，无咎。

爻辞中多次出现"月几望"。月，月亮也。几，即也，即将也。望，月与日相望也。《说文》："望，月满，与日相望，以朝君也。"《释名·释天》："望，月满之名也。月大十六日，小十五日，日在东，月在西，遥相望也。"月几望，指的应该是月亮即将圆满的阴历十四。初一月黑暗，十五月儿圆，这一发现应该早于《周易》，所以才有爻辞中的"月几望"。

天文中的"月几望"，是这里需要认识与谨记的。其它的人文解释，可以忽略不计。

（三）爻辞中的北斗

六十四卦的第五十五卦为《丰》卦，《丰》卦爻辞中两次出现"日中见斗"之说。

六二：丰其蔀（bu），日中见斗，往得疑疾，有孚发若，吉。

九四：丰其蔀，日中见斗，遇其夷主，吉。

蔀者，蔽也，遮蔽也。《释文》引《易略例》："大暗之谓蔀。"《集解》引虞注："日蔽云中称蔀。"

"丰其蔀"，指的是太阳被遮蔽，天空黑暗。《周易·象传》解释"丰其蔀"，解释出了"位不当"三个字。《周易·象传》："丰其蔀，位不当也。"

日中为午。日中，可以解释为中午时分。"日中见斗"，也许是中午时分天上出现北斗。《周易·象传》："日中见斗，幽不明也。"幽，晦暗也。"幽不明"，天地之晦暗也，也许是日食之日的天象。《象传》："'日中见斗'，幽不明也。"《经解》："'日中见斗'者，昼晦之象。"这里的解释，是中午时分天上出现北斗。

春分之日为日中。《尚书·尧典》："日中，星鸟，以殷仲春。"春分之日太阳出于正东方，没于正西方，北斗斗柄指向了正东方。"日中见斗"，也许是春分这一天的白天天上出现北斗。

天文中的"日中见斗"，人事中的"往得疑疾"与"遇其夷主"两件事。同一个天文现象，论出不同的事——这样的事，那样的事，事与事之间并没有相关性。所以，研读《周易》应该记住的是"以天文论人文"的论证方式，此处应该记住的是"以北斗论之"的论证方式。

（四）《易传》中的日月

《易传》分十翼，即十篇诠释经文的文章。十翼中有诠释乾坤两卦的

《乾·文言》《坤·文言》，有注释卦义卦象卦序的《彖传》《象传》《系辞》《序卦》《说卦》与《杂卦》，十翼之中除《序卦》《杂卦》两翼之外，其余八翼之中均有日月的记载。请看以下关于日月名言的集锦：

1. "天地以顺动，故日月不过，而四时不忒；圣人以顺动，则刑罚清而民服。"（《周易·豫·彖传》）

2. "日月丽乎天，百谷草木丽乎土，重明以丽乎正，乃化成天下。"（《周易·离·彖传》）

3. "日月得天而能久照，四时变化而能久成。"（《周易·恒·彖传》）

4. "日中则昃，月盈则食。"（《周易·丰·彖传》）

5. "日昃之离，何可久也。"（《周易·离·象传》）

6. "夫大人者，与天地合其德，与日月合其明，与四时合其序。"（《周易·乾·文言》）

7. "日月运行，一寒一暑。"（《周易·系辞上》）

8. "阴阳之义配日月。"（《周易·系辞上》）

9. "悬象著明莫大乎日月。"

10. "日月之道，贞明者也。"（《周易·系辞下》）

11. "日往则月来，月往则日来，日月相推而明生焉。"（同上）

12. "日以烜之。"（《周易·说卦传》）

经中有日月星，传中有日月星；不认识日月星，不认识日月星，能认识《周易》吗？

经中有日月星，传中有日月星；不认识日月星，不认识日月星，能阅读《周易》吗？

经中有日月星，传中有日月星；不研究日月星，不研究日月星，能研究《周易》吗？

八、 结束语

这里，与读者一起思考三个问题。

其一，源流关系问题。对于江河而言，有源才有流。没有源绝对不会有奔腾不息的江河。对于草木而言，有根才有枝叶才有花。没有根绝对不会有郁郁葱葱的草木，没有根绝对不会有鲜艳美丽的百花。对照自然哲理，需要思考的问题是，没有根没有源，会有伟大的中华文化吗？没有根没有源，会有令世界敬仰的中华文明吗？如果说中华文化有根有源，那么文化的根源又在何处？

其二，大根大本问题。中华文化、中医文化的大根大本在何处？答：在天文历法，首先在太阳历，在太阳历中的十月太阳历。

为什么这样说？依据如下：

阴阳五行，是从十月太阳历出发的。

天干地支，是从十月太阳历出发的。

36、72 这组数据，是从十月太阳历出发的。

○●，这两个抽象符号是从表达十月太阳历的洛书出发的。《周易》之中，恰恰没有这两个符号。

中华文化、中医文化的基本要素，全部是从十月太阳历出发的。这些基本要素，远远形成于《周易》之前。——《周易》为群经之首，太阳历为人文之首。

前面已经谈过，天文学是人类第一学，历法是人类第一法；在中华大地上，天文学既是第一学又是母亲学，历法既是第一法又是母亲法。不懂天文历法，能读懂中华文化吗？

十月太阳历中有阴阳有五行，《周易》谈阴阳不谈五行，十月太阳历中有天干有地支，《周易》中有天干而没有地支，对照十月太阳历，此处已经有所遗漏。研读《周易》，应该以历为准，而不应该以书为准。此处思考的问题是，不懂太阳历，仅仅以书论书，能读懂《周易》吗？

其三，永恒性与长青性问题。

太阳在天上，阴阳五行在书中。日月星在天上，阴阳合历在书中。阴阳五行抽象于太阳历，阴阳合历由日月星三大法则综合而成。书中的道理在书外，人文的道理在天文。

太阳的永恒性，决定了中华文化的永恒性。日月星的长青性，决定了中华文化的长青性。

仅以一阴一阳为例来说明文化的永恒性与长青性问题：

一阴一阳，首先发源于太阳。中午的日影长短两极决定了冬至夏至，冬至夏至抽象出了一阴一阳——夏至阴，冬至阳。关于两至与阴阳的关系，《苗族古历》表达得最为简洁："冬至阳旦，夏至阴旦。"中午的日影长短两极循环，千古不易，万古不变，这里抽象出的阴阳是不是具有永恒性？中午的日影长短两极循环，昨天在进行，今天在进行，这里抽象出的阴阳是不是具有长青性？

一阴一阳，其次发源于日月。日往月来，月往日来，形成昼夜——昼为阳，夜为阴。《黄帝内经》《周髀算经》中均有昼阳夜阴的论断。昼夜循环，千古不易，万古不变，这里抽象出的阴阳是不是具有永恒性？昼夜循环，昨天在进行，今天在进行，这里抽象出的阴阳是不是具有长青性？

此处思考的问题是，不懂日影长短两极变化，仅仅以书论书，能读懂阴阳吗？不懂日月往来，不懂昼夜往来，仅仅以书论书，能读懂阴阳吗？

九、　卦中术语的解读

阅读《周易》，有几个术语必须明白。

（一）初·上

六十四卦每一卦由六爻组成，由下而上，一二三四五六。第一爻的位置为初，第六爻的位置为上。

（二）九

九为阳数，阳爻称为九。阳爻有六，一二三四五六，在卦中分别称为初九、九二、九三、九四、九五、上九。

（三）六

六为阴数，阴爻称为六。阴爻六，一二三四五六，在卦中分别称为初六、六二、六三、六四、六五、上六。

（四）用爻

六十四卦中，唯有乾坤两卦的最上端有用九、用六两爻。

用爻之用，如何解释？

《周易参同契》："天地者，乾坤之象也；设位者，列阴阳配合之位也。易谓坎离，坎离者，乾坤二用。二用无爻位，周流行六虚。往来既不定，上下亦无常。"

《周易参同契》将用九用六两爻解释为水火。水火之用，用在六合之内亦即天地之间。这是一种解释。

从太阳历出发，用爻之用还有一种解释——阴阳转换所需要的时间。太阳回归，分前后两截——阳半年，阴半年。阳半年180天，阴半年180天。两个180天之外还有2天或3天的尾数。两截之间的阴阳转换，有一个过渡时间，彝族十月太阳历将这段时间安排为两个年节——冬至过3天，夏至过2天。闰年两个年节均过 3 天。闰年两个年所用的时间，既不计入月，也不计入行，单独计算，视为阴阳转换日。这里，是不是可以视为用爻之用的一种解释?!

（五）中、正

"中"与"正"两个字，许多次出现在《周易·象传》中。

何谓中? 何谓正?

先谈中。八卦三爻，分上中下，中间的位置为中。六爻中的二爻、五爻的位置为中。六十四卦六爻，六爻一分为二，分为上下两卦，下卦第二爻的位置为中，上卦第五爻的位置为中。这两个位置上会出现阳爻，也会出现阴爻；阴阳两爻无论是谁出现在这个位置上，都可以称为位于中。

再谈正。阳爻居奇位为正，阴爻居偶位为正。六爻自下而上，一二三四五六。一三五奇数的位置为阳爻的位置，二四六偶数的位置为阴爻的位置。阳爻居一二三位为正，阴爻居二四六位为正。

（六）三才之位

三才者，天地人也。

八卦中的三爻，第一重人文意义即天地人三才。上爻天，下爻地，中爻人，这就是八卦中的三才之位。

六十四卦中的六爻，第一重人文意义仍然是天地人三才。上两爻表达天，下两爻表达地，中间两爻表达人，这就是六十四卦中的三才之位。

若以顺序而论，从下而上，一二爻表达地，三四爻表达人，五六爻表达天，人位在三四爻的位置上。民间把不像样的人，贬称为"不三不四"，追溯其根源，可以追溯至六十四卦中的三才之位。

（七）经传之别

《周易》中的文字，有经传之别：卦名、卦辞、爻辞为经，《象传》《周易·象传》为传。经，诠释的是卦；传，诠释的是经。

（八）十二消息卦

十二消息卦，又称十二辟卦。《周易》本身，并没有出现十二消息卦，但后世有十二消息卦的流传，所以有介绍之必要。

"消息"一词，两次出现于《周易》。

其一，《周易·剥·象传》："君子尚消息盈虚，天行也。"

其二，《周易·丰·象传》："日中则昃，月盈则食，天地盈虚，与时消息。"

何谓消，何谓息? 阴来为消，阳来为息。以乾坤两卦为基础，阴阳两爻依次发生变化：阳爻变化的次序是由下而上，阴爻变化的次序由上而下。每变化一爻，就会变化出新的一卦。阴六爻阳六爻，变化出十二卦。这十二卦的顺序是：复、临、泰、大壮、夬、乾、姤、遯、否、观、剥、坤。

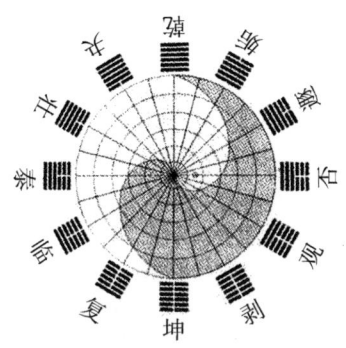

十二消息卦

如配以地支排列顺序，即：复主十一（子）月，临主十二（丑）月，泰主正（寅）月，大壮主二（卯）月，夬主三（辰）月，乾主四（巳）月，姤主五（午）月，遯主六（未）月，否主七（申）月，观主八（酉）月，剥主九（戌）月，坤主十（亥）月。

十二消息卦与地支、节气对应图

第十一章

《周易·经上》解读

卦一 乾

（乾为天）乾：元、亨、利、贞。

初九，潜龙勿用。

九二，见龙在田，利见大人。

九三，君子终日乾乾，夕惕若，厉，无咎。

九四，或跃在渊，无咎。

九五，飞龙在天，利见大人。

上九，亢龙有悔。

用九，见群龙无首，吉。

彖曰：大哉乾元！万物资始，乃统天。云行雨施，品物流形。大明终始，六位时成，时乘六龙以御天。乾道变化，各正性命，保合大和，乃利贞。首出庶物，万国咸宁。

象曰：天行健，君子以自强不息。

象曰：潜龙勿用，阳在下也；见龙在田，德施普也；终日乾乾，反复道也；或跃在渊，进无咎也；飞龙在天，大人造也；亢龙有悔，盈不可久也；用九，天德不可为首也。

乾卦，是《周易》开篇第一卦。

乾卦，六爻皆阳，在《周易》六十四卦之中，是唯一的纯阳之卦。

解读乾卦，要多一点时间。

一、 象征性

乾，第一象征自然之天，第二象征太阳，第三象征君王。

乾卦卦象，由先天八卦中的乾卦重叠而成。重叠，在空间中分上下，所以有"乾上乾下"的诠释。上下，可以论内外，下为内上为外。

六十四卦中，只有八个卦是"A上A下，B上B下，C上C下，D上D下"的卦象，其他五十六卦的卦象形式均为"A上B下"或"B上A下"，这种排列方式揭示出这样一个事实：六十四卦是由八卦的重叠演变而来。

先天八卦开篇于乾坤两卦，乾坤两卦位于南北子午线的两端，乾卦位于午位南端，坤卦位于子位北端。若以上下论之，乾卦位于上，坤卦位于下。以乾坤两卦开篇，以乾坤两卦分布于上下，这是先天八卦的标志，也是六十四卦的标志。

（一）三六之变

先天八卦每一卦由三爻组成，六十四卦每一卦由六爻组成，这里的变化是从三爻到六爻的变化。八卦相互重叠，重叠八八六十四次，于是有八八六十四卦。

（二）三爻所奠定、六爻所延续的文化基础

三爻，奠定了中华文化的基础；六爻，延续了三爻所奠定的文化基础。分述如下：

第一，奠定了"三才"之说。"三才者，天地人。"在中华大地上，稍有文化常识的人，都知道"三才"之说。"三才"之说出于《三字经》，这是众所周知的。但是有几人知道，"三才之说"的哲理之源起于先天八卦的三爻，延续于六十四卦的六爻。

八卦每卦三爻，分上中下。三爻的上中下之分，分出了三重重要意义：上爻代表天，下爻代表地，中爻代表人。三爻，是"三才"之说的第一源头

六十四卦每卦六爻，六爻两爻一组，三组仍然分上中下。六爻三组延续了三爻所奠定的"三才"之说。

六爻与三才的关系，《周易·系辞下》是这样描述的：

"易之为书也，广大悉备。有天道焉，有人道焉，有地道焉。兼三才而两之，故六。六者非它也，三才之道也。"

"三才"之说的第一源头在三爻，"三才"之说的第一延续点在六爻。请看，两爻一组，六爻分三组，六爻三组代表的仍然是天地人。"六者非它也，三才之道也。"三爻与六爻，只是数量上的变化，实质上完全一样，表达的都是天地人三才。

这里务必记住的一个基本常识：三才，指的是天地人，不是天地鬼，不是天地神，也不是天地君。中华文化是重视人尊重人的文化，不是迷信鬼神的文化，更不是迷信君王的文化。重视人的文化，是从三才之说开始的。

"三才者，天地人"，是真正的中华文化。"三才者，天地神"或"三才者，天地鬼"，是中华文化的变质。"三才者，天地君"，同样是中华文化的变质。

第二，奠定了"以人为贵"的文化立场。上天下地中间人，天地之间以人为贵的基本立场，由三爻奠定，由六爻延续。"以人为贵"，最著名的论断如下。

其一，《素问·宝命全形论》："天覆地载，万物悉备，莫贵于人。"

其二，《尚书·泰誓上》："惟天地万物父母，惟人万物之灵。"

其三，《鹖冠子·博选》："神明者，以人为本者也。"

其四，《春秋左传·桓公六年》："夫民，神之主也，是以圣王先成民而后致力于神。"

其五，《孟子·尽心下》："民为贵，社稷次之，君为轻。"

"以人为贵"，"人为万物之灵"，"以人为本"，"以民为贵"，"以民为神之主"，表述不同，根本相同，只有人可以与天地并列。中华文化、中医文化尊重的是人，尊重的是民。

"以人为贵"指的是所有的人，而不是某一部分人，更不是某一血统的人，例如所谓的龙子龙孙。

"以人为贵"是真正的中华文化；"以神为贵"或"以鬼为贵"是中华文化的变质。"以君为贵"，同样是中华文化的变质。

第三，奠定了"以天为父，以地为母"的本体论。一男一女从何处来？是一个万能的上帝创造了亚当与夏娃。人的起源，《圣经》开篇处给出了如此答案。人从何处来？一男一女从何处来？是天地合气演化出了人，演化出了一男一女。人与天地的亲缘关系，请看以下十大论断。

其一，《素问·宝命全形论》："天地合气，命之曰人。"

其二，《周易·系辞上》："乾道成男，坤道成女。"

其三，《周易·序卦》："有天地然后有万物，有万物然后有男女。"

其四，《礼记·礼运》："故人者，其天地之德，阴阳之交，鬼神之会，五行之秀气也。"

其五，《道德经·第五十二章》："天下有始，以为天下母。"

其六，《管子·五行》："以天为父，以地为母，以开乎万物，以总一统。"

其七，《管子·内业》："凡人之生也，天出其精，地出其形，合此以为人。"

其八，《文子·九守》："以天为父，以地为母，阴阳为纲，四时为纪。"

其九，《黄帝四经·果童》："以天为父，以地为母。"

其十，《鹖冠子·泰鸿》："圣人立天为父，建地为母。"

三爻把人放在天地之间，"以天为父，以地为母"的基本观点，从这里出发。六爻把人放在天地之间，"以天为父，以地为母"的基本观点，从这里延续。千万不要小视"以天为父，以地为母"的认识，如果这一认识被人类所接收，哪里还会有今天"天脏了，地脏了，水脏了，空气脏了"的危局。

第四，奠定了"天人合一"的哲学。天与人一分为二又合二为一，天与人两者之间是一个不可分割的整体。

"天人合一"的著名论断，《周易》之中随处可见，这里摘录三个，供读者鉴赏。

其一，《周易·乾·象传》："天行健，君子以自强不息。"

其二，《周易·系辞上》："天垂象，见吉凶，圣人象之。"

其三，《周易·贲·象传》："观乎天文，以察时变；观乎人文，以化成天下。"

"天人合一"，《黄帝内经》有一则著名的论断："善言天者，必有验于人。"（《素问·举痛论》）

"天人合一"，是古代东方哲学；"天人两分"是现代西方哲学。热爱自然，是古代东方哲学的延续；征服自然，是现代西方哲学的延续。两种哲学的孰优孰劣，请看看"只有一个地球"这一句全球人一致认可的悲壮口号。

第五，奠定了"天地人合一"而论的方法论。天地人，一分为三，合三为一。论证问题如何论？"天地人合一"而论，这就是三爻所建立、六爻所延续的一种论证问题的方式。

论人，上不能忘记天，下不能忘记地。论证问题时，天地人三者一体而论。

"天地人合一"而论的论断，《周易》里比比皆是。

其一，《周易·乾·文言》："夫大人者，与天地合其德。"

其二，《周易·坤·文言》："天地变化，草木蕃；天地闭，贤人隐。"

其三，《周易·系辞上》："天地变化，圣人效之。"

其四，《周易·系辞下》："天地设位，圣人成能。"

"天地人合一"而论，在《周易》之外，最著名的论断有六。

其一，《素问·气交变大论》："夫道者，上知天文，下知地理，中知人事，可以长久。"

其二，《孝经·三才章》："夫孝，天之经也，地之义也，民之行也。"

其三，《孙膑兵法·八阵》："知道者，上知天之道，下知地之理，内得其民之心，外知敌之情。"

其四，《孙子兵法·地形》："知彼知己，胜乃不殆；知天知地，胜乃可全。"

其五，《庄子·齐物论》："天地与我并生，而万物与我为一。"

其六，《淮南子·泰族训》："明于天道，察于地理，通于人情。"

天地人三者合一而论，部部经典采用的都是这一论证方式，诸子百家采用的同样是这一论证方式。这一论证方式优劣如何？这里仅举一例：论知天知地知己知彼的《孙子兵法》，在今天的西方，仍然是军校的教材。从先秦到今天，体现的是时间；从东方到西方，体现的是空间；时间上能够跨越上下几千年，空间中能够跨越十万里；如此长青的教材与论证方式无关吗?!

第六，奠定了"天人一体，天民一体"的判断标准。

君与民，到底谁能代表天？

卦中的答案是：人能代表天！民能代表天！

六十四卦第四十九卦为革卦，革卦中隐含有革命的道理。《周易·革·象传》："汤武革命，顺乎天而应乎人。"这一论断揭示了这样一条根本哲理：天人一体，天民一体；顺人就是顺天，顺天就是顺人，得罪了人如同得罪了天。君王得罪了人，如同得罪了天；得罪了天，为臣者可以对君发动革命。革命的君臣关系，不再是共同合作关系，而是敌对关系。

"天人一体，天民一体"的详细讨论，会在革卦解读时进行，这里点到为止。

第七，奠定了"以天体论人体"的认识论。天体一人体，人体一天体，这是始于书、延续于卦的基本立场。

"天体一人体，人体一天体"的详细讨论在《周易·说卦》中进行，这里仅介绍《周易·系辞上》中"乾道成男，坤道成女"之说。乾为天，坤为地。乾坤之道即天地之道，天地之道生成男女。天地是创造万物的造物主，也是创造男女的造物主。

《圣经》上的造物主，按照自己的模样创造了亚当，这里同样有人体与本体契合之义。

印度文化以大梵为生生之源，《五十奥义书》中有"我似大梵，大梵似我"的论断。

人体与天体的契合，是中华先贤的认识。人体与本体的契合，是人类先贤的认识。

第八，奠定了"效天法地"的人生观。做人应该如何做？这是人类先贤共同重视的问题。做人应该听上帝的话，这是《圣经》对"如何做人"这一问题的解答。《圣经》中的"摩西十诫"，每一诫都是上帝的规定。为何要效法上帝？因为上帝是宇宙与人的创造者。做人应该自觉效法天地，这是《周易》对"如何做人"这一问题的解答。为何要效法天地？因为天地是万物与人的创造者。

做人应该上效天下法地。请看以下论断：

其一，"崇效天，卑法地。"（《周易·系辞上》）

其二，"天地变化，圣人效之。"（同上）

其三，"天行健，君子以自强不息。"（《周易·乾·象传》）

其四，"地势坤，君子以厚德载物。"（《周易·坤·象传》）

其五，"夫大人者，与天地合其德。"（《周易·乾·文言》）

天地，是君子效法的榜样，是大人效法的榜样，也是圣人效法的榜样。人，不论是君子、大人，还是圣人，做人都应该效法天地。人，不能自以为是，哪怕你是圣人。效法天地，讲究的是自觉性！

（三）乾卦的本义

八卦的本义，表达的是文字之前的天文历法，具体表达的是四时八节。

《尸子》："伏羲始画八卦，别八节而化天下。"

八卦表八节，乾卦表达的是八节中的夏至。六十四卦，表达的是阴阳合历的一个闰年。闰年，13 个月 384 天。六十四卦中的乾卦，表达的仍然是八节中的夏至。

夏至，太阳相交于北回归线，这里是阳极之处。纯阳之卦的奥秘，就在于其表达的是阳极之处的夏至。

乾卦卦象，六爻皆阳，如此为纯阳之乾卦。

乾卦，在十二辟卦中，表达的是太阳历的夏至之月。

乾卦、坤卦、坎卦、离卦、震卦、艮卦、巽卦、兑卦这八个卦是六十四卦的基础，乾卦之外的七卦都拥有丰富的含义，这些象征性不再单独解读，而是与《周易·说卦》一起解读。

二、 卦辞

诠释乾卦卦象的，称为"卦辞"。

乾卦卦辞只有四个字：元、亨、利、贞。

元，始也，大也。亨，通也。利，有利也，祥和也。贞，正也，固也，始终如一也。

以天文论人文，以天道论人道，以天时论人时，以天德论人德，这是《周易》论证问题的思路，掌握了这个思路，对卦辞就会有基本的把握。

天道之元，讲的是万物之始。人道之元，讲的是重视第一步，重视第一时间，重视第一人。

天道之亨，讲的是寒暑（阴阳）二气之交通，讲的是万物之交通。人道之亨，讲的是人际交往。

天道之利，讲的是万物共存之利。人道之利，讲的是利己利他。

天道之贞，讲的是太阳回归、寒暑循环的始终如一。人道之贞，讲的是坚守仁义品质的始终如一。

天道循环，分出春夏秋冬。春夏秋冬，四时运行，一时一种优秀品质——春生夏华秋实冬藏，四时四种优秀品质。元亨利贞，四时之四大品质也。这也是一种解释。

《汉书·杜周传》："天道贵信，地道贵贞；不信不贞，万物不生。"信，天道之品质；贞，地道之品质。在乾卦中，天道贵贞；在《汉书》中，地道亦贵贞；由此观之，天地之道均贵贞。以天道论人道，天地之道的品质，也是人应该具有的品质。

三、 卦理

乾卦卦理的解读，分卦序与卦象两部分。

（一）卦序之理

乾卦在六十四卦中排位第一，《周易·序卦》对乾坤两卦有如下解释："有天地然后万物生焉。"

从有天地开始，才有了宇宙演化，这是中华先贤的宇宙观。

以神为界，之前为无，之后为有，这是《圣经》的宇宙观。

以天地为界，之前为无，之后为有，这是《周易》的宇宙观。

乾卦为六十四卦的第一卦，坤卦为六十四卦的第二卦；乾卦论天，坤卦论地；有天地，然后有万物；这，就是卦序中的宇宙发生论。

宇宙是自然发生的，这里没有出现人格神，这是《周易》与《圣经》的第一区别。

天地起源于自然而然，万物起源于天地交合，这是中华先贤解释的天地起源与万物起源。

"有 AB 然后有 CD"，卦序中的如此句式，所揭示的就是自然演化。

（二）卦形之理

乾卦卦形所隐含的哲理，是由《周易·乾·象传》揭示的。

《周易·乾·象传》："大哉乾元，万物资始，乃统天。云行雨施，品物流形。大明终始，六位时成，时乘六龙以御天。乾道变化，各正性命，保合大和，乃利贞。首出庶物，万国咸宁。"

诠释乾卦卦形，《周易·乾·象传》诠释出了如此一大段哲理。

乾卦之功能，为造物功能。"大哉乾元，万物资始，乃统天。云行雨施，品物流形。"《周易·乾·象传》中的这两句话，所揭示的就是乾卦的造物功能。

六爻，隐含的第一重意义就是时间性。"大明终始，六位时成，时乘六龙以御天。"《周易·乾·象传》中的这两句话，所论的是六爻所隐含的时间性。

"大明"为何？太阳也！

"终始"为何？东升西落，南北回归也。

《礼记·礼器》："大明生于东，月生于西。"大明就是太阳，太阳就是大明。太阳西落东升，这是一日之内的终始；太阳南北回归，这是一岁之内的终始。太阳东升西落，形成昼夜。昼，六个时辰；夜，六个时辰。昼为阳，夜为阴。一天之中分阳六时阴六时。这是一天之中的六时。太阳南北回归，形成寒暑。一寒一暑，即一个太阳回归年。《周髀算经·七衡六间》将太阳回归年一分为二，分为前六个月与后六个月。这是一岁之中的六时。

表达时间，是六爻的第一重含义。

纯阳之卦论龙，龙为阳气龙。

纯阳之卦论时，龙为时间龙。

气是动态的，时是动态的，龙当然也是动态的。动，是流动之动。动的起始点在冬至，动的终结点同样在冬至，而动的转折点在夏至。冬至，日影最长点。夏至，日影最短点。日影短极而长，长极而短，知道如此变化，就知道天道（乾道）的变化。

天道（乾道）的变化，决定着万物的春生、夏长、秋收、冬藏的变化，决定着"离离原上草，一岁一枯荣"的变化，明白了这些，就会明白"乾道变化，各正性命"的所以然。

有天地然后有万物，天地为万物之父母。知道这一基本点，自然而然就会明白"首出庶物"的所以然。

《周易·乾·象传》诠释乾卦卦形，第一句把握的是总体，第二句进入了六爻；以天道诠释总体，以太阳回归诠释六爻；以六爻揭示六时，以六时揭示变化——时间变化与万物变化；明白了这些，就可以轻松阅读《周易·象传》。

四、 乾卦的丰富含义

位于六十四卦之首的乾卦，与其他六十三卦相较，具有非常独特的意义。独特，首先体现在"丰富"二字上。请看以下论断。

《周易·系辞上》："乾道成男。"

《周易·说卦》："乾，健也。"

《周易·说卦》："乾为天。"

《周易·说卦》："乾为首。"

《周易·说卦》："乾，天也，故称乎父。"

……

丰富的论断，丰富的含义。

在自然界，乾卦象征天地之天。

在自然能量中，乾卦象征上升之力。

在人间，乾卦象征一男一女中的男。

在家庭中，乾卦象征父亲。

在人体中，乾卦象征头。

在家畜中，乾卦象征马。

卦，有无限的象征性。乾卦，有相当丰富的象征性。摘其要者，讨论如下：

其一，天文意义。纯阳之卦第一重意义就是象征自然之天。《周易·说卦》："乾，天也。"又："乾为天。"自然之天，第一功能是生生不息的造物功能。万物，是从这里开始的。《周易·系辞下》有"天地之大德曰生"之论，《周易·序卦》先有"有天地然后万物生焉"之论，又有"有天地然后有万物，有万物然后有男女"之论，懂得了自然之天的第一功能，再看《周易·乾·象传》以乾元论"万物资始"，以乾元论"首出庶物"，就会轻松愉快了。

其二，时空意义。与太阳相关的六龙，一可以表达时间，二可以表达空间。

龙，一活动在时间中，二活动在空间中。

时间分六时，空间分六位。

时间与空间，是合二而一的一体关系。

龙的活动轨迹，在空间体现在四个地方：一体现在天体椭圆中，二体现在日影直线中，三体现在黄泉与九天的连线上，四体现在爻辞中的"潜龙"、"在田"、"在渊"、"在天"之中。

天体椭圆即黄道，这是先贤眼里太阳运动的轨迹，现在看来，实际上是地球围绕太阳运动的轨迹。——天体椭圆的意义在空间。

直线，是中午日影轨迹点的连线。立竿测影，中午的日影有一个最长点，有一个最短点。冬至日影最长，夏至日影最短。长短两极之间，是日影循环形成的直线。——直线的意义在空间。

冬至—阳升，夏至—阴降。阳升，始于黄泉之下。阴降，降于九天之上。黄泉与九天的连线，就是乾卦中龙的活动路线："潜龙勿用"—"见龙在田"—"终日乾乾"—"或跃在渊"—"飞龙在天"—"亢龙有悔"—
"群龙无首"。阳气，冬至点升于黄泉之下，然后一步步上升，第二步是露出
地面，六步到夏至，夏至点阳气升到了九天之上。阳极生阴。夏至点阴气从
九天之上开始下降。阳气轨迹的意义在自下而上的空间之中。使天气变暖变
热的阳气，是从地下升起来的。使天气变凉变寒的阴气，是从天下降而来
的。认识阳气上升点与上升路线，才能真正理解龙的六步变化。——黄泉与
九天连线的意义在空间。

乾卦的六爻，以太阳视运动的轨迹而论，是天体椭圆的一半。

乾卦，以子午线而论，位于南方的午位，是子午线的一个端点。

龙的活动，将时间与空间联系在了一起。

其三，数理意义。奇偶之数，始于天文历法，始于由天文历法出发的
阴阳。

《周易·系辞下》："阳卦奇，阴卦偶。"

《灵枢·根结》："阴道偶，阳道奇。"

纯阳之阳，奇偶之数中的奇数发源于此。

纯阴之阴，奇偶之数中的偶数发源于此。

洛书的一与九这两个奇数，表达的是冬至夏至。

冬至夏至，有严格的规定性！

节气，有严格的规定性！

岁月，有严格的规定性！

规定性，必须由数来界定。

奇偶之数，产生于太阳回归年。

寒暑之数，远远早于文字。

奇偶之数，远远早于文字。

其四，人文意义。乾卦，本来是表达太阳历的乾卦，被先秦的贤哲诠释
出多重的人文意义。

以天理论人理，论出了《周易·乾·象传》中"天行健，君子以自强
不息"这一条千古流传的人文哲理。

以天德论人德，论出了《周易·乾·文言》中"夫大人者，与天地合
其德"这一条千古流传的人文哲理。

以天体论人体，论出了人体中的头，《周易·说卦》："乾为首。"

以天体论家庭，论出了家中的父亲，《周易·说卦》："乾，天也，故称乎父。"

乾卦，演化出《周易·乾·彖传》中的"终始"一词，演化了《周易·乾·文言》中的"进退得丧存亡"六字真言，演化了"各从其类"的规矩。

千万不能小觑这里的哲理，这里的每一条哲理都可以解答一个当代难题或千古难题。

"终始"，讲的是自然哲理，讲的是运动状态。运动的终始，讲的是圆周循环。这，可以纠正牛顿力学中的匀速直线运动的局限。

"进退"，讲的是人文哲理。人的进退，关键是君的进退。尧舜有自觉的进退，为此留下了千古美名。家天下的君王，知进而不知退，一字之差，留下了"杀伐别人而进，被别人杀伐而退"的怪圈，留下了"兴，百姓苦；亡，百姓苦"的怪圈。

"各从其类"，讲的是自然物理。物有类，类不能乱，这是《周易》与《圣经》共同认识到的大原则。《圣经》开篇处的神，每每创造一类物，都会说一句"各从其类"。造好天上飞的，说一句"各从其类"；造好水中游的，说一句"各从其类"；造好结籽的，说一句"各从其类"；造好结果的，说一句"各从其类"。乱了物类，就会危及到人。有心的读者，可以去追溯一下艾滋病与疯牛病的病因，看看是不是"物乱其类"的根源?! 金鱼是水里游的，草莓是地上结果的；转基因技术，把金鱼的基因转移到草莓上，这算不算乱类?! 转基因，既违背了东方的天理，又违背了西方的神理，这一技术会不会给人类带来灾难?!

乾卦，还可以有多样的解释，《周易·说卦》："为圜，为君，为玉，为金，为寒，为冰，为大赤，为良马，为老马，为瘠马，为驳马，为木果。"这些解释都在人文之中。如此解释可以参考，可以思考，但绝对不能视为不可逾越的绝对真理。

其五，物理意义。众所周知，万有引力的发现始于苹果落地。苹果这个有形之物的下落，牛顿由此发现了万有引力。但是，万有引力并不能解释火苗、水蒸气为什么会上升? 在《周易》六十四卦的认识中，组成宇宙的两大要素为阴阳，阴阳有升有降，阳升而阴降，阳升之理是从乾卦开始的。天气即阳气，地气即阴气，天地之气有升有降，两气交合而衍生万物。

《周易·泰·象传》："天地交而万物通也。"

《素问·至真要大论》："本乎天者，天之气也；本乎地者，地之气也；天地合气，六节分而万物化生矣。"

《素问·宝命全形论》："天地合气，命之曰人。"

由天地之气交合到万物的演化，这是大物理。

大物理本来可以演化出自然科学中的物理学，非常遗憾的是，现代物理学没有诞生在中华大地上。

其六，艺术意义。中华大地上的各种艺术，均根植于道。书法论道，棋艺论道，画亦论道，道始于何处？首先是太阳可以论道，《周髀算经·陈子模型》中有以日影论天道的论断，《管子·枢言》中有"道之在天，日也"的论断。艺术的母源，是从太阳出发的。

先谈画。岩石上的画，陶器上的画，玉器金器上的画，大都与太阳相关。三星堆出土的金器太阳鸟，几千年的设计，今天看来还是那样的美。在彝族、苗族的服饰中，八角、卍字符、椭圆、三角形图案随处可见，这些图案的母源全部在太阳。画的基础要素直线、曲线、射线的母源，同样在太阳。最美最有生命力的画，就是表达一阴一阳（一寒一暑）循环往来的太极图。乾卦，纯阳之卦，是太极的一半。

再谈诗。爻辞掐头去尾，就是一首古诗。六十四卦每一卦的爻辞里都隐藏有一首诗，这是四川大学一位教授研究的结果；那么，乾卦爻辞里隐藏的一首诗是什么呢？这首诗的内容是：

> 潜龙勿用，
> 见龙在田，
> 或跃在渊，
> 飞龙在天，
> 亢龙有悔，
> 群龙无首。

其七，"群龙无首"的解释。用九爻辞中出现"群龙无首"一词，什么意思？

"群龙无首"所讲的并不是群龙没有了头，讲的是首尾相接、如环无端的一种状态。首尾相接，竿下日影是这样。如环无端，地球公转是这样，地球自转也是这样。群龙首尾相接，实际上是阴阳的首尾相接，实际上是阳六时阴六时（阳六月阴六月）的首尾相接。太极图中的阴阳关系，可以清晰而形象地解释"群龙无首"。

　　这里有必要介绍一下彝族文化中的龙。龙，彝语曰鲁。彝族典籍鲁素，汉语翻译为龙书。龙书，表达的是十月太阳历。彝族的龙书，完全相同于汉族的洛书。龙书，表达的是太阳历。龙，是不是太阳龙？是不是阳气龙？御天的龙，表达的是时间。龙，是不是时间龙？

　　以时论龙，《淮南子》中有明确的论断。《淮南子·人间训》："今霜降而树谷，冰泮而求获，欲其食则难矣。故《易》曰：'潜龙勿用'者，言时不可行也。"霜降，是二十四节气之一，位于立冬之前；秋季六个节令中的最后一个——立秋、处暑、白露、秋分、寒露、霜降。如果霜降时节下种，想在结冰时节收获，这是办不到的事。农业种植违背节令，绝对行不通。所以，霜降时节与结冰时节不可妄行。"时止则止，时行则行，动静不失其时，其道光明。"人时一定要合于天时，《周易·艮·彖传》留下如此至理名言。"潜龙勿用"的时间意义，就在"时止则止"之中。

　　其八，需要牢记的两句话与一个公式。研究《周易》，有两句话需要牢牢记住：

　　《周易·系辞上》："书不尽言，言不尽意。"

　　《周易·系辞下》："易之为书也不可远，为道也屡迁，变动不居，周流六虚，上下无常，刚柔相易，不可为典要，唯变所适。"

　　文字有局限性，语音有局限性，唯有这抽象的卦象没有局限性。研究《周易》，如果局限于文字而忘记了文字之外的天文，而忘记书外的太阳，那么最终的结局只有一个：只能重复前人的话语，绝对无法在前人的基础上前进。

　　研究乾卦，有一个公式需要牢牢记住，这个公式就是："天如何，人如何"。

　　"天如何，人如何"这一公式，区别于《圣经》中的"神如何，人如何"。

卦二 坤

原文

（坤为地）坤：元亨。利牝马之贞。君子有攸往，先迷，后得主，利。西南得朋，东北丧朋。安贞吉。

彖曰：至哉坤元，万物资生，乃顺承天。坤厚载物，德合无疆。含弘光大，品物咸亨。牝马地类，行地无疆，柔顺利贞。君子攸行，先迷失道，后顺得常。西南得朋，乃与类行；东北丧朋，乃终有庆。安贞之吉，应地无疆。

象曰：地势坤，君子以厚德载物。

初六，履霜，坚冰至。

象曰："履霜坚冰"，阴始凝也，驯致其道，至坚冰也。

六二，直方大，不习，无不利。

象曰：六二之动，直以方也。"不习，无不利"，地道光也。

六三，含章可贞，或从王事，无成有终。

象曰"含章可贞"，以时发也。"或从王事"，知光大也。

六四，括囊，无咎无誉。

象曰："括囊无咎"，慎不害也。

六五，黄裳，元吉。

象曰："黄裳元吉"，文在中也。

上六，龙战于野，其血玄黄。

象曰："龙战于野"，其道穷也。

用六，利永贞。

象曰：用六"永贞"，以大终也。

坤卦，是六十四卦开篇第二卦。

坤卦，六爻皆阴，在《周易》六十四卦之中，是唯一的纯阴之卦。

坤，有多重意义。

《周易·系辞上》："坤道成女。"

《周易·说卦》："坤，顺也。"

《周易·说卦》："坤，地也。"

《周易·说卦》："坤为腹。"

《周易·说卦》："坤，地也，故称乎母。"

坤卦解读，分卦象、卦理与君子之理三部分，最后还要重点介绍一下坤卦所表达的月亮太阴历。

一、　卦象

坤，在自然界中第一象征大地，第二象征月亮。

坤卦卦象，由先天八卦中的坤卦重叠而成。

先天八卦中的坤卦由三爻组成，三爻重叠，重叠成了六十四卦中的六爻之坤卦。六爻之坤卦，空间中有上下之分，所以有"坤上坤下"的诠释。上下，可以论内外，下为内上为外。

先天八卦开篇于乾坤两卦，六十四卦同样开篇于乾坤两卦。乾论天，坤论地，万物的演化开始于"有天地"。乾论男，坤论女，子孙的演化开始于"有男女"。"有天地"，讲的是自然演化；"有男女"，讲的是人间演化。自然演化与人间演化的起点在于"有天地""有男女"六个字。

乾卦卦象中的哲理，大部分可以顺延于坤卦之中。细论如下：

第一，延续了"三才"之说。

第二，延续了"以人为贵"的文化立场。

第三，延续了"以天为父，以地为母"的本体论。

第四，延续了"天人合一"的哲学。

第五，延续了"天人一体，天民一体"的判断标准。

第六，延续了"以天体论人体"的认识论。

第七，延续了"效天法地"的人生观。

坤卦的本义，表达的是八节中的冬至。八卦中的坤卦表达的是冬至，六十四卦中的坤卦表达的仍然是冬至。

冬至，太阳相交于南回归线，这里是阴极之处。六爻皆阴、纯阴之卦的奥秘，就在于其表达的是阴极之处的冬至。

坤卦卦象，六爻皆阴，如此为纯阴之坤卦。

坤卦，在十二辟卦中，表达的是太阳历的十月。

二、 卦理

坤卦卦理的解读，分卦序与卦形两部分。

（一）卦序之理

坤卦在六十四卦中排位第二，《周易·序卦》对乾坤两卦有如下解释："有天地然后万物生焉。"

天地，一分为二又合二为一。

天地，不可重合又不可分割。

天地，交通交合之后才有万物的产生。

《素问·阴阳离合论》："天为阳，地为阴。"

天与地，顺序上有先后之分，空间上有上下之分，但在人文中是不可分割的一体关系。

（二）卦形之理

坤卦卦形所隐含的哲理，是由《周易·坤·象传》揭示的。

《周易·坤·象传》："至哉坤元，万物资生，乃顺承天。坤厚载物，德合无疆。含弘光大，品物咸亨。牝马地类，行地无疆，柔顺利贞。君子攸行，先迷失道，后顺得常。西南得朋，乃与类行；东北丧朋，乃终有庆。安贞之吉，应地无疆。"

诠释坤卦卦形，《周易·坤·象传》诠释出了如此一大段哲理。

坤卦之功能，为造物功能。"至哉坤元，万物资生，乃顺承天。坤厚载物，德合无疆。含弘光大，品物咸亨。"《周易·坤·象传》中的这三句话，把握的是坤卦的整体功能。整体功能，即造物功能。

坤卦之品德，为柔顺、宽厚之品德。"牝马地类，行地无疆，柔顺利贞。

君子攸行，先迷失道，后顺得常。"《周易·坤·象传》中的这两句话，把握的是牝马、大地之品德。牝马、大地之品德，为柔顺、宽厚之品德。

《周易·坤·象传》中的"西南得朋"与"东北丧朋"之说，实际上是"西南得明"与"东北丧明"，详细讨论在下面进行。

三、 君子之理

诠释坤卦卦象，以自然哲理论人理，《周易·坤·象传》诠释出的人文哲理是：

"地势坤，君子以厚德载物。"

宽厚，是大地的第一特征。宽厚的大地，运载着万物。请看关于大地的论断。

《黄帝四经·经法·君正》："人之本在地。"

《礼记·孔子闲居》："地无私载。"

《管子·形势解》："地生养万物，地之则也。"

《管子·形势解》："地生万财。"

《文子·上德》："地载万物而长之"

《庄子·德充符》："地无不载。"

《鹖冠子·道端》："地者，万物所以得安也。"

《吕氏春秋·去私》："地无私载也。"

大地为万物之母，大地为人之本源，大地无私地运载着万物，大地有无私之品德，总而言之，有大地才有万物，有大地才有男女。所以，人应该敬重大地，人应该效法大地。认识与解读大地，产生了上述一个个论断。

人应该效法大地，坤卦建立了一个"地如何，人如何"的做人公式。

"天如何，人如何"，这是乾卦所建立的做人公式。

"地如何，人如何"，这是坤卦所建立的做人公式。

乾坤两卦所创立的做人公式，区别于《圣经》中的"神如何，人如何"。

四、 坤卦的丰富含义

坤卦与乾卦并列，构成了六十四卦的开篇之作。与乾卦一样，坤卦具有非常独特的意义。独特，同样体现在"丰富"二字上。

在自然界，坤卦象征大地。

在自然能量中，坤卦象征升降之降。

在人间天下，坤卦象征一男一女中的女。

在家庭中，坤卦象征母亲。

在人体中，坤卦象征腹。

在家畜中，坤卦象征母牛。卦，有无限的象征性。坤卦，有丰富的象征性。摘其要者讨论如下：

其一，地理意义。纯阴之卦第一重意义就是象征宽厚之大地。《周易·说卦》："坤，地也。"又："坤为地。"宽厚之大地，第一功能是生生不息的造物功能。万物，是从这里开始的。《周易·系辞下》有"天地之大德曰生"之论，《周易·序卦》先有"有天地然后万物生焉"之论，又有"有天地然后有万物，有万物然后有男女"之论，《管子·水地》有"地者，万物之本原"之论，懂得了大地的第一功能，再看《周易·坤·象传》以坤元论"万物资生"，以坤元论"坤厚载物"，就会轻松愉快了。

其二，天文意义。坤卦，象征月亮。坤卦卦辞中有"西南得朋""东北丧朋"之说。相当多的研究者，将"朋"字翻译为朋友之朋，将"得朋"、"丧朋"之说，翻译为"得到朋友"与"丧失朋友"。

实际上，这里的"朋"字，是"明"字的误写误读。《周易参同契》："坤乙三十日，东北丧其明。"

"东北丧其明"，这一论断讲的是月相变化，讲的是朔望月月尾的三十日晚上，月亮在东北方向消失，月光也在此时此地消失。朔望月的月初，月亮在西南方升起；朔望月的月尾，月亮在东北方消失。"西南得朋""东北丧朋"的真实含义应该是"西南得明""东北丧明"。"得明"与"丧明"，讲的是一个朔望月月相变化。坤卦讲月亮，应该是正确的解释。

乾卦讲太阳。"大明终始"讲的是一个昼夜之间太阳的东升西落，讲的是日出方位在东南、东北两个方位之间的循环，讲的是一个回归年之中太阳在南北回归线之间的一往一来。

坤卦讲月亮。"西南得明""东北丧明"讲的是一个朔望月的月亮升落。

乾卦讲太阳历，坤卦讲太阴历，如此才符合"阴阳之义配日月"的本义。

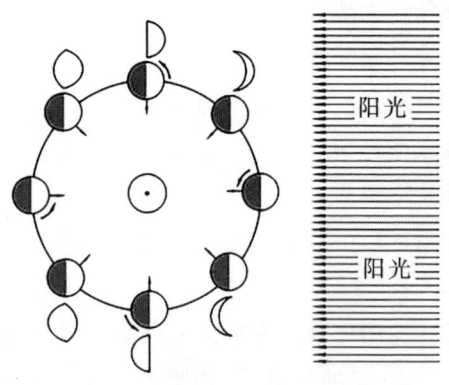

一个朔望月的月相变化

十五的月亮

其三，时空意义。坤卦的时间意义，体现在年月日的界定上。离开了月亮，年月日的界定就成了一句空话。坤卦的空间意义，体现在四方上下的区分上。

月亮是地球的卫星，月亮围着地球转，月亮的运动，界定出了年月日。

先谈年。谈年先谈岁，过一年又一岁，年与岁是不一样的。何谓年？何谓岁？《礼记·月令·疏》区分如下："中数曰岁，朔数曰年。中数者，谓十二月十二中气也。十二中气循环一次，谓之一岁。朔数者，谓十二月之朔一周，总三百五十四日，谓之一年。"这个论断告诉后人，太阳论岁，月亮论年。岁的界定，唯一的坐标在太阳。年的界定，唯一的坐标在月亮。岁的平均天数为 365.25 天，年的天数为 354 天。

何谓岁？以日影而论，日影长短两极循环一次，即是一岁。以两至而论，从冬至到夏至，从夏至到冬至，即是一岁。以内外衡即两条天文线而论，太阳在两条回归线之间循环一次，即是一岁。

何谓年？月圆十二次，即是一年。

年与岁有四个不同：一是坐标不同；二是时间长度不同；三是开端不同；四是有无节气的不同。

年的坐标是月亮，岁的坐标是太阳；坐标不同，这是年与岁的第一个不同。

岁长 365.25 天，年长 354 天；时间长度不同，这是年与岁的第二个不同。

岁的开端在冬至，年的开端在春节；开端不同，这是年与岁的第三个不同。

岁分四时分节气，这些是岁的特殊点，也是岁与年的根本差别。

再谈月。何谓月？月圆一次为一月。《周髀算经·日月历法》："月与日合，为一月。"月日之合，合在什么地方？合在太阳、月亮、地球的三点一线关系上。太阳、月亮、地球两次构成三点一线关系，一次是月亮在太阳与地球中间，一次是地球在太阳与月亮中间，如此两次三点一线所需要的时间，就是一个朔望月。——朔望月的界定，月亮是唯一的坐标。

再谈日。日，《周髀算经·天文历法》的界定是："日复日，为一日。"两次见到太阳升起，这期间的时间长度就是一日。——日的界定，太阳是唯一的坐标。

日，《周易·系辞下》的界定是："日往则月来，月往则日来，日月相推而明生焉。"太阳落山而月亮升起，月亮隐去而太阳升起，这，就是一日。——日的界定，也可以以太阳月亮为坐标。

一日的界定，离不开太阳，离不开月亮。

太阳决定昼，月亮决定夜。昼，分六个时辰；夜，分六个时辰。——坤卦的六爻，可以表达夜间的六个时辰。

太阳历论岁。一岁分两截，前半年的六个月为一截，后半年的六个月为一截，前半年的六个月为阳，后半年的六个月为阴。——坤卦的六爻，可以表达后半年的六个月。

坤卦可以论大地，大地可以论空间。坤卦论空间论出了四方上下。四方，东西南北也。东西一维，南北一维，上下一维，这里形成三维空间。三维空间，就是《周易·系辞下》所讲的"六虚"。

岁月日时，精确的时间单位，这里是中华文化的起始点。

这里需要讨论一下坤卦龙。坤卦可以论龙吗？可以！乾卦的六爻可以论龙，坤卦的六爻同样也可以论龙。坤卦上六爻辞云："龙战于野，其血玄黄。"请看，坤卦的阴爻也能够论龙。

龙，《周易·坤·文言》有如下解释："阴疑于阳必战，为其嫌于无阳也，故称龙焉。"

何谓"阴疑于阳"？何谓"阴疑于阳必战"？《周易·坤·文言》并没有进一步清晰的解释。相当多的研究者按照自己的理解，作出了"以我论之"的解释：阴气达到了鼎盛时期，一反顺从阳气的常态，猜疑于阳，并且与阳发生的战斗，阴阳战斗在一起，这就是"龙"。

实际上，阴阳之间的关系不是战斗的关系，而是一个自然连接的关系——阳极生阴，阴极生阳。昼与夜是一天之内的阴阳，寒暑是一岁之中的阴阳；一天之内的阴阳相互联系，相互转化，自然连接，周而复始；一岁之中的阴阳相互联系，相互转化，自然连接，周而复始；无论是一天之内的阴阳还是一岁之中的阴阳，两者之间的关系都是一个阳尽阴来、阴尽阳来的自然连接关系。综上所述，《周易·坤·文言》中的"龙战于野"，应该是阴与阳的自然交接。

《周易参同契》中有"月亮龙"的论断。《周易参同契》："三日出为爽，震受庚西方。八日兑受丁，上弦平如绳。十五乾体就，盛满甲东方……十六转受统，巽辛见平明。艮直于丙南，下弦二十三。坤乙三十日，东北丧其明。节尽相禅与，继体复生龙。""继体复生龙"之"龙"，即"月亮龙"。

上面这段文字，介绍了六种月相：

"三日出为爽，震受庚西方"描述的是第一种月相，即初三的月相。初三的月相，为微明的月牙。

"八日兑受丁，上弦平如绳"描述的是第二种月相，即初八的月相。初八的月相，为上弦月。

"十五乾体就，盛满甲东方"描述的是第三种月相，即十五的月相。十五的月相，一轮明月挂在东方。

"十六转受统，巽辛见平明"描述的是第四种月相，即十六的月相。十六的月相，仍然是一轮圆月。

"艮直于丙南，下弦二十三"描述的是第五种月相，即二十三的月相。二十三的月相，是下弦月。

"坤乙三十日，东北丧其明"描述的是第六种月相，即三十日的月相。三十日的月相，无光黑暗。

六种月相，对应八卦中震、兑、乾、巽、艮、坤六个卦象。

六种月相，对应十天干中庚、丁、甲、辛、丙、乙六天干。

六种月相，对应空间方位中的西方、东方、南、东北。

龙，是六种月相的落脚点。

描述月相，这段文字落脚在"节尽相禅与，继体复生龙"这句话上。"节尽相禅与"这句话有双重意思：字面意思是新老君王的禅让；实际意思是上下新旧两个月的交替。"继体复生龙"，这句话有双重意思：字面意思是新龙的诞生，实际意思是初三新月的萌芽。在《周易参同契》里，月亮可以论龙。

《周易·乾·象传》以太阳论龙，《周易参同契》以月亮论龙，这说明什么？是不是说明太阳月亮均可以论龙?!

纯阳之乾卦论太阳，纯阴之坤卦论月亮。月亮太阳，一阴一阳。只有从这一基本点出发，才能真正理解《周易·系辞上》中"阴阳之义配日月"的论断。

其四，数理意义。《周易·系辞下》："阳卦奇，阴卦偶。"《灵枢·根结》："阴道偶，阳道奇。"坤卦，为纯阴之卦。奇偶之数中的偶数，是从阴卦出发的，是从阴道出发的。

中华大地上的数与算术，都是源于天文历法，首先是源于太阳历。

其五，人文意义。坤卦，本来是表达太阳历的坤卦，被先秦贤哲诠释出多重的人文意义。

以地理论人理，论出了《周易·坤·象传》中"地势坤，君子以厚德载物"这一条千古流传的人文哲理。

以天德地德论人德，论出了《周易·坤·文言》中"夫大人者，与天地合其德"这一条千古流传的人文哲理。

以天体论人体，论出了人体中的腹，《周易·说卦》："坤为腹。"

以天体论家庭，论出了家中的母亲，《周易·说卦》："坤，地也，故称乎母。"

坤卦，演化出《周易·坤·象传》中的"无疆""光大"两词，演化了《周易·坤·文言》中的"积善之家，必有余庆；积不善之家，必有余殃"之真言，演化了"天地闭，贤人隐"的至理名言。

"积善""积不善"之哲理，具有永恒的教化意义，有必要诠释一下：

积善之家有余庆，积不善之家有余殃。这一论断在"积善"与"余庆"、"积不善"与"余殃"之间建立起了必然联系。一天积一善，如此之家必然会有余庆。一天积一恶，如此之家必然会有余殃。如同"种瓜得瓜，种豆得豆"的种植关系一样，积善之家收获余庆，积不善之家收获余殃。

特别值得注意的是一个"余"字。"余"，讲的不是立竿见影，讲的是周期律。如同佛教的"善有善报，恶有恶报"的因果关系一样，终七不报终八报，终八不报终九（终久）也要报。如果官场上的官员们懂得了这条哲理，还会产生那么多的贪官吗?! 中华文化不讲迷信，为什么还会出现"报应"一说呢？这是因为长辈会直接影响到儿孙，恶果肯定结在下一代人身上。

坤卦，还可以有多种解释，《周易·说卦》："为布，为釜，为吝啬，为均，为子母牛，为大舆，为文，为众，为柄。"这些解释都是人的解释。这些解释可以参考，可以思考，但绝对不能视为不可逾越的绝对真理。

研究坤卦，有一个公式需要牢牢记住，这个公式就是："地如何，人如何。"这一公式，区别于《圣经》中的"神如何，人如何"。

其六，物理意义。众所周知，乾坤两卦论阴阳，阴阳有升降，阳升而阴降。

阳升，空间点在黄泉，时间点在冬至。请看《逸周书》与《苗族古历》中的两个论断：

《逸周书·周月》："惟一月，既南至，昏昴见，日短极，基践长，微阳动于黄泉，阴降惨于万物。"

"惟一月"是什么意思？"惟一月"即正月。《史记·历书》："夏正以正月，殷正以十二月，周正以十一月。"正，正的是岁首之月，即确定某一月为一岁之首。《史记》告诉后人，夏朝以一月为正月，殷朝以十二月为正月，周朝以十一月为正月。

"既南至"是什么意思？就是太阳到达了最南端。

"昏昴见，日短极，基践长"是什么意思？就是黄昏时，看到二十八星宿中的昴星；这一天的白天短到了极点，日影长到了极点。

这一论断指出，冬至这一天"微阳"即一阳萌升于黄泉。

先天八卦中，坤卦表达冬至。六十四卦中，坤卦仍然表达冬至。

《周髀算经·日月历法》："故冬至从坎阳在子。"

冬至，是用后天八卦中的坎卦表达的。坎卦，在子午线的子位。冬至，这一天，阳气升于坎卦子位这个位置上。冬至一阳升，夏至一阴降。有阴阳二气的交通才有万物的生长。

阴阳二气的升降，解答了万物的演化，这是大物理。

其七，艺术意义。中华大地的各种艺术，均根植于道。书法论道，棋艺论道，画亦论道，道始于何处？首先始于太阳，其次始于太阳月亮。前面已经解释过太阳单独论道，这里介绍太阳月亮两者联合论道。

《周易·系辞上》："一阴一阳之谓道。"

《周易·系辞上》："阴阳之义配日月。"

艺术的母源，首先是从太阳出发的，然后是从太阳月亮出发的。

以月亮为母源留下了神话。《山海经》记载了一个月亮妈妈。《山海经·大荒西经》："帝俊妻常羲，生月十有二，此始浴之。"译文：帝俊的妻子常羲，生了十二个月亮，这才开始给月亮洗澡。一个奇特的女子常羲，她生出了十二个月亮。人岂能生出月亮？《山海经》以神话的形式告诉人们，帝俊的妻子常羲以月亮圆缺为基准，分出了十二个月。常羲生月，神话的背后隐喻的是天文历法，具体隐喻的是太阴历。

《淮南子·览冥训》记载了"嫦娥奔月"的神话，在中华大地上，这一神话流传相当广泛。

以月亮母源留下了美妙的诗句。一轮明月，是历朝历代诗人吟诵的对象。

"海上生明月，天涯共此时。"这是唐朝张九龄留下的著名诗句。

"床前明月光，疑是地上霜。"这是唐朝李白留下的著名诗句。

"明月几时有，把酒问青天。"这是宋朝苏东坡留下的著名词句。

卦三屯

（水雷）屯：元亨，利贞。勿用有攸往。利建侯。

彖曰：屯，刚柔始交而难生。动乎险中，大亨贞。雷雨之动满盈，天造草昧。宜建侯而不宁。

象曰：云雷，屯。君子以经纶。

初九，磐桓，利居贞。利建侯。

象曰：虽磐桓，志行正也。以贵下贱，大得民也。

六二，屯如邅如，乘马班如。匪寇，婚媾。女子贞不字，十年乃字。

象曰：六二之难，乘刚也。十年乃字，反常也。

六三，即鹿无虞，惟入于林中，君子几不如舍，往吝。

象曰："即鹿无虞"，以从禽也。君子舍之，往吝，穷也。

六四，乘马班如，求婚媾。往吉，无不利。

象曰：求而往，明也。

九五，屯其膏，小，贞吉；大，贞凶。

象曰："屯其膏"，施未光也。

上六，乘马班如，泣血涟如。

象曰："泣血涟如"，何可长也？

屯卦，六十四卦的第三卦。

《周易·序卦》："屯者，物之始生也。"

屯卦，排位紧靠乾坤两卦之后，乾坤象征的是天地，天地生万物，屯卦象征的是万物。

解读屯卦，分卦象、卦理与人理三部分。

一、 卦象

屯，象征万物生发之时。

屯卦卦象，由先天八卦中的坎卦与震卦重叠而成。坎卦在上，震卦在下，所以有"坎上震下"的诠释。坎，可以诠释为水；震，可以诠释为雷。所以诠释屯卦卦象，又有"水雷屯"的诠释。

屯卦为何可以解释万物生发？

因为组成屯卦的两卦本身就含有孕育生命的机理。

坎卦，可以解释为水。《周易·说卦》："坎为水。"水为生命之源。《管子·水地》："水者何也？万物之本原也。"

震卦，时令可以解释为春分。春分是万物生发的时节。《周易·说卦》："万物出乎震。"

坎为水，水孕育生命；震卦代表春分，春分是万物生发的时节；屯卦由坎、震两卦所组成；这，应该是屯卦卦象解释万物始生的根本原因。

二、 卦理

屯卦卦理的解读，分卦序与卦形两部分。

（一）卦序之理

屯卦在六十四卦中排位第三，《周易·序卦》对排位第三的屯卦有如下解释："盈天地之间者唯万物，故受之以屯。屯者，盈也。屯者，物之始生也。"

乾坤两卦在前，第三卦屯卦紧随其后；乾坤喻天地，屯卦喻万物；"有天地然后有万物"之说，在此成立。

关于天地生万物的至理名言，在经典与诸子之中，比比皆是。请看以下论断。

《尚书·泰誓上》："惟天地万物父母，惟人万物之灵。"

《素问·四气调神大论》："春三月……天地俱生，万物以荣。夏三月……天地气交，万物华实。"

《道德经·第四十二章》："道生一，一生二，二生三，三生万物。"

《礼记·郊特牲》："万物本乎天。"

《庄子·齐物论》："天地与我并生，而万物与我为一。"

《尸子·明堂》："天道至焉，地道稽焉，万物度焉。"

《吕氏春秋·尽数》："天生阴阳、寒暑、燥湿、四时之化、万物之变，莫不为利，莫不为害。"

温习以上论断，有助于弄懂"天地在前，万物在后"的卦序。

将万物排位于天地之后，亦或将万物置于天地之间，这是中华先贤对天地万物的基本认识。

（二）卦形之理

屯卦形所隐含的哲理，是由《周易·屯·象传》揭示的。

《周易·屯·象传》："屯，刚柔始交而难生。动乎险中，大亨贞。雷雨之动满盈，天造草昧。宜建侯而不宁。"

诠释屯卦卦形，《周易·屯·象传》诠释出了如此一段哲理。

先天八卦中的震、坎两卦组成了屯卦——震卦在下，坎卦在上。《周易·屯·象传》的第一句中的"刚柔始交"诠释的是震卦的卦形：乾一交于坤，一阳在下，二阴在上，形成震卦。乾为阳，坤为阴，阳刚而阴柔，刚柔相交于初爻，认识卦象中唯一之阳爻，才能明白"刚柔始交"的所以然。

刚柔交合即阴阳交合，万物产生于阴阳交合之中。明白这些，才能明白"刚柔始交而难生"的所以然。

以坎论险，以阳论动，这是《周易》经传的基本特色。《周易·屯·象传》的第一句中的"动乎险中"诠释的是坎卦的卦形：坎卦为险，阳爻为动；两阴在外，一阳在内；一阳动于两阴之间，这是"动乎险中"的所以然。

《周易·说卦》："震为雷。"又："坎为水。"动，是雷的物理属性；化云为雨，是水的物理属性。认识两卦的物理属性，才能明白"雷雨之动"的所以然。"满盈"二字，是"雷雨"的人文修饰。这一句的结尾为"天造草昧"四个字，"宜建侯而不宁"，纯属人文哲理。万物初生之时，肯定会有艰险，这是自然哲理。建国建侯事业初成之时一定要谨慎小心，是这里所强调的人文哲理。人文哲理，源于自然哲理。研究卦象与文字，最为关键的是要记住一个基本公式，这个基本公式就是：自然哲理＝人文哲理。

《周易·屯·象传》诠释屯卦，重点在自然哲理上。

三、 君子之理

诠释屯卦卦象，以自然哲理论人理，《周易·屯·象传》诠释出的人文哲理是："云雷，屯。君子以经纶。"

坎为云，震为雷。屯卦卦象的上下两分结构是：坎在上，震在下。如此，即"云雷"。

"云雷"联合是自然哲理，"君子以经纶"是人文哲理。

做人如何做？

乾卦揭示的哲理是：做人应该效法天！

坤卦揭示的哲理是：做人应该效法地！

做人如何做？屯卦指出：云雷交织这里，同样有人应该效法的哲理。

坎卦为云，震卦为雷；云雷结合，形成屯卦；这里，是"云雷，屯"的所以然。屯卦中所蕴含的人文哲理是"君子以经纶"。

"君子以经纶"是什么意思？

经纶，从字面上讲，是丝织品的经纬。纵为经，横为纬。纺织，首先要列出经，然后织的是纬。经纬结合，才有了纺织品。纺织的方法可以改进，经纬的原则是永恒的，是不可改变的。

经纶，从空间上讲，是分出东西南北。南北为经，东西为纬。

经纶，从地图上讲，是分出子午卯酉。子午线贯穿南北，卯酉线贯穿东西。

认识天道，是进入文明的第一步。分清方位，是进入文明的第二步。天道者，天文历法也。方位者，东西南北也。乾坤两卦讲的是天文历法的确定，屯卦讲的是方位的区分；前者已有《周髀算经》《礼记》与《周易参同契》可以证明，后者有证明依据吗？

有！

请看《管子·五行》中的一个论断："昔者黄帝得蚩尤而明于天道，得大常而察于地利，得奢龙而辨于东方，得祝融而辨于南方，得大封而辨于西方，得后土而辨于北方。黄帝得六相而天地治，神明至。"

在这一论断中，天道排第一，地利排第二，东方排第三，南方排第四，西方排第五，北方排第六。分清天地四方，在黄帝时代是一件极其重要的大事。

天道，指的是五行历，指的是一行 72 天五行 365 天的太阳历。——五行历，是蚩尤制定的。

地利，应该是指地质地理，因为黄帝时代已经有水稻与黍米，已经有铜矿的发现与铜器诞生，没有地质地理常识，不可能有不同的粮食作物，不可能会发现铜矿。——察地利，是大常完成的。

东方、南方、西方、北方，很清楚，指的就是东南西北四方。——区分四方，是由四相完成的。相，宰相也，丞相也。相，相当于内阁总理、副总理，由此可见区分四方的重要性。

"经纶"与"经纬"，在词意上相似相通。"经纬"一词相关于天地。《春秋左传·昭公二十八年》："经天纬地曰'文'。"《国语·周语下》："经之以天，纬之以地。"所以，"经纶"一词的本义应该是"仰观天文，俯察地理"的延续。综上所述，对"君子以经纶"可以进行两重意义的解读：自然哲理体现在空间方位的区分上；人文哲理体现在秩序的建立上。

屯，万物始生。万物始生，包括人的始生。有了人，就有了建立秩序的必要。所以，广义上的"经纶"，亦有秩序之义。

《周易·屯·象传》诠释屯卦，重点在人文哲理上。

卦
四

蒙

（山水）蒙：

蒙：亨。匪我求童蒙，童蒙求我。初筮告，再三渎，渎则不告。利贞。

彖曰：蒙，山下有险，险而止，蒙。"蒙亨"，以亨行，时中也。"匪我求童蒙，童蒙求我"。志应也。"初筮告"，以刚中也。"再三渎，渎则不告"，渎蒙也。蒙以养正，圣功也。

象曰：山下出泉，蒙。君子以果行育德。

初六，发蒙，利用刑人，用说桎梏，以往吝。

象曰："利用刑人"，以正法也。

九二，包蒙，吉。纳妇，吉。子克家。

象曰："子克家"，刚柔节也。

六三，勿用取女，见金夫，不有躬。无攸利。

象曰："勿用取女"，行不顺也。

六四，困蒙，吝。

象曰："困蒙之吝"，独远实也。

六五，童蒙，吉。

象曰："童蒙"之"吉"，顺以巽也。

上九，击蒙，不利为寇，利御寇。

象曰："利"用"御寇"，上下顺也。

———— 解 读 ————

蒙卦，六十四卦的第四卦。

《周易·序卦》："蒙者，蒙也，物之稚也。"

《周易·蒙·彖传》："蒙以养正，圣功也。"

蒙卦，排位紧靠乾、坤、屯三卦之后，乾坤象征的是天地，屯卦象征万物与人；有了人，就有了启蒙问题；蒙卦，象征的就是启蒙。

诠释蒙卦，分卦象、卦理、人理三部分。

一、 卦象

蒙，草木萌芽之时，儿童蒙昧之时。

蒙卦卦象，由先天八卦中的艮卦与坎卦上下组合而成。艮卦在上，坎卦在下，所以有"艮上坎下"的诠释。艮，可以诠释为山；坎，可以诠释为泉水。所以诠释蒙卦卦象，又有"山下出泉"的诠释。

艮卦，在后天八卦中表达立春。

立春与启蒙有关系吗？

有！

启蒙之启，首先源于立春。

《春秋左传·昭公十七年》出现"分至启闭"之说，分即春分秋分，至即冬至夏至，启即立春立夏，闭即立秋立冬。

启蒙之启，源于立春立夏，首先源于立春。

二、 卦理

蒙卦卦理的解读，分卦序与卦形两部分。

（一）卦序之理

之前的屯卦讲万物始生，蒙卦位于屯卦之后，前后两卦之间有着必然的联系。

《周易·序卦》："物生必蒙，故受之以蒙。蒙者，蒙也，物之稚也。"

蒙卦讲启蒙。蒙，有蒙昧与启蒙两重意思。

"物生必蒙"中的"蒙"，一指草木萌芽之蒙，二指儿童蒙昧之蒙。"故受之以蒙"中的"蒙"，指的是启蒙之蒙。人的初生，初生的人，都需要启蒙，这就是蒙卦位于天地万物之后的含义。

启蒙，有启蒙的原则。

启蒙的原则有二：一是学必须求；二是求学的态度必须严肃认真。

求学之原则，文字的表达是"匪我求童蒙，童蒙求我"；严肃认真的态度，文字的表达是"再三渎，渎则不告"。这两大原则出现两次，一次是在蒙卦卦辞出现的，二是在诠释蒙卦的《周易·蒙·彖传》出现的。

启蒙，非常看重蒙昧者的主动性。童蒙，蒙童也，蒙昧儿童也，蒙昧少年也。我，启蒙者也，师也。启蒙，不是师求童蒙，而是童蒙求师。这里是启蒙的第一原则。求学，才能求出真知。如若不信，请看进山求学的孙子。求学三年，留下了一部《孙子兵法》。在今天，无论是东方还是西方，凡是军校，都使用《孙子兵法》做教材。这说明什么？是不是说明主动求学的重要性？当然，这里还有先贤教育方法的合理性。

启蒙的落脚点落在何处？落在"养正"二字上。《周易·蒙·彖传》："蒙以养正，圣功也。"

一个"正"字，意义起码有三重：用正道育人；育出走正道的人；育出堂堂正正的人。使蒙昧者变成堂堂正正的人，这是启蒙的落脚点。一是成人，二是成才。成人与成才，首先是成人。

启蒙的方法中有惩罚。初六爻辞中有"发蒙，利用刑人，用说桎梏"之说，《周易·蒙·象传》诠释这一爻辞，诠释出了"正法"一说："利用刑人，以正法也。"未受启蒙的儿童，犹如尚未训练的野马。训练野马，有一定的惩罚。儿童启蒙，惩罚不可避免。《尚书·舜典》："扑作教刑。"舜时代制定了五种刑罚，其中一种是用于教化的。惩罚也是爱护，儿童时的一次有效惩罚，可能会终身受益。

求学，求的是道。《礼记·学记》："人不学，不知道。"写兵法之前，孙子带过兵吗？没有！打过仗吗？没有！没带过兵，没打过仗，孙子为什么会写出一部千古流传的、信息化时代仍不过时的兵法？奥秘就在于"以道论兵"。孙子论兵，立论的依据是道。以道论兵，是《孙子兵法》形成的奥秘。道在何处？道在太阳回归中，道在寒暑转换中，道在昼夜循环中，道在月亮圆缺中。孙子写兵法时，没有图书馆，没有大量的参考资料，孙子参考的是自然法则，参考的是天文历法，首先是太阳历。太阳回归形成的寒暑、阴阳，是在《孙子兵法》第一页第一段出现的。同样的道理，先秦诸子不是"读书读出来的"，而是"求道求出来的"。先秦诸子，一子论证一个问题；论证的问题不同，但论证问题的依据相同；一个"道"字，是先秦诸子论证问题的共同依据。老子以道论德，孔子以道论礼，管子以道论法，孙子以道论兵，"以道论之"是先秦诸子论证问题的基本方式。求学的目的在求道。

（二）卦形之理

蒙卦卦形所隐含的哲理，是由《周易·蒙·象传》揭示的。

《周易·蒙·象传》："蒙，山下有险，险而止，蒙。'蒙亨'，以亨行，时中也。'匪我求童蒙，童蒙求我'，志应也。'初噬告'，以刚中也。'再三渎，渎则不告'，渎蒙也。蒙以养正，圣功也。"

诠释蒙卦卦象，《周易·蒙·象传》诠释出了如此哲理。

《周易·说卦》："艮为山。"《周易·坎·象传》："习坎，重险也。"艮言山，坎言险，这是"山下有险"的所以然。

《周易·艮·象传》："艮，止也。"坎言险，艮言止，这是"险而止"的所以然。

艮卦，在后天八卦中表立春。一年之计在于春。启蒙启在立春，这是"蒙亨，以亨行，时中也"的所以然。

从卦象结构中诠释出自然哲理，又从自然哲理中衍化出人文哲理，这是《周易·蒙·象传》的特色。

蒙卦讲启蒙！

启蒙有启蒙的原则，这一原则是："匪我求童蒙，童蒙求我"。

匪，非也。我，启蒙者也。求，求也。童蒙，需要启蒙的童子也。启蒙的原则是：不是老师去求童子来启蒙，而是需要启蒙的童子来求老师。需要启蒙的童子来求老师，老师有启蒙的能力与愿望，如此，师生之间"志应也"。

启蒙有启蒙的方法，这一方法是："初噬告"，"再三渎，渎则不告"。一个问题初次提问，老师有责任为童子解惑。一个问题三次提问，老师就无需再解答这一问题，因为童子的学习态度不端正。渎，有轻慢之义。童子以轻慢的态度求问，老师完全可以置之不理。

《论语·述而》："举一隅不以三隅反，则不复也。"求学而不开窍，告诉你了东方，还不知道西方、南方与北方，这样的求学者是不能教的。有教无类，是孔子的原则。不开窍者不能教，这也是孔子的原则。

"蒙以养正，圣功也。"正者，堂堂正正也。启蒙的目的，首先是要把被启蒙的童子培养成堂堂正正的人。教育的目的，用孔子的话说是"止于至善"。

陈嘉庚先生办集美学校，将"蒙以养正"作为校训，被刻在了学校的大门口。

启蒙，蒙以养正，这是教育。"蒙以养正"，正在何处？正在求正道走正道。

办大学，收费卖文凭，这不是启蒙，是笑话。

三、 君子之理

诠释蒙卦卦象，以自然哲理论人理，《周易·蒙·象传》诠释出的人文哲理是："山下出泉，蒙；君子以果行育德。"

艮为山，坎为水。蒙卦卦象的上下两分结构是：山在上，水在下。如此，即"山下出泉"。

"山下出泉"为自然哲理，"君子以果行育德"是人文哲理，人文哲理源于自然哲理。

山泉，刚刚出山之时为涓涓细流，继而为滔滔川流，继而为滔滔河流、滔滔江流，这里有不避艰险的果断勇敢，这里有奋不顾身的一往无前。君子效法山泉，应该效法其果敢，应该效法其一往无前。山泉之德育君子之德，育出果断勇敢的品德，育出一往无前的精神。

山泉，能够成为人的效法榜样吗？

请看看老子"上善若水"的论断。

水善利万物而不争，这是水的第一善。

平，这是水的第二善。

静，这是水的第三善。

动静有始，这是水的第四善。

水之善，是多方面的，详细了解请阅读《道德经·第八章》。

从山泉中诠释出君子效法之理，在这一点上，《周易·蒙·象传》与"上善若水"有相通之处。

水之品德，与道理相通，有王者风范，《管子·水地》有如下之论："卑也者，道之室，王者之器也，而水以为都居。"谦卑之卑，水之品德，王者风范，道理所在。

六十四卦，从第一卦乾卦开始，到第六十四卦未济卦结束，每一卦的卦象中都有一条人文哲理。

《圣经》中的神，给摩西制定了十条戒律，这就是流传至今的"摩西十诫"。"摩西十诫"以神理论人理，论出了十条哲理。

《周易·蒙·象传》诠释卦象，以自然哲理论人理，从六十四卦的卦象中论出了六十四条哲理。

第一卦讲天理，天理中的君子之理是自强不息。

第二卦讲地理，地理中的君子之理是厚德载物。

第三卦讲物理，物理中的君子之理是经纶经纬。

第四卦讲泉理，泉理中的君子之理是果行育德。

……

如何做人？以天地为榜样做人！

如何做人？以万物为榜样做人！

如何做人？以山泉为榜样做人！

总而言之，以自然为榜样做人！

效法天地，效法自然，这是《周易》所创建的价值坐标。

卦

五

需

（水天）需：有孚，光亨贞吉，利涉大川。

彖曰："需"，须也。险在前也，刚健而不陷，其义不困穷矣。"需，有孚，光亨贞吉"，位乎天位，以正中也。"利涉大川"，往有功也。

象曰：云上于天，需。君子以饮食宴乐。

初九，需于郊，利用恒，无咎。

象曰："需于郊"，不犯难行也。"利用恒，无咎"，未失常也。

九二，需于沙，小有言，终吉。

象曰："需于沙"，衍在中也；虽小有言，以终吉也。

九三，需于泥，致寇至。

象曰："需于泥"，灾在外也。自我致寇，敬慎不败也。

六四，需于血，出自穴。

象曰："需于血"，顺以听也。

九五，需于酒食，贞吉。

象曰："酒食贞吉"，以中正也。

上六，入于穴，有不速之客三人来，敬之终吉。

象曰："不速之客来，敬之终吉"；虽不当位，未大失也。

（解）（读）

需卦，六十四卦的第五卦。

《周易·序卦》："需者，饮食之道也。"

《周易·需·彖传》："需，须也。"

需卦，排位紧靠乾坤屯蒙四卦之后，乾坤象征的是天地，屯卦象征万物与人，蒙卦象征启蒙；需卦，象征饮食之需。饮食之需排位于启蒙之后，这说明中华先贤对启蒙的重视。

诠释需卦，分卦象、卦理与人理三部分。

一、 卦象

需，饮食之需也，饮食之道也。

需卦卦象，由先天八卦中的坎卦与乾卦重叠而成。坎卦在上，乾卦在下，所以有"坎上乾下"的诠释。坎，还可以诠释为云；乾，可以诠释为天；所以诠释需卦卦象，又有"云上于天"的诠释。

二、 卦理

需卦之理分为两部分：一是卦序之理，二是卦形之理。

（一）卦序之理

卦序之理，由《周易·序卦》所揭示。需卦位于蒙卦之后，两卦之间有着前因后果的联系。

《周易·序卦》： "物稚不可不养成也，故受之以需。需者，饮食之道也。"

有天地然后有万物，有万物然后有男女，有男女必须有可食之物。人从出生那一时刻起，就需要饮食。"需者，饮食之道也。"需卦，就是讲饮食之需的。

《礼记·礼运》："饮食男女，人之大欲存焉。"人之大欲，最基础的有两项：一是饮食之需；二是男女之事。饮食第一，男女第二，如此顺序体现的是饮食的重要性。

"三、八政：一曰食，二曰货，三曰祀，四曰司空，五曰司徒，六曰司寇，七曰宾，八曰师。"《尚书·洪范》中记载了商朝贤哲箕子所论治国的九条大法，史称"洪范九畴"。八政，为九畴第三畴。八政之中，以食为首。

娃娃需要吃，老人需要吃，男人女人都需要吃，这是人的共同属性。需卦是"民以食为天"的哲理之源。

猪也要吃，狗也要吃，狼虫虎豹都要吃，这是动物的共同属性。

吃，会吃，需要吃，是人与动物的共同属性。

启蒙，则是人与动物的不同属性。

所以，六十四卦把启蒙放在了饮食之需前面，把饮食之需放在了启蒙之后。

需卦之外，"饮食"二字还在渐卦爻辞中出现。渐卦六二："鸿渐于磐，饮食衎衎，吉。"衎，音坎，意思为和乐、喜乐、安闲、自得。喜乐、和乐的情绪与饮食结合而论，这是《周易》的风格。

把喜乐、和乐的情绪与饮食结合而论，也是《诗经》的风格。《诗经》歌颂的宴会上，也出现一个"衎"字。《诗经·小雅·南有嘉鱼》："南有嘉鱼，烝然罩罩。君子有酒，嘉宾式燕以乐。南有嘉鱼，烝然汕汕。君子有酒，嘉宾式燕以衎。"

（二）卦形之理

需卦的卦形之理，由《周易·需·象传》所诠释。

《周易·需·象传》："需，须也。险在前也，刚健而不陷，其义不困穷矣。需，有孚，光亨，贞吉。位乎天位，以正中也。利涉大川，往有功也。"

诠释需卦，《周易·需·象传》诠释出了上述哲理。

"需，须也。"饮食之需，人生之必须也。这三个字，是需卦的大纲。

需卦卦象，由先天八卦中的坎、乾两卦所组成。坎卦在上，坎卦论险，这是"险在前也"的所以然。

乾卦论天，天行刚健，即使前面有险也不会陷入绝境，前面有险也不会阻挡前进的步伐，这是"刚健而不陷，其义不困穷矣"的所以然。

九五之位，是至尊之天位；九五之位，位于上卦之中；阳爻居于九五之位，这是"位乎天位，以正中也"的所以然。

《周易·需·象传》诠释卦象，第一句诠释的是根本。第一句之后的诠释，诠释的是卦象结构、卦象成分，以及阴阳两爻的位置。

认识卦象的结构、卦象的成分，以及阴阳两爻分布的位置，即可以轻松理解《周易·需·象传》。

三、 君子之理

诠释需卦卦象，以自然哲理论人理，《周易·需·象传》诠释出的人文哲理是："云上于天，需。君子以饮食宴乐。"

坎卦论云，乾卦论天。需卦卦象的上下两分结构是：坎卦在上，乾卦在下。如此，即"云上于天"。

"云上于天"是自然哲理，"君子以饮食宴乐"是人文哲理，两种哲理之间有联系吗？

有！

因为饮食之需，犹如云在天上一样合理，犹如云在天上一样正常。

需卦中第一次出现音乐之乐。君子可以举行有音乐的宴会。在优美的音乐中开宴会，这是饮食之道，这是养生之道，也是教化之道。早期中华大地上的教育是礼乐教育。宴会上奏乐，不仅仅是单纯的感官愉悦。

《礼记·乐记》："故乐行而伦清，耳目聪明，血气和平，移风易俗，天下皆宁。"《礼记·乐记》指出，优秀的音乐有三大作用：一可以强身，二可以移风易俗，三可以使天下安宁。

凡是优秀的民族，都有自己的音乐。下面回顾一下中华民族的音乐史：

舜时代，中华大地上就有了尽善尽美的乐，《礼记·乐记》开篇处有这样的记载："昔者舜作五弦之琴，以歌南风；夔始制乐，以赏诸侯。"舜时代的韶乐已经达到了"尽善尽美"境界，这一评价是在《论语》中出现的。《论语·八佾》："子谓韶，'尽美矣，又尽善也。'"

大乐起于阴阳，《吕氏春秋·仲夏纪·大乐》开篇处有这样的记载："音乐之所由来者远矣。生于度量，本于太一。太一出两仪，两仪出阴阳。阴阳变化，一上一下，合而成章。"

关于中华大地上的音乐史，《吕氏春秋·季夏纪·古乐》有如下记载："昔古朱襄氏之治天下也，多风而阳气畜积，万物散解，果实不成，故士达作为五弦瑟，以来阴气，以定群生。

"昔葛天氏之乐，三人操牛尾，投足以歌八阕：一曰载民，二曰玄鸟，三曰遂草木，四曰奋五谷，五曰敬天常，六曰达帝功，七曰依地德，八曰总万物之极。

"昔陶唐氏之始，阴多，滞伏而湛积，水道壅塞，不行其原，民气郁阏而滞著，筋骨瑟缩不达，故作为舞以宣导之。

"昔黄帝令伶伦作为律。……黄帝又命伶伦与荣将铸十二钟，以和五音，以施英韶。以仲春之月，乙卯之日，日在奎，始奏之，命之曰咸池。

"帝颛顼生自若水，实处空桑，乃登为帝。惟天之合，正风乃行，其音若熙熙凄凄锵锵。帝颛顼好其音，乃令飞龙作，效八风之音，命之曰承云，以祭上帝。乃令鱓先为乐倡。鱓乃偃寝，以其尾鼓其腹，其音英英。

"帝喾命咸黑作为声，歌九招、六列、六英。有倕作为鼙、鼓、钟、磬、吹苓、管、埙、篪、鼗、椎、锺。帝喾乃令人抃，或鼓鼙，击钟磬、吹苓、展管篪。因令凤鸟、天翟舞之。帝喾大喜，乃以康帝德。

"帝尧立，乃命质为乐。质乃效山林溪谷之音以歌，乃以麋鞈置缶而鼓之，乃拊石击石；以象上帝玉磬之音，以致舞百兽。瞽叟乃拌五弦之瑟，作以为十五弦之瑟。命之曰大章，以祭上帝。

"舜立，命延，乃拌瞽叟之所为瑟，益之八弦，以为二十三弦之瑟。帝舜乃令质修九招、六列、六英，以明帝德。

"禹立，勤劳天下，日夜不懈。通大川，决壅塞，凿龙门，降通漻水以导河，疏三江五湖，注之东海，以利黔首。于是命皋陶作为夏籥九成，以昭其功。"

《吕氏春秋》成书于焚书坑儒之前，《吕氏春秋》中的资料源于诸子百家。此时的中华民族还没有学术造假的恶习，所以《吕氏春秋》中的资料有信史价值。

中华大地的音乐出现于远古，音律成熟于黄帝时期，舜第一次统一了音律与度量衡，中华先贤在音律领域中的创造，遥遥领先于世界。知道这一点，再看今天全世界音乐界沿用的音律标准是中国的十二平均律，就不会感到奇怪了。

卦六 讼

—————————————— 原 文 ——————————————

（天水）讼：有孚窒惕，中吉，终凶。利见大人。不利涉大川。

彖曰：讼，上刚下险，险而健，讼。"讼有孚，窒惕，中吉"，刚来而得中也。"终凶"，讼不可成也。"利见大人"，尚中正也。"不利涉大川"，入于渊也。

象曰：天与水违行，讼。君子以作事谋始。

初六，不永所事，小有言，终吉。

象曰："不永所事"，讼不可长也。虽"小有言"，其辩明也。

九二，不克讼，归而逋。其邑人三百户，无眚。

象曰："不克讼"，归逋窜也。自下讼上，患至掇也。

六三，食旧德，贞厉，终吉。或从王事，无成。

象曰：食旧德，从上吉也。

九四，不克讼，复即命，渝，安贞，吉。

象曰：复即命，渝，安贞不失也。

九五，讼，元吉。

象曰："讼，元吉"以中正也。

上九，或锡之鞶带，终朝三褫之。

象曰：以讼受服，亦不足敬也。

解　读

讼卦，六十四卦的第六卦。

《周易·杂卦》：“讼，不亲也。”

讼卦讲诉讼。

六十四卦，讼卦排位第六，由此可见，中华先贤对诉讼的重视。对诉讼的重视，是对法律的重视。

蒙卦讲启蒙，讼卦讲诉讼；中华先贤既重视人文教化，也重视法律之法。

讼卦，排位于需卦之后。需卦，象征饮食之需；讼卦，象征诉讼之讼。需，狭义上的饮食之需，广义上的生活资料。生活资料分配不公，就会引起诉讼。

诉讼之讼排位于饮食之需之后，这说明此时的中华先贤已经认识到了这样的事实与这样的方法：第一，生活资料分配不公会引起诉讼；第二，诉讼是一种方法，可以用来平息民间的争论。

诠释讼卦，分卦象、卦理与人理三部分。

一、卦象

讼，诉讼之讼也，诉讼之道也。

讼卦卦象，由先天八卦中的乾卦与坎卦重叠而成。乾卦在上，坎卦在下，所以有“乾上坎下”的诠释。乾，可以诠释为天；坎，可以诠释为水；所以诠释讼卦卦象，又有“天水讼”的诠释。

诉讼之讼，《说文解字》的解释是：“讼，争也。”

二、卦理

讼卦之理分为两部分：一是卦序之理；二是卦形之理。

（一）卦序之理

卦序之理，由《周易·序卦》所揭示。讼卦位于需卦之后，两卦之间有着前因后果的联系。

《周易·序卦》：“饮食必有讼，故受之以讼。”

民以食为天，食物分配不公会引起争讼，生活资料的分配不公会引起争讼。讼，指的是诉讼之讼。

《周礼·地官·大司徒》："凡万民之不服教而有狱讼者，与有地治者，听而断之。"注：争罪曰狱，争财曰讼。

诉讼，事关法律。讼卦说明，中华先贤已经认识到这样一个事实，即：人文教化并不能解答所有的问题，教化之外还必须有法律，还必须有刑罚。

皋陶，是最早的刑罚制定者。皋陶，是舜时代的大臣，是舜时代的法官。

《尚书·舜典》："帝曰：'皋陶，蛮夷猾夏，寇贼奸宄。汝作士，五刑有服，五服三就。五流有宅，五宅三居。惟明克允！'"

猾，扰乱。夏，华夏。寇贼奸宄，犯法作乱。五刑，五种刑罚。服，用。就，地方。宅，处所。流，流放。明，明察秋毫。允，公允公正公平。

这句话的完整意思是：皋陶啊，蛮夷侵扰华夏，犯法作乱。任命你为法官，用五种刑罚治理各地，将犯法作乱者流放，流放也要有一定的处所。审案，一定要明察秋毫。刑罚，一定要公允公正公平。

在任命皋陶为法官之前，舜任命契为司徒。司徒掌管教化，用五教（父义、母慈、兄友、弟恭、子孝）来教化天下。

先讲教化，后讲刑罚，这就是大舜治理天下的基本方略。

既讲教化，又讲刑罚，这就是《尚书》中的治国方略。

《诗经》同样重视公正执法。《诗经·召南·甘棠》是一首歌颂召公的诗。召公，是一位公正公平的执法者。根据《史记·燕召公世家》记载，召公治理陕西南部时，常在甘棠树下听政决狱，他公正无私，判案公平，赢得了百姓的敬重；百姓保护了这棵甘棠树，并作《甘棠》诗赞美召公。诗曰：

> 蔽芾甘棠，勿翦勿伐，召伯所茇。
>
> 蔽芾甘棠，勿剪勿败，召伯所憩。
>
> 蔽芾甘棠，勿剪勿拜，召伯所说。

全诗的意思是，不要砍伐这棵甘棠树，因为召伯在这棵树下断过案，在这棵树下休息过。召公的故事影响深远，形成"甘棠遗爱"这一成语。

六十四卦，讼占其一，由此可见，诉讼之讼在中华文化中的地位。

《周易·讼·象传》："利见大人，尚中正也。"

《周易·讼·象传》："讼，元吉，以中正也。"

诉讼，讲究公正公平！"中"与"正"，是公正公平的归纳，所以《周易·讼·彖传》诠释讼卦本身出现"中正"一词，《周易·讼·象传》诠释讼卦九五爻同样出现"中正"一词。马王堆汉墓出土的《黄帝四经·经法·道法》有这样一句话"道生法。法者，引得失以绳，而明曲直者也。"生于道的法，是规矩，是准绳。

孔子讲诉讼，希望天下没有诉讼，即天下息讼。

《论语·颜渊》："子曰：'听讼，吾犹人也。必也使无讼乎！'"

这句话是孔夫子的话。

听讼，即审理诉讼。犹人，与人一样。无讼，没有诉讼。这句话的完整意思是：审理诉讼，我和别人一样；但是最终的目的不一样，我审理诉讼，目的是使天下没有诉讼。

孔子曾任鲁国大司寇，大司寇是司法官，其职责是贯彻实行法律法令。审理诉讼，公正判案，是大司寇的责任。孔夫子听讼，最终的目的，追求的不是判案的公正，而是首先建立"不患寡而患不均"的公平，使天下没有诉讼。天下息讼，是圣人情怀。但是，诉讼之讼无论如何是免不了的。历史与现实，均证明了这一点。

息讼，是不可能的。

尽量减少诉讼，是完全办得到的。

这里应该清楚的一点是，诉讼之讼还是内部之事。家内，族内，天下之内，所发生的纠纷与争执，所需要的方法是诉讼之讼。

（二）卦形之理

讼卦的卦形之理，由《周易·讼·象传》所诠释。

《周易·讼·象传》："讼，上刚下险，险而健讼。讼，有孚，窒惕，中吉，刚来而得中也。终凶，讼不可成也。利见大人，尚中正也。不利涉大川；入于渊也。"

诠释讼卦卦形，《周易·讼·象传》诠释出了如此哲理。

讼卦由先天八卦中的乾、坎两卦所组成，乾卦在上，坎卦在下。乾卦言天，天行刚健；坎卦言水，水含凶险，这是"上刚下险"的所以然。

下卦中的初爻、三爻之位，本来是阳爻之位，坎卦中出现的是两个阴爻；下卦中的二爻之位，本来是阴爻之位，坎卦中出现的是阳爻；阴阳两爻的位置错乱，简言之即位不正；位置错乱，这是"险而健讼"的所以然。

讼，毕竟是不希望发生的事。讼的过程中，必须讲究诚信，必须有恐惧警惕之心，这是"讼，有孚，窒惕"的所以然。

二爻五爻的位置为中，阳爻为刚，坎卦二五两爻的位置上出现的全部是阳爻，这是"刚来而得中"的所以然。

中、正，是六十四卦所推崇、所崇尚的两大境界，治理天下者，应该是公平公正中正的主持者，这里应该是"利见大人，尚中正也"的所以然。

诉讼之时，人心不一，此时不宜出行，这里应该是"不利涉大川；入于渊也"的所以然。

《周易·讼·象传》诠释讼卦，首先诠释的是上下两卦结构中的所隐含的哲理，第二步诠释的是卦中阴阳两爻位置正不正、错不错、乱不乱所隐含的的哲理，之后与最后诠释的是整个卦象所隐含的哲理。知道这些，就可以轻松阅读与理解《周易·讼·象传》。

三、 君子之理

诠释讼卦卦象，以自然哲理论人理，《周易·讼·象传》诠释出的人文哲理是："天与水违行，讼。君子以作事谋始。"

乾为天，坎为水。讼卦象的上下两分结构是：天在上，水在下。如此，即"天与水违行"。

天性刚健；坎卦喻水，水性危险；上刚下险，刚险相持，讼卦之讼产生。

天与水为什么会违行？

这与中华先贤对天体的认识相关，这与中华先贤对水的流向认识相关。

《逸周书·武顺解》："天道尚左，日月西移；地道尚右，水道东流。"

日月西移，从这里中华先贤认识到天体是向西运动；水道东流，从这里中华先贤认识到大地是向东运动；天体向西，水流向东，这里产生了"天与水违行"的结论。

《尸子·君治》："天左舒而起牵牛，地右辟而起毕昴。"

天体左行有一个起点，这个起点的标志是牵牛星。大地右行也有一个起点，这个起点的标志是毕、昴二星。天行左，地行右，天与地的运动方向相反，江河在大地上，所以江河之水的流向自然是与天违行。

天与水违行，属于自然法则，绝对产生不了诉讼。人与人相争，在正常规矩之外，一定会发生诉讼。以天理论人理，这里似乎没有可比之处。

"君子以作事谋始"，这是对君子处事的基本要求。处每一件事，开端之处最为重要。谋始，谋的就是开端之处。

《道德经·第六十四章》："千里之行，始于足下。"

《礼记·中庸》："君子之道，辟如行远必自迩，辟如登高必自卑。"

话语不同，意思一样：万般事物，重视的都是开端之处的第一步。

《周易·讼·象传》诠释上九爻辞，诠释出了一句值得深思的话："以讼受服，亦不足敬也。"这句话的基本意思是：即使从诉讼得到好处，也不会受到敬重。

历史上有一种人，善于搬弄是非，善于从诉讼中盈利，这种人被贬称为"讼棍"。

卦七 师

（地水）师。贞，丈人吉，无咎。

彖曰：师，众也。贞，正也。能以众正，可以王矣。刚中而应，行险而顺，以此毒天下，而民从之，吉又何咎矣。

象曰：地中有水，师。君子以容民畜众。

初六，师出以律，否臧，凶。

象曰："师出以律"，失律凶也。

九二，在师中吉，无咎，王三锡命。

象曰："在师中吉"，承天宠也。"王三锡命"，怀万邦也。

六三，师或舆尸，凶。

象曰："师或舆尸"，大无功也。

六四，师左次，无咎。

象曰："左次无咎"，未失常也。

六五，田有禽。利执言，无咎。长子帅师，弟子舆尸，贞凶。

象曰："长子帅师"，以中行也。"弟子舆尸"，使不当也。

上六，大君有命，开国承家，小人勿用。

象曰："大君有命"，以正功也。"小人勿用"，必乱邦也。

师卦，位于讼卦之后，六十四卦的第七卦。

《周易·序卦》："师者，众也。"

《周易·师·彖传》："师，众也。"

讼卦讲诉讼，师卦讲战争。

诉讼，是内部的事；战争，是外部的事。

师，有多重含义。师，可以解释为军队的单位，可以解释为军队，也可以解释为战争。师卦，指战争。

《周礼·地官·小司徒》："五人为伍，五伍为两，四两为卒，五卒为旅，五旅为师，五师为军。"《说文解字》："师，两千五百人为师。"——师，这里指军队的单位。

《周礼·地官·州长》："若国作民而师田行役之事，则帅而致之，掌其戒令与其赏罚。"疏："师，谓征伐。"——师，这里指战争。

《春秋左传·庄公十年·曹刿论战》："十年春，齐师伐我。"——师，这里指军队。

六十四卦，象征战争的师卦位列其一，位居其七，这说明什么？这说明六十四卦的作者认识到这样一条哲理，即：战争是生活的组成部分，战争永远不可避免。

师卦，排位于讼卦之后，讼解答不了问题，就会引起战争。师卦排位第七，由此可见，作卦者对战争的重视。

诠释师卦，分卦象、卦理与人理三部分。

一、　卦象

师卦卦象，由先天八卦中的坤卦与坎卦重叠而成。坤卦在上，坎卦在下，所以有"坤上坎下"的诠释。坤，可以诠释为地；坎，可以诠释为水；所以诠释师卦卦象，又有"地水师"的诠释。

二、　卦理

师卦卦理的解读，分卦序与卦形两部分。

（一）卦序之理

师，战争也。师卦卦理，讲引起战争的原因，讲战争的必然性。

师，《周易·序卦》有如下诠释："讼必有众起，故受之师。"

财产分配不公会引起诉讼，诉讼解决不了问题会引起战争。家庭小财产的分配不公，会引起弟兄之间的争斗。疆土、资源大财产的分配不公，会引起国与国之间的战争。需、讼、师，三卦的如此顺序，所揭示的哲理是：财产与资源，会引起争讼；争讼解答不了问题，会引起战争。——资源争夺，是引起战争的根本原因。

象征战争的师卦，六十四卦中独居其一。这说明，战争是生活中的一个重要组成部分。在人类生活中，战争无论如何都无法避免。

天下和平，是圣人情怀。严重的问题是，天下不全是圣人。桃花源式的寡民小国，是老子的情怀。秦国的长矛大刀一到，圣人的情怀马上化为泡影。华夏大地，匈奴入侵过，金兵入侵过，清兵入侵过，八国联军入侵过，日本入侵过，中国历史是不是证明了战争不可避免?!

昨天的世界，有过两次世界大战；今天的世界，局部战争一直连续不断，世界历史是不是证明了战争不可避免?!

（二）卦形之理

师卦的卦形之理，由《周易·师·象传》所诠释。

《周易·师·象传》："师，众也。贞，正也。能以众正，可以王矣。刚中而应，行险而顺，以此毒天下，而民从之，吉又何咎矣。"

诠释师卦卦形，《周易·师·象传》诠释出了如此哲理。

"师，众也。贞，正也。"这两句话是对师卦卦形的总体把握。

战争，必须有军队，这是基本。明白了这一点，就会明白"师，众也"

的所以然。

战争，必须师出有名。明白了这一点，就会明白"贞，正也"的所以然。

率领三军的统帅，必须赢得军心。明白了这一点，就会明白"能以众正，可以王矣"的所以然。

"刚中而应，行险而顺"，这八个字解释的是阳爻在坎卦中的位置及其意义。

阳爻为刚，下卦二爻之位为中，阳爻居于二爻之位，如此为"刚中"。

阴爻为柔为顺，上卦五爻之位上的阴爻，对应于下卦二爻之位上的阳爻，二五之位上的阴阳两爻，相对相应。这是"刚中而应，行险而顺"的所以然。

"刚中而应，行险而顺"之后的"以此毒天下，而民从之，吉又何咎矣"的后缀，如此后缀出于以自然哲理论人文哲理的思路。毒，督也。"毒天下"者，治天下也。卦中的阴阳相应，卦中的行险而顺，演化出了"以此毒天下"的方略，演化出了"而民从之"的结果，又演化出了"吉又何咎矣"的评判。

师卦讲战争，这是中华先贤对战争的把握。

战争不可避免，但是战争一定是正义之战。

战争，讲究师出有名。用兵，讲究正义之师。

正义之师、仁义之师，必须有铁的纪律，必须有严肃的号令。所以师卦爻辞与《周易·师·象传》中均出现"师出以律"之说。律，严明之纪律也。

没有纪律的军队，绝对不可能有好的下场。所以，《周易·师·象传》中有"失律凶也"的结论。

用先进的武器来威慑敌寇，是制止战争最有效的手段。黄帝名下出现当时的先进武器——弧矢，《周易·系辞下》对此事的评价是："弧矢之利，以威天下。"立人立家立天下用文化，卫家卫天下用武化。有弧矢之利，有先进武器，才有威风凛凛之天下，才能威慑外部强盗的觊觎之心，这是黄帝时代的哲理。敌寇古今都有，而且"你不往并不等于他不来"，所以治天下不能忽略卫天下。文化研究，无论如何不能缺失"如何御敌"的研究。宋有"半部《论语》治天下"之说，问题是：强敌入侵之时，一部《论语》能卫天下吗?

三、 君子之理

诠释师卦卦象,以自然哲理论人理,《周易·师·象传》诠释出的人文哲理是:"地中有水,师。君子以容民畜众。"

坤为地,坎为水。师卦卦象的上下两分结构是:地在上,水在下。如此,即"地中有水"。

"地中有水"为自然哲理,"君子以容民畜众"是人文哲理,人文哲理源于自然哲理。

坤卦喻地,大地宽容;坎卦喻水,水蓄于大地;大地能够蓄水,君子应该容民爱民聚民,像大地蓄水一样把民众凝聚在一起。

大地没有水,是干旱的土地;水离开大地,只能是飘浮的云彩。大地与水的关系,基本如此。

大地有容量,这是自然状态。

君子应该有容量,这是文化常识。

讲宽厚,讲容量,这在六十四卦中有着连续性。厚德载物,是大地的品德。宽厚宽容,是君子的品德。六十四卦第一卦卦理讲自强,第二卦卦理讲宽厚。自强,是天理。宽厚,是地理。《鹖冠子·度万》:"天人同文,地人同理。"天人同文,同在自强不息上;地人同理,同在厚德载物上。像大地运载万物一样宽厚,是坤卦所隐含的哲理。像大地蓄水一样宽厚,是师卦所隐含的哲理。

"帝曰:'契,百姓不亲,五品不逊。汝作司徒,敬敷五教,在宽。'"这是《尚书·舜典》中的一段话。这段话告诉后人,大舜教化天下所用方法是"五教","五教"精神"在宽"。"五教"具体内容为何?答案在《春秋左传》。《春秋左传·文公十八年》:"舜……使布五教于四方,父义,母慈,兄友,弟恭,子孝,内平外成。"

宽、宽厚、宽容,是《尚书》与《周易·易传》的共同主张,共同强调的文化精神。

四、 两句名言

师卦中出现两句"小人勿用"的名言。

其一，"大君有命，开国承家，小人勿用。"这一名言是在师卦上六爻辞中出现的。

其二，"'大君有命'，以正功也。'小人勿用'，必乱邦也。"这一名言是在《周易·师·象传》中出现的。

齐家治国平天下，道理是一样的理：用君子而勿用小人。

《庄子·徐无鬼》中的黄帝，为治天下而忧愁。有人建议黄帝去请教天师，见到天师之后，黄帝大失所望，原来天师是一个放马的牧童。牧童怎么懂"如何治天下"？结果，牧童只说了一句话，黄帝就磕头行礼，称其为天师了。这句话是："治理天下的道理与牧马的道理没有什么区别，去掉害群之马就是了。"原话是："夫为天下者，亦奚以异乎牧马者哉！亦去其害马者而已矣！"小人，害群之马也。治国平天下，一定要提防小人。小人既会误国，也会害天下。

圣人、大人、君子、小人，这是《周易》所划分出的四种人。圣人、大人是天下的化育者，君子是天下的建设者，小人是天下的危害者。

"开国承家，小人勿用"，这是《周易》所奠定的原则。这一原则在几千年的历史中，一直没有得到坚持。

"小人勿用"，这是《周易》中的话。

"亲君子，远小人"，这是诸葛亮劝刘阿斗的话。

前后对比可以知道，小人一直存在，小人一直得势。

小人生命力为何顽强？庄子有解答。小人会说话，会说人喜欢听的话。小人说话，犹如蜜糖一样甜蜜。"君子之交淡若水，小人之交甘若醴。"这是《庄子·山木》篇对小人的精确评价。

卦八

比

（水地）比：吉。原筮，元永贞，无咎。不宁方来，后夫凶。

彖曰：比，吉也；比，辅也，下顺从也。"原筮，元永贞，无咎"，以刚中也。"不宁方来"，上下应也。"后夫凶"，其道穷也。

象曰：地上有水，比。先王以建万国，亲诸侯。

初六，有孚比之，无咎。有孚盈缶，终来有它吉。

象曰：比之初六，有它吉也。

六二，比之自内，贞吉。

象曰："比之自内"，不自失也。

六三，比之匪人。

象曰："比之匪人"，不亦伤乎？

六四，外比之，贞吉。

象曰：外比于贤，以从上也。

九五，显比，王用三驱，失前禽，邑人不诫，吉。

象曰："显比"之吉，位正中也。舍逆取顺，失前禽也。邑人不诫，上使中也。

上六，比之无首，凶。

象曰："比之无首"，无所终也。

◯解◯读◯

比卦，位于师卦之后，六十四卦的第八卦。

《周易·序卦》："比者，比也。"

《周易·比·彖传》："比，辅也，下顺从也。"

师卦讲战争，比卦讲辅佐。

战争的指挥者是统帅，统帅离不开辅佐者。

比卦排位于师卦之后，如此顺序的意思是：战争的指挥者，一定要军师的帮助。

天下的治理者同样有人辅佐！远古、中古时期的圣人之君，都是主动寻找辅佐者的典型。

《黄帝内经》中的黄帝，先后拜了几位圣贤为师，最主要的一位是岐伯。黄帝请教岐伯，两人一问一答，形成中医经典《素问》。中医文化的基础理论始于《黄帝内经》，而《黄帝内经》又始于黄帝请教岐伯，所以中医又称"岐黄之术"。

"能自得师者王，谓人莫己若者亡。"这是《尚书·仲虺之诰》中一条教育君王的哲理。意思是：能够求人为师的人能为王，总是以为别人不及自己的人必然会灭亡。

姜子牙渭水河边直钩钓鱼——愿者上钩，被周文王拜师出山的故事，在民间广为流传。周文王拜请姜子牙出山，所讲的也是辅佐者的重要性。

君王以贤哲为师，贤哲以天为师。

《庄子·天下》："以天为宗，以德为本，以道论门，兆于变化，谓之圣人。""以天为师""以天为父""以天为宗"这三句话，在一部《庄子》中反复出现。在庄子这里，只有天则天理是完美的，人的主张都是有欠缺的。

黄帝，被后世称为"人文始祖"。人文始祖，也是拜师拜出来的。

尊师拜师，是一个文化传统。

比卦，讲的是一个文化传统。

诠释比卦，分卦象、卦理与人理三部分。

一、卦象

比卦卦象，由先天八卦中的坎卦与坤卦重叠而成。坎卦在上，坤卦在下，所以有"坎上坤下"的诠释。坤，可以诠释为地；坎，可以诠释为水；所以诠释比卦卦象，又有"水地比"的诠释。

水只能赋存于大地，水与地，毫无疑问是亲密无间的关系。

二、卦理

比卦卦理的解读，分卦序与卦形两部分。

（一）卦序之理

比卦位于师卦之后，前后两卦之间有着必然的联系。

《周易·序卦》对前后两卦的卦序有如下解释："师者，众也，众必有所比，故受之以比。比者，比也。"

《周易·象传》："比，辅也，下顺从也。"

《本义》："比，亲辅也。"

比，亲辅，亲附，军师辅佐统帅，贤哲辅佐天子。

比，第一重意义是辅佐，第二重意义是亲密；辅佐者与被辅佐者之间必须是一个亲密无间的关系。

（二）卦形之理

比卦卦形所隐含的哲理，是由《周易·比·象传》揭示的。

《周易·比·象传》："比，吉也；比，辅也，下顺从也。'原筮元永贞，无咎'，以刚中也。'不宁方来'，上下应也。'后夫凶'，其道穷也。"

诠释比卦卦形，《周易·比·象传》诠释出了如此一大段哲理。

"比，吉也"，这是价值判断。

"比，辅也"，这是比之功能。

下卦为坤，坤之本性为顺，这是"下顺从也"的所以然。

九五之位，上卦之中，阳爻居中，这是"刚中"的所以然。

六二之位，下卦之中，阴爻居中；九五对应六二，这是"上下应也"的所以然。

"不宁方来，上下应也。后夫凶，其道穷也。"这一论断是作者"当时当地"的认识。后人解释这一论断，有各式各样的解释。各式各样的解释，并不一定合乎作者的本意。

研读卦象，最为关键的是：一定要记住卦象表达的是自然哲理，自然哲理中会衍化出人文哲理。至于《周易》文字中的"某句话""某件事"，并不具有绝对性。

文字不具备绝对性，《周易·系辞》有精辟的解释，请看下面两个论断。

其一，《周易·系辞上》："书不尽言，言不尽意。"

其二，《周易·系辞下》："易之为书也不可远，为道也屡迁，变动不居，周流六虚，上下无常，刚柔相易，不可为典要，唯变所适。"

三、 君子之理

诠释比卦卦象，以自然哲理论人理，《周易·比·象传》诠释出的人文哲理是："地上有水，比；先王以建万国，亲诸侯。"

坤为地，坎为水。比卦卦象的上下两分结构是：水在上，地在下。如此，即"地上有水"。

前一卦自然哲理讲"地中有水"，这一卦自然哲理讲"地上有水"；地中地上，相近的空间。地中有水与地上有水，是完全相同的自然哲理。

前一卦讲君子之理，这一卦讲先王之理；君子之理，讲究广阔胸怀，讲究"容民畜众"。先王之理，讲究和谐万邦，讲究"建万国，亲诸侯"。君子之理与先王之理，均源于自然哲理。

创建万国，是中华先贤的伟大贡献之一。

东至于海，西至于空桐，南至于江，北逐荤粥，这是黄帝的足迹。

北至于幽陵，南至于交阯，西至于流沙，东至于蟠木，这是黄帝之孙颛顼的影响。

黄帝的足迹与颛顼的影响，《史记·五帝本纪》有记载。

颛顼为彝族所崇尚的先贤，这一点是汉族同胞所不知道的。云贵川彝族称，彝族所延续的天文历法为颛顼历。云南彝族立有爨文碑，爨文碑上有彝族崇尚颛顼的文字记载。

《尚书·尧典》有"协和万邦"之说，"协和"讲的是治理。这说明，中华先贤不但善于创建，同时也善于治理。

四、 一个故事

比卦九五爻爻辞："显比，王用三驱，失前禽，邑人不诫，吉。"

这里记载的是一个历史故事。

九，阳爻也。五，爻位也。五，奇数也，阳数也。阳居阳位，位正也。九五之尊，君王之位也。这里出现"王用三驱"之辞，隐含的是一个历史故事。故事的主人翁是商汤，这个故事在《史记·殷本纪》中有完整的记载。原文如下：

> 汤出，见野张网四面，祝曰："自天下四方皆入吾网。"汤曰："嘻，尽之矣！"乃去其三面，祝曰："欲左，左。欲右，右。不用命，乃入吾网。"诸侯闻之，曰："汤德至矣，及禽兽。"

译文：成汤游猎，见四面都布下了罗网，张网的人祝祷说："愿从天上来的，从地下来的，从四方来的，都进入我的罗网！"成汤听了说："嗳，这样就把禽兽全部打光了！"于是把罗网撤去三面，将祝词修改为："想往左边走的就往左边走，想向右边逃的就向右边逃。不听从命令的，就进我的罗网吧。"诸侯听到这件事，说："汤真是仁德之君，连禽兽都受到他的恩惠。"

五、 两条哲理

《周易·比·象传》诠释比卦两个爻位，诠释出了两条哲理。这两条哲理，后人已经忘记。

其一，《周易·比·象传》："比之匪人，不亦伤乎。"

其二，《周易·比·象传》："外比于贤，以从上也。"

六，阴爻也。三，爻位也。三，奇数也，阳数也。六三，阴居阳位，位不正也，位不中也。

《周易·比·象传》诠释六三爻，诠释出了"匪人"一词。匪人，不中不正之人也！不中不正，小人也！

比，亲近也。亲近小人，或者说与小人交朋友，不但不能建功立业，而且还会后患无穷。所以，演化出了"比之匪人，不亦伤乎"这一条哲理。"与小人交朋友，哀伤啊！"希望读者朋友能够记住这条哲理。

六，阴爻也。四，爻位也。四，偶数也，阴数也。阴居阴位，位正也。

比，亲近也。亲近贤哲，或者说与贤哲交朋友，可以为天下建功，可以为自己立业。所以，演化出了"外比于贤，以从上也"这一条哲理。"交朋友，一定要与贤哲交朋友。"希望读者朋友能够记住这条哲理。

卦
九

小
畜

原文

（风天）小畜：亨。密云不雨。自我西郊。

彖曰："小畜"，柔得位而上下应之，曰小畜。健而巽，刚中而志行，乃亨。"密云不雨"，尚往也。"自我西郊"，施未行也。

象曰：风行天上，"小畜"。君子以懿文德。

初九，复自道，何其咎？吉。

象曰："复自道"，其义"吉"也。

九二，牵复，吉。

象曰：牵复在中，亦不自失也。

九三，舆说辐。夫妻反目。

象曰："夫妻反目"，不能正室也。

六四，有孚，血去，惕出，无咎。

象曰："有孚""惕出"，上合志也。

九五，有孚挛如，富以其邻。

象曰："有孚挛如"，不独富也。

上九，既雨既处，尚德载。妇贞厉。月几望，君子征凶。

象曰："既雨既处"，德积载也。"君子征凶"，有所疑也。

◯解◯读

小畜卦，位于比卦之后，六十四卦的第九卦。

《周易·杂卦》："小畜，寡也。"

比卦讲辅佐讲亲和，小畜卦讲收获讲存储。

没有收获不可能有盈余；没有盈余不可能有小畜——少量的存储。

畜曰小，何意也？

阴有形阳无形，畜存只能存有形之物，不能存无形之气。小畜卦一阴五阳，有形少无形多，小畜是也。

畜，有多重含义，但第一重意思指存储。

先秦诸子大都以"畜"言存储，请看以下论断。

《礼记·月令》："仲夏之月……聚畜百药。"

《墨子·七患》："畜种菽粟，不足以食之。"

《荀子·天论》："畜积收藏于秋冬。"

《韩非子·五蠹》："既畜王资而承故国之衅。"

小畜，讲的是一个"以有防无"的文化传统。

诠释小畜卦，分卦象、卦理与人理三部分。

一、卦象

小畜卦卦象，由先天八卦中的乾卦与巽卦重叠而成。巽卦在上，乾卦在下，所以有"巽上乾下"的诠释。乾，可以诠释为天；巽，可以诠释为风；所以诠释小畜卦卦象，又有"风天小畜"的诠释。

二、卦理

小畜卦卦理的解读，分卦序与卦象两部分。

（一）卦序之理

小畜卦位于比卦之后，比卦与小畜卦之间有承前启后的关系。

《周易·序卦》："比必有所畜，故受之以小畜。"

《序卦》诠释的哲理，源于卦与卦之间的联系：亲和之后有收获，收获盈余即为小畜。

小畜之后还有大畜，小畜大畜卦名不同而意思一致，讲的都是"以有防无"的存储。

小畜大畜之外还有节卦，节卦讲节俭、节约，这三卦讲的是一个勤俭持家、存储治天下的文化传统。

（二）卦形之理

小畜卦形所隐含的哲理，是由《周易·小畜·彖传》揭示的。

《周易·小畜·彖传》："小畜，柔得位而上下应之，曰小畜。健而巽，刚中而志行，乃'亨'。'密云不雨'，尚往也。'自我西郊'，施未行也。"

诠释小畜卦卦形，《周易·小畜·彖传》诠释出了如此一段哲理。

阳刚阴柔。"柔得位"即阴得位。阴得何位？四，偶数也。阴爻居于上卦四爻之位，阴爻得偶数之位也。如此，即"柔得位"。

初九阳爻在下，六四阴爻在上，阴阳上下两爻对应，如此，即"上下应之"。

"小畜，柔得位，而上下应之，曰小畜。"这是《周易·小畜·彖传》中的第一句话，第一句话是对小畜卦卦形结构的揭示。

天行健，乾为天；乾卦在下，巽卦在上；如此，即"健而巽"。

阳为刚。下卦二爻为中，上卦五爻为中；九二九五两爻为阳，而且居于中位；如此，"刚中"也。"志行，乃亨"之后缀，是从自然哲理中引申出来的人文哲理。

卦辞"密云不雨""自我西郊"，被《周易·小畜·彖传》诠释为"'密云不雨'，尚往也。'自我西郊'，施未行也"。这句话，后人指出了多种完全不同的解释。

笔者认为，六爻卦五阳一阴，一阴恰恰位于象征行健之天之上。一阴，会形成阴云，形不成大雨，更形不成暴雨。阴云，会飘走。这里，可能是"密云不雨，尚往也"的所以然。"自我西郊，施未行也。"卦分上下，不分东西，为何这里出现"西郊"，而且还把"我"也摆了进去。这句话应该是卦辞作者本人"当时当地"的解释。

三、 君子之理

诠释小畜卦卦象，以自然哲理论人理，《周易·小畜·彖传》诠释出的人文哲理是："风行天上，小畜；君子以懿文德。"

巽为风，乾为天。小畜卦卦象的上下两分结构是：巽在上，天在下。如此，即"风行天上"。

"风行天上"是自然哲理，"君子以懿文德"是人文哲理，人文哲理源于自然哲理。

"文德"与"风行天上"之天理相关吗？请温习下面三个论断。

其一，《黄帝四经·经法·四度》："动静参于天地谓之文。"

其二，《春秋左传·昭公二十八年》："经天纬地曰文。"

其三，《鹖冠子·度万》："天人同文，地人同理。"

人的一动一静都要与天时合拍，要与地理合拍，如此产生了人文之文。人文源于天文，这是根本。文德源于天理，这是具体。

四、 三条哲理

小畜卦的爻辞，有三条基础性自然哲理：

其一，初九爻辞中的"复自道"。

其二，上九爻辞中的"月几望"。

其三，九五爻辞中的"富以其邻"。

三条哲理，前两条为自然哲理，后一条为人文哲理。

"复自道"解。所谓"复自道"，必须从天体运动中去认识。

复，重复也，反复也。自道，自身运行的轨道也。

日影长短两极的变化，为无限循环，日影变化为"复自道"。

月亮运行为无限循环，月亮变化为"复自道"。

寒暑变化为无限循环，寒暑变化为"复自道"。

昼夜变化为无限循环，昼夜变化为"复自道"。

小畜卦讲"复自道"，复卦讲"反复其道"，《周易·系辞》讲"原始反终"，所有这些描述的都是天体运动的形态与轨迹，所有这些描述的也是八卦、六十四卦运动的形态与轨迹。

一定轨道上的圆周运动，是中华先贤对日月运行的认识，是中华先贤对寒暑运行、昼夜运行的认识。平面上的圆形的太极、八卦、六十四卦，都是描述圆周运动的。

"月几望"解。月，月亮也。几，即也，即将也。望，月与日相望也。《说文》："望，月满，与日相望，以朝君也。"《释名·释天》："望，月满之名也。月大十六日，小十五日，日在东，月在西，遥相望也。"月亮、地球与太阳，每个月两次构成三点一线。一次是月亮在太阳与地球之间，一次是地球在太阳与月亮之间。太阳-月亮-地球，如此三点一线时，月亮无光的一面对着地球，这一天是太阴历的初一。太阳-地球-月亮，如此三点一线时，月亮有光的一面对着地球，这一天是太阴历的十五。初一为朔，十五为望。

月几望，指的应该是月亮即将圆满的阴历十四。初一月黑暗，十五月儿圆，这是中华先贤所发现的自然法则。这一发现，远远早于《周易》。月亮的圆缺，有严格的规律性。月亮圆缺的规律性，决定着潮汐的涨落，决定着女子的月信，决定着人体气血的盈虚。

对月亮的研究，中华先贤走在了世界前头。

小畜卦中有"月几望"，归妹卦中有"月几望"，中孚卦有"月几望"，同样的一个"月几望"，人文中的事件却有三个样：小畜卦中的"君子征凶"；归妹卦中的"帝乙归妹"；中孚卦中的"马匹亡"。一种天文现象，三个人文事件，这说明什么？这说明同一个天文现象可以解释出不同的人文事件。"月几望"之日，君王可以嫁妹；"月几望"之日，君子不宜远行；"月几望"之日，会丢失马匹。天文现象有一定之规，人文事件有的却是变化性、随机性，所以，重点关注的应该是天文现象中的"月几望"。

"富以其邻"解。自己富了，不能忘记邻居，不能忘记左邻右舍。小畜卦九五爻辞中出现"富以其邻"的论断。

"富以其邻"，应该是经典中最早的帮助邻里的理论。

"富以其邻"，应该是经典中最早的帮助弱者的理论。

帮助邻里，帮助弱者，在早期的华夏大地上，这是一个优秀的传统。

《诗经·小雅·大田》："此有滞穗，伊寡妇之利。"收割时要故意留下一些麦穗、谷穗，给那些生活无助的寡妇。自己收获了，不要忘记那些生活无助者。

《礼记·礼运》："使老有所终，壮有所用，幼有所长，鳏寡孤独废疾者皆有所养。"治理天下者，要照顾到方方面面，"壮有所用"就是要给年轻力壮者提供一个发挥作用公平条件，"皆有所养"就是要给无助的弱者以及正在成长的少年提供一个正常的生活环境。

《管子·入国》："一曰老老，二曰慈幼，三曰恤孤，四曰养疾，五曰合独，六曰问疾，七曰通穷，八曰振困，九曰接绝。""九惠之教"，是救助弱者的系统理论。"九惠"的具体内容，此处不展开讨论，读者朋友如果能够注意到"九惠"所惠及的方方面面就足够了。

"不独富也。"诠释"富以其邻"，《周易·小畜·象传》诠释出了"不独富"的结论。自己富了，自己过上了幸福生活，千万不要让左邻右舍饥寒交迫，这就是"不独富"。

"富以其邻""不独富也"，是个人行为。

"皆有所养"与"九惠之教"，是君王行为。

致富，自己致富，是应该的。六十四卦中第三十七卦是家人卦，家人卦中有"富家，大吉"的结论。

富裕，是光彩的事，是高尚的事。《周易·系辞上》有"富有之谓大业"与"崇高莫大乎富贵"的论断。

《论语·里仁》："富与贵，是人之所欲也。不以其道得之，不处也。""富与贵"，是人的正常欲望。人应该正道致富，不应该邪道致富。希望读者朋友记住孔夫子的这一论断。

《论语·述而》："富而可求也，虽持鞭之士，吾亦为之。"只要正道致富，"拿鞭子"赶车的活都可以干，希望读者朋友记住孔夫子的这一态度。

致富，是一个文化传统。

富以其邻，同样是一个文化传统。

阅读小畜卦中的"富以其邻"，应该与文化传统结合起来看。

五、 一个比喻

"舆说辐"这是九三爻辞中出现的一个比喻。

舆，有多重含义，但首先指的是车子。

辐，插入轮毂以支撑轮圈的细条。《周礼·考工记·轮人》："辐也者，以为直指也。"

《道德经·第十一章》："三十辐共一毂，当其无有，车之用也。"三十条车辐与一个车毂，组成了轮子。有轮子，才有车子。

缺失了车辐还会有轮子，缺失了轮子还会有"车之用"吗？

说通脱。脱，脱离也。"舆说辐"，车子掉了车辐。"舆说辐"这个形象比喻，比喻的是什么呢？比喻的是"夫妻反目"。

夫妇之间关系如何定位？《周易·序卦》中的答案是："有天地然后有

万物，有万物然后有男女，有男女然后有夫妇，有夫妇然后有父子，有父子然后有君臣，有君臣然后有上下，有上下然后礼仪有所错。"男女、夫妇、父子、君臣、上下，这里出现了人伦中的"礼仪五伦观"。五种人伦关系，其落脚点全部在"礼仪"二字上。夫妇之间，应该是一个礼仪关系。

夫妇之道应该如何定位？《周易·序卦》中的答案是："夫妇之道不可以不久也，故受之以恒。恒者，久也。"

妇对夫的态度如何定位？《周易·恒·象传》中的答案是"从一而终"。

那么，为何会出现"夫妻反目"的异常？《周易·小畜·象传》中的答案是："夫妻反目，不能正室也。"

何谓室？夫妻之间，男以女为室。何谓家？夫妻之间，女以男为家。《春秋左传·桓公十八年》："女有家，男有室，无相渎也，谓之有礼。"

"不能正室"，指的是丈夫不能正确对待妻子。

丈夫不能正确对待妻子，这是"夫妻反目"的根本原因。

既主张"从一而终"，同时也允许"夫妻反目"，这就是理性的中华文化。敬请记住：在群经之首的《周易》里，没有不公平的理论，没有什么"夫为妻纲"。

天下之本在家，家之本在夫妇。正天下必须先正家，正家必须从端正夫妇关系开始。

卦十

履

原文

（天泽）履：履虎尾，不咥人。亨。

彖曰："履"，柔履刚也。说而应乎乾，是以"履虎尾，不咥人"。亨，刚中正，履帝位而不疚，光明也。

象曰：上天下泽，"履"。君子以辨上下，定民志。

初九，素履往，无咎。

象曰："素履之往"，独行愿也。

九二，履道坦坦，幽人贞吉。

象曰："幽人贞吉"，中不自乱也。

六三，眇能视，跛能履，履虎尾，咥人，凶。武人为于大君。

象曰："眇能视"，不足以有明也。"跛能履"，不足以与行也。"咥人之凶"，位不当也。"武人为于大君"，志刚也。

九四，履虎尾，愬愬，终吉。

象曰："愬愬终吉"。志行也。

九五，夬履，贞厉。

象曰："夬履，贞厉"，位正当也。

上九，视履考祥，其旋元吉。

象曰："元吉"在上，大有庆也。

履卦，位于小畜卦之后，六十四卦的第十卦。

《周易·序卦》："履者，礼也。"

《周易·履·彖传》："履，柔履刚也。"

小畜卦讲存储，履卦讲礼仪。

履，通礼。《周易·履》释文："履，礼也。"《诗经·长发》："率履不越。"《韩诗》"率礼不越。"

《管子·牧民》："仓廪实，则知礼节；衣食足，则知荣辱。"——礼节，是"仓廪实"之后的事。六十四卦小畜卦之后论礼，《管子》"仓廪实"之后论礼，两者之间有着一致性。

诠释履卦，分卦象、卦理与人理三部分。

一、卦象

履卦卦象，由先天八卦中的乾卦与兑卦重叠而成。乾卦在上，兑卦在下，所以有"乾上兑下"的诠释。乾，可以诠释为天；兑，可以诠释为泽；所以诠释履卦卦象，《周易》有"天泽履"的诠释。

二、 卦理

履卦卦理的解读，分卦序与卦形两部分。

（一）卦序之理

履卦位于小畜卦之后，《周易·序卦》两卦前后的联系有如下解释："物畜然后有礼，故受之以履。履者，礼也。"

泱泱中华，礼仪之邦。

一是有人，二是有礼，这是中华文化的基本主张。

礼，辨别出了人与动物。

有礼，动物是人。

无礼，人是动物。

中华大地上的礼，是源头先贤制定的。源头先贤，《礼记》中称为"先王"。"先王制礼"之说，在一部《礼记》中出现过许多次。

礼的坐标在何处？

《礼记·乡饮酒义》中的答案是："古之制礼也，经之以天地，纪之以日月，参之以三光，政教之本也。"

礼的坐标在天地在日月！

礼的重要性在何处？请看以下四个论断。

其一，《礼记·曲礼》："夫礼者，所以定亲疏，决嫌疑，别异同，明是非也。"

其二，《礼记·礼运》："治国不以礼，犹无耜而耕也。"

其三，《春秋左传·隐公十一年》："礼，经国家，定社稷，序民人，利后嗣也。"

其四，《春秋左传·昭公二十五年》："夫礼，天之经，地之义也，民之行也。"

礼，是用来分清亲疏，决断疑惑，分辨人禽异同，明辨是非的。礼的重要性，第一个论断作出了如此解读。

君王治国不用礼，犹如农民耕田不用犁。无犁难以耕田，无礼难以治国。礼的重要性，第二个论断作出了如此解读。

礼，是用来经纬国家，安定社稷，秩序人民，利于子孙的纲纪。礼的重要性，第三个论断作出了如此解读。

礼，天经地义，民行之规矩。礼的重要性，第四个论断作出了如此解读。

礼，可以化育人，可以化育家，可以化育天下。换言之，无礼不成人，无礼不成家，无礼不成国，无礼也难以成天下。

卦中有礼！《周易·序卦》告诉后人，中华大地上的礼，始于抽象符号的卦象时代。

履卦讨论的内容较多，关于礼的继续讨论，会在大壮卦中进行。

（二）卦形之理

履卦卦形所隐含的哲理，是由《周易·履·彖传》揭示的。

《周易·履·彖传》："履，柔履刚也。说而应乎乾，是以'履虎尾，不咥人，亨'。刚中正，履帝位而不疚，光明也。"

诠释履卦卦形，《周易·履·彖传》诠释出了如此一大段哲理。

阳刚阴柔！履卦上下两分结构中，兑卦在下，乾卦在上。《周易·系辞下》："阳卦多阴，阴卦多阳。"兑卦二阳一阴，属于阴卦。阴柔之兑卦，位于阳刚之乾卦之下。认识这些，才能明白"柔履刚也"的所以然。

说通兑。兑卦在下，乾卦在上；上下如此对应，是"说而应乎乾"的所以然。

柔在刚后，阴在阳下，以阳刚喻虎，这是"履虎尾"的所以然。

二爻位于下卦之中，五爻位于上卦之中；居中的二五爻位上，出现的是两个阳爻；阳刚之爻居于中位，这是"刚中正"的所以然。九五之位，帝位也。上卦为乾，乾为艳阳之天，艳阳天一片光明，这是"履帝位而不疚，光明也"的所以然。

以上的诠释，诠释的是卦象本身，诠释的是卦象结构，以及阴阳两爻的位置。

三、 君子之理

诠释履卦卦象，以自然哲理论人理，《周易·履·象传》诠释出的人文哲理是："上天下泽，履。君子以辨上下，定民志。"

乾为天，兑为泽。履卦卦象的上下两分结构是：乾在上，兑在下。如此，即"上天下泽"。

"上天下泽"是自然哲理，"君子以辨上下，定民志"是人文哲理。"定民志"，是两种哲理的落脚点。

上下之辨，在源头文化中，是一件极其重要的大事。

空间分上下。《素问·阴阳应象大论》："天地者，万物之上下也。"《尸子》："上下四方曰宇。"——这里的上下，是空间中的上下。

气候分上下。《素问·六元正纪大论》："岁半之前，天气主之；岁半之后，地气主之；上下交互，气交主之，岁纪毕矣。"——这里的上下，是气候中的上下。天气地气，可以抽象为寒暑二气，亦可抽象为阴阳二气。阳气主前半年为上，阴气主后半年为下。如此之分，吻合于太阳在南北回归线之间的一来一往。

人伦分上下，君民、君臣之间是有上下之分的。

君民分上下。《素问·天元纪大论》："上以治民，下以治身，使百姓昭著，上下和亲。"——黄帝时代，君民有上下之分，民为上，君为下。

君臣分上下。《周易·序卦》："有君臣然后有上下。"《管子·形势》："上下不和，令乃不行。"又："上下不和，虽安必危。"——从《周易》到《管子》，君臣有上下之分，君为上，臣为下。

礼乐教育，是中原华夏的基本教育。《礼记·乐记》："乐文同则上下和矣。"——礼乐教育的目的，就是为了上下和睦。

辨上下，就是要分清空间中的上下，分清气候中的上下，分清人伦中的上下，然后教给人民。

四、"履虎尾" 与人生哲学

履卦以阳喻虎。

以阴阳两卦的上下关系，论君臣关系。

阳刚之君如虎，柔臣伴君犹如伴虎，所以卦辞与爻辞中反复出现"履虎尾"这个形象的比喻。阳刚之君如虎，但毕竟不是虎，所以卦辞还有"不咥人"的解释。

实际上，"履虎尾"涉及源头文化中的君臣人生哲学。请看以下几个论断。

其一，《尚书·五子之歌》："予临兆民，懔乎若朽索之驭六马，为人上者，奈何不敬？"

其二，《诗经·小雅·小旻》："战战兢兢，如临深渊，如履薄冰。"

其三，《论语·泰伯》："启予足！启予手！诗云：'战战兢兢，如临深渊，如履薄冰'。而今而后，吾知免夫！小子！"

第一个论断中的"若朽索之驭六马"，是大禹警戒后人的人生格言。一条腐朽的绳子驾御六匹烈马，时时刻刻都有翻车的危险。为君者应该如此小心谨慎地对待自己的人生，这是大禹对后人的教导。《史记·夏本纪》记载有《五子之歌》。大禹留下的格言，谈的是为君者的人生态度。

第二个论断、第三个论断中的"战战兢兢，如临深渊，如履薄冰"，是君子的人生态度。面临深渊，站在薄冰上，所面临的是一个非常危险的局面。举措稍有差错，就会带来死无葬身之地的严重后果。但是，以这种谨慎小心的态度去做人做事，结局肯定是一生平安、平安一生。

曾子病危时引用了"战战兢兢，如临深渊，如履薄冰"这诗句，告诉弟子们，自己一生就是以这句诗为人生哲学，一生谨慎，所以避免了牢狱刑罚，赢得了终生平安。

"履虎尾"，与《五子之歌》中的"若朽索之驭六马"，与《诗经》中的"战战兢兢，如临深渊，如履薄冰"，文字不同但意思相同，所强调的都是一个小心谨慎的人生态度。凡是人，在人生过程中，都应该持此态度，无论是君王还是普通人。

君臣关系应该是如何定位？定位在相互负责的礼仪关系上。为臣不是为奴，臣不是君的私人，而是协助君王治理天下的栋梁。

五、"幽人" 解

履卦九二爻辞为"履道坦坦，幽人贞吉"。这里出现"幽人"一词。

幽人，幽隐之人，幽居之人。

履道，独行其道也。坦坦，平坦无险也。贞，信守大道始终如一者也。幽人，甘于寂寞之人。

《孟子·尽心上》："古之人，得志，泽加于民；不得志，修身见于世。穷则独善其身，达则兼善天下。"按照孟子的标准衡量，幽人应该属于"独善其身"的隐士。

苏轼诗云："谁见幽人独往来，缥缈孤鸿影。"按照苏轼的标准衡量，幽人应该属于"独来独往"的特立独行者。

履卦颂扬"履道坦坦"之幽人，大过卦颂扬"独立不惧"之君子，在这里可以看到对独立人格的尊重。

卦十一 泰

原 文

（地天）泰：小往大来，吉亨。

彖曰："泰，小往大来。吉亨。"则是天地交而万物通也，上下交而其志同也。内阳而外阴，内健而外顺，内君子而外小人，君子道长，小人道消也。

象曰：天地交，泰。后以财成天地之道，辅相天地之宜，以左右民。

初九，拔茅茹，以其汇。征吉。

象曰："拔茅征吉"，志在外也。

九二，包荒，用冯河，不遐遗。朋亡，得尚于中行。

象曰："包荒，得尚于中行"，以光大也。

九三，无平不陂，无往不复。艰贞无咎。勿恤其孚，于食有福。

象曰："无往不复"，天地际也。

六四，翩翩不富以其邻，不戒以孚。

象曰："翩翩不富"，皆失实也。"不戒以孚"，中心愿也。

六五，帝乙归妹，以祉元吉。

象曰："以祉元吉"，中以行愿也。

上六，城复于隍，勿用师，自邑告命。贞吝。

象曰："城复于隍"，其命乱也。

────────────── 解　读 ──────────────

　　泰卦，位于履卦之后，六十四卦的第十一卦。

　　《周易·序卦》："泰者，通也。"

　　《周易·象·彖传》："天地交，泰也。"

　　履卦讲礼仪，泰卦讲安泰。

　　泰，安定平和，人民所期盼的美好生活；始于宋代的"国泰民安"一词，一直延续到今天。

　　《论语·尧曰》："泰而不骄，威而不猛。"

　　《庄子·庚桑楚》："宇泰定者，发乎天光。"

　　一个"泰"字，儒道两家均是以褒义词使用的。

　　"泰然处之"或"处之泰然"，形容的是人在逆境、困境时的安定心境与外部神态。"泰"，是褒义词。

　　泰，还有通过的含义。"通"与"泰"两个单音词结合，形成"通泰"这一双音词。

　　一个"泰"字，根本的意义是与天文相关，具体与太阳相关。

　　"三阳开泰"的横批为什么会出现在长城内外、黄河两岸？因为"三阳开泰"与太阳历相关，与太阳和地球的对应关系相关。"三阳开泰"开在太阳与赤道的对应关系上，开在春分这一节令上。下面会专门讨论这一问题。

　　诠释泰卦，分卦象、卦理与人理三部分。

一、　卦象

　　泰卦卦象，由先天八卦中的坤卦与乾卦重叠而成。坤卦在上，乾卦在下，所以有"坤上乾下"的诠释。乾，可以诠释为天；坤，可以诠释为地；所以诠释泰卦卦象，又有"地天泰"的诠释。

　　自然界中天在上地在下，泰卦之中天在下地在上，为何卦象中的天地和自然界的天地位置完全相反？

　　泰卦中的天地，讲的是天地二气，而非天地本身。天地二气的周期性循环，实际上是阴阳二气周期性升降。阳气是上升的，阴气是下降的，如此阴阳二气才能相交。"阳气出乎地，阴气出乎天，两者交合而物生焉"，这是

《庄子·田子方》篇所讲的阴阳二气。《庄子》所讲的阴阳二气，与泰卦卦象中天地二气的状态完全符合。

泰卦卦象，六爻之中三阳在下，三阴在上，如此即三阳开泰之泰卦。

泰卦，在十二辟卦中，表达的是太阳历的一月。

二、 卦理

泰卦卦理的解读，分卦序与卦形两部分。

（一）卦序之理

泰卦在六十四卦中排位第十一，位于履卦之后，泰卦与履卦之间有着承前启后的关系。《周易·序卦》对如此前后关系有如下解释：

"履而泰然后安，故受之以泰。泰者，通也。"

彬彬有礼，人人讲礼，礼仪之邦，必然会出现一个国泰民安的局面。讲礼在前，国泰民安在后，《序卦》的诠释，诠释的是履卦与泰卦前后的因果关系。

（二）卦形之理

泰卦卦形所隐含的哲理，是由《周易·泰·象传》揭示的。

《周易·泰·象传》："泰，'小往大来，吉亨'。则是天地交而万物通也，上下交而其志同也。内阳而外阴，内健而外顺，内君子而外小人，君子道长，小人道消也。"

诠释泰卦卦形，《周易·泰·象传》诠释出了如此一大段哲理。

《周易·泰·象传》以阳为大，以阴为小，三阳一步步上升为来，三阴一步步消失为往。阳为大阴为小，这里分出了大小。春分时节，阳气一步步上升，阴气一步步后退，这里分出了往来。"小往大来"，指的是阴阳二气在春分时节的转换。

实际上，从太阳回归法则里抽象出了阴阳，是两分关系，是平均关系。一寒一暑，这里没有大小之分。从一寒一暑中抽象出的阴阳，也没有大小之分。下面还会专题讨论"阳大阴小"的问题。

三、 后之理

诠释泰卦卦象，以自然哲理论人理，《周易·泰·象传》诠释出的人文哲理是："天地交，泰。后以财成天地之道，辅相天地之宜，以左右民。"

上坤下乾，泰卦卦象也。乾为天，坤为地。天气为阳，地气为阴；阳气由下而升，阴气由上而降；天地之气交合在升降运动之中。认识这些，才能真正理解自然界的"天地交"。

"天地交"是自然哲理，"后以财成天地之道，辅相天地之宜，以左右民"是人文哲理。人文哲理源于自然哲理。

"天如何，君子如何"，这是始于乾卦的句式。

"天如何，后如何"，这是始于泰卦的新句式。

后是皇后之后吗？

非也！

后是早期的帝王。请看以下三个论断。

《尚书·大禹谟》："天之历数在汝躬，汝终陟元后。"——天数定在你身上了，你应该升任为君王。

《逸周书·尝麦解》："昔天之初，诞作二后，乃设建典。"——二后，炎帝、黄帝。起初，炎帝黄帝时期，就创立了法典。

《论语·尧曰》："敢昭告于皇皇后帝。"——大旱之年，商汤求雨，求告于"皇皇后帝"。皇皇即伟大，后帝即天帝。

以上三个论断指出，后是早期的帝王。

"天如何，后如何"涉及"如何治理天下"，这是一个重要问题，有必要详细解释。

首先讨论"天地交"。天地如何交？答：天地交，实际上是太阳与地球的相交。

天地交，最基本的两个相交点是冬至夏至。冬至，太阳相交于南回归线；夏至，太阳相交于北回归线。冬至夏至，决定了一寒一暑，一寒一暑决定着万物的生死，决定着"离离原上草，一岁一枯荣"。

天地交，四个相交点是冬至夏至、春分秋分。春分秋分，由太阳两次相交于赤道所决定。两分两至，决定着万物的春生夏长秋收冬藏。

天地交，八个相交点是两分两至加四立——立春立夏立秋立冬。两分两至加四立，这就是八节。文字之前，中华先贤就认识了八节。表达八节，伏羲氏创立了八卦。《尸子》："伏羲始画八卦，别八节而化天下。"

天地交，二十四个相交点即二十四节气。泰，是天地相交的某一个特殊点。这个点，是春分点。在中原，春分时节万物的新芽露出地面。所以，

《周易·泰·象传》诠释泰卦，有"天地交而万物通"的解释。

天地交，交在太阳与地球的对应关系上。

天地交，最基础的两个相交点是冬至夏至。

天地交，最重要的四个相交点是冬至夏至、春分秋分。

天地交，最重要的八个相交点是冬至夏至、春分秋分、立春立夏立秋立冬。

这些相交点，《周易·系辞传》称为"几"。知几，是圣人成圣必须之前提。

其次讨论"天地之道"。部部经典中的天地之道，均与太阳历相关。

《黄帝内经》论天地之道。《素问·阴阳应象大论》："阴阳者，天地之道也。"请看，阴阳可以论天地之道。《周髀算经·日月历法》："故冬至……阳在子；夏至……阴在午。"请看，冬至夏至可以论阴阳——夏至阴，冬至阳。综合两个论断，冬至夏至就可以论天地之道。而冬至夏至，恰恰是太阳历中的两个节令点。

《周髀算经》论天道。《周髀算经·陈子模型》："日中立竿测影，此一者，天道之数。"在这一论断里，日影可以论天道。太阳本身可以论天道，《管子·枢言》中有"道之在天者，日也"之论。

《逸周书》论道。《逸周书·周月解》："万物春生夏长秋收冬藏，天地之正，四时之极，不易之道。"在这一论断里，四时循环就是不易之道。

冬至夏至可以论天地之道，日影可以论天地之道，春夏秋冬四时可以论天地之道，归根结底，太阳法则本身就可以代表天地之道。

第三讨论"辅相天地之宜"。认识天道是为了顺应天道，认识太阳法则是为了顺应节令，认识天时是为了顺应天时，这是"辅相天之宜"。研究地理，研究水土，研究山川河流，研究万物与五方空间的关系，这是"辅相地之宜"。"辅相天地之宜"，最好的解释在《管子》里。《管子·形势解》："明主上不逆天，下不圹地，故天予之时，地生之财。乱主上逆天道，下绝地理，故天不予时，地不生财。"顺天之时，取地之利，这就是"辅相天地之宜"。

第四讨论"左右"。左右，作名词解，表达的是空间方位；作动词解，表达的是教化、辅佐、引导之义。

《尚书·益稷》："予欲左右有民，汝翼。"——予，我。汝，你。我想引导人民，你来帮助我。

《尚书·咸有一德》："任官惟贤材，左右惟其人。"——任命官员要选择贤才，任用左右大臣要选对其人。

《逸周书·明堂解》："天子之位，负斧依，南面立。率公卿士，侍于左右。"——天子之位面南而立，公卿之位在天子左右两侧。

以上三个论断中的"左右"是名词，指的是空间方位。

《尚书·太甲上》："惟尹躬克左右厥辟宅师，肆嗣王丕承基绪。"——惟伊尹亲自辅佐君王安定人民，所以嗣王才能顺利继承了先王的基业。

这个论断中的"左右"是动词，意思是指导、教化、帮助、辅佐。

"天地交，泰。后以财成天地之道，辅相天地之宜，以左右民"通解。天地相交于某一特殊点，用泰卦之泰来表达；君王将天地之道裁化为节令，节令精确地符合天道，然后以节令即天道来化育万民。

这里应该注意的一个问题是：在效法天地这一问题上，君王与君子是一致的。君王本身不是天道，君王一定要弄懂天道、遵循天道。君王与道，中华先贤分得清清楚楚。

四、"大小"之辨

泰卦的卦辞中出现"小往大来"之说，《周易·泰·彖传》诠释卦辞，继承了"小往大来"之说。这里的大小，指的是阴阳。阴阳论大小，阳大而阴小。大小之论，有失偏颇。

太阳回归，是平均的一分为二，无论是在时间上，还是在空间中。太阳回归形成寒暑，寒暑抽象出了阴阳。寒暑是一体两分关系，不是大小关系。下面依据《周髀算经》讨论这一问题。

《周髀算经·七衡六间》以平面上七条线六个圈界定出太阳回归的轨道与规律。七衡，最基本的是内衡与外衡。

内衡，夏至这一天太阳所到达、所至于的轨道；外衡，冬至这一天太阳所到达、所至于的轨道。外衡，南回归线；内衡，北回归线。太阳在两条回归线之间一来一往，空间距离是相等的，时间距离是相等的。相等，即空间与时间距离相等，是太阳回归的基本特征。——太阳回归的一来一往，没有大小之分。

《周髀算经·日月历法》以冬至夏至论寒暑，以寒暑论阴阳。冬至寒，夏至暑；冬至阳，夏至阴。寒暑之间的关系是相互推动的关系，《周易·系辞下》对寒暑关系的描述是："寒往则暑来，暑往则寒来，寒暑相推而岁成焉。"寒暑相推，即阴阳相推，阴阳之间的关系是相推关系。——相互推动，这里没有大小之分。

《周易·系辞上》："一阴一阳之谓道。"在这个概念里，阴阳是一比一的关系。——一比一，这里没有大小之分。

所以，阳大阴小之论，并不是确切之论。

五、"三阳开泰" 开在何处

贴春联，是中华民族的习俗。

"三阳开泰"作为春联中的横批，贴遍长城内外，大江南北。

"三阳开泰"开在何处？

这一问题，似乎没人考虑过。

"三阳开泰"与太阳相关！

前面已经谈到过，太阳回归年有两个重要的基本点：一是起始点，二是转折点。起始点在冬至，转折点在夏至。起始点与转折点是日影长短两极实测出来的。

日影最长点的冬至，太阳相交于南回归线，苗族太阳历界定为阳旦；日影最短点的夏至，太阳相交于北回归线，苗族太阳历界定为阴旦。

冬至阳旦，夏至阴旦；阴极生阳，阳极生阴。

冬至是阴极，阳气萌芽于冬至，这里演化出了"冬至一阳升"。夏至是阳极，阴气萌芽于夏至，这里演化出了"夏至一阴降"。冬至一阳，夏至六阳，那么，三阳的节令在哪里？答：在春分。

春分，是日影长短两极的平分点。

春分，太阳相交于赤道。春分点，是昼夜（阴阳）平分点。《礼记·月令》与《吕氏春秋·仲春纪》均有仲春之月"日夜分"的论断，所谓"日夜分"就是日月相等，时间长度平均两分。《淮南子·天文训》中有"八月二月，阴阳气均，日夜分平"的论断，还有"二月会而万物生，八月会而草木死"的论断。

春分，位于冬至夏至之间，冬至一阳，夏至六阳，春分三阳。一阳萌芽于黄泉，阳气由下而上，泰卦的三阳在下，上三阴下三阳是用泰卦表达的，这里演化出了流传至今的"三阳开泰"。

相会与相交，意思相同。"二月会而万物生"与"天地交而万物通"意思相同。天地交会，二月相交于赤道，三阳开泰，北半球万物生气勃勃。希望读者朋友在看到"三阳开泰"的同时，也能够想到其背后的天文意义。

月份	11	12	正	2	3	4	5	6	7	8	9	10
卦名	复	临	泰	大壮	夬	乾	姤	遁	否	观	剥	坤
卦象	一阳	二阳	三阳	四阳	五阳	六阳	一阴	二阴	三阴	四阴	五阴	六阴
卦图	䷗	䷒	䷊	䷡	䷪	䷀	䷫	䷠	䷋	䷓	䷖	䷁

　　　　　　↑　　　　　　　　　　　　　　↑
　　　　三阳开泰　　　　　　　　　　否极泰来

需要说明的一个问题是，在太阴历的朔望月中，三阳开泰的春分是在二月份出现的；而在太阳历的十二辟卦中，三阳开泰的泰卦表达的是正月。

这是为什么呢？

月，遵循以月亮圆缺制定出来的朔望月。

节，遵循以日影变化制定出来的二十四节气。

一是要沿用太阳历的节令，二是要沿用月亮圆缺的朔望月，这就是阴阳合历。

春联横批中的三阳开泰，把春分的三阳提前了一个月。

六、 几个值得探讨的问题

泰卦爻辞中出现了几个问题，有进一步探讨之必要。

（一）关于"无平不陂，无往不复"

泰卦九三爻辞中出现"无平不陂，无往不复"之说。《周易·泰·象传》对此说有"无往不复，天地际也"的诠释。

"天地际"论"无往不复"，这关乎到中华先贤的天体运动观。

寒往暑来，暑往寒来。这里有"无平不陂，无往不复"之变。

寒极生热，热极生寒，这里有"无平不陂，无往不复"之变。

阴极生阳，阳极生阴，这里有"无平不陂，无往不复"之变。

物极必反，否极泰来，这里有"无平不陂，无往不复"之变。

所有这些，放在日影长短两极之间解释，清晰明白，一目了然。

"无平不陂，无往不复"所讲的哲理，是无限循环的哲理。

"无平不陂，无往不复"，从字面意思上讲，平坦大道之中一定会有深沟高坡，事物一定会向相反的方向转化。仅仅知道字面中的哲理，不知道能拯救多少自高自大的狂妄者。

（二）关于"帝乙归妹"

六五爻辞中出现"帝乙归妹"之说。这，关乎一个历史故事。

帝乙，纣王之父。《今注》："帝乙，纣父也。归妹，嫁少女于文王也。"

纣王之父，殷商之君王也。文王，周之君王也。这个历史故事，出现在泰卦六五爻辞中，说明的问题是：爻辞是文王之后的诠释者诠释的。

卦，表达的是天文历法；爻辞，是人的诠释。天文历法属于自然法则，自然法则具有绝对性。人的诠释，有相对性、局限性。

研读《周易》，不能局限于文字，一定要着眼于书外的自然法则。

（三）关于"城复于隍"

泰卦上六爻辞中出现"城复于隍"之说。《周易·泰·象传》对"城复于隍"的诠释是"城复于隍，其命乱也"。

后人对"城复于隍"的诠释，有很多版本：

其一，"隍"，城下的沟。"城复于隍"，城墙坍塌落于沟中。城中的混乱，比喻政令的混乱。政令混乱，不能用武力解决。

其二，上六论"城复于隍"，上六是最上面一爻，这里是盛极而衰的位置。面对盛极而衰，应该早做准备。

其三，"城"，指城中，即其主人所在。"复"，往复，往来。《说文》："复，往来也。""隍"，护城河。这里即是拔茅之处。《释文》："隍，城堑也。"《集解》引虞翻："城下沟，无水称隍，有水称池。"《正义》引《子夏传》："隍是城下池也。""城复于隍"，往来于城中和护城河之间（拔、运茅草）。

同样一个"城复于隍"，不同的解释。关键的问题是书外的自然法则。人文有歧义，自然法则是有一定之规的。

卦十二　否

（天地）否：否之匪人，不利君子贞，大往小来。

彖曰："否之匪人，不利君子贞，大往小来。"则是天地不交而万物不通也，上下不交而天下无邦也；内阴而外阳，内柔而外刚，内小人而外君子，小人道长，君子道消也。

象曰：天地不交，"否"。君子以俭德辟难，不可荣以禄。

初六，拔茅茹，以其汇。贞吉，亨。

象曰："拔茅贞吉"，志在君也。

六二，包承，小人吉，大人否。亨。

象曰："大人否亨"，不乱群也。

六三，包羞。

象曰："包羞"，位不当也。

九四，有命无咎，畴离祉。

象曰："有命无咎"，志行也。

九五，休否，大人吉。其亡其亡，系于苞桑。

象曰：大人之吉，位正当也。

上九，倾否，先否后喜。

象曰：否终则倾，何可长也。

⊙解⊙读⊙

否（pǐ）卦，位于泰卦之后，六十四卦的第十二卦。

《周易·杂卦》："否泰，反其类也。"

《周易·序卦》："物不可以终通，故受之以否。"

泰卦讲安泰，否卦讲闭塞。

否卦，相反于泰。否泰两卦，演化出了"否极泰来"这一成语。

《吴越春秋·勾践入臣外传》："时过于期，否终则泰。"

否，在气候中有不通、壅塞之义。

《素问·六元正纪大论》："四之气，畏火焰，溽蒸化，地气腾，天气否隔。"

《素问·五常政大论》："卑监之纪……其病留满否塞。"

《黄帝内经》这两个论断论"否"，所论的是气候异常。气候异常，异常在不通，壅塞上。

诠释否卦，分卦象、卦理与人理三部分。

一、 卦象

否卦卦象，由先天八卦中的乾卦与坤卦重叠而成。乾卦在上，坤卦在下，所以有"乾上坤下"的诠释。乾，可以诠释为天；坤，可以诠释为地；所以诠释否卦卦象，又有"天地否"的诠释。

阳气，物理属性升而不降，阴气，物理属性降而不升。理解了阴阳二气的属性，才能真正理解否泰两卦：

泰卦，三阳在下，三阴在上；阳气上升，阴气下降；阴阳交合，通泰之泰。

否卦，三阴在下，三阳在上；阳气上升；阴气下降；阴阳不交不合，否卦之否。

否卦，在十二辟卦中，表达的是太阳历的七月。

二、 卦理

否卦卦理的解读，分卦序与卦象两部分。

（一）卦序之理

否卦在六十四卦中排位于泰卦之后，《周易·序卦》有如下解释："物不可以终通，故受之以否。"

一种状态会转化为完全相反的一种状态，泰卦与否卦的转换，就是这样。

诠释否泰两卦的卦序，《周易·序卦》诠释出了物极必反的哲理：有通泰就有闭塞，有生就有死，有荣就有枯。

泰否两卦的相邻相随，衍生出了一系列成语：乐极生悲；水满则溢；物极必反；登高必跌重。

泰否两卦的相对相应，衍生出了一系列成语：有无相生；难易相成；长短相形；高下相盈；音声相和；前后相随。

弄懂了否泰两卦所蕴含的人文哲理，不知会拯救多少目光短视的胜利者与成功者。

（二）卦形之理

否卦卦形所隐含的哲理，是由《周易·否·彖传》揭示的。

《周易·否·彖传》："'否之匪人，不利君子贞，大往小来'。则是天地不交而万物不通也，上下不交而天下无邦也。内阴而外阳，内柔而外刚，内小人而外君子，小人道长，君子道消也。"

诠释否卦卦形，《周易·否·彖传》诠释出了如此一段哲理。

以否卦论人，论出了匪人与君子两种人。

匪人者，邪行之小人也。小人道长之日，君子道消之时。"否之匪人，不利君子贞"，何意也？小人得势之时，不利于君子正道之行也。

"天地不交"，自然界有万物不通的恶果。"上下不交"，天下有天下无邦的恶果。这里论证问题的模式，仍然是以天理论人理。问题是，在真正的自然哲理中，否卦所对应的秋分，在节令中是自然而然的节令。这里的"天地不交"，属于正常的阴阳转换。

"内阴而外阳，内柔而外刚"，指的是卦象结构中下坤上乾。"内小人而外君子"，是以卦象结构所论出的人文结论。

"小人道长，君子道消也。"小人得势之时，君子遭难之日。殷商的"箕子蒙难"，秦朝的"指鹿为马"，都在"小人道长，君子道消"的范畴之内。

三、 君子之理

诠释否卦卦象，以自然哲理论人理，《周易·否·象传》诠释出的人文哲理是："天地不交，否；君子以俭德辟难，不可荣以禄。"

乾为天，坤为地。否卦卦象的上下两分结构是：乾在上，坤在下。如此，即"天地不交"。

天气升腾，地气沉降；天地之气，如此不交。"天地不交"是自然哲理，"俭德辟难，不可荣以禄"是人文哲理，人文哲理源于自然哲理。

这里延续的是"天如何，君子如何"的句式。俭者，收敛之敛也。辟者，避开之避也。

否卦，以天气异常论天下异常，天气异常时万物不生，天下异常时君子要敛形避难，不可再去享受俸禄。

《论语·公冶长》："道不行，乘桴浮于海。"这是孔夫子面对天下无道之时的态度。

《孟子·尽心上》："穷则独善其身。"这是孟子面对有国无道的态度。

天下异常之时求官，一定是小人。

天下异常之时求禄，一定是小人。

四、 阴阳模型能辨别君子、 小人吗

乾卦为阳，坤卦为阴；以阴卦论小人，以阳卦论君子，这一论证方法始于否卦。

泰卦之泰，泰在"小往大来"上。

否卦之否，否在"大往小来"上。

阳论大，阴论小。阴往阳来，如此之泰卦为"小往大来"。

阳论大，阴论小。阳往阴来，如此之否卦为"大往小来"。

实际上，太阳历中的阴阳，本来是自然而然的两分现象。一寒一暑，平均两分。一阴一阳，平均两分。寒暑相推亦即阴阳相推，完成了一个完整的太阳回归年。寒暑，只有平均两分，没有大小之分。同样的道理，阴阳只有平均两分，没有大小之分。

《周易·否·象传》以阴阳论君子与小人，应该是《周易·否·象传》作者本人的认识。

在天文历法中，六十四卦中的否卦，对应于二十四节气中的秋分。秋分，金秋季节，万物成熟。这里，有丰收的喜悦。

先天八卦中的兑卦，对应于秋分。《周易·说卦》："兑，正秋也，万物之所说也。"说，通悦。正秋，是喜悦的季节。万物喜悦，人也喜悦。

一阴一阳，对于万物来说，具有同等的重要性。

一阴一阳，在造物过程中，具有同等的重要性。

所以，在人文价值判断中，贬低阴，或以阴论小人，这样是不合适的。

人中有君子，人中也有小人。小人之小，小在"为小恶"上。为大恶者，是贼寇；为小恶者，是小人。君子与小人，以阴阳这一模式去区分，显然是不对的。

天为阳，地为阴。天地为万物之父母，这里的阴阳模式能辨别君子与小人吗？

寒为阳，暑为阴。寒暑决定着万物的生死，这里的阴阳模式能辨别君子与小人吗？

昼为阳，夜为阴。昼夜决定着万物的动静，这里的阴阳模式能辨别君子与小人吗？

五、 三个需要解释的问题

（一）"否之匪人"解

天地之间，会出现不交不合的"否"态；君臣之间，上下之间，朋友之间，也会出现不交不合的"否"态。匪人，小人也。天地相对，君臣相对，上下相对，天地之间会出现"否"态，君王会被奸臣所蒙蔽，君子会被小人所蒙蔽。

"大往小来，则是天地不交而万物不通也"，这是天地之间的"否"态。

"上下不交而天下无邦也"，这是《周易·否·象传》所诠释的上下之间的"否"态。

从天地的"否"态到人文中的"否"态，这是从天文到人文的转化。

严防小人，从《周易》讲到《出师表》，小人一直存在。

（二）"其亡其亡，系于苞桑"解

居安思危，是《周易》的基本立场。

"居安思危"，在否卦九五爻辞中出现一个形象比喻，这个比喻就是"其亡其亡，系于苞桑"。

为什么会有"其亡其亡"的严重后果？因为鸟窝做在柔嫩的桑枝上。微风一吹鸟窝摇动，大风一吹鸟窝倾覆。"其亡其亡"的根本原因，在于基础不牢，在于建窝之时缺乏远见。基础不牢的窝，经不起风浪。

《周易·系辞下》："子曰：'危者，安其位者也。亡者，保其存者也。乱者，有其治者也。是故君子安而不忘亡，治而不忘乱，是以身安而国家可保也。'易曰：'其亡其亡，系于苞桑。'"

无论什么人，"金满箱，银满箱"也好，"威加海内"也好，都不可能一生永远漫步在太平大道上，必须保持冷静的头脑，必须时时保持"居安思危"意识，才能有善始善终的结局。

（三）"倾否，先否后喜"解

否卦上九爻辞中，出现这一论断。物极必反，是这一论断的核心。物不可以终通，同样的道理，物也不可以终否。先否后喜，是人文之论。

先寒后暑，这是太阳回归的否喜之论。

"离离原上草，一岁一枯荣"，这是小草的否喜之论。

"喜荣华正好，恨无常又到"，"威赫赫爵禄高登，昏惨惨黄泉路近"，这是《红楼梦》的否喜之论。

事情总是会向相反的方向变化，这是阴阳转换所揭示的基本道理。

卦
十
三
同
人

（天火）同人：同人于野，亨。利涉大川。利君子贞。

彖曰："同人"，柔得位得中，而应乎乾，曰同人。同人曰："同人于野，亨。利涉大川。"乾行也。文明以健，中正而应，君子正也。唯君子为能通天下之志。

象曰：天与火，同人。君子以类族辨物。

初九，同人于门，无咎。

象曰：出门同人，又谁咎也。

六二，同人于宗，吝。

象曰："同人于宗"，吝道也。

九三，伏戎于莽，升其高陵，三岁不兴。

象曰："伏戎于莽"，敌刚也。"三岁不兴"，安行也。

九四，乘其墉，弗克攻，吉。

象曰："乘其墉"，义弗克也。其"吉"，则困而反则也。

九五，同人先号咷而后笑，大师克相遇。

象曰：同人之先，以中直也。大师相遇，言相克也。

上九，同人于郊，无悔。

象曰："同人于郊"，志未得也。

同人卦，位于否卦之后，六十四卦的第十三卦。

《周易·说卦》："同人，亲也。"

《经解》："同姓为亲。"

否卦讲闭塞，同人卦讲同心。

诠释同人卦，分卦象、卦理与人理三部分。

一、卦象

同人卦卦象，由先天八卦中的乾卦与离卦重叠而成。乾卦在上，离卦在下，所以有"乾上离下"的诠释。乾，可以诠释为天；离，可以诠释为火；所以诠释同人卦卦象，又有"天火同人"的诠释。

乾卦，上升之气；离卦，上升之火。两卦的属性相同，理解了乾离两卦的属性，才能真正理解同人卦的真正含义。

二、卦理

同人卦卦理的解读，分卦序与卦形两部分。

（一）卦序之理

同人卦位于否卦之后，同人卦与否卦之间有着相反相成的关系。《周易·序卦》对两卦之间的相互联系有如下解释："物不可以终否，故受之以同人。"

从"山穷水尽"到"柳暗花明"，从闭塞之后到同人同心，这是《周易·序卦》诠释出的哲理

有同人然后有同心，同人同心之后又如何？《周易·系辞上》中的答案是：

"二人同心，其利断金。同心之言，其臭如兰。"

"二人同心，其利断金"这一格言，在其后的历史中，演化为"兄弟同心，其利断金"。

总之，同人同心为上，同人同心为好。无论是什么时候，无论是在什么地点。

（二）卦形之理

同人卦卦形所隐含的哲理，是由《周易·同人·象传》揭示的。

《周易·同人·象传》："同人，柔得位得中，而应乎乾，曰同人。同人曰：'同人于野，亨。利涉大川'，乾行也。文明以健，中正而应，君子正也。唯君子为能通天下之志。"

诠释同人卦卦形，《周易·同人·象传》诠释出了如此一段哲理。

《周易·同人·象传》诠释的哲理，源于卦本身的结构。艳阳天在上，火焰向上，属性相同，同人之同就同在"性相近，性相同"这一基点上。

从卦象结构上看，六二爻为阴爻，九五爻为阳爻，阴居阴位，阳居阳位，正也。二爻五爻，中也。阴阳两爻，均居中正之位。一中二正，中正之位。中而正，同人卦是光明卦。

"文明以健，中正而应，君子正也。唯君子为能通天下之志。"卦象之中，阴阳两爻的位置中且正，天下君子的位置中且正，一定会出现天下文明的局面。

"文明"一词，是在此出现的。

"动静ูู见于天地曰文。"人文之文，源于天地，首先源于刚健之天。火，光芒四射，这里有光明之明。"文明"一词，源于天与火。

文明，名词也。文明，是看得见的辉煌。

卦中的爻位中正，卦外的君子中正。爻位中正，是自然哲理；君子中正，是人文哲理。"能通天下之志"，是君子中正的落脚点。研究卦理，落脚于"能通天下之志"，这才是正确的落脚点。

三、 君子之理

诠释同人卦卦象，以自然哲理论人理，《周易·同人·象传》诠释出的人文哲理是："天与火，同人；君子以类族辨物。"

乾为天，离为火。同人卦卦象的上下两分结构是：乾在上，离在下。如此，即"天与火"。

天气为上升之阳气，火为上升之火。"天与火"的同性是自然哲理，"君子以类族辨物"是人文哲理，人文哲理源于自然哲理。

人分族，万物亦分族；"以类族辨物"，是人类先贤的基本任务之一。

在《圣经·创世纪》里，上帝每造好一类物，都会说出"各从其类"四个字。

造好天上飞的，上帝说一句"各从其类"。

造好水里游的，上帝说一句"各从其类"。

造好结籽的菜，上帝说一句"各从其类"。

造好开花的草，上帝说一句"各从其类"。

造好有核的果，上帝说一句"各从其类"。

造好四条腿的，上帝说一句"各从其类"。

造好地上爬的，上帝说一句"各从其类"。

造好地上跑的，上帝说一句"各从其类"。

"各从其类"这四个字，在《圣经·创世纪》里，出现近 20 次。

在中华文化里有"各从其类"这四个字吗？

有！

在哪里出现的？请看下面这个论断。

《周易·乾·文言》："圣人作，而万物睹，本乎天者亲上，本乎地者亲下，则各从其类也。"

《周易·系辞上》还有与"各从其类"意思相同的论断。

《周易·系辞上》："方以类聚，物以群分。"

《周易》与《圣经》，两部不同的经典，在万物"各从其类"的问题上，结论却是完全一致的。所不同的是，《周易》中"各从其类"的哲理出于天理，《圣经》中"各从其类"的哲理出于神理。

将万物分族分类，这是一个最为重要的基本问题。物类不能乱，一旦混乱了物类，就会产生极其严重的后果。

人和猩猩不是一类，人与猩猩杂交，艾滋病来了。

牛是食草动物，不是食肉动物，让牛吃骨粉，疯牛病来了。

转基因，是混乱物类的一项技术。这项技术会引起比艾滋病、疯牛病还要严重的极端后果。

四、 三个需要解释的问题

（一）"同人于野"解

从卦辞到爻辞，先后出现四次"同人于野""同人于门""同人于宗""同人于郊"，四个论断中以"同人于野"为首。

何谓"同人于野"？

《尚书·牧誓》："王朝至于商郊牧野。"郑注："郊外曰野。"

《尔雅·释地》："邑外谓之郊，郊外谓之牧，牧外谓之野。"

"同人于野"，聚合族人（亲朋）于郊野。

同理可以解释，"同人于门""同人于宗""同人于郊"。

（二）"利涉大川"解

"利涉大川"一词，首先是在需卦卦辞中出现的，第二次是同人卦卦辞中出现的。一部《周易》，"利涉大川"一词，前后出现十多次。

何谓"大川"？大山、大河、大江、大海是也。利涉大川，利是利于之利；涉是涉及、涉越、跋涉之涉。为什么要远涉大河、大山、大江、大海呢？为了人的生存与发展！

"利涉大川"，最先出现在象征饮食需要的需卦中，这说明先贤们懂得这样一个道理：为了饮食需要，必须涉于大川。

在象征同道同心同志的同人卦中出现"利涉大川"，这说明先贤们懂得这样一个道理："涉于大川"并不是一个人的事，而是同人即一群人的事。

卦辞中有"利涉大川"的原则，《周易·系辞下》有"致远以利天下"的解释。

为了"利涉大川"，黄帝、尧、舜发明了舟楫，"舟楫之利，以济不通，致远以利天下"。

为了"利涉大川"，黄帝、尧、舜发明了马车、牛车，"服牛乘马，引重致远，以利天下"。

一是从水路开辟交通去"利涉大川"，二是从陆路开辟交通去"利涉大川"，到远方去开拓，到远方去发展，这是《周易》所主张的一种精神。"致远"的目的是什么？目的是"以利天下"。"致远以利天下"里面有一个"利"字，可见在黄帝、尧、舜时代的中华民族是看重这个"利"字的。不过，黄帝、尧、舜所看重的是利天下之大利，而不是一家一姓之私利。

六十四卦之中，在象征饮食之需的需卦中，出现"利涉大川"；在象征同心同志同人的同人卦中，出现"利涉大川"；在象征谦虚谨慎的谦卦中，出现"利涉大川"；在象征财富积蓄的大畜卦中，出现"利涉大川"；在象征益处的益卦中，出现"利涉大川"；在象征事业尚未成功的未济卦中也出现"利涉大川"；饮食需要，是"利涉大川"的出发点；和志同道合的一起，是"利涉大川"的方式方法；积储财富、增加益处是"利涉大川"的目的；事业成功之时，要敢于"利涉大川"；事业未成功之时，更要敢于"利涉大川"；凡是有所作为的人都应该敢于"利涉大川"。

炎帝黄帝，是中华民族的人文始祖。追溯炎黄二帝的足迹，可以追溯至黄河两岸，大江南北。"利涉大川"，是中华民族祖先的实际经验；"利涉大川"，是中华民族祖先的理论总结。

卦十四　大有

（火天）大有：大有。元亨。

象曰："大有"，柔得尊位大中，而上下应之，曰"大有"。其德刚健而文明，应乎天而时行，是以元亨。

象曰：火在天上，"大有"。君子以遏恶扬善，顺天休命。

初九，无交害，匪咎。艰则无咎。

象曰：大有初九，无交害也。

九二，大车以载，有攸往，无咎。

象曰："大车以载"，积中不败也。

九三，公用亨于天子，小人弗克。

象曰："公用亨于天子"，小人害也。

九四，匪其彭，无咎。

象曰："匪其彭，无咎。"明辨晰也。

六五，厥孚交如，威如，吉。

象曰："厥孚交如"，信以发志也。"威如之吉"，易而无备也。

上九，自天之佑，吉无不利。

象曰：大有上吉，自天佑也。

解读

大有卦，位于同人卦之后，六十四卦的第十四卦。

《周易·序卦》："与人同者物必归焉，故受之以大有。"

《周易·杂卦》："大有，众也。"

《春秋谷梁传·桓公三年》："五谷皆熟为有年也。"

《春秋谷梁传·宣公十六年》："五谷大熟为大有年。"

同人卦讲同心，大有卦讲丰收。

《诗经》将"有"与"年"联系在了一起。《诗经·小雅·甫田》："我取其陈，食我农人，自古有年。"

《春秋谷梁传》"大有"与五谷丰登的"大丰收"联系在了一起。

《通义》："大有：大丰收。"

诠释大有卦，分卦象、卦理与人理三部分。

一、 卦象

大有卦卦象，由先天八卦中的离卦与乾卦重叠而成。离卦在上，乾卦在下，所以有"离上乾下"的诠释。乾，可以诠释为天；离，可以诠释为火；所以诠释大有卦卦象，又有"火天大有"的诠释。

离卦，上升之火；乾卦，上升之气。两卦的属性相同，理解了离乾两卦的属性，才能真正理解大有卦的真正含义。

二、 卦理

大有卦卦理的解读，分卦序与卦形两部分。

（一）卦序之理

大有卦在六十四卦中排位于同人卦之后，大有卦与同人卦之间有着必然的因果关系。《周易·序卦》对两卦之间的相互联系有如下解释："与人同者物必归焉，故受之以大有。"

从同人同心到丰收大有，这两者之间有着前因与后果的逻辑关系。《序卦》的诠释，揭示出了两卦之间的逻辑关系。

（二）卦形之理

大有卦卦形所隐含的哲理，是由《周易·大有·象传》揭示的。

《周易·大有·象传》："大有，柔得尊位大中，而上下应之，曰大有。其德刚健而文明，应乎天而时行，是以元亨。"

诠释大有卦卦形，《周易·大有·象传》诠释出了如此一段哲理。

得尊位之柔，指的是六五爻。五爻位于离卦的中间位置，这里就是"大中"。六五之位，一居于上卦之中，二属于尊贵之位；阴爻居中居尊位，知道这一点，就会明白"柔得尊位大中"的所以然。

上卦中的六五之位，与下卦中的九二爻相对应，上下如此对应，阴阳如此对应，认识如此两个对应，就会明白"上下应之"的所以然。

下卦为乾，上卦为离；乾为阳，离为火；阳气物理属性升而不降，火焰物理属性升而不降；阳气向上，火焰在上，属性相同，大有之大就大在"性相近，性相同"这一基点上。

"文明"一词，第二次出现。

"文"，与刚健之天相关。

"明"，与熊熊烈火相关。

三、 君子之理

诠释大有卦卦象，以自然哲理论人理，《周易·大有·象传》诠释出的人文哲理是：

"火在天上，大有。君子以遏恶扬善，顺天休命。"

离为火，乾为天。大有卦卦象的上下两分结构是：乾在下，离在上。如此，即"火在天上"。

"火在天上"是自然哲理，"遏恶扬善，顺天休命"是人文哲理，人文哲理源于自然哲理。

抑恶扬善，是宗教与文化所追求的共同目标。

"善有善报，恶有恶报。"劝人为善，是佛教的出发点与落脚点。

"大学之道，在明明德，在亲民，在止于至善。"（《礼记·大学》）劝人为善，是儒家文化的出发点与落脚点。

"善不积不足以成名，恶不积不足以灭身。""积善之家必有余庆，积不善之家必有余殃。"这是《周易·系辞下》与《周易·坤·文言》中的两个论断，这两个论断展示的是"抑恶扬善"的善恶观。抑恶扬善，是《周易》教化的出发点与落脚点。

"莫以善小而不为，莫以恶小而为之。"《三国演义》中的刘备，临终时在给儿子阿斗的遗嘱中留下了这样一句极其重要的话。这句话在正史中也有记载，证明刘备确实对阿斗说过这句话。话，是刘备的话；理，是《周易》中的理。小善小恶之说，源于《周易》。《周易·系辞下》："小人以小善为无益而弗为也，以小恶为无伤而弗去也。故恶积而不可掩，罪大而不可解。"不为小善，常为小恶；小恶积而成大罪，罪大而不可赦，一步步走进了深渊。

为善不为恶，是人类先贤的共同主张。以天理论人理，在大有卦这里论出了"遏恶扬善"的主张。

顺天，是《周易》的基本立场。

顺天，顺从天时也。

顺天，顺从天道也。

顺天，顺从天理也。

仰观天文，就是为了顺天。请看以下六个论断。

其一，《素问·天元纪大论》："敬之者昌，慢之者亡。无道行私，必得天殃。"

其二，《灵枢·终始》："敬之者昌，慢之者亡。无道行私，必得天殃。"

其三，《黄帝四经·姓争》："顺天者昌，逆天者亡。"

其四，《庄子·知北游》："天不得不高，地不得不广，日月不得不行，万物不得不昌，此其道与！"

其五，《文子·上德》："日出于地，万物蕃息……日入于地，万物休息。"又："天气下，地气上，阴阳交通，万物齐同……天气不下，地气不上，阴阳不通，万物不昌。"

其六，《吕氏春秋·季春纪·圜道》："天道圆，地道方。圣王法之，所以立上下。何以说天道之圆也？精气一上一下，圆周复杂，无所稽留，故曰天道圆。何以说地道之方也？万物殊类殊形，皆有分职，不能相为，故曰地道方。主执圆，臣处方，方圆不易，其国乃昌。"

顺天、顺道、顺阴阳、顺昼夜，归根结底，顺的是太阳法则，顺的是日月法则。太阳法则，在日出日落，在寒往暑来；日月法则，在昼往夜来。

太阳法则，顺之者昌，逆之者亡。

日月法则，顺之者昌，逆之者亡。

顺天休命。休，美也，美善也，吉庆也。休命，美命也。一部《尚书》，三次出现"休命"一词。

顺天，才有美命。

顺太阳法则，才有美命。

顺日月法则，才有吉祥。

四、"自天佑之， 吉无不利" 解

从大有卦开始，首次出现"自天佑之，吉无不利"，之后又有多次出现。

天如何佑人？《周易·系辞上》的注释是："佑者助也，天所助者顺也。"

天，为自然之天。自然之天即自然法则。

自然法则有"本来如此"的意思，人文有"应该如此"的意思。

天"如此"行健，人"如此"自强，天佑自强之人。

天"如此"无私，人"如此"大公，天佑大公之人。

天"如此"大美，人"如此"爱美，天佑爱美之人。

天"如此"诚信，人"如此"诚信，天佑诚信之人。

天"如此"光明，人"如此"正大，天佑正大之人。

昼夜之序，寒暑之序，四时之序，都在应该顺从的范畴之内，如此顺天则有天助之；反之则有天厌之、天弃之。天助自助之人，天佑顺天之人。

历史上有人把"自天佑之"解释为"来自上天的保佑"，这种解释是不对的。

为什么？

因为在源头文化中，天一开始就是自然之天，而不具备人格意义。天，与《圣经》的神有三个不同之处：一是没有像神那样以人的形象出现；二是没有像神那样会说人话；三是没有像神那样与人交往过。顺之者昌，顺的是自然法则，而非人格神。

在《周礼》《诗经》《逸周书》《礼记》《管子》《吕氏春秋》中，都有"春如何，夏如何，秋如何，冬如何"的生产原则、生活原则、狩猎原则、伐树原则。如此，才会有"自天佑之，吉无不利"的结果。

卦十五 谦

原文

（地山）谦：亨。君子有终。

彖曰：谦亨。天道下济而光明，地道卑而上行。天道亏盈而益谦，地道变盈而流谦，鬼神害盈而福谦，人道恶盈而好谦。谦尊而光，卑而不可逾，君子之终也。

象曰：地中有山，谦。君子以裒多益寡，称物平施。

初六，谦谦君子，用涉大川，吉。

象曰："谦谦君子"，卑以自牧也。

六二，鸣谦，贞吉。

象曰："鸣谦贞吉"，中心得也。

九三，劳谦君子，有终，吉。

象曰："劳谦君子"，万民服也。

六四，无不利，撝谦。

象曰："无不利，撝谦"，不违则也。

六五，不富以其邻，利用侵伐，无不利。

象曰："利用侵伐"，征不服也。

上六，鸣谦，利用行师，征邑国。

象曰："鸣谦"，志未得也。可"用行师"，征邑国也。

解 读

谦卦，位于大有卦之后，六十四卦的第十五卦。

大有卦讲丰收，谦卦讲谦虚。

人应该谦虚、虚心，尤其是大有的富有者。这一立场，是中华文化的基本立场。

《尚书·大禹谟》："满招损，谦受益。"

——盈满招损，谦虚受益。

《周髀算经·天体测量》："冬至夏至，为损益之始。"

——冬至，日影最长点；夏至，日影最短点。短极而长，长极而短。由长变短为损，由短变长为益。冬至夏至，日影长短两极发生变化，如此"为损益之始"。谦逊、谦虚、谦让，谦之哲理源于太阳法则。

《礼记·乐记》："正直而静，廉而谦者，宜歌风。"

——（什么样的人，需要唱什么样的歌）正直安静，廉洁而谦虚者，适合学唱风雅颂之风。

"谦"与"卑"组合，形成双音词"谦卑"。《尹文子·大道上》："昔有黄公者，好谦卑。"

谦，作为褒义词，用在君子身上，形成"谦谦君子"一词。

诠释谦卦，分卦象、卦理与人理三部分。

一、 卦象

谦卦卦象，由先天八卦中的坤卦与艮卦重叠而成。坤卦在上，艮卦在下，所以有"坤上艮下"的诠释。坤，可以诠释为地；艮，可以诠释为山；所以诠释谦卦卦象，又有"地山谦"的诠释。

大地宽厚卑下，山巍峨高大，宽厚卑下之大地容纳巍峨高大之高山，这是谦卦揭示的谦虚之谦。

二、 卦理

谦卦卦理的解读，分卦序与卦形两部分。

（一）卦序之理

谦卦位于大有卦之后，两卦之间有着承前启后的联系。《周易·序卦》对两卦之间的相互联系有如下解释：

"有大者不可以盈，故受之以谦。"

"有"也不能骄傲，"有"之后更应该谦虚，这就是大有卦与谦卦前后之间的关联。《周易·序卦》诠释的哲理，源于卦与卦之间承前启后的逻辑关系。

大有之后，一应该富以其邻，二应该谦虚谨慎。

（二）卦形之理

谦卦卦形所隐含的哲理，是由《周易·谦·彖传》揭示的。谦卦以高山低就卑地，形象地解释了谦卦之谦。

《周易·谦·彖传》："谦，亨。天道下济而光明，地道卑而上行。天道亏盈而益谦，地道变盈而流谦，鬼神害盈而福谦，人道恶盈而好谦。谦尊而光，卑而不可逾，君子之终也。"

诠释谦卦卦形，《周易·谦·彖传》诠释出了如此一段哲理。

太阳光芒四射，照耀万物，阳光无私照，普照万方，这就是"天道下济而光明"。

大地宽厚广大，生育万物，大地无私载，万物向上生长，这就是"地道卑而上行"。

"天道亏盈而益谦，地道变盈而流谦，鬼神害盈而福谦，人道恶盈而好谦。谦尊而光，卑而不可逾，君子之终也。"

太阳回归合时而来，合时而去，天道之谦也。

寒暑两极，极而复返，天道之谦也。

四时往复合时而来，合时而去，地道之谦也。

万物合时而生，合时而死，鬼神之谦也。

阴极生阳，阳极生阴，阴阳之谦也。

日中则昃，月盈而亏，日月之谦也。

圣人、君子知进知退，人道之谦也。

天道、地道、人道、鬼神之道，"四道"联合而论，最后结尾在人文哲理的"君子之终"上。天道、地道、人道、鬼神之道，全部是君子应该效法的道。道，君子终极之坐标也。

天道如何亏？如何盈？

日影可以论天道。以日影而论，由短而长为盈，由长而短为亏。

详细的讨论，会在损益两卦中进行。

这里应该记住的是：以天道地道论人道的论证方式。天道谦，地道谦，人道也应该谦。

"天地人"三道合一而论，是八卦三爻开创的风格。

谦卦出现"天地人神"四道合一而论的风格，所以这里十分有必要解释一下"何谓鬼，何谓神"。

首先要说明的是，《周易》中出现的"鬼神"，均不具备人格意义。换言之，这里的鬼神都没有人模人样。

何谓鬼？"鬼者，归也。"人死之后回归大地，称为鬼。这是《列子·天瑞》对"何谓鬼"做出的解释，《尸子》中也有同样的解释。

何谓神？请看下面两个论断。

其一，《周易·系辞上》："阴阳不测之谓神。"

其二，《周易·说卦》："神也者，妙万物而为言者也。"

第一种解释，解释在一阴一阳的奇妙变化上。

周日之中，昼夜可以论阴阳，昼夜变化不是人力推动的，所以昼夜的奇妙变化可以称为神。

周岁之中，寒暑可以论阴阳，寒暑变化不是人力推动的，所以寒暑的奇妙变化可以称为神。

第二种解释，解释在了万物的创造者身上。

道生天地，天地生万物。道，看不见，摸不着，无形无体，却有着生生不息的功能。"一物生万物，不被万物生，八方处处在，四时不凋零。"如此奇妙之道，可以称为神。

天神、地神、人神,《尸子》中有一个系统的解释,摘录在此,供读者参考:

"天神曰灵,地神曰祇,人神曰鬼。鬼者,归也,故古者谓死人为归人。"

三、 君子之理

诠释谦卦卦象,以自然哲理论人理,《周易·谦·象传》诠释出的人文哲理是:"地中有山,谦。君子以裒(póu)多益寡,称物平施。"

谦卦内部的上下结构为上坤下艮,坤为地,艮为山,这里就是"地中有山"的所以然。"地中有山"是自然哲理,"裒多益寡,称物平施"是人文哲理,人文哲理源于自然哲理。

何谓"裒多益寡"?裒,音剖,减也,减少也。益,加也。"裒多益寡",减多加少,损有余补不足也。

"裒多益寡"所讲的哲理,其根本点在"如何才能使天下公平"。

如何才能使天下公平?孔夫子留下的至理名言是:"不患寡而患不均。"

如何才能使天下公平?列子留下的至理名言是:"均,天下之至理也。"

如何均?损有余补不足也。

六十四卦,第四十一为损卦,第四十二卦为益卦,损益两卦,衍生出了"损益"哲理。

"损有余,益不足"与"裒多益寡",在根本上相似相通。

何谓"称物平施"?称者,度量衡之衡也。平者,平也。物称轻重,讲究的就是秤杆之平。"称物平施",物的分配时,讲究轻重大小,各当其分,公平平分。

四、"君子有终" 解

谦卦卦辞中出现"君子有终"之论。

始终、终始,这是始于天文的认识论。

有始有终,有终有始,这是昼夜变化之序。

有始有终,有终有始,这是日影变化之序。

有始有终,有终有始,这是寒暑变化之序。

有始有终,有终有始,这是朔望月的变化之序。

有始有终，有终有始，这是太阳回归年的变化之序。

有始有终，有终有始，这是八卦的变化之序。

认识事，认识物，一定要明白本末终始。道在何处？就在万物的始终、终始的变化之中。明白这些，才能真正弄懂《礼记·大学》开篇中的"物有本末，事有终始，知所先后，则近道矣"之论。

自然界的一切变化，都是循序渐进，有始有终，有终有始。人事呢？

君子的人生，也应该有始有终，即善始善终。

《论语·泰伯》中的曾子，在临终时的"而今而后，吾知免夫"之论，就是对善终的满足。

有始无终，这是秦始皇之结局。

有始无终，这是汉高祖之结局。

……

知道历史教训，就知道"君子有终"的严肃性。

卦
十
六

豫

原 文

（雷地）豫：利建侯行师。

彖曰：豫，刚应而志行，顺以动，豫。豫顺以动，故天地如之，而况建侯行师乎？天地以顺动，故日月不过，而四时不忒。圣人以顺动，则刑罚清而民服，豫之时义大矣哉！

象曰：雷出地奋，豫。先王以作乐崇德，殷荐之上帝，以配祖考。

初六：鸣豫，凶。

象曰："初六鸣豫"，志穷凶也。

六二：介于石，不终日，贞吉。

象曰："不终日，贞吉"，以中正也。

六三：盱豫，悔，迟有悔。

象曰："盱豫有悔"，位不当也。

九四，由豫，大有得，勿疑。朋盍簪。

象曰："由豫，大有得"，志大行也。

六五：贞疾，恒不死。

象曰："六五贞疾"，乘刚也。"恒不死"，中未亡也。

上六：冥豫，成有渝。无咎。

象曰："冥豫"在上，何可长也？

解 读

豫卦，位于谦卦之后，六十四卦的第十六卦。

《尔雅》："豫，乐也。"

《诗经·小雅·白驹》："尔公尔侯，逸豫无期。"注：逸，安闲。豫，快乐。

《孟子·梁惠王下》："夏谚曰：'吾王不游，吾何以休？吾王不豫，吾何以助？一游一豫，为诸侯度。'"注：豫，乐也。

《庄子·应帝王》："何问之不豫也！"注：豫，愉快。

豫卦与谦卦，卦形相反；卦形相反，为错综复杂之综。豫卦与谦卦，彼此为综卦。

谦卦讲谦虚，豫卦讲愉悦。

谦虚，会带来愉悦。

豫卦解读，分卦象、卦理与人理三部分。

一、 卦象

豫卦卦象，由先天八卦中的震卦与坤卦重叠而成。震卦在上，坤卦在下，所以有"震上坤下"的诠释。震，可以诠释为雷；坤，可以诠释为地；所以诠释豫卦卦象，又有"雷地豫"的诠释。

大地稳定在下，大雷震动在上；雷震动而大地动，天地顺而动；这是豫卦揭示的"顺以动"。

二、 卦理

豫卦卦理的解读，分卦序与卦形两部分。

（一）卦序之理

豫卦位于谦卦之后，两卦之间有着前因后果的联系。《周易·序卦》对两卦之间的相互联系有如下解释："大有而能谦必豫，故受之以豫。"

大有—谦—豫，《周易·序卦》将三卦联系起来解释，解释出了三卦的前后因果联系：富有而谦虚，必然会带来心情上的愉悦。大有—谦—豫，三卦之间有着先后的因果关系，这和"善有善报，恶有恶报"的因果关系是一样的。

（二）卦形之理

豫卦卦形所隐含的哲理，是由《周易·豫·彖传》揭示的。

《周易·豫·彖传》："豫，刚应而志行，顺以动，豫。豫顺以动，故天地如之，而况建侯行师乎？天地以顺动，故日月不过，而四时不忒；圣人以顺动，则刑罚清而民服。豫之时义大矣哉！"

诠释豫卦卦形，《周易·豫·彖传》诠释出了如此一段哲理。

豫卦结构上震下坤。震为雷，雷的物理属性为刚为动；坤为地，地的物理属性为顺，雷动而大地动。认识这一点，就明白了"刚应而志行，顺以动"的所以然。

雷动在天上，地动在地上，上动下顺；从自然之顺到人文之顺，上下之动具有一致性。认识这一点，就明白了"天地如之"的所以然。

建侯，建立王侯也。行师，兴师兴兵也。

"利建侯行师"，利于建立王侯，兴师兴兵也。顺动，是自然哲理。"建侯行师"，则是效法自然而衍生出来的人文哲理。万民同乐、万众归心，这是"建侯"之前提。三军踊跃，这是"行师"之前提。

卦象中的"顺以动"，源于天体运动的"顺以动"。

日月是动态的。日月之动，是"顺以动"。

四时是变化的。四时变化，是"顺以动"。

认识这两点，才能真正认识"天地以顺动，故日月不过，而四时不忒"这句话。

道法自然。从自然之顺动中悟出了圣人之顺动。四时变化有生有死，圣人治理天下应该有奖有罚。奖罚分明，万民悦服。认识这一点，才能真正理解"圣人以顺动，则刑罚清而民服"这句话。

蒙卦讲教化，豫卦讲愉悦也讲刑罚；教化与刑罚，如鸟之两翼，缺一不可。

三、 君子之理

诠释豫卦卦象，以自然哲理论人理，《周易·豫·象传》诠释出的人文哲理是：

"雷出地奋，豫。先王以作乐崇德，殷荐之上帝，以配祖考。"

震为雷，坤为地。豫卦卦象的上下两分结构是：震在上，坤在下。如此，即"雷出地奋"。

"雷出地奋"是自然哲理，"作乐崇德，殷荐之上帝，以配祖考"是人文哲理，人文哲理源于自然哲理。

"先王作乐"考。乐，是构成中华文明的一大要素。礼乐，是中华文化育人的两大法宝。

乐，始于何时？又从何而来？梳理如下：

音的记载。音，有五音、八音之分。

五音，最早是在《黄帝内经》中出现的。《素问·金匮真言论》中出现角徵宫商羽五音。

八音，最早是在《尚书》中出现的。《尚书·舜典》记载，尧帝去世之后，"三载，四海遏密八音。"

五音、八音，是音乐的代名词。

律的记载。律，最早也是由《尚书》记载的。

《尚书·舜典》："同律度量衡。"

舜治理天下，第一次统一了音律与度量衡。

音律与度量衡有关系吗？

有！

律声音的记载。律声音，最早也是在《尚书》中出现的。

《尚书·益稷》："予欲闻六律五声八音。"

这是舜的话，是在舜与禹对话中出现的。这句话告诉后人，舜与禹的时代，中华大地上的"五声六律八音"已悉数完备。

何谓声？何谓音？何谓乐？《礼记》有界定。《礼记·乐记》："凡音之起，由人心生也。人心之动，物使之然也。感于物而动。故形于声，声相应，故生变。变成方，谓之音。比音而乐之，及干戚羽旄，谓之乐。"

律为何？律是衡量乐音高低的标准。

十二律的记载。十二律，最早是在《周礼》中出现的。

《周礼·春官》："大师掌六律、六同以合阴阳之声。阳声：黄钟、大蔟、姑洗、蕤宾、夷则、无射。阴声：大吕、应钟、南吕、函钟、小吕、夹钟。"

律分阴阳，十二律一分为二，分为阴六吕阳六律。

音律之源。历律同源，历律均源于太阳历。《周髀算经·陈子模型》："冬至夏至，观律之数，听钟之音。"立竿测影，中华先贤一是制定出了二十四节气，二是发现并区分出了阴阳十二律。在冬至夏至这两个节令点上，先贤区分出了黄钟大吕之声。《苗族古历》："冬至阳旦，夏至阴旦。"音乐起于阴阳，《吕氏春秋·季夏纪·大乐》处有如此记载："音乐之所由来者远矣。生于度量，本于太一。太一出两仪，两仪出阴阳。阴阳变化，一上一下，合而成章。"归根结底，音乐起于太阳历。

乐器的记载。乐器，最早是在《周礼》中出现的。

《周礼·春官》："八音：金、石、土、革、丝、木、匏、竹。"

八音，这里指的是八种乐器。

乐器创造者的记载。乐器创造，最早可以追溯至炎帝。

《史记·索隐·卷三十·三皇本纪》："炎帝神农氏，姜姓……火德王，故曰炎帝，以火名官，斫木为耜，揉木为耒，耒耨之利，以教万民，始教耕，故号神农氏……始尝百草，始有医药。又作五弦之瑟。"——炎帝是五弦瑟的创造者。

《山海经》记载了乐器钟的制造。《山海经·海内经》："炎帝之孙伯陵，伯陵同吴权之妻阿女缘妇，缘妇孕三年，是生鼓、延、殳。[殳]始为侯，鼓、延是始为钟，为乐风。"——炎帝之重孙是乐器钟的创造者。

《吕氏春秋》中有朱襄氏制造五弦瑟的记载。《吕氏春秋·古乐》："昔古朱襄氏之治天下也，多风而阳气畜积，万物散解，果实不成，故士达作为五弦瑟，以来阴气，以定群生。"——朱襄氏是黄帝之前的先贤。

众多的乐器，是由《吕氏春秋》记载的。《吕氏春秋·古乐》："有倕作为鼙、鼓、钟、磬、笭、管、埙、簨、鼗、椎、锺。帝喾乃令人抃，或鼓鼙，击钟磬、吹笭、展管簨。"——十多种乐器，产生于帝喾时代。

乐曲的记载。早期的乐曲，是由《庄子》记载的。

《庄子·列御寇》："黄帝有《咸池》，尧有《大章》，舜有《大韶》，禹有《大夏》，汤有《大濩》，文王有辟雍之乐，武王、周公作《武》。"

乐曲的评价。最早的乐曲评价，是由孔子做出的。

《论语·八佾》："子谓韶，'尽美矣，又尽善也'。"

作乐之先王，应该是黄帝之前的先贤。

乐，应该远远早于文字。

"作乐崇德"解。作乐在先，崇德在后，乐与德在先王这里是一体而论的。

乐，源于"天地之和"，这是《礼记》的结论。

乐，抽象于太阳与地球相交的两个点——冬至夏至点，这是《周髀算经》的结论。

德，源于何处呢？

德与乐同一个来源。请看下面两个论断。

《周易·乾·文言》："夫大人者，与天地合其德，与日月合其明，与四时合其序。"——人德应该合于天德地德，应该合于日月之德，应该合于四时之德。

《礼记·孔子闲居》："天无私覆，地无私载，日月无私照。"——天，大公无私；地，大公无私；日月，大公无私。

崇德，首先应该崇尚的就是大公无私之德。

四、 简论"豫之时"

"豫之时义大矣哉！"这是《周易·豫·彖传》中的最后一句话。

豫卦论时，奥秘何在？

奥秘在豫卦的成分之中！

组成豫卦的两卦，是坤卦与震卦。

先天八卦中的坤卦，表达的是八节中的冬至。

先天八卦中的震卦，表达的是八节中的立春。

坤卦在下而震卦在上，卦序由下而上，先有冬至而后有立春。"天地以顺动"，顺在冬至、立春的正常顺序上。

"豫之时义大矣哉！"

豫之时，大在八节的自然顺序中。

卦
十
七

随

⊙ 原 文 ⊙

（泽雷）随：元亨，利贞，无咎。

彖曰：随，刚来而下柔，动而说，随。大亨贞，无咎，而天下随时，随时之义大矣哉！

象曰：泽中有雷，随。君子以向晦入宴息。

初九，官有渝，贞吉，出门交有功。

象曰："官有渝"，从正吉也。"出门交有功"，不失也。

六二，系小子，失丈夫。

象曰："系小子"，弗兼与也。

六三，系丈夫，失小子，随有求，得。利居贞。

象曰："系丈夫"，志舍下也。

九四，随有获，贞凶。有孚在道，以明，何咎？

象曰："随有获"，其义凶也。"有孚在道"，明功也。

九五，孚于嘉，吉。

象曰："孚于嘉吉"，位正中也。

上六，拘系之，乃从维之，王用亨于西山。

象曰："拘系之"，上穷之。

解 读

随卦，位于豫卦之后，六十四卦的第十七卦。

《周易·杂卦》："随，无故也。"

《说文解字》："随，从也。"

豫卦讲愉悦讲人和，随卦讲随从讲随和。

随，从也，顺从也，有天下归心之义。

《尚书·益稷》："予乘四载，随山刊木。"

——我乘坐四种运载工具，顺着山路砍削树木做标记。随，顺着，沿着。

《尚书·禹贡》："禹敷土，随山刊木，奠高山大川。"

——大禹分别土地疆界，沿着山路砍削树木做标记，以高山大河为标志确定边界。随，顺着，沿着。

《礼记·仲尼燕居》："席则有上下，车则有左右，行则有随，立则有序：古之义也。"

——宴席位置分上下，乘车位置分左右，行走之时分主从，站立之时分次序：这是自古以来的道理。随，从也。

随，还有随便之义。

韩愈《进学解》："业精于勤荒于嬉，行成于思毁于随。"——随，无规矩的随随便便。

随卦解读，分卦象、卦理与人理三部分。

一、卦象

随卦卦象，由先天八卦中的兑卦与震卦重叠而成。兑卦在上，震卦在下，所以有"兑上震下"的诠释。兑，可以诠释为泽；震，可以诠释为雷；所以诠释随卦卦象，又有"泽雷随"的诠释。

震卦，阳刚之刚；兑卦，阴柔之柔；两卦的属性相反，理解了两卦的属性，才能真正理解随卦的真正含义。

二、 卦理

随卦卦理的解读，分卦序与卦形两部分。

（一） 卦序之理

随卦位于豫卦之后，两卦之间有着前因后果的联系。对两卦之间的相互联系，《周易·序卦》有如下解释："豫必有随，故受之以随。"

从豫到随，从愉悦到随从、随和。《周易·序卦》将两卦联系起来解释，解释出了两卦之间的因果联系：愉悦之王道，必然能够吸引天下人随从。《周易·序卦》的解释，解释的是两卦之间的逻辑关系。

（二） 卦形之理

随卦卦形所隐含的哲理，是由《周易·随·象传》揭示的。

《周易·随·象传》："随，刚来而下柔，动而说，随。大亨贞，无咎。而天下随时，随时之义大矣哉！"

泽柔雷刚，上泽下雷，诠释卦象的上下结构，《周易·随·象传》诠释出了"刚来而下柔，动而说"之论。

在后天八卦中，震卦位于春分的位置上，兑卦位于秋分的位置上。

《周易·说卦》："万物出乎震；震，东方也。"

《周易·说卦》："兑，正秋也。万物之所说也，故曰：说言乎兑。"

春分，万物生机勃勃；秋分，万物果实累累。知道震兑两卦在太阳历中的位置，才能真正理解《周易·随·象传》中"天下随时，随时之义大矣哉"这句话。

三、 君子之理

诠释随卦卦象，以自然哲理论人理，《周易·随·象传》诠释出的人文哲理是："泽中有雷，随。君子以向晦入宴息。"

兑为泽，震为雷。随卦卦象的上下两分结构是：兑在上，震在下。如此，即"泽中有雷"。

"泽中有雷"是自然哲理，"君子以向晦入宴息"是人文哲理，人文哲理源于自然哲理。

"向晦入宴息"解。向，面对为向。晦，昏暗，夜晚。宴息，安息。

人的起居，随太阳而动：日出而起，日落而息。震兑两卦，在一天之中，可以表达日出的早晨与日落的夜晚。"起居有常"，这是《黄帝内经》开篇处所讲的养生哲理。"起居有常"的基本常识，在于昼动夜静。

四、"天下随时"的意义

"天下随时，随时之义大矣哉！"这是《周易·随·彖传》中的最后一句话。这里强调的是"随时"。

随时，首先有时可随。确定时间单位，是人类进入文明的基本标准。

《圣经》开篇处可以看到，在上帝创造的第一天里就划分出了昼夜；在上帝创造的第四天，又在昼夜的基础上，确定出了节令、日子、年岁。在《出埃及记》里，上帝又确定正月为一年之首。

中华大地上的昼夜、节令、日、月、岁，不是上帝确定的，而是中华先贤以日月星为坐标划分出来的。

以太阳为基准，分出寒暑，分出八节，这是伏羲氏时代的贡献，《周易》《尸子》记载了这一贡献。

"日主昼，月主夜"，以太阳为基准，分出昼夜，这是中华先贤的贡献，《周髀算经》记载了这一贡献。

以太阳为基准，分出五行，这是黄帝时代的贡献，《管子》《史记》记载了这一贡献。

观测日月星辰，分出四时，确定一岁366天，这是尧时代的贡献，《尚书》记载了这一贡献。

观测日影，分出二十四节气，以冬至为节首，这是中华先贤的贡献，《周髀算经》记载了这一贡献。

将太阳回归年精确为365.25天，这是中华先贤的贡献，《周髀算经》记载了这一贡献。

观测日月，制定历法，始于包牺、神农，《周髀算经》记载了这两位先贤。

"日复日，为一日。"（《周髀算经·日月历法》）中华先贤以两次日出，即两次见到太阳为基准，界定出了一日。

"月与日合，为一月。"（《周髀算经·日月历法》）中华先贤以日月会合为基准，界定出了一月。

"日复星，为一岁。"（《周髀算经·日月历法》）中华先贤以太阳两次回到某一恒星的位置上为基准，界定出了一岁。

昼夜、日月、年岁，这些都是时间单位。划分时间单位，是人类先贤的基本责任。《圣经》以上帝的名义，解答了这些问题。中华先贤以日月星的观测，解答了这些问题。

认识时序，划分时间单位，是人类先贤的责任。

认识时序而随时，是不是后贤的责任？

随卦本身所隐含的"时"。随卦由先天八卦中的震、兑两卦所组成。先天八卦中的震、兑两卦是表达节令的。

先天八卦中的震卦，表达八节中的立春。

先天八卦中的兑卦，表达八节中的秋分。

立春，万物生发。秋分，万物成熟。

万物生发之时，呵护万物。万物成熟，采撷万物。

"天下随时"，随在八节的节令转换之中。

从顺应时令来理解"天下随时"，从顺应时令来理解收获，这里是不是"随时之义大矣哉"的奥秘所在？！

五、诚信与道相关吗

"有孚在道，以明何咎。"随卦九四爻辞中出现这一论断。

"有孚在道，明功也。"《周易·随·象传》诠释爻辞，诠释出这一论断。

两个论断中，两次出现"有孚"二字。

孚，何意也？

《尔雅》："孚，信也。"

《说文解字》："孚，一曰信也。"

《易·杂卦》："中孚信也。"徐锴曰："鸟之孚卵，皆如其期不失信也。"

《诗经·大雅·文王》："万邦作孚。"《毛传》："孚，信也。"《郑笺》："仪法文王之事，天下咸信而顺之。"

以上论断揭示：有孚即有信，有孚即诚信。

两个论断中，两次出现一个"道"字。

一个"时"字，可以论道吗？请看下面一个论断。

《尚书·大禹谟》："时乃天道。"

《尚书》告诉后人，时间之时等同于道。

由此可知，随时就是随道，守时即是守道。

《鹖冠子·王铁》："日诚出诚入，南北有极。"又："月信死信生，终则有始。"太阳出入论诚，月圆月缺论信。"诚信"之品德，源于日月。

太阳可以论诚，月亮可以论信，知道这两点，才能真正理解诚信之根源。

太阳本身可以论道，日月两者联合可以论道，知道这两点，才能真正理解道与诚信之间的联系。

卦十八 蛊

原 文

（山风）蛊：元亨。利涉大川，先甲三日，后甲三日。

彖曰：蛊，刚上而柔下，巽而止，蛊。蛊，元亨而天下治也。"利涉大川"，往有事也。"先甲三日，后甲三日"，终则有始，天行也。

象曰：山下有风，蛊。君子以振民育德。

初六，干父之蛊，有子，考无咎。厉，终吉。

象曰："干父之蛊"，意承考也。

九二，干母之蛊，不可贞。

象曰："干母之蛊"，得中道也。

九三，干父之蛊，小有悔，无大咎。

象曰："干父之蛊"，终无咎也。

六四，裕父之蛊，往见吝。

象曰："裕父之蛊"，往未得也。

六五，干父之蛊，用誉。

象曰："干父""用誉"，承以德也。

上九：不事王侯，高尚其事。

象曰："不事王侯"，志可则也。

解读

蛊卦，位于随卦之后，六十四卦的第十八卦。

《周易·序卦》："蛊者，事也。"

随卦讲随从讲随和，蛊卦讲整治其事。

《周易·杂卦》："蛊，则饬也。"注："饬，整治也。蛊所以整治其事也。"

蛊，还有其他含义。

一指毒虫。请看下面三个论断。

《周礼·秋官》："庶氏：掌除毒蛊。"郑注："毒蛊，虫物而病害人者。"

《春秋左传·昭公元年》："谷之飞亦为蛊。"注："谷久积则变为虫。"

《本草纲目·虫部》："造蛊者，取百虫入瓮中，经年开之，必有一虫尽食诸虫，即此名为蛊。"

一指迷惑。"蛊惑人心"，用邪说使人迷乱，使人丧失基本常识。

蛊卦解读，分卦象、卦理与人理三部分。

一、 卦象

蛊卦卦象，由先天八卦中的艮卦与巽卦重叠而成。艮卦在上，巽卦在下，所以有"艮上巽下"的诠释。艮，可以诠释为山；巽，可以诠释为风；所以诠释蛊卦卦象，又有"山风蛊"的诠释。

二、 卦理

蛊卦卦理的解读，分卦序与卦形两部分。

（一）卦序之理

蛊卦位于随卦之后，两卦之间有着前因后果的联系。

《周易·序卦》："以喜随人者必有事，故受之以蛊。蛊者，事也。"

随，天下久安，久而生变，变生弊端。蛊，指弊端之乱事。《周易·序卦》将两卦联系起来解释，解释出了两卦之间的因果联系：从随到蛊，讲的是久安而乱，乱而后治。

（二）卦形之理

蛊卦卦形所隐含的哲理，是由《周易·蛊·彖传》揭示的。

《周易·蛊·彖传》："蛊，刚上而柔下，巽而止，蛊。'蛊，元亨'。而天下治也。'利涉大川'，往有事也。'先甲三日，后甲三日'，终则有始，天行也。"

何谓"刚上而柔下"？蛊卦内部结构分上下，艮卦在上，巽卦在下；艮为山，刚也；巽为风，柔也；刚山在上，柔风在下，如此即"刚上而柔下"也。

何谓"巽而止"？山刚风柔，山能够阻挡风，如此即"巽而止"。"巽而止"，风止于高山之下也。

蛊，本义是毒虫，寓意天下久安而生弊端。收拾弊端为治，乱而后治，天下重新安定，如此即"蛊，元亨，而天下治也"。

"先甲三日，后甲三日"何意也？这涉及天文历法，下面专题讨论。

"终则有始，天行也"何意也？这同样涉及天文历法，下面专题讨论。

三、 君子之理

诠释蛊卦卦象，以自然哲理论人理，《周易·蛊·象传》诠释出的人文哲理是："山下有风，蛊；君子以振民育德。"

艮为山，巽为风。蛊卦卦象的上下两分结构是：艮在上，巽为下，这是"山下有风"的所以然。"山下有风"是自然哲理，"振民育德"是人文哲理，人文哲理源于自然哲理。

"振民"与"育德"，首先是振民，然后是育德。

何谓振民？振民，振奋民心，振作民心也。

振民，必先知民。

民，天下中的位置如何？

民，与君王的关系如何？

这是必须弄清楚的两个问题：

民为天下之本，民为君王之天，这是源头文化对两个基本问题的解答。

请看以下五个论断。

其一，《尚书·五子之歌》："民惟邦本，本固邦宁。"

其二，《尚书·皋陶谟》："天聪明，自我民聪明。天明畏，自我民明威。"

其三，《荀子·大略》曰："天之生民，非为君也，天之立君，以为民也。"

其四，《国语·楚语》曰："民，天之生也。知天，必知民矣。"

其五，《汉书·郦食其列传》："王者以民为天，而民以食为天。"

《尚书·五子之歌》，《史记·夏本记》中有解释。五子，是夏启的儿子，大禹的孙子。因为太康内迷于酒色，外迷于游猎，误国误政，五子忧伤，以大禹的教导为基准批评太康，《五子之歌》的由来如此。在大禹时代，已经认识到了"民惟邦本"的道理。《五子之歌》一共有五首，"民惟邦本，本固邦宁"出于第一首。

第二个论断，是警戒君王的。这里谈话的主体是皋陶，对象是大禹。大禹为君，皋陶为臣。皋陶告诉大禹，上天与人民是一体的：天的耳目就是民的耳目，天的赏罚就是民的赏罚。天民一体，是真正的中华文化。天君一体，是变质的中华文化。

《荀子》按照源头的道理论君民关系，立君的目的不是为君，立君的目的是为民。君民关系如水如舟，君为舟而民为水，但水能载舟，亦能覆舟。"水能载舟，亦能覆舟"，这一至理名言源于《荀子》，唐太宗李世民引用了这一名言。

《国语》解释了天民关系：天民一体，知天即知民，知民即知天。

《汉书》明确指出，民为君之天。后来，出现"天地君亲师"的排列，这一排列是错误的，是文化变质的产物。正确的排列方式应该是"天地人亲师"或者是"天地民亲师"。

振民，先知民。民为君之天。

何谓育德？育德如何育？

以天德育人德！

自强不息之坐标，在行健之天。

大公无私之坐标，在无私之天。

诚信之坐标，在诚信之日月。

礼仪之坐标，在相互交合之天地。

人应该"以天为师"，这是《周易》的基本立场。

人应该"以天为师"，这是儒道两家的基本立场。

以天为师，《道德经·第二十五章》留下了"人法地，地法天，天法道，道法自然"的至理名言。

以天为师，《论语·泰伯》留下了"唯天为大，唯尧则之"的至理名言。

以天为师，《庄子·则阳》直接留下了"以天为师"的至理名言。

《史记·李斯列传》记载，提出"焚书"建议的李斯，同时又提出了"以吏为师"的建议。两项建议，均被秦始皇所采纳。从"以天为师"到"以吏为师"，这是一次重大的文化变质。

四、 为臣的原则

"不事王侯，高尚其事。"这是蛊卦上九爻的爻辞中出现的为臣原则。

为臣之原则，不是为侍奉王侯，而是为了高尚天下之事。

《礼记·表记》引入了"不事王侯，高尚其事"，这一论断是儒家从政的准则。在这一原则下，孔子又引申出了一条具体准则："君命顺，则臣有顺命；君命逆，则臣有逆命。"君之命顺天应人，则臣顺君之命；君之命逆天逆人，则臣逆君之命。

西汉之后，为臣原则变了：先有"以君为纲"之大纲，后有"君叫臣死，臣不死为不忠"之细则。

在"以君为纲"这里，"不事王侯，高尚其事"的大义凛然不见了，看到的是一幕幕愚忠之悲剧：在强敌面前是威风凛凛的英雄，在皇帝面前变成了任人宰割的绵羊，前有岳飞，后有袁崇焕。

五、"先甲三日， 后甲三日" 解

卦辞中出现"先甲三日，后甲三日"之论。应用天干，而没有解释天干的来源，这是《周易》的重大缺憾。

"甲乙丙丁"之"甲"，出于十天干。

在人类文化宝库中，唯有我中华先贤创造出了表达时间空间的天干地支。

天干有十：甲乙丙丁戊己庚辛壬癸。

地支十二：子丑寅卯辰巳午未申酉戌亥。

十天干的作者为谁？《吕氏春秋·勿躬》中的答案是："大桡作甲子。"

大桡，何时之先贤？为何由他做甲子？作甲子的目的是什么？《史记·历书·索引》中的答案是："黄帝使羲和占日，常仪占月，鬼区臾占星气，伶伦造律吕，大桡作甲子，隶首作算术，容成综六术而著调历。"这一论断告诉后人，大桡是黄帝时代的先贤；是黄帝指令其作甲子；作甲子的目的是表达天文历法。

甲子是如何表达天文历法的？彝族典籍《土鲁窦吉》中有答案：十天干是用来表达十月太阳历月序的。

十月太阳历分十个月：一月二月三月四月五月六月七月八月九月十月。十个月的月序，可以用十天干来表达：甲月乙月丙月丁月戊月己月庚月辛月壬月癸月。

十月太阳历的每个月分 36 天，36 天分三旬，一旬 12 天。一旬 12 天，用十二地支来表达：子日丑日寅日卯日辰日巳日午日未日申日酉日戌日亥日。

月，是太阳历中的时间单位。日，是太阳历中的时间单位。表达太阳历中的时间单位，是天干地支的原始意义。

太阳历有一个改革问题，十月太阳历改革为十二月太阳历。天干地支的作用，在十二月太阳历中发生了变化：以地支纪月，以天干纪日。

十二个月，依次为：子月丑月寅月卯月辰月巳月午月未月申月酉月戌月亥月。

十二月太阳历每月分三旬，一旬 10 天，用十天干来表达：甲日乙日丙日丁日戊日己日庚日辛日壬日癸日。

天干地支，源于十月太阳历。干支的意义，表达的是时间。时空一体，所以，干支既可以表达时间，也可以表达空间。地图上的子午线，界定的是空间。中午子夜，界定的是时间。

"先甲三日，后甲三日"以天干纪日，显然，这里的天文历法是太阳历。

甲日之前的三日，是辛日；甲日之后的三日，是丁日。"先甲三日，后甲三日"针对的是什么？卦辞并没有解释。

按天干顺序而论，先甲三日为辛日，后甲三日为丁日。从辛日经甲日到丁日，前后一共七天时间。这里表达的似乎是一个天文周期。

曾记否？《圣经·创世纪》中的上帝，创造天地万物一共用了六天时间，第七天是上帝的安息日。

"第七天"，这是中华文化与古希伯来文化共同关注的天数。

"第七天"，可能是一个循环的周期数。

"第七天"，可能是一个循环的转折数。

有研究者以日为月，以"先甲三日，后甲三日"为"先甲三月，后甲三月"，以此来解释太阳回归年寒暑二气亦即阴阳二气循环的规律性。前六个月为阳，后六个月为阴，转折点在第七个月。七日来复，实际上是七月来复。这种解释，符合太阳回归的规律。

六、"天行" 解

《周易·蛊·彖传》诠释"先甲三日，后甲三日"，落脚在"终则有始，天行也"这一论断上。

"终则有始"亦或"终而复始"一词，其根源在天文历法，在天体运动。请看以下几个论断。

《素问·阴阳应象大论》："天地之动静……终而复始。"

《素问·玉版论要》："八风四时之胜，终而复始。"

《灵枢·脉度》："气之不得无行也，如水之流，如日月之行不休……如环之无端，莫知其纪，终而复始。"

《礼记·乐记》："是故清明象天，广大象地，终始象四时。"

《庄子·秋水》："年不可举，时不可止；消息盈虚，终则有始。"

《鹖冠子·王鈇》："月信死信生，终则有始。"

《吕氏春秋·大乐》："天地车轮，终则复始。"

《淮南子·天文训》："斗杓为小岁，正月建寅，月从左行十二辰。咸池为太岁，二月建卯，月从右行四仲，终而复始。"

从以上论断可以看出，"终则有始"或"终而复始"是描述天文历法的专用词。

寒暑，终则有始，终而复始！

四时，终则有始，终而复始！

日影变化，终则有始，终而复始！

月亮圆缺，终则有始，终而复始！

天行，为圆周运动！

天行，为无限循环！

太阳回归年，终则有始，终而复始！

综上所述，可以得出这样一个结论："终则有始，天行也"这一论断描述的是太阳回归，描述的是月亮圆缺。总而言之，这一论断描述的是天文历法。

卦
十
九

临

（地泽）临：元亨，利贞。至于八月有凶。

彖曰：临，刚浸而长，说而顺，刚中而应。大亨以正，天之道也。"至于八月有凶"，消不久也。

象曰：泽上有地，临。君子以教思无穷，容保民无疆。

初九，咸临，贞吉。

象曰："咸临，贞吉"，志行正也。

九二，咸临，吉，无不利。

象曰："咸临，吉，无不利"，未顺命也。

六三，甘临，无攸利；既忧之，无咎。

象曰："甘临"，位不当也。"既忧之"，咎不长也。

六四，至临，无咎。

象曰："至临无咎"，位当也。

六五，知临，大君之宜，吉。

象曰："大君之宜"，行中之谓也。

上六，敦临，吉，无咎。

象曰："敦临之吉"，志在内也。

临卦，位于蛊卦之后，六十四卦的第十九卦。

《周易·序卦》："临者，大也。"

《尔雅》："临，视也。"

《说文解字》："临，监临也。"

《素问·五运行大论》："黄帝坐明堂，始正天纲，临观八极，考建五常。"

《国语·周语》："受职于王，以临其民。"

临，本义有居高临下俯视之义。

蛊卦讲乱后之治，临卦讲光临天下。

临卦解读，分卦象、卦理与人理三部分。

一、 卦象

临卦卦象，由先天八卦中的坤卦与兑卦重叠而成。坤卦在上，兑卦在下，所以有"坤上兑下"的诠释。坤，可以诠释为地；兑，可以诠释为泽；所以诠释临卦卦象，又有"地泽临"的诠释。

临卦卦象，六爻之中四阴在上，二阳在下，如此为君临天下之临卦。

临卦，在十二辟卦中，表达的是太阳历的六月。

二、 卦理

卦理的解读，分卦序与卦形两部分。

（一）卦序之理

临卦位于蛊卦之后，临卦与蛊卦之间有着相互联系的逻辑关系。《周易·序卦》对两卦之间的相互联系有如下解释："有事而后可大，故受之以临。临者，大也。"

蛊，乱后之治，治世治事。临，指弊端治理之后的光明。《周易·序卦》

将两卦联系起来解释，解释出了两卦之间的因果联系：乱而后治，治后一片光明。

《尚书·大禹谟》："临下以简，御众以宽。"

——临者，治也。以简约治民，以宽缓御众。

《尚书·五子之歌》："予临兆民，懔乎若朽索之驭六马，为人上者，奈何不敬？"

——临者，治也。我治理兆民，恐惧之心怀犹如用腐朽的绳子驾驭六匹烈马。

临，在君王这里，是治理天下的专用词。

（二）卦形之理

临卦形所隐含的哲理，是由《周易·临·彖传》揭示的。

《周易·临·彖传》："临，刚浸而长，说而顺，刚中而应。大亨以正，天之道也。'至于八月，有凶'，消不久也。"

阳爻为刚。下卦中的初九、九二两爻均为阳爻，阳爻在泽中，而且是二阳渐进，这里应该是"刚浸而长"的所以然。

兑为悦，坤为顺。这里应该是"说而顺"的所以然。

"刚中"，指的是兑卦中的九二爻。阳爻为刚，二爻为下卦中。阳爻居中，刚中也。"应"，指对应。六五为上卦之中，阴爻居于上卦之中。阴阳两爻上下呼应，这里应该是"刚中而应"的所以然。

《周易·说卦》诠释卦，诠释出两个八卦——先天八卦与后天八卦，在后天八卦中，坤卦表达立秋，兑卦表达秋分。卦象内的"刚中而应"，卦象外的节令相随相应，所有才会出现"大亨以正，天之道也"的诠释。卦，表达的是天文历法。天文历法，天道之定量也。研究卦象，有两个不能忘记：一是不能忘记卦内的天文历法，二是不能忘记卦外的天道变化。

秋分，太阳相交于中衡（赤道）。秋分在八月，八月是万物成熟之月。成熟，即枯荣之枯，即生死之死。站在八节的立场上，才能理解卦辞中的"八月有凶"。凶，并非指凶险之凶，而是指"原始反终"的生死之死。

兑卦表达秋分，秋分是万物的成熟点与喜悦点。请看《周易·说卦》的解读："兑，正秋也，万物之所说也。故曰：说言乎兑。"说，喜悦之悦也。

八月、二月，关乎万物的生死。请看《淮南子·天文训》的解读："八月、二月，阴阳气均，日夜分平，故曰刑德合门。德南则生，刑南则杀，故曰二月会而万物生，八月会而草木死。"

"八月会而草木死"，这里应该是"八月，有凶"的根本原因。

何谓"消不久也"？

消，是消息的简称。

何谓消？何谓息？《正义》："乾者阳，生为息；坤者阴，死为消。"

彝族文化解释消息，解释出了阴阳消长：阳盈为消，阴虚为息。

消息，关乎阴阳二气的消长与万物的生息。

万物有生死，生死可以归结为消息。

小草有枯荣，枯荣可以归结为消息。

八月深秋，这就是短短几个月的时间。秋后有冬，冬后有春。四时转换，周而复始。小草枯荣，周而复始。一种状态不可能保持恒久，这里就是"消不久也"的所以然。

三、 君子之理

诠释临卦卦象，以自然哲理论人理，《周易·临·象传》论出的人文哲理是："泽上有地，临。君子以教思无穷，容保民无疆。"

坤为地，兑为泽。临卦卦象的上下两分结构是：地在上，泽在下，这是"泽上有地"的所以然。"泽上有地"是自然哲理，"君子以教思无穷，容保民无疆"是人文哲理，人文哲理源于自然哲理。

何谓"教思无穷"？创造人文，是为了化育人。

启蒙之教，在卦象序列中位于第四位。序列中的位置，显示的是启蒙之教的重要性。

启蒙之教，关键在思路。

人何以成人？这里有一思。

人何以为人？这里有一思。

做人如何做？这里有一思。

做事如何做？这里有一思。

昼夜如何变？这里有一思。

寒暑如何变？这里有一思。

日影如何变？这里有一思。

月亮如何圆？这里有一思。

天有多高？这里有一思。

地有多远？这里有一思。

如何效天？这里有一思。

如何法地？这里有一思。

如何耕作？这里有一思。

如何捕鱼？这里有一思。

如何狩猎？这里有一思。

如何制器？这里有一思。

如何制乐？这里有一思。

如何养生？这里有一思。

如何医病？这里有一思。

……

仰观天文，俯察地理，伏羲氏创立八卦，这里有"一思"之榜样。

捕鱼狩猎，伏羲氏结绳为网，这里有"一思"之榜样。

神农氏尝百草，创立中药学，这里有"一思"之榜样。

创造耒耜，教民耕种，这里有"一思"之榜样。

黄帝请教岐伯，创立中医学，这里有"一思"之榜样。

陆地之行创造车，这里有"一思"之榜样。

江河之行创造舟，这里有"一思"之榜样。

度量衡之创造，这里有"一思"之榜样。

五弦琴之创造，这里有"一思"之榜样。

音律之创造，这里有"一思"之榜样。

启蒙之教，首先是思路之教。

启蒙之教，不仅仅是读书识字。

何谓"保民无疆"？人外有人，族外有族，这是中华先贤的基本认识。

族内有君子也有小人，族外有朋友也有贼寇，这也是中华先贤的基本认识。

培育君子，惩戒小人，这是族内的原则。

结交朋友，打击贼寇，这是族外的原则。

"弦木为弧，剡木为矢，弧矢之利，以威天下。"这是《周易·系辞下》所出现的御敌原则。这一原则是在黄帝名下出现的。

威，威风凛凛之威。天下，人文化育之范围也。有弧矢之利器，才有威风凛凛之天下。以人文化天下，以武器卫天下，这是黄帝时代的原则。

创造利器以保卫天下，这是黄帝的思路。修长城以阻挡敌人，这是秦始皇的思路。历史证明，黄帝的思路是正确的。以利器威慑贼寇，使贼寇不敢对"我之天下"有觊觎之心，这一原则也永远不会过时。

让人民过安宁的日子，让人民过太平日子。如此，即"保民无疆"也。

四、 两个需要讨论的基本问题

这两个基本问题一是"顺命"，一是"行中"。

（一）"顺命"解

"'咸临，吉无不利'，未顺命也。"这是《周易·临·象传》对九二爻爻辞的诠释。这里出现"顺命"一词。

"顺命"如何解？首先认识人，然后才能认识命，最终才能认识如何顺命。

先认识人。人由天地而生，这是中华文化的解释。请看以下五个论断。

《素问·宝命全形论》： "夫人生于地，悬命于天，天地合气，命之曰人。"

《礼记·礼运》："故人者，天地之心也，五行之端也。"

《管子·内业》："凡人之生也，天出其精，地出其形，合此以为人。"

《文子·九守》："重浊为地，精微为天，离而为四时，分而为阴阳，精气为人，粗气为虫，刚柔相成，万物乃生。"

《庄子·德充符》："道与之貌，天与之形，恶得不谓之人？"

五个论断，一个指向：人从天地中走来，人由天地而生。

再认识命。命，从何处来？请看以下两个论断。

《逸周书·命训解》："天生民而成大命。"

《庄子·德充符》："受命于地，唯松柏独也在冬夏青青；受命于天，唯舜独也正，幸能正生，以正众生。"

命，为何又会称为天命？

因为，命授于天，系于天。

再谈顺命。顺命，就是顺天。请看以下六个论断。

《逸周书·周月解》："顺天革命，改正朔。"

《逸周书·大明武解》："顺天行五官。"

《礼记·礼器》："礼也者，合于天时。"

《礼记·礼器》："故作大事，必顺天时。"

《管子·形势》："其功顺天者，天助之；其功逆天者，天违之。"

《管子·选阵》："不失天时，毋圹地利。"

六个论断，一个指向：顺天即顺天时。

正朔，正月初一也。正月，一年开始的第一月；朔，一月的第一天。正朔，是天文历法的代名词。朝代更替之后的第一件事就是"改正朔"。

五官，五行之官。周代以四时立官，黄帝时代以五行立官。

遵守寒暑之序，遵守四时之序，遵守八节之序，遵守十二月、二十四节气之序，都在顺天范畴之内。

"必顺天时"，才有礼仪之礼。

"必顺天时"，才有中医之医。

"必顺天时"，才有人文之文。

"必顺天时"，才有天命之命。

顺命，顺的是天文法则，首先顺的是太阳法则与月亮法则。

（二）"行中"解

"'大君之宜'，行中之谓也。"这是《周易·临·象传》对六五爻爻辞的诠释。这里出现"行中"一词。

爻辞中有"大君之宜"之说，《周易·临·象传》诠释此说，诠释出了"大君之宜，行中之谓也"的结论。

"行中"，须先弄懂何谓"中"？

八卦三爻，二爻为中。

六十四卦六爻，三四爻为中。

尚中，是《周易》的基本立场。"中""中正"，几十次出现在了《周易·易传》之中。

太阳历，春分秋分为中。

地球上，中衡（赤道）为中。

人文中，不偏不倚为中。

八卦中，二爻为中。

六十四卦中，三爻四爻为中。

请看以下关于"中"的论断。

《素问·五常政大论》："根于中者，命曰神机。"

《尚书·大禹谟》："人心惟危，道心惟微，惟精惟一，允执厥中。"

《礼记·中庸》："中也者，天下之大本也。和也者，天下之达道也。致中和，天地位焉，万物育焉。"

万物生于中，治天下执于中，君子之行循中庸，从自然哲理到人文哲理，形成"尚中"的人生哲学。

大君行中，遵循的是天道。

大君行中，行的是中道正道。

中庸之中，不偏不倚不私也。

八卦三爻之中，二爻为中，人道为中。

六十四卦六爻之中，三爻四爻为中，人道为中。

卦
二
十

观

原文

（风地）观：盥而不荐。有孚颙若。

彖曰：大观在上，顺而巽，中正以观天下，观。"盥而不荐，有孚颙若"，下观而化也。观天之神道，而四时不忒，圣人以神道设教，而天下服矣。

象曰：风行地上，观。先王以省方观民设教。

初六，童观，小人无咎，君子吝。

象曰："初六""童观"，"小人"道也。

六二，窥观，利女贞。

象曰："窥观""女贞"，亦可丑也。

六三，观我生，进退。

象曰："观我生进退"，未失道也。

六四，观国之光，利用宾于王。

象曰："观国之光"，尚宾也。

九五，观我生，君子无咎。

象曰："观我生"，观民也。

上九，观其生，君子无咎。

象曰："观其生"，志未平也。

观卦，位于临卦之后，六十四卦的第二十卦。

临卦讲光临天下，观卦讲教化天下。

《春秋左传·隐公五年》："常事曰视，非常曰观。"

看平常之事，称为视；看非常之事，称为观。这是《春秋左传》作出的两个界定。

观，有多重含义。

一指观察。请看下面四个论断。

《周易·系辞上》："仰以观于天文，俯以察于地理。"

《周易·系辞下》："仰则观象于天，俯则观法于地，观鸟兽之文与地之宜。"

《尚书·益稷》："予欲观古人之象，日月星辰……"

《礼记·王制》："以观民风……以观民之所好恶。"

一指观赏。请看下面两个论断。

《春秋左传·隐公五年》："五年，春，公观鱼于棠。"

《岳阳楼记》："予观夫巴陵胜状，在洞庭一湖。"

一指审视，诊断。请看下面两个论断。

《素问·阴阳应象大论》："按尺寸，观浮沉滑涩，而知病所生，以治无过，以诊则不失矣。"

《素问·移精变气论》："观死生，决嫌疑，欲知其要，如日月之光，可得闻乎？”

观卦解读，分卦象、卦理与人理三部分。

一、 卦象

观卦卦象，由先天八卦中的巽卦与坤卦重叠而成。巽卦在上，坤卦在下，所以有"巽上坤下"的诠释。巽，可以诠释为风；坤，可以诠释为地；所以诠释观卦卦象，《周易》有"风地观"的诠释。

观卦卦象，六爻之中四阴在下，二阳在上，如此为大观之观卦。

观卦，在十二辟卦中，表达的是太阳历的八月。

在后天八卦中，巽卦表达立夏，坤卦表达立秋。

四立：立春立夏立秋立冬。立夏、立秋，四立中的两立。知道巽卦、坤卦在太阳历中的节令意义，才能真正理解《周易·观·象传》中"观天之神道，而四时不忒"的真正含义。

二、 卦理

观卦卦理的解读，分卦序与卦形两部分。

（一）卦序之理

观卦位于临卦之后，两卦之间有着前因后果的联系，《周易·序卦》对两卦之间的相互联系有如下解释："物大然后可观，故受之以观。"

临，光临天下。观，巡视天下。《序卦》将两卦联系起来解释，解释出了两卦之间的前后联系：治理天下者，必须经常巡视天下。

（二）卦形之理

观卦卦形所隐含的哲理，是由《周易·观·象传》揭示的。

《周易·观·象传》："大观在上，顺而巽，中正以观天下，观。'盥而不荐，有孚颙（yong）若'，下观而化也。观天之神道，而四时不忒，圣人以神道设教，而天下服矣。"

观卦内部结构分上下，上卦为巽，下卦为坤。弄懂了卦象内部的上下结构，就会明白"顺而巽"的"为什么"。顺，是大地的特征。《周易·坤·文言》："坤其道顺乎？承天而时行。"顺之大地在下，巽风在上，这是观卦的上下结构。

"中正"为何？下卦二爻之位为中，上卦五爻之位为中；阴爻居于偶数之位为正，阳爻居于奇数之位为正。六二爻居中居正，九五爻居中居正，如此者"中正"也。九五位为君王之尊位，九五之尊，如此者"中正以观天下"也。

"盥而不荐，有孚颙（yong）若，下观而化也。观天之神道，而四时不忒，圣人以神道设教，而天下服矣。"这段话需要分段专题讨论，专题讨论在下面进行。

三、 君子之理

诠释观卦卦象，以自然哲理论人理，《周易·观·象传》论出的人文哲理是："风行地上，观。先王以省方观民设教。"

巽为风，坤为地。观卦卦象的上下两分结构是：巽卦在上，坤卦在下。如此者，"风行地上"也。"风行地上"是自然哲理，"先王以省方，观民设教"是人文哲理，人文哲理源于自然哲理。

何谓"省方"？省，巡视也；方，四方也，天下也。省方，巡视天下也。《尚书·舜典》记载了舜帝巡视四方的时间与范围：

二月东巡守，至于岱宗。

五月南巡守，至于南岳。

八月西巡守，至于西岳。

十有一月朔巡守，至于北岳。

二月、五月、八月、十一月，是巡视的时间；岱宗、南岳、西岳、北岳，是巡视的地点。岱宗，东岳泰山。四岳，第一次是在《舜典》中出现的。

"五载一巡守。"这是《尚书·舜典》出现的巡视原则。

东至于海，西至于流沙，教化至于四海。

这是《尚书·禹贡》记载的大禹治水所到达的范围。天下九州——冀州、兖州、青州、徐州、扬州、荆州、豫州、梁州、雍州，是大禹划分出来的。高山大川，是划分九州界限的依据。

《史记·五帝本纪》记载了黄帝、颛顼涉于四方的范围：

东至于海，西至于空桐，南至于江，北逐荤粥，这是黄帝巡视的四方。

北至于幽陵，南至于交阯，西至于流沙，东至于蟠木，这是黄帝之孙颛顼巡视的四方。

观卦中出现的"省方"二字，有着深刻而雄厚的历史背景。

何谓"观民设教"？这一问题与《周易·观·象传》中的"神道设教"在下面一起讨论。

四、"盥而不荐，有孚颙若"解

这八个字，讲的是祭祀。

"盥"，洗手。

《本义》："盥，将祭而洁手也。"

《纂言》："盥，洁手也。

洗手，是祭祀仪式中的第一道程序。

荐，进献礼品。

《正义》："荐者，谓既灌之后，陈荐笾豆之事。"

《本义》："荐，奉酒食以祭也。"

《礼记·王制》："大夫、士宗庙之祭，有田则祭，无田则荐。庶人春荐韭，夏荐麦，秋荐黍，冬荐稻。"

孚，诚信之信也。

《释文》："孚，信也"。

《经解》："孚，卵孚也……鸟之孚卵，皆如其期不失，故转训为信。"

颙，尊敬之敬也。

《本义》："颙然，尊敬之貌。"

《正义》："颙是严正之貌。"

"盥而不荐，有孚颙若"，有灌礼而无荐品，祭祀不在乎礼之厚，而在乎心之诚。

"盥而不荐，有孚颙若"，这八个字讲的是祭祀之态度。诚心，胜似礼品。

《论语·八佾》："祭如在，祭神如神在。子曰：'吾不与祭，如不祭。'"

我参与祭祀，祭神如神在；他人祭祀我没有参与，如同没有祭。孔夫子讲祭神，讲的也是心诚之态度。

五、"神道设教"与"观民设教"解

《周易·观·象传》诠释观卦，诠释出了"神道设教"；《周易·观·象

传》诠释观卦，诠释出了"观民设教"；两者之间有相通之处吗？

有！

"神道设教"与"观民设教"，所讲的实际上都是天文历法的教化。

神，也涉及天文历法吗？

是！

《周易》所讲的神，是妙生万物的自然神，而非会说话的人格神。

关于神生万物，《周易·说卦》有这样的界定："神也者，妙万物而为言者也。"

与这一界定紧紧相连的是，八卦在万物形成过程中的具体作用："动万物者，莫疾乎雷。挠万物者，莫疾乎风。燥万物者，莫熯乎火。说万物者，莫说乎泽。润万物者，莫润乎水。终万物始万物者，莫盛乎艮。"

在万物的演化过程中，一卦有一种作用，八卦有八种作用。

八卦循环一周，万物一个开始与终结的过程。

生万物者为神！

神之下是八卦，八卦表八节，神与八节之间是不是建立起了根本与具体的联系？！

神道，是不是关乎八节的历法？！

《逸周书》以四时论万物。《逸周书·周月》："万物春生、夏长、秋收、冬藏。天地之正，四时之极，不易之道。"四时循环一次，万物生长收藏循环一次。生万物者归结为道，道是不是关乎四时的历法？！

源头的中华先贤，没有一个不是天文历法的创造者。请看经典与先秦诸子中的论断。

《周髀算经·日月历法》："包牺神农，制作为历。"

《素问·五运行大论》："黄帝坐明堂，始正天纲，临观八极，考建五常。"

《山海经·大荒东经》记载了七座日月所出之山，《山海经·大荒西经》记载了七座日月所入之山。

《尚书·尧典》："历象日月星辰，敬授民时。"

《尚书·尧典》："期三百有六旬有六日，以闰月定四时，成岁。"

《管子·五行》："黄帝得蚩尤而明于天道……立五行以正天时……人与天调，然后天地之美生。"

《尸子》："伏羲始画八卦，别八节而化天下。"

《吕氏春秋·勿躬》："大桡作甲子，黔如作虏首，容成作历，羲和作占日，尚仪作占月，后益作占岁。"

《史记·历书》："盖黄帝考定星历，建立五行，起消息，正确闰余。"

温习这些论断，会认识这样一个"人文创造"与"人文教化"的过程：观测天文以制定历法，然后是以天文论人文，以人文进行教化，最终化出文明之天下。

"神道设教"与"观民设教"，两种说法一个意思，即：制定天文历法，以天文历法教化天下。

设教设在天文中，这是中华文化。

设教设在神文中，这是古希腊文化与古希伯来文化。

卦
二十一

噬嗑

（火雷）噬嗑：亨。利用狱。

彖曰：颐中有物，曰噬嗑。噬嗑而亨，刚柔分，动而明，雷电合而章。柔得中而上行，虽不当位，利用狱也。

象曰：雷电，噬嗑。先王以明罚敕法。

初九，屦校灭趾，无咎。

象曰："屦校灭趾"，不行也。

六二，噬肤灭鼻，无咎。

象曰："噬肤灭鼻"，乘刚也。

六三，噬腊肉遇毒，小吝，无咎。

象曰："遇毒"，位不当也。

九四，噬干肺，得金矢。利艰贞，吉。

象曰："利艰贞吉"，未光也。

六五，噬干肉得黄金。贞厉，无咎。

象曰："贞厉无咎"，得当也。

上九，何校灭耳，凶。

象曰："何校灭耳"，聪不明也。

噬嗑卦，位于观卦之后，六十四卦的第二十一卦。

《周易·序卦》："嗑者，合也。"

《周易·杂卦》："噬嗑，食也。"

观卦讲教化，噬嗑卦讲刑罚。

吃饭要咬要嚼，遇见硬东西要咬碎。

噬嗑卦以咬硬东西的形象比喻，来说明用刑罚除去害群之马。

噬嗑卦解读，分卦象、卦理与人理三部分。

一、 卦象

噬嗑卦卦象，由先天八卦中的离卦与震卦重叠而成。离卦在上，震卦在下，所以有"离上震下"的诠释。离，可以诠释为火；震，可以诠释为雷；所以诠释噬嗑卦卦象，又有"火雷噬嗑"的诠释。

二、 卦理

噬嗑卦卦理的解读，分卦序与卦形两部分。

（一）卦序之理

噬嗑卦位于观卦之后，两卦之间有着前因后果的联系，《周易·序卦》对两卦之间的相互联系有如下解释："可观而后有所合，故受之以噬嗑。嗑者，合也。"

观卦，讲教化；噬嗑卦，讲刑罚。《周易·序卦》将两卦联系起来解释，解释出了两卦之间的因果联系：一讲教化，二讲刑罚；讲教化时，无论如何不能忘记讲刑罚。

（二）卦形之理

噬嗑卦卦形所隐含的哲理，是由《周易·噬嗑·彖传》揭示的。

《周易·噬嗑·彖传》："颐中有物，曰噬嗑。噬嗑而亨，刚柔分，动而明，雷电合而章。柔得中而上行，虽不当位，利用狱也。"

颐，腮帮子也，口也。口中含物，这就是噬嗑卦之卦象。

噬嗑卦六爻分三阴三阳，阳刚阴柔，三阴三阳这里有"刚柔分"。

离为火，震为雷。火在上，雷在下；雷动而电明，这里有"雷电合而章"。

电，这一现代化名词，是在噬嗑卦中出现的。

阴阳相搏，会发出声，会产生光。

震耳欲聋之声为雷，光彩夺目之光为电。

雷与电，均为令人恐惧的自然现象。

雷电之合，肯定会击碎硬东西。

牙齿之合，肯定会咬碎硬东西。

犹如雷电之合、牙齿之合一样，刑罚肯定会除去害群之马。

阳刚阴柔。六二爻为阴爻，且居下卦之中；六五爻为阴爻，且居上卦之中，上下两卦的中位均为阴爻所居，这里有"柔得中而上行"。

阴居偶数之位为正，阳居奇数之位为正。噬嗑卦内部结构中上卦之中奇数五的位置上，出现的是阴爻。阴爻居于奇数之位，如此为"虽不当位"也。

"利用狱也"，治理天下一需要人文之教化，二需要牢狱之刑罚。

饮食之食，需要牙齿之合。

光明华章，需要雷电之合。

清平天下，需要教化与刑罚之合。

三、 君子之理

诠释噬嗑卦卦象，《周易·噬嗑·象传》以自然哲理论人理，论出的人文哲理是："雷电噬嗑；先王以明罚敕法。"

震为雷，离为电。噬嗑卦卦象的上下两分结构是：震在下，离在上。如此，即"雷电噬嗑"。

"雷电噬嗑"是自然哲理，"先王以明罚敕法"是人文哲理，人文哲理源于自然哲理。

何谓"雷电噬嗑"？声光电化，是现代科学的先河。声光电化中的电，是人工之电。卦象中的电，是自然之电。中华先贤从象征火的离卦中，认识自然之电。

震为雷，离为电。噬曰啮，嗑曰合，雷电曰噬嗑。"颐中有物，曰噬嗑。"颐，本义指腮，《周易·噬嗑·象传》指口。颐中有物，即口中有物。口，以人体之口论天体之口。人体之口，上下有牙。天体之口，上下有雷有电。口中之物，不容不咬，必须嚼碎。天下之害，必须除去。以口中之物，喻天下之害，噬嗑卦运用的"赋比兴"三法中的比喻之比。

六三爻辞中的"噬腊肉，遇毒"，九四辞中的"噬乾胏，得金矢"，六五辞中的"噬乾肉，得黄金"，全部讲的是正常饮食中遇到了异常。

腊肉，正常饮食也；乾胏（带骨头的肉），正常饮食也；乾肉，正常饮食也；毒，异常之物也；金矢，异常之物也；黄金，异常之物也；爻辞反复讲的是"正常中的异常"。饮食中遇见异常，马上除去就是了。卦象中的异常，为何出现卦辞中的"利用狱"呢？除去饮食中的异常之物，会运用监狱之狱吗？

显然不会！

爻辞中的异常，指的是天下中的异常。正常天下中的异常，即害群之马。

育人，用教化；除邪，用刑罚。

雷电，是严厉的。刑罚，应该是严肃的。

雷电噬嗑，威严之刑罚也。

雷电噬嗑，望之生畏之监狱也。

雷电，一有威严，二有光明。威严之刑罚，也应该是光明的。

"明罚敕法"解。罚与法，隐寓在噬嗑卦卦象之中。先王治理天下，一用罚，二用法。

先王，先在何时？先在黄帝时代。

治理天下之要，在于除去害群之马。

仿照雷电，中华大地上出现了治理天下所必需的刑罚。

四、"利用狱" 与种种刑罚

狱，起于何时？刑罚，起于何时？

先谈狱。皋陶，是传说中的"狱神"。

《尚书·舜典》中的皋陶，为舜帝的大臣。舜帝委任皋陶为士——狱官之长。

《论衡·是应》中有"皋陶治狱"一说。

"皋陶，蛮夷猾夏，寇贼奸宄。汝作士，五刑有服，五服三就。五流有宅，五宅三居。惟明克允！"

这段话在《史记·五帝本纪》中有相同的记载，只是"惟明克允"改为"维明能信"。四个字有差异，但意思一样：只有赏罚分明，人们才能信服。

再谈刑罚。刑罚起于皋陶吗？不是！舜典委任皋陶为狱官之长时，就谈到了"五刑"。这说明什么？这说明"五刑"是在皋陶之前出现的。

"五刑"最早是谁制定的？具体内容是什么？

五刑始于苗族！《尚书·吕刑》："苗民弗用灵，制以刑，惟作五虐之刑曰法。"这句话的意思是：苗民不遵守政令，用刑罚才能制服，以五种苦虐刑为法。灵，通令。《墨子·尚同》："苗民否用令，折则刑，唯作五杀之刑，曰法。"《墨子·尚同》中还有"譬之若有苗之以五刑然"之说。虽然用贬低的口气，但《吕刑》毕竟揭示了这样一个事实：五刑之法起源于苗民。苗民先贤为蚩尤，是蚩尤帮助黄帝制定了五行历，这是《管子·五行》的记载。"刑"与"法"这两个字，是在《尚书·吕刑》中第一次出现的。《尚书·吕刑》告诉后人，"刑"与"法"最早产生于"本族之外"的苗民。

五刑的具体内容为何？五刑为墨、劓、剕（刖）、宫、辟。

墨，在罪犯面部刺刻后涂以墨。

劓，割掉鼻子。

剕，断足。

宫，阉割生殖器。

辟，死刑。

宫刑，延续至司马迁。墨刑，一直延续至《水浒传》中的林冲与宋江。

五、 历法与法

法，源于天文历法。请看以下论断。

其一，《黄帝四经·经法·道法》："道生法。"

其二，《素问·诊要经终论》："春夏秋冬，各有所刺，法其所在。"

其三，《文子·上义》："夫法之所由生者，即应时而变。"

其四，《鹖冠子·度万》："法令者，四时之正。"

其五，《管子·四时》："不知四时，乃失国之基。"

《管子·七法》谈到法、数、度量衡、规矩方圆之根源时，出现这样一个结论："根天地之气，寒暑之和。"

在早期的中华大地上，天文历法是一切领域的立论基础。天文历法也是法律的立论基础，刑罚之五刑，应该与五行历相关。

人文的源头在天文，人文中应该包括法律之法。

卦二十二　贲

原　文

（山火）贲：亨。小利有攸往。

彖曰：贲，亨，柔来而文刚，故亨。分，刚上而文柔，故小利有攸往。刚柔交错，天文也。文明以止，人文也。观乎天文，以察时变；观乎人文，以化成天下。

象曰：山下有火，贲。君子以明庶政，无敢折狱。

初九，贲其趾，舍车而徒。

象曰："舍车而徒"，义弗乘也。

六二，贲其须。

象曰："贲其须"，与上兴也。

九三，贲如，濡如，永贞吉。

象曰："永贞之吉"，终莫之陵也。

六四，贲如，皤如，白马翰如。匪寇，婚媾。

象曰：六四，当位疑也。"匪寇婚媾"，终无尤也。

六五，贲于丘园，束帛戋戋，吝，终吉。

象曰："六五之吉"，有喜也。

上九，白贲，无咎。

象曰："白贲，无咎"，上得志也。

贲卦，位于噬嗑卦之后，六十四卦的第二十二卦。

《周易·序卦》："贲者，饰也。"

《周易·杂卦》："贲，无色也。"

《诗经·小雅·白驹》："贲然来思。"笺："贲，黄白色也。"

噬嗑卦讲刑罚，贲卦讲天文化人文，讲人文化天下。

贲，有四个音：bi（闭），fen（坟），fei（肥），ben（奔）。贲卦之贲，发音为闭，意思为文饰。

贲卦解读，分卦象、卦理与人理三部分。

一、 卦象

贲卦卦象，由先天八卦中的艮卦与离卦重叠而成。艮卦在上，离卦在下，所以有"艮上离下"的诠释。离，可以诠释为火；艮，可以诠释为山；所以诠释贲卦卦象，又有"山火贲"的诠释。

二、 卦理

贲卦卦理的解读，分卦序与卦形两部分。

（一）卦序之理

贲卦位于噬嗑卦之后，两卦之间有着前因后果的联系。《周易·序卦》

对两卦之间的相互联系有如下解释："物不可以苟合而已,故受之以贲。贲者,饰也。"

噬嗑卦,讲刑罚;贲卦讲人文教化。《周易·序卦》将两卦联系起来解释,解释出了两卦之间的因果联系:治理天下,刑罚只是辅助手段,最根本的还是以天文化人文,以人文化天下。

(二)卦形之理

贲卦卦形所隐含的哲理,是由《周易·贲·彖传》揭示的。

《周易·贲·彖传》:"贲,亨。柔来而文刚,故亨。分,刚上而文柔,故小利有攸往。刚柔交错,天文也。文明以止,人文也。观乎天文,以察时变;观乎人文,以化成天下。"

贲卦六爻三阴三阳,一三六为阳爻,二四五为阴爻。阴阳两爻位置交错,阳刚阴柔,所以有"刚柔交错"之诠释。

阳爻为刚。上九为阳爻,六四、六五两爻为阴爻,所以有"分刚上而文柔"之诠释。

阳刚阴柔。寒暑分阴阳,寒阴而暑阳;太阳回归年分一寒一暑,一寒一暑即一阴一阳;阳刚阴柔,寒往暑来,暑往寒来这里有一个"刚柔交错"。

阳刚阴柔。昼夜分阴阳,夜阴而昼阳;日往月来分一昼一夜,一昼一夜即一阴一阳;阳刚阴柔,昼往夜来,夜往昼来这里有一个"刚柔交错"。

以日影变化为坐标,中华先贤分出岁、月、日、时,这是"观乎天文,以察时变"的所以然。

人们能够利用节令自觉地播种,自觉地收获,这是"观乎人文,以化成天下"的所以然。

人们能够利用太阳历自觉地进行文化创造与艺术创造,这是"观乎人文,以化成天下"的所以然。

三、 君子之理

诠释贲卦卦象,以自然哲理论人理,《周易·贲·象传》论出的人文哲理是:"山下有火,贲。君子以明庶政,无敢折狱。"

艮为山,离为火。贲卦卦象的上下两分结构是:山在上,火在下。如此,即"山下有火"。

"山下有火"是自然哲理,"以明庶政,无敢折狱"是人文哲理,人文哲理源于自然哲理。

何谓"以明庶政"？离为火，火光明，以明论政。《周易·说卦》："离也者，明也，万物皆相见，南方之卦也；圣人南面而听天下，向明而治，盖取诸此也。"治理天下，政在向明。向明之政，为圣人之政。秦腔、豫剧、京剧的唱词中，称开明的皇帝为"有道明君"，称昏庸的皇帝为"无道昏君"。以明论政，始于《周易》。以明论政，始于离卦之明。

以明论政，明在何处？第一明在"公天下"。《礼记·礼运》："大道之行也，天下为公。"何谓公天下？《吕氏春秋·贵公》中的答案是："天下，非一人之天下也，天下之天下也。"公天下，产生在早期的中华大地上。《吕氏春秋·贵公》对此的诠释是："昔先圣王之治天下也，必先公。公则天下平矣。"

以明论政，第二明在君王的"无私之德"上。君王之德，应该是大公无私。《礼记·孔子闲居》中记载了孔子师徒的一段对话，提问者为子夏，回答者为孔子。子夏问孔子，先王之德，德配天地，那么究竟如何个配法？孔子回答："天无私覆，地无私载，日月无私照，奉斯三者以劳天下，此之谓三无私。"以大公无私的品德来治理天下。

以明论政，第三明在"选贤与能"上。公天下的第一标志是"选贤与能"。《礼记·礼运》："大道之行也，天下为公，选贤与能。"尧有子而传位于舜，舜有子而传位于禹。传贤不传子，这是圣人君王之明政。

"无敢折狱"解。有讼不要轻易讼，有狱不要轻易用，明政之政，核心在宽。一个"宽"字，是在舜帝教化方针中出现的。《尚书·舜典》："帝曰：'契，百姓不亲，五品不逊。汝作司徒，敬敷五教，在宽。'"

五品，父母兄弟子也。逊，和顺也。五教，父义母慈兄友弟恭子孝也。《春秋左传·文公十八年》："舜……使布五教于四方，父义，母慈，兄友，弟恭，子孝，内平外成。"舜任命契为司徒，主持五常之教的教化。教化的核心在宽容、宽厚、宽松之宽。

教化核心在宽，刑罚之狱的核心在明在平。前一卦噬嗑卦已经讲过，舜任命皋陶为狱官之长时，说了一大段话，最后结尾在"惟明克允"上。这四个字，在《史记·五帝本纪》变为"维明能信"。明，讲的是赏罚分明。允，讲的是公平公正。信，讲的是取信于人。

人命关天，刑罚不可滥用，牢狱不可滥用，必须慎之又慎，必须公正公平；这里，应该是"无敢折狱"之本义。

<h4>四、 为何"刚柔交错" 论天文</h4>

这个问题，此处有继续讨论之必要。

要弄懂这个问题，需要认清"何谓刚柔"。

《周易·系辞上》："刚柔相推而生变化。"这里"相推"的主体是刚柔。

《周易·系辞下》： "日往则月来，月往则日来，日月相推而明生焉。"这里"相推"的主体是日月。

《周易·系辞下》： "寒往则暑来，暑往则寒来，寒暑相推而岁成焉。"这里"相推"的主体是寒暑。

综合上面三个论断，日月可以论刚柔，寒暑可以论刚柔。

寒暑，由太阳本身所决定。《周髀算经》以冬至论寒，以夏至论暑。太阳可以论寒暑，寒暑可以论阴阳，阴阳可以论刚柔。这里的刚柔交错，是太阳回归循环决定的。

日可以论阳，月可以论阴。日月可以论阴阳，阴阳可以论刚柔。这里的刚柔交错，是日往月来决定的。

太阳是天文中的最基础的要素，太阳回归这里有一个"刚柔交错"。

月亮是天文中的最基础的要素，日往月来这里又有一个"刚柔交错"。

日月星辰之辰，《春秋左传·昭公七年》的解释是： "日月之会是谓辰。"日月之会，就是交错。日月交错，就是刚柔交错。

实际上，金木水火土五星，在理论上与实际中，都有机会与太阳相会相合；这里的相会相合，就是刚柔交错。

太阳、月亮、五星，都在天文范畴之内。知道日月五星的循环与交会，才会真正明白"刚柔交错，天文也"这句话。

<h4>五、 从天文到人文</h4>

这个问题，此处同样有继续讨论之必要。

"刚柔交错，天文也。文明以止，人文也。"在这一论断中，天文在前，人文在后。显然，天文与人文之间有着源流关系——天文为源，人文为流。

立竿测影，中华先贤从日影最长与最短这两个点里抽象出了一阴一阳。

一阴一阳，奠定了文字之前抽象符号：一阴一阳首先组成了书（洛书），之后依次组成了图（河图），组成了八卦。

一阴一阳，奠定了《周易》的基础。

一阴一阳，奠定了《黄帝内经》的基础。

一阴一阳，奠定了诸子百家的基础。

一阴一阳，奠定了数理化的基础。

一阴一阳，奠定了音律学的基础。

这里，仅举几例说明一阴一阳的基础性作用。

其一，算术的基础在阴阳。魏晋时期大数学家刘徽，在《九章算术·序》中说："观阴阳之割裂，总算术之根源。"刘徽认为，算术溯源应该追溯到阴阳这里。

其二，化学的基础在阴阳。《周易参同契》："物无阴阳，违天背元。牝鸡自卵，其雏不全。夫何故乎，配合未连。"全世界最早的人工化合物，全世界最早的分解与化合作用，是在《周易参同契》中出现的。化学的鼻祖，在中华大地上。这一论断，公鸡母鸡交配所产的卵，才会孵出小鸡。没有公鸡的作用，母鸡所产的卵，是不会孵出小鸡的。形象的比喻，是希望说明这样一个问题：阴阳两种元素才能够化合，同性元素是不能化合的。

《道德经·第四十二章》："万物负阴而抱阳。"门捷列夫化学元素周期表中的元素，哪一个不是阴阳两分结构，哪一个不是阴阳两种成分？

其三，物理学的基础在阴阳。中华大地上没有产生出现代物理学，但是实际上一流的物理学家皆崇拜阴阳。上篇中已有论及，此处不赘。

其四，围棋的基础在阴阳。围棋的棋子仅有两种颜色：一黑一白。一黑一白，法的是一阴一阳。《围棋十三经·棋局篇》："棋三百六十，白黑相伴，以法阴阳。"阴阳之理，演化出了棋理。

一阴一阳，在诸子百家中是论证问题的依据。

知道这些，才能认识从天文到人文的转化。知道这些，才能真正理解"刚柔交错，天文也。文明以止，人文也"这句话。

人文讲文明，这一哲理是在贲卦中出现的。

六、 以天时化天下

"观乎天文，以察时变；观乎人文，以化成天下。"从天文到人文的转化，第一落脚点是"以察时变"，这是《周易·贲·彖传》诠释贲卦的结论。

在远古时期的中华大地上，第一个天文观测者是谁？

伏羲氏！

这是《周易》与《周髀算经》中的共同答案。

观测天文的成果为何？

创立了八卦！

八卦表达的是什么？

表达的是八节：立春立夏立秋立冬，冬至夏至春分秋分。

八节的功能为何？

化出文明之天下！《尸子》："伏羲始画八卦，别八节而化天下。"

八节何以能够化天下？

八节，能够解答"民以食为天"这一根本问题。

八节，能够指导农民"何时种植，何时收获"。

八节，能够指导渔民"何时捕鱼，何时休渔"。

八节，能够指导山民"何时狩猎，何时伐树"。

八节，能够指导牧民"何时放牧，何时休牧"。

八节，能够指导人民"如何养生，如何防病"。

八节，辨别出了八风。八节，抽象出了八音。

八节，是太阳回归年细分一分为八的结果。

八节之中含四时，四时这里已经奠定了中华文化与中医文化的基础。

从天文到人文，"以察时变"是第一步。

以天时化人时，这是中华先贤向文明跨出的根本性的一步。

中华文明，是从农业文明开始的。

没有"以察时变"，会出现农业文明吗？

卦二十三 剥

原 文

（山地）剥：不利有攸往。

彖曰：剥，剥也。柔变刚也。"不利有攸往"，小人长也。顺而止之，观象也。君子尚消息盈虚，天行也。

象曰：山附于地，剥。上以厚下安宅。

初六，剥床以足，蔑贞，凶。

象曰："剥床以足"，以灭下也。

六二，剥床以辨，蔑贞凶。

象曰："剥床以辨"，未有与也。

六三，剥之，无咎。

象曰："剥之，无咎"，失上下也。

六四，剥床以肤，凶。

象曰："剥床以肤"，切近灾也。

六五，贯鱼以宫人宠，无不利。

象曰："以宫人宠"，终无尤也。

上九，硕果不食，君子得舆，小人剥庐。

象曰："君子得舆"，民所载也。"小人剥庐"，终不可用也。

解 读

剥卦，位于贲卦之后，六十四卦的第二十三卦。

《周易·序卦》："剥者，剥也。"

《周易·杂卦》："剥，烂也。"

《广雅》："剥，离也。"

贲讲以天文化人文之原则，剥卦讲盈虚消息的细化。

剥卦解读，分卦象、卦理与人理三部分。

一、 卦象

剥卦卦象，由先天八卦中的艮卦与坤卦重叠而成。艮卦在上，坤卦在下，所以有"艮上坤下"的诠释。艮，可以诠释为山；坤，可以诠释为地；所以诠释剥卦卦象，又有"山地剥"的诠释。

二、 卦理

剥卦卦理的解读，分卦序与卦形两部分。

（一）卦序之理

剥卦位于贲卦之后，两卦之间有着前因后果的联系。《周易·序卦》对两卦之间的相互联系有如下解释：

"致饰然后亨则尽矣，故受之以剥。剥者，剥也。"

一种状态不可能持久永恒，一种状态会变化为新的另一种状态。贲卦与剥卦的转换，就是这样。

贲卦，讲天文与人文的转化；剥卦，讲阴阳二气的转化。《周易·序卦》将两卦联系起来解释，解释出了两卦之间的因果联系：以人文化天下，必须明白阴阳二气的盈虚转化。

（二）卦形之理

剥卦卦形所隐含的哲理，是由《周易·剥·象传》揭示的。

《周易·剥·象传》："剥，剥也。柔变刚也。'不利有攸往'，小人长也。顺而止之，观象也。君子尚消息盈虚，天行也。"

剥卦六爻，一二三四五为阴爻，仅仅上九一爻为阳爻。由下而上，阴爻五，阳爻一，阳刚即将全部被阴柔所变。五阴在下，一阳在上，阴长阳而消也，如此者"柔变刚也"。

阴盛阳衰，这是《周易·剥·象传》作者忌讳的局面。以阴爻喻小人，所以有"不利有攸往，小人长也"的诠释。

《周易·坤·文言》："坤其道顺乎？"

《周易·说卦》："艮以止之。"

《周易·系辞上》："圣人设卦观象。"

明白了以上三个论断，"顺而止之，观象也"之谜就有清晰谜底了。

"消息盈虚"与"天行"之间的关系，需要专门讨论。这里需要认识的是：剥卦是讲变化的。

变化，是阴阳二气的变化。

变化，是由下而上的变化。

变化，是阴盛阳衰的变化。

剥卦之剥，剥在阴取代阳的变化上。

一阳将尽，时令为霜降之九月。

三、 君子之理

诠释剥卦卦象，以自然哲理论人理，《周易·剥·象传》论出的人文哲理是："山附于地，剥；上以厚下安宅。"

艮为山，坤为地。剥卦卦象的上下两分结构是：山在上，地在下。如此，即"山附地上"。

"山附地上"是自然哲理，"上以厚下安宅"是人文哲理，人文哲理源于自然哲理。

何谓"上以厚下"？高山在上，大地在下；高山依附于大地，地厚山才能稳固，这是自然哲理。

民为大地，君为高山；民为邦本，本固才能邦宁，这是人文哲理。

水能载舟，亦能覆舟。大地能托起高山，一旦大地剥落而坍塌，山还能存在吗？

剥卦以大地与高山的关系而论，论出了上下关系。上依附于下，没有下如何有上？换言之，坍塌了下，上焉能存在吗？

《荀子·大略》："天之生民，非为君也，天之立君，以为民也。"立君，其目的不是为君而是为民。为上者一定要明白这一基本哲理，在上者要想安稳安泰，必须厚待于下。

四、"盈虚消息" 为何能够论"天行"

"盈虚消息"，实际上是两个问题。

盈虚之盈，对月亮而言，指的是月圆；对太阳而言，指的是日到中天。盈虚之虚，对月亮而言，指的是月亮亏缺；对太阳而言，指的是夕阳西下。盈虚，指的是太阳回归与月亮循环所产生的两种自然状态。消息之消，指的是消亡；消息之息，指的是生息。消息，指的是阴阳二气的循环变化与万物的生死循环。

先谈盈虚。太阳回归有寒暑之变，月亮循环有圆缺之变。盈虚，其发源地有二：第一发源地在太阳；第二发源地在月亮。太阳历的寒暑可以论盈虚，暑盈而寒虚。月亮可以论盈虚，圆盈而缺虚。请看以下几个论断。

其一，《素问·八正神明论》："凡刺之法，必候日月星辰，四时八正之气，气定乃刺之。是故天温日明，则人血淖液而卫气浮，故血易泻，气易行；天寒日阴，则人血凝泣而卫气沉。"

针刺之术，是中华先贤所创造的瑰宝。

针刺，首先必须合于太阳法则。太阳法则最为关键的是"天温"与"天寒"两极。天温，气血是一种状态。天寒，气血是一种状态。两种状态，两种刺法。"天温"与"天寒"两极，实际上是寒暑两极。寒暑论盈虚，暑盈而寒虚。

其二，《素问·八正神明论》："月郭满，则血气实，肌肉坚；月郭空，则肌肉减，经络虚。"

针刺，第二必须合于月亮法则。月亮法则最为关键的是"月郭满"与"月郭空"两极。月亮论盈虚，圆盈而缺虚。

其三，《素问·八正神明论》："是以天寒无刺，天温无疑。月生无泻，月满无补，月郭空无治，是谓得时而调之。"

天寒之时，不要实施针刺；天温之时，针刺不要迟疑。月牙刚刚升起之时，针刺不要用泻法；月圆之时针刺不要用补法。

为什么？

因为人体中的气血，随气候寒热而变化，随月亮圆缺而变化。针刺之法，也要随着气候的变化而变化，也要随着月亮圆缺的变化而变化。

天气热气血实，天气寒气血虚，所以，天气寒不用针刺，天气热针刺莫迟疑。

月圆气血实，月缺气血虚，所以，月缺之时针刺不用泻法，月圆之时针刺不用补法。

"因天之序，盛虚之时"，这是《素问·八正神明论》对如此针刺之法的归纳。

此处应该记住的是：《黄帝内经》论盈虚，一可以以寒暑而论，二可以以月亮圆缺而论。

其四，《礼记·礼运》："故天秉阳，垂日星；地秉阴；窍于山川；播五行于四时，和而后月生也，是以三五而盈，三五而阙。"

这段话的意思是：天秉阳气，形成的是日月星辰；地秉阴气，形成的是大地山川；将五行吻合于四时之中，太阳历与太阴历融合形成朔望月，朔望月三五一十五天月亮圆，又三五一十五天月亮阙。

此处应该记住的是：《礼记》论盈阙（虚），是以月亮圆缺而论的。

其五，《吕氏春秋·精通》："月也者，群阴之本也。月望则蚌蛤实，群阴盈；月晦则蚌蛤虚，群阴亏。"

《吕氏春秋》论盈虚，是以月亮圆缺而论的。

盈虚之论，本源在日月，首先在太阳。

再谈消息。何谓消息？换言之，消息的根源在何处？请看下面四个论断。

其一，《周易·丰·象传》："日中则昃，月盈则食，天地盈虚，与时消息。"

日中，即中午。中午，日在正南方，子午线的午位。中午之时，太阳开始西移。这就是"日中则昃"。

月盈，即月圆。朔望月的十五，月亮正圆。月亮正圆之后，开始变化为缺。这就是"月盈则食"。

丰卦，是以"日中则昃，月盈则食"论"天地盈虚"的。日月盈虚之后，紧随的是"与时消息"。

这里的"与时消息"，指的应该是随着寒暑四时的变化阴阳二气的一盛一衰与万物的一生一死。

消息，指的是气之盛衰与物之生死。

气之沉浮、升降，物之枯荣、兴衰都在消息的范畴之内。

其二，《庄子·秋水》："道无终始，物有死生……消息盈虚，终则有始。"

道是圆周运动之道，道是无限循环之道，这就是"道无终始"。万物有生有死，有死有生，这就是"物有死生"。一阴一阳之谓道。

庄子此处所论的"消息盈虚"，关乎道之一阴一阳，关乎万物一死一生。

其三，《庄子·田子方》："消息满虚，一晦一明，日改月化，日有所为，而莫见其功。生有所乎萌，死有所乎归，始终相反乎无端而莫知乎其所穷。"

昼夜，一晦一明，其决定因素在日月。生萌死归，其决定因素在两至（冬至夏至）。

庄子这里所论的"消息盈虚"，关乎太阳回归年的起点与转折点，关乎日往月来的无限循环。

其四，《史记·历书》："昔黄帝考定星历，建立五行，起消息，正闰余，于是有天地神祇物类之官，是谓五官。各司其序，不相乱也。"

这段话的意思是：黄帝时考察星度，制定历法，建立了五行序列，确立起阴阳死生消长的规律，用闰月的方法调整太阳回归年时间的精度，于是有了分管天地神祇和其他物类的官员，称为五官。各自掌管自己的一套，不相杂乱。

星宿，是黄帝时代观测的对象。制历，是观测天文的落脚点。五行历，是黄帝时代制定出的五季太阳历。五行太阳历，最关键的两个点是冬至夏至。冬至夏至所界定出来的阴阳转换，关乎着万物的生死。

《史记》告诉后人，"起消息"是黄帝所关注、所重视的问题。

再谈天行。何谓天行？日月之行，天行也。

太阳之行，两个基本点是冬至夏至，四个基本点是冬至夏至、春分秋分。两个基本点决定着气之升降，四个基本点决定着气之升降出入。升降出入，决定着万物的生长收藏。

日月之行，形成昼夜。昼夜，决定着万物的动静。

明白这些，才能真正明白"君子尚消息盈虚，天行也"这一论断。

五、 解剖之剥

剥卦爻辞中出现"剥床以足""剥床以辨""剥床以肤""贯鱼""剥庐"。

床，《帛书周易》中曰"臧"。

臧，人也。《墨子·小取》："臧，人也。爱臧，爱人也。"

臧，罪犯、地位低下的奴仆也。《国语·鲁语上》："毁则者为贼，掩贼者为臧，窃宝者为宄，用宄之财者为奸。"《方言》："臧、甬、侮、获，奴婢贱称也。"

"剥床以足"与"剥床以辨"，应该是刑罚中的两种刑罚。司马迁《报任安书》："孙子膑脚，兵法修列。"

足，脚也。辨，膝盖也。《音义》："辨，足上也。""剥床以足"与"剥床以辨"，应该是对盗贼刖足、膑脚两种刑罚。

"剥床以肤"，解剖皮肤也。可能是对死去的战俘的解剖。

"贯鱼"，是烹鱼之前的解剖。

"剥庐"，是对植物的剥离。

"解剖"一词，是在《黄帝内经》中出现的。《灵枢·经水第十二》："若夫八尺之士，皮肉在此，外可度量切循而得之，其死可解剖而视之，其脏之坚脆，府之大小，谷之多少，脉之长短，血之清浊，气之多少。"

剥卦之剥，有天文与人文两重意义：天文意义，指的是阴阳二气的转换；人文意义，指的是刑罚与解剖手术。

卦二十四 复

原文

（地雷）复：亨。出入无疾。朋来无咎。反复其道，七日来复，利有攸往。

彖曰："复，亨"。刚反动而以顺行。是以"出入无疾，朋来无咎"。"反复其道，七日来复"，天行也。"利有攸往"，刚长也。复，其见天地之心乎。

象曰：雷在地中，复。先王以至日闭关，商旅不行，后不省方。

初九，不远复，无祗悔，元吉。

象曰："不远之复"，以修身也。

六二，休复，吉。

象曰："休复之吉"，以下仁也。

六三，频复，厉，无咎。

象曰："频复之厉"，义无咎也。

六四，中行独复。

象曰："中行独复"，以从道也。

六五，敦复，无悔。

象曰："敦复无悔"，中以自考也。

上六，迷复，凶，有灾眚。用行师，终有大败，以其国君凶，至于十年不克征。

象曰："迷复之凶"，反君道也。

复卦，位于剥卦之后，六十四卦的第二十四卦。

《周易·杂卦》："复，反也。"

《尔雅·释言》："复，返也。"

复卦讲气之循环往复。

复卦解读，分卦象、卦理与人理三部分。

一、卦象

复卦卦象，由先天八卦中的坤卦与震卦重叠而成。震卦在下，坤卦在上，所以有"坤上震下"的诠释。坤，可以诠释为地；震，可以诠释为雷；所以诠释复卦卦象，又有"地雷复"的诠释。

复卦卦象，六爻之中五阴在上，一阳在下，如此为一阳来复之复卦。

复卦，在十二辟卦中，表达的是太阳历的十一月。

二、卦理

复卦卦理的解读，分卦序与卦形两部分。

（一）卦序之理

复卦位于剥卦之后，两卦之间有着前因后果的联系。对两卦之间的相互联系，《周易·序卦》有如下解释："物不可以终尽剥，穷上反下，故受之以复。"

剥卦，讲阴盛阳衰的变化；复卦讲阴尽阳来的变化。《周易·序卦》将两卦联系起来解释，解释出了两卦之间的因果联系：阴阳二气，变化在阳尽阴来、阴尽阳来的两极之间。

（二）卦形之理

复卦卦形所隐含的哲理，是由《周易·复·象传》揭示的。

《周易·复·象传》："'复，亨'。刚反动而以顺行。是以'出入无疾，朋来无咎'。'反复其道，七日来复'，天行也。'利有攸往'，刚长也。复，其见天地之心乎。"

之前，剥卦的变化是"柔变刚"。

在此，复卦的变化是"刚长也"。

从阴阳两爻的数量上看，剥、复两卦完全相等，均为五阴一阳。

从阴阳两爻摆布位置上看，剥、复两卦完全相反：剥卦五阴在下，一阳在上；复卦一阳在下，五阴在上。

变化是由下而上的变化，一阳在下即一阳来复，阳气一步步会取代阴气。阴柔会被阳刚所取代。"刚长也"的所以然就在这里。

剥卦，阳爻出现在最上的位置上；复卦，阳爻重新返回第一爻的位置上；如此，即"刚反动"。

卦象外阴阳二气的变化，其变化规律是由下而上的变化。卦象内阴阳两爻的变化，其变化规律是由下而上的变化。认识到了这一点，加上上述内容，就会明白"刚反动而以顺行"的所以然。

一阳来复，在太阳历中的太阳回归年的起点，是阴极生阳的转换点，是二十四节气中的第一节（冬至），所以这里的人文哲理出现的是"是以出入无疾，朋来无咎"。朋，可以理解为大明之明。大明，太阳也。

"利有攸往，刚长也。"所谓"刚长"，就是一阳初生。这里是正常的寒暑转换，这里是正常的阴阳转换，所以有"利有攸往，刚长也"的诠释。

"反复其道，七日来复，天行也。"这一论断，下面会有专题讨论。

"复，其见天地之心乎。"这一论断，下面会有专题讨论。

三、 君子之理

诠释复卦卦象，以自然哲理论人理，《周易·复·象传》论出的人文哲理是："雷在地中，复。先王以至日闭关，商旅不行，后不省方。"

震为雷，坤为地。复卦卦象的上下两分结构是：地在上，雷在下。如此，即"雷在地中"。

"雷在地中"是自然界的异常，"至日闭关，商旅不行，后不省方"是人文之安排，如此安排力图回避的是自然界的异常。

复卦谈雷，是异常之雷。"闭关"之政令，也是异常气候下的异常之令。

雷声有严格的规定性。雷声何时响，雷声何时消失，在节令中是有严格规定性的。

春分有雷声，秋分雷销声，这是雷声在二十四节气中的严格规定性。请看以下几个论断。

《逸周书·时训》："春分之日，玄鸟至。又五日，雷乃发声。"

《逸周书·时训》："秋分之日，雷始收声。"

《礼记·月令》："仲春之月……日夜分，雷乃发声，始电。"

《礼记·月令》："仲秋之月……日夜分，雷始收声。"

《吕氏春秋·十二纪》："仲春之月……日夜分，雷乃发声，始电。"

《吕氏春秋·十二纪》："仲秋之月……日夜分，雷乃始收声。"

雷声始于春分，终于秋分，这是正常。

冬至的雷声，属于异常。

"冬至有雷声，十个牛栏九个空。"这是湖南的民谣。冬至的雷声，会伤及耕牛。

冬至所在的这一月，正常的安排，《礼记》与《吕氏春秋》的共同记载是：

"易关市，来商旅，纳货贿，以便民事，四方来集，远乡皆至，则财不匮。"

为何"至日闭关"，禁止商旅，君王本身也不出巡？因为时令出现异常。

二月东巡，五月南巡，八月西巡，十一月北巡，五载一巡守。《尚书·舜典》如此记载了舜时代的巡视制度。十一月，恰恰是冬至所在之月。

时令正常，冬至时节君王应该北巡。

时令正常，应该开关通商。

时令非常，才会有"至日闭关，商旅不行，后不省方"的非常政令。

"后不省方"之"后"，指的是君王。

《尔雅》："后者，君也。"

《书·舜典》："班瑞于群后。"

《诗经·周颂·时迈》："允王维后。"

《国语·周语》："昔我先世后稷。"

《春秋左传·文公二年》："皇皇后帝。"

省，指的是巡视。

方，指的是四方。

省方，指的是巡视四方。

冬至出现异常的雷声，君王就停止四方的巡视。

后，还可以指帝王的妻子。《礼记·曲礼》："天子之妃曰后。"

省方之后，不是帝王的妻子，而是帝王本身。

四、"反复其道，七日来复"简论

"反复其道，七日来复"这一论断，首先是在卦辞中出现的。

《周易·复·彖传》诠释这一论断，落脚在"天行"上。《周易·复·彖传》完整的句子是："反复其道，七日来复，天行也。"

复、反复，是《周易》中一个最为重要的基本观点。

复、反复，这是中华先贤对寒暑往来（太阳回归）的基本把握，这是中华先贤对日月往来的基本把握，这是中华先贤对阴阳二气运动的基本把握，这是中华先贤对天体运动的基本把握。

小畜卦初九爻辞中第一次出现关于"复"的论断——"复自道"。

泰卦九三爻辞中第二次出现关于"复"的论断——"无往不复"。

复卦卦辞中第三次出现关于"复"的论断——"反复其道，七日来复"。

书中的道理在书外，人文的道理在天文！

要想弄懂弄通"反复其道，七日来复"这一论断，必须弄懂弄通太阳回归的周期与日月转换的时间定量。

道，为何是七日来复？日影长短两极的循环，中华先贤确定了太阳的回归。太阳回归的周期性规律，中华先贤在平面上画出了一张"七衡六间"平面图。七衡，七个圆。六间，六个空间。七衡界定出了六个空间表达的是什么呢？表达的是太阳回归循环的周期性规律。

七衡中的内衡，是夏至日的太阳轨道。

七衡中的外衡，是冬至日的太阳轨道。

从冬至到夏至，太阳从南出发的南来要经过六间，此处的六间实际上是前半年的六个月。

从夏至到冬至，太阳从北出发的北往要经过六间，此处的六间是后半年的六个月。

太阳回归的起始点，在冬至点上。

太阳回归的转换点，在夏至点上。

太阳回归的转换线，在第七衡上。

太阳回归的转换月，在第七个月。

太阳回归，七月来复。

日月往来，形成十二时辰的昼夜。

昼六个时辰，夜六个时辰，转换点在第七个时辰上。

昼夜转换，七时来复。

昼夜可以论道吗？

可以！

《尸子》："昼动而夜息，天之道也。"

太阳回归，回归点在第七衡。

昼夜转换，转换点在第七个时辰。

"七日来复"，应该是太阳回归与昼夜转换的七个步骤。

太阳回归可以论道，昼动夜静可以论道，道之动"七步来复"也。

五、"不远复" 简论

"不远复"这一重要观点，是在复卦初九爻辞中出现的。

复，反复，循环往复，认识天体运动，认识太阳回归，认识月亮圆缺，中华先贤得出了如此结论。

复，反复，循环往复，在人文中归结为道的运动。

道之动，为反之动。先请看老子在《道德经·第四十章》中的描述：

"反者，道之动。"

反，有一定的极限。《道德经·第二十五章》："大曰逝，逝曰远，远曰反。"

老子在两个论断中告诉后人，道之动为反之动，反动有一定的极限。用老子的话说是"远曰反"，用《周易》中的话说是"不远而反"。

昼夜转换，不远而反。

寒暑转换，不远而反。

四时转换，不远而反。

日影转换，不远而反。

昼夜可以论道，寒暑可以论道，四时可以论道，日影可以论道，道之动是不是反之动？道之动是不是不远而反？

不远复，在自然界可以解释太阳回归。

不远复，在自然界可以解释月亮圆缺。

不远复，在人文可以解释在错误的道路上不远而返。

六、"复，其见天地之心乎"简论

复，前面已有解释；这里，重点解释的是何谓"天地之心"。

人，可以解释为天地之心。请看孔夫子在《礼记·礼运》中留下的一个论断："故人者，天地之心也，五行之端也。"

《周易·复·象传》中的"天地之心"，应该指的是冬至点。

为什么这样说？

这是因为夏至点明确被《周礼》界定为"地中"点。

《周礼·地官·大司徒》："日至之景，尺有五寸，谓之地中。"

夏至是太阳回归年的转折点，冬至是太阳回归年的起始点，两个点具有对称性，夏至论地中，冬至应该论天心。

冬至，被《后汉书》界定为"天度之端"。《后汉书·律历》："日影长则日远，天度之端也。日发其端，周而成岁。"

邵雍《伊川击壤集》中的一首《冬至吟》，在这首诗里，冬至点被称为"天心"："冬至子之半，天心无改移。一阳初动处，万物未生时。玄酒味方淡，大音声正希。此言如不信，更请问庖羲。"

卦二十五 无妄

原文

（天雷）无妄：元亨，利贞。其匪正有眚，不利有攸往。

彖曰：无妄，刚自外来而为主于内，动而健，刚中而应。大亨以正，天之命也。"其匪正有眚，不利有攸往"，无妄之往何之矣？天命不佑，行矣哉！

象曰：天下雷行，物与无妄。先王以茂对时，育万物。

初九，无妄，往吉。

象曰：无妄之往，得志也。

六二，不耕获，不菑畬，则利有攸往。

象曰："不耕获"，未富也。

六三，无妄之灾，或系之牛，行人之得，邑人之灾。

象曰：行人得牛，邑人灾也。

九四，可贞，无咎。

象曰："可贞，无咎"，固有之也。

九五，无妄之疾，勿药有喜。

象曰："无妄之药"，不可试也。

上九，无妄，行有眚，无攸利。

象曰："无妄之行"，穷之灾也。

———————⟨解⟩⟨读⟩———————

无妄卦，位于复卦之后，六十四卦的第二十五卦。

《周易·杂卦》："无妄，灾也。"

《说文解字》："妄，乱也。"

妄，为贬义词。妄想，妄图，狂妄；妄自尊大，痴心妄想，轻举妄动，胆大妄为。妄，有胡乱，荒诞之义。

无妄，有多重含义：真实，必然，意外。

《庄子·在宥》："游者鞅掌，以观无妄。"——游玩时自然而不拘礼，以观看万物之真相。无妄，真相也。

《管子·宙合》："奚谓当？本乎无妄之治，运乎无方之事，应变不失之谓当。"——何谓用之得当呢？将"应该如此"的必然法则，运用到各类事物上去，变化而不失误就叫得当。无妄，应该如此之必然也。

《战国策·楚策四》："世有无妄之福，又有无妄之祸。"——世间有意外的洪福，也有意外的奇祸。无妄，意外也。

复卦讲气之循环，无妄卦讲"应该如此"之必然。

无妄卦解读，分卦象、卦理与人理三部分。

一、 卦象

无妄卦卦象，由先天八卦中的乾卦与震卦重叠而成。乾卦在上，震卦在下，所以有"乾上震下"的诠释。乾，可以诠释为天；震，可以诠释为雷；所以诠释无妄卦卦象，又有"天雷无妄"的诠释。

乾为天，震为雷。天在上，雷在下，实属正常，所以出现"元亨利贞"四字皆吉的卦辞。伟大、亨通，祥和、坚贞四德，一应俱全。

二、 卦理

无妄卦卦理的解读，分卦序与卦形两部分。

（一）卦序之理

无妄卦位于复卦之后，两卦之间有着前因后果的联系。对两卦之间的相互联系，《周易·序卦》有如下解释："复则不妄矣，故受之以无妄。"

复卦，讲一阳来复的正常变化；无妄卦，讲正常变化下的"应该如此"的逻辑。

妄，指虚妄之妄。无妄，指遵循天道之诚实。

《周易·序卦》将两卦联系起来解释，解释出了两卦之间的因果联系：阴阳二气的变化，变化在"阳尽阴来，阴尽阳来"两极，如此变化下的结果都有着"应该这样"的必然。

（二）卦形之理

无妄卦卦形所隐含的哲理，是由《周易·无妄·彖传》揭示的。

《周易·无妄·彖传》："无妄，刚自外来，而为主于内。动而健，刚中而应，大亨以正，天之命也。'其匪正有眚，不利有攸往'，无妄之往何之矣？天命不佑，行矣哉？"

乾卦在上，上为外，这就是《周易·无妄·彖传》中"刚自外来"的所以然。震卦在下，下为内，震卦亦为阳刚之卦，这就是"主于内"的所以然。

《周易·说卦》："雷以动之。"动而不静，是雷的物理属性。行健，是天的物理属性。这是"动而健"的所以然。

乾卦在上，三爻皆阳。五，上卦为中；二，下卦为中。九五，阳爻也；六二，阴爻也；阴居阴位，阳居阳位；中且正，如此，"刚中而应"也。

三、 君子之理

《周易·无妄·象传》诠释无妄卦卦象，以自然哲理论人理，论出的人文哲理是："天下雷行，物与无妄。先王以茂对时育万物。"

乾为天，震为雷。无妄卦卦象的上下两分结构是：天在上，雷在下。如此，"天下雷行"也。

"天下雷行，物与无妄"是自然哲理，"先王以茂对时育万物"是人文哲理，人文哲理源于自然哲理。

在先天八卦中，震卦表达的是八节中的立春。

春雨惊春清谷天。春天的雷声，唤醒了沉睡的万物。立春，万物生发；惊蛰，冬眠者苏醒。草木、昆虫、动物皆以时而动，这里应该是"物与无妄"的自然哲理。

在先天八卦中，乾卦表达的是八节中的夏至。夏至的雷声，属于正常之雷声。

复卦中的雷，是异常之雷。

无妄卦中的雷，是正常之雷。

"先王以茂对时育万物"解。育万物，必须讲究时令。茂，有教育之义，有勉励之义，更有指令之义。时令之时，必须遵守。先王化天下，启蒙的重要内容就是，向天下人发布"此时应该这样，彼时应该那样"的政令。

农业耕作，必须严格地遵循"何时下种，何时收获"的时序。先王有责任告诉天下"今年何年，今时何时，此气何气，此节何节"。

中华大地上的农业文明，远矣久矣！先王之先，先到了何时？

《周髀算经·天文历法》告诉后人，包牺氏与神农氏是天文历法的制定者。——先王之先，先到了包牺、神农。

《尚书·尧典》告诉后人，尧是天文历法制定的组织者。——先王之先，先到了尧帝。

《管子·五行》与《史记·五帝本纪》告诉后人，黄帝是天文历法制定的组织者。——先王之先，先到了黄帝。

《尸子》告诉后人，伏羲氏是八节的制定者。——先王之先，先到了伏羲氏。

先王之先，应该先在一万二千年前的人工水稻这里。

四、"眚"（shěng）简论

"其匪正有眚，不利有攸往。"这是无妄卦的卦辞。

卦辞出现"有眚"二字。

之前的卦中也有"眚"字的出现，不过是在爻辞中出现的：讼卦九二爻辞出现"眚"字；复卦上六爻辞出现"灾眚"二字。

无妄卦讲"有眚"，是在卦辞中出现的。所以讨论在此进行。

眚，指的是自然灾害。"有眚"即有灾。

《周礼·地官·大司徒》："以荒政十有二，聚万民……七曰眚礼。"

《周易·杂卦》："无妄，灾也。"

农业耕种，肯定会遇到自然灾害。

无妄卦，也有意外自然灾害的意思。

自然之灾，在预知预防的范围之内。

《尚书·洪范》："星有好风，星有好雨。……月之从星，则以风雨。"

《诗经·小雅·渐渐之石》："月离于毕，俾滂沱矣。"

以二十八星宿中的某一宿与月亮对应论风雨，是《尚书》与《诗经》所记载的风雨预报方法。

二十八宿有预测风雨，预测丰年、灾年的功能，在彝族典籍《爨文丛刻·玄通大书》中可以看到以下的内容：

> 某宿出现时，冬月天雨；
>
> 某宿出现时，牛马满山；
>
> 某宿出现时，财富粮足；
>
> 某宿出现时，稼穑枯萎；
>
> 某宿出现时，宜于栽树……

显然，二十八宿有预报天气的功能，有预报丰年、灾年的功能。

金星可以预报正常的天气与异常的天灾。彝族学者阿苏大岭在其大作《破译千古易经》中记载了这一方法：

> 黎明时刻，金星出现在偏南方，预示着该年有旱灾；
>
> 黎明时刻，金星出现在偏北方，预示着该年有涝灾；
>
> 黎明时刻，金星出现在正中央，预示着该年会五谷丰登。

无妄卦告诉后人，中华先贤已经认识到了自然灾害，并且认识到了天文与天灾之间的必然联系。

五、"菑畬"（zī shē）简论

"不耕获，不菑畬，则利有攸往。"这是无妄卦六二爻的爻辞。

这里出现的"菑"与"畬"，涉及早期农业文明的具体内容，有必要讨论一下。

何谓菑？何谓畬？请看以下两个论断。

其一，《尔雅·释地》："田一岁曰菑，二岁曰新田，三岁曰畬。"

其二，《纂言》："初垦荒田曰菑，三岁熟田曰畬。"

菑，荒田也。畬，熟田也。

在熟田上种植，开垦荒田种植，这里记载的是先贤农耕的经历。

春天犁田曰耕。《说文》："耕，犁也。"《纂言》："春而治田曰耕。"

秋天收割曰获。《说文》："获，刈穀也。"《纂言》："秋而收禾曰获。"

"不耕获，不菑畲，则利有攸往。"这句话有两重意思：

其一，不要在刚刚开垦的荒田希望有熟田上的收获，这样思考是有利的。

其二，不要在大灾之年寄予丰收的收获，这样思考是有利的。

千万不要理解为"不耕种也有收获"，那就大错特错了。

"不耕获，未富也。"这是《周易·无妄·象传》对六二爻辞的诠释。不耕种，绝对不可能致富。

卦二十六 大畜

⊙ 原 文 ⊙

（山天）大畜：利贞。不家食，吉。利涉大川。

彖曰：大畜，刚健笃实，辉光日新，其德刚上而尚贤。能止健，大正也。"不家食吉"，养贤也。"利涉大川"，应乎天也。

象曰：天在山中，大畜。君子以多识前言往行，以畜其德。

初九，有厉，利已。

象曰："有厉利已"，不犯灾也。

九二，舆说輹。

象曰："舆说輹"，中无尤也。

九三，良马逐，利艰贞，曰闲舆卫，利有攸往。

象曰："利有攸往"，上合志也。

六四，童牛之牿，元吉。

象曰：六四元吉，有喜也。

六五，豶豕之牙，吉。

象曰：六五之吉，有庆也。

上九，何天之衢，亨。

象曰："何天之衢"，道大行也。

 解 读

大畜卦，位于无妄卦之后，六十四卦的第二十六卦。

《周易·杂卦》："大畜，时也。"

无妄卦讲诚实，大畜卦讲积存。

第九卦为小畜，第二十六卦为大畜，小与大，主要是指储蓄数量上的差别。

大畜卦解读，分卦象、卦理与人理三部分。

一、卦象

大畜卦卦象，由先天八卦中的艮卦与乾卦重叠而成。艮卦在上，乾卦在下，所以有"艮上乾下"的诠释。艮，可以诠释为山；乾，可以诠释为天；所以诠释大畜卦卦象，又有"山天大畜"的诠释。

二、卦理

大畜卦卦理的解读，分卦序与卦形两部分。

（一）卦序之理

大畜卦位于无妄卦之后，两卦之间有承前启后的关系。对两卦之间的相互联系，《周易·序卦》有如下解释："有无妄，然后可畜，故受之以大畜。"

无妄卦，讲诚实讲不虚伪；大畜卦讲积蓄讲储存。

前后之间既有相互联系的关系，又有相互转化的关系。《周易·序卦》将两卦联系起来解释，解释出了两卦之间的前后联系与相互转化。

无妄卦讲诚实，诚实之后会有大的收获。

（二）卦形之理

大畜卦卦形所隐含的哲理，是由《周易·大畜·象传》揭示的。《周易·大畜·象传》："大畜，刚健笃实，辉光日新，其德刚上而尚贤。能止

健，大正也。"

艮卦在上，乾卦在下；艮言山，乾言天；天刚健而山稳固，这是"刚健笃实"的所以然。

山高于天，高山之巅可以清楚地看太阳，这里应该是"辉光日新"的所以然。

站在先天八卦的立场上看，乾卦表达的是夏至；夏至，太阳直射于北回归线，北回归线穿越了中国广东、广西、云南、台湾四省区，夏至点在中华大地上观测太阳，此时应该是阳光最强点。这里，也可以解释为"辉光日新"的所以然。

高山能阻挡行健之天，换言之，行健之天会在巍峨高山下停留，这里应该是"能止健，大正也"的所以然。

从太阳回归上论，夏至这一天，太阳又开始向南回归线回归；止健之止，止于北回归线，这里，可以清晰地解释为"能止健，大正也"的所以然。

山能阻挡行健之天吗？显然是不可能的！

再高的山，也阻挡不了天的运行，哪怕是喜马拉雅山。太阳可以论天行，太阳回归以南回归线为起始点，行至北回归线又开始回归，北回归线既是止于点又是回归点。夏至之至，也是止健之止。以夏至点的太阳回归解释"能止健，大正也"，应该是符合自然法则的解释。理解了这些，才能真正理解《周易·杂卦》为什么会作出"大畜，时也"的结论。

三、 君子之理

诠释大畜卦卦象，以自然哲理论人理，《周易·大畜·象传》论出的人文哲理是："天在山中，大畜。君子以多识前言往行，以畜其德。"

艮为山，乾为天。大畜卦卦象的上下两分结构是：山在上，天在下。如此，即"天在山中"。

"天在山中"是自然哲理，"君子以多识前言往行，以畜其德"是人文哲理，人文哲理源于自然哲理。

在先天八卦中，艮卦表达的是山，乾卦表达的是自然之天。"天在山中"之山，为巍巍高山。

站得高，看得远。《孟子·尽心上》："登东山而小鲁，登泰山而小天下。"站在巍巍高山上，极目四望，小了鲁国，也小了天下。

站在巍巍高山上，极目四望，看清了条条江河，也看清了座座高山。

山有容量！

天有容量！

站得高看得远，加上广阔的容量，多读多看多体味先贤之言，然后以指导自己的言行，这里应该是"君子以多识前言往行，以畜其德"的所以然。

复卦、无妄卦，连续两卦以自然哲理论先王之理，大畜卦又重新以自然哲理论君子之理，这里应该记住的是：天理、道理、自然哲理才是人的终极坐标，君子应该法天法道，先王也同样应该法天法道。

在六十四卦所揭示的哲理中，君王不是天理的化身。在六十四卦所揭示的哲理中，君王更不是道理的化身。

四、"何天之衢" 简论

上九爻辞："何天之衢，亨。"

《周易·大畜·象传》诠释上九爻辞，诠释出了这样的论断："何天之衢，道大行也。"

何为衢？

《说文解字》："衢，四达谓之衢。"

《孙子兵法·九地》："用兵之法，有散地，有轻地，有争地，有交地，有衢地，有重地，有泛地，有围地，有死地。"

衢，四通八达之地也。

大行之道，四通八达。

道为什么可以四通八达？

请看下面三个论断。

其一，《周易·系辞下》："易之为书也不可远，为道也屡迁，变动不居，周流六虚，上下无常，刚柔相易，不可为典要，唯变所适。"

其二，《尚书·大禹谟》："时乃天道。"

其三，《尸子》："上下四方曰宇，往古来今曰宙。"

"六虚"者，空间中的上下四方也。道周流六虚，即通于上下四方也。第一个论断告诉后人，道是变动之道。变动之道，周流于"六虚"之间。

第二个论断告诉后人，时间之时，可以论天道。

第三个论断告诉后人，空间为宇，时间为宙。时间周流于空间之中。

《周易·乾·象传》告诉世人，六爻可以论时间之时。

将前后几个论断联系起来，上九爻可以论时间之时，时间之时可以论天道。天道，可以周流六虚。六虚，上下四方也。道之大行，行在上下四方空间之中。

大行之道，四通八达。

"何天之衢，道大行也"的谜底，是不是在自然之道的运动属性上?!

卦二十七

颐

原文

（山雷）颐：贞吉。观颐，自求口实。

彖曰：颐，贞吉，养正则吉也。观颐，观其所养也。自求口实，观其自养也。天地养万物，圣人养贤以及万民，颐之时大矣哉！

象曰：山下有雷，颐。君子以慎言语，节饮食。

初九，舍尔灵龟，观我朵颐，凶。

象曰："观我朵颐"，亦不足贵也。

六二，颠颐，拂经；于丘颐，征凶。

象曰：六二征凶，行失类也。

六三，拂颐，贞凶，十年勿用，无攸利。

象曰："十年勿用"，道大悖也。

六四，颠颐，吉。虎视眈眈，其欲逐逐，无咎。

象曰：颠颐之吉，上施光也。

六五，拂经，居贞吉，不可涉大川。

象曰：居贞之吉，顺以从上也。

上九，由颐，厉吉。利涉大川。

象曰："由颐厉吉"，大有庆也。

解　读

颐卦，位于大畜卦之后，是六十四卦的第二十七卦。

《周易·序卦》："颐者，养也。"

颐卦，主要指颐养天年之颐养。

大畜卦讲积存，颐卦讲颐养。

颐，比较生僻，这里多作一些介绍。

颐，指下巴。《庄子·渔夫》："左手据膝，右手持颐以听。"

颐，指牙车。《释名·释形体》："颐，或曰辅车，或曰牙车，或曰颊车。"

颐，指嘴巴。《周易·噬嗑·彖传》："颐中有物。"

还有一重意思是：百岁的简称。人生十年曰幼，二十曰弱，三十曰壮，四十曰强，五十曰艾，六十曰耆，七十曰老，八十九十曰耄，百年曰期颐。以"十"为单位，《礼记·曲礼》对人生过程作出了一一界定。

颐卦，主要指颐养天年之颐养。

颐卦解读，分卦象、卦理与人理三部分。

一、　卦象

颐卦卦象，由先天八卦中的艮卦与震卦重叠而成。艮卦在上，震卦在下，所以有"艮上震下"的诠释。艮，可以诠释为山；震，可以诠释为雷；所以诠释颐卦卦象，又有"山雷颐"的诠释。

二、　卦理

颐卦卦理的解读，分卦序与卦形两部分。

（一）卦序之理

颐卦位于大畜卦之后，两卦之间有着前因后果的联系。对两卦之间的相互联系，《周易·序卦》有如下解释："物畜然后可养，故受之以颐。颐者，养也。"

大畜卦讲积存，颐卦讲颐养。《周易·序卦》将两卦联系起来解释，解释出了两卦之间的前后联系：有积存之后，应该关注养生——颐养。

（二）卦形之理

颐卦卦形所隐含的哲理，是由《周易·颐·象传》揭示的。《周易·颐·象传》："颐贞吉，养正则吉也。观颐，观其所养也；自求口实，观其自养也。天地养万物，圣人养贤以及万民。颐之时，大矣哉！"

《周易·颐·象传》诠释颐卦，是从颐卦卦象本身的含义出发的。颐卦卦象非常特殊，上下两爻为阳爻，中间四爻为阴爻，卦象本身就像一个"口"字。

艮卦在上，艮言山，山稳定。震卦在下，震言雷，雷震动。上下两卦的上稳下动，的确就像人的嘴巴——上牙稳而下巴动。颐卦卦辞中出现"自求口实"四字，卦辞诠释的是卦象，文字与卦象统一在了"自求口实"四字上。

"天地养万物"，这是中华文化的基本立场。请看以下两个论断。

《尚书·泰誓上》："惟天地万物父母，惟人万物之灵。"

《周易·序卦》："有天地然后有万物。"

天父地母，这是中华先贤的基本界定。

明白了这些常识，再看"天地养万物"的这一论断就会轻松愉快了。

三、 君子之理

诠释颐卦卦象，以自然哲理论人理，《周易·颐·象传》论出的人文哲理是："山下有雷，颐。君子以慎言语，节饮食。"

艮为山，震为雷。卦象的上下两分结构是：艮在上，震在下。如此者，"山下有雷"是也。

"山下有雷"是自然哲理，"君子以慎言语，节饮食"是人文哲理，人文哲理源于自然哲理。

艮卦，在先天八卦中，表达八节中的立冬。

震卦，在先天八卦中，表达八节中的立春。

雷，止于秋分。立冬，是不应该出现雷声的。

节制之节，是从太阳历出发的。

六十四卦的第六十卦为节卦，《周易·节·彖传》诠释节卦，诠释出了一个"节"字："天地节而四时成。"

四时，确定于日影变化之下。

春夏秋冬，日影长度有一定之数。

日影长短之变，即太阳回归。

太阳回归，有节有度。

人效法太阳，做人做事也应该有节有度。

"慎言语，节饮食"这两项，是不是都在节制之节的范围之内?!

四、"自养" 与 "所养" 简论

诠释颐卦，《周易·颐·彖传》区别出了"自养"与"所养"两种不同的颐养："观颐，观其所养也。自求口实，观其自养也。天地养万物，圣人养贤以及万民。"

何谓"自养"？生万物者，为自养。

《管子·内业》："凡道无根无茎，无叶无荣。万物以生，万物以成，命之曰道。"

管子所论的道，无根无茎，无叶无荣，能生万物而不被万物所生。道，为自养之道。

《庄子·大宗师》："夫道，有情有信……自本自根……生天生地；在太极之先而不为高，在六极之下而不为深，先天地生而不为久，长于上古而不为老。"

庄子所论的道，自本自根，能生天地而不被天地所生。道，为自养之道。

《圣经》中的上帝也是自养者。"我是自有永有的。"上帝，向摩西介绍自己时，说出了"自有永有"这句话。这句话记载在《圣经·出埃及记》中。

何谓所养？道生天地，天地为道所养。天地生万物，万物被天地所养。夫妇生儿女，儿女为父母所养。

五、"圣人养贤以及万民" 简论

谁养活了谁？这是一个值得重新认识的问题。

是万民养活了圣人，还是圣人养活了万民？

《周易·颐·象传》诠释颐卦，为何会诠释出"圣人养贤以及万民"这一结论？

要想弄清"到底谁养活了谁"这一问题，请看以下几个事实。

其一，燧人氏钻木取火。《韩非子·五蠹》："民食果蓏蚌蛤，腥臊恶臭而伤害腹胃，民多疾病。有圣人作，钻燧取火以化腥臊，而民说之，使王天下，号之曰燧人氏。"古希腊的第一把火，是普罗米修斯把天堂的火偷来的。中华大地的第一把火，是燧人氏钻燧取出来的。从燧人氏开始，中华先贤掌握了取火的自由。钻燧取火，使腥臊恶臭的鱼虾变成了味道鲜美的美味佳肴。

燧人氏这里，是不是圣人养贤养万民？！

其二，有巢氏构木为巢。《韩非子·五蠹》："上古之世，人民少，而禽兽众，人民不胜禽兽虫蛇。有圣人作，构木为巢以避群害，而民悦之，使王天下，号曰有巢氏。"

中华大地上的第一所茅屋，是有巢氏创建出来的。从有巢氏开始，中华先贤走出了洞穴。构木为巢一可以避开禽兽虫蛇的危害，二有了迁徙的自由。

有巢氏这里，是不是圣人养贤养万民？！

其三，伏羲氏结绳为网。《周易·系辞下》："古者包羲氏……作结绳而为网罟以佃以渔，盖取诸离。"

中华大地上的第一张捕鱼狩猎用的网罟，是伏羲氏结绳制造出来的。捕鱼狩猎有两种方法：一种是徒手用力；一种是运用工具。两种方法，孰优孰劣？答案是显而易见的。

包羲氏这里，是不是圣人养贤养万民？！

其四，神农氏发明耒耜。《史记·索隐·卷三十·三皇本纪》："炎帝神农氏……斫木为耜，揉木为耒，耒耨之利，以教万民，始教耕，故号神农氏……始尝百草，始有医药……教人日中为市，致天下之民，聚天下之货，交易而退，各得其所。"

《周易·系辞下》："包羲氏没，神农氏作，斫木为耜，揉木为耒，耒耨之利以教天下，盖取诸益。日中为市，致天下之民，聚天下之货，交易而退，各得其所，盖取诸噬嗑。"

神农氏有三大贡献：一是制造农耕工具，始教农耕；二是建立交易市场，始教贸易；三是始尝百草，始有医药。

神农氏这里，是不是圣人养贤养万民？！

黄帝的贡献更多，这里不再——列举。

史无前例的发明创造，史无前例的贡献，由此而赢得万民的爱戴，源头的圣人就是如此登上王位的。先是自养，然后是养人——惠及天下，惠及万民，这就是源头文化中的圣人，这就是源头文化中的圣人之君。

"到底谁养活了谁"这一问题，是不是有了清晰的答案？！

再者，从燧人氏、有巢氏的圣者为王到刘邦、项羽的胜者为王，是不是文化的一大变质？！

六、"颐之时" 简论

"颐之时，大矣哉！"这是《周易·颐·彖传》中的最后一句话。

颐卦为什么会论时？

颐之时，在何处？

颐之时，在组成颐卦的成分中。

颐卦由先天八卦中的震、艮两卦所组成。先天八卦中的震、艮两卦是表达节令的。

先天八卦中的震卦，表达八节中的立春。

先天八卦中的艮卦，表达八节中的立冬。

立春，万物生发。立冬，万物收藏。

万物生发之时，呵护万物。万物收藏，爱惜万物。

天地生万物，天地养万物，人利用万物，也应该呵护万物，也应该爱惜万物。只有这样，才有口中之食。

一切从顺应天时为基本点，是不是"颐之时，大矣哉"的奥秘所在？！

七、"虎视眈眈" 解

六四爻辞留下了"虎视眈眈"这一成语。

"虎视眈眈，其欲逐逐。"

虎视，老虎盯住猎物。

眈眈，目光专注。《通义》："眈眈：盯得紧。"

其欲，以老虎的嗜欲比喻人的食欲。

逐逐，迫不及待。

"虎视眈眈，其欲逐逐"的完整意思是：老虎紧紧盯住猎物，目光专注，迫不及待地希望尽快吃掉它。

四为阴位，六四爻为阴爻；阴居阴位，应该是适得其所。

但是"虎视眈眈，其欲逐逐"有多种解释，当时的真实含义，恐怕只有爻辞的作者知道。

研究卦象，阅读卦辞与爻辞，最为关键的是其中所蕴含的自然法则与自然哲理，至于文字中某句话、某个字与某一事件，那是有时代性的。

卦二十八 大过

 原 文

（泽风）

大过：栋桡，利有攸往，亨。

彖曰："大过"，大者过也。"栋桡"，本末弱也。刚过而中，巽而说行。利有攸往，乃亨。"大过"之时大矣哉！

象曰：泽灭木，大过。君子以独立不惧，遁世无闷。

初六，藉用白茅，无咎。

象曰："藉用白茅"，柔在下也。

九二，枯杨生稊，老夫得其女妻，无不利。

象曰："老夫女妻"，过以相与也。

九三，栋桡，凶。

象曰："栋桡"之"凶"，不可以有辅也。

九四，栋隆，吉。有它，吝。

象曰："栋隆之吉"，不桡乎下也。

九五，枯杨生华，老妇得其士夫，无咎无誉。

象曰："枯杨生华"，何可久也。"无妇士夫"，亦可丑也。

上六，过涉灭顶，凶。无咎。

象曰："过涉之凶"，不可咎也。

解读

大过卦，位于颐卦之后，是六十四卦的第二十八卦。

《周易·杂卦》："大过，颠也。"

大过，异常也，别于正常的异常也。

颐卦讲优越时的颐养，大过卦讲逆境中的处世。

大过，有几重含义。

第一重含义是指过错。请看以下三个论断。

其一，《春秋左传·哀公六年》："是岁也，有云如众赤鸟，夹日以飞，三日。楚子使问诸周大史。周大史曰：'其当王身乎！若禜之，可移于令尹、司马。'王曰：'除腹心之疾，而置诸股肱，何益？不谷不有大过，天其夭诸？有罪受罚，又焉移之？'遂弗禜。"

译文：这一年，有云彩好像一群红色的鸟一样，在太阳两侧飞翔了三天。楚昭王派人询问成周的太史。成周的太史说："这种天象要应在君王的身上！如果禳祭，可以移到令尹、司马身上。"楚昭王说："医治腹心之疾，然后转移到大腿胳臂上，这有什么益处？我没有重大的过错，上天能让我夭折吗？有罪应该受到处罚，又能移到哪里去呢？"于是就不去禳祭。

其二，《吕氏春秋·察传》："夫得言不可以不察。数传而白为黑，黑为白。故狗似玃，玃似母猴，母猴似人，人之与狗则远矣。此愚者之所以大过也。"

译文：传闻不可以不审察，言语几经相传白的就会成了黑的，黑的就会成了白的。所以狗似玃，玃似猕猴，猕猴似人，人和狗的差别就很远了。这是愚人所以犯大错的原因。

其三，《史记·太史公自序》："夫不通礼义之旨，至于君不君，臣不臣，父不父，子不子。夫君不君则犯，臣不臣则诛，父不父则无道，子不子则不孝。此四行者，天下之大过也。以天下之大过予之，则受而弗敢辞。

译文：如不明礼义之要旨，就会弄到君不像君，臣不像臣，父不像父，子不像子的地步。君不像君，就会被臣下干犯，臣不像臣就会被诛杀，父不像父就会昏聩无道，子不像子就会忤逆不孝。这四种恶行，是天下最大的罪过。

第二重意思是指乱世。请看下面的一个论断。

晋代陆云《晋故散骑常侍陆府君诔》："时值大过，士爽其德，虔惟常侍，高明柔直。"

大过卦解读，分卦象、卦理与人理三部分。

一、　卦象

大过卦卦象，由先天八卦中的兑卦与巽卦重叠而成。兑卦在上，巽卦在下，所以有"兑上巽下"的诠释。兑，可以诠释为泽；巽，可以诠释为风；所以诠释大过卦卦象，又有"泽风大过"的诠释。

二、　卦理

大过卦卦理的解读，分卦序与卦形两部分。

（一）卦序之理

大过卦位于颐卦之后，两卦之间有着前因后果的联系。对两卦之间的相互联系，《周易·序卦》有如下解释："不养则不可动，故受之以大过。"

颐卦讲天下太平时的养生，大过卦讲逆境中的人生哲学。《周易·序卦》将两卦联系起来解释，解释出了两卦之间的前后联系：颐卦讲养生，养生养在人体之内；大过卦讲逆境坎坷时的"如何为人"。

（二）卦形之理

大过卦卦形所隐含的哲理，是由《周易·大过·象传》揭示的。

《周易·大过·象传》："大过，大者过也。栋桡，本末弱也。刚过而中，巽而说行。利有攸往，乃亨。大过之时，大矣哉！"

大过卦六爻，上下两爻为阴，中间四爻为阳。阳为大，这里有"大者过也"的解释。

九二爻为阳，九五爻为阳，九二爻下卦为中，九五爻上卦为中，这里有

"刚过而中"的解释。

初六为阴，上六为阴，上下两头阴，阴为柔，柔为弱，这里有"本末弱也"的解释。

物理属性，阴向下，阳向上，两头向下而中间向上，这里有房梁"栋桡"的解释。

巽为风，兑为说。《周易·说卦》："兑，正秋也，万物之所说也。"说，通愉悦之悦。悦上巽下，这里有"巽而说行，利有攸往，乃亨"的解释。

三、 君子之理

诠释大过卦卦象，以自然哲理论人理，《周易·大过·象传》论出的人文哲理是："泽灭木，大过；君子以独立不惧，遁世无闷。"

兑为泽，巽为木。大过卦卦象的上下两分结构是：兑在上，巽在下。如此者，"泽灭木"也。巽，在自然界有双重含义：一可以表达风，二可以表达木。在大过卦中表达的是木。

"泽灭木"是自然哲理，"君子以独立不惧，遁世无闷"是人文哲理，人文哲理源于自然哲理。

从物理性质上讲，木应该浮于水；从卦象位置上看，木被淹没于水下；"泽灭木"即木淹于水下，这是一种反常的自然现象。以反常的物理论人理，论出了"独立不惧，遁世无闷"的君子之理。

人的一生，有正常之时，有非常之时。

遇到非常之时怎么办？

《周易·大过·象传》中的答案是："君子以独立不惧，遁世无闷。"

何谓独立不惧？这里借助两句格言与四个实际例子来回答这一问题。

其一，格言。独立不惧的格言源于孔孟。

《论语·子罕》："三军可夺帅也，匹夫不可夺志也。"

这句话是孔夫子说的。意思是：勇冠三军的元帅可以被擒获，但是一个普通人的信念是不可屈服的。

《孟子·公孙丑上》："自反而不缩，虽褐宽博，吾不惴焉。自反而缩，虽千万人吾往矣。"

这句话是孟子说的。意思是：反躬自问，正义不在我，对方纵然是卑贱之人，我也不会去恐吓他。反躬自问，正义在我，对方纵然是千军万马，我也照样会勇往直前。

其二，实例。历史传颂的独立不惧的例子很多，这里仅引用四个：

例一，敢于批评武王革命的伯夷、叔齐。武王伐纣时，得到了天下诸侯的一致赞同。但是伯夷、叔齐二人反对。据《史记·伯夷列传》记载，当武王率领大军伐纣时，伯夷、叔齐拦住马头劝说武王不要"以暴易暴"即不要以暴臣去制暴君，也不要以暴行去制暴行。

以区区二人之力，敢于阻拦大军统帅的马头，算不算独立不惧？

例二，敢于批评纣王的祖伊。殷纣王是历史上最著名的暴君，是他创造了"炮烙"的酷刑。面对暴君，面对酷刑，大臣祖伊敢于当面批评纣王已经失去了民心。祖伊当面批评纣王的故事，由《尚书·西伯戡黎》所记载。

敢于当面批评暴君，算不算独立不惧？

例三，敢于批评苛政的孔子。将苛政比喻为猛虎，这是孔夫子对当时的批评。"苛政猛于虎"这一至理名言出于孔夫子之口，由《礼记·檀弓》所记载。

敢于当面批评朝政，算不算独立不惧？

例四，敢于不歌颂尧的壤父。壤父是一个农夫，尧进行民间私访时，很多人歌颂尧治理天下的大德，唯独壤父一个人一边做"击壤"的游戏一边说："吾口出而作，日入而息，凿井而饮，耕田而食，帝之力何有我哉？"壤父认为，幸福安逸的生活，源于自然的恩赐与我自己的努力，与尧帝没有什么关系。壤父的故事，由《高士传》所记载。

敢于在别人歌颂尧时唱反调，算不算独立不惧？

何谓遁世无闷？这里借助一句格言与两个实际例子来回答这一问题。

其一，格言。《孟子·尽心上》："穷则独善其身，达则兼善天下。"

这句话是孟子说的。意思是：非常之时就独善其身，正常之时就善治天下。

其二，实例。有国无道之时，远离"当时"，或不与"当时"合作的隐士，历史上有很多，这里仅撷取两例来说明问题。

例一，老莱子。《庄子》《史记》《汉书》《后汉书》中均有老莱子的记载。《高士传》中的老莱子故事如下：

　　皇甫谧老莱子者，楚公室乱，逃世耕于蒙山之阳，蓬蒿为室，枝杖于床，饮水食菽，垦山播种。人或言于楚王，王于是驾至莱子之门，莱子方织畚。王曰："守国之政,孤愿烦先生。"老莱子曰："诺。"王去,其妻樵还,曰:"子许之乎?"老莱子曰:"然。"妻曰:"妾闻之,可食以酒肉者,可随而鞭棰;可拟以官禄者,可随而鈇钺,妾不能为人所制者。"妻投其畚而去,老莱子亦随其妻。

译文:老莱子,楚国的贤哲。宫廷内乱时,避乱世逃于蒙山之南,在此耕种度日,住茅草屋,睡木棍床,饮山泉水,食稻黍,开垦山田,与时耕种。

有人将老莱子的事情告诉了楚王,楚王亲自登门拜访,楚王临门之时,老莱子正在编织畚箕。楚王说:"治国之政,需要劳烦先生,希望先生出山。"老莱子答应说:"好。"老莱子告诉了妻子,妻子说:"妾听说,食王酒肉者,随时可以受刑;食王官禄者,随时可以丧命,妾不愿意如此受制于人。"妻子扔掉畚箕扬长而去,老莱子也随其妻走了。后不知其所终。

例二,颜斶。《战国策·齐策》中记载了一个"王令士趋前,士令王趋前"的故事。

齐宣王见颜斶曰:"斶前!"斶亦曰:"王前!"宣王不悦。左右曰:"王,人君也。斶,人臣也!王曰'斶前',亦曰'王前',可乎?"斶对曰:"夫斶前为慕势,王前为趋士。与使斶为趋势,不如使王趋士。"王忿然作色曰:"王者贵乎?士贵乎?"对曰:"士贵耳。"王曰:"有说乎?"斶曰:"有。昔者秦攻齐,令曰:'有敢去柳下季垄五十步而樵采者,死不赦。'令曰:'有能得齐王头者,赐金千镒。'由是观之,生王之头,曾不若死士之垄也。"宣王默默不语。

译文:齐宣王见颜斶。见面之后,王说:"颜斶,上前来!"颜斶说:"大王,上前来!"宣王很不高兴。左右近臣说:"大王是人君,你是人臣;大王说,'颜斶,上前来!'你也说,'大王,上前来!'可以吗?"颜斶回答说:"我上前是趋炎附势,大王上前是礼贤下士;与其让我趋炎附势,不如让大王礼贤天下士。"宣王怒容满面,说:"是王尊贵,还是士尊贵?"颜斶回答说:"士尊贵,王不尊贵。"宣王说:"可有什么依据吗?"颜斶说:"有,从前秦国进攻齐国,秦王下令说:'有人敢在柳下季墓地五十步内砍柴的,判以死罪,不予赦免。'又下令说:'有人能砍下齐王的头的,封邑万户,赐金二万两。'由此看来,活王的头,还不如死士的墓。"宣王听了,默默无语。

宣王又邀颜斶做官，颜斶又说出了下面一段话：

"夫玉生于山，制则破焉，非弗宝贵矣，然夫璞不完。士生乎鄙野，推选则禄焉，非不得尊遂也，然而形神不全。斶愿得归，晚食以当肉，安步以当车，无罪以当贵，清静贞正以自虞。制言者王也，尽忠直言者斶也。言要道已备矣，愿得赐归，安行而反臣之邑屋。"则再拜而辞去也。斶知足矣，归反朴，则终身不辱也。

之后的历史，记住了"安步当车"这一成语。

之后的历史，并没有记住"无罪当贵"这一成语；如果记住了这一成语，不知能挽救多少人？！

四、"枯杨生 A， 枯杨生 B" 简论

大过卦有两爻的爻辞中出现关于"异常夫妇"的论断。

何谓正常？何谓异常？夫妇年龄相当为正常，夫妇年龄悬殊为异常。请看九二、九五两爻的爻辞。

九二：枯杨生稊，老夫得其女妻，无不利。

九五：枯杨生华，老妇得其士夫，无咎无誉。

这里运用了形象比喻，把夫妇之间年龄大的一方比喻为"枯杨"——已经老朽的杨树。把高龄者的新婚比喻为"枯杨发芽"。于是，爻辞中有了"枯杨生 A，枯杨生 B"之说。

稊者，嫩嫩芽也。华者，花也。

"枯杨生稊"，老杨树发出了新枝新芽。这一比喻，比喻的是高龄的男子当上新郎。——老夫少妻，在这里是允许的。《三国演义》中的刘备，东吴招亲之时，已经年过半百，而吴侯之妹正当妙龄。毛宗岗调侃这段婚姻时，就引用了"老夫得其女妻"。

"枯杨生华"，老杨树开出了新花。这一比喻，比喻的是高龄的女子当上新娘。——老妻少夫，在这里同样是允许的。

赞美年龄相当的婚姻，也祝福年龄悬殊的婚姻，这是《周易》的基本立场。

《礼记·檀弓》："孔子少孤，不知其墓。"孔子父亲去世的时候，孔子年幼，长大之后孔子连父亲的墓在哪里都不知道。

《史记·孔子世家》："纥与颜氏女野合而生孔子。"一个"野"字，有

年龄悬殊太大的意思。

五、"大过之时" 简论

"大过之时，大矣哉！"这是《周易·大过·象传》诠释大过卦的最后一句话。

大过卦本身隐含着两个节令。大过卦由先天八卦中的巽、兑两卦所组成。

先天八卦中的巽卦，表达八节中的立秋。

先天八卦中的兑卦，表达八节中的立夏。

八节之中，立夏在前，立秋在后；节令变化，前后有序。

卦象之中，巽卦在下，兑卦在上；卦象变化由下而上。

立夏立秋，以顺应时令来理解"大过之时"，是不是可以认识"大过之时，大矣哉"的真实含义？

六、 大过卦与棺椁的发明

在大过卦的启示下，中华先贤进行了一项发明创造。请看下面的一个论断。

《周易·系辞下》："古之葬者，厚衣之以薪，葬之中野，不封不树，丧期无数，后世圣人易之以棺椁，盖取诸大过。"

先贤如何利用大过卦发明了棺椁，这里不进行深入讨论。这里要"点到"的是：卦象为何能够启示发明创造？

卦象能够启示发明创造，这是由卦象的自然属性决定的。

卦象，是"仰观天文，俯察地理"的产物。

天文地理，属于自然世界。卦象，表达的是自然世界。

自然世界的一花一草，都能启示发明创造。

一花一草，天地万物，属于形象之象。形象之象可以启示器具的发明创造，例如带刺的草叶启示鲁班发明了木工使用的锯，枫叶下落时的旋转启示西方工程师发明了螺旋桨。

卦象，属于抽象之象。抽象之象，源于形象之象。形象之象能够启示发明创造，抽象之象当然也可以启示发明创造。

"尚象制器"、"道器转化"、"触类旁通"，这是《周易·系辞传》所记载的关于发明创造的系统哲理。在《圣经》中，没有哪一个字可以与"神"并列并重，而在《周易》之中，一个器具的"器"字可以与"道"并列并重。道器转化，既是发明创造的哲理，又是中华先贤发明创造的实践。这里，是中华文明的光辉灿烂之处。

关于发明创造的哲理，会在第三篇里详细讨论。此处，点到为止。

卦二十九

坎

（坎为水）习坎：有孚，维心亨。行有尚。

彖曰："习坎"，重险也。水流而不盈。行险而不失其信。维心亨，乃以刚中也。"行有尚"，往有功也。天险，不可升也。地险，山川丘陵也。王公设险以守其国。险之时用大矣哉！

象曰：水洊至，习坎。君子以常德行，习教事。

初六，习坎，入于坎窞，凶。

象曰："习坎入坎"，失道凶也。

九二，坎有险，求小得。

象曰："求小得"，未出中也。

六三，来之坎，坎险且枕，入于坎窞，勿用。

象曰："来之坎坎"，终无功也。

六四，樽酒簋贰用缶，纳约自牖，终无咎。

象曰："樽酒簋贰"，刚柔际也。

九五，坎不盈，祗既平，无咎。

象曰："坎不盈"，中未大也。

上六，系用徽纆，寘于丛棘，三岁不得，凶。

象曰：上六失道，凶三岁也。

坎卦，位于大过卦之后，是六十四卦的第二十九卦。

《周易·序卦》："坎者，陷也。"

《周易·说卦》："坎为水。"

《释文》："坎，险也，陷也。"

大过卦讲逆境，坎卦讲艰险。

"道路坎坷""人生坎坷"，形容艰难的用语中离不了一个"坎"字。

坎卦解读，分卦象、卦理与人理三部分。

一、卦象

坎卦卦象，由先天八卦中的坎卦重叠而成。三爻的坎卦在上，三爻的坎卦在下，所以有"坎上坎下"的诠释。释文："习，重也。"重叠为习。所以诠释坎卦卦象，又有"习坎"的诠释。

二、卦理

坎卦卦理的解读，分卦序与卦形两部分。

（一）卦序之理

坎卦位于大过卦之后，两卦之间有着前因后果的联系。对两卦之间的相互联系，《周易·序卦》有如下解释："物不可以终过，故受之以坎。坎者，陷也。"

大过卦讲逆境中的人生哲学，坎讲艰险中的人生哲学。《周易·序卦》将两卦联系起来解释，解释出了两卦之间的前后联系：大过卦讲逆境之时"应该如何"，坎卦讲坎坷之时的"应该如何"。

（二）卦形之理

坎卦卦形所隐含的哲理，是由《周易·坎·彖传》揭示的。《周易·坎·彖传》："习坎，重险也。水流而不盈，行险而不失其信。维心亨，乃以刚中也。行有尚，往有功也。天险不可升也，地险山川丘陵也。王公设险以守其国。坎之时，用大矣哉！"

坎卦为险！坎卦重叠，上坎下坎，即险上加险。"习坎，重险也"的奥秘，在坎卦的重叠。

卦辞开篇谈"有孚"。《尔雅》："孚，信也。"《说文解字》："孚，一曰信也。"水向低处流，这是水的物理属性。居于底下之处，而保持平静，这也是水的物理属性。不畏险阻，一直前行，这同样是水的物理属性。水的属性，永恒不变。水之习性，能够合理解释"水流而不盈，行险而不失其信"的奥秘。

九二为阳爻，九五为阳爻；九二阳爻居下卦之中，九五阳爻居上卦之中；中为心，阳为刚；知道这些，才能理解"维心亨，乃以刚中也"的含义。

上卦含险，下卦含险；天含其险，地含其险；建国设城，首先应该考虑用自然条件来保护自身的安全。明白了这些，才能理解"天险，不可升也。地险，山川丘陵也。王公设险以守其国"的所以然。

三、 君子之理

诠释坎卦卦象，以自然哲理论人理，《周易·坎·象传》论出的人文哲理是："水洊至，习坎；君子以常德行，习教事。"

坎为水。坎卦卦象的上下两分结构是：坎在下，坎在上。坎上加坎，水上加水，如此即"水洊至"。

洊，有再、屡次、连接之义。

水洊至，即水接连而至，水相继而至。卦象中的上坎下坎，形象中的水至又至。

"水洊至"是自然哲理，"君子以常德行，习教事"是人文哲理，人文哲理源于自然哲理。

水流不息，面对如此自然哲理，启示君子的是：应该坚持恒常之德行，学而时习之——不能间断终生的学习。

四、"坎之时" 简论

"坎之时，大矣哉！"这是《周易·坎·象传》诠释坎卦的最后一句话。

在后天八卦中坎卦本身隐含的节令是冬至。

冬至，中午日影的最长点。

冬至，太阳相交于南回归线。

冬至，为太阳回归年的起始点。

冬至，为二十四节气的第一节。

冬至，为阴极生阳点，阳气上升的第一天。

《苗族古历》解释冬至，解释出了"四首"——岁首、年首、节首、气首。

太阳回归年论岁，这里是新岁的第一天，所以称岁首。

冬至过大年，这里是年首。

冬至阳旦，这里是阳气之气首。

冬至为二十四节气的第一节，这里是节首。

《后汉书·律历》："日影长则日远，天度之端也。日发其端，周而成岁。"又："岁首至也。"

明白了这些基本常识，才能真正理解"坎之时，大矣哉"的真实含义。

五、"乾坤坎离"简论

六十四卦分经上经下，上经始于乾坤，终于坎离。

在先天八卦与六十四卦中，乾坤坎离表达的是太阳回归年中的四大重要节令：乾坤两卦表达的是冬至夏至——坤卦冬至，乾卦夏至；坎离两卦表达的是春分秋分——离卦春分，坎卦秋分。

从空间中看，乾坤坎离表达的是东西南北四个方位——乾南、坤北、离东、坎西。

从构成天体的元素上看，乾坤坎离表达的是天地水火四大元素。有天地然后有万物。天地是形成万物的两大基本条件。但是，有天地之后，形成万物的条件还需要水与火。

坎为水。《管子》将水解释为万物的本原。《管子·水地》："水者何也？万物之本原也。"水为生命之源，也是现代的认识。

但是，仅仅有水，无法形成生气勃勃的大千世界。有水还必须有温度，才能形成万物。南极与北极，有充足的水，但是那里有碧绿而繁荣的"西双版纳"吗？

没有！

为什么？

因为那里缺少火。

火，广义上的温度，狭义上的火。水，广义上的湿度，狭义上的水。天地水火，是形成万物的四大条件。

袁隆平先生水稻杂交的奥秘，就在于能够调整四大条件中的温度。会利用自然条件和人工条件灵活地调整温度，不但可以进行水稻杂交，而且可以进行所有"雌雄同体"作物的杂交。

天地水火，构成了万物生长的四大条件。

乾坤坎离，构成了先天八卦的"十"字形基本框架。

乾坤坎离，在今天还有重要意义吗？请看看韩国国旗。韩国国旗上的四卦，乾坤坎离也。

卦
三
十

离

原文

（离为火）离：利贞，亨。畜牝牛，吉。

彖曰：离，丽也。日月丽乎天，百谷草木丽乎土。重明以丽乎正，乃化成天下。柔丽乎中正，故亨，亨是以"畜牝牛吉"也。

象曰：明两作，离。大人以继明照于四方。

初九，履错然，敬之，无咎。

象曰："履错之敬"，以辟咎也。

六二，黄离，元吉。

象曰："黄离元吉"，得中道也。

九三，日昃之离，不鼓缶而歌，则大耋之嗟，凶。

象曰："日昃之离"，何可久也？

九四，突如，其来如，焚如，死如，弃如。

象曰："突如其来如"，无所容也。

六五，出涕沱若，戚嗟若，吉。

象曰：六五之吉，离王公也。

上九，王用出征，有嘉，折首，获匪其丑，无咎。

象曰："王用出征"，以正邦也。

离卦，位于坎卦之后，是六十四卦的第三十卦，是上经的最后一卦。

坎卦讲艰险，离卦讲光明。

《周易·序卦》："离者，丽也。"

《周易·说卦》："离为火。"

离，还有其他几重含义。

一是指经历。请看下面一个论断。

《诗经·小雅·小明》："载离寒暑。"

二是指附丽。请看下面一个论断。

《诗经·小雅·渐渐之石》："月离于毕，俾滂沱也。"

三是指违背，背离。请看下面一个论断。

《春秋左传·隐公四年》："阻兵无众，安忍无亲，众叛亲离，难以济矣。"

四是指成双成对。请看下面一个论断。

《礼记·曲礼上》："离坐离立，无往参焉。离立者不出中间。"——两人并坐并立，不要从中间插过去。有两人并立在那里，不要从他们中间穿过。

离卦解读，分卦象、卦理与人理三部分。

一、卦象

离卦卦象，由先天八卦中的离卦重叠而成。三爻的离卦在上，三爻的离卦在下，所以有"离上离下"的诠释。火，光芒四射。重叠之火，明上加明，所以诠释离卦卦象，又有"明两作"的诠释。

六十四卦的前三十卦构成了前半部分的上经。

上经始于乾坤，终于坎离。

二、 卦理

离卦卦理的解读，分卦序与卦形两部分。

（一）卦序之理

离卦位于坎卦之后，两卦之间有着前因后果的联系。《周易·序卦》对两卦之间的相互联系有如下解释："陷必有所丽，故受之以离。"

坎卦讲逆境，离卦讲光明。《周易·序卦》将两卦联系起来解释，解释出了两卦之间的前后联系：越过艰险，前面就是一片光明。

（二）卦形之理

离卦卦形所隐含的哲理，是由《周易·离·象传》揭示的。《周易·离·象传》："离，丽也。日月丽乎天，百谷草木丽乎土，重明以丽乎正，乃化成天下。柔丽乎中正，故亨；是以畜牝牛，吉也。"

《周易·说卦》："离为火，为日，为电。"

《周易·离·象传》诠释离卦，诠释出了以下内容：

离卦，可以论日。日者，太阳也。

小草小花在地球上，但是小草小花"何时发芽，何时开花"的决定因素在太阳。

小鱼小虾在地球上，但是小鱼小虾"何时交配，何时产卵"的决定因素在太阳。

小麦水稻在地球上，但是小麦水稻"何时播种，何时成熟"的决定因素在太阳。

万物在地球上，地球上的万物生长靠太阳！

知道这些，才能明白"日月丽乎天，百谷草木丽乎土"的所以然。

同一个离卦，在先天八卦中，表达的是空间中的东方，八节中的春分，而在后天八卦中，表达的是空间中的南方，八节中的夏至。《周易·说卦》："离也者，明也，万物皆相见，南方之卦也。"

夏至，日影最短点。

夏至，太阳相交于北回归线。

夏至，太阳回归的转折点。

夏至，阳极生阴点，阴气下降的第一天。

夏至与冬至，是太阳回归的最基础的两个点。八节化天下，首先是从夏至与冬至出发的。

明白了这些基本常识，才能真正理解"重明以丽乎正，乃化成天下"的真实含义。

"柔丽乎中正，故亨；是以畜牝牛，吉也。"诠释离卦，《周易·离·象传》还有如此诠释。柔者，阴爻也。中者，二五之位。三与四之位，在六爻卦中为中间之中。这里是阳爻的位置。中与正，是《周易》崇尚的基本哲理。认识卦象结构，才能明白"柔丽乎中正，故亨"的诠释。

《周易·离·象传》诠释离卦，诠释出了"牝牛"之说。

何谓牝牛？

牝，雌也。牝牛，母牛也。

《道德经·第六章》："谷神不死，是谓玄牝。玄牝之门，是谓天地根。"

译文：空谷之神，永恒长生，可以命名为玄牝。玄牝之门，生生不息，生天生地生万物，这里是天地万物的根源。

老子所论的"玄牝之门"，是生产之门。门那一边是无形世界，门这一边是有形世界。天地从这座门里诞生，万物从天地这里诞生。玄牝之门，雌性生产之门也。

牝牛，母牛也。

母牛，生产之牛也。

离卦为何特别论母牛，可能论证的是生生不息的功能。

"日月无私照。"这是《礼记·孔子闲居》中的话。

"甘露时雨，不私一物。"这是《吕氏春秋·贵公》中的话。

阳光普照万物。可以肯定的是，阳光绝不会单单偏爱一物，绝不会单单照耀到母牛身上。

所以，阅读《周易》，理解卦象，一定要从自然哲理与天文历法出发，一定要从天道天理出发，一定不能死死地局限于"某个字"与"某句话"。

三、 君子之理

诠释离卦卦象，以自然哲理论人理，《周易·离·象传》论出的人文哲理是："明两作，离。大人以继明照于四方。"

"明两作"是自然哲理，"大人以继明照于四方"是人文哲理，人文哲理源于自然哲理。

上离下离，"明两作"也。"明两作"，并非指两个太阳，而是指日月交辉相映。

"离也者，明也，万物皆相见，南方之卦也。"离卦，明，南方，《周易·说卦》在这三者之间建立起了必然联系。

日月有大公无私之品德，这里演化出了"日月无私照"这一格言。日月有诚信之美德，这里演化出了"日诚出诚入，南北有极"与"月信死信生，终则有始"这两句格言。大人治理天下，应该效法如此自然哲理。

大人治理天下，一是要大公无私，以天下为天下人之天下。大人治理天下，二是要取信于民，许诺一定要兑现。

总之，治理天下者，应该像太阳一样，把阳光洒向四方。

四、"日昃之离" 简论

"日昃之离，不鼓缶而歌，则大耋之嗟，凶。"这是九三爻辞的内容。

"日昃之离"，谈的是太阳观测。

昃，太阳西斜时为昃。请看下面两个论断。

《尚书·无逸》："自朝至于日中昃，不遑暇食，用咸和万民。"

译文：从早晨到中午、下午，（王）都没有闲暇吃饭，目的就是使天下和谐、太平、安宁。

《春秋公羊传·定公十五年》："戊午，日下昃乃克葬。"

译文：戊午日，太阳偏西时，完成下葬。

离卦九三爻，为何谈太阳西下？

九三爻，是离卦下卦的最后一爻。

离为日。如果说下卦离卦的初爻可以比喻为初升的太阳，那么，最后一爻当然可以比喻为西下的太阳。

"日昃之离"，中午偏西的太阳也。

太阳偏西，可以做出多种的人文解释：

其一，"夕阳无限好，已是近黄昏。"

其二，"夕阳西下，断肠人在天涯。"

其三，"人生最美夕阳红。"

……

当然，"日昃之离"也可以解释为势如中天之后的衰落。

"日昃之离"后缀的"不鼓缶而歌，则大耋之嗟，凶"，这也是一种面对夕阳的解释。如此后缀，有当时的背景，今日不必深究。今日深究的应该是：以天理论人理的思路，以太阳法则论人生的方法。

第十二章

《周易·经下》解读

卦三十一 咸

○原○文○

（泽山）咸：亨。利贞。取女吉。

彖曰：咸，感也。柔上而刚下，二气感应以相与。止而说，男下女，是以"亨利贞，取女吉"也。天地感而万物化生，圣人感人心而天下和平。观其所感，而天地万物之情可见矣。

象曰：山上有泽，咸。君子以虚受人。

初六，咸其拇。

象曰"咸其拇"，志在外也。

六二，咸其腓，凶，居吉。

象曰虽"凶居吉"，顺不害也。

九三，咸其股，执其随，往吝。

象曰："咸其股"，亦不处也。志在随人，所执下也。

九四，贞吉，悔亡。憧憧往来，朋从尔思。

象曰："贞吉悔亡"，未感害也。"憧憧往来"，未光大也。

九五，咸其脢，无悔。

象曰："咸其脢"，志末也。

上六，咸其辅颊舌。

象曰："咸其辅颊舌"，滕口说也。

── 解 读 ──

　　咸卦，是下经开篇第一卦，在六十四卦中排位第三十一。

　　《周易·咸·象传》："咸，感也。"

　　《荀子·大略》："咸，感也，以高下下，以男下女，柔上而刚下。"

　　上经开篇于乾，下经开篇于咸。乾卦言天，咸卦言夫妇。天生万物，夫妇生儿女。言自然之化育，天最重要；言人间之化育，夫妇最重要。咸卦之所以居于下经之首，奥秘就在这里。

　　诠释咸卦，分卦象、卦理与人理三部分。

一、 卦象

　　咸卦卦象，由先天八卦中的兑卦与艮卦重叠而成。兑卦在上，艮卦在下，所以有"兑上艮下"的诠释。兑，可以诠释为泽；艮，可以诠释为山；所以诠释咸卦卦象，又有"泽山咸"的诠释。

　　艮卦，在先天八卦中象征少男。《周易·说卦》："艮三索而得男，故谓之少男。"

　　兑卦，在先天八卦中象征少女。《周易·说卦》："兑三索而得女，故谓之少女。"

　　少男少女，组成了夫妇。

　　咸，无心之感也。无心之感，纯粹之感也。"青梅竹马""一见钟情"均属于无心之感。夫妇的基础，建立在无心之感上。婚姻经过计算，或者说，经过计算的婚姻，远离了真正的婚姻。

　　"窈窕淑女，君子好逑。"如此诗句，揭示的是一见钟情。这里的婚姻，没有经过计算。

二、 卦理

咸卦卦理的解读，分卦序与卦形两部分。

（一）卦序之理

咸卦位于下经之首，《周易·序卦》对咸卦的诠释最为详细：

"有天地然后有万物，有万物然后有男女，有男女然后有夫妇，有夫妇然后有父子，有父子然后有君臣，有君臣然后有上下，有上下然后礼仪有所错。"

咸卦象征夫妇。夫妇对应的是天地。

天地，在自然界处于基础性地位；夫妇，在人世间处于基础性地位。如此对应，揭示的是夫妇在人世间的重要性。

诠释乾坤之后的二十八卦，《周易·序卦》所用的句式是："因为 A，故受之以 B。"二十八卦的两两之间有前因后果的关系，有相反相成的关系，有物极必反的关系，有相互转化的关系。但在咸卦这里，《周易·序卦》舍弃了二十八卦，直接联系上了乾坤两卦，所以才有了"有天地然后有万物，有万物然后有男女，有男女然后有夫妇"的诠释。

乾坤象征天地，咸卦象征夫妇。

认识了这两点，就认识了卦的自然属性。

认识了这两点，就认识了卦的人文意义。

（二）卦形之理

咸卦卦形所隐含的哲理，是由《周易·咸·象传》揭示的。

《周易·咸·象传》："咸，感也。柔上而刚下，二气感应以相与，止而说，男下女，是以亨利贞，取女吉也。天地感而万物化生，圣人感人心而天下和平；观其所感，而天地万物之情可见矣！"

诠释咸卦卦形，《周易·咸·象传》诠释出了如此哲理。

"咸，感也。"咸，无心之感，这句话是对咸卦卦形的总体把握。

阳刚阴柔。兑卦言少女，在上；艮卦言少男，在下；这是"柔上而刚下"的所以然。

咸卦卦形由三阴三阳所组成，阴阳平均，这是"二气感应以相与"的所以然。

兑卦，喜悦之卦也。兑通说，说通悦，这是"止而说"的所以然。止者，至也。"止而说"，即至于喜悦。

兑卦象征少女，艮卦象征少男。兑卦在上，艮卦在下，这是"男下女"的所以然。

取者，娶也。迎娶新娘，天地之合，天作之合，这是"取女吉"的所以然。

以上哲理，源于卦象本身的结构。

"天地感而万物化生"的诠释，显然是卦外的自然哲理。"天地感"与"山泽通气"相关。只有认识"山泽通气"，才能从根本上认识"天地感"。

《周易·说卦》："山泽通气。"山泽通气如何通？在先天八卦中，兑卦表达立夏，空间方位位于东南；艮卦表达立冬，空间方位位于西北；东南、西北四隅中相对相应的两隅，这里应该是"山泽通气"的所以然。咸卦卦形泽在上山在下，这里表达的是立夏立冬相通相感的两种自然之气。认识这一点，才能明白为何会有"天地感而万物化生"的诠释。

"天地感而万物化生，圣人感人心而天下和平；观其所感，而天地万物之情可见矣！"这里的前一句讲的是自然哲理，后一句讲的是人文哲理。万物产生于天地交感之中，和平产生于圣人与人民的交感之中。

以上哲理，从天理走向了人理。

天地交感则有万物衍生，上下交感则有天下和平。感，交感，是自然界所必需的，也是人世间所必需的。

三、 君子之理

诠释咸卦卦象，以自然哲理论人理，《周易·咸·象传》论出的人文哲理是："山上有泽，咸。君子以虚受人。"

艮为山，兑为泽。咸卦卦象的上下两分结构是：泽在上山在下，这是"山上有泽"的所以然。

"山上有泽"是自然哲理，"君子以虚受人"是人文哲理，人文哲理源于自然哲理。

泽，水地也。高山上出现水地，显然是天池。高山蓄水，是因为大山的虚怀若谷。君子应该以谦虚处世，事事处处向人学习。

"三人行，必有我师焉：择其善者而从之，其不善者而改之。"（《论语·述而》）虚心向别人学习，孔夫子留下了如此至理名言。

凡是有人的地方，即便是有三个人，都有你值得学习的人和事。一个值得注意的重要问题是：善与不善的区分。从善，学到的是善。从不善，学到的是恶。

立竿测影是善，可以学。

天文观测是善，可以学。

如何取火是善，可以学。

如何筑巢是善，可以学。

如何结网是善，可以学。

如何制器是善，可以学。

如何治水是善，可以学。

如何解牛是善，可以学。

助纣为虐是恶，不可以学。

指鹿为马是恶，不可以学。

翻云覆雨是恶，不可以学。

……

学善不学恶，这是虚心学习的基本前提。

崇尚自然为善，征服自然为恶，这里不但是为学的大前提，也是为人的大前提。

四、 一个"咸" 字与六个动作

咸卦六爻的爻辞中，以一个"咸"字解释出了六个动作，六个动作是由少男主动发出的：

第一步，"咸其拇"，意思是"触动她的脚拇指"；

第二步，"咸其腓"，意思是"触动她的小腿肚"；

第三步，"咸其股"，意思是"触动她的大腿"；

第四步，"憧憧往来，朋从尔思"，意思是"两颗热恋之心开始朦朦胧胧地沟通，思虑开始一致"；

第五步，"咸其脢"，意思是"搂住她的腰背"；

第六步，"咸其辅、颊、舌"，意思是"亲她的脸颊和舌头"。

一个"咸"字，六个动作；六个动作本身，有从下到上的变化。六个动作的内涵，表达着感情上的一步步深化。深化至"颊"与"舌"，夫妇自然而然就形成。

一个"咸"字下的六个动作，说明什么？说明在咸卦所揭示的哲理中，恋爱期间的少男少女是可以动手动脚的。

在咸卦所揭示的哲理中，一看不到"父母之命"，二看不到"媒妁之言"。一个"咸"字下的六个动作，完全是少男少女两人的自主行为。"父母之命，媒妁之言"肯定有作用，但一定不能绝对化。

"男女授受不亲。"这是《孟子·离娄上》出现的哲理。这一哲理，在"独尊儒术"以后的两千多年里，成了约束青年男女的清规戒律。对照咸卦爻辞中的哲理，孟子的主张显然有所异化。对照"窈窕淑女，君子好逑"的诗句，孟子的主张仍然有所异化。

五、"憧憧往来，朋从尔思" 解

"憧憧往来，朋从尔思。"咸卦九四爻爻辞中，出现这一著名论断。诠释这一论断，《周易·系辞下》诠释出了一大段文字，请看原文：

> 易曰："憧憧往来，朋从尔思。"子曰："天下何思何虑？天下同归而殊涂，一致而百虑。天下何思何虑？日往则月来，月往则日来，日月相推而明生焉。寒往则暑来，暑往则寒来，寒暑相推而岁成焉。往者屈也，来者信也，屈信相感而利生焉。尺蠖之屈，以求信也。龙蛇之蛰，以存身也。精义入神，以致用也。利用安身，以崇德也。过此以往，未之或知也。穷神知化，德之盛也。"

"憧憧往来，朋从尔思"本义在人文，解释在天文。八个字的一个论断，衍生出了四大方面的内容：

首先是方法论。"天下何思何虑？天下同归而殊涂，一致而百虑。"同样的问题，尽管结论相同，但是解答问题的途径完全可以不同。"同归"与"一致"，讲的是结论。"殊涂"与"百虑"讲的是途径。解答问题可以有多种方法，作卦的先贤已经清楚地认识到了这一点。否则，中华大地上不会出现三种《易》。

其次是天文周期。"日往则月来，月往则日来，日月相推而明生焉。寒往则暑来，暑往则寒来，寒暑相推而岁成焉。"用当时先贤的眼光看，日月往来、寒暑往来均涉及天文的周期性。定时、定期、定数，这是中华先贤眼中的太阳回归，这是中华先贤眼中的昼夜更替。圆周循环、终而复始，一切都有其规律性与周期性。观测天文，中华先贤远远走在了世界前列。"日月往来"与"寒暑往来"，就是天文周期的精辟总结。

用今天的眼光看，日月往来由地球自转所决定，寒暑往来由地球公转所决定。

第三是自然法则。"往者屈也，来者信也，屈信相感而利生焉。尺蠖之屈，以求信也。龙蛇之蛰，以存身也。"往来屈伸，日月法则是这样，蚯蚓龙蛇的法则也是这样。蚯蚓龙蛇冬眠入土，苏醒出土，所有这些活动都必须服从天文周期。"天文如何，蚯蚓如何，龙蛇如何"，这是先贤的认识。在先贤的认识上向前再跨出一步，就可以认识到"天文如何，地震如何，台风如何"的规律性与周期性。

第四是人文哲理。"精义入神，以致用也。利用安身，以崇德也。过此以往，未之或知也。穷神知化，德之盛也。""致用"致在实际生活中，"崇德"崇在道德精神上，由天文论人文，落脚在"致用"与"崇德"两个层面上。"过此"言当下，"以往"言历史；"过此以往"连接的是历史与未来，由天文论人文，落脚在"知"与"未知"两个层面上。何谓神？《周易·说卦》中的答案是："神也者，妙万物而为言者也。"何谓化？《素问·天元纪大论》中的答案是："物生谓之化。""穷神"，讲的是一定要清楚万物的生生之源。"知化"，讲的是一定要清楚万物的枯荣生死。如此方能算是"德之盛"。这里所界定的"德"，是对宇宙法则的认知。

一条爻辞，一个"憧憧往来，朋从尔思"的论断，其中涉及太阳回归，涉及日月交替，涉及小昆虫、大蛟龙的冬眠与苏醒，涉及人对自然法则的认知，试想一下，离开了"以天文论万物，以天文论人文"这一思路会认识卦理爻理吗？

卦
三
十
二

恒

（雷风）恒：亨。无咎。利贞。利有攸往。

彖曰：恒，久也。刚上而柔下。雷风相与，巽而动，刚柔皆应，恒。"恒亨无咎利贞"，久于其道也。天地之道恒久而不已也。"利有攸往"，终则有始也。日月得天而能久照，四时变化而能久成。圣人久于其道而天下化成。观其所恒，而天地万物之情可见矣。

象曰：雷风，恒。君子以立不易方。

初六，浚恒，贞凶，无攸利。

象曰："浚恒"之"凶"，始求深也。

九二，悔亡。

象曰：九二"悔亡"，能久中也。

九三，不恒其德，或承之羞，贞吝。

象曰："不恒其德"，无所容也。

九四，田无禽。

象曰：久非其位，安得禽也。

六五，恒其德，贞，妇人吉，夫子凶。

象曰：妇人贞吉，从一而终也。夫子制义，从妇凶也。

上六，振恒，凶。

象曰：振恒在上，大无功也。

恒卦，是下经开篇第二卦，在六十四卦中排位第三十二。

《周易·序卦》："恒，久也。"

《周易·杂卦》："恒，久也。"

《周易·恒·彖传》："恒，久也。"

如此统一认识，恒卦之外，几稀。

下经第一卦是咸卦，第二卦是恒卦。

咸卦言夫妇，恒卦言恒久；显然，恒、咸两卦之间有着先后衔接关系。

诠释恒卦，分卦象、卦理与人理三部分。

一、卦象

恒卦卦象，由先天八卦中的震卦与巽卦重叠而成。震卦在上，巽卦在下，所以有"震上巽下"的诠释。震，可以诠释为雷；巽，可以诠释为风；所以诠释恒卦卦象，又有"雷风恒"的诠释。

二、 卦理

恒卦卦理的解读，分卦序与卦形两部分。

（一）卦序之理

恒卦位于咸卦之后，《周易·序卦》对恒卦的诠释是："夫妇之道不可以不久也，故受之以恒。恒者，久也。"

咸卦象征夫妇，恒卦隐喻长久。长长久久，天长地久，这就是卦理对夫妇关系的定位。

在上经下经中，咸卦对应乾卦。在天理人理中，夫妇对应天地。天地之道为恒久之道，夫妇之道理应为恒久之道。

"离过婚的男人和离过婚的女人结婚，床上会有四颗心。"《塔木德》用如此经典的语言，引导人们坚持恒久的夫妇之道。不同的文化，相同的基点。在夫妇问题上，《周易》与《塔木德》一样，都主张恒久的夫妇关系。

恒久不等于捆绑。《周易》有"从一而终"的主张，也有"夫妻反目"的结论。"从一而终"与"夫妻反目"，这两个词都源于《周易》。

当丈夫有错而不改，夫妻关系可以解体。"舆说辐"——车轮脱离车轴，这是形容"夫妻反目"时，小畜卦爻辞所运用的形象比喻。车轮与车轴合为一体，形容的是夫妻好合。车轮脱离车轴，形容的是夫妻分离。

夫妇关系，首先主张恒久，其次允许分离。优秀的文化，文化的优秀，体现在了夫妇关系的定位上。

（二）卦形之理

恒卦卦形所隐含的哲理，是由《周易·恒·象传》揭示的。

《周易·恒·象传》："恒，久也。刚上而柔下，雷风相与，巽而动，刚柔皆应，恒。恒亨无咎，利贞；久于其道也。天地之道，恒久而不已也。利有攸往，终则有始也。日月得天而能久照，四时变化而能久成。圣人久于其道而天下化成。观其所恒，而天地万物之情可见矣！"

诠释恒卦卦形，《周易·恒·象传》诠释出了如此哲理。

"恒，久也。"这句话是对恒卦卦形的总体把握。

雷刚风柔。雷刚在上，风柔在下，这里应该是"刚上而柔下"的所以然。

震言雷，巽言风；雷在上，风在下；这里应该是"雷风相与"的所以然。这里应该是"巽而动，刚柔皆应"的所以然。

以上哲理，源于卦象本身的结构。

"恒亨，无咎，利贞；久于其道也。"这一论断，是站在卦外对卦象的评价。

"天地之道，恒久而不已也。利有攸往，终则有始也。日月得天而能久照，四时变化而能久成。"这一论断，讲的是"从天文到人文，从天文到历法"的转化。

"天地之道"为何有"恒久而不已"的永恒性？请看看圭表下的日影在长短两极的循环。用今天的眼光看，地球围绕太阳公转，这里有"恒久而不已"的永恒，这里有"终则有始"的规律。

日月在天上，日月照耀着大地，日无私照，月无私照。太阳回归年的时间长度一分为四即春夏秋冬四时，换言之，地球围绕太阳公转的时间长度与空间距离一分为四即春夏秋冬四时。认识这两点，才能真正认识"日月得天而能久照，四时变化而能久成"的所以然。

《周易·恒·象传》诠释恒卦，又一次出现日月，又一次出现四时。之前的豫卦中含四时，观卦中含四时，之后的革卦中含四时，节卦中含四时；不认识四时，能认识卦的真正含义吗？四时确定于日影之下，不懂太阳历能认识卦真正的含义吗？

在先天八卦中，震卦表达立春，空间方位位于东北；巽卦表达立秋，空间方位位于西南；四隅之中，震巽两卦相对相应。立春、立秋的变化，这里体现的是道，这里有万物的萌芽与万物的初熟。圣人者，源头先贤也，源头"仰观天文"之先贤也。道，日影变化即道，四时变化即道，太阳本身即道。观天文以制历从伏羲氏开始，或许从伏羲氏之前早已开始，这就是"圣人久于其道"的所以然。认识天文历法的对应，认识天文历法与万物变化的对应，才能真正明白"圣人久于其道而天下化成"的所以然。

"观其所恒，而天地万物之情可见矣！"日影循环变化，可见其恒。四时循环变化，可见其恒。万物生长收藏循环变化，可见其恒。恒卦之恒，其根本在天文，人文表现在历法，自然表现在万物循环变化。知道这些，才能知道恒卦之恒的所以然。

以上哲理，由天文而历法，由天文而人文。

三、 君子之理

诠释恒卦卦象，以自然哲理论人理，《周易·恒·象传》论出的人文哲理是："雷风，恒。君子以立不易方。"

震为雷，巽为风。恒卦卦象的上下两分结构是：震在上，巽在下，这是"雷风"的所以然。

"雷风"是自然哲理，"君子以立不易方"是人文哲理，人文哲理源于自然哲理。

恒，天文之理也。不易方，君子之理也。

不易方，讲究的是坚定，忠贞。

效法天地，应该立场坚定，忠贞不二。

崇尚自然，应该立场坚定，忠贞不二。

崇尚道理，应该立场坚定，忠贞不二。

效法日月，应该立场坚定，忠贞不二。

合于时序，应该立场坚定，忠贞不二。

顺应寒暑，应该立场坚定，忠贞不二。

昼动夜静，应该立场坚定，忠贞不二。

……

以天文论人文，在大自然中找出"如何为人"的价值坐标，然后坚定不移地效法之，是"君子以立不易方"的基本含义。

四、"不恒其德， 或承之羞" 解

"不恒其德，或承之羞。"这一格言是九三爻辞中出现的。

这一格言的意思是：不能恒其德，就会蒙其羞。

孔夫子引用过这一格言。

这一格言在《论语·子路》中出现过。请看原文：

> 子曰：南人有言曰："人而无恒，不可以作巫医。"善夫！"不恒其德，或承之羞。"子曰："不占而已矣。"

译文：孔子说："南方有这样的话：'人没有恒心，不能做巫师和医师。'说得好啊！"正如恒卦爻辞所说："不恒久地保持德行，就会蒙受耻辱。"孔子说："其结果还用占卜吗？"

这一格言在《礼记·缁衣》中出现过。内容与《论语》稍有差别，但是引用"不恒其德，或承之羞"这一格言，却是完全一致的。

只有"恒其德"，才能不招致羞辱。

做人做事，都有一个"恒其德"的问题。

不恒其德，什么事都做不好！

立人，始终坚持"忠恕"之道；立人，始终坚持"己所不欲，勿施于人"的基本立场；但是立人首先要信守的是一个"恒"字，这就是儒家育人、立人的基本原则。

这里出现的占卜之占，有必要解释一下源头之占与秦汉之占。

源头之占，占的是天文。

占，天文之占为本义。

占，"天上何时掉馅饼"之占为歧义。

从天文之占到"天上何时掉馅饼"之占，如此变质，发生于先秦，延续于西汉。

《汉书·艺文志》详细记载了前后变质的过程："阴阳家者流，盖出于羲和之官。敬顺昊天，历象日月星辰，敬授民时，此其所长也。及拘者为之，则牵于禁忌，泥于小数，舍人事而任鬼神。"

"敬顺昊天，历象日月星辰"讲的是天文观测，"敬授民时"讲的是制定历法在天下人民中间普及。这句话告诉后人，源头的阴阳家是天文学家，是制定历法的功臣。

"牵于禁忌，泥于小数，舍人事而任鬼神"讲的是"忌讳这个，禁忌那个"的算命。这句话告诉后人，先秦时期与西汉时期的阴阳家是算命先生，他们与真正的阴阳家已经分离了。

关于真正的天文之占，会在《周易·系辞上》的导读中讨论。

卦
三
十
三

遁

（天山）遁：亨。小利贞。

彖曰："遁亨"，遁而亨也。刚当位而应，与时行也。"小利贞"，浸而长也。遁之时义大矣哉！

象曰：天下有山，遁。君子以远小人，不恶而严。

初六，遁尾，厉，勿用有攸往。

象曰："遁尾"之"厉"，不往何灾也？

六二，执之用黄牛之革，莫之胜说。

象曰："执用黄牛"，固志也。

九三，系遁，有疾厉，畜臣妾，吉。

象曰："系遁"之"厉"，有疾惫也。"畜臣妾吉"，不可大事也。

九四，好遁，君子吉，小人否。

象曰："君子好遁，小人否"也。

九五，嘉遁，贞吉。

象曰："嘉遁贞吉"，以正志也。

上九，肥遁，无不利。

象曰："肥遁无不利"，无所疑也。

遁卦，是下经开篇第三卦，在六十四卦中排位第三十三。

《周易·序卦》："遁者，退也。"

《周易·杂卦》："遁则退也。"

日影有长短两极之变，这是中华先贤在立竿测影时的发现。

日影有长短两极之变，万物有生死之变，圣人有进退之变，这是中华先贤在人文中建立起的基本认识。

主张有序之进退，这是《周易》的基本立场。

遁卦言退。

诠释遁卦，分卦象、卦理与人理三部分。

一、卦象

遁卦卦象，由先天八卦中的乾卦与艮卦重叠而成。乾卦在上，艮卦在下，所以有"乾上艮下"的诠释。乾，可以诠释为天；艮，可以诠释为山；所以诠释遁卦卦象，又有"天山遁"的诠释。

遁卦卦象，六爻之中二阴在下，四阳在上，如此为言退之遁卦。

遁卦，在十二辟卦中，表达的是太阳历的六月。

二、卦理

遁卦卦理的解读，分卦序与卦形两部分。

（一）卦序之理

遁卦位于恒卦之后，两卦之间有承前启后的联系。《周易·序卦》对此的诠释是："物不可以久居其所，故受之以遁。"

恒，久也。遁，退也。

正如"离离原上草"有"一岁一枯荣"的变化一样，所有的物不可能长久保持一种固定状态，肯定会发生变化。遁，表达的是一种变化。

（二）卦形之理

遁卦卦形所隐含的哲理，是由《周易·遁·彖传》揭示的。

《周易·遁·彖传》："遁，亨，遁而亨也。刚当位而应，与时行也。小利贞，浸而长也。遁之时，义大矣哉。"

诠释遁卦卦形，《周易·遁·彖传》诠释出了如此哲理。

"遁，亨，遁而亨也。"这句话是对遁卦卦形的总体把握。《释文》："亨，训通也。"该进则进，该退则退，所以有亨通之结局。

阳性刚。九五阳爻居奇数之位，并与六二阴爻相互对应，认识卦象内部如此结构，才能真正明白"刚当位而应"的所以然。

从泰卦卦辞开始，以阴阳论大小，阳大而阴小。遁卦二阴在下，而且阴气会逐步增长。认识这一点，才能明白"小利贞，浸而长也"的所以然。

以上哲理，源于卦象本身的阴阳结构。

《周易·遁·彖传》诠释遁卦，出现遵循时间之序的"与时行也"。遁卦初六、六二两爻为阴爻；夏至一阴生，夏至在五月；六月二阴生，遁卦在十二辟卦中为六月。

"与时行也"，这是大道之原则。如何表达"与时行也"，这是文字之技巧。下经之中，会出现各式各样的表达，例如"与时偕行"，"与时消息"，"时止则止，时行则行，动静不失其时，其道光明"。

遁卦，表达的是天文历法，具体表达的是十二月太阳历中的一个月。知道这一点，才能知道"遁之时，义大矣哉"的天文历法意义。

以上哲理，由天文而历法，由天文而人文。

三、 君子之理

诠释遁卦卦象，以自然哲理论人理，《周易·遁·彖传》论出的人文哲理是："天下有山，遁。君子以远小人，不恶而严。"

乾为天，艮为山。遁卦卦象的上下两分结构是：乾在上，艮在下，这是"天下有山"的所以然。

"天下有山"是自然哲理，"君子以远小人，不恶而严"是人文哲理，人文哲理源于自然哲理。

不恶之恶，不是罪恶之恶，而是有形之严峻。严，是精神面貌上的威严。

君子远小人，一是空间上的远离，二是道义上的远离。

口中有蜜，腹中有剑，是小人的主要特征。

阿谀奉承，是小人的拿手好戏。

喜欢阿谀奉承，这是君子难以"远小人"的根本原因。

四、 关于"何谓小人" 的界定

圣人、大人、君子、小人，这是《周易》分出的四种人。

圣人，是人文与器具的创造者。

大人，是明白天理的天下治理者。

君子，是天下的栋梁。

小人，一指蠢人，一指天下危害者。

这里专题讨论"何谓小人"，以及如何"远小人"。

"小人"一词，最早是在六十四卦第七卦的师卦爻辞中出现的。师卦上六爻辞曰："大君有命，开国承家，小人勿用。"

何谓小人？《周易》有如下四种界定：

其一，不懂用智的蠢人。大壮卦九三爻辞："小人用壮，君子用罔。"

这里记载的是一种狩猎活动，参加狩猎活动的有两种人——小人与君子。

小人，指的是只会用蛮力而不会动脑子的蠢人。用壮之壮，蛮力也。小人只知道用蛮力追击猎物，或只知道用蛮力与猎物搏斗。

君子，指的是既会用力，又会用智的贤者与能者。

贤者与能者，在狩猎活动中张网以待，使奔跑的猎物投入网中。

小人之小，小在了智慧上。

如此小人，只是智商低，而不是天下危害者。

其二，阴阳两面人。《周易·系辞下》："阴二君而一民，小人之道也。"

阴一面阳一面周旋于二主之间，如此之人，小人也。如此之道，小人之道也。阴阳两面者为小人，这是对小人的第二种解释。

小人之小，小在了品德上。

如此小人，是天下危害者。

其三，不知羞耻者。《周易·系辞下》："小人不耻不仁，不畏不义，不见利不劝，不威不惩。"

不仁不义，不知道羞耻，不敬畏道义，见利伸手，遭受威吓才收敛，如此者小人也。

其四，常为小恶者。《周易·系辞下》："小人以小善为无益而弗为也，以小恶为无伤而弗去也，故恶积而不可掩，罪大而不可解。"

不为善常为小恶，如此者小人也。

常为小恶，小恶一天天积成了大罪，到了罪不可赦的地步，走上审判台或断头台的日子就来临了。由积小恶开始，到罪不可赦的结局告终，如此历程，就是小人的人生历程。

小人之小，小在了品德上。

如此小人，是天下危害者。

刘备的遗嘱。《三国演义》中的刘备，临终时留给儿子阿斗的遗嘱中有一句极其重要的话："莫以善小而不为，莫以恶小而为之。"这句话在正史中也有记载，证明刘备确实对阿斗说过这句话。刘备的遗嘱，话是刘备的话，哲理基础却在《周易·系辞下》。

如何"远小人"？一是不用，二是惩戒，三是警示。

"开国承家，小人勿用。""远小人"，第一原则是不用。

"小惩而大诫，此小人之福也。""远小人"，第二原则是惩戒。

"善不积不足以成名，恶不积不足以灭身。""远小人"，第三原则是哲理警示。

诸葛亮在《前出师表》中告诫阿斗要"亲贤臣，远小人"。"远小人"，从《周易》一直讲到诸葛亮，可见"远小人"之难。

这里还需要澄清一个问题，即："小人"定位的差异。

《论语》孔夫子将务农者与研究务农者界定为"小人"，这显然有悖于《周易》之理。

《论语·子路》中的樊迟，向孔夫子"学稼"与"学圃"，被孔夫子界定为"小人"："小人哉，樊须也。"

神农氏务农称圣，后稷培育良种称大，为何在孔夫子这里变成了小人？对照神农、后稷之事，对照《周易》之理，孔夫子的定位显然是错误的。

卦三十四 大壮

 原 文

（雷天）大壮：利贞。

彖曰：大壮，大者壮也。刚以动，故壮。"大壮利贞"，大者正也。正大，而天地之情可见矣。

象曰：雷在天上，大壮。君子以非礼弗履。

初九，壮于趾，征凶，有孚。

象曰："壮于趾"，其孚穷也。

九二，贞吉。

象曰：九二"贞吉"，以中也。

九三，小人用壮，君子用罔，贞厉。羝羊触藩，羸其角。

象曰："小人用壮"，君子以罔也。

九四，贞吉，悔亡。藩决不羸，壮于大舆之輹。

象曰："藩决不羸"，尚往也。

六五，丧羊于易，无悔。

象曰："丧羊于易"，位不当也。

上六，羝羊触藩，不能退，不能遂，无攸利，艰则吉。

象曰："不能退，不能遂"，不详也。"艰则吉"，咎不长也。

解 读

大壮卦，是下经第四卦，在六十四卦中排位第三十四。

《周易·大壮·彖传》："大壮，大者壮也。"

《周易·杂卦》："大壮则止。"

《尔雅·释诂》："壮，大也。"

诠释大壮卦，分卦象、卦理与人理三部分。

一、 卦象

大壮卦卦象，由先天八卦中的震卦与乾卦重叠而成。震卦在上，乾卦在下，所以有"震上乾下"的诠释。震，可以诠释为雷；乾，可以诠释为天；所以诠释大壮卦卦象，又有"雷天大壮"的诠释。

大壮卦卦象，六爻之中四阳在下，二阴在上，如此为言大之大壮卦。

大壮卦，在十二辟卦中，表达的是太阳历的二月。

二、 卦理

大壮卦卦理的解读，分卦序与卦形两部分。

（一） 卦序之理

大壮卦位于遁卦之后，《周易·序卦》对大壮卦的诠释是：

"物不可以终遁，故受之以大壮。"

遁，退也。大壮，大且壮也。

遁卦、大壮卦两卦之间有着前与后因果关系。有了遁卦的后退，才有了大壮卦的兴盛壮大。

（二） 卦形之理

大壮卦卦形所隐含的哲理，是由《周易·大壮·象传》揭示的。

《周易·大壮·象传》："大壮，大者壮也。刚以动，故壮。大壮利贞；大者正也。正大而天地之情可见矣！"

诠释大壮卦卦形，《周易·大壮·象传》诠释出了如此哲理。

"大壮，大者壮也。"这句话是对大壮卦卦形的总体把握。

"刚以动，故壮。大壮利贞，大者正也。正大而天地之情可见矣！"

乾为天为阳，阳性刚。天行刚健，这里有一刚。

《周易·系辞下》："阳卦多阴，阴卦多阳。"按照这一论断衡量，一阳二阴的震卦为阳卦。震卦阳，阳性刚，这里又有一刚。

天性刚，雷性刚；天性动，雷性动；知道以上内容，就会明白"刚以动"的所以然。

一三五是奇数阳位，初九、九三都居于正位；阳者，大也；知道这些，就会明白"大者正也"的所以然。

以上哲理，源于卦象本身的阴阳结构。

"大壮利贞"，这四个字是人文价值判断。

"正大而天地之情可见矣。"这句话是天文与人文统一的价值判断。

以上哲理，是天文与人文的统一。

三、 君子之理

诠释大壮卦卦象，以自然哲理论人理，《周易·大壮·象传》论出的人文哲理是："雷在天上，大壮。君子以非礼弗履。"

乾为天，震为雷。大壮卦卦象的上下两分结构是：震在上，乾在下，这是"雷在天上"的所以然。

"雷在天上"是自然哲理，"君子以非礼弗履"是人文哲理，人文哲理源于自然哲理。

雷在天上，声势威赫，面对此大壮之象，君子应该反身修己，纯洁内心，不做非礼之事，不说非礼之言。

四、 人礼与天理

泱泱中华，礼仪之邦。

（一）分界线

礼，是人与禽兽的分界线。以礼为界，这一边的是人，那一边的是禽、是兽。区分人禽、人兽之别，《礼记·曲礼》在开篇处留下了非常生动的形象比喻：

> 鹦鹉能言，不离飞鸟；猩猩能言，不离禽兽。今人而无礼，虽能言，不亦禽兽之心乎？夫唯禽兽无礼，故父子聚麀。是故圣人作，为礼以教人，使人以有礼，知自别于禽兽。

译文：鹦鹉能说话，还是飞鸟；猩猩能说话，还是禽兽。人虽然会说话，如果没有礼节，与禽兽有差别吗？禽兽没有礼节，所以有父子同雌、母女共雄的混乱。由此，有圣人作为，制定礼节来教育人，以礼来规范人的行为举止，让人与飞禽走兽有所区别。

中华大地上的礼，出于孔子之前。有了礼才有了人。没有礼，人无异于鹦鹉，无异于猩猩。

（二）礼的几重作用

礼对于人，礼对于家，礼对于国，礼对于天下，其重要性如何呢？

没有礼，家不能成其为家。没有礼，国不能成其为国。没有礼，天地之间只有动物世界而不可能有文明之天下。

礼之重要性如何？请看以下四个论断：

其一，"夫礼者，所以定亲疏，决嫌疑，别异同，明是非也。"（《礼记·曲礼》）

这一论断的直接意思是：礼是用来分清亲疏，决断疑惑，分辨人禽异同，明白是非的。

这一论断隐含的意思是：有了礼才有了亲亲之家，有了礼才有了聪慧之人，有了明彼此、别异同、辨是非的聪慧之人。

其二，"治国不以礼，犹无耜而耕也。"（《礼记·礼运》）

这一论断的意思是：治国不用礼，犹如耕田不用犁。无犁难以耕田，无礼难以治国。

其三，"礼，经国家，定社稷，序民人，利后嗣也。"（《春秋左传·隐公十一年》）

这一论断的直接意思是：礼，是经纬国家，安定社稷，秩序人民，利于子孙的纲纪。

这一论断隐含的意思是：没有礼，国家难治，社稷难安，人民难以有序，必然不利于子孙。

其四，"夫礼，天之经，地之义也，民之行也。"（《春秋左传·昭公二十五年》）

礼源于天经地义，礼是民行之规矩。天经地义，实际上就是天理地理。礼为民之行，所讲的就是人之行必须合于天之理地之理。

礼一可以化育人，二可以化育家，三可以化育天下。反之，无礼不成人，无礼不成家，无礼不成国，无礼也难以成天下。

在儒家的这四个论断里，一可以清楚地知道礼之来源，二可以清楚地知道礼的基础性与重要性。

（三）何谓礼

关于礼的具体内容，请看下列几个论断：

其一，夫妇之间"不相渎"是谓有礼。《春秋左传·桓公十八年》："女有家，男有室，无相渎也，谓之有礼。"

夫妻之间，男以女为室，女以男为家，夫妇二人不相渎，这就是有礼。渎，轻慢也。夫妇之间相互尊重，这就是有礼。

礼，开始于夫妇。

其二，人伦五教即是礼。《尚书·舜典》："帝曰：契，百姓不亲，五品不逊。汝作司徒，敬敷五教，在宽。"这段话告诉后人，是舜任命契为司徒，主持五教的教化。

何谓五教？《春秋左传·文公十八年》："舜……使布五教于四方，父义，母慈，兄友，弟恭，子孝，内平外成。"

父、母、兄、弟、儿子，全部是家庭成员。家庭成员中，一种名分一种责任。不同的名分，不同的责任。名分与责任，讲究的是相互负责。

五常之教，开端于家教。

其三，人伦"六顺"即是礼。《春秋左传·隐公三年》："君义，臣行，父慈，子孝，兄爱，弟敬，所谓六顺也。"

人伦"六顺"，是天下之礼与家礼的结合。

其四，人伦"十义"即是礼。《礼记·礼运》："何谓人义？父慈子孝，兄良弟恭，夫义妇听，长惠幼顺，君仁臣忠，十者谓之人义。"

"十义"之中，五对人伦关系：父子，兄弟，夫妇，长幼，君臣。"两两相对"的人伦关系其原则是相互尊重、相互负责。

"两两相对"的人伦关系均为双向负责的关系：父子之间，父慈子孝是相互关系；兄弟之间，兄良弟敬是相互关系；夫妇之间，夫义妇听是相互关系，长幼之间，长惠幼顺是相互关系；君臣之间，君仁臣忠是相互关系。

人伦"十义"，是天下之礼与家礼的结合与统一。

其五，人与人之间讲信即是礼。《礼记·大学》："与国人交，止于信。"

讲话有信，做事有信，承诺有信，人与人之间的交往，讲信用之信，就是有礼。

（四）礼的参照坐标

礼，怎么制定出的呢？换言之，制礼的参照坐标在何处？礼，不是源于圣人，不是源于君王，而是圣人参照天理地理，参照道理制定出的。

《周易》论礼之来源。《周易》有三个论断解释了礼之源在天地。

其一，《周易·序卦》："有天地然后有万物，有万物然后有男女，有男女然后有夫妇，有夫妇然后有父子，有父子然后有君臣，有君臣然后有上下，有上下然后礼仪有所错。"几个简洁的"有 AB 然后有 CD"，描述了宇宙与人的两个演化，人的演化从男女开始，经夫妇、父子、君臣、上下，落脚于礼仪。男女、夫妇、父子、君臣、上下，是人伦中的五伦，五伦是什么样的关系？是礼仪关系。礼仪从何而来？源于天地。这段论述的起始之端点，一切演化起于天地，没有天地既不可能有人间男女，也不可能有人间礼仪。起于天地、落脚于礼仪，这一对应关系告诉人们，礼仪之源，源于天地。

其二，《周易·系辞上》："知崇礼卑。崇效天，卑法地。"

人的一切准则源于高低两个方向——高源于天，低源于地。

其三，《周易·说卦》："昔者圣人之作易也，将以顺性命之理，是以立天之道，曰阴与阳，立地之道曰柔与刚，立人之道曰仁与义。"

将天地人三道合一而论，天道地道在先而人道在后，人道从何而来？很显然是从天道地道中来。讲仁讲义的立人之道，立于天道地道之中。

礼之来源，源于天地，这是《周易》中的结论。

儒家论礼之来源。儒家有四个论断解释了礼之源在天地。

其一，《礼记·礼运》："故圣人作则，必以天地为本。"

意译：则即是礼，礼即是则。圣人立则，是以天地为根本的。请注意，圣人立则，其参照坐标是天地而不是圣人的意志。

其二，《礼记·礼运》："是故夫礼，必本于大一。"

意译：礼的根本在大一，换言之，礼发源于大一。何谓一？下面两个论断解释了一与道之间的关系：一即是道，道即是一。《道德经·第四十二章》："道生一。"《韩非子·扬权》："道无双，故曰一。"

其三，《礼记·礼乐》："大乐与天地同和，大礼与天地同节。"

译文：大乐，源于天地上下的对应；大礼，源于天地的自然秩序。

其四，《礼记·礼器》："礼也者合于天时，设于地财。"

译文：礼，必须合于天时，合于地利。

四个论断，一个意思。礼之源，源于天地，源于道理。礼，是早期的圣人参照天地之理、参照道理创造出来的。

（五）礼之端

礼有端点吗？如果有，礼的端点在何处？

礼之端在夫妇。请看《礼记》中的几个论断。

其一，《礼记·内则》："礼始于谨夫妇。"

其二，《礼记·中庸》："君子之道，造端乎夫妇；及其至也，察乎天地。"

其三，《礼记·哀公问》："昔三代明王之政，必敬其妻子也，有道。"

礼之端始于夫妇，孟子有与孔夫子相似的论断。《孟子·万章上》："男女居室，人之大伦也。"人伦之伦，始于男女固定地共居一室。

孔子与孟子共同告诉后人，礼有端点，这个端点在夫妇这里。

礼之端为什么起于夫妇？回顾一下六十四卦经上、经下的卦序，答案即刻呼之欲出：宇宙演化起于天地，人间演化起于夫妇。有夫妇然后有父子，有父子然后有君臣；夫妇是父子、君臣的基础。所以，礼之端必须从夫妇这里开始。

（六）礼之序

礼之端始于夫妇，那么，礼之序呢？从小家到大天下，这就是礼之序。

夫妇之礼，父子之礼，兄弟之礼，这些礼讲在小家。

君臣之礼，上下之礼，朋友之礼，这些礼讲在小家之外的大天下。

一家讲礼，家家讲礼；家里讲礼，家外讲礼；讲出了早期的中华文明。

（七）礼尚往来

礼，崇尚什么呢？崇尚交往的双方我讲礼，你也要讲礼。

《礼记·曲礼》："礼尚往来：往而不来，非礼也；来而不往，亦非礼也。"

礼尚往来，可以在《塔木德》中找到知音之论。《塔木德·第三章》在论述"自己与他人"时说："你的需要和他人的需要一样应该满足。"做人应该明白：你需要的，他人也需要，包括物，包括礼。《塔木德》是犹太人的典籍——《圣经》之后的重要典籍。文化是两种文化，典籍是两种典籍，但对礼尚往来的认识，却完全是一致的。

朋友之间，应该礼尚往来。

亲戚之间，应该礼尚往来。

兄弟之间，应该礼尚往来。

夫妻之间，同样应该礼尚往来。

"往来"之说，源于太阳，源于太阳回归。

《周易·系辞下》："寒往则暑来，暑往则寒来，寒暑相推而岁成焉。"

冬至寒，夏至暑，这是《周髀算经》对寒暑的定位。日影最长点是冬至，日影最短点是夏至，这是《周髀算经》对两至的定位。寒往暑来与暑往寒来，实际上是日影长短两极的往来。

礼尚往来，根本坐标在太阳，在日影的往来。

（八）礼即秩序

大自然是有序的。

太阳回归是有序的！

月亮圆缺是有序的！

日月往来是有序的！

五星往来是有序的！

寒暑往来是有序的！

春夏秋冬四时往来是有序的！

万物生长收藏是有序的！

潮涨潮落是有序的！

小蚯蚓的出土入土同样是有序的！

……

有序，可以归结于天理地理之中，可以归结于道理之中。

人世间应该是有序的！

礼是仿照自然秩序建立起来的人间秩序！

（九）礼之用

礼之用体现在何处？体现在一个"和"字上。

《礼记·儒行》："礼之以和为贵。"

《论语·学而》："礼之用，和为贵。"

男女之间，以和为贵！

夫妇之间，以和为贵！

兄弟之间，以和为贵！

朋友之间，以和为贵！

上下之间，以和为贵！

君臣之间，以和为贵！

和，允许取长补短！

和，允许不同认识！

一主张和谐和睦之和，二主张和而不同，这就是优秀的中华文化。

卦三十五　晋

原 文

（火地）晋：康侯用锡马蕃庶，昼日三接。

彖曰：晋，进也，明出地上。顺而丽乎大明，柔进而上行，是以"康侯用锡马蕃庶，昼日三接"也。

象曰：明出地上，晋。君子以自昭明德。

初六，晋如摧如，贞吉。罔孚，裕，无咎。

象曰："晋如摧如"，独行正也。"裕无咎"。未受命也。

六二，晋如，愁如，贞吉。受兹介福，于其王母。

象曰："受兹介福"，以中正也。

六三，众允，悔亡。

象曰："众允"之志，上行也。

九四，晋如鼫鼠，贞厉。

象曰："鼫鼠贞厉"，位不当也。

六五，悔亡，失得勿恤。往吉，无不利。

象曰："失得勿恤"，往有庆也。

上九，晋其角，维用伐邑，厉，吉，无咎，贞吝。

象曰："维用伐邑"，道未光也。

解 读

晋卦，在六十四卦中排位第三十五。

《周易·序卦》："晋者，进也。"

《周易·晋·彖传》："晋，进也。"

《周易·杂卦》："晋，昼也。"

晋卦，人文讲进取。进取的有功之臣，会受到天子的晋升褒奖。晋，晋升，晋封，晋级；人文中的"晋"字，是令人喜欢的褒义词。

晋卦，天文讲太阳。日往月来形成的是昼夜。日主昼，月主夜。谈昼，谈的是太阳。

诠释晋卦，分卦象、卦理与人理三部分。

一、 卦象

晋卦卦象，由先天八卦中的离卦与坤卦重叠而成。离卦在上，坤卦在下，所以有"离上坤下"的诠释。离，可以诠释为火；坤，可以诠释为地；所以诠释晋卦卦象，又有"火地晋"的诠释。

二、 卦理

晋卦卦理的解读，分卦序与卦形两部分。

（一）卦序之理

晋卦位于大壮卦之后，《周易·序卦》对晋卦的诠释是："物不可以终壮，故受之以晋。晋者，进也。"

大壮，大且壮；晋，进取、晋升。

大壮卦、晋卦两卦之间有着前与后的因果关系。大壮卦的兴盛壮大，才有晋卦的进取、晋升。

（二）卦形之理

晋卦卦形所隐含的哲理，是由《周易·晋·彖传》揭示的。

《周易·晋·彖传》："晋，进也。明出地上，顺而丽乎大明，柔进而上行。是以康侯用锡马蕃庶，昼日三接也。"

诠释晋卦卦形，《周易·晋·彖传》诠释出了如此哲理。

"晋，进也。"这是对晋卦卦形的总体把握。

离卦可以表达太阳，太阳可以称为大明，坤卦可以表达大地，知道这些，就会明白"明出地上"的所以然。

坤道言顺。《周易·坤·文言》："坤其道顺乎？承天而时行。"丽，附丽。太阳即大明。知道这些，就会明白"顺而丽乎大明"的所以然。

坤卦纯阴，阴性柔；阳气萌芽于大地黄泉之下，由下而上一步步上升。知道这些，就会明白"柔进而上行"的所以然。

"是以康侯用锡马蕃庶，昼日三接也。"这里所讲的是一个历史事实：作为一方诸侯的康侯，君王恩赐了许多马匹，并且一日受到了三次接见。

康侯具体是谁？这并不重要！重要的卦理的进取精神，以及合理的晋升制度。

三、 君子之理

诠释晋卦卦象，以自然哲理论人理，《周易·晋·象传》论出的人文哲理是："明出地上，晋。君子以自昭明德。"

离为日，日为大明；坤为地，晋卦卦象的上下两分结构是：离在上，坤在下，这是"明出地上"的所以然。

"明出地上"是自然哲理，"君子以自昭明德"是人文哲理，人文哲理源于自然哲理。

太阳无私照。天上的太阳，光明照四方。面对如此光明之象，君子应该自觉自省自悟，自我开启像太阳一样的光明德行。

四、 晋升制度考

晋卦讲晋升，那么，中华大地上的晋升制度是什么时候建立的呢？这里回顾如下：

（一）《尚书》中的晋升制度

官员晋升制度，是在舜帝时代出现的。

《尚书·舜典》："三载考绩，三考，黜陟幽明，庶绩咸熙。"

译文：每三年考核一次政绩，三次考核以后，罢免昏庸的官员，晋升贤明的官员，各种事务都得以振兴。

舜时代的晋升制度，《史记》中同样有记载。《史记·五帝纪》："三岁一考功，三考绌陟，远近众功咸兴。"

译文：每三年考核一次功绩，经过三次考核，按照成绩升迁或贬黜，所以，不论远处近处，各种事情都振兴起来了。

为官者，应该有奖有惩，这是中华文化中的基本道理。官员终身制，有悖于中华文化。

（二）《周礼》中的晋升制度

《周礼》记载了医师奖惩制度。《周礼·天官》：

"医师掌医之政令，聚毒药以共医事。凡邦之有疾病者，有疕疡者造焉，则使医分而治之。岁终，则稽其医事，以制其食。十全为上，十失一次之，十失二次之，十失三次之，十失四为下。"

医师掌管医药政令，收集天下药材供医疗之用。国中有疾病者，头上生疮和身上有创伤者，使医生分而治之，年终考察医生的业绩，以制定俸禄标准。

十个病人全部治好的为之十全，十全者食上等俸禄。

十个病人治好九个的医生，食次等俸禄。

十个病人治好八个的医生，食三等俸禄。

十个病人治好七个的医生，食四等俸禄。

十个病人治好六个的医生，食下等俸禄。

十个病人有五个没治好的医生怎么办？《周礼》没有记载。没有记载，即"不足论矣"。不足论的医生，就在医生队伍之外了。

为医者，应该有奖有惩，这是中华元文化中的基本道理。医生终身制，有悖于中华元文化。

（三）《春秋左传》中的晋升制度

《春秋左传·庄公十年》记载了"曹刿论战"的故事。故事梗概：

鲁庄公十年的春天，齐国军队攻打鲁国。一介平民的曹刿，在鲁庄公面前讲述了"如何御敌"的意见，即时随鲁庄公一起出征迎敌，实际上做了前线的司令。

"一鼓作气，再而衰，三而竭"，就出于这里。

国难之时，"制敌取胜"的见解，就是晋升的前提。

（四）《韩非子》记载的晋升制度

先贤燧人氏、有巢氏何以能够为王？因为有钻木取火、构木为巢的贡献。

燧人氏、有巢氏何以能够称王？可以用三个字来概括，这三个字就是"大贡献"。先王们之所以为王的前提可以用两句话来概括，这就是"民悦不悦"与"民使不使"。龙种之血统论在这里毫无价值可言，野蛮的楚汉相争在这里毫无价值可言。

（五）《庄子》记载的晋升制度

《庄子·列御寇》记载了这样一个赢得荣华富贵的故事：

宋国有个叫曹商的人，为宋王出使秦国。他前往秦国的时候，得到宋王赠与的数辆车子；秦王十分高兴，又加赐车辆一百乘。曹商回到宋国，见了庄子说："身居偏僻狭窄的里巷，贫困到自己编织麻鞋，脖颈干瘪，面色饥黄，这是我不如别人的地方；一旦有机会使大国的国君省悟而随从的车辆达到百乘之多，这又是我超过他人之处。"庄子说："听说秦王有病召请属下的医生，破出脓疮溃散疖子的人可获得车辆一乘，舐治痔疮的人可获得车辆五乘，凡是疗治的部位越是低下，所能获得的车辆就越多。你难道给秦王舐过痔疮吗，怎么获奖的车辆如此之多呢？你走开吧！"

这个故事留下了"舐痔结驷"这一成语。

晋升，上古要靠大贡献。

晋升，舜时代要靠政绩。

晋升，周时代要靠业绩，靠英明的见解。

晋升，庄子时代就有人用上下流手段了。

卦三十六　明夷

原　文

（地火）明夷：利艰贞。

彖曰：明入地中，"明夷"。内文明而外柔顺，以蒙大难，文王以之。"利艰贞"，晦其明也，内难而能正其志，箕子以之。

象曰：明入地中，"明夷"。君子以莅众，用晦而明。

初九，明夷于飞，垂其翼。君子于行，三日不食。有攸往，主人有言。

象曰："君子于行"，义不食也。

六二，明夷，夷于左股，用拯马壮，吉。

象曰：六二之吉，顺以则也。

九三，明夷于南狩，得其大首，不可疾贞。

象曰："南狩"之志，乃得大也。

六四，入于左腹，获明夷之心，于出门庭。

象曰："入于左腹"，获心意也。

六五，箕子之明夷，利贞。

象曰：箕子之贞，明不可息也。

上六，不明，晦，初登于天，后入于地。

象曰："初登于天"，照四国也。"后入天地"，失则也。

明夷卦，在六十四卦中排位第三十六。

《周易·序卦》："明夷者，伤也。"

《周易·杂卦》："明夷，诛也。"

《周易·明夷·象传》："明入地中，明夷。"

晋卦讲褒奖讲晋取讲晋升，明夷卦讲落难。

天文中的"明夷"二字，讲的是日落之后的昏暗。

人文中的"明夷"二字，讲的是君子落难之后的艰难。

诠释明夷卦，分卦象、卦理与人理三部分。

一、 卦象

明夷卦卦象，由先天八卦中的坤卦与离卦重叠而成。坤卦在上，离卦在下，所以有"坤上离下"的诠释。坤，可以诠释为大地；离，可以诠释为火；大地在上，火在下；所以诠释明夷卦卦象，又有"地火明夷"的诠释。

二、 卦理

明夷卦卦理的解读，分卦序与卦形两部分。

（一）卦序之理

明夷卦位于晋卦之后，《周易·序卦》对明夷卦的诠释是：

"进必有所伤，故受之以明夷。夷者，伤也。"

晋卦，讲荣耀之晋升；明夷卦讲落难之受伤。

晋卦、明夷卦两卦之间有着物极必反的关系。

（二）卦形之理

明夷卦卦形所隐含的哲理，是由《周易·明夷·象传》揭示的。

《周易·明夷·象传》："明入地中，明夷。内文明而外柔顺，以蒙大难，文王以之。利艰贞，晦其明也，内难而能正其志，箕子以之。"

诠释明夷卦卦形，《周易·明夷·象传》诠释出了如此哲理。

离卦表达太阳，太阳称大明，坤卦表达大地；坤卦在上，离卦在下；知道这些，就会明白"明入地中"的所以然。

"明入地中，明夷。"这是对明夷卦卦形的总体把握。

"内文明而外柔顺，以蒙大难，文王以之。"这句话分前后两部分，前一部分"内文明而外柔顺"讲的是卦象，后一部分"以蒙大难，文王以之"讲的是历史。离卦在内，离言明，这是"内文明"的由来；坤卦在外，坤柔顺，这是"外柔顺"的由来。"文王蒙难"，这是一个历史事实。

"利艰贞，晦其明也，内难而能正其志，箕子以之。"这句话同样分前后两部分，前一部分"利艰贞，晦其明也"讲的是卦象，后一部分"内难而能正其志，箕子以之"讲的是历史。太阳入于地下，这是"晦其明"的由来。"箕子蒙难"，这也是一个历史事实。

太阳落山，天空落下夜幕，这是每天都有的自然现象。明夷卦以太阳落山为依据，讲出了人生会遇到黑暗的人文哲理。

三、 君子之理

诠释明夷卦卦象，以自然哲理论人理，《周易·明夷·象传》论出的人文哲理是："明入地中，明夷；君子以莅众，用晦而明。"

离为日，日为大明；坤为地，明夷卦卦象的上下两分结构是：坤卦在上，离卦在下，这是"明出地上"的所以然。

"明出地上"是自然哲理，"君子以自昭明德"是人文哲理，人文哲理源于自然哲理。

阳光也会沉入地下，面对如此景象，君子应该自觉隐藏智慧与锋芒，用平易近人的态度去接近民众，放低姿态去启迪民众的智慧。

四、 文王蒙难

"内文明而外柔顺，以蒙大难，文王以之。"

文王蒙难，《史记》有两处记载。下面摘录白话《史记》中的记载。

（一）《史记·殷本纪》中的周文王

纣任用西伯昌、九侯、鄂侯为三公。九侯有个美丽的女儿，献给了纣，她不喜淫荡，纣大怒，杀了她，同时把九侯也施以醢刑，剁成肉酱。鄂侯极力强谏，争辩激烈，结果鄂侯也遭到脯刑，被制成肉干。西伯昌闻见此事，暗暗叹息。崇侯虎得知，向纣去告发，纣就把西伯囚禁在羑里。西伯的僚臣闳夭等人，找来了美女奇物和好马献给纣，纣才释放了西伯。西伯从狱里出来之后，向纣献出洛水以西的一片土地，请求废除炮格的酷刑。纣答允了他，并赐给他弓箭大斧，使他能够征伐其他诸侯，这样他就成了西部地区的诸侯之长，就是西伯。

（二）《史记·周本纪》中的周文王

西伯也就是文王，他继承后稷、公刘的遗业，效法古公、公刘的法则，一心一意施行仁义，敬重老人，慈爱晚辈。对贤士谦下有礼，有时到了中午都顾不上吃饭而来接待贤士，士人因此都归附他。伯夷、叔齐在孤竹国，听说西伯非常敬重老人，就商量说为什么不去投奔西伯呢？太颠、闳夭、散宜生、鬻子、辛甲大夫等人都一起归顺了西伯。

崇侯虎向殷纣说西伯的坏话，他说："西伯积累善行、美德，诸侯都归向他，这将对您不利呀！"于是纣帝就把西伯囚禁在羑里。闳夭等人都为西伯担心，就设法找来有莘氏的美女，骊戎地区出产的红鬃白身、目如黄金的骏马，有熊国出产的三十六匹好马，还有其他一些珍奇宝物，通过殷的宠臣费仲献给纣王。纣见了这些非常高兴，说："这些东西有了一件就可以释放西伯了，何况这么多呢！"于是赦免了西伯，还赐给他弓箭斧钺，让他有权征讨邻近的诸侯。纣说："说西伯坏话的是崇侯虎啊！"西伯回国之后就献出洛水以西的土地，请求纣废除炮格的刑法，这种刑罚就是在铜柱上涂上油，下面烧起炭火，让受罚者爬铜柱，爬不动了就落在炭火里。纣答应了西伯的请求。

　　西伯暗中做善事，诸侯都来请他裁决争端。当时，虞国人和芮国人发生争执不能决断，就一块儿到周国来。进入周国境内后，发现种田的人都互让田界，人们都有谦让长者的习惯。虞、芮两国发生争执的人，还没有见到西伯，就觉得惭愧了，都说："我们所争的，正是人家周国人以为羞耻的，我们还找西伯干什么，只会自讨耻辱罢了。"于是各自返回，都把田地让出然后离去。诸侯听说了这件事，都说："西伯恐怕就是那承受天命的君王。"

　　第二年，西伯征伐犬戎。下一年，征伐密须。又下年，打败了耆国。殷朝的祖伊听说了，非常害怕，把这些情况报告给纣帝。纣说："我不是承奉天命的人吗？他这个人能干成什么！"次年，西伯征伐邘。次年，征伐崇侯虎。营建了丰邑，从岐下迁都到丰。次年，西伯逝世，太子发登位，这就是武王。

　　西伯在位大约五十年。他被囚禁在羑里的时候，演《易》的八卦为六十四卦。诗人称颂西伯，说他断决虞、芮争执以后，诸侯们尊他为王，那一年就是他承受天命而称王的一年。后来过了九（十）年逝世，谥为文王。他曾改变了殷之律法制度，制定了新的历法。曾追尊古公为太王，公季为王季：那意思就是说，大概帝王的瑞兆是从太王时开始兴起的。

五、 箕子蒙难与箕子治朝鲜

　　箕子，历史上确有其人。

　　箕子蒙难，历史上确有其事。

　　（一）"殷末三仁"之一

　　《论语·微子》："微子去之，箕子为之奴，比干谏而死，殷有三仁焉。"箕子与微子、比干，在殷商末年齐名，并称"殷末三仁"。

　　箕子，是殷商的贤哲，这是孔夫子的记载。

　　（二）武王访箕子

　　纣王末年（公元前1122年）周武王革命，兴兵伐纣。牧野决战，纣王兵败自焚。武王进入商都朝歌。

　　灭商建周后，求贤若渴的周武王拜访箕子，首先询问殷商灭亡的原因，箕子不愿意讲故国的坏话。武王没有逼迫他，改为请教治国的道理。

　　箕子作《洪范》给武王。《洪范》，史称《洪范九畴》。这是一部被历代重视的政治、哲学著作。

（三）箕子治朝鲜

箕子，在武王革命之后，去了朝鲜。箕子治朝鲜，《汉书·地理志》有记载，原文如下：

> 殷道衰，箕子去之朝鲜，教其民以礼义，田蚕织作。乐浪朝鲜民犯禁八条，相杀以当时偿杀；相伤以谷偿；相盗者男没入为其家奴，女子为婢，欲自赎者，人五十万。虽免为民，俗犹羞之，嫁取（娶）无所雠，是以其民终不相盗，无门户之闭，妇人贞信不淫辟（僻）。其田民饮食以笾豆，都邑颇放（仿）效吏及内郡贾人，往往以杯器食。郡初取吏于辽东，吏见民无闲臧（藏），及贾人往者，夜则为盗，俗稍益薄。今于犯禁浸多，至六十余条。可贵哉，仁贤之化也！然东夷天性柔顺，异于三方之外，故孔子悼道不行，设浮于海，欲居九夷，有以也夫！

（四）柳宗元作箕子碑

箕子治朝鲜，其功绩代代传颂。到了唐代，大文豪柳宗元作碑文以作纪念。箕子碑原文如下：

> 凡大人之道有三：一曰正蒙难，二曰法授圣，三曰化及民。殷有仁人曰箕子，实具兹道以立于世。故孔子述六经之旨，尤殷勤焉。

> 当纣之时，大道悖乱，天威之动不能戒，圣人之言无所用。进死以并命，诚仁矣，无益吾祀，故不为。委身以存祀，诚仁矣。与亡吾国，故不忍。具是二道，有行之者矣。是用保其明哲，与之俯仰，晦是谟范，辱于囚奴，昏而无邪，隤而不息。故在《易》曰"箕子之明夷"。正蒙难也。及天命既改，生人以正。乃出大法，用为圣师，周人得以序彝伦，而立大典。故在《书》曰："以箕子归作《洪范》。"法授圣也。及封朝鲜，推道训俗，惟德无陋，惟人无远，用广殷祀，俾夷为华，化及民也。率是大道，丛于厥躬，天地变化，我得其正，其大人欤？

> 呜呼！当其周时未至，殷祀未殄，比干已死，微子已去，向使纣恶未稔而自毙，武庚念乱以图存，国无其人，谁与兴理？是固人事之或然者也。然则先生隐忍而为此，其有志于斯乎？

> 唐某年，作庙汲郡，岁时祭祀。嘉先生独列于《易·象》，作是颂云。

卦三十七　家人

原文

（风火）家人：利女贞。

彖曰：家人，女正位乎内，男正位乎外。男女正，天地之大义也。家人有严君焉，父母之谓也。父父，子子，兄兄，弟弟，夫夫，妇妇，而家道正。正家而天下定矣。

象曰：风自火出，家人。君子以言有物而行有恒。

初九，闲有家，悔亡。

象曰："闲有家"，志未变也。

六二，无攸遂，在中馈，贞吉。

象曰：六二之吉，顺以巽也。

九三，家人嗃嗃，悔厉吉；妇子嘻嘻，终吝。

象曰："家人嗃嗃"，未失也。"妇子嘻嘻"，失家节也。

九四，富家，大吉。

象曰："富家大吉"，顺在位也。

九五，王假有家，勿恤，吉。

象曰："王假有家"，交相爱也。

上九，有孚威如，终吉。

象曰：威如之吉，反身之谓也。

解 读

家人卦，在六十四卦中排位第三十七。

《周易·杂卦》："家人，内也。"

《周易·家人·象传》："风自火出，家人。"

家人者，卦名也，明家内之道，正一家之人，故谓之家人。

诠释"天下国家"四字，孟子诠释出了"天下之本在国，国之本在家，家之本在身"的哲理。（《孟子·离娄上》）

先有男女，然后有夫妇。先有夫妇，然后有父子兄弟。夫妇父子兄弟，组成了家。家，如此形成。先有家，而后有天下。正天下，首先是从正家开始的。

诠释家人卦，分卦象、卦理与人理三部分。

一、 卦象

家人卦卦象，由先天八卦中的巽卦与离卦重叠而成。巽卦在上，离卦在下，所以有"巽上离下"的诠释。巽，可以诠释为风；离，可以诠释为火；风在上，火在下；所以诠释家人卦卦象，又有"风火家人"的诠释。

风风火火，人文中的兴旺之象。

风风火火，家人卦的卦象。

二、 卦理

家人卦卦理的解读，分卦序与卦形两部分。

（一）卦序之理

家人卦位于明夷卦之后，《周易·序卦》对家人卦的诠释是："伤于外者必反于家，故受之以家人。"

明夷卦讲落难，家人卦讲返家。在外遇到了困难、艰难、苦难，必然会想到家。

明夷卦、家人卦两卦之间有着前后因果联系。

（二）卦形之理

家人卦卦形所隐含的哲理，是由《周易·家人·象传》揭示的。

《周易·家人·象传》：“家人，女正位乎内，男正位乎外，男女正，天地之大义也。家人有严君焉，父母之谓也。父父，子子，兄兄，弟弟，夫夫，妇妇，而家道正；正家而天下定矣。”

诠释家人卦卦形，《周易·家人·象传》诠释出了如此哲理。

谈家道，首先谈“正位”。正位，正什么？正男女之位。男以女为室，女以男为家。男女组成了夫妇。夫妇组成了家。家中有一个分工问题，即：夫妇二人谁主内？谁主外？正确的答案是：女主内，男主外。男女分工，其依据是“天地之大义”。“天地之大义”为何？“天地交而万物通也”。敬请记住：女主内，男主外，是分工问题而不是歧视问题。

谈家道，其次谈“严君”。严君者，家长也。一个家，必须有家长。家长为谁？是父亲一个人，还是父母两个人？家人卦给出的正确答案是：“家人有严君焉，父母之谓也。”父母共为严君，即：父母两人共为一家之长。敬请记住：几千年来，以父亲一人为一家之长，是错误的。以父亲一人为一家之长，有悖于卦理与天理。

谈家道，第三谈名分与责任的统一。“父父，子子，兄兄，弟弟，夫夫，妇妇，而家道正。”同一个字，两次重叠，重叠出的是名分与责任的统一。父，第一次出现讲的是名分，第二次出现讲的是责任。父父，讲的是父亲有父亲的名分，父亲有父亲的责任，换言之，父亲有父亲的名分，父亲有父亲的样子。同理可证，子子，兄兄，弟弟，夫夫，妇妇。家庭成员之间，都应该讲究名分与责任的统一。

谈家道，最终落脚点是天下。“正家而天下定矣。”这句话是《周易·家人·象传》诠释家人卦的结语。家，天下之本也。正天下必先正家，家正而天下正，这是《周易》中的家与天下的关系。重天下后轻视家，这是没有文化常识的体现。

三、 君子之理

诠释家人卦卦象，以自然哲理论人理，《周易·家人·象传》论出的人文哲理是：“风自火出，家人。君子以言有物而行有恒。”

离为火，巽为风，家人卦卦象的上下两分结构是：巽卦在上，离卦在下，这是“风自火出”的所以然。

“风自火出”是自然哲理，“君子以言有物而行有恒”是人文哲理，人文哲理源于自然哲理。

"言有物"，这是《周易》的基本立场。言，不可轻发。言，必须有充实的内容，这也是中华元文化的基本立场。

"言有物"，演化出了"言之有物"这一成语。"言有物"，还演化出了"言之有理""言之有情""言之有序""言之有信"等诸多成语。

"行有恒"，讲的是行不能半途而废。"行有恒"，演化出了"持之以恒"这一成语。

谈家道家理，落脚于君子的言行。

为什么？

因为天下之本在国，国之本在家，家之本在人。

所以，谈家道家理，落脚于君子之理。君子之理在一言一行上的"言有物，行有恒"。

四、"女主内， 男主外" 解

男女如何分工？《周易·家人·象传》给出的答案是："家人，女正位乎内，男正位乎外。男女正，天地之大义也。"

短短的两句话，揭示出了三重道理：

第一，一个家庭之中，男女应该有所分工，应该有个协作性的分工。

第二，男女之间的具体分工是女子负责家庭的内部事务，男子负责家庭的外部事务。

第三，男女分工并不是男人一方的意志，也不是女人一方的意志，而是参照"天地之大义"亦即天地之理分工的。

"天地之大义"为何？请看下面五个论断。

其一，《周易·泰·象传》："天地交而万物通也。"

其二，《周易·序卦》："有天地然后万物生焉。"

其三，《周易·系辞下》曰："天地氤氲，万物化醇。男女构精，万物化生。"

其四，《文子·道原》："天之道有无相生也。"

其五，《大戴礼记·诰志》："天生物，地养物。"

天地生万物，这就是天地之大义。天生万物，地养万物，这就是天地之分工。

以天地分工为坐标，演化出了家庭中的男女分工。

"男主外，女主内"，是分工问题，本身并没有褒男贬女的意思。

主外、主内具有同等的重要性。主外难，主内也不易。

家庭中的生活安排，室内布置，财务管理，子女教育，卫生保持，迎来送往，一日三餐的烹饪，这些工作属于"内"的范畴。

主好"内"绝非轻松轻易之事！

在今天，西方现代化国家，以及东方的日本，受过高等教育的现代女性，一结婚就专门理家，这说明什么？这说明"女正位乎内，男正位乎外"的意义，具有可以超越时空的永恒意义。

如果女子有主外的能力怎么办？那就充分发挥女子的能力！

女子如果有能力治国，那就让其参与治国。《论语·泰伯》："舜有臣五人而天下治。武王曰：'予有乱臣十人。'孔子曰：'才难，不其然乎？唐虞之际，于斯为盛，有妇人焉，九人而已。三分天下有其二，以服事殷，周之德，其可谓至德也已矣。'"武王的十个治世之臣，其中有一个是女子。"才难"即"人才难得"。从孔子口里可以知道，尧舜时期就有了"人才难得"的观念。才女，同样在人才的范畴之内。

女子如果有能力开矿，有能力经商，那就让其开矿与经商。《史记·货殖列传》："巴（蜀）寡妇清，其先得丹穴，而擅其利数世……秦始皇以为贞妇而客之，为筑女怀清台。"四川有一个名字叫清的寡妇，开丹砂矿并且销售四方，受到了秦始皇的礼遇。秦始皇建立了一个怀清台，以纪念这位有开矿能力、有经营能力的寡妇。秦始皇以暴君之名著称于世，但仍然延续了允许女子发挥才能的传统。

女娲有能力补天，就去补天。

嫘祖有能力养蚕，就去养蚕。

一般情况下由女子主内，特殊情况下女子照样可以主外。在男女分工问题上，既重视一般，又兼顾特殊，这才是真正的、优秀的中华文化。

五、"父母共一家之长" 解

一家之中，一家之长为谁？是父亲一个人，还是父母两个人？《周易·家人·象传》给出的答案是："家人有严君焉，父母之谓也。"

家正之正，第一正在夫妇分工上。

家正之正，第二正在父母共为一家之长上。

一家之中，应该是父母共为一家之长。

这是家人卦给出的答案。

"父母共为一家之长"，被法家代表人物韩非所否定。《韩非子·扬权》："一家二贵，事乃无功。夫妻执政，予无适从。"

韩非为了树立君王一人的绝对权威，以"家无二贵"为立论依据，论出了"国无二贵"的结论。

在一个家庭之中，如果父母两人处于同等重要的地位，那将一事无成。夫妻共同当家，共同执政，子女们将无所适从。这是韩非的认识。

论证自己的认识，韩非运用了两个生动的比喻：第一个比喻说，"一个巢穴里不能有两个雄鸟，否则就会不停地打斗"；第二个比喻说，"豺狼不能关进羊圈里，否则小羊的数量就不会增加"。

比喻是生动的，但在根本上是谬误的。因为这里出现"文不对题"的错误。

这里有两个常识性问题一辩即明。这两个常识性问题是：

其一，父与母是两雄吗？

其二，父与母谁是豺狼呢？

"家无二贵"的主张，实际是为"国无二贵"的合理性打基础的。反对父母共为一家之长，韩非子的目的是为了树立君王一人的绝对权威。否定母亲在家庭中的家长地位，韩非子是千古第一人。

母亲的家长地位，初步丧失在"家无二贵"的立论中，彻底丧失在"夫为妻纲"里。

西汉以后，注意过"父母共为一家之长"的学者几稀。

六、"富家，大吉"解

小畜卦九五爻爻辞出现"富以其邻"之说。

家人卦九四爻爻辞出现"富家，大吉"之说。

《周易·系辞上》先出现"富有为之大业"之说，后出现"崇高莫大乎富贵"之说。

一个"富"字，在群经之首的《周易》中反复出现，这说明什么？

是不是说明中华先贤亦即中华元文化对富的态度。

家人卦谈富，谈的是首先自家富。

小畜卦谈富，谈的是自己富之后，一定要帮助邻居致富。

《周易·系辞上》出现的"大业"与"崇高"之说，是对富的价值评价。

《周易》经传文字中的理，是号召致富之理。

《周易》大传文字中的人，是带头致富之人。

为多打鱼多狩猎，伏羲氏而结绳为网，伏羲氏是致富的带头人。

为多打粮，神农氏制造耕田的耒耜，神农氏是致富的带头人。

为开发远处山川河流，黄帝发明了可以致远的车船，黄帝是致富的带头人。

富，在源头的文化里，是崇高之理。

富，在源头的中华先贤这里是崇高之事。

希望读者朋友能够清晰地记住这两点。

致富，用的是智慧，而不是邪道。

希望读者朋友能够清晰地记住这一点。

以智慧致富，中华先贤留下了万古长青的榜样！

以邪道致富，历代贪官留下了万古骂名！

卦三十八 睽

原 文

（火泽）睽：小事吉。

彖曰：睽，火动而上，泽动而下。二女同居，其志不同行。说而丽乎明，柔进而上行，得中而应乎刚，是以小事吉。天地睽而其事同也。男女睽而其志通也。万物睽而其事类也，睽之时用大矣哉！

象曰：上火下泽，睽。君子以同而异。

初九，悔亡。丧马勿逐自复。见恶人，无咎。

象曰："见恶人"，以辟咎也。

九二，遇主于巷，无咎。

象曰："遇主于巷"，未失道也。

六三，见舆曳，其牛掣，其人天且劓，无初有终。

象曰："见舆曳"，位不当也。"无初有终"，遇刚也。

九四，睽孤遇元夫，交孚，厉，无咎。

象曰："交孚无咎"，志行也。

六五，悔亡。厥宗噬肤，往何咎？

象曰："厥宗噬肤"，往有庆也。

上九，睽孤，见豕负涂，载鬼一车，先张之弧，后说之弧，匪寇婚媾。往遇雨则吉。

象曰："遇雨之吉"，群疑亡也。

———— 解 读 ————

睽卦，在六十四卦中排位第三十八。

《周易·序卦》："睽者，乖也。"

《周易·杂卦》："睽，外也。"

睽卦之睽，自然意思是方向相反、相辅相成的组合。

睽卦之睽，人文中的意思是睁大眼睛，认真关注。一个"睽"字留下了"众目睽睽"这一成语。

睽，人文中的意思是离家在外。

睽，卦象中的意思是相反相成。

诠释睽卦，分卦象、卦理与人理三部分。

一、卦象

睽卦卦象，由先天八卦中的离卦与兑卦重叠而成。离卦在上，兑卦在下，所以有"离上兑下"的诠释。离，可以诠释为火；兑，可以诠释为泽；

火在上，泽在下；所以诠释睽卦卦象，又有"火泽睽"的诠释。

二、　卦理

睽卦卦理的解读，分卦序与卦形两部分。

（一）卦序之理

睽卦位于家人卦之后，《周易·序卦》对睽卦的诠释是：

"家道穷必乖，故受之以睽。睽者，乖也。"

家人卦讲在家，睽卦讲离家在外，与家人别离。

家人卦、睽卦两卦之间有着前后因果联系。

（二）卦形之理

睽卦卦形所隐含的哲理，是由《周易·睽·彖传》揭示的。

《周易·睽·彖传》："睽，火动而上，泽动而下。二女同居，其志不同行。说而丽乎明，柔进而上行，得中而应乎刚，是以小事吉。天地睽，而其事同也；男女睽，而其志通也，万物睽，而其事类也；睽之时，用大矣哉！"

诠释睽卦卦形，《周易·睽·彖传》诠释出了如此哲理。

天体之中，离为火，兑为泽。火的物理属性是升而不降，水泽的物理属性是降而不升。火焰上升，泽水下降，两种运动方向完全相反，物理属性完全不同的自然现象组合在了一起。如此排布，永不水火相济。明白了这些，才能理解"睽，火动而上，泽动而下"的所以然。

家庭之中，离为中女，兑为少女。少男少女的组合，组成了象征夫妇的咸卦。中女少女的组合，组成了"其志不同行"的睽卦。明白了这些，才能理解"二女同居，其志不同行"的所以然。雌不独处，雄不孤居，正确的组合应该是雌雄合居。解释"二女同居，其志不同行"，最妙的解释在《周易参同契》："假使二女共室，颜色甚姝，令苏秦通言，张仪结媒。发辩利舌，奋舒美辞，推心调谐，合为夫妻。弊发腐齿，终不相知。"——两个美妙女郎共居一室，让游说名家苏秦张仪做媒，即使把嘴皮磨破，也难以结成夫妇。

"说而丽乎明，柔进而上行，得中而应乎刚，是以小事吉。"这一论断，诠释的是卦象本身。《周易·说卦》："离，丽也。兑，说也。"兑说（悦）离丽，离卦光明，兑卦附丽于离卦，这是"说而丽乎明"的所以然。六五阴柔，得上卦之中位，下应九二之刚，这是"柔进而上行，得中而应乎刚"的所以然。上下两卦属性相悖，水火不相济，但卦象内部却有局部的刚柔相济，这是"小事吉"的所以然。

"天地睽，而其事同也；男女睽，而其志通也；万物睽，而其事类也。睽之时，用大矣哉！"这一论断是站在卦外的人文诠释，这一诠释非常重要。

天地分上下，天上而地下；天地分有形无形，天无形地有形；天地分阴阳，地阴而天阳；正是如此相反相成、相辅相成的组合，才有万物的发生与演化。"天地睽，而其事同也。"睽，这里揭示的是相反相成两种因素组合下的自然演化。

男女分阴阳，女阴而男阳；男女分雌雄，女雌而男雄；正是如此相反相成、相辅相成的组合，才有子孙的出生与繁衍。"男女睽，而其志通也。"睽，这里揭示的是相反相成两种因素组合下的人间演化。

鸭子腿短，鹭鸶腿长；鹤鸣脖子长，青蛙脖子短；人久居潮湿之地必病，泥鳅非潮湿之地不居；物以不齐而齐之，不齐的万物组成了繁华的自然世界。"万物睽，而其事类也。"睽，这里揭示的是自然界的相反相成、相辅相成。

先天八卦中的离卦，表达的是春分；先天八卦中的兑卦，表达的是立夏；从春分到立夏，是八节演进的必然之序。"睽之时，用大矣哉！"睽，这里揭示的是八节的演化。诠释睽卦，最终的落脚点是时令之时。《周易·睽·彖传》之中的"大矣哉"一词，是评价时令之时的专用词。希望读者朋友记住这一点。

三、 君子之理

诠释睽卦卦象，以自然哲理论人理，《周易·睽·象传》论出的人文哲理是："上火下泽，睽。君子以同而异。"

离为火，兑为泽，睽卦卦象的上下两分结构是：离卦在上，兑卦在下，这是"上火下泽"的所以然。

"上火下泽"是自然哲理，"君子以同而异"是人文哲理，人文哲理源于自然哲理。

火焰上升，泽水下降，两个方向相反的元素组成了睽卦。浑然一体而性质不同，面对如此卦象，君子应该效法同中有异的哲理。与人交往时，只求大道之同，只求大节之同，但要容忍方法之异与路径之异。

四、 睽卦哲理与弓矢的发明创造

"弦木为弧，剡木为矢，弧矢之利，以威天下，盖取诸睽。"

这是《周易·系辞下》的一段文字。这段文字，将弧矢的发明创造与睽卦卦理联系在了一起。

睽卦卦理为何会启示弧矢的发明创造？

因为这里有相反相成的哲理！

尾部的动力越大，前面的箭射程越远。

弓箭是这样！

火箭何尝不是这样？！

五、 爻辞与卦理

初九：悔亡，丧马，勿逐自复。见恶人，无咎。

九二：遇主于巷，无咎。

六三：见舆曳，其牛掣，其人天且劓，无初有终。

九四：睽孤，遇元夫，交孚，厉无咎。

六五：悔亡，厥宗噬肤，往何咎。

上九：睽孤，见豕负涂，载鬼一车，先张之弧，后说之弧。匪寇婚媾。往，遇雨则吉。

以上是睽卦六爻的爻辞。

爻辞与卦理有什么关系呢？

"丧马"与"见恶人"，这是初九爻辞中的具体事件。

"丧马"与睽卦卦理有什么关系？

"见恶人"与睽卦卦理有什么关系？

九四爻辞中出现"睽孤，遇元夫"，六五爻辞出现"厥宗噬肤"，上九爻辞出现"睽孤，见豕负涂，载鬼一车，先张之弧，后说之弧。匪寇婚媾"；四川大学黄玉顺教授将这三爻的爻辞选择性地撷取，组成了一首《婚宴之歌》。

婚宴之歌的原文如下：

　　睽孤，遇元夫，厥宗噬肤。

　　睽孤，见豕负涂，载鬼一车，先张之弧，后说之弧，匪寇婚媾。

婚宴之歌的译文如下：

　　我正独自彷徨，

　　遇见一位族长，

　　族人正在宴飨。

　　我正独自彷徨，

　　一头肥猪满背泥浆，

　　一车鬼神奇形怪状。

　　起初我张弓搭箭，

　　后来就放下弓弦：

　　原来不是来侵犯，

　　而是在举行婚宴。

　　在爻辞中，可以看到"上火下泽"的进一步诠释吗？

　　在爻辞中，可以看到相反相成的哲理吗？

　　《周易·系辞下》："书不尽言，言不尽意。"研究卦象，一定要记住这一告诫。

　　《周易·系辞下》："唯变所适。"研究卦象，一定要记住这一提醒。

卦
三
十
九

蹇

原文

　　（水山）蹇：利西南，不利东北。利见大人。贞吉。

　　彖曰：蹇，难也，险在前也。见险而能止，知矣哉！蹇，"利西南"，往得中也。"不利东北"，其道穷也。"利见大人"，往有功也。当位"贞吉"，以正邦也。蹇之时用大矣哉！

象曰：山上有水，蹇。君子以反身修德。

初六，往蹇来誉。

象曰："往蹇来誉"，宜待也。

六二，王臣蹇蹇，匪躬之故。

象曰："王臣蹇蹇"，终无尤也。

九三，往蹇来反。

象曰："往蹇来反"，内喜之也。

六四，往蹇来连。

象曰："往蹇来连"，当位实也。

九五，大蹇朋来。

象曰："大蹇朋来"，以中节也。

上六，往蹇来硕，吉，利见大人。

象曰："往蹇来硕"，志在内也。"利见大人"，以从贵也。

解 读

蹇卦，在六十四卦中排位第三十九。

《周易·序卦》："蹇者，难者。"

《周易·杂卦》："蹇，难也。"

《说文解字》："蹇，跛也。"

《素问·骨空论》："蹇膝伸不屈治其楗。"——膝关节疼痛不能屈伸，治疗时可针刺股部的穴位。

蹇，人文中的意思是跛足。

蹇，卦象中的意思是艰难。

诠释蹇卦，分卦象、卦理与人理三部分。

一、 卦象

蹇卦卦象，由先天八卦中的坎卦与艮卦重叠而成。坎卦在上，艮卦在下，所以有"坎上艮下"的诠释。坎，可以诠释为水；艮，可以诠释为山；水在上，山在下；所以诠释蹇卦卦象，又有"水山蹇"的诠释。

二、 卦理

蹇卦卦理的解读，分卦序与卦形两部分。

（一） 卦序之理

蹇卦位于睽卦之后，对于两卦之间的卦序之理，《周易·序卦》有如下诠释："乖必有难，故受之以蹇者。蹇者，难者。"

睽卦讲离家之难，蹇卦讲世间之难。

睽卦、蹇卦两卦之间有着前后因果联系。

（二） 卦形之理

蹇卦卦形所隐含的哲理，是由《周易·蹇·彖传》揭示的。

《周易·蹇·彖传》："蹇，难也，险在前也。见险而能止，知矣哉！蹇利西南，往得中也；不利东北，其道穷也。利见大人，往有功也。当位贞吉，以正邦也。蹇之时，用大矣哉！"

诠释蹇卦卦形，《周易·蹇·彖传》诠释出了如此哲理。

天体之中，艮为山，坎为水。蹇卦卦形的上下结构是：艮在下，坎在上。《周易·序卦》："坎者，陷也。"《周易·坎·彖传》："习坎，重险也。"坎为陷为险。知道这些，就知道"蹇，难也，险在前也"的所以然。

"见险而能止，知矣哉！"日常生活中应该"见险而止"。知进而进，知止而止。这一诠释，其意义在人文意义上。

"蹇，利西南，往得中也。不利东北，其道穷也。"这句话中的"得中"之论，谈的是卦中六二、九五两爻的空间位置。六二爻居于下卦之中，九五爻居于上卦之中，这是"得中"之论的所以然。

这里出现了"西南"与"东北"两个方位。还记得坤卦卦辞中的"西南得朋，东北丧朋"吗？坤卦言月亮。朔望月的月初，月亮在西南方升起；朔望月的月尾，月亮在东北方消失。"西南"与"东北"两个方位，谈的是朔望月的月相变化。另，在后天八卦中，艮卦的空间方位在东北。《周易·说卦》："艮，东北之卦也，万物之所成，终而所成始也，故曰：成言乎艮。"东北是八卦的终点，也是新的运动起点。终点与起点，恰恰是同一个点。谈蹇卦的"利"与"不利"，第一不能忘记天文，第二不能忘记空间方位。这里的语言，并没有明确指出这一论断与月相相关，所以只能与坤卦卦辞联系起来一起解释。

"其道穷也"谈的是循环运动中一个过程的终点。穷，终点也。终点之处，恰恰是新的起点。

"利见大人，往有功也。当位贞吉，以正邦也。"这一诠释，其意义在人文范畴之内。

"蹇之时，用大矣哉！"这是《周易·蹇·彖传》中的最后一句话。

蹇卦论时，奥秘何在？

奥秘在蹇卦的成分之中！

组成蹇卦的两卦，是坎卦与艮卦。

先天八卦中的坎卦，表达的是八节中的秋分。

先天八卦中的艮卦，表达的是八节中的立冬。

卦象中的坎卦在前而艮卦在后，八节中的秋分在前而立冬在后。八节顺序，以及八节在农耕与生活中的意义，应该是"蹇之时，用大矣哉"的根本所在。

三、 君子之理

诠释蹇卦卦象，以自然哲理论人理，《周易·蹇·象传》论出的人文哲理是："山上有水，蹇。君子以反身修德。"

艮为山，坎为水。蹇卦卦象的上下两分结构是：坎卦在上，艮卦在下，这是"山上有水"的所以然。

"山上有水"是自然哲理，"君子以反身修德"是人文哲理，人文哲理源于自然哲理。

坎为水，水为险。水本身就可以言艰险之险，何况山上之水？自然界中的高山之水，第一特征就是曲曲折折。为什么？因为险阻太多。君子面对如此自然现象，面对如此卦象，应该思考的是什么呢？应该思考的是"反身修德"。所谓"反身"，就是不假外求的自问自省。所谓"修德"，就是在艰难困苦的条件下加强自身的道德修养。《孟子·离娄上》："行有不得者，皆反求诸己。"孟子的"反求诸己"之论，是"反身修德"的延续。

四、 居安思危论蹇卦

《周易·序卦》："蹇者，难者。"

《周易·杂卦》："蹇，难也。"

　　蹇卦论的是艰难，为何卦辞、爻辞以及《周易·蹇·象传》中皆出现"利见大人"之论？

　　将艰难之蹇卦与"利见大人"相联系，这与《周易》的基本立场有关。

　　《周易》的立场是什么？

　　忧患！

　　《圣经》讲原罪，《周易》讲忧患。《周易·系辞下》："作易者，其有忧患乎？"现在常用的"忧患"一词，就出于《周易》。

　　忧患如何忧？

　　一是居安思危；二是治时思乱；三是存时思亡。忧患三思，《周易·系辞下》中有一个至关重要的论断："危者，安其位者也。亡者，保其存者也。乱者，有其治者也。是故君子安而不忘亡，治而不忘乱，是以身安而国家可保也。"

　　非常清晰，忧患三思针对的是天下治理者。

　　《周易》中的大人，指的就是天下治理者。

　　治理天下，在中华先贤眼里，是一件极其艰难的重任。要想治理好天下，必须有忧患意识。忧患，忧在三个方面：天下太平时要想到危险；天下大治时要想到大乱；太平盛世时要想到灭亡。

　　用象征艰难的蹇卦哲理去进谏大人，这里应该是"利见大人"的根本所在。

　　蹇卦讲艰难，履卦"履虎尾"，《诗经·小雅·小旻》讲"如临深渊，如临薄冰"，语言不同，但意思一样：为政不易，一定要小心谨慎。"利见大人，往有功也。"将艰难艰险的哲理给大人讲清楚，这是一大功劳。

　　"当位贞吉，以正邦也。"正邦，正在忧患意识上。

　　越是成功之时，越要有忧患意识。

　　越是辉煌之时，越要有忧患意识。

　　越是高高在上，越要有忧患意识。

　　蹇卦之哲理，应该是如此哲理。

卦
四
十

解

（雷水）解：利西南。无所往，其来复吉。有攸往，夙吉。

彖曰：解，险以动，动而免乎险，解。"解，利西南"，往得众也。"其来复吉"，乃得中也。"有攸往夙吉。"，往有功也。天地解而雷雨作，雷雨作而百果草木皆甲坼。解之时大矣哉！

象曰：雷雨作，解。君子以赦过宥罪。

初六，无咎。

象曰：刚柔之际，义无咎也。

九二，田获三狐，得黄矢，贞吉。

象曰：九二贞吉，得中道也。

六三，负且乘，致寇至，贞吝。

象曰："负且乘"，亦可丑也。自我致戎，又谁咎也？

九四，解而拇，朋至斯孚。

象曰："解而拇"，未当位也。

六五，君子维有解，吉，有孚于小人。

象曰：君子有解，小人退也。

上六，公用射隼于高墉之上，获之，无不利。

象曰："公用射隼"，以解悖也。

解读

解卦，在六十四卦中排位第四十。

《周易·序卦》："解者，缓也。"

《周易·杂卦》："解，缓也。"

解，卦象中的意思是缓解。

解，人文中的意思是分开。

诠释解卦，分卦象、卦理与人理三部分。

一、 卦象

解卦卦象，由先天八卦中的震卦与坎卦重叠而成。震卦在上，艮卦在下，所以有"震上坎下"的诠释。震，可以诠释为雷；坎，可以诠释为水；雷在上，水在下；所以诠释解卦卦象，又有"雷水解"的诠释。

二、 卦理

解卦卦理的解读，分卦序与卦形两部分。

（一）卦序之理

解卦位于蹇卦之后，《周易·序卦》对解卦的诠释是：

"物不可以终难，故受之以解。解者，缓也。"

蹇卦讲艰难，解卦讲缓解。

蹇卦、解卦两卦之间有着相反相成的关系。

（二）卦形之理

解卦卦形所隐含的哲理，是由《周易·解·象传》揭示的。《周易·解·象传》："解，险以动，动而免乎险，解。解利西南，往得众也。其来复吉，乃得中也。有攸往夙吉，往有功也。天地解，而雷雨作，雷雨作，而百果草木皆甲坼。解之时，大矣哉！"

诠释解卦卦形，《周易·解·象传》诠释出了如此哲理。

震为雷，坎为水。解卦卦形的上下结构是：震在上，坎在下。坎为险，雷性动，内险而外动；知道这些，就知道"解，险以动，动而免乎险，解"的所以然。身处险境，只有冒险前进，化险为夷，才能突出险境。

"解利西南，往得众也。"这里又一次出现"西南"这一空间方位。朔望月月初，月亮在西南方升起。西南，月初月亮初升之方位，众星捧月。以天文论人文，以月光无私照的大公之心，以月亮信死信生的诚信，赢得大众。这一诠释，其意义在人文意义上。

"其来复吉，乃得中也。有攸往夙吉，往有功也。""得中"之论，谈的是卦中九二、六五两爻的空间位置。九二爻居于下卦之中，六五爻居于上卦之中，这是"得中"之论的所以然。以中平、中诚之原则治国治天下，结局会终结在"有功"二字上。

"天地解，而雷雨作，雷雨作，而百果草木皆甲坼。"何时有雷？何时有雨？何时有雷雨交加？从天文历法中知道雷雨的起止规律，才会真正理解这一论断。

《逸周书·时训解》："春分之日，玄鸟至。又五日，雷乃发声。"

《逸周书·时训解》："秋分之日，雷始收声。"

《礼记·月令》与《吕氏春秋·仲春纪》共同指出，仲春之月，始雨水，桃始华，雷乃发声，始电。

《礼记·月令》与《吕氏春秋·仲春纪》共同指出，仲秋之月，秋分之时，雷始收声。

雷雨，起于仲春，止于仲秋。

立春之后的第二个节令是雨水。雨水有雨，二十四节气告诉世人，润物细无声的雨水，发生在初春之时。

综合历法常识可知，雷雨起于春而终于秋。野花发而幽香于春，佳木秀而繁阴于夏，百果飘香于秋，万物收藏于冬。雷雨有时，万物萌芽有时，万物结果有时，瓜果成熟有时，五谷成熟有时。这一论断将"雷雨作"与"百果草木"的萌芽与成熟联系在了一起。

"甲坼"：甲，天干第一位；坼，万物萌芽时外皮破裂。甲坼，狭义上的种子萌芽时的外皮破裂，广义上的万物萌芽与成长。杜甫《种莴苣》诗："两旬不甲坼，空惜埋泥滓。"苏轼《谢雪文》："四山暮散，万瓦晨白，驱攘疫疠，甲坼麰麦。"

"解之时，大矣哉！"这是《周易·解·象传》中的最后一句话。

解卦为什么会论时？

解之时，在何处？

解之时，在组成解卦的成分中。

解卦由先天八卦中的震、坎两卦所组成。先天八卦中的震、坎两卦是表达节令的。

先天八卦中的震卦，表达八节中的立春。

先天八卦中的坎卦，表达八节中的秋分。

立春，万物复苏。秋分，百果飘香。

万物复苏之时，呵护万物。百果飘香，丰收喜悦。

这里应该"解之时，大矣哉"的奥秘所在。

三、 君子之理

诠释解卦卦象，以自然哲理论人理，《周易·解·象传》论出的人文哲理是："雷雨作，解。君子以赦过宥罪。"

震为雷，坎为水。解卦卦象的上下两分结构是：震卦在上，坎卦在下，这是"雷雨作"的所以然。

"雷雨作"是自然哲理，"君子以赦过宥罪"是人文哲理，人文哲理源于自然哲理。

雷雨始发，万物复苏。寒冬之后的暖春，天上有雷雨，地上有百果草木。面对暖春之后的雷雨，君子应该思考的问题是以宽厚之原则治理天下，对于一般性的轻罪或无心之过，应该宽宥轻罚，大赦天下。

四、 盗贼往往是自己招来的

"负且乘，致寇至"之论，是在六三爻辞中出现的。

诠释"负且乘，致寇至"，《周易·系辞上》出现一大段文字，原文如下：

> 子曰："作易者其知盗乎？"易曰："负且乘，致寇至。"负也者，小人之事也。乘也者，君子之器也。小人而乘君子之器，盗思夺之矣……易曰："负且乘，致寇至。"盗之招也。

《周易·系辞上》的诠释告诉世人，"负且乘，致寇至"之论所揭示的哲理是：盗贼往往是自己招来的。

背负重物，是小人之事。车子，是君子乘坐的器具。乘坐车子，却又背负重物，这是可笑而愚蠢的样子。如此，必然招致盗贼。所以，"负且乘，致寇至"之论所讲的哲理是：盗贼往往是自己招来的。

不该乘的车子，就不要去坐。

不该坐的位置，就不要去坐。

盗贼往往是自己招来的！

同样的道理，祸害往往是自己招来的！

<h3 style="text-align:center">五、"射隼于高墉之上" 解</h3>

"公用射隼于高墉之上，获之，无不利"之论，是在上六爻辞中出现的。

诠释"公用射隼于高墉之上，获之，无不利"之论，《周易·系辞上》出现一大段文字，原文如下：

> 易曰："公用射隼于高墉之上，获之无不利。"子曰："隼者，禽也。弓矢者，器也。射之者，人也。君子藏器于身待时而动，何不利之有？动而不括，是以出而有获，语成器而动者也。"

《周易·系辞下》的诠释告诉世人，"公用射隼于高墉之上，获之，无不利"之论揭示的是：君子要藏利器在身，有利器才会有收获。

君子站在高高的城墙上，用箭射中了一只鹰，获之不会有不利。孔子说："鹰者，猛禽也。弓箭，利器也。射猎者，人也。君子藏利器于身待时而动，怎么会不获利呢？行动要把握时机，利器随时使用，所以出手就会有收获。这就是说，行动有利器，吉祥而无不利。"

时机是重要的，这是一。

利器是重要的，这是二。

利器随身而带，把握行动时机，肯定会有收获。

卦四十一 损

原文

（山泽）损：有孚，元吉，无咎。可贞，利有攸往。曷之用？二簋可用享。

彖曰：损，损下益上，其道上行。损而有孚，元吉，无咎，可贞，利有攸往，曷之用？二簋可用享。二簋应有时。损刚益柔有时，损益盈虚，与时偕行。

象曰：山下有泽，损。君子以惩忿窒欲。

初九，已事遄往，无咎。酌损之。

象曰："已事遄往"，尚合志也。

九二，利贞。征凶，弗损，益之。

象曰："九二利贞"，中以为志也。

六三，三人行则损一人，一人行则得其友。

象曰："一人行"，"三"则疑也。

六四，损其疾，使遄有喜，无咎。

象曰："损其疾"，亦可喜也。

六五，或益之十朋之龟，弗克违，元吉。

象曰：六五元吉，自上佑也。

上九，弗损，益之，无咎，贞吉，利有攸往，得臣无家。

象曰："弗损，益之"，大得志也。

解 读

损卦，在六十四卦中排位第四十一。

《周易·杂卦》："损益，盛衰之始也。"

损，卦象中的意思是衰点。

损，人文中的意思是损失。

诠释损卦，分卦象、卦理与人理三部分。

一、卦象

损卦卦象，由先天八卦中的艮卦与兑卦重叠而成。艮卦在上，兑卦在下，所以有"艮上兑下"的诠释。艮，可以诠释为山；兑，可以诠释为泽；艮在上，兑在下；所以诠释损卦卦象，又有"山泽损"的诠释。

二、卦理

损卦卦理的解读，分卦序与卦形两部分。

（一）卦序之理

损卦位于解卦之后，《周易·序卦》对损卦的诠释是："缓必有所失，故受之以损。"

解卦讲缓解，损卦讲损失。

解卦、损卦两卦之间有着前后联系的关系。

（二）卦形之理

损卦卦形所隐含的哲理，是由《周易·损·象传》揭示的。《周易·损·象传》："损，损下益上，其道上行。损而有孚，元吉，无咎，可贞，利有攸往。曷之用？二簋可用享；二簋应有时。损刚益柔有时，损益盈虚，与时偕行。"

诠释损卦卦形，《周易·损·象传》诠释出了如此哲理。

要理解《周易·损·象传》所诠释出的哲理，必须了解"损益"之说。

"损益"之说，源于日影的变化。

《周髀算经·天体测量》："冬至夏至，为损益之始。"

中华先贤立竿测影，发现了日影变化的规律性。

中午的日影有两个至（止）于点：一个最长点，一个最短点。日影的变化，就循环在长短两极之间，永远不会超出这个范围。

中华先贤将日影长短的变化界定为损益。日影由长变短为损，日影由短变长为益。

从节令上论，冬至到夏至，日影由长一天天变短；从夏至到冬至，日影由短一天天变长。短极而长，长极而短，是从冬至夏至这两天开始的。所以，才有了"冬至夏至，为损益之始"之说。

"损益"之说，在中华文化、中医文化中具有十分重要的基础性意义：

——《周易》是中华文化的代表作，《周易》以损益论哲理。

——《黄帝内经》是中医文化的代表作，《黄帝内经》以损益论医理。

——《道德经》是道家文化的代表作，《道德经》以损益论政理。

——《论语》是儒家文化的代表作，《论语》以损益论礼之改革。

"损，损下益上，其道上行。损而有孚，元吉，无咎，可贞，利有攸往。"这里的两句话，前一句讲的是损益本身，后一句讲的是人文评价。冬至，日影最长点。夏至，日影最短点。从冬至到夏至，日影一天天变短。日影缩短为损。日影缩短，天气一天天变暖。知道这些，就会明白"损，损下益上，其道上行"的所以然。

损益，在早期的中华大地上，可以运用到各个领域、方方面面：治国，用于君民之间的财富分配；治病，用于虚实之间的平衡；养生，在气血之间进行平衡；治礼，用于繁简之间的删节增补；治人，用于谦虚与自信之间的平衡。

孚，信也。损，有一定之时；益，有一定之时。信用之信，诚信之信，就体现在"一定之时"这四个字上。日影本身可以论天道。日影损，属于天道变化。日影益，同样属于天道变化。天道变化，当然在"无咎，可贞"的正面评价之中。"利有攸往"，利于努力向前。

"曷之用？二簋可用享。二簋应有时。"簋，音龟，古代盛食物的容器；有陶器，有青铜器。

《诗经·秦风·权舆》："每食四簋。"

《说文解字》："簋，黍稷方器也。"

《周易·损·象传》中的"二簋"，从天文上论，应该是变化的寒暑二气；从人文上论，应该是变化的阴阳二气。寒暑变化有一定之时，阴阳二气变化有一定之时，人法天，人法阴阳，饮食同样应该有一定之时。"二簋应有时。"请注意，这里出现一个"时"字。

"损刚益柔有时，损益盈虚，与时偕行。"阳刚阴柔。损刚益柔，损的是阳，益的是阴。《苗族古历》："冬至阳旦，夏至阴旦。"损有时！益有时！日影缩短为损，日影增长为益。损之点，在冬至。益之点，在夏至。明白了这些，就会明白"损益盈虚，与时偕行"的所以然。

《周易·损·象传》诠释损卦，连续出现三个"时"字。《尚书·大禹谟》："时乃天道。"理解卦象，理解《周易》的文字，一定要从天道这一基点出发，才能得出正确的结论。

三、 君子之理

诠释损卦卦象，以自然哲理论人理，《周易·损·象传》论出的人文哲理是："山下有泽，损。君子以惩忿窒欲。"

艮为山，兑为泽。损卦卦象的上下两分结构是：艮卦在上，兑卦在下，这是"山下有泽"的所以然。

"山下有泽"是自然哲理，"君子以惩忿窒欲"是人文哲理，人文哲理源于自然哲理。

山下有泽，谈的是高山前的低洼。惩，一有处罚之义，二有警戒之义。惩一儆百，惩恶扬善，这两个成语讲的是处罚。惩前毖后，这个成语讲的是警戒。君子面对损卦卦象，应该知道高山低洼之变；要抑制心中的愤怒，要节制自己的欲望。

四、 日影下的损益及其他

（一）日影下的损益

"满招损，谦受益，时乃天道。"这一常青的哲理出于《尚书·大禹谟》，但哲理之源却是源于日影变化。

损益之哲理，产生于立竿测影的日影下。

损益之哲理，产生于日影长短变化的两极之下。

损益之哲理，产生于冬至夏至的两个时令之中。

冬至，日影最长点，长极而短。

夏至，日影最短点，短极而长。

日影变短为损，日影变长为益。

损之点，在冬至。益之点，在夏至。损益之源，《周髀算经·天体测量》给出的答案是："冬至夏至，为损益之始。"

损益之哲理，"满招损，谦受益"之格言，《周髀算经》告诉后人，发源于日影之下，发源于冬至夏至这两个时令。

（二）其他

除了损益哲理之外，要理解中华文化与中医文化的基础，必须认识太阳，必须认识冬至夏至这两个时令。请看以下例证：

——寒暑转换，源于太阳，源于冬至夏至。

——阴阳学说，源于太阳，源于冬至夏至。

——升降运动，源于太阳，源于冬至夏至。

——五音六律，源于太阳，源于冬至夏至。

——奇偶之数，源于太阳，源于冬至夏至。

——天干地支，源于太阳，源于冬至夏至。

——72、36 这一组数据，源于太阳，源于冬至夏至。

完全可以这样说，不认识太阳法则，不认识太阳历，根本无法打开中华文化、中医文化的大门。

五、 经典与诸子中的损益

损益之哲理，被中华先贤的后人遗忘了。这里有回顾之必要。

（一）《周易》论损益

六十四卦第四十一卦为损卦，第四十二卦为益卦。损益，在六十四卦之中占有两席之地。

（二）《黄帝内经》论损益

治百病无百术，最根本的就是损益两种术。

损者，泻也；益者，补也。损益，一可以运用在针灸之中，二可以运用在方剂之中。请看以下几个论断。

其一，《素问·奇病论》："无损不足，益有余。"

其二，《素问·五常政大论》："衰盛不同，损益相从。"

其三，《素问·至真要大论》："气有余者折损之，气不足者补益之。"

其四，《灵枢·寒热病》："损有余，益不足。"

其五，《灵枢·癫狂》："益其不足，损其有余。"

"损有余，益不足"，是治病的两种术。

"损有余，益不足"，更是治病的一个重要原则。

病有虚实，虚者，益之补之；实者，损之泻之。损益，目的是平衡。通过损益，使人的气血达到一个平衡的状态。损益，目的是使身体达到一个平衡状态。有平衡，才有健康。

如果虚而泻，实而补，是庸医所为。

（三）老子论损益

损益，在《道德经》中化为一条治国的哲理。《道德经·第七十七章》："有余者损之，不足者补之。天之道损有余而补不足，人之道则不然，损不足而奉有余。孰能损有余而奉天下？唯有道者。"

天道大公而人道有私，老子赞扬了天道，而批评了人道。老子认为，一味地在"不足"者身上收敛，是违反天道的。谁能够自觉向天下奉献出"有余"，谁就是得道之人。

（四）孔子论损益

孔子论损益，一论在治国之礼上，二论在个人修养上。

《论语·为政》："子张问：'十世可知也？'子曰：'殷因于夏礼，所损益，可知也；周因于殷礼，所损益，可知也。其或继周者，虽百世，可知也。'"

礼，做人的规矩。有礼，动物是人。无礼，人是动物。

礼，并不是始于孔子，而是始于孔子之前的先王。

孔子认为，先王之礼是可以损益的！

损者，减少也，批判淘汰也。

益者，增加也，继承发展也。

孔夫子在这里对历史作出了一个"可知"的论断，对将来作出了一个"虽百世，可知也"的规律性预测。社会是发展的，礼也是发展的。但礼可以损益，不可毁坏。孔子此处论损益，论在治国之礼上。

《论语·季氏》："子曰：'益者三乐，损者三乐。乐节礼乐，乐道人之善，乐多贤友，益矣。乐骄乐，乐佚游，乐宴乐，损矣。'"

孔子说："有益的快乐有三种，有害的快乐也有三种。一以节制礼乐为快乐，二喜欢宣扬别人的优点，三喜欢广交贤良的朋友。如此，三益也。一以骄恣淫乐为快乐，二喜欢放荡无度，三喜欢宴玩荒淫。如此，三损也。"

孔子此处论损益，论在君子的修养上。

六、"三人行则损一人， 一人行则得其友" 解

损卦的六三爻辞出现"三人行则损一人，一人行则得其友"之论，这一论断《周易·系辞下》出现如下诠释："易曰：'三人行则损一人，一人行则得其友。'言致一也。"

这句话的意思是：三个人一起行动，只能朝着一个方向前进，如果有另外一个方向，这个意见必然会被否定。这里，应该是"三人行则损一人"的所以然。而一个人的行动，恰恰会遇到志同道合的朋友。这里，应该是"一人行则得其友"的所以然。正确的方向，只能有一个。这里，应该是"言致一也"的所以然。

意见有很多种，但是只有一种意见是正确的，总会有一种或几种意见被否定。

行动的方向会有多种，但正确的方向只有一个，正确之外的必然会被否定。

上下之间有一个中庸之中，左右之间有一个中庸之中，过与不及有一个中庸之中，虚实之间有一个中庸之中，在两种偏颇中取舍，这就是损卦中的人文哲理。

如果死死记住"三人行必须抛弃一人"，如何能统帅千军万马，如何能协和万邦？

讨论卦辞、爻辞，一定要看到其中的普遍意义，仅仅就事论事，《周易》中的哲理就会失去意义。

卦四十二 益

原 文

（风雷）益：利有攸往。利涉大川。

彖曰："益"，损上益下，民说无疆。自上下下，其道大光。"利有攸往"，中正有庆。"利涉大川"，木道乃行。益动而巽，日进无疆。天施地生，其益无方。凡益之道，与时偕行。

象曰：风雷，益。君子以见善则迁，有过则改。

初九，利用为大作，元吉，无咎。

象曰："元吉无咎"，下不厚事也。

六二，或益之十朋之龟，弗克违。永贞吉。王用享于帝，吉。

象曰："或益之"，自外来也。

六三，益之用凶事，无咎。有孚。中行告公用圭。

象曰："益用凶事"，固有之也。

六四，中行，告公从，利用为依迁国。

象曰："告公从"，以益志也。

九五，有孚惠心，勿问元吉。有孚，惠我德。

象曰："有孚惠心"，勿问之矣。"惠我德"，大得志也。

上九，莫益之，或击之，立心勿恒，凶。

象曰："莫益之"，偏辞也。"或击之"，自外来也。

———— 解 读 ————

益卦，在六十四卦中排位第四十二。

《周易·杂卦》："损益，盛衰之始也。"

益，卦象中的意思是盛点。

益，人文中的意思是受益。

"益寿延年"，这是与"益"字相关的万古长青的褒义词。

诠释益卦，分卦象、卦理与人理三部分。

一、卦象

益卦卦象，由先天八卦中的巽卦与震卦重叠而成。巽卦在上，震卦在下，所以有"巽上震下"的诠释。巽，可以诠释为风；震，可以诠释为雷；巽在上，震在下；所以诠释益卦卦象，又有"风雷益"的诠释。

二、卦理

益卦卦理的解读，分卦序与卦形两部分。

（一）卦序之理

益卦位于损卦之后，《周易·序卦》对益卦的诠释是："损而不已必益，故受之以益。"

损卦讲受损，益卦讲受益。

损卦讲衰，益卦讲盛。

损卦、益卦两卦之间有着相反相成、相辅相成的关系。

（二）卦形之理

益卦卦形所隐含的哲理，是由《周易·益·彖传》揭示的。《周易·益·彖传》："益，损上益下，民说无疆。自上下下，其道大光。利有攸往，中正有庆。利涉大川，木道乃行。益动而巽，日进无疆。天施地生，其益无方。凡益之道，与时偕行。"

诠释益卦卦形，《周易·益·彖传》诠释出了如此哲理。

"益，损上益下，民说无疆。"如此诠释益卦卦象，全部在人文范围之内，与天文中的日影毫无关系。《周易·序卦》："有君臣然后有上下。"这里的上下，指的是君民关系。这里的"损上益下"，指的是君王自觉轻税薄赋，惠及于民，藏富于民。所以，"损上益下"之结局，结在"民说无疆"四字上。民者，天下之民也。说者，悦也。无疆者，天下万方也。万方受惠，万民自然喜悦。《孟子·梁惠王下》："乐民之乐者，民亦乐其乐。"

"自上下下，其道大光。利有攸往，中正有庆。"本来，日影长短两极之间的损益，是自然之变化。《周髀算经·天体测量》指出，日影由长变短为损，由短而长为益。从冬至到夏至，日影由长变短，这是阳气上升的标志。从夏至到冬至日影由短变长，这是阴气下降的标志。阳气上升，其路径为自下而上。阴气下降，其路径为自上而下。阴阳二气，一上一下，这里形成循环的寒暑。寒暑循环，就是天道。这样说的意思是，自上下下，其道大光；而自下而上，同样是其道大光。换言之，寒往暑来，其道大光；暑往寒来，同样是其道大光。换言之，昼往夜来，其道大光；夜往昼来，同样是其道大光。

"利有攸往，中正有庆。"二五两爻的位置为中，阳爻居奇数位、阴爻居偶数位为正。益卦中六二爻为阴爻，九五爻居阳爻；阴爻居阴位，阳爻居阳位；如此，是"中正有庆"的所以然。中且正，是行动取得有利成果的前提。

"利涉大川，木道乃行。"巽为风，也为木。木，在陆地为车，在江河为舟。这是"木道乃行"的所以然。有舟车之利，自然可以致远。有舟车之利，自然可以"利涉大川"。

"益动而巽，日进无疆。"巽为风，风性恒动。震为雷，雷性恒动。风动雷动，这是自然之动。"日进无疆"，这是人文之动。人文之动效法自然之动，日新日新日日新，这里应该是"益动而巽，日进无疆"的所以然。

"天施地生，其益无方。"万物，天生之，地养之，这是中华先贤的基本认识。天无私覆，地无私载，这同样是中华先贤的基本认识。益者，益也。无方者，万方也。天生地养，万方受益。换个说法，"天施地生"，同样是万方受益。从天文到人文，是《周易·益·象传》里诠释的基本思路。

"凡益之道，与时偕行。"组成六爻益卦的，是先天八卦中的巽卦与震卦；八节中，震卦表立春，巽卦表立秋。时在卦象中。时乃天道。"益之道"，时令之道也。明白了这些，就会明白"凡益之道，与时偕行"的所以然。

三、 君子之理

诠释益卦卦象，以自然哲理论人理，《周易·益·象传》论出的人文哲理是："风，雷益。君子以见善则迁，有过则改。"

巽为木，震为雷。益卦卦象的上下两分结构是：巽卦在上，震卦在下，这是"风雷益"的所以然。

"风雷益"是自然哲理，"君子以见善则迁，有过则改"是人文哲理，人文哲理源于自然哲理。

风与雷都是动态的。君子面对益卦卦象，应该学习风雷之动，做行为修养上的迁善改过之动。

迁善，见善从其善也。改过，同样的错误不再重复也。

《论语》有与此相同的人生哲理。

《论语·述而》："子曰：'三人行，必有我师焉：择其善者而从之，其不善者而改之。'"三人一起同行，在另外的两人身上，肯定有"我"学习与引以为戒的地方。从，从其善；改，改其不善。这，就是孔夫子的学习态度。

四、"立心勿恒" 简论

益卦上九爻辞："莫益之，或击之，立心勿恒，凶。"

《周易·系辞下》对上九爻辞有如下一大段诠释。

> 子曰："君子安其身而后动，易其心而后语，定其交而后求。君子修此三者故全也。危以动，则民不与也。惧以语，则民不应也。无交而求，则民不与也。莫之与，则伤之者至矣。"易曰："莫益之，或击之，立心勿恒，凶。"

益卦讲益下。

损上益下，益之道也。

损上益下，君王之道也。

如果居于上位的君王只知道"益之"自身，即与卦理相反的损下益上，必然会出现凶险的结果。所以，《周易·系辞下》出现对君子的"三后"告诫：

第一是"安其身而后动"。自己本身安全之后，才有下一步的行动。

第二是"易其心而后语"。交心之后，才有推心置腹之语。

第三是"定其交而后求"。有了深交之后，才有相互之间的诉求。

这里的君子，显然是天下治理者。治理天下的君子，如果没有遵循"三后"的告诫，就会出现"三不"的恶果：

第一，"危以动，则民不与也"。自己本身就没有安全保障，盲目的行动，人民会跟随吗？

第二，"惧以语，则民不应也"。没有心心相通，只有恐吓之语，人民会响应吗？

第三，"无交而求，则民不与也"。没有深交之情，只有无穷的要求，人民会给予吗？

不与、不应、不与，如此"三不"，即是损下益上的直接后果。

直接后果还不是最终的后果！

损下益上的最终后果是"莫之与，则伤之者至矣"。在上者如果只知道自私自利，不但得不到想要的利益，而且必然会遭受"伤之者至矣"的严重后果。

上九之位，是阳亢之位。

上九之位，是阳极生阴的转化点。

上九之位，是进退的转化点。

上九之位，是存亡的转化点。

上九之位，是得失的转化点。

居于此位的君子，一定要记住"损上益下"的益道。

一旦"损下益上"，最终的结果只有一个，那就是伤及自身的恶果。

"莫益之，或击之，立心勿恒，凶。"希望在上者能够记住这一爻辞。

不能与民争利，这是治理天下者必须牢记的真理。凡与民争利者，离"或击之"的日子就不远了。

《荀子·大略》："天之生民，非为君也，天之立君，以为民也。"立君为民，这是天理。如果立君害民，这就违背天理了。

立心有恒，恒在利民，这是天理！

立心有恒，损上益下，这是卦理！

在位者如果懂得了这里的两条道理，中华大地上一定会有持久的太平。

卦四十三 夬

原文

（泽天）夬：扬于王庭，孚号。有厉，告自邑。不利即戎，利有攸往。

象曰："夬"，决也，刚决柔也。健而说，决而和。"扬于王庭"，柔乘五刚也。"孚号有厉"，其危乃光也。"告自邑，不利即戎"，所尚乃穷也。"利有攸往"，刚长乃终也。

象曰：泽上于天，夬。君子以施禄及下，居德则忌。

初九，壮于前趾，往不胜，为咎。

象曰：不胜而往，咎也。

九二，惕号，莫夜有戎，勿恤。

象曰："有戎勿恤"，得中道也。

九三，壮于頄，有凶。君子夬夬独行，遇雨若濡，有愠，无咎。

象曰："君子夬夬"，终无咎也。

九四，臀无肤，其行次且。牵羊悔亡，闻言不信。

象曰："其行次且"，位不当也。"闻言不信"，聪不明也。

九五，苋陆夬夬中行，无咎。

象曰："中行无咎"，中未光也。

上六，无号，终有凶。

象曰："无号之凶"，终不可长也。

⸺⸺⸺⸺⸺⸺　解　读　⸺⸺⸺⸺⸺⸺

夬卦，在六十四卦中排位第四十三。

《周易·序卦》："夬者，决也。"

《周易·杂卦》："夬，决也，刚决柔也，君子道长，小人道忧也。"

《周易·夬·彖传》："夬，决也。"

夬，卦象中的意思是阴阳决断，阳将取代阴。

夬，人文中的意思是决断。

五阳一阴的夬卦，在十二辟卦中，表达的是太阳历的三月。

诠释夬卦，分卦象、卦理与人理三部分。

一、　卦象

夬卦卦象，由先天八卦中的兑卦与乾卦重叠而成。兑卦在上，乾卦在下，所以有"兑上乾下"的诠释。兑，可以诠释为泽；乾，可以诠释为天；兑在上，乾在下；所以诠释夬卦卦象，又有"泽天夬"的诠释。

二、　卦理

夬卦卦理的解读，分卦序与卦形两部分。

（一）卦序之理

夬卦位于益卦之后，《周易·序卦》对夬卦的诠释是：

"益而不已必决，故受之以夬。夬者，决也。"

益卦讲受益，夬卦讲决断。

益卦、夬卦两卦之间有着前后相连、前后相关的关系。

（二）卦形之理

夬卦卦形所隐含的哲理，是由《周易·夬·彖传》揭示的。《周易·夬·彖传》："夬，决也，刚决柔也。健而说，决而和，扬于王庭，柔乘五刚也。孚号有厉，其危乃光也。告自邑，不利即戎，所尚乃穷也。利有攸往，刚长乃终也。"

诠释夬卦卦形，《周易·夬·彖传》诠释出了如此哲理。

六爻的夬卦，由下而上，五阳一阴。如此卦象，在十二辟卦中，表达的是太阳历的五月。五月之后阴气全退，取而代之的是六爻纯阳之卦，即夏至六月天。理解太阳历的阴阳消长的法则，就会理解"刚决柔也"的所以然。

天行健，兑为悦。在夬卦之中，象征天的乾卦位于下卦的位置上，泽卦位于上卦的位置上。这是"健而说"的所以然。夬卦六爻，五阳在下，一阴在上，如此组合组成了泽天夬的夬卦。一阴即将被阳气所取代，形成六爻纯阳的乾卦。九五之位，九五至尊，这里是君王之位（王庭），阴阳即将在这里发生转换。阴曰柔，阳曰刚，在上曰乘。理解了这些，就会明白"决而和。扬于王庭，柔乘五刚也"的所以然。

孚，信也。孚号，有信之号令也。阴气即将被阳气所取代。危也，尾也。阴阳变化，有期有时有数有信。从这里理解"孚号有厉，其危乃光也"方为合理。

阴阳变化，其动力源于自然而然的自身。阳气上升点在冬至，夏至点阳气上升到了六阳的极处，五阳一阴的夬卦在五月，此处是阴气穷尽的尽头。尽头即穷处。阳气可以论龙。太阳回归年的前六月，即阳气六龙。阴阳交接，可以用"龙战于野"来诠释。《周易参同契》："上九亢龙，战德于野。"明白了太阳历法则中的阴阳变化，才能理解"告自邑，不利即戎，所尚乃穷也"的真正含义。

阴阳变化，有起点有终点。阳气的起点在冬至，终点在夏至。阴气的起点在夏至，终点在冬至。六阳之乾卦，时令之四月，即是阳刚之终点。明白了太阳历法则中的阴阳变化，才能理解"利有攸往，刚长乃终也"的真正含义。

三、 君子之理

诠释夬卦卦象，以自然哲理论人理，《周易·夬·象传》论出的人文哲理是："泽上于天，夬。君子以施禄及下，居德则忌。"

兑为泽，乾为天。夬卦卦象的上下两分结构是：兑卦在上，乾卦在下，这是"泽天夬"的所以然。

"泽天夬"是自然哲理，"君子以施禄及下，居德则忌"是人文哲理，人文哲理源于自然哲理。

泽在天上，天含甘露也。天降甘露，润泽万物。君子面对如此卦象，应该效法于天，效法天降甘露之善行，润泽万民。天降甘露，润泽万物，天行也。君王施恩，"施禄及下"，君行也。君行施恩，但不可居功骄傲。居功骄傲，是君行大忌。

卦
四
十
四

姤

原 文

（天风）

姤：女壮，勿用取女。

彖曰：姤，遇也，柔遇刚也。"勿用取女"，不可与长也。天地相遇，品物咸章也。刚遇中正，天下大行也。姤之时义大矣哉！

象曰：天下有风，姤。后以施命诰四方。

初六，系于金柅，贞吉。有攸往，见凶，羸豕孚蹢躅。

象曰："系于金柅"，柔道牵也。

九二，包有鱼，无咎，不利宾。

象曰："包有鱼"，义不及宾也。

九三，臀无肤，其行次且，厉，无大咎。

象曰："其行次且"，行未牵也。

九四，包无鱼，起凶。

象曰："无鱼之凶"，远民也。

九五，以杞包瓜，含章，有陨自天。

象曰：九五含章，中正也。有陨自天，志不舍命也。

上九，姤其角，吝，无咎。

象曰："姤其角"，上穷吝也。

───────── 解 读 ─────────

姤卦，在六十四卦中排位第四十四。

《周易·序卦》："姤者，遇也。"

《周易·杂卦》："姤，遇也。柔遇刚也。"

《周易·姤·彖传》："姤，遇也，柔遇刚也。"

姤，卦象中的意思是阴阳相遇，阴遇见阳。

姤，人文中的意思是男女婚姤。

一阴五阳的姤卦，在十二辟卦中，表达的是太阳历的五月。

在姤卦这里，要介绍一下"错综"的常识，即错卦、综卦的常识。

将姤卦放在桌子上，站在正面看，是一阴五阳的姤卦，站在对面看，则是五阳一阴的夬卦，这就是错综复杂的综卦。

一阴五阳是姤卦，一阳五阴是复卦。一阴五阳与一阳五阴，两卦卦形完全相反，这就是错综复杂的错卦。

诠释姤卦，分卦象、卦理与人理三部分。

一、 卦象

姤卦卦象，由先天八卦中的乾卦与巽卦重叠而成。乾卦在上，巽卦在下，所以有"乾上巽下"的诠释。乾，可以诠释为天；巽，可以诠释为风；乾在上，巽在下；所以诠释姤卦卦象，又有"天风姤"的诠释。

二、 卦理

姤卦卦理的解读，分卦序与卦形两部分。

（一）卦序之理

姤卦位于夬卦之后，《周易·序卦》对姤卦的诠释是："决必有所遇，故受之以姤。姤者，遇也。"

夬卦讲决绝，姤卦讲相遇。

夬卦、姤卦两卦之间有着相反相成的关系。

（二）卦形之理

姤卦卦形所隐含的哲理，是由《周易·姤·象传》揭示的。《周易·姤·

象传》："姤，遇也，柔遇刚也。勿用取女，不可与长也。天地相遇，品物咸章也。刚遇中正，天下大行也。姤之时，义大矣哉！"

诠释姤卦卦形，《周易·姤·象传》诠释出了如此哲理。

"姤，遇也，柔遇刚也。"这一诠释，是对姤卦卦象的整体把握。六爻的姤卦，由下而上，一阴五阳；一阴初生，阴柔阳刚；这是"柔遇刚也"的所以然。

一阴初生之姤卦，在十二辟卦中，表达的是太阳历的七月。五月六阳，六阳太阳相交于北回归线；相交之后，即刻开始向南回归；寒暑之寒，发生在此时此地；阴阳之阴，发生在此时此地。卦外的寒暑转换，在北回归线上发生。卦内的阴阳转换，在姤卦一爻处发生。"柔遇刚也"，换句话说，即一阴初生，阴遇阳也。

"勿用取女，不可与长也。"这一诠释，其意义全部在人文范畴之内。从字面上讲，就是遇到的女人如果过于强势，就不要娶其为妻，因为没办法长期共处。一阴之阴爻处于初六之位，这是阴气初生、上升之位，阴爻将一步步取代阳爻，这本来是寒暑的自然转换，与女子强势毫无关系。

"天地相遇，品物咸章也。"这一诠释，谈的是天文变化与万物生长收藏的关系。"天地相遇"，应该从太阳与地球的对应关系去理解。天地之间永远是相互对应的关系，即时时刻刻都在"相遇"，但万物的生长——品物咸章——却是有着严格的规定性。从冬至到夏至，万物生万物长；从夏至到冬至，万物收万物藏。太阳回归决定着春夏秋冬，春夏秋冬决定着万物生长收藏。姤卦，表达的是夏至之后一阴初生的五月。五月，万物开始成熟的时节。知道这些太阳历的常识，才能真正理解"天地相遇，品物咸章也"的真正含义。

"刚遇中正，天下大行也。"刚者，阳也。二五两爻之爻位为中，阳爻居于奇数之位为正。姤卦，除了初六之一阴之外，其余五爻全部都是阳爻。一三五，除了一之位，三五这两个位置上，皆是阳爻。阳爻居二五之位为中，阳爻居三五之位为正，这就是"刚遇中正"的所以然。九五，君王之位也。阳，居于君王之位。这里，应该是"天下大行"的所以然。

"姤之时，义大矣哉！"这是《周易·姤·象传》中的最后一句话。

姤卦为什么会论时？

姤卦在十二辟卦表达的是太阳历的五月。

太阳相交于北回归线，夏至。夏至在六月，六月是太阳向南回归的开始之月。太阳向南回归，阴气开始发生。七月一阴，八月二阴，九月三阴，十月四阴，十一月五阴，十二月六阴。阴阳转换在六月，一阴发生在七月。这里是不是"姤之时，义大矣哉"的奥秘所在?!

三、 君子之理

诠释姤卦卦象，以自然哲理论人理，《周易·姤·象传》论出的人文哲理是："天下有风，姤；后以施命诰四方。"

乾为天，巽为风。姤卦卦象的上下两分结构是：乾卦在上，巽卦在下，这是"天风姤"的所以然。

"天风姤"是自然哲理，"后以施命诰四方"是人文哲理，人文哲理源于自然哲理。

天下有风，风吹生万物，风吹养万物。东风万物生，南风万物绿，西风万物萧，北风万物焦。后（君王）面对风吹四方的卦象，应该效法于天风，将"应该如何，不应该如何"的法令昭告四方。

四、 天文历法： 昭告四方的根本大法

君王昭告四方，昭告什么？

礼、律、度量衡，都是昭告的内容。

但最根本的内容是天文历法，请看以下例证：

其一，伏羲氏的八节。"伏羲始画八卦，别八节而化天下。"八卦表达的是八节，八节是伏羲氏的贡献，这是《尸子》的记载。以八节化天下，是伏羲氏的贡献。八节者，天文历法也。

其二，黄帝的五行历。五行是历！黄帝时代，化天下的是五行历。请看下面两个论断：

《管子·五行》："黄帝得蚩尤而明于天道……立五行以正天时……人与天调，然后天地之美生。"

《史记·历书》："盖黄帝考定星历，建立五行，起消息，正确闰余。"

五行，木火土金水。一行72天，五行360天。《管子·五行》告诉世人，一行有一行的政令，五行有五种政令。政令中有"应该做什么"和"不应该做什么"两种内容。

其三，尧时代的四时。到了尧时代，五行历被改革为四时历。

《尚书·尧典》："期三百有六旬有六日，以闰月定四时，成岁。"

四时，是办好各种事情的依据。

其四，《周礼》中的十二月历。《周礼》里的官员设置，其依据是天地春夏秋冬。官分天官、地官、春官、夏官、秋官、冬官。

春官中有一种官员，专门主管岁月日辰。《周礼·春官》：冯相氏掌十有二岁，十有二月，十有二辰，十日，二十有八星之位，辨其叙事，以会天位。冬、夏致日，春、秋致月，以辨四时之叙。

以哪一月为正月，是新王朝昭告天下的第一项内容。《史记·历书》："夏正以正月，殷正以十二月，周正以十一月。"《史记》告诉后人，夏朝以一月为正月，殷朝以十二月为正月，周朝以十一月为正月。

春如何？夏如何？秋如何？冬如何？这些都是君王发布政令的内容。

何时初一？何时日食？同样是君王发布政令的内容。

五、 第一部环境保护法

第一部环境保护法，是以大禹名义留下的。《逸周书·大聚》记载了原文的内容：

> 旦闻禹之禁，春三月山林不登斧，以成草木之长；夏三月川泽不入网罟，以成鱼鳖之长。

禹，大禹也。禁，禁令也。禹之禁，大禹之禁令也。第一保护的是山林，第二保护的是鱼鳖，这是大禹禁令的两项基本内容。如何保护？春三月，不能砍伐树木；夏三月，不能捕鱼捕鳖。时令，是环境保护法的基本依据。第一部环境保护法，结尾在"天不失其时，以成万财"这句话上。

孟子见梁惠王时，向梁惠王讲解一系列治国方略，其中主要的内容相同于"禹之禁"。请看《孟子·梁惠王上》中的原文：

> 不违农时，谷不可胜食也；数罟不入洿池，鱼鳖不可胜食也；斧斤以时入山林，材木不可胜用也；谷与鱼鳖不可胜食，材木不可胜用，是使民养生丧死无憾也；养生丧死无憾，王道之始也。

《国语·鲁语》中记载了一个非常有教育意义的故事——"里革断网"。

故事的大意如下：鲁宣公要在夏天的池塘里捕鱼，被大臣里革制止。里革的制止，一是用语言制止，一是用动作制止。里革说，鸟兽鱼怀孕繁殖的季节，不应该在这个时候捕杀它们，这是古之先贤的遗训。现在是鱼刚刚开始繁殖的季节，这个时候下网捕鱼，真是贪心无度——"贪无艺也"。艺即限度，无艺即无限度。"里革断网"在笔者的眼里，其意义有三：一是臣可以批评君；二是君也必须遵守物序；三是人不能危害无语的万物，君王也没有这一特权。里革为臣，鲁宣公为君；里革可以批评鲁宣公，证明臣可以批评君。道理体现在物序中，物序体现在物生长成熟的次序中，遵守万物生长之序就是遵守道理，违反物序就是违反道理，君王也没有违反道理的特权。万物无语，鱼无语，人不能肆意侵害无语之物。在这里，里革批评鲁宣公不能肆意侵害无语之鱼。爱护自然，爱护万物，爱护鱼虾，里革生动地给后人上了具有常青意义的一课。

利用自然，爱护自然，是"里革断网"的根本意义。

捕鱼必须严格遵循天文历法，是"里革断网"的具体意义。

从"里革断网"的故事里，还可以看到"禹之禁"的延续。

卦
四
十
五

萃

（泽地）萃：亨，王假有庙。利见大人。亨，利贞，用大牲吉。利有攸往。

彖曰："萃"，聚也。顺以说，刚中而应，故聚也。"王假有庙"，致孝享也。"利见大人亨"，聚以正也。"用大牲吉，利有攸往"，顺天命也。观其所聚，而天地万物之情可见矣。

象曰：泽上于地，萃。君子以除戎器，戒不虞。

初六，有孚不终，乃乱乃萃，若号，一握为笑，勿恤，往无咎。

象曰："乃乱乃萃"，其志乱也。

六二，引吉，无咎，孚乃利用禴。

象曰："引吉无咎"，中未变也。

六三，萃如嗟如，无攸利，往无咎，小吝。

象曰："往无咎"，上巽也。

九四，大吉无咎。

象曰："大吉无咎"，位不当也。

九五，萃有位，无咎。匪孚，元永贞，悔亡。

象曰："萃有位"，志未光也。

上六，赍咨涕洟，无咎。

象曰："赍咨涕洟"，未安上也。

解 读

萃卦，在六十四卦中排位第四十五。

《周易·序卦》："萃者，聚也。"

《周易·杂卦》："萃聚。"

《周易·萃·象传》："萃，聚也。"

萃，卦象中的意思是万物相聚。

萃，人文中的意思是君臣相聚。

诠释萃卦，分卦象、卦理与人理三部分。

一、 卦象

萃卦卦象，由先天八卦中的兑卦与坤卦重叠而成。兑卦在上，坤卦在下，所以有"兑上坤下"的诠释。兑，可以诠释为泽；坤，可以诠释为地；兑在上，坤在下；所以诠释萃卦卦象，又有"泽地萃"的诠释。

二、 卦理

萃卦卦理的解读，分卦序与卦形两部分。

（一）卦序之理

萃卦位于姤卦之后，《周易·序卦》对萃卦的诠释是："物相遇而后聚，故受之以萃。萃者，聚也。"

姤卦讲相遇，萃卦讲相聚。

姤卦、萃卦两卦之间有着承前启后的关系。

（二）卦形之理

萃卦卦形所隐含的哲理，是由《周易·萃·彖传》揭示的。《周易·萃·彖传》："萃，聚也。顺以说，刚中而应，故聚也。王假有庙，致孝享也。利见大人，亨，聚以正也。用大牲吉，利有攸往，顺天命也。观其所聚，而天地万物之情可见矣。"

诠释萃卦卦形，《周易·萃·彖传》诠释出了如此哲理。

"萃，聚也。"这一诠释，是对萃卦卦象的整体把握。兑为泽，坤为地。大泽生万物，大地养万物。萃卦讲万物相聚，其根源在兑坤两卦的自然属性。泽为湿地，水为生命之源。植物、鱼类、鸟类、兽类都会在这里生，都会在这里长。明白了这些，就会明白"萃，聚也"的所以然。

"顺以说，刚中而应，故聚也。"这句话，诠释的是卦象结构。萃卦由先天八卦中的兑卦、坤卦所构成。坤卦言顺，兑卦言悦，这是"顺以说"的所以然。二五爻位为中，二爻之位上出现的是阴爻，五爻之位上出现的是阳爻，阴阳两爻居中正之位，这是"刚中而应，故聚也"的所以然。

"王假有庙，致孝享也。利见大人，亨，聚以正也。"这一诠释，其意义全部在人文之内。"王假有庙"，言王者在宗庙之中举行祭祀活动。"利见大人"，言君子可以此时出仕。《论语·泰伯》："天下有道则见。"疏："见，谓出仕也。"君臣如此相聚，聚以正也。

"用大牲吉，利有攸往，顺天命也。"这一诠释，其意义仍然全部在人文之内。祭祀，用大牛则吉利，前往有利。

兑卦，《周易·说卦》有如下解释："兑，正秋也，万物之所说也，故曰：说言乎兑。"正秋，万物成熟的季节。坤卦，《周易·说卦》有如下解释："坤也者，地也，万物皆致养焉，故曰：致役乎坤。"大地，养育万物的母亲。知道这些，就知道"观其所聚，而天地万物之情可见矣"的所以然。

三、君子之理

诠释萃卦卦象，以自然哲理论人理，《周易·萃·象传》论出的人文哲理是："泽上于地，萃；君子以除戎器，戒不虞。"

兑为泽，坤为地。萃卦卦象的上下两分结构是：兑卦在上，坤卦在下，这是"泽地萃"的所以然。

"泽地萃"是自然哲理，"君子以除戎器，戒不虞"是人文哲理，人文哲理源于自然哲理。

万物相聚之处，也是万物纷争之处，君子面对如此卦象，应该携利器于身，以防意外之争。

（地风）升：元亨。用见大人，勿恤，南征吉。

彖曰：柔以时升，巽而顺，刚中而应，是以大亨，"用见大人勿恤"，有庆也。"南征吉"，志行也。

象曰：地中生木，升。君子以顺德，积小以高大。

初六，允升，大吉。

象曰："允升大吉"，上合志也。

九二，孚乃利用禴，无咎。

象曰：九二之孚，有喜也。

九三，升虚邑。

象曰："升虚邑"，无所疑也。

六四，王用亨于岐山，吉，无咎。

象曰："王用亨于岐山"，顺事也。

六五，贞吉，升阶。

象曰："贞吉升阶"，大得志也。

上六，冥升，利于不息之贞。

象曰：冥升在上，消不富也。

解读

升卦，在六十四卦中排位第四十六。

《周易·杂卦》："萃聚，而升不来也。"

升，卦象中的意思是以时而进。

升，人文中的意思是贤哲升位。

诠释升卦，分卦象、卦理与人理三部分。

一、卦象

升卦卦象，由先天八卦中的坤卦与巽卦重叠而成。坤卦在上，巽卦在下，所以有"坤上巽下"的诠释。坤，可以诠释为地；巽，可以诠释为风；坤在上，巽在下；所以诠释升卦卦象，又有"地风升"的诠释。

二、卦理

升卦卦理的解读，分卦序与卦形两部分。

（一）卦序之理

升卦位于萃卦之后，《周易·序卦》对升卦的诠释是："聚而上者谓之升，故受之以升。"

萃卦讲相聚，升卦讲上升。

萃卦、升卦两卦之间有着承前继后的关系。

（二）卦形之理

升卦卦形所隐含的哲理，是由《周易·升·彖传》揭示的。《周易·升·彖传》："柔以时升，巽而顺，刚中而应，是以大亨。用见大人，勿恤；有庆也。南征吉，志行也。"

诠释升卦卦形，《周易·升·彖传》诠释出了如此哲理。

"柔以时升，巽而顺，刚中而应，是以大亨。"这一诠释，是对升卦卦象的整体把握。巽为风，坤为地。大地上的风，有时令之分，即：春天有东风，夏天有南风，秋天有西风，冬天有北风。节令有春夏秋冬之变，风向有东南西北之变。风向随时令而变，是中华文化里的常识。明白了这些，就会明白"柔以时升，巽而顺"的所以然。"刚中而应"，指的是卦象结构中的阴阳两爻的对应。"刚中"，指的是居中九二爻；""而应"，指的是六五阴爻与九二爻的上下对应。阴阳对应，刚柔对应，是卦象结构；"是以大亨"，是结论性的评价。如此整体的卦象，如此内部结构，吉无不利，所以大亨。

"用见大人，勿恤，有庆也。南征吉，志行也。"这一诠释，首先是人文意义，其次是天文意义。"用见大人，勿恤"，讲的是此时此地可以晋见君王，不必担心，一旦晋升，对君子本人以及天下都是值得庆幸的事。"南征吉，志行也。"为什么这里会突然出现"南"这一空间方位？又为什么"南征吉"又与"志行"相联系？必须从风向的自然变化上来理解，才能有正确解释。请看《圣经》中关于风向的一个论断。《圣经·传道书》："风往南刮，又向北转，不住地旋转，而且返回转行原道。"冬至的风，是北风。从冬至到夏至，风向由北而南。风是变化的风，风向变化由北而南，由南而北。风的起点在冬至，冬至的风是正北风。冬至之后的重要时令是春分，春分的风是正东风。春分之后的重要时令是夏至，夏至的风是正南风。夏至之后的重要时令是秋分，秋分的风是正西风。风向就是如此循环的！一个"南"字与"志行"相联系，奥秘应该就在这里。

阅读《周易》，一定不能忘记书中的道理在书外，一定不能忘记人文的道理在天文。

三、 君子之理

诠释升卦卦象，以自然哲理论人理，《周易·升·象传》论出的人文哲理是："地中生木，升。君子以顺德，积小以高大。"

坤为地，巽为木。升卦卦象的上下两分结构是：坤卦在上，巽卦在下，这是"地中生木"的所以然。

"地中生木"是自然哲理，"君子以顺德，积小以高大"是人文哲理，人文哲理源于自然哲理。

大树是由小芽开始的。小苗破土而出，一天天长大，一步步成长为大树。君子面对如此卦象，应该效法此"积小以高大"的自然哲理以成就自己。"顺德"如何顺？顺在"积小以高大"的一步步的自然顺序上。

四、"揠苗助长" 的故事

小苗由小到大，由低而高，这是自然哲理。

有人想帮助小苗快快长大，于是有"揠苗助长"这个荒唐而可笑的故事。故事出于《孟子·公孙丑上》，原文如下：

> 宋人有闵其苗之不长而揠之者，芒芒然归，谓其人曰："今日病矣，予助苗长矣。"其子趋而往视之，苗则槁矣。天下之不助苗长者寡矣。以为无益而舍之者，不耘苗者也。助之长者，揠苗者也。非徒无益，而又害之。

"揠苗助长"的故事，讽刺的是急于求成者。

种庄稼而不管理的，是懒汉。

一厢情愿地去拔苗助长者，是蠢汉。

揠苗助长，不但没有益处，反而害死了庄稼。

急于求成，不但于事无补，反而会带来灾难。

天下之中揠苗助长者，多矣！

积小以高大！希望更多的人记住这一哲理。

卦四十七 困

（泽水）

困：亨。贞大人吉，无咎。有言不信。

彖曰："困"，刚掩也。险以说，困而不失其所，亨，其唯君子乎。"贞大人吉"，以刚中也。"有言不信"，尚口乃穷也。

象曰：泽无水，困。君子以致命遂志。

初六，臀困于株木，入于幽谷，三岁不觌。

象曰："入于幽谷"，幽不明也。

九二，困于酒食，朱绂方来。利用享祀。征凶，无咎。

象曰："困于酒食"，中有庆也。

六三，困于石，据于蒺藜，入于其宫，不见其妻，凶。

象曰："据于蒺藜"，乘刚也。"入于其宫，不见其妻"，不祥也。

九四，来徐徐，困于金车，吝，有终。

象曰："来徐徐"，志在下也。虽不当位，有与也。

九五，劓刖，困于赤绂，乃徐有说，利用祭祀。

象曰："劓刖"，志未得也。"乃徐有说"，以中直也。"利用祭祀"，受福也。

上六，困于葛藟，于臲卼，曰动悔。有悔，征吉。

象曰："困于葛藟"，未当也。"动悔有悔"，吉行也。

困卦，在六十四卦中排位第四十七。

《周易·系辞下》："困，德之辨也。"

《周易·困·象传》："困，刚掩也。"

困，卦象中的意思是大泽干涸。

困，人文中的意思是困境中辨别人的德行。

诠释困卦，分卦象、卦理与人理三部分。

一、卦象

困卦卦象，由先天八卦中的兑卦与坎卦重叠而成。兑卦在上，坎卦在下，所以有"兑上坎下"的诠释。兑，可以诠释为泽；坎，可以诠释为水；兑在上，坎在下，所以诠释困卦卦象，又有"泽水困"的诠释。

二、卦理

困卦卦理的解读，分卦序与卦形两部分。

（一）卦序之理

困卦位于升卦之后，《周易·序卦》对困卦的诠释是："升而不已必困，故受之以困。"

升卦讲上升，困卦讲穷困。

升卦、困卦两卦之间有着前后相关的关系。

（二）卦形之理

困卦卦形所隐含的哲理，是由《周易·困·象传》揭示的。《周易·困·象传》："困，刚掩也。险以说，困而不失其所，亨；其唯君子乎？贞大人吉，以刚中也。有言不信，尚口乃穷也。"

诠释困卦卦形，《周易·困·象传》诠释出了如此哲理。

"困，刚掩也。"这一诠释，是对困卦卦象的整体把握。坎下兑上，兑悦坎险，这是"困，刚掩也"的所以然。阳卦多阴，坎卦多阴，坎卦为阳。为水的坎卦之上，又出现为泽的兑卦，这是"困，刚掩也"所以然的又一重含义。

"险以说，困而不失其所，亨；其唯君子乎？"这一诠释，其意义全部在人文范围之内。处于困境仍然保持独立而快乐的心态，不失人格，不失良心，不失理想，如此只有君子能够做到这一步。

"'有言不信'，尚口乃穷也。"困境之中，正确的态度应该保持缄默，用不着于事无补的多言巧辩。多言，也不会有人相信。

三、 君子之理

诠释困卦卦象，以自然哲理论人理，《周易·困·象传》论出的人文哲理是："泽无水，困。君子以致命遂志。"

兑为泽，坎为水。困卦卦象的上下两分结构是：兑卦在上，坎卦在下；水往低处流，大泽干涸；这是"泽无水"的所以然。

"泽无水"是自然哲理，"君子以致命遂志"是人文哲理，人文哲理源于自然哲理。

大泽干涸，草木必然枯黄，鸟必然飞，兽必然散，穷困之境、穷困之象也。君子面对如此困境，应该有舍生取义之志。

四、 困境之中的"德之辨"

困卦之困，《周易·系辞下》有如下诠释："困，德之辨也。"

《周易·系辞下》告诉后人，困境可以辨别一个人的德行。

生活中的贫穷之辨，最典型的例子莫过于颜回。同样的贫穷，普通人不堪其忧，颜回不改其乐。请看《论语·雍也》中的原文：

> 子曰："贤哉，回也！一箪食，一瓢饮，在陋巷，人不堪其忧，回也不改其乐。贤哉，回也！"

道义上的困穷之辨，最典型的例子莫过于箕子。殷商贤哲箕子，面对暴君纣王敢于批评，面对武王又不忍心说纣王的坏话。面对胜利者，箕子只是留下了治国方略《洪范九畴》，而没有唱一句颂歌，说一句奉承话。

面对困境应该如何？孔子留下一句至理名言："三军可夺帅也，匹夫不可夺志也。"（《论语·子罕》）

面对困境应该如何？孟子留下一句至理名言："不得志独行其道；富贵不能淫，贫贱不能移，威武不能屈。"（《孟子·滕文公下》）

五、"不见其妻" 解

"困于石，据于蒺藜，入于其宫，不见其妻，凶。"这是困卦六三爻辞的全文。

《周易·系辞下》对六三爻辞有一大段诠释，原文如下：

> 易曰："困于石，据于蒺藜，入于其宫，不见其妻，凶。"子曰："非所困而困焉，名必辱。非所据而据焉，身必危。既辱且危，死期将至。妻其可得见耶？"

意译：石，乱石滩也。蒺藜，荆棘丛生之地也。在外陷于乱石之滩、荆棘丛生之地的困境，回家又不见了妻子，真是凶险之极。不该困而困，名誉必然受辱。不该据有的而据有，必然会危及自身。受辱且危及生命，死期将至，还能够见到妻子吗？

困境，有两种。一是外部造成的，一是自己造成的。外部造成的困境，通过努力，可以突出重围。而自身造成的困境，则必将自食其果。

"天作孽犹可为，自作孽不可活。"

这是《尚书·太甲中》中留下的至理名言，希望更多的人记住这一名言，不要自己给自己造成无法突围的困境。

卦
四
十
八
井

原 文

（水风）井：改邑不改井，无丧无得。往来井井。汔至，亦未繘井，羸
其瓶，凶。

彖曰：巽乎水而上水，井。井养而不穷也。"改邑不改井，"乃以刚中
也。"汔至，亦未繘井"，未有功也。"羸其瓶"，是以凶也。

象曰：木上有水，井。君子以劳民劝相。

初六，井泥不食。旧井无禽。

象曰："井泥不食"，下也。"旧井无禽"，时舍也。

九二，井谷射鲋，瓮敝漏。

象曰："井谷射鲋"，无与也。

九三，井渫不食，为我心恻。可用汲，王明，并受其福。

象曰："井渫不食"，行恻也。求"王明"，受福也。

六四，井甃，无咎。

象曰："井甃无咎"，修井也。

九五，井洌，寒泉食。

象曰："寒泉之食"，中正也。

上六，井收勿幕，有孚元吉。

象曰："元吉"在"上"，大成也。

──────────────　解　读　──────────────

井卦，在六十四卦中排位第四十八。

《周易·杂卦》："井通而困相遇也。"

《周易·系辞下》："井，德之地也。"

《周易·系辞下》："井以辨义。"

井，卦象中的意思是出水之穴地。

井，人文中的意思是久居不迁。

乡村可以迁移，而井不可迁移，井卦以井不可移的自然哲理来阐明一种永恒的原则与规矩。

这种永恒的原则与规矩是什么？可以从《周易·系辞下》给出的"德"与"义"两个字上去理解。

诠释井卦，分卦象、卦理与人理三部分。

一、卦象

井卦卦象，由先天八卦中的坎卦与巽卦重叠而成。坎卦在上，巽卦在下，所以有"坎上巽下"的诠释。坎，可以诠释为水；巽，可以诠释为风；坎在上，巽在下；所以诠释井卦卦象，又有"水风井"的诠释。

"井：改邑不改井，无丧无得，往来井井。汔至，亦未繘（jú）井，羸其瓶，凶。"

这是井卦的卦辞。

井卦卦辞有直接与间接两重意思。

直接意思是，乡村迁走了，井却迁不走，无所失无所得，往来的人在井中打水。水干涸了，没有人重新淘洗井，打水的绳子没有了，打水的瓶子也碎了，结局是凶险的。

间接意思是，井不可少，井不可迁，这意味着对于人、对于天下来说，有不可缺少、不可改变的规矩与法则。在缺少山泉的北方，凡是有村镇的地方，必须有水井，这是规矩，这是法则。以水井隐喻永恒意义的规矩与法则，是井卦的基本含义。《周易·系辞下》以井论德，以井论义，德与义，对于人来说，恰恰是具有永恒意义的。具有永恒意义的

规矩与法则不能丢，一旦抛弃了这些具有永恒意义的规矩与法则，就会
有凶险。

二、 卦理

井卦卦理的解读，分卦序与卦形两部分。

（一）卦序之理

井卦位于困卦之后，《周易·序卦》对井卦的诠释是："困乎上者必反
下，故受之以井。"

困卦讲穷困，井卦讲德行的坚守。

困卦、井卦两卦之间有着前后相关的关系。

（二）卦形之理

井卦卦形所隐含的哲理，是由《周易·井·象传》揭示的。《周易·
井·象传》："巽乎水而上水，井。井养而不穷也。改邑不改井，乃以刚中
也。汔至亦未繘井，未有功也。羸其瓶，是以凶也。"

诠释井卦卦形，《周易·井·象传》诠释出了如此哲理。

"巽乎水而上水，井。"这一诠释，是对井卦卦象的整体把握。坎为水，
巽为木，坎上巽下，其意思是：木生于水而高于水。认识这些，就会明白
"巽乎水而上水"的所以然。

"井养而不穷也。"这一诠释，重点在井的功能上。井水养人，以当下而
论，养在一天之中，以长远而论，养在万世之中。一朝一夕，离不开水；千
秋万代，离不开水。知道这一点，就知道"井养而不穷也"的基本含义。

"改邑不改井，乃以刚中也。"这一诠释，重点在井卦的结构上。二五两爻
之位为中，阳爻为刚，两阳爻二五之位，此乃刚中也。刚强、刚毅，凡是与一个
"刚"相联系的词语，百分之九十都是褒义词。条件改变了，环境改变了，但是
信守道义、信守原则的立场不变，这里应该是"改邑不改井"的所以然。

"汔至亦未繘井，未有功也。"这一诠释，重点在人文意义上。《说文解
字》："汔，水涸也。至通窒，淤塞之义也。汔至，谓井水涸竭而泥塞其中
也。打水而不淘洗井，天长日久，淤泥多了，井水就干涸了。这句话隐喻的
道理是：信守规矩而无所作为，不会建功立业的。

"羸其瓶，是以凶也。"这一诠释，其意义全部在人文范围之内。井水干
了，井绳断了，汲水的罐子破了，哪还有不凶险的？

三、 君子之理

诠释井卦卦象，以自然哲理论人理，《周易·井·象传》论出的人文哲理是："木上有水，井；君子以劳民劝相。"

坎为水，巽为木。井卦卦象的上下两分结构是：坎卦在上，巽卦在下；巽木在下，坎水在上；这是"木上有水"的所以然。

"木上有水"是自然哲理，"君子以劳民劝相"是人文哲理，人文哲理源于自然哲理。

一个水井养育一村人，一个水井浇灌十亩地，面对此情此景，君子应该引导民众相互帮助，相互协作。

四、 可变之术与不变之道

利用水，是不变之道。

如何利用水，是可变之术。

井水、溪水、河水、江水、泉水，都是可用之水。

人工打水、汲水，利用竹子引水，利用管道送水，都是取水之术。

坚守不变之道，更新可变之术，这是井卦所讲的基本哲理。

取水，是这样！

其他方方面面呢？是不是这样？！

坚守不变之道，更新可变之术，适用于各个领域，各个方面。

卦四十九　革

（泽火）革：已日乃孚。元亨。利贞，悔亡。

彖曰：革，水火相息，二女同居，其志不相得曰革。"巳日乃孚"，革而信之。文明以说，大亨以正。革而当，其悔乃亡。天地革而四时成，汤武革命，顺乎天而应乎人。革之时大矣哉！

象曰：泽中有火，革。君子以治历明时。

初九，巩用黄牛之革。

象曰："巩用黄牛"，不可以有为也。

六二，巳日乃革之，征吉，无咎。

象曰："巳日革之"，行有嘉也。

九三，征凶。贞厉。革言三就，有孚。

象曰："革言三就"，又何之矣。

九四，悔亡。有孚，改命，吉。

象曰："改命之吉"，信志也。

九五，大人虎变，未占有孚。

象曰："大人虎变"，其文炳也。

上六，君子豹变，小人革面，征凶，居贞吉。

象曰："君子豹变"，其文蔚也。"小人革面"，顺以从君也。

解 读

革卦，在六十四卦中排位第四十九。

《周易·杂卦》："革，去故也。"

《说文解字》："革，兽皮治去其毛，革更之。"

革，卦象中的意思是去故。

革，人文中的意思是改革。

诠释革卦，分卦象、卦理与人理三部分。

一、 卦象

革卦卦象，由先天八卦中的兑卦与离卦重叠而成。兑卦在上，离卦在下，所以有"兑上离下"的诠释。兑，可以诠释为泽；离，可以诠释为火；兑在上，离在下；所以诠释革卦卦象，又有"泽火革"的诠释。

"革：巳日乃孚，元亨利贞，悔亡。"

这是革卦的卦辞。

革卦卦辞有直接与间接两重意思。

直接意思是，巳日举行祭祀，信守诚信，会有"元亨利贞"的结果，后悔会消失。巳，十天干之一，在十天干位于第六位。巳日，在以"十"为单位的第六日举行祭祀。

间接意思是，遵循天文历法生活，遵循天文历法生产，遵循天文历法祭祀，这里应该是革卦所讲的基本哲理。蛊卦卦辞中有"先甲三日，后甲三日"之说，巽卦爻辞中有"先庚三日，后庚三日"之说。甲，十天干之首；庚，十天干之七；天干的功用，在于纪日。据此推断，革卦卦辞中的"巳日"，也应该是天干纪日。

纪时，是干支的基本功能。

二、卦理

革卦卦理的解读，分卦序与卦形两部分。

（一）卦序之理

革卦位于井卦之后，《周易·序卦》对革卦的诠释是："井道不可不革，故受之以革。"

井卦讲坚守，革卦讲变革。

井卦、革卦两卦之间有着相反相成的关系。

（二）卦形之理

革卦卦形所隐含的哲理，是由《周易·革·象传》揭示的。《周易·革·象传》："革，泽火相息，二女同居，其志不相得，曰革。巳日乃孚，革而信也。文明以说，大亨以正，革而当，其悔乃亡。天地革而四时成，汤武革命，顺乎天而应乎人，革之时，义大矣哉！"

诠释革卦卦形，《周易·革·象传》诠释出了如此哲理。

"革，泽火相息，二女同居，其志不相得，曰革。"这一诠释，是对革卦卦象的整体把握。兑为泽，离为火，兑上离下；泽在上，火在下，上位之水肯定能够熄灭下位之火。认识这些，就会明白"泽火相息"的所以然。兑为少女，离为中女，兑、离两卦组成了革卦，为什么会有"二女同居"之说？奥秘在卦象结构。男以女为室，女以男为家，一男一女组成了家。二女虽然同居一室，但无论如何也构不成一个家。改革、变革之必然，就在这里。二女同居，变为一男一女同居，革卦讲变革，这里是第一重意义上的变革。

"巳日乃孚，革而信也。文明以说，大亨以正，革而当，其悔乃亡。"这一诠释，重点在以历为则的生活上。确定何日为巳日，是天文历法的规定。在巳日举行祭祀，是遵循天文历法的基本标志。为什么这里会出现"文明"二字？有没有历——天文历法，是判断一个民族是否进入文明的根本标志。有了历，才能自觉地种植。有了历，才能自觉地收获。有了历，才能自觉地安排生活。天文历法，是人类文明的根本标志，也是中华文明的根本标志。《周易·革·彖传》诠释革卦，出现"文明"二字，奥秘就在天文历法里。

"天地革而四时成，汤武革命，顺乎天而应乎人。"这一诠释，有自然与人文两重重要意义。"天地革而四时成"，其意义在自然法则之内。"汤武革命"，其意义在人文哲理之中。太阳与地球的四种对应关系，形成春夏秋冬四时。天地如此革，四时如此成。春夏秋冬的更替，属于自然更替；汤武革命取代夏商，属于人间更替。自然更替属于有序更替，人间更替属于无序更替。

"革之时，义大矣哉！""革之时"其义如何大？大就大在天文历法的节令上。在先天八卦中，离卦表春分，兑卦表立夏；春分在前，立夏在后；两卦之间是相邻的先后关系。在"这个"节令上，会推断"下一个"节令是什么，而且知道应该干什么，这里应该是"革之时，大矣哉"的全部意义。

三、 君子之理

诠释革卦卦象，以自然哲理论人理，《周易·革·象传》论出的人文哲理是："泽中有火，革。君子以治历明时。"

兑为泽，离为火。革卦卦象的上下两分结构是：兑卦在上，离卦在下，这是"泽中有火"的所以然。

"泽中有火"是自然哲理，"君子以治历明时"是人文哲理，人文哲理源于自然哲理。

水火相克，这是自然哲理。草木春秋，一岁一枯荣，同样是自然哲理。寒暑两极的转换，仍然是自然哲理。面对如此自然景象，君子应该想到天文历法的改革，以授民时。

革卦言革故，革卦谈治历，这说明天文历法是可以革故更新的。

太阳历本身是可以改革的。太阳历本身的改革，体现在四个方面：

一是岁的天数可以一步步精确。请看下面几个数据：一岁的天数，《尚书·尧典》中是 366 天，《周髀算经·日月历法》中是 365.25 天；到了元朝，郭守敬修改为 365.2425 天。从 366 到 365.25，再到 365.2425，这说明什么？是不是说明太阳历本身可以一步步精确？！

二是季节数可以改革。据《管子·五行》记载，黄帝时代的五行历，是木、火、土、金、水五个季节，而《黄帝内经》开篇的第二篇《四时调神大论》中出现的是春夏秋冬四个季节；从五历到四时，这说明什么？是不是说明季节数可以改革？

三是月数可以改革。五行历是十月太阳历，这里的月数是十个月；四时历是十二月太阳历，这里的月数是十二个月；从十个月到十二个月，这说明什么？是不是说明月数可以改革？

四是节气数可以改革。《管子·幼宫》中出现三十个节气，十月太阳历中出现二十个节气，而《周髀算经》中出现的是二十四节气，这说明什么？是不是说明节气数可以改革？

太阳历之外，还有太阴历、北斗历、二十八宿历，这些历同样是可以改革的。

革故鼎新也好，鼎新革故也好，总而言之，天文历法是可以改革的。一种历的精确是改革，几种历的融合同样是改革。

四、"治历明时" 简论

"治历"，指的是天文历法的制定；"明时"，指的是岁月日时的划分。

"治历明时"，在中华大地上是一件开天辟地的大事。

中华先贤观天文以制定历法，可能远远早于伏羲氏，但是《周髀算经》与《周易·系辞下》，以及《尸子》均把治历的起点，记载在了伏羲氏名下。

何谓历？历的概念是在《大戴礼记》中出现的。《大戴礼记·曾子天圆》："圣人谨守日月之数，以察星辰之行，以序四时之顺逆，谓之历。"

何谓时？岁月日时的明确划分也。

划分岁月日时，中华先贤恐怕经历了上万年，甚至几万年、几十万年的努力。

（一）书外的历

起初的历，并不是用文字记载的，而是用图画记载的。在第一篇中，已经讨论到书外的图画历：

第一，岩画中有历。

第二，陶器上有历。

第三，玉器上有历。

第四，金器上有历。

（二）抽象符号中的历

图画之后，文字之前，中华大地上出现的是抽象符号。在抽象符号阶段，天文历法是由抽象符号记载的。

据彝族典籍《土鲁窦吉》记载，洛书是历，河图同样是历。

据华夏典籍《尸子》记载，伏羲八卦即先天八卦是历。

据华夏典籍《周髀算经》记载，后天八卦同样也是历。

（三）经典中的历

华夏经典，部部都会谈到历，而且首先谈到的就是历。

第一，《黄帝内经》开篇第二篇谈的就是四时。

第二，《尚书》开篇第一篇《尧典》谈的就是历。

第三，《山海经》中有关"太阳与月亮"的神话故事谈的就是历。

第四，《周髀算经》整部经典谈的是历。

第五，《诗经》中的"七月流火"谈的是历。

第六，《周礼》中官员设置的原则就是历。

第七，《逸周书》中多处谈的是历。

第八，《礼记·月令》中谈的是历。

第九，《管子》论证问题的依据是历。

第十，《吕氏春秋》论证问题的依据同样是历。

（四）中华先贤名下出现的历

盘古、伏羲、神农氏、蚩尤、黄帝、太昊、少昊名下全部出现历。

第一，《苗族古歌》有十二辰的记载，而且是在盘古名下出现的。

第二，《周髀算经》记载，伏羲、神农氏两位先贤都是天文观测者与历法制定者。

第三，《管子》记载，黄帝时代的五行历是蚩尤制定的。

第四，《春秋左传》记载，太昊、少昊时代都有历。

第五，《史记》记载，黄帝、颛顼时代都有历。

（五）历的种类

中华先贤以太阳回归为依据制定出了太阳历，以月亮圆缺为依据制定出了太阴历，以斗柄循环制定出了北斗历；太阳历、太阴历、北斗历之外，还有二十八宿历。

第一，《尚书·尧典》中有太阳历。

第二，《周髀算经》中有太阳历、太阴历。

第三，《鹖冠子》中有北斗历。

第四，《黄帝内经》中太阳历、太阴历、北斗历与二十八宿历。

第五，《礼记》与《吕氏春秋》中有太阳历与二十八宿历。

（六）气候、年岁日时的划分

请看经典中的记载。

第一，《素问·六节脏象论》："五日谓之候，三候谓之气，六气谓之时，四时谓之岁，而各从其主治焉。"

第二，《周髀算经·日月历法》："月与日合，为一月；日复日，为一日；日复星，为一岁。"

第三，《周易·系辞下》："寒往则暑来，暑往则寒来，寒暑相推而岁成焉。"

第四，《礼记·月令》注："中数曰岁，朔数曰年。中数者，谓十二月中气为一周，总三百六十五又四分之一日，谓之一岁。朔数者，谓十二月之朔一周，总三百五十四日，谓之一年。"

第五，《周礼·春官》："冯相氏掌十有二岁，十有二月，十有二辰。"

第六，《后汉书·律历志》："日发其端，周而为岁。"

以上六个论断告诉后人这样几个基本常识。

岁，是太阳历。

年，是太阴历。

四时，是太阳历。

月，有太阳历的十二月，有太阴历的十二月。

日，是太阳历。

辰，是阴阳合历。

岁月日时之外，太阳历还有二十四节气的划分。

《逸周书·周月解》中有二十四节气的记载。

《逸周书·时训解》中有二十四节气的记载。

（七）授时的方法

为了确定时令之时，中华先贤先后运用了多种方法，例如以花定时（花开花落），以鸟定时（大雁南飞），以鱼定时（鱼的出现），以上种种方法可以归结为物候定时法，物候定时法之后出现以天文定时令的方法。"观乎天文，以察时变。"天文中，中华先贤使用许多种坐标，选择几种介绍如下：

1. 中星授时法　在黄昏与黎明时，观测中天最亮的星星，以此来确定时令。《尚书·尧典》中，以鸟、火、虚、昴四星为基准，确定了仲春、仲夏、仲秋、仲冬"四仲"，即春分、秋分、冬至、夏至四大基本节令。

中星授时法，《逸周书·时则训》《礼记·月令》《吕氏春秋·十二纪》中均有记载。

2. 斗柄授时法　以北斗星斗柄指向何方来确定时令。《鹖冠子·环流》以斗柄指向东西南北四个方向，确定出了春夏秋冬四时。

斗柄授时法，《淮南子·天文训》中有记载。

3. 日影授时法　以中午的日影长短变化来确定时令。《周髀算经·天体测量》中记载了这种方法。至今还采用的二十四节气，产生于这种方法之下。

4. 月相授时法　以月亮圆缺为基准，来确定朔望月的月初、月中、月尾。《周礼》《周髀算经》《周易参同契》中记载了这种方法。

5. 日出方位时法　以日出东南方定冬至，以日出东北方定夏至，以日出正东方定春分秋分，《周髀算经》中记载了这种方法。

不懂天文历法，根本读不懂中华文化。江河有源，草木有根，同样的道理，文化也有源，文化也有根。笔者多次讲过这句话。

中华文化的起源，不是起于文字，更不是起于儒家、道家，而是起于远古时期的天文历法。

天文历法反映的是自然法则。这里的一切具备有两个基本特点：一是严格的规定性；二是无限循环性。

站在今天的立场上看，天文历法是一个严密的数理体系，是严密的时空体系，图书、八卦全部是表达天文历法的，阴阳五行、天干地支全部是从天文历法出发的。

天文历法所要表达的根本问题，就是时间之时。

《尚书·尧典》："历象日月星辰，敬授民时。"

《尚书·大禹谟》："时乃天道。"

希望更多人记住这两个论断。

希望更多人明白天文历法与文化起源的关系。

卦

五

十

鼎

 原 文

（火风）鼎：元吉，亨。

彖曰：鼎，象也。以木巽火，亨饪也。圣人亨以享上帝，而大亨以养圣贤。巽而耳目聪明，柔进而上行，得中而应乎刚，是以元亨。

象曰：木上有火，鼎。君子以正位凝命。

初六，鼎颠趾，利出否。得妾以其子，无咎。

象曰："鼎颠趾"，未悖也。"利出否"，以从贵也。

九二，鼎有实，我仇有疾，不我能即，吉。

象曰："鼎有实"，慎所之也。"我仇有疾"，终无尤也。

九三，鼎耳革，其行塞，雉膏不食，方雨，亏悔，终吉。

象曰："鼎耳革"，失其义也。

九四，鼎折足，覆公餗，其形渥，凶。

象曰："覆公餗"，信如何也。

六五，鼎黄耳金铉，利贞。

象曰："鼎黄耳"，中以为实也。

上九，鼎玉铉，大吉，无不利。

象曰：玉铉在上，刚柔节也。

解(读)

鼎卦，在六十四卦中排位第五十。

《周易·杂卦》："鼎，取新也。"

《说文解字》："鼎，三足两耳，和五味之宝器也。"

《正义》："鼎者，器之名也。自火化之后，铸金而为此器，以供烹饪之用，谓之为鼎。"

鼎，卦象中的意思是鼎新。

鼎，人文中的意思是器具。

革卦与鼎卦留下了"革故鼎新"这一成语。《周易参同契·五相类》："鼎新革故，御政之首。"

诠释鼎卦，分卦象、卦理与人理三部分。

一、 卦象

鼎卦卦象，由先天八卦中的离卦与巽卦重叠而成。离卦在上，巽卦在下，所以有"离上巽下"的诠释。离，可以诠释为火；巽，可以诠释为风；离在上，巽在下；所以诠释鼎卦卦象，又有"火风鼎"的诠释。

"鼎：元吉，亨。"这是鼎卦的卦辞。

鼎卦卦辞，在六十四卦中，是最为简洁的卦辞。

鼎，本身是烹煮食物的金属器具，但是此处代表的是天下重器。

二、 卦理

鼎卦卦理的解读，分卦序与卦形两部分。

（一）卦序之理

鼎卦位于革卦之后，《周易·序卦》对鼎卦的诠释是："革物者莫若鼎，故受之以鼎。"

革卦讲去故，鼎卦讲更新。

革卦、鼎卦两卦之间有着相辅相成的关系。

（二）卦形之理

鼎卦卦形所隐含的哲理，是由《周易·鼎·象传》揭示的。《周易·

鼎·象传》："鼎，象也。以木巽火，亨饪也。圣人亨以享上帝，而大亨以养圣贤。巽而耳目聪明，柔进而上行，得中而应乎刚，是以元亨。"

诠释鼎卦卦形，《周易·鼎·象传》诠释出了如此哲理。

"鼎，象也。"这一诠释，是对鼎卦卦象的整体把握。鼎，有象征性，象征君王地位，象征君王权力，象征君王的合法性与合理性，也象征疆土。

"以木巽火，亨饪也。"离为火，巽为风、为木，离、巽两卦组成了鼎卦，为什么会有"以木巽火"之说？奥秘在木下火上的卦象结构。木头着火于下，火苗燃烧于上，这是"亨饪也"的所以然。

"圣人亨以享上帝，而大亨以养圣贤。"这一诠释，意义全部在人文之内。烹饪，一是要祭祀上帝，二是要敬养圣贤。敬请记住，这里出现"上帝"一词。

"巽而耳目聪明，柔进而上行，得中而应乎刚，是以元亨。"这一诠释，首先论的是卦象，然后是以卦象论人文。诠释巽卦，这里出现"耳目聪明"一词。巽卦，为何可以论耳目？答案在《黄帝内经》中。在《黄帝内经》中，肝的五行属性为木，五脏之肝对应于五官之目，即肝开窍于目。《周易·说卦》中也有"巽为白眼"之说。五脏之中，肾肝两脏为母子相连关系；五官之中，耳目为并列并重关系。《黄帝内经》告诉后人，肾开窍于耳，肝开窍于目。《周易》之中，巽可以言木；《黄帝内经》之中，木对应于肝，肝又开窍于目；耳目相连，这里应该是以巽卦论"耳目聪明"的所以然。上卦的五爻之位，属于奇数位，本来属于阳爻之位，而现在是阴爻居之，阴言柔，这里应该是"柔进而上行"的所以然。下卦的二爻之位，是偶数位，本来是阴爻之位，现在是阳爻居之；二五两位上下对应，六五爻为阴，九二爻为阳，阳刚阴柔，这里应该是"得中而应乎刚"的所以然。"是以元亨"四字是总结是归纳，是对鼎卦吉利的价值判断。

三、 君子之理

诠释鼎卦卦象，以自然哲理论人理，《周易·鼎·象传》论出的人文哲理是："木上有火，鼎。君子以正位凝命。"

巽为木，离为火。鼎卦卦象的上下两分结构是：巽卦在下，离卦在上，这是"木上有火"的所以然。

"木上有火"是自然哲理，"君子以正位凝命"是人文哲理，人文哲理源于自然哲理。

木能生火，这是自然哲理。君子得鼎，应该效法木能生火的自然哲理，去坚守身正心正之正位，认真对待自己的使命。

四、 鼎的起源与"问鼎中原" 解

（一）鼎的起源

鼎，《史记》说起源于禹。请看下面两个论断。

其一，《墨子·耕柱》："昔者夏后开使蜚廉折金于山川，而陶铸之于昆吾⋯⋯九鼎既成，迁于三国。"

其二，《史记·封禅书》："禹收九牧之金，铸九鼎。"

九鼎，象征九州。一州一鼎，九州九鼎。九鼎乃豫鼎、冀鼎、兖鼎、青鼎、徐鼎、扬鼎、荆鼎、雍鼎、梁鼎。

九鼎，象征国家权力。夏、商、周三代以九鼎为传国重器，为得天下者所据有。

关于鼎的形状，《墨子·耕柱》中有"鼎成三足而方"的解释。

（二）"问鼎中原"解

鼎，留下了"问鼎中原"这一成语。

根据《春秋左传·鲁宣公三年》记载，楚庄王北伐，至于雒（今河南省洛阳市），在周之京城今日洛阳的南郊，举行阅兵式。周定王使王孙满去慰劳，庄王见了王孙满，劈头就问："周天子的鼎有多大，有多重？"言外之意，要与周天子比权量力。王孙满委婉地说："一个国家的兴亡在于德，而不在于鼎。"庄王见王孙满拿话挡他，就直接说道："你不要自持有九鼎，楚国有的是铜，仅仅折下载钩的锋刃，就足以铸成九鼎。"面对雄视北方的庄王，善辩的王孙满先绕开庄王的话锋，大谈九鼎制作的年代和传承的经过，最后才说："周室虽然衰微，但是天命未改，宝鼎的轻重，还不能过问啊。"庄王不再强求，挥师伐郑，以问郑背叛楚国投靠晋国之罪。这里，演化出了"问鼎中原"这一成语。

五、"鼎折足" 的寓意

诠释鼎卦九四爻辞，《周易·系辞下》留下了一段文字："德薄而位尊，知小而谋大，力小而任重，鲜不及矣。易曰：'鼎折足，覆公𫗧，其形渥，凶。'言不胜其用也。"

以鼎论君王之位，是这一论断的基本点。

以不该居于此位者而居于此位，必然会有"鼎折足"的悲剧，是这一论断的落脚点。

源头处的君王，都是能者与贤者，简而言之，都是有大功于天下者。

——燧人氏之所以称王，是因为有取火而有利于天下的大贡献。

——有巢氏之所以称王，是因为有筑巢而有利于天下的大贡献。

——伏羲氏之所以称王，是因为有结网而有利于天下的大贡献，是因为有作八卦别八节而有利于天下的大贡献。

——神农氏之所以称王，是因为有发明耒耜有利于天下的大贡献，是因为尝百草而有利于天下的大贡献。

——大禹之所以称王，是因为有治水而有利于天下的大贡献。

大禹的儿子，有大贡献吗？

武王的儿子，有大贡献吗？

秦二世，有大贡献吗？

文盲项羽，有大贡献吗？

无赖刘邦，有大贡献吗？

"乐不思蜀"的刘阿斗，有大贡献吗？

三足鼎立！鼎本来有三条腿，三条腿足可以使鼎稳稳当当地站立。

"鼎折足"，三条腿断了一条腿，还能稳稳当当的站立吗？

"德薄""智小""力小"者据君王之位，德不胜任，才不胜任，力不胜任也。先天不足，能占据君王之位吗？以折足之鼎论"德薄""智小""力小"者的垮台，这里使用的方法是赋比兴之比。

几千年了！

"德薄""智小""力小"者居于君位，有善终的先例吗？

六、"上帝"考

"上帝"一词，很多朋友错以为是出于《圣经》，实际上，在《周易》《尚书》《诗经》《周礼》中皆有"上帝"一词。

（一）《周易》中的上帝

《周易》之中，两次出现"上帝"。

《周易·豫·象传》："殷荐之上帝。"

《周易·鼎·象传》："圣人亨以享上帝。"

（二）《尚书》中的上帝

《尚书》之中，十几次出现"上帝"。本文这里仅摘录三处。

《尚书·舜典》："肆类于上帝。"

《尚书·汤誓》："予畏上帝。"

《尚书·泰誓上》："类于上帝。"

（三）《诗经》中的上帝

《诗经》之中，多次出现"上帝"。本文这里仅摘录三处。

《诗经·正月》："有皇上帝。"

《诗经·文王》："克配上帝。"

《诗经·大明》："昭事上帝。"

（四）《周礼》中的上帝

《周礼》之中，多次出现"上帝"。本文这里仅摘录一处。

《周礼·春官》："以禋祀祀昊天上帝。"

（五）《礼记》中的上帝

《礼记》之中，十多次出现"上帝"。本文这里仅摘录一处。

《礼记·王制》："天子将出，类乎上帝。"

《墨子》与《管子》均有"上帝"一词，这里不再摘录。

中华文化里的上帝，始终没有以人的模样出现过，始终没有说过一句话，所以中华文化里的上帝不是人格神，而是一种人眼无法看到的自然法则。

卦五十一 震

原 文

（震为雷）震：亨。震来虩虩，笑言哑哑，震惊百里，不丧匕鬯。

象曰：震，亨。"震来虩虩"，恐致福也。"笑言哑哑"，后有则也。"震惊百里"，惊远而惧迩也。"不丧匕鬯"，出可以守宗庙社稷，以为祭主也。

象曰：洊雷，震。君子以恐惧修省。

初九，震来虩虩，后笑言哑哑，吉。

象曰："震来虩虩"，恐致福也。"笑言哑哑"，后有则也。

六二，震来厉，亿丧贝，跻于九陵，勿逐，七日得。

象曰："震来厉"，乘刚也。

六三，震苏苏，震行无眚。

象曰："震苏苏"，位不当也。

九四，震遂泥。

象曰："震遂泥"，未光也。

六五，震往来，厉，意无丧，有事。

象曰："震往来厉"，危行也。其事在中，大无丧也。

上六，震索索，视矍矍，征凶。震不于其躬，于其邻，无咎。婚媾有言。

象曰："震索索"，中未得也。虽凶无咎，畏邻戒也。

震卦，在六十四卦中排位第五十一。

《周易·序卦》："震者，动也。"

《周易·杂卦》："震者，起也。"

《周易·说卦》："震为雷。"

震，卦象中的意思是自然之雷。

震，人文中的意思是动态之动。

震卦，先天八卦之一。

震卦，时令表达立春，空间表达东北。

诠释震卦，分卦象、卦理与人理三部分。

一、卦象

震卦卦象，由先天八卦中的震卦与震卦重叠而成。震卦在上，震卦在下，所以有"震上震下"的诠释。震，可以诠释为雷，因为上卦下卦均为震卦，所以诠释震卦卦象，又有"洊雷震"的诠释。

震卦卦象，一阳在下，二阴在上。

《周易·说卦》："震一索而得男，故谓之长男。"

"一索"者，阳一交于坤也。

阳一交于坤，形成震卦。

一阳之气发生于大地之下，形成春雷。

乾阳一交坤阴，形成家中长子。

"震：亨。震来虩虩（xi），笑言哑哑。震惊百里，不丧匕鬯。"

这是震卦的卦辞。

虩，恐惧之态。笑言哑哑，无声之笑也。匕，汤匙也。鬯，黍米酒。春天的雷声，唤醒万物，通达吉利。初闻雷声会感到惊恐，习惯之后就不再恐惧而会无声而笑。雷声会震惊百里，闻惯了则会习以为常，祭祀时汤匙中的酒也不会洒出来。

二、 卦理

震卦卦理的解读，分卦序与卦形两部分。

（一）卦序之理

震卦位于鼎卦之后，《周易·序卦》对震卦的诠释是："主器者莫若长子，故受之以震。震者，动也。"

鼎卦讲革新，震卦讲震动。

鼎卦、震卦两卦之间有着前后相关的联系。

天地之间，震为雷。家庭之中，震为长男。

器者，鼎也。鼎为祭祀之器。主持祭祀，是家中长男的责任。自然之中，震卦之震，表达的是动态之动。

（二）卦形之理

震卦卦形所隐含的哲理，是由《周易·震·象传》揭示的。《周易·震·象传》："震，亨。震来虩虩（xi），恐致福也。笑言哑哑，后有则也。震惊百里，惊远而惧迩也。不丧匕鬯，出可以守宗庙社稷，以为祭主也。"

诠释震卦卦形，《周易·震·象传》诠释出了如此哲理。

"震，亨。"这一诠释，是对震卦卦象自然意义的整体把握。震，八节中的立春。《周易·说卦》："万物出乎震；震，东方也。"立春，万物生发的开端。民间谚语有"一年之计在于春"之说。亨，通也。震卦之亨，雷唤醒万物也。

"震来虩虩（xi），恐致福也。笑言哑哑，后有则也。"这一诠释，全部意义在人文之中。震为雷，雷声会令人恐惧。以闻雷恐惧之心，喻意事事小心谨慎，这里应该是"致福"的根本因素。"笑言哑哑"，为无声之笑。则，为准则。这句话的中心意思是，临危不惧。无论外部怎样震动，言行都要遵循一定的、固有的准则。

"震惊百里，惊远而惧迩也。不丧匕鬯，出可以守宗庙社稷，以为祭主也。"这一诠释，意义同样在人文之内。雷声震惊百里，远近惊恐。家中长子，于此地此时，应该临危不乱，镇定自若，守好宗庙社稷，担任好祭祀之主。

三、 君子之理

诠释震卦卦象，以自然哲理论人理，《周易·震·象传》论出的人文哲理是："洊雷，震；君子以恐惧修身。"

震卦卦象的上下两分结构是：震卦在下，震卦在上，这是"洊雷，震"的所以然。

"洊雷"是自然哲理，"君子以恐惧修身"是人文哲理，人文哲理源于自然哲理。洊，有连续、再次、屡次之义。雷声阵阵，这是自然哲理。君子闻震，应该以恐惧之心修身养性。

以恐惧之心做人，以恐惧之心为君，这是中华元文化的基本立场，也是《周易》的基本立场。

为了加深"君子以恐惧修身"这条哲理的理解，这里要温习两句与之相似的至理名言。

其一，《尚书·五子之歌》："予临兆民，懔乎若朽索之驭六马。"

其二，《诗经·小雅·小旻》："战战兢兢，如临深渊，如履薄冰。"

四、 震卦的丰富含义

震卦，先天八卦之一。

震卦，后天八卦之一。

除了自然界的雷之外，震卦还有极其丰富的含义，一可以表达历法中的时令，二可以表达空间中的方位，三可以表达家中长子，四可以表达月亮圆缺的变化。

表达历法中的时令，《周易·说卦》的描述是："万物出乎震。"

表达空间中的方位，《周易·说卦》的描述是："震，东方也。"

表达家中长子，《周易·说卦》的描述是："震一索而得男，故谓之长男。"

表达月亮圆缺的变化，《周易参同契》的描述是："三日出为爽，震受庚西方。八日兑受丁，上弦平如绳。十五乾体就，盛满甲东方。"

震卦在造物过程中的具体功能，《周易·说卦》的描述是："动万物者，莫疾乎雷。"

震卦与巽卦的相互关系，《周易·说卦》的描述是："雷风相薄。"

无限象征性，是震卦的基本特征。

为什么？

因为震卦第一义表达的是时间与空间。一切从时空中来，所以时空可以论一切。

卦五十二 艮

（艮为山）艮：艮其背，不获其身，行其庭，不见其人，无咎。

彖曰：艮，止也。时止则止，时行则行，动静不失其时，其道光明。"艮其止"，止其所也。上下敌应，不相与也。是以"不获其身，行其庭，不见其人，无咎"也。

象曰：兼山，艮。君子以思不出其位。

初六，艮其趾，无咎。利永贞。

象曰："艮其趾"，未失正也。

六二，艮其腓，不拯其随，其心不快。

象曰："不拯其随"，未退听也。

九三，艮其限，列其夤，厉熏心。

象曰："艮其限"，危熏心也。

六四，艮其身，无咎。

象曰："艮其身"，止诸躬也。

六五，艮其辅，言有序，悔亡。

象曰："艮其辅"，以中正也。

上九，敦艮，吉。

象曰："敦艮之吉"，以厚终也。

解 读

艮卦，在六十四卦中排位第五十二。

《周易·序卦》："艮者，止也。"

《周易·杂卦》："艮，止也。"

《周易·说卦》："艮为山。"

艮，卦象中的意思是自然之山。

艮，人文中的意思是静止之止。

艮卦，先天八卦之一。

艮卦，时令表达立冬，空间表达西北。

诠释艮卦，分卦象、卦理与人理三部分。

一、 卦象

艮卦卦象，由先天八卦中的艮卦与艮卦重叠而成。艮卦在上，艮卦在下，所以有"艮上艮下"的诠释。艮，可以诠释为山，因为上卦下卦均为艮卦，所以诠释艮卦卦象，又有"兼山"的诠释。

艮卦卦象，二阴在下，一阳在上。

《周易·说卦》："艮三索而得男，故谓之少男。"

"三索"者，阳三交于坤也。

乾阳三交于坤阴，形成艮卦。

二阴之气发生于一阳之下，形成静止之山。

乾阳三交于坤阴，形成家中少男。

"艮：艮其背不获其身，行其庭，不见其人，无咎。"

这是艮卦的卦辞。

艮卦山上有山，山山相连。不动，静止，停止，沉稳、稳定，是艮卦的基本特征。

看见其背，看不见其身；庭院行走，不觉得有人存在。心外无物，心外无人，心静如水，是卦辞的基本意思。

二、 卦理

艮卦卦理的解读，分卦序与卦形两部分。

（一）卦序之理

艮卦位于震卦之后，《周易·序卦》对艮卦的诠释是："物不可以终动，止之，故受之以艮。艮者，止也。"

震卦讲震动，艮卦讲静止。

震卦、艮卦两卦之间有着相反相成、相辅相成的关系。

天地之间，艮为山。家庭之中，艮为少男。

（二）卦形之理

艮卦卦形所隐含的哲理，是由《周易·艮·象传》揭示的。《周易·艮·象传》："艮，止也。时止则止，时行则行，动静不失其时，其道光明。艮其止，止其所也。上下敌应，不相与也。是以不获其身，行其庭，不见其人，无咎也。"

诠释艮卦卦形，《周易·艮·象传》诠释出了如此哲理。

"艮，止也。"这一诠释，是对艮卦卦象自然意义的整体把握。艮，先天八卦中表达八节中的立冬，表达空间八方中的西北。在后天八卦中，艮卦的位置发生了变化，所表达的内容也发生了变化。艮，后天八卦中表达八节中的立春，表达空间八方中的东北。《周易·说卦》："艮，东北之卦也。万物之所成终而所成始也，故曰：成言乎艮。"这一诠释，诠释的是后天八卦中的艮卦。万物终于冬，重新开始于春，冬春相连，这里是万物终点，也是万物新的起始点。

"时止则止，时行则行，动静不失其时，其道光明。艮其止，止其所也。"这一诠释，全部意义在时间节令之中。按节令种植，按节令收获；按节令捕鱼，按节令晒网；按节令放牧，按节令休养草场；按节令娱乐，按节令修房；所有这些，都在"时止则止，时行则行"的范畴之内。按时令安排生产，按时令安排生活，所有这些，都在"动静不失其时"的范畴之内，都在"行其所，止其所"的范畴之内。动遵循节令，静遵循节令，最终的结局就是四个字——"其道光明"。

"上下敌应，不相与也。是以不获其身，行其庭，不见其人，无咎也。"这一诠释，首先诠释的是卦象结构，其次是以卦象论人文。所谓"上下敌应"，论的是阴阳两爻的同性对应。按照"一阴一阳之谓道"的基本模式，一阴一阳的异性对应方为合道。而在艮卦卦象内部，初六与六四是两阴爻的对应，六二与六五是两阴爻的对应，九三与上九则是两阳爻的对应，同性对应，"上下敌应"也。同性对应，阴阳"不相与也"。艮卦讲静止，外不见其身，内不见其人，其人其身静止到了极致，这样会有错误的发生吗？理解了卦义，理解了卦辞，才能理解"是以不获其身，行其庭，不见其人，无咎也"的真正含义。

三、 君子之理

诠释艮卦卦象，以自然哲理论人理，《周易·艮·象传》论出的人文哲理是："兼山，艮。君子以思不出其位。"

艮卦卦象的上下两分结构是：艮卦在下，艮卦在上，这是"兼山"的所以然。

"兼山"是自然哲理，"君子以思不出其位"是人文哲理，人文哲理源于自然哲理。

上下皆为山，山连山，这是自然哲理。君子开门见山，应该以稳重之心、稳重之态做人，不要去思考本分本职之外的问题。

四、"动静不失其时" 简论

"时止则止，时行则行，动静不失其时，其道光明。"

这里一口气出现三个"时"字，而且结尾落脚在一个"道"字。以时论道，是《周易·艮·象传》的基本特色。这一特色，实际上是对中华元文化的延续。

在部部经典之中，可以看出中华先贤对一个"时"字的重视：

1. "与四时合其序" 这是《周易·乾·文言》中的论断。《周易·乾·文言》："夫大人者，与天地合其德，与日月合其明，与四时合其序。"所谓大人，天下治理者也。治理天下有几个必须之前提，其中之一就是"与四时合其序"。

2. "敬授民时" 这是《尚书·尧典》开篇处的论断。《尚书·尧典》："历象日月星辰，敬授民时。""敬授民时"是尧帝的伟大贡献。"民时"者，天文历法也。"民时"从何处来？从日月星辰的对应关系中来。尧时代已经能够以太阳、星宿为坐标清晰地分出四时。

3. "四气调神" 这是《黄帝内经》开篇处专论的题目。《黄帝内经》开篇第二篇的题目是《四时调神大论》。四时者，春夏秋冬也。"调神"者，调摄精神也，广义上的养生也。养生有一个严肃而永恒的坐标，这就是四时本身与四时之序。

4. "不易之道" 这是《逸周书》中的话。《逸周书·周月解》："万物春生夏长秋收冬藏，天地之正，四时之极，不易之道。"四时可以论道，而且可以论出"不易之道"。春夏秋冬四时循环一周，万物生长收藏四大步完成一个过程。四时就是道，而且是"不易之道"。

5. "时乃天道" 这是《尚书》中的话。《尚书·大禹谟》："满招损，谦受益，时乃天道。"损益发生在日影下，冬至日影长极而短，如此为"满招损"；夏至日影短极而长，如此为"谦受益"。这是《周髀算经》以日影长短两极的变化为依据所论出的损益。日影本身可以论天道，这一说法，同样出于《周髀算经》。

日影界定出了太阳回归年，这里就是天道。

日影界定出了一寒一暑，寒暑就是天道。

日影界定出了春夏秋冬四时，四时就是天道。

日影界定出了八节，八节就是天道。

日影界定出了十二月，十二月就是天道。

日影界定出了二十四节气，节令就是天道。

6. "不知年之所加，不可以为工" 这是《黄帝内经》中的话。《素问·六节脏象论》："不知年之所加，气之盛衰，虚实之所起，不可以为工矣。"

工者，医生也。年，太阳回归年也。年，是太阳回归年吗？是！因为在"'三不知'不可以为工"之前出现候、气、岁、四时的界定："五日谓之候，三候谓之气，六气谓之时，四时谓之岁，而各从其主治焉。"这些基本常识，全部在太阳历范畴之内。"'三不知'不可以为工"，首先强调的是太阳回归年所界定出的时令。为医者必须懂得天文历法，首先要深知界定出时令、气候的太阳历。

7. "失时反候者，百病不治" 这是《黄帝内经》中的话。《黄帝内经·灵枢·卫气行》："失时反候者，百病不治。"

治病的坐标第一是四时之时，第二是气候之候，不认识这两个坐标，就无法真正理解中医文化的医病之术。

需要温习的两句话。第一句话是尧帝的话，第二句话是管子的话：

1. 尧帝的话 《尚书·尧典》："期三百有六旬有六日，以闰月定四时，成岁。允厘百工，庶绩咸熙。"

四时者，春夏秋冬也。百工者，百官也。春夏秋冬四时，是百官办好各种事务的依据。

2. 管子的话 《管子·四时》："不知四时，乃失国之基。"

国之基在何处？在四时！治国者，必须深知四时。

部部经典谈历，部部经典谈时。

时令由太阳界定，时从天上来，所以《周易·乾·文言》里有"天时"之说——"后天而奉天时"。

合时，是各个领域、各个阶层的准则。

农民耕田要遵循天时！

渔民捕鱼要遵循天时！

牧民放牧要遵循天时！

猎人狩猎要遵循天时！

大人治国要遵循天时！

医生治病要遵循天时！

认识这些基本常识，才能真正认识中华文化。

明白了这些基本常识，才能真正理解"时止则止，时行则行，动静不失其时，其道光明"这一论断。

卦
五
十
三
渐
卦

原 文

（风山）渐：女归吉，利贞。

彖曰：渐之进也，女归吉也。进得位，往有功也。进以正，可以正邦也。其位刚得中也。止而巽，动不穷也。

象曰：山上有木，渐。君子以居贤德善俗。

初六，鸿渐于干。小子厉，有言，无咎。

象曰："小子之厉"，义无咎也。

六二，鸿渐于磐，饮食衎衎，吉。

象曰："饮食衎衎"，不素饱也。

九三，鸿渐于陆。夫征不复，妇孕不育，凶。利御寇。

象曰："夫征不复"，离群丑也。"妇孕不育"，失其道也。"利用御寇"，顺相保也。

六四，鸿渐于木，或得其桷，无咎。

象曰："或得其桷"，顺以巽也。

九五，鸿渐于陵，妇三岁不孕，终莫之胜，吉。

象曰："终莫之胜吉"，得所愿也。

上九，鸿渐于陆，其羽可用为仪，吉。

象曰："其羽可用为仪，吉"，不可乱也。

──── 解 读 ────

渐卦，在六十四卦中排位第五十三。

《周易·序卦》："渐者，进也。"

《周易·杂卦》："渐，女归待男行也。"

渐，卦象中的意思是渐进。

渐，人文中的意思是女子出嫁。

诠释渐卦，分卦象、卦理与人理三部分。

一、 卦象

渐卦卦象，由先天八卦中的巽卦与艮卦重叠而成。巽卦在上，艮卦在下，所以有"巽上艮下"的诠释。巽可以诠释为风；艮，可以诠释为山；所以诠释渐卦卦象，又有"风山渐"的诠释。

"渐：女归吉，利贞。"这是渐卦的卦辞。

家庭之中，巽为长女，艮为少男，男婚女嫁是自然而然的事，是吉祥吉利的事。归，《春秋公羊传·隐公二年》有这样的解释："妇人谓嫁曰归。"女子出嫁曰归，所以长女之巽与少男之艮相遇，出现男婚女嫁吉利吉祥的卦辞。

二、 卦理

渐卦卦理的解读，分卦序与卦形两部分。

（一）卦序之理

渐卦位于艮卦之后，《周易·序卦》对渐卦的诠释是："物不可以终止，故受之以渐。渐者，进也。"

艮卦讲静止，渐卦讲渐进。

艮卦、渐卦两卦之间有着相反相成的关系。

（二）卦形之理

渐卦卦形所隐含的哲理，是由《周易·渐·彖传》揭示的。《周易·渐·彖传》："渐之进也，女归吉也。进得位，往有功也。进以正，可以正邦也。其位刚，得中也。止而巽，动不穷也。"

诠释渐卦卦形，《周易·渐·彖传》诠释出了如此哲理。

"渐之进也，女归吉也。"这一诠释，是对渐卦卦象自然意义与人文意义的整体把握。自然之中，巽为木，艮为山，山木积小而高大，渐卦，有渐渐成长、逐步成长之义。人文家庭之中，巽为长女，艮为少男，这里出现"女归吉也"的男婚女嫁。

"进得位，往有功也。进以正，可以正邦也。"这一诠释，核心是以卦象论人文。六二、九五两爻，阴居阴位，阳居阳位，"进得位"也。阳爻居九五之位，"往有功也"。阴居阴位为正，阳居阳位为正；各就其位，有序之气象也，这里应该是"进以正，可以正邦也"的所以然。

"其位刚，得中也。止而巽，动不穷也。"这一诠释，首先诠释的是卦象结构，其次是以卦象论人文。卦象中九五阳刚之爻的位置。九五，上卦之中；九五，阳居阳位；九五爻居于中正之位，这里应该是"其位刚，得中也"的所以然。上卦为巽，风在山上，木在山上，都有前进无止境之象，这里应该是"止而巽，动不穷也"的所以然。

三、 君子之理

诠释渐卦卦象，以自然哲理论人理，《周易·渐·象传》论出的人文哲理是："山上有木，渐。君子以居贤德善俗。"

渐卦卦象的上下两分结构是：艮卦在下，巽卦在上，这是"山上有木"的所以然。

"山上有木"是自然哲理，"君子以居贤德善俗"是人文哲理，人文哲理源于自然哲理。

山上有树，山上有林，这是自然哲理。君子面对山林，应该日行一善的积累善行之心修身并推己及人。"居贤德"，指的是日常生活中的自我修养。"善俗"，指的是推己及人，移风易俗。

四、 鸿雁之歌

掐头去尾，黄玉顺教授从渐卦爻辞中整理出了一首古歌，歌名为《鸿雁之歌》。

歌词的原文为：

> 鸿渐于干，鸿渐于磐，饮食衎衎（kàn kàn），
>
> 鸿渐于木，鸿渐于陆，夫征不复，妇孕不育。

鸿渐于陵，妇三岁不孕，终莫之胜。

鸿渐于逵，其羽可用为仪。

歌词的译文为：

大雁登上了河岸；

大雁登上了河边的石岩，

饮水觅食啊神态安然。

大雁登上了高坡；

丈夫出门啊一去不还，

妻子生儿也无力养活。

大雁登上了岸边的木料，

有的栖息在方形的木条。

大雁登上了高丘，

怀孕的喜悦多年不该乞求，

这样的日子再也不能忍受。

大雁登上了山峦，

羽毛可作舞蹈的装扮。

黄玉顺教授评论这首古歌，为一首征夫怨妇之歌，类似于"风"。诗人运用"比兴"的手法，通过鸿与人的对比叙写，充分表现了这位妇女对丈夫的思念、对养育儿女的渴望，抒发了孤凄、感伤之情。

卦五十四 归妹

 原 文

（雷泽）归妹：征凶，无攸利。

彖曰：归妹，天地之大义也。天地不交而万物不兴。归妹，人之终始也。说以动，所归妹也。"征凶"，位不当也。"无攸利"，柔乘刚也。

象曰：泽上有雷，归妹。君子以永终知敝。

初九，归妹以娣。跛能履，征吉。

象曰："归妹以娣"，以恒也。"跛能履吉"，相承也。

九二，眇能视，利幽人之贞。

象曰："利幽人之贞"，未变常也。

六三，归妹以须，反归以娣。

象曰："归妹以须"，未当也。

九四，归妹愆期，迟归有时。

象曰："愆期"之志，有待而行也。

六五，帝乙归妹，其君之袂不如其娣之袂良。月几望，吉。

象曰："帝乙归妹，不如其娣之袂良"也。其位在中，以贵行也。

上六，女承筐无实，士刲羊无血，无攸利。

象曰：上六无实，承虚筐也。

解 读

归妹卦，在六十四卦中排位第五十四。

《周易·杂卦》："归妹，女之终也。"

归妹，卦象中的意思是少女嫁长男。

归妹，人文中的意思是位置不当。

诠释归妹卦，分卦象、卦理与人理三部分。

一、 卦象

归妹卦卦象，由先天八卦中的震卦与兑卦重叠而成。震卦在上，兑卦在下，所以有"震上兑下"的诠释。震可以诠释为雷；兑，可以诠释为泽；所以诠释归妹卦卦象，又有"雷泽归妹"的诠释。

"归妹：征凶，无攸利。"这是归妹卦的卦辞。

震为长男，兑为少女；男婚女嫁，本来是正常之事；但是少女乘长男，阴居阳位，这是不当之位，所以有凶险而无吉利。

二、 卦理

归妹卦卦理的解读，分卦序与卦形两部分。

（一）卦序之理

归妹卦位于渐卦之后，《周易·序卦》对归妹卦的诠释是："进必有所归，故受之以归妹。"

渐卦讲渐进，归妹卦讲有所归。

渐、归妹卦两卦之间有着前后相关的关系。

（二）卦形之理

归妹卦卦形所隐含的哲理，是由《周易·归妹·彖传》揭示的。《周易·归妹·彖传》："归妹，天地之大义也。天地不交而万物不兴。归妹，人之终始也。说以动，所归妹也。征凶，位不当也。无攸利，柔乘刚也。"

诠释归妹卦卦形，《周易·归妹·彖传》诠释出了如此哲理。

"归妹，天地之大义也。"这一诠释，是对归妹卦卦象自然意义与人文意义的整体把握。天地和合，这是自然哲理。男婚女嫁，这是人文哲理。《诗经·大雅·大明》将婚姻喻为"天作之合"。理解了男女婚姻是对天地和合的效法，就会理解"归妹，天地之大义也"的所以然。

"天地不交，而万物不兴，归妹人之终始也。说以动，所归妹也。"这一诠释，核心是以卦象论人文。《礼记·哀公问》："天地不合，万物不生。"天地和合，万物发生；男女和合，子孙繁衍。《礼记》中的孔夫子以天地繁衍万物的道理，向哀公阐述了男婚女嫁的严肃性。知道如此自然哲理，就会理解人文中"归妹人之终始也"的合理性。说，兑也。兑，少女也。少女之动，主动出嫁也。

"征凶，位不当也。无攸利，柔乘刚也。"这一诠释，首先诠释的是卦象结构，其次是以卦象论人文。位于下的兑卦，本来是阴位的中位上，却出现在九二阳爻；位于上的震卦，本来是在阳位的中位上，却出现在六五阴爻；这里明显是"位不当"。凶险之"征凶"，追溯其根源，就在于"位不当也"；紧接着的"无攸利"之诠释，就在于阴阳位置倒置的"柔乘刚"。之所以有凶无利，就在阴阳倒置。阴阳倒置，阴不居阴位，阳不居阳位也。

三、 君子之理

诠释归妹卦卦象，以自然哲理论人理，《周易·归妹·象传》论出的人文哲理是："泽上有雷，归妹。君子以永终知敝。"

归妹卦卦象的上下两分结构是：兑卦在下，震卦在上，这是"泽上有雷"的所以然。

"泽上有雷"是自然哲理，"君子以永终知敝"是人文哲理，人文哲理源于自然哲理。

泽，地上之湿地也。雷，天上震耳欲聋之声也。天上有雷，湿地上的水必然随之而动，湿地上的植物必然随之而动。君子面对如此卦象，应该明白妇随夫唱的哲理，同时也应该知道如何避免夫妇之间容易发生的弊病。

四、"永终知敝" 简论

"泽上有雷，归妹。君子以永终知敝。"

归妹，男婚女嫁。归妹卦论君子之理，出现"永终知敝"一词。

"永终"与"知敝"，有两重含义。

先谈"永终"。终，终点也。"永终"者，始终也，自始至终也。

夫妇关系，应该从始到终，这里应该是"永终"的基本意义。

夫妇关系，应该有始有终，这是《周易》的基本立场。

《周易·序卦》："夫妇之道不可以不久也，故受之以恒。恒者，久也。"

夫妇关系应该如何定位？这一论断告诉世人与后人，应该定位于"恒久"二字。

"恒久"与"永终"，意思相近相通。

君子之理，"永终"之后还有"知敝"。

再谈"知敝"。敝，破旧之义也。敝俗、敝衣、敝履，所指的都是形而下的破旧之物。归妹卦中的"知敝"，指的是夫妇之间认识自己或相互之间的弊病。

人会出错，夫妇之间同样会出现错误，或丈夫出错，或妻子出错。有些错误，纠正之后并不影响夫妻之间的感情；有些错误，纠正之后却会影响夫妻之间的感情。知错改错，知错必改，君子不二过，"知敝"的意义此时就显示了出来。如果夫妇任何一方知错而不改，那么就会出现"夫妻反目"的悲剧。

敬请记住，主张"从一而终"的《周易》，同时也主张"夫妻反目"。

卦五十五 丰

原 文

（雷火）丰：亨，王假之。勿忧，宜日中。

彖曰：丰，大也。明以动，故丰。"王假之"，尚大也。"勿忧宜日中"，宜照天下也。日中则昃，月盈则食，天地盈虚，与时消息，而况于人乎，况于鬼神乎？

象曰：雷电皆至，丰。君子以折狱致刑。

初九，遇其配主，虽旬无咎，往有尚。

象曰："虽旬无咎"，过旬灾也。

六二，丰其蔀，日中见斗。往得疑疾，有孚发若，吉。

象曰："有孚发若"，信以发志也。

九三，丰其沛，日中见沫，折其右肱，无咎。

象曰："丰其沛"，不可大事也。"折其右肱"，终不可用也。

九四，丰其蔀，日中见斗，遇其夷主，吉。

象曰："丰其蔀"，位不当也。"日中见斗"，幽不明也。"遇其夷主"，吉行也。

六五，来章，有庆誉，吉。

象曰：六五之吉，有庆也。

上六，丰其屋，蔀其家，窥其户，阒其无人，三岁不觌，凶。

象曰："丰其屋"，天际翔也。"窥其户，阒其无人"，自藏也。

解 读

丰卦，在六十四卦中排位第五十五。

《周易·序卦》："丰者，大也。"

《周易·杂卦》："丰，多故也。"

丰，卦象中的意思是光照天下，声震天下的隆盛。

丰，人文中的意思是盛极防衰。

诠释丰卦，分卦象、卦理与人理三部分。

一、 卦象

丰卦卦象，由先天八卦中的震卦与离卦重叠而成。震卦在上，离卦在下，所以有"震上离下"的诠释。震可以诠释为雷；离，可以诠释为火；所以诠释丰卦卦象，又有"雷火丰"的诠释。

"丰：亨，王假之。勿忧，宜日中。"这是丰卦的卦辞。

雷震动，火光明；丰卦上雷下火，通达之象，君王凭借此象此理治理天下，不必担忧，会有如日中天的辉煌。

假，有凭借之义。

《春秋左传·昭公四年》："君若苟无四方之虞，则愿假宠以请于诸侯。"译文：君王如果没有四方边境的忧虑，那就凭借您的荣耀向四方诸侯提出请求。

《荀子·劝学》："假舆马者，非利足也，而致千里；假舟楫者，非能水也，而绝江河。君子生非异也，善假于物也。"译文：善于骑马者，虽然不是飞毛腿，却能致远千里；善于舟船者，虽然不是游泳健儿，却能横渡江河。君子生来并没有异于常人，只不过善于凭借外物之力罢了。

二、 卦理

丰卦卦理的解读，分卦序与卦形两部分。

（一）卦序之理

丰卦位于归妹卦之后，《周易·序卦》对丰卦的诠释是："得其所归者必大，故受之以丰。丰者，大也。"

归妹卦讲有所归，丰卦讲大丰收。

归妹卦、丰卦两卦之间有着前后相关的关系。

（二）卦形之理

丰卦卦形所隐含的哲理，是由《周易·丰·彖传》揭示的。《周易·丰·彖传》："丰，大也。明以动，故丰。王假之，尚大也。勿忧，宜日中，宜照天下也。日中则昃，月盈则食，天地盈虚，与时消息，而况于人乎？况于鬼神乎？"

诠释丰卦卦形，《周易·丰·彖传》诠释出了如此哲理。

"丰，大也。"这一诠释，是对丰卦卦象自然意义与人文意义的整体把握。丰卦，阳光照耀于下，震耳欲聋之声震动于上，这是自然之丰。世道隆盛，天下一统，这是人文之丰。认识这两点，就会理解"丰，大也"的所以然。

"明以动，故丰。"这一诠释，核心是以卦象论人文。离为日，日光明；震为雷，雷震动。下卦为光明之离，上卦为震动之雷。认识这两点，就会理解"明以动，故丰"的所以然。

"王假之，尚大也。勿忧，宜日中，宜照天下也。"这一诠释，是以卦象论人文。丰卦之大，大在何处？一大在光彩夺目、普照天下的阳光上，二大在震耳欲聋的雷声上。人法自然，这是《周易》的基本立场。效法自然，君王也不能例外。君王效法丰卦治理天下，所尚的就是丰卦之"两大"——阳光之大，普照天下；雷声之大，震动天下。日，太阳也；中，中午也。日到中天，正是阳盛之时。阳光无私照。中午的阳光，普照大地。君王效法无私之阳光治理天下，肯定是没有后患没有忧愁的。

"日中则昃，月盈则食，天地盈虚，与时消息，而况于人乎？况于鬼神乎？"这里出现两个具有常青意义的成语——"日中则昃"与"月盈则食"。昃，音则，日斜也。日到中天肯定会西落。太阳西落，日斜也。十五月圆，月圆为盈。月圆之后肯定会亏缺。

"日中则昃"，是自然法则。"月盈则食"，同样是自然法则。太阳与月亮的变化，即"天地盈虚"的变化。消息，消为消亡，息为生息。一切随时而变化。月亮随时而盈，随时而亏。太阳随时而升，随时而落。所有的变化，都有时间性。人，随时而变；物，随时而变；鬼神，同样也要随时而变。实际上，一部《周易》的核心，就是讲变化的。天地在变，日月在变，万物在变，每时每刻都在变。所以，《周易·系辞传》出现"易穷则变"与"唯变所适"的归纳。

三、 君子之理

诠释丰卦卦象，以自然哲理论人理，《周易·丰·象传》论出的人文哲理是："雷电皆至，丰。君子以折狱致刑。"

丰卦卦象的上下两分结构是：离卦在下，震卦在上，这是"火上有雷"的所以然。

"雷电皆至"是自然哲理，"君子以折狱致刑"是人文哲理，人文哲理源于自然哲理。

雷，震耳欲聋之声也。电，耀眼之光也。

欲聋之声与耀眼之光一同而至，这是令人惊心动魄的景象。君子面对如此卦象，应该效法电之光明明察案情，应该效法雷之迅猛迅速办案。

四、"日中见斗" 与"日中见沫"

在丰卦经传文字中，三次出现"日中见斗"，一次出现"日中见沫"。

这是两种非常重要的天文现象。

卦辞中出现天文现象的记载，这说明什么？是不是说明这样一个问题：卦与天文之间有着密切的源流关系？

先谈"日中见斗"。何谓"日中"？何谓"见斗"？日中，有两种解释：一指日到中天的中午，这是一天之中的日中；一指春分之日的昼夜平均。

《周易·系辞下》："日中为市，致天下之民，聚天下之货，交易而退，各得其所。"这里的"日中"，指的是中午。神农氏建立了交易市场，中午开市，开始交易。

《尚书·尧典》："日中，星鸟，以殷仲春。"这里的"日中"，指的是春分。星鸟，指的是二十八星宿的南方七宿——朱雀。仲春，春三月的第二个月。仲春，春分的代名词。《鹖冠子·环流》："斗柄东指，天下皆春。"春分见到北斗，此时的北斗，斗柄应该指向空间的正东方。

很多注释者将"日中"解释为中午，将"日中见斗"解释为中午时节看见了北斗。笔者认为，"日中见斗"应该解释为春分时节的斗柄东指。

再谈"日中见沫"。沫，有诠释者解释为小星星，有诠释者解释为太阳黑子。"日中见沫"，一指白天看到了小星星，一指白天看到了太阳黑子。到底孰是孰非？不必过度的争论，只要记住丰卦文字里出现奇异的天文现象就足够了。更重要的是，应该记住卦与天文相关。

卦五十六 旅

原 文

（火山）旅：小亨。旅贞吉。

彖曰："旅小亨"，柔得中乎外，而顺乎刚，止而丽乎明，是以"小亨旅贞吉"也。旅之时义大矣哉！

象曰：山上有火，旅。君子以明慎用刑，而不留狱。

初六，旅琐琐，斯其所取灾。

象曰："旅琐琐"，志穷灾也。

六二，旅即次，怀其资，得童仆，贞。

象曰："得童仆贞"，终无尤也。

九三，旅焚其次，丧其童仆，贞厉。

象曰："旅焚其次"，亦以伤矣。以旅与下，其义丧也。

九四，旅于处，得其资斧，我心不快。

象曰："旅于处"，未得位也。"得其资斧"，心未快也。

六五，射雉，一矢亡，终以誉命。

象曰："终以誉命"，上逮也。

上九，鸟焚其巢，旅人先笑后号咷。丧牛于易，凶。

象曰：以旅在上，其义焚也。"丧牛于易"，终莫之闻也。

解 读

旅卦，在六十四卦中排位第五十六。

《周易·杂卦》："亲寡，旅也。"

旅，卦象中的意思是旅行在外。

旅，人文中的意思是失其定所。

诠释旅卦，分卦象、卦理与人理三部分。

一、 卦象

旅卦卦象，由先天八卦中的离卦与艮卦重叠而成。离卦在上，艮卦在下，所以有"离上艮下"的诠释。离可以诠释为火；艮，可以诠释为山；所以诠释旅卦卦象，又有"火山旅"的诠释。

"旅小亨，旅贞吉。"

这是旅卦的卦辞。

离为火，火光明；艮为山，山稳定。山上有火，火会蔓延，象征人在旅途的不安定。不安定而无大凶险，小亨也。如果旅途中坚守正道，还会有"贞吉"的结局。

二、 卦理

旅卦卦理的解读，分卦序与卦形两部分。

（一）卦序之理

旅卦位于丰卦之后，《周易·序卦》对旅卦的诠释是："穷大者必失其居，故受之以旅。"

丰卦讲大，旅卦讲大之后的窘境。

丰卦、旅卦两卦之间有着前因后果的关系。

（二）卦形之理

旅卦卦形所隐含的哲理，是由《周易·旅·象传》揭示的。《周易·旅·象传》："旅，小亨，柔得中乎外，而顺乎刚，止而丽乎明，是以小亨，旅贞吉也。旅之时，义大矣哉！"

诠释旅卦卦形，《周易·旅·象传》诠释出了如此哲理。

"旅，小亨，柔得中乎外，而顺乎刚，止而丽乎明，是以小亨，旅贞吉也。"这一诠释，是对旅卦卦象结构与人文意义的整体把握。

"小亨"之辞，是价值判断。

"柔得中乎外，而顺乎刚"，指的是卦象结构中的六二、六五两爻的位置，以及与阳爻的关系。六二爻，阴柔之爻位于下卦之中；六五爻，阴柔之爻位于上卦之中；认识这两点，就会理解"柔得中乎外"的所以然。六二爻之上为九三爻，六二爻为阴，九三爻为阳；六五爻之上为上九爻，六五爻为阴，上九爻为阳；认识这两点，就会理解"而顺乎刚"的所以然。

"止而丽乎明，是以小亨，旅贞吉也。"这一诠释，核心是以卦象论人文。艮为止，离为丽为明，艮卦位于离卦之下，认识卦象如此结构，就会理解"止而丽乎明"的所以然。"是以小亨，旅贞吉也"，这句话是价值判断，意思是山位于太阳之下的卦象通达吉祥。

"旅之时，义大矣哉！"这是《周易·旅·象传》中的最后一句话。

旅卦论时，奥秘何在？

奥秘在旅卦的成分之中！

组成旅卦的两卦，是离卦与艮卦。

先天八卦中的艮卦，表达的是八节中的立冬。

先天八卦中的离卦，表达的是八节中的春分。

艮卦在下而离卦在上，卦序由下而上，先有立冬而后有春分。

"旅之时，义大矣哉！"

旅之时论大，大在八节的自然顺序中。

三、 君子之理

诠释旅卦卦象，以自然哲理论人理，《周易·旅·象传》论出的人文哲理是："山上有火，旅。君子以明慎用刑而不留狱。"

旅卦卦象的上下两分结构是：艮卦在下，离卦在上；艮为山，离为火；这里是"山上有火"的所以然。"山上有火"是自然哲理，"君子以明慎用刑而不留狱"是人文哲理，人文哲理源于自然哲理。

艮，稳固之山也。离，光明绚丽之太阳也。

稳固之山之上悬挂着太阳，君子面对如此卦象，应该效法山之稳定谨慎用刑，应该效法太阳之光明平反冤狱。

卦五十七 巽

原 文

（巽为风）巽：小亨。利有攸往。利见大人。

彖曰：重巽以申命。刚巽乎中正而志行。柔皆顺乎刚，是以"小亨，利有攸往，利见大人"。

象曰：随风，巽。君子以申命行事。

初六，进退，利武人之贞。

象曰："进退"，志疑也。"利武人之贞"，志治也。

九二，巽在床下，用史巫纷若，吉，无咎。

象曰："纷若之吉"，得中也。

九三，频巽，吝。

象曰："频巽之吝"，志穷也。

六四，悔亡，田获三品。

象曰："田获三品"，有功也。

九五，贞吉，悔亡，无不利，无初有终。先庚三日，后庚三日，吉。

象曰：九五之吉，位正中也。

上九，巽在床下，丧其资斧，贞凶。

象曰："巽在床下"，上穷也。"丧其资斧"，正乎凶也。

解 读

巽卦，在六十四卦中排位第五十七。

《周易·序卦》："巽者，入也。"

《周易·说卦》："巽，东南也。"又："巽为木，为风。"

巽卦，先天八卦之一。

巽卦，后天八卦之一。

巽卦，先天八卦中时令表达立秋，空间表达西南。

巽卦，后天八卦中时令表达立夏，空间表达东南。

巽卦，天体之中表达自然之风。

诠释巽卦，分卦象、卦理与人理三部分。

一、 卦象

巽卦卦象，由先天八卦中的巽卦与巽卦重叠而成。巽卦在上，巽卦在下，所以有"巽上巽下"的诠释。巽，可以诠释为风，因为上卦下卦均为巽卦，所以诠释巽卦卦象，又有"随风"的诠释。

巽卦卦象，一阴在下，二阳在上。

《周易·说卦》："巽一索而得女，故谓之长女。"

"一索"者，坤阴一交于乾也。

坤阴一交于乾，形成巽卦。

一阴之气发生于乾阳之下，形成风。

坤阴一交乾阳，形成家中长女。

"巽：小亨，利攸往，利见大人。"

这是巽卦的卦辞。

上下皆风，风达于四方，利于所往，利见大人。

二、 卦理

巽卦卦理的解读，分卦序与卦形两部分。

（一）卦序之理。

巽卦位于旅卦之后，《周易·序卦》对巽卦的诠释是："旅而无所容，故受之以巽。巽者，入也。"

旅卦讲旅行，巽卦讲渗入。

旅卦、巽卦两卦之间有着前后相关的联系。

天地之间，巽为风。家庭之中，巽为长女。

（二）卦形之理

巽卦卦形所隐含的哲理，是由《周易·巽·彖传》揭示的。《周易·巽·彖传》："重巽以申命，刚巽乎中正而志行。柔皆顺乎刚，是以小亨，利有攸往，利见大人。"

诠释巽卦卦形，《周易·巽·彖传》诠释出了如此哲理。

"重巽以申命，刚巽乎中正而志行。"这一诠释，是对巽卦卦象自然与人文两重意义的整体把握。重，重叠也。巽，巽卦也。巽卦的重叠，象征风的重叠。申，重申，有反复之义。申命，重申政令。像风的重叠一样，反复重申政令，这里应该是"重巽以申命"的所以然。九二、九五两爻位于上下两卦之中，中也；九五爻位于奇数位，正也。"志行"，君子之行也。巽卦中的阳爻位于中正之位，这里对君子有何启示呢？对君子的启示即行为一定要像阳爻的位置那样中正。这里应该是"刚巽乎中正而志行"的所以然。

"柔皆顺乎刚，是以小亨，利有攸往，利见大人。"这一诠释，在卦象与人文两重意义之中。巽卦之中，一阴在下，二阳在上，如此布局，阴顺乎阳即柔顺乎刚。风，吹向四方，通达无阻，利于向前，利于拜会大人。

三、 君子之理

诠释巽卦卦象，以自然哲理论人理，《周易·巽·象传》论出的人文哲理是："随风，巽。君子以申命行事。"

巽为风。巽卦卦象的上下两分结构是：巽卦在下，巽卦在上，这是"随风"的所以然。

"随风"是自然哲理，"君子以申命行事"是人文哲理，人文哲理源于自然哲理。

风吹四方，这是自然哲理。君子闻风见风像风的相随一样，应该以反复申明政教之令，同时指导人按照政令行事；风吹四方，政令也应该四方畅通。

卦
五
十
八

兑

（兑为泽）兑：亨。利贞。

彖曰：兑，说也。刚中而柔外，说以利贞，是以顺乎天而应乎人。说以先民，民忘其劳。说以犯难，民忘其死。说之大，民劝矣哉！

象曰：丽泽，兑。君子以朋友讲习。

初九，和兑，吉。

象曰："和兑之吉"，行未疑也。

九二，孚兑，吉，悔亡。

象曰："孚兑之吉"，信志也。

六三，来兑，凶。

象曰："来兑之凶"，位不当也。

九四，商兑未宁，介疾有喜。

象曰："九四之喜"，有庆也。

九五，孚于剥，有厉。

象曰："孚于剥"，位正当也。

上六，引兑。

象曰：上六"引兑"，未光也。

兑卦，在六十四卦中排位第五十八。

《周易·序卦》："兑者，说也。"

《周易·说卦》："兑，正秋也。"

《周易·说卦》："兑为泽。"

兑卦，先天八卦之一。

兑卦，后天八卦之一。

兑卦，先天八卦中时令表达立夏，空间表达东南。

兑卦，先天八卦中时令表达秋分，空间表达西方。

兑卦，自然之中表达低洼泽地。

兑卦，家庭之中表达少女。

诠释兑卦，分卦象、卦理与人理三部分。

一、 卦象

兑卦卦象，由先天八卦中的兑卦与兑卦重叠而成。兑卦在上，兑卦在下，所以有"兑上兑下"的诠释。兑，可以诠释为泽，所以诠释兑卦卦象，又有"丽泽"的诠释。

兑卦卦象，一阴在上，二阳在下。

《周易·说卦》："兑三索而得女，故谓之少女。"

"三索"者，在第三爻位置上的阴阳交合。

"兑三索"，坤阴三交于乾阳也。

坤阴三交于乾，形成兑卦。

坤阴三交于乾阳，形成自然之泽。

坤阴三交于乾阳，形成家中少女。

"兑：亨，利贞。"

这是兑卦的卦辞。

上下皆兑，兑喻喜悦；通达四方，利于所往。

二、 卦理

兑卦卦理的解读，分卦序与卦形两部分。

（一）卦序之理

兑卦位于巽卦之后，《周易·序卦》对兑卦的诠释是："入而后说之，故受之以兑。兑者，说也。"

巽卦讲渗入，兑卦讲愉悦。

巽卦、兑卦两卦之间有着前后相关的联系。

天地之间，兑为泽。家庭之中，兑为少女。

（二）卦形之理

兑卦卦形所隐含的哲理，是由《周易·兑·彖传》揭示的。《周易·兑·彖传》："兑，说也。刚中而柔外，说以利贞，是以顺乎天而应乎人。说以先民，民忘其劳；说以犯难，民忘其死。说之大，民劝矣哉！"

诠释兑卦卦形，《周易·兑·彖传》诠释出了如此哲理。

"兑，说也。"这一诠释，是对兑卦卦象自然与人文两重意义的整体把握。兑，愉悦也。兑卦的重叠，上下皆悦也。

"刚中而柔外，说以利贞，是以顺乎天而应乎人。"这一诠释，首先说明的是卦象结构，然后是以卦象论人文。九二爻位于下卦之中，九五爻位于上卦之中，阳爻言刚，这是"刚中"的所以然。如此卦象，吉利正固，这是"说以利贞"的所以然。六三爻位于下卦之外，上六爻位于上卦之外，阴爻言柔，这是"柔外"的所以然。"兑，正秋也。"时令中的正秋，是收获的季节，这是自然的喜悦。兑为少女，少女活泼，这是人文中的喜悦。上兑下兑，这里同样有上下皆悦的含义。"顺乎天而应乎人"的所以然，应该就在这里。

"说以先民，民忘其劳；说以犯难，民忘其死。说之大，民劝矣哉！"这句话讲的是君民同忧同乐。君王如果上顺天道，下应民心，取得了人民的信任，民与君会同忧同乐。在平常日子里，努力生产，民会忘其劳；在危难时刻，保家卫国，民会忘其死。

教化事大，只有用天道教化天下，天下之民才会接受规劝，才会接受教化。

三、君子之理

诠释兑卦卦象，以自然哲理论人理，《周易·兑·象传》论出的人文哲理是："丽泽，兑；君子以朋友讲习。"

重叠为丽，兑为泽。兑卦卦象的上下两分结构是：兑卦在下，兑卦在上，这是"丽泽"的所以然。

"丽泽"是自然哲理，"君子以朋友讲习"是人文哲理，人文哲理源于自然哲理。

《周易·说卦》："兑为口。"上兑下兑，上下两张口，象征有两个朋友在对话。朋友之间，讲话要讲有用的话。

与天地合其德，与日月合其明，与四时合其序，这些应该是朋友讲习的内容。

切磋学问，切磋技艺，切磋道器转换，这些应该是朋友讲习的内容。

饮食有序，以时听乐，移风易俗，这些应该是朋友讲习的内容。

相互学习，相互提高，这里应该是两张口对话的根本点。

"丽泽，兑。君子以朋友讲习。""朋友"一词出于此。"讲习"一词出于此。

卦五十九　涣

原 文

（风水）涣：亨。王假有庙。利涉大川，利贞。

彖曰："涣，亨"，刚来而不穷，柔得位乎外而上同。"王假有庙"，王乃在中也。"利涉大川"，乘木有功也。

象曰：风行水上，涣。先王以享于帝，立庙。

初六，用拯马壮，吉。

象曰：初六之吉，顺也。

九二，涣奔其机，悔亡。

象曰："涣奔其机"，得愿也。

六三，涣其躬，无悔。

象曰："涣其躬"，志在外也。

六四，涣其群，元吉。涣有丘，匪夷所思。

象曰："涣其群元吉"，光大也。

九五，涣汗其大号，涣王居，无咎。

象曰："王居无咎"，正位也。

上九，涣其血，去逖出，无咎。

象曰："涣其血"，远害也。

解 读

涣卦，在六十四卦中排位第五十九。

《周易·序卦》："涣者，离也。"

《周易·杂卦》："涣，离也。"

涣，卦象中的意思是风行水上。

涣，人文中的意思是分离涣散。

诠释涣卦，分卦象、卦理与人理三部分。

一、 卦象

涣卦卦象，由先天八卦中的巽卦与坎卦重叠而成。巽卦在上，坎卦在下，所以有"巽上坎下"的诠释。巽，可以诠释为风；坎，可以诠释为水；所以诠释涣卦卦象，又有"风水涣"的诠释。

"涣：亨，王假有庙。利涉大川，利贞。"这是涣卦的卦辞。

上风下水，风行水上，推波助澜，涌向四方。君王凭借如此哲理造舟楫，乘风破浪，开化四方，治理山川。结果会吉利吉祥。

二、 卦理

涣卦卦理的解读，分卦序与卦形两部分。

（一）卦序之理

涣卦位于兑卦之后，《周易·序卦》对涣卦的诠释是："说而后散之，故受之以涣。涣者，离也。"

兑卦讲愉悦，涣卦讲离散。

兑卦、涣卦两卦之间有着前后相关的联系。

（二）卦形之理

涣卦卦形所隐含的哲理，是由《周易·涣·象传》揭示的。《周易·

涣·彖传》："涣，亨。刚来而不穷，柔得位乎外而上同。王假有庙，王乃在中也。利涉大川，乘木有功也。"

诠释涣卦卦形，《周易·涣·彖传》诠释出了如此哲理。

"涣，亨。"这一诠释，是对涣卦卦象自然与人文两重意义的整体把握。风行水上，形成开化四方，利涉大川的涣卦。风行水上，木同样会行于水上，这里隐含有造舟船的哲理。先造舟船，再乘舟船，致远于四方，这里应该是"涣，亨"的所以然。

"刚来而不穷，柔得位乎外而上同。王假有庙，王乃在中也。"这一诠释，首先说明的是卦象结构，然后是以卦象论人文。九二爻位于下卦之中，九五爻位于上卦之中；上下两卦之中，皆为阳爻；阳爻言刚，上下呼应，这里应该是"刚来而不穷"的所以然。下卦的初爻为阴爻，上卦的初爻仍为阴爻，阴爻均居于外且上下相同，这里应该是"柔得位乎外而上同"的所以然。君王借助庙堂祭祀祖先，凝聚民心，凝聚民众，并置身于民众之中。这里应该是"王假有庙，王乃在中也"的所以然。

"利涉大川，乘木有功也。"《周易·涣·彖传》诠释涣卦，结尾在这句话上。跋山涉水，治理山水，这是中华先贤的丰功伟业。《周易》延续了中华先贤开拓的精神，经传文字中反复出现"利涉大川"一语。所谓"乘木有功"，首先指的是卦象结构，其次言的是人文精神。巽为风亦为木，坎为水；风可以行于水上，木同样可以行于水上；木行于水上是自然哲理，人工制造的舟船行于水上则是人文精神。乘坐舟船，致远于山川河流，有功于天下，有利于天下，这是君王应该创建的功业，也是君王的基本责任。

三、 君子之理

诠释涣卦卦象，以自然哲理论人理，《周易·涣·象传》论出的人文哲理是："风行水上，涣。先王以享于帝，立庙。"

巽为风，坎为水。涣卦卦象的上下两分结构是：巽卦在上，坎卦在下，这是"风行水上"的所以然。

"风行水上"是自然哲理，"先王以享于帝，立庙"是人文哲理，人文哲理源于自然哲理。

涣，本义是离散、涣散。《说文解字》："水流散也。"面对如此卦象，君王应该做的是"如何收拾民心"。唤醒天地良心，收拾民心，祭天祭祖是一种有效的方法。"享于帝",祭祀的是上帝。"立庙",立的是祭祖之庙。祭祀祖先与祭祀上天,是祭祀的两项基本内容。

四、 涣卦卦象与舟楫发明原理

观察涣卦卦象,研究卦象结构,深究卦象所隐含的哲理,可以发明出舟船。关于这一点,《周易·系辞下》有如下描述:"刳木为舟,剡木为楫,舟楫之利以济不通,致远以利天下,盖取诸涣。"

刳,音苦,有挖、剜之义。刳木,把木头挖空。"刳木为舟",自然的树木经过人工的挖、剜,制造成可以行于水,人可以乘坐上的独木舟。

剡,音烟,有砍削之义。剡木,把木头削尖。"剡木为楫",自然的树木经过人工的削砍,制造成可以决定行船方向的工具。

《尚书·兑命》:"若济巨川,用汝作舟楫。"

《荀子·劝学》:"假舟楫者,非能水也,而绝江河。"

舟,能够载人。楫,一能够行船,二能够决定船的行驶方向。有舟有楫,方能自由自主地行于水上。

经验积累与哲理启发,是进行发明创造的两种方法。"刳木为舟,剡木为楫"的发明创造,属于后者。

卦六十 节

(水泽)节:亨。苦节,不可贞。

彖曰:"节亨"。刚柔分而刚得中。"苦节不可贞",其道穷也。说以行险,当位以节,中正以通。天地节而四时成。节以制度,不伤财,不害民。

象曰：泽上有水，节。君子以制数度，议德行。

初九，不出户庭，无咎。

象曰："不出户庭"，知通塞也。

九二，不出门庭，凶。

象曰："不出门庭凶"，失时极也。

六三，不节若，则嗟若，无咎。

象曰："不节之嗟"，又谁咎也。

六四，安节。亨。

象曰："安节之亨"，承上道也。

九五，甘节，吉，往有尚。

象曰："甘节之吉"，居位中也。

上六，苦节，贞凶，悔亡。

象曰："苦节贞凶"，其道穷也。

节卦，在六十四卦中排位第六十。

《周易·杂卦》："节，止也。"

节，卦象中的意思是节止。

节，人文中的意思是节制。

诠释节卦，分卦象、卦理与人理三部分。

一、卦象

节卦卦象，由先天八卦中的坎卦与兑卦重叠而成。坎卦在上，兑卦在下，所以有"坎上兑下"的诠释。坎，可以诠释为水；兑，可以诠释为泽；所以诠释节卦卦象，又有"水泽节"的诠释。

"节：亨。苦节，不可贞。"

这是节卦的卦辞。

节卦之节，通达。节，适当有亨，过度则苦，苦节行不久，也行不通。

二、卦理

节卦卦理的解读，分卦序与卦形两部分。

（一）卦序之理

节卦位于涣卦之后，《周易·序卦》对节卦的诠释是："物不可终离，故受之以节。"

涣卦讲离散，节卦讲节止。

涣卦、节卦两卦之间有着前后相关的联系。

（二）卦形之理

节卦卦形所隐含的哲理，是由《周易·节·象传》揭示的。《周易·节·象传》："节，亨。刚柔分而刚得中。苦节，不可贞，其道穷也。说以行险，当位以节，中正以通。天地节而四时成。节以制度，不伤财，不害民。"

诠释节卦卦形，《周易·节·象传》诠释出了如此哲理。

"节，亨。"这一诠释，是对节卦卦象自然与人文两重意义的整体把握。上卦为水，下卦为泽；水流无止境，泽流有范围；节卦之节，通达而有节。这里应该"节，亨"的所以然。

"刚柔分而刚得中。苦节，不可贞，其道穷也。"这一诠释，首先说明的是卦象结构，然后是以卦象论人文。节卦六爻，三阴三阳，阳刚而阴柔，这里应该是"刚柔分"的所以然。九二爻位于下卦之中，九五爻位于上卦之中；上下两卦之中，皆为阳爻；这里应该是"刚得中"的所以然。一崇尚中，二崇尚正，崇尚中正，这是《周易》的基本立场。苦节之苦，属于偏颇，这就违背了中且正的原则。违背了这一原则，肯定行不久，也行不通。这里应该是"苦节，不可贞，其道穷也"的所以然。

"说以行险，当位以节，中正以通。"这一诠释，解释的是卦象结构。兑悦坎险，下悦上险，组成了节卦。节卦之中，九二、九五两阳爻居中，六四、上六两阴爻居正。认识卦象结构与卦象中阴阳两爻的位置，就会明白"说以行险，当位以节，中正以通"的所以然。

"天地节而四时成，节以制度，不伤财，不害民。"《周易·节·象传》诠释节卦，结尾在这句话上。这一诠释，基本思路是以天文论人文。

节之本义，源于天文历法。请看下面两个论断。

其一，《周髀算经·天体测量》："凡八节二十四气，气损益九寸九分六分分之一。"

其二，《列子·汤问》："寒暑易节，始一反焉。"

春夏秋冬四时，是自然形成的。四时之序与四时转换，有严肃的规定性。严肃的规定性，就是节。

"天地节而四时成"属于天文，"节以制度，不伤财，不害民"属于人文，以天文论人文，是这一论断的基本思路。天文有节，人文也应该有节。节，应该形成一定之规。一定之规，就是制度。"节以制度"的落脚点，在于"不伤财，不害民"这六个字。

三、 君子之理

诠释节卦卦象，以自然哲理论人理，《周易·节·象传》论出的人文哲理是："泽上有水，节。君子以制数度，议德行。"

兑为泽，坎为水。节卦卦象的上下两分结构是：兑卦在下，坎卦在上，这是"泽上有水"的所以然。

"泽上有水"是自然哲理，"君子以制数度，议德行"是人文哲理，人文哲理源于自然哲理。

泽有一定的范围，所以泽上之水会受到一定的节制，面对如此卦象，君王应该有自然之节到人文之节的觉醒，凡费用都要有数有度，并且形成一定之规。以一定之规规范自己，规范天下。并且将"节"之一定之规纳入道德范畴，以此来衡量君子修身的德行。

卦六十一 中孚

（原）（文）

（风泽）

中孚：豚鱼，吉。利涉大川，利贞。

彖曰："中孚"，柔在内而刚得中，说而巽，孚乃化邦也。"豚鱼吉"，信及豚鱼也。"利涉大川"，乘木舟虚也。中孚以利贞，乃应乎天也。

　　象曰：泽上有风，中孚。君子以议狱缓死。

　　初九，虞吉，有它不燕。

　　象曰：初九"虞吉"，志未变也。

　　九二，鸣鹤在阴，其子和之。我有好爵，吾与尔靡之。

　　象曰："其子和之"，中心愿也。

　　六三，得敌，或鼓或罢，或泣或歌。

　　象曰："或鼓或罢"，位不当也。

　　六四，月几望，马匹亡，无咎。

　　象曰："马匹亡"，绝类上也。

　　九五，有孚挛如，无咎。

　　象曰："有孚挛如"，位正当也。

　　上九，翰音登于天，贞凶。

　　象曰："翰音登于天"，何可长也？

　　中孚卦，在六十四卦中排位第六十一。

　　《周易·杂卦》："中孚，信也。"

　　中孚，卦象中的意思是中空。

　　中孚，人文中的意思是诚信。

　　诠释中孚卦，分卦象、卦理与人理三部分。

一、卦象

　　中孚卦卦象，由先天八卦中的巽卦与兑卦重叠而成。巽卦在上，兑卦在下，所以有"巽上兑下"的诠释。巽，可以诠释为风；兑，可以诠释为泽；所以诠释中孚卦卦象，有"风泽中孚"的诠释，又有"泽上有风"的诠释。

　　"中孚：豚鱼，吉。利涉大川，利贞。"

　　这是中孚卦的卦辞。

　　中为内心，孚为诚信。《正义》："信发于中，谓之中孚。"中孚，发自内心的诚信。

豚，小猪。豚鱼，祭祀礼品。夏天的祭祀用鱼，秋天的祭祀用豚。《礼记·王制》："庶人春荐韭，夏荐麦，秋荐黍，冬荐稻，韭以卵，麦以鱼，黍以豚，稻以雁。"

只要内心诚信，祭祀以豚鱼为礼品，吉利吉祥。大河大川之涉，吉利吉祥。

二、 卦理

中孚卦卦理的解读，分卦序与卦形两部分。

（一）卦序之理

中孚卦位于节卦之后，《周易·序卦》对中孚卦的诠释是："节而信之，故受之以中孚。"

节卦讲节止，中孚卦讲诚信。

节卦、中孚卦两卦之间有着前后相关的联系。

（二）卦形之理

中孚卦卦形所隐含的哲理，是由《周易·中孚·象传》揭示的。《周易·中孚·象传》："中孚，柔在内而刚得中。说而巽，孚，乃化邦也。豚鱼吉，信及豚鱼也。利涉大川，乘木舟虚也。中孚以利贞，乃应乎天也。"

诠释中孚卦卦形，《周易·中孚·象传》诠释出了如此哲理。

"中孚，柔在内而刚得中。"这一诠释，谈的是卦象之内阴阳两爻的位置。六三、六四两爻为阴，居于整个卦象之中；九二、九五两爻为阳，居于上卦下卦之中；阴柔而阳刚；知道这三点，就会明白"中孚，柔在内而刚得中"的所以然。

"说而巽，孚，乃化邦也。"这一诠释，首先谈的是卦象结构，然后是以卦象论人文。说，兑也。中孚卦兑卦在下，巽卦在上，这是"说而巽，孚"的所以然。愉悦在下，信风在上；君王以如此哲理进行教化，就会化育万邦。

"豚鱼，吉，信及豚鱼也。"这一诠释，谈的是祭祀。《礼记·王制》："麦以鱼，黍以豚。"新麦在夏，新黍在秋。祭祀礼品，麦配鱼，黍配豚，说明的是什么？说明祭祀礼品时间上的严格规定性。时间上的严格规定性，信也。《礼记·曾子问》："祭，过时不祭，礼也。"又："以时祭。"祭祀必须守时！守时，信也。

"利涉大川，乘木舟虚也。"这一诠释，思路是从卦象到人文。中孚卦卦象，四阳爻在外，两阴爻在内；阳刚在外，阴柔在内，如此卦象，中虚也。木舟，中虚也。乘舟，乘的空虚之处。乘木舟，一可以畅游江河，二可以横渡江河，三可以到达远处之高山。知道卦象内外的这些常识，就会明白"利涉大川，乘木舟虚也"的所以然。

"中孚以利贞，乃应乎天也。"《周易·中孚·象传》诠释中孚卦，结尾在这句话上。这一诠释，谈的是卦理、人理与天理的契合。先天八卦，是表达天文历法的！后天八卦，是表达天文历法的！六十四卦，是表达天文历法的！天文历法，天时也，天理也，天则也。卦理必须合于天理，知道这些常识，就会明白"中孚以利贞，乃应乎天也"的所以然。

三、 君子之理

诠释中孚卦卦象，以自然哲理论人理，《周易·中孚·象传》论出的人文哲理是："泽上有风，中孚。君子以议狱缓死。"

兑为泽，巽为风。中孚卦卦象的上下两分结构是：兑卦在下，巽卦在上，这是"泽上有风"的所以然。

"泽上有风"是自然哲理，"君子以议狱缓死"是人文哲理，人文哲理源于自然哲理。

风吹湖面，微波荡漾，这是令人心旷神怡的自然景象。泽上有风，形成诚信的中孚卦卦象。面对如此景象，君子治狱就应该以宽大为怀，对可疑之案慎之又慎，对无心之过的死囚可以求其死缓。

《尚书·大禹谟》："御众以宽。"这是舜帝时代掌管刑法狱讼的大臣皋陶留下的治狱原则。如何治狱？原则中出现一个"宽"。

皋陶的治狱原则，与"君子以议狱缓死"相比，两者之间在基本立场上是一致的。

四、"鸣鹤在阴， 其子和之" 简论

"鸣鹤在阴，其子和之。我有好爵，吾与尔靡之。"

这是中孚卦九二爻爻辞的全文。

鸣鹤，鸣叫之仙鹤也。

阴，山之北、水之南也。《经解》："水南曰阴。"《说文解字》："阴，山

之北、水之南也。"

其子，幼鹤也。和之，幼鹤和鸣之声也。

"鸣鹤在阴，其子和之。"直接意思是：同声相应。隐含的意思是：同心同志的共鸣之声。

爵，本义指酒器，这里指的是酒。

好爵，好酒也，美酒也。

"我有好爵，吾与尔靡之。"直接意思是：我有好酒，与你们共饮。隐含的意思是：上下一心，有福同享，有难同当。

中孚卦九二爻辞，《周易·系辞上》引用了原文并且进行了注释，请看原文：

> "鸣鹤在阴，其子和之。我有好爵，吾与尔靡之。"子曰："君子居其室，出其言善，则千里之外应之，况其迩者乎？居其室，出其言不善，则千里之外违之，况其迩者乎。言出乎身，加乎民。行发乎迩，见乎远。言行，君子之枢机。枢机之发，荣辱之主也。言行，君子之所以动乎天地也。可不慎乎？"

善言，千里之外应之；不善之言，千里之外违之。善言有人响应，不善之言无人响应。君子应该高度注意自己的一言一行，是这一注释的核心所在。

何谓善言？基本范畴应该是：合乎天理之言，合乎天时之言，敬天法地之言，自强不息之言，宽以待人之言，讲究顺序之言，利己利人之言，智慧做事之言，道器转化之言。

何谓不善言？基本范畴应该是：违背天理之言，违背天时之言，战天斗地之言，征服自然之言，违背时序之言，害人害己之言。

五、"月几望" 三见

中孚卦六四爻辞中，又一次出现"月几望"这一天文现象。

"月几望"，第一次是在第九卦小畜卦中出现的。

"月几望"，第二次是在第五十四卦归妹卦中出现的。

这里提醒读者朋友的是，研究人文首先要注意到太阳与太阳历，第二是一定要注意到月亮与太阴历。否则，白首穷经，最后的结局仍然是"瞎子摸象"，连人文的大门都没有打开。

卦
六
十
二
　
小
过

原 文

（雷山）小过：亨。利贞。可小事，不可大事。飞鸟遗之音，不宜上，宜下，大吉。

彖曰：小过，小者过而亨也。过以利贞，与时行也。柔得中，是以小事吉也。刚失位而不中，是以不可大事也。有飞鸟之象焉，"飞鸟遗之音，不宜上，宜下，大吉"，上逆而下顺也。

象曰：山上有雷，小过。君子以行过乎恭，丧过乎哀，用过乎俭。

初六，飞鸟以凶。

象曰："飞鸟以凶"，不可如何也。

六二，过其祖，遇其妣。不及其君，遇其臣。无咎。

象曰："不及其君"，臣不可过也。

九三，弗过防之，从或戕之，凶。

象曰："从或戕之"，凶如何也？

九四，无咎。弗过遇之，往厉必戒，勿用永贞。

象曰："弗过遇之"，位不当也。"往厉必戒"，终不可长也。

六五，密云不雨，自我西郊。公弋取彼在穴。

象曰："密云不雨"，已上也。

上六，弗遇过之，飞鸟离之，凶，是谓灾眚。

象曰："弗遇过之"，已亢也。

解读

小过卦，在六十四卦中排位第六十二。

《周易·杂卦》："小过，过也。"

小过，卦象中的意思是阴多于阳。

小过，人文中的意思是自信过度。

诠释小过卦，分卦象、卦理与人理三部分。

一、卦象

小过卦卦象，由先天八卦中的震卦与艮卦重叠而成。震卦在上，艮卦在下，所以有"震上艮下"的诠释。震，可以诠释为雷；艮，可以诠释为山；所以诠释小过卦卦象，又有"雷山小过"的诠释。

"小过：亨，利贞。可小事，不可大事。飞鸟遗之音，不宜上宜下，大吉。"

这是小过卦的卦辞。

四阴在外，二阳在内，这是小过卦的卦象。

小过，阴稍过于阳也。

卦象本身，犹如飞鸟。小过的前一卦为中孚卦，孚有孵化之义。刚刚孵化出的小鸟，刚刚展翅飞翔，肯定飞不了像鹰飞的那样高，所以卦辞中有"不宜上，宜下"之论。"可小事，不可大事"之论，应该均是从幼鸟之幼这一基点出发的。

"飞鸟遗之音"之论，是以卦象论人文。飞鸟之音对人有什么意义？这涉及到卦象的整体论。卦象将天地万物视为一个整体，整体之中的任何变化都相互影响。正如万物的任何变化，都会影响到人。飞鸟之音，也会告诉人们某种信息。例如某种时令将至，例如某种灾难（地震）将至，例如小麦即将成熟，等等。

中孚卦言诚信，小过卦言行为；从诚信出发的行为，其结果应该是吉祥吉利的。

二、卦理

小过卦卦理的解读，分卦序与卦形两部分。

（一）卦序之理

小过卦位于中孚卦之后，《周易·序卦》对小过卦的诠释是："有其信者必行之，故受之以小过。"

中孚卦讲诚信，小过卦讲行为。

中孚卦、小过卦两卦之间有着前后相关的联系。

（二）卦形之理

小过卦卦形所隐含的哲理，是由《周易·小过·象传》揭示的。《周易·小过·象传》："小过，小者过而亨也。过以利贞，与时行也。柔得中，是以小事吉也。刚失位而不中，是以不可大事也。有飞鸟之象焉，有飞鸟遗之音，不宜上，宜下，大吉。上逆而下顺也。"

诠释小过卦卦形，《周易·小过·象传》诠释出了如此哲理。

"小过，小者过而亨也。"这一诠释，谈的是卦象之内阴阳两爻的数量。小过卦六爻，四阴二阳，在数量上，阴稍微多于阳。知道卦象阴阳两爻的数量比，就会明白"小过，小者过而亨也"的所以然。

"过以利贞，与时行也"这一诠释，其意义在时令上。在后天八卦中，艮震两卦相邻，艮卦在下，震卦在上；时令上艮卦表立春，震卦表春分；八节之中立春之后即是春分，与四时合其序，在《周易》里是基本常识。知道八卦表八节的常识，就会明白"过以利贞，与时行也"的所以然。

"柔得中，是以小事吉也。"这一诠释，谈的是阴爻在卦象中的位置。六二爻位于下卦艮卦之中，六五爻位于上卦震卦之中，如此，即"柔得中"也。五爻之位本来是奇数位，应该由阳爻居之，而在小过卦中由阴爻居之，阴爻居奇数位，是不当之位，所以有"是以小事吉也"的判断。

"刚失位而不中，是以不可大事也。"这一诠释，谈的是阳爻在卦象中的位置。奇数位，是阳爻的正当位置。九四爻是阳爻居于偶数位，位置既不中又不正，如此，"刚失位而不中"是也。崇尚中正，是《周易》的基本立场。位置中正，是"可大事"的前提。位置不中不正，"是以不可大事也"的所以然。

"有飞鸟之象焉，有飞鸟遗之音，不宜上，宜下，大吉。"这一诠释，谈的是小过卦卦象。小过卦四阴分居上下，二阳居中，卦象犹如飞鸟。认识卦象的象征性，就认识"有飞鸟之象焉"的所以然。幼鸟初飞，不宜高飞，这是"不宜上，宜下"的所以然。量力而行，不贪大，不贪快，必然有吉利吉祥的结果。

"上逆而下顺也。"《周易·小过·象传》诠释小过卦，结尾在这句话上。这一诠释，思路是从卦象到人文。幼鸟力量不济，不宜攀高而宜于低飞，如此即"上逆而下顺也"。

三、 君子之理

诠释小过卦卦象，以自然哲理论人理，《周易·小过·象传》论出的人文哲理是："山上有雷，小过。君子以行过乎恭，丧过乎哀，用过乎俭。"

艮为山，震为雷。小过卦卦象的上下两分结构是：震卦在上，艮卦在下，这是"山上有雷"的所以然。

"山上有雷"是自然哲理，"君子以行过乎恭，丧过乎哀，用过乎俭"是人文哲理，人文哲理源于自然哲理。

山上有雷，声震八方。雷，有威慑之义，有威严之义。面对如此景象，君子应该在方方面面表现出谦恭之心。"行过乎恭，丧过乎哀，用过乎俭"，所讲的是"行""丧""用"的三个方面。

四、 小过卦中的臼杵原理

臼杵，稻谷脱皮的原始工具。

研钵，化学实验室中的工具。

远古与现代的这两种工具与小过卦有关吗？

有！

请看《周易·系辞下》中的一个论断："断木为杵，掘地为臼，臼杵之利，万民以济，盖取诸小过。"

稻谷脱皮，始于臼杵。这一论断告诉后人，臼杵的发明，其哲理基础取之于小过卦。

小过卦中怎么会隐含有臼杵的哲理？请看小过卦卦象：从卦象上看，由八卦中的震艮两卦所组成（上震下艮）。震，象征雷；艮，象征山。如果从哲理角度上看，山稳定而雷震动，臼杵是由一个稳定系统与一个动力系统组合而成的。

从古至今，臼杵的动力系统经历了四次变化——人力、畜力、水动力、电力，每一种新动力的出现，就会形成新一代的臼杵。

现在，新动力又出现。新动力即超声波。新动力的出现，会不会产生出新的臼杵？

触类旁通，以历史的经验而论，新动力的出现肯定会产生新形式的臼杵——碾米机。

新动力的出现，会不会产生一系列新器具呢？

答案：完全有可能！

卦六十三 既济

原 文

（水火）既济：亨小，利贞。初吉终乱。

彖曰："既济，亨"，小者亨也。"利贞"。刚柔正而位当也。"初吉"，柔得中也。"终止则乱"，其道穷也。

象曰：水在火上，既济。君子以思患而豫防之。

初九，曳其轮，濡其尾，无咎。

象曰："曳其轮"，义无咎也。

六二，"妇丧其茀，勿逐，七日得。

象曰："七日得"，以中道也。

九三，高宗伐鬼方，三年克之，小人勿用。

象曰："三年克之"，惫也。

六四，繻有衣袽，终日戒。

象曰："终日戒"，有所疑也。

九五，东邻杀牛，不如西邻之禴祭，实受其福。

象曰："东邻杀牛"，不如西邻之时也。"实受其福"，吉大来也。

上六，濡其首，厉。

象曰："濡其首厉"，何可久也？

既济卦，在六十四卦中排位第六十三。

《周易·杂卦》："既济，定也。"

既济，卦象中的意思是循环过程中的一个终结点。

既济，人文中的意思是一个时间段的成功点。

诠释既济卦，分卦象、卦理与人理三部分。

一、卦象

既济卦卦象，由先天八卦中的坎卦与离卦重叠而成。坎卦在上，离卦在下，所以有"坎上离下"的诠释。坎，可以诠释为水；离，可以诠释为火；所以诠释既济卦卦象，又有"水火既济"的诠释。

"既济：亨小，利贞。初吉，终乱。"

这是既济卦的卦辞。

一三五为奇数，初九、九三、九五三条阳爻居于奇数位；二四六为偶数，六二、六四、上六三条阴爻居于偶数位。阳爻居阳位，阴爻居阴位，吉利吉祥也。日中则昃，月盈则亏，水满则溢，所以既济之后会发生物极必反的变化。知道这些，就知道"初吉，终乱"的所以然。

水在火上，用现代物理学解释，这是不可能的事。

水在火上，其必然结果只有一个：水至火灭。

而在《周易》之中，水在火上，水火相济，却是吉利之事。水火相济，象征成功，象征胜利，象征圆满。

水在火上，为何有既济的良好解释？

这与坎离两卦的象征性相关！

坎，狭义上的水，广义上的湿度。

离，狭义上的火，广义上的温度。

从无到有，天地最重要；有天地然后才有万物。

从有到有，水火最重要；有水火然后才有万物。

所以，天地水火是中华先贤所认识到的四大基础要素。

水，物理性质降而不升；火，物理性质升而不降。水气下降，火气上升；一升一降，才有水火交合；水火交合，才有万物的产生。

火的造物功用，《周易·说卦》的评述为："燥万物者，莫熯乎火。"

水的造物功用，《周易·说卦》的评述为："润万物者，莫润乎水。"

水火的功用，一是干燥之燥，一是润物细无声之润。

知道水火的功用，再看水火两要素组成的既济卦卦象，就会明白其中的奥秘了。

水火，在自然界中的意义是衍生万物。

五脏之中，心属火，肾属水，在中医文化里水火既济演化出了心肾相济。

水火，在人体中的意义是心肾平衡。

韩国国旗上，太极图周围的四卦就是天地水火；水火与天地并列，在人文中的意义为何？请读者朋友思考。

二、 卦理

既济卦卦理的解读，分卦序与卦形两部分。

（一）卦序之理

既济卦位于小过卦之后，《周易·序卦》对既济卦的诠释是："有过物者必济，故受之既济。"

小过卦讲行，既济讲成。

小过卦、既济卦两卦之间有着前后相关的联系。

（二）卦形之理

既济卦卦形所隐含的哲理，是由《周易·既济·象传》揭示的。《周易·既济·象传》："既济，亨，小者亨也。利贞，刚柔正而位当也。初吉，柔得中也。终止则乱，其道穷也。"

诠释既济卦卦形，《周易·既济·象传》诠释出了如此哲理。

"既济，亨，小者亨也。"这一诠释，是既济卦卦象的整体把握。既济卦六爻，三阴三阳，阴阳平均。如此者，通达吉祥也。阳爻居奇数位，阴爻居

偶数位；三阴三阳，各就各位。如此者，通达吉祥也。知道这些，就会明白
"既济，亨，小者亨也"的所以然。

"利贞，刚柔正而位当也。"这一诠释，谈的是阴阳两爻在既济卦卦象中
的位置。阴阳两爻，阴居阴位，阳居阳位，如此正也。二五两爻，六二居下
卦之中，九五居上卦之中，如此中也。阳刚而阴柔。知道这些，就会明白
"刚柔正而位当也"的所以然。

"初吉，柔得中也。"这一诠释，谈的是六二阴爻在卦象中的位置。六二
爻为阴爻，阴性为柔，六二爻位于下卦离卦之中；知道这些，就会明白"柔
得中"的所以然。六二爻为下卦，下卦为始，"初吉"的所以然应该就在
这里。

"终止则乱，其道穷也。"《周易·既济·象传》诠释既济卦，结尾在这
句话上。这一诠释，思路是从卦象到人文。天文与人文，均有"易穷则变"
之规律。

日中则昃，月盈则亏，这是天文中的"易穷则变"。

热极生寒，寒极生阴，这是气候中的"易穷则变"。

否极泰来，乐极生悲，这是人文中的"易穷则变"。

寒往暑来，暑往寒来，这是历法中的"易穷则变"。

一个过程的终点之处，正是一个新的过程的开始之处，这是运动中的
"易穷则变"。

认识这些常识，才会真正认识"终止则乱，其道穷也"所蕴含的哲理。

三、 君子之理

诠释既济卦卦象，以自然哲理论人理，《周易·既济·象传》论出的人
文哲理是："水在火上，既济。君子以思患而预防之。"

坎为水，离为火。既济卦卦象的上下两分结构是：坎卦在上，离卦在
下，这是"水在火上"的所以然。

"水在火上"是自然哲理，"君子以思患而预防之"是人文哲理，人文
哲理源于自然哲理。

面对成功，面对胜利，面对圆满，君子正确的态度应该是预防下一步会
出现的困难、艰难或动乱。

居安思危，这是《周易》的基本立场；"圣人不治已病治未病，不治已

乱治未乱"，这是《黄帝内经》的基本立场；"为之于其未有，治之于其未乱"，这是《道德经》的基本立场；知道三部经典的基本立场，再回头看"君子以思患而预防之"，也许会有助于深层次地、更进一步地理解。

卦六十四　未济

原 文

（火水）未济：亨。小狐汔济，濡其尾，无攸利。

彖曰："未济，亨"，柔得中也。"小狐汔济"，未出中也。"濡其尾，无攸利"，不续终也。虽不当位，刚柔应也。

象曰：火在水上，未济。君子以慎辨物居方。

初六，濡其尾，吝。

象曰："濡其尾"，亦不知极也。

九二，曳其轮，贞吉。

象曰：九二贞吉，中以行正也。

六三，未济，征凶。利涉大川。

象曰："未济征凶"，位不当也。

九四，贞吉，悔亡，震用伐鬼方，三年，有赏于大国。

象曰："贞吉悔亡"，志行也。

六五，贞吉，无悔。君子之光，有孚，吉。

象曰："君子之光"，其辉吉也。

上九，有孚于饮酒，无咎。濡其首，有孚失是。

象曰："饮酒濡首"，亦不知节也。

———— 解 读 ————

未济卦，在六十四卦中排位第六十四。

《周易·杂卦》："未济，男之穷也。"

未济，六十四卦最后一卦。

实际上，第六十三卦已经是终结之卦，六十四卦所代表的是新开始的起点。

未济，卦象中的意思是阴阳错位。

未济，人文中的意思是艰难、艰辛的新起点。

诠释未济卦，分卦象、卦理与人理三部分。

一、 卦象

未济卦卦象，由先天八卦中的离卦与坎卦重叠而成。离卦在上，坎卦在下，所以有"离上坎下"的诠释。坎，可以诠释为水；离，可以诠释为火；所以诠释未济卦卦象，又有"火水未济"的诠释。

"未济：亨。小狐汔济，濡其尾，无攸利。"

这是未济卦的卦辞。

一三五为奇数，初六、六三、六五三条阴爻居于奇数位；二四六为偶数，九二、九四、上九三条阳爻居于偶数位。阳爻居阴位，阴爻居阳位，不中不正，不吉不利也。

火，物理性质升而不降；水，物理性质降而不升；火气上升，水气下降；火在水上，火升水降，火水不能交合。知道水火不能交合的奥秘，再看未济卦卦象，就会明白未济的所以然了。

新起点，毕竟是新起点，尽管有艰辛，最终还是通达的。这里是未济卦"亨"的所以然。

小狐，卦辞中出现这一小动物。显然，这里运用的是形象比喻。

《说文解字》："汔，水涸也。"《正义》："济者，济渡之名。"《尔雅·释言》："济，渡也。"

"小狐汔济"，谈的是一只小狐欲渡河。"濡其尾"，指的是河水淹没了尾巴。

"小狐汔济，濡其尾，无攸利。"这句话的意思是：小狐想要涉过即将干涸的河水，河水浸湿了它的尾巴。

小狐，幼小也。幼小的小狐渡河，有艰辛有艰难，此行出师不利。小狐要长大，河流毕竟没有挡住小狐。新的变化，新的开始，新的循环，有艰辛有艰难，毕竟挡不住一个"新"字。

二、 卦理

未济卦卦理的解读，分卦序与卦形两部分。

（一） 卦序之理

未济卦位于既济卦之后，《周易·序卦》对未济卦的诠释是："物不可穷也，故受之以未济终焉。"

既济卦讲终点，未济卦讲重新开始。

既济卦、未济卦两卦之间有着前后相关的联系。

《周易·序卦》中的"终焉"二字，指的是六十四卦的结束，而不是天文循环、寒暑循环、昼夜循环的结束。天地万物时时刻刻都在变化。变化，一个过程连着一个过程，终点之处又是一个新起点，这就是"易穷则变"的核心所在。"唯变所适"，这就是《周易》对后人的告诫。终点之处，展望新变化，认真对待新变化，明白了这些，才能真正理解未济卦的含义。

（二） 卦形之理

未济卦卦形所隐含的哲理，是由《周易·未济·象传》揭示的。《周易·未济·象传》："未济，亨，柔得中也。小狐汔济，未出中也。濡其尾，无攸利；不续终也。虽不当位，刚柔应也。"

诠释未济卦卦形，《周易·未济·象传》诠释出了如此哲理。

"未济，亨，柔得中也。"这一诠释，是未济卦卦象的整体把握。未济卦六爻，三阴三阳，阴阳平均，这一点与既济卦完全一样。不一样的是，阴居阳位，阳居阴位，阴阳位置完全错乱。这，象征的是重新开始时的杂乱，象征的是新开始之时的艰辛与艰难。无论如何，新开始之新总是好事，知道这些，就会明白"未济，亨"的所以然。六五爻，阴爻也。阴爻居于上卦之中，这是"柔得中"的所以然。"得中"，道济天下之象也。

"小狐汔济，未出中也。"这一诠释，运用的是形象比喻。小狐渡河，其身仍然在河水之中。下卦为坎，坎为水。小狐渡河，渡在坎水之中。

"濡其尾，无攸利，不续终也。"这一诠释，以小狐渡河的形象来比喻人文中的重新开始。尾巴被河水淹没，但小狐的头已经到达新岸。旧的终点前面，恰恰是新的开始。

"虽不当位，刚柔应也。"《周易·未济·象传》诠释未济卦，结尾在这句话上。这一诠释，谈的是卦象中的阴阳关系。阳爻居于阴位，阴爻居于阳位，这是"不当位"的所以然。阳爻位于下卦之中，阴爻位于上卦之中，这是"刚柔应也"的所以然。刚柔相应，刚柔相济，仍然是道济天下之象。

三、 君子之理

诠释未济卦卦象，以自然哲理论人理，《周易·未济·象传》论出的人文哲理是："火在水上，未济。君子以慎辨物居方。"

坎为水，离为火。未济卦卦象的上下两分结构是：离卦在上，坎卦在下，这是"火在水上"的所以然。

"火在水上"是自然哲理，"君子以慎辨物居方"是人文哲理，人文哲理源于自然哲理。

水向下流，火往上升；水火不相济，水火不相应也。阳爻居于阴位，阴爻居于阳位；阴阳不得其位，阴阳不得其所也。面对如此卦象，君子以谨慎的态度应该是辨别物的本源，辨别正确的空间方位，在杂乱的现象中辨认出永恒而常青的自然法则。

第十三章

《周易·易传》解读

文言

○原○文

乾·文言

元者，善之长也。亨者，嘉之会也。利者，义之和也。贞者，事之干也。君子体仁，足以长人；嘉会，足以合礼；利物，足以和义；贞固，足以干事。君子行此四德者，故曰：乾，元亨利贞。

初九曰："潜龙勿用。"何谓也？子曰："龙德而隐者也。不易乎世，不成乎名；遁世而无闷，不见是而无闷；乐则行之，忧则违之；确乎其不可拔，潜龙也。"

九二曰："见龙在田，利见大人。"何谓也？子曰："龙德而正中者也。庸言之信，庸行之谨，闲邪存其诚，善世而不伐，德博而化。易曰：'见龙在田，利见大人。'君德也。"

九三曰："君子终日乾乾，夕惕若，厉无咎。"何谓也？子曰："君子进德修业。忠信，所以进德也。修辞立其诚，所以居业也。知至至之，可与几也。知终终之，可与存义也。是故，居上位而不骄，在下位而不忧。故乾乾因其时而惕，虽危无咎矣。"

九四："或跃在渊，无咎。"何谓也？子曰："上下无常，非为邪也。进退无恒，非离群也。君子进德修业，欲及时也，故无咎。"

九五曰："飞龙在天，利见大人。"何谓也？子曰："同声相应，同气相求；水流湿，火就燥；云从龙，风从虎，圣人作而万物睹。本乎天者亲上，本乎地者亲下，则各从其类也。"

上九曰："亢龙有悔。"何谓也？子曰："贵而无位，高而无民，贤人在下而无辅，是以动而有悔也。"

潜龙勿用，下也。见龙在田，时舍也。终日乾乾，行事也。或跃在渊，自试也。飞龙在天，上治也。亢龙有悔，穷之灾也。乾元用九，天下治也。

潜龙勿用，阳气潜藏。见龙在田，天下文明。终日乾乾，与时偕行。或跃在渊，乾道乃革。飞龙在天，乃位乎天德。亢龙有悔，与时偕极。乾元用九，乃见天则。

乾元者，始而亨者也。利贞者，性情也。乾始能以美利利天下，不言所利，大矣哉！大哉乾乎！刚健中正，纯粹精也。六爻发挥，旁通情也。时乘六龙，以御天也。云行雨施，天下平也。

君子以成德为行，日可见之行也。潜之为言也，隐而未见，行而未成，是以君子弗用也。

君子学以聚之，问以辩之，宽以居之，仁以行之。《易》曰："见龙在田，利见大人。"君德也。

九三，重刚而不中，上不在天，下不在田。故乾乾因其时而惕，虽危无咎矣。

九四，重刚而不中，上不在天，下不在田，中不在人，故或之。或之者，疑之也，故无咎。

夫大人者，与天地合其德，与日月合其明，与四时合其序，与鬼神合其吉凶。先天而天弗违，后天而奉天时。天且弗违，而况于人乎？况于鬼神乎？

亢之为言也，知进而不知退，知存而不知亡，知得而不知丧，其唯圣人乎？知进退存亡，而不失其正者，其为圣人乎？

解读

《周易·乾·文言》（简称《乾·文言》）是对乾卦的单独诠释。

以天文论人文，以天时论人时，以天理论人理，以太阳论六龙，以六龙论六时，以天以太阳论万物，知道这几点，《乾·文言》的大门就打开了。

以乾天变化论君子之理，以太阳变化论君子之理，是《乾·文言》论证人理的具体方法。以太阳变化论阳气变化，以太阳变化论风雨变化，以太阳变化论万物变化，以太阳变化统一万物之理，简而言之，以太阳回归论气候中的寒暑，论万物之生、论万物之死，是《乾·文言》论证物理的具体方法。能够认识到以上两点，《乾·文言》之奥秘就揭开了。

一、 四时中的人理

从天理到人理，《乾·文言》首先论的是四时中的人理。

天是变化的，太阳是变化的，变化中分出了春夏秋冬四时，春夏秋冬四时之中每一时都含有君子应该效法的哲理。卦辞中的元亨利贞，四时之理也。元，春之理；亨，夏之理；利，秋之理；贞，冬之理也。

"元亨利贞"四字与佛教中的"阿弥陀佛"四字好有一比："阿弥陀佛"讲的是来世；"元亨利贞"讲的是今生。

元，春天的哲理。春，万物开始生发。元，元月，元旦，元春，讲的是时间中的第一。重视第一时间，这是中华文化核心之所在。一个"元"字，在之后的中华大地上演化出了很好的育人哲理，例如"一年之计在于春，一日之计在于晨"。人法四时之春，应该迈出扎扎实实的第一步。明白了这些，才能明白"元者，善之长也"的真正含义。元，走好第一步。

亨，夏天的哲理。夏，万物繁华。人法四时之夏，应该广交朋友。交朋友的目的为何？为了相互学习。"君子以朋友讲习"，兑卦中的人文哲理提交了"为何交朋友"的答案。"酒肉朋友"，离开了朋友的原始意义。明白了这些，才能明白"亨者，嘉之会也"的真正含义。亨，通达致远。

利，秋天的哲理。秋，万物成熟。成熟的万物，美丽了自己，丰美了他人。人法四时之秋，应该利己利他。明白了这些，才能明白"利者，义之和也"的真正含义。利，利己利他。

贞，冬天的哲理。冬，万物收藏。万物收藏，有一定之时，有一定之态。人法四时之冬，做人做事应该信守一定的立场。明白了这些，才能明白"贞者，事之干也"的真正含义。贞，始终如一。

天道言阴阳，人道言仁义。人理源于天理，关于这一点，《周易·说卦》的注释是："立天之道曰阴与阳，立地之道曰柔与刚，立人之道曰仁与义。"四时之中同样有"仁义"的榜样。在《乾·文言》中，"仁义"二字，源于春夏。关于这一点，《乾·文言》的注释是："君子体仁，足以长人；嘉会，足以合礼；利物，足以和义；贞固，足以干事。"人道源于天道，四时本身是天道的体现。《逸周书·周月解》："万物春生夏长秋收冬藏，天地之正，四时之极，不易之道。"《逸周书》指出，四时循环本身就是不易之道。理解了这些，才能真正理解四时之中为何蕴含有君子之理。

春夏秋冬，元亨利贞。人理源于天理，四时之理本身就是天理。希望读者朋友能够清楚地记住这一点。

二、 六爻中的人理

从天理到人理，《乾·文言》其次论的是六爻中的人理。

太阳是变化的！中华先贤根据中午日影长短的变化，认识了太阳回归。根据日影长短两极，分出了寒暑（阴阳）。根据太阳回归的变化，分出了春夏秋冬，分出了从冬至到夏至的前六个月，分出了从夏至到冬至的后六个月。卦中的六爻，文字中的六龙、六时，表达的就是从冬至到夏至的前六个月。

前六个月的起始点，就是冬至。

前六个月的转折点，就是夏至。

冬至，阳气在黄泉。黄泉之阳气，潜龙也。

夏至，阳气在九天。九天在阳气，亢龙也。

冬至到夏至，阳气一步步由下而上，这就是从潜龙到飞龙，从飞龙到亢龙的变化。

一龙一月，六龙六个月。六龙的变化，就是六时的变化。

一月一龙，每条龙都是君子效法的榜样。一龙一理，六条龙六条君子之理。

效法潜龙，君子应该学会忍耐。潜龙，冬至之龙也。潜龙之潜，阳气萌芽也。冬至之时，阳气初生，只能潜藏于地下，应该潜藏于地下。明白了潜龙的时间性，才能理解"潜龙勿用"的所以然。从天文到人文，演化出了隐世的君子之理是："不易乎世，不成乎名；遁世而无闷，不见是而无闷。"

效法亢龙，君子应该明白进退之理。亢龙，夏至之龙也。亢龙之亢，阳气之极也。阳极生阴，这是太阳回归所决定的寒暑转换。寒暑转换，是自然法则。进退转换，是人文哲理。从天文到人文，演化出的人文哲理是："亢之为言也，知进而不知退，知存而不知亡，知得而不知丧，其唯圣人乎？知进退存亡，而不失其正者，其为圣人乎？"中午的日影，有一个最长点，其长度为 1.35 丈，这一天是冬至。中午的日影，有一个最短点，其长度为 0.16 丈，这一天是夏至。长极而短，短极而长，长短两极的变化演化出知进知退的人生哲理。

知进知退，这是教育君王的哲理。知进知退，尧、舜、禹千古流芳。知进不知退，秦始皇之后的历代皇帝，留下了一场场灾难。

潜龙与亢龙之间还有飞龙，飞龙是君子干一番事业的好榜样。干事业，必须有一定的人文功底。功底，需要积累。"进德修业"，是飞龙之前所需要的。当然，飞龙之时同样需要"进德修业"。在天为道，在人为德。遵道而行，即是"进德"。业，学业、功业也。建立功业，是君子的责任。学业，则是建立功业的基本。换言之，"进德"，悟的是道；"修业"，修的是功。"进德修业"，是飞龙腾飞的基础，是君子干一番事业的前提。

三、 几条值得永远牢记的哲理

诠释乾卦，《乾·文言》留下了丰富的永恒而常青的人文哲理，择其要者，介绍几条。

第一条，与时偕行。

诠释乾卦的九三爻，《乾·文言》出现一条非常重要的人文哲理——"与时偕行"。原话是："终日乾乾，与时偕行。"

"天行健，君子以自强不息。"这条人文哲理讲的是：人行一定要合于天行。"终日乾乾，与时偕行。"这条人文哲理讲的是：人行一定要合于天时。

人的一切活动必须合于天时！强调这一点，一部《周易》留下了一系列至理名言，前面已经详细摘录过。为了回顾，这里再摘录几条，供读者朋友鉴赏。

其一，《周易·乾·彖传》："大明终始，六位时成，时乘六龙以御天。"

其二，《周易·贲·彖传》："观乎天文，以察时变；观乎人文，以化成天下。"

其三，《周易·艮·彖传》："时止则止，时行则行，动静不失其时，其道光明。"

其四，《周易·节·彖传》："天地节而四时成，节以制度，不伤财，不害民。"

其五，《周易·系辞上》："变通配四时。"

其六，《周易·系辞上》："变通莫大乎四时。"

句句话离不开一个"时"字，是否可以说明《周易》对一个"时"字的重视？是否可以说明《周易》对四时的重视？

君子必须自强，而且应该天天去努力，用《乾·文言》的话说就是"终日乾乾"。自强属于人行，人行必须合于天时，用《乾·文言》的话说就是"与时偕行"。

《乾·文言》为何要强调"与时偕行"？

因为一个"时"字可以与"天道"并论。

"时变"之时，具有严格的规定性。严格的规定性，体现在严密的数理体系之中。中华文化从源头处，就经得起数学的验证。

第二条，各从其类。

诠释乾卦的九五爻，《乾·文言》出现了一条具有永恒意义的人文哲理——"各从其类"。原话是："本乎天者亲上，本乎地者亲下，则各从其类也。"

"各从其类也"，讲的是万物之理。

万物分类，类不能乱，这是源头文化中的基本常识。

"各从其类"这一哲理，在中华大地上，是在六十四卦第一卦乾卦中出现的。

"各从其类"这一哲理，在中华大地之外，是在《圣经》第一页出现的。

上帝每造好一类，都会说一句决定性的话，这句话就是"各从其类"。这句话在《圣经》中反复出现，次数近二十次之多。由此可见，《圣经》对物类纯洁的重视。

《圣经》与《周易》，两部不同的经典，但是在万物"各从其类"这一问题，其立场完全是一致的。

"各从其类"，这是《周易》中的天理！

"各从其类"，这是《圣经》中的神理！

物类不能乱！这是《圣经》与《周易》中的共同主张。

物类一乱，就会有极其危险的后果。

万物"各从其类"，这一原则是永恒的。

万物"各从其类"，这一原则不许商量。

第三条，触类旁通。

对乾卦六爻的整体把握，《乾·文言》出现"旁通"这个具有永恒意义的双音词。原话是："六爻发挥，旁通情也。"

对八卦的整体把握，《周易·系辞上》出现"触类"这个具有永恒意义的双音词。原话是："八卦而小成，引而伸之，触类而长之，天下之能事毕矣。"

六爻爻理讲"旁通"，八卦卦理讲"触类"。"触类"与"旁通"结合，形成"触类旁通"这一成语。知道这一成语的人很多，但有多少人知道这一成语与六爻相关，与八卦相关呢？

六爻，阳六爻阴六爻，阴阳一共十二爻。触类旁通，在阴六爻阳六爻这里，中华先贤"触类旁通"出了什么呢？简述如下：

其一，阴阳十二月。阳六爻阴六爻，可以论太阳回归年的十二个月。从冬至到夏至，为太阳历的前六个月，从夏至到冬至，为太阳历的后六个月。前六个月可以称为阳六气，后六个月可以称为阴六气。

其二，阴阳十二律。最早记载阴阳十二律的经典是《周礼》。《周礼·春官》："大师掌六律、六同以合阴阳之声。阳声：黄钟、大蔟、姑洗、蕤宾、夷则、无射。阴声：大吕、应钟、南吕、函钟、小吕、夹钟。"阴阳十二律的划分，远远早于六十四卦。

其三，阴阳十二经络。在世界民族之林中，唯我中华先贤发现了人体十二经络。人体十二经络是怎么发现的呢？请看针经《灵枢·经别》的解释：

"人之合于天道也，内有五脏，以应五音五色五时五味五位也；外有六腑，以应六律，六律建阴阳诸经而合之十二月、十二辰、十二节、十二经水、十二时、十二经脉者，此五脏六腑之所以应天道。"

针经《灵枢》告诉世人，中华先贤以太阳历的十二月为坐标，认识人体中的十二经络。十二经络发源于太阳历，具体发源于十二月太阳历。需要说明的一点是：阴阳十二经络的发现，远远早于六十四卦。

其四，"天之大数"。"十二"这个数字，源于太阳历。"十二"这个数字，在中华文化与中医文化里，占有极其重要的地位。

屈原在《天问》中有这样一问："天何所沓？十二分焉？"屈原之问告诉后人，"十二"这个数字涉及到了"天"。

《春秋左传·哀公七年》："周之王也，制礼上物，不过十二，以为天之大数也。"《春秋左传》告诉后人，"十二"这个数字"为天之大数"。

触类旁通，在八卦这里，中华先贤"触类旁通"出了什么呢？简述如下：

其一，天体模型。表达八节的八卦，《周易·说卦》论出了一个天体模型。

其二，家庭模型。表达八节的八卦，《周易·说卦》论出了一个家庭模型。

其三，人体模型。表达八节的八卦，《周易·说卦》论出了一个人体模型。

其四，都市模型。八卦是都市建筑的模型，关于这一点，很多朋友是知道的。元大都（今天的北京）就是根据八卦的模型设计的。八卦城、八卦村，在今天的中华大地上还有保留。

其五，八风。八卦表八节。八节，一节一风，八节八风。八风，是《黄帝内经》论病的依据。八风分正邪，正风养人养万物，邪风伤人伤万物。

"风为百病之首"，这一论断在一部《黄帝内经》中出现过多次。一种邪风一种病，八种邪风八种病。

其六，八角。安徽寒山玉器上有八角，山东大汶口陶片有八角，仰韶陶罐上有八角，大溪、良渚、马家窑陶器上都有八角，这些是史前的八角。彝族、苗族、瑶族同胞的服饰上有八角，彝族向天坟上有八角，这些是现实生活中的八角。彝族八卦，名字就叫宇宙八角。史前玉器、陶器上的八角与现实服饰上的八角，实际上都与八卦相通，都与太阳历的八节相通。

八角，空间中跨越数千里，时间上延续数千年，为什么？因为对太阳的敬畏！

其七，八音。经典之中，"八音"一词，首先是在《尚书》中出现的。

《尚书·舜典》："二十有八载，帝乃殂落。百姓如丧考妣，三载，四海遏密八音。"这句话告诉后人，尧禅让于舜二十八年后，尧帝去世。群臣像死了父母一样悲痛，三年间，天下停止了所有音乐。音乐的代名词，就是"八音"。

《尚书·舜典》："帝曰：'夔！命汝典乐，教胄子，直而温，宽而栗，刚而无虐，简而无傲。诗言志，歌永言，声依永，律和声。八音克谐，无相夺伦，神人以和。'夔曰：'于！予击石拊石，百兽率舞。'"胄子，狭义论长子，广义论儿童。舜任命夔为乐官时，舜帝讲了这段话，讲的是"应该如何，不应该如何"的儿童教育。礼仪教育，从儿童开始。音乐教育，从儿童开始。诗歌教育，从儿童开始。这里又一次出现"八音"，今天还在沿用的

"诗言志"一说也是在这里出现的。

八音为何？《周礼·春官》的解释是：金、石、土、革、丝、木、匏、竹。八种乐器发出的八种音，即是八音。

八音从何处来？八音从八风来。《吕氏春秋·古乐》指出，八音乃是"效八风之音"。

八音成熟于何时？成熟于颛顼时代。《吕氏春秋·古乐》："帝颛顼生自若水，实处空桑，乃登为帝。惟天之合，正风乃行，其音若熙熙凄凄锵锵。帝颛顼好其音，乃令飞龙作，效八风之音，命之曰承云。"八风，八节之风也。八节，八卦也。伏羲氏作八卦，颛顼作八音。八节、八风，属于天地之和的作品；八卦、八音，属于人文创造的作品。

其八，八阵图。"功盖三分国，名成八阵图。"这是杜甫颂扬诸葛亮的诗句。八阵图，是《三国演义》中的故事。八阵图的基础，就是八卦。

以八卦为基础，中华先贤创造出一系列基础性成果。这些基础性成果具有永恒性。所谓永恒性，就是说这些成果能够跨越时间与空间。

八卦之中，隐藏着一种创造的思路。这个思路就是触类旁通。

八卦的每一卦，其对面都是相反的一卦。这里的启示是：每一个问题都有一个相反的问题。这里有举一反二的哲理。

八卦的每一卦，通过爻的变化，都会变化为八个卦。这里有举一反八的哲理。

面对每一项新技术，每一项新器具，明白卦理者都可以以此为基础继续提出新问题。

有人说，中华民族之所以落后，原因在于一部《周易》之中有归纳而无推理。请问："触类旁通"算不算推理?！"触类旁通"之外还有"彰往察来"，请问："彰往察来"算不算推理?！

第四条，不骄不忧。

诠释乾卦九三爻，《乾·文言》出现"不骄不忧"之哲理。原话是："居上位而不骄，在下位而不忧。"

这条哲理，谈的是为政者应该具有的豁达心胸。君子为政，能上能下；在乎的是利民之事，在乎的不是官职的高低。

孟子的一个论断，可以视为"居上位而不骄，在下位而不忧"的诠释。

这个论断是："古之人得志，泽加于民；不得志，修身见于世。穷则独善其身，达则兼善天下。"（《孟子·尽心上》）现代汉语意思是：古代的人，抱负能够实现时，恩泽普施于民；抱负不能实现时，避俗而独立修身。为民则以善修养自身，为官则以造福天下。

实际上，"不骄不忧"之哲理，适用于每个人的人生过程。一个人，不论是为官还是为民，一生之中都会遇到顺利与坎坷。顺时不骄，逆势不忧，有如此心境，方为君子。

第五条，大美不言。

天生万物，天覆盖万物，天有生生之德，这是中华先贤的基本认识。

天，犹如家庭中的父亲，这是源头文化的基本认识。

"乾始能以美利利天下，不言所利，大矣哉！"这是《乾·文言》对天的基本评价。

"天地有大美而不言。"《庄子·知北游》里对天地作出了如此评价。

很多人知道庄子的这句话，很多人不知道《乾·文言》里已经有了"乾始能以美利利天下，不言所利"这句话。

利天下而不言，这是天的境界。

没有利天下的功绩，编造出"龙种"的鬼话来美化自己，这是无赖刘邦的境界。

第六条，大公无私。

天无私覆，地无私载，日月无私照，四时无私行，这里演化出了"大公无私"的人文哲理。

"夫大人者，与天地合其德，与日月合其明，与四时合其序，与鬼神合其吉凶。"

《乾·文言》强调"四合"，其基本点讲究的就是：天大公无私，人大公无私；地大公无私，人大公无私；日月大公无私，人大公无私；四时大公无私，人大公无私；日月大公无私，人大公无私。

《逸周书·殷祝》："天下非一家之有也。"《吕氏春秋·孟春纪·贵公》："天下非一人之天下也，天下之天下也。"大公无私，首先是教育君王的，其次是教育大臣的。尧、舜传贤不传子，以天下为天下人之天下，这为君者的大公无私。祁黄羊外举不避仇，内举不避亲，这为臣者的大公无私。

何为"鬼神"？何为"吉凶"？将在《周易·系辞》中讨论，此处不赘。

第七条，知进知退。

中午的日影，长极而短，短极而长。从日影的规律性变化中，演化出了《乾·文言》中"知进知退"的人文哲理：

"亢之为言也，知进而不知退，知存而不知亡，知得而不知丧，其唯圣人乎？知进退存亡，而不失其正者，其为圣人乎？"

这一哲理是告诫君王的。君王之位高到了极处，极处是物极必反之处。《乾·文言》提醒在位者，居于此位者必须认真思考"进退、存亡、得丧"，首先要认真思考"进退"二字，否则就会发生毁灭性的危险。夏，中华大地上出现家天下。上下几千年，家天下中有哪一家明白了"进退"二字？

第八条，以天为师。

一篇《乾·文言》，通篇在讲述一条最根本的哲理：以天为师，以太阳为师。

天、太阳，可以演化出四时，四时中有"如何为人"的哲理。

天、太阳，可以演化出六爻、六龙、六时，六爻、六龙、六时有"如何为人"的哲理。

天变化，人变化；太阳变化，人变化；以天为榜样，以太阳为榜样，"天如何，人如何；太阳如何，人如何"，这就是《乾·文言》的根本点。

"以天为师"，这是庄子在《则阳》一文留下的为人准则。这一主张完全符合《周易》所创立的"天如何，人如何"的基本公式。"以天为师"的准则，是源头文化即元文化的延续。

"以天为师"的为人准则在李斯这里发生了质的变化。

"以吏为师"，这是李斯上书秦始皇提出的主张。《史记·李斯列传》如实记载了这一主张。

"以吏为师"，完全相悖于《周易》所创立的"天如何，人如何"的为人基本公式。"以吏为师"将"天如何，人如何"的为人基本公式变质为"吏如何，人如何"。吏如何与天相比？！从"以天为师"到"以吏为师"，这是中华文化的一大变质。

元文化的为人公式在董仲舒这里又一次发生了质的变化。董仲舒变"一阴一阳之谓道"为"阳为阴纲之谓道"，在此基础上，形成"君为臣纲，父为子纲，夫为妻纲"的"三纲"。"三纲"核心是"以君为纲"。"以君为纲"在源头文化中是没有理论依据的。请看以下五个论断：

其一，"天地变化，圣人效之。"（《周易·系辞上》）

其二，"夫大人者，与天地合其德。"（《周易·乾·文言》）

其三，"人法地，地法天，天法道，道法自然。"（《道德经·第二十五章》）

其四，"唯天为大，唯尧则之。"（《论语·泰伯》）

其五，"圣人参于天地。"（《管子·宙合》）

《周易》告诉后人，不论是圣人还是大人，都应该效法天地。换言之，圣人、大人都不能为纲。

老子、孔子、管子共同告诉后人，天与道是所有人的榜样。尧，孔子眼中的圣人君王。但是，圣人君王也要以天为则。人，哪怕是圣人，都要法天法道。这是孔子、管子的共同结论。

君不能为纲！

为君者也必须以天为师，以道为纲！

放弃了以天为师，以道为纲，信奉以君为纲，这就从大道误入了歧途。打个比喻，拜佛拜进了小雷音寺。

周而复始的民族灾难，就错在这条哲理上。

四、 结语

天，蕴含有无限的智慧。

太阳，蕴含有无限的智慧。

以天为师，以太阳为师，中华先贤这一选择无疑是正确的。

以天为师，以太阳为师，中华先贤这一选择无疑具有永恒性。

中华大地上的人文，是中华先贤以天文为坐标创造出来的，具体是以太阳为坐标创造出来的。

《周易·说卦》："立天之道曰阴与阳。"请看，事关人文根本的阴阳是从天道出发的。

《周髀算经·陈子模型》："日中立竿测影，此一者，天道之数。"请看，日影就是天道。

《周髀算经·日月历法》："故冬至……阳在子；夏至……阴在午。"请看，阴阳是从冬至夏至出发的。

先贤研究天，研究太阳，写出了一篇《乾·文言》。笔者这里推出的问题是：后贤研究天，研究太阳，会写出什么呢？

这里还要对照一下书内的道理与书之前的历史：《乾·文言》出现龙、虎之说："云从龙，风从虎。"濮阳颛顼古墓中出现天下第一龙与天下第一虎。颛顼墓中的龙虎，被考古界、天文界、理论界解释为天文二十八星宿中的青龙白虎，解释为天文历法中的春秋。《乾·文言》中的龙虎是周之后的文章，颛顼墓中龙虎是周之前的历史。龙虎之说，关乎天文历法，这一点，热心《周易》的朋友有人知道吗？

中华元文化根本特征是"以天为师，以道为纲"，具体特征是"以太阳为师，以太阳为纲"，以此对照董仲舒建立的"以君为纲"，热心《周易》的朋友会有什么样的感受？元文化真的延续了吗？中华文化真的是五千年源远流长吗？

最后，还要介绍一下《乾·文言》的常青性。"修辞立其诚，所以居业也。"这是《乾·文言》所讲的一条哲理。哲学家冯友兰先生修改了一下，用其来评价自己在"文化大革命"中的言行，批评自己"不是立其诚，而是立其伪"。这是一个很严重的自责。这一自责写在了《三松堂自序》之中。

《乾·文言》起码是在春秋时期出现的，今天的哲学家还在引用，这是不是说明《乾·文言》的常青性!?

坤·文言

坤至柔而动也刚，至静而德方，后得主而有常，含万物而化光。坤其道顺乎？承天而时行。

积善之家，必有余庆；积不善之家，必有余殃。臣弑其君，子弑其父，非一朝一夕之故，其所由来者渐矣，由辩之不早辩也。《易》曰："履霜坚冰至。"盖言顺也。

直其正也，方其义也。君子敬以直内，义以方外，敬义立而德不孤。"直方大，不习，无不利"；则不疑其所行也。

阴虽有美，含之，以从王事，弗敢成也。地道也，妻道也，臣道也。地道无成，而代有终也。

天地变化，草木蕃；天地闭，贤人隐。《易》曰："括囊，无咎，无誉。"盖言谨也。

君子黄中通理，正位居体，美在其中，而畅于四支，发于事业，美之至也。

阴疑于阳必战，为其嫌于无阳也，故称龙焉。犹未离其类也，故称血焉。夫玄黄者，天地之杂也，天玄而地黄。

解读

《周易·坤·文言》（简称《坤·文言》）是对坤卦的单独诠释。

以大地之理论人理，以大地之德论人德；以月亮之理论刚柔之柔，以月亮之理论动静之静；认识到了这两点，《坤·文言》的大门就打开了。

对乾卦的六爻进行一一诠释，这是《乾·文言》的特色。对坤卦进行整体诠释，这是《坤·文言》的特色。

一、 推理方法

"履霜，坚冰至。"

这是坤卦初六爻的爻辞。意思是：一旦脚下踩到了秋霜，就要想到寒冬的坚冰。

这一爻辞揭示的是一种推理方法。

秋，是一个季节；冬，是一个季节；身在秋季要想到下一个季节是冬季，这是时间顺序上的推理。

霜，是深秋时节的自然现象；坚冰，是严冬时节的自然现象；看到这个时节的自然现象要想到下一个时节的自然现象，这也是时间顺序上的推理。

推理，不仅仅只是体现在时间顺序上。

人的言行与结果，也可以进行推理。

善有善报，恶有恶报，这就是人文中的推理。

家庭之中，朋友之中，殿堂之中，都会有意想不到的事件发生。偶然中有必然。实际上，每一个突发事件都有一个"履霜，坚冰至"的演化过程。从霜到冰，其过程绝对不是一朝一夕。霜雪冰，这里有一个演化过程。任何事情，都有一个演化过程。要杜绝恶性的事件发生，就应该在"履霜"阶段想到"坚冰"。

看到此时"是这样",要想到下一时"会怎么样",这就是推理。由"履霜"想到了"坚冰",中华先贤在这里就建立起了一种推理方法,即:以物理论人理的推理方法。

《周易·系辞下》中的"彰往察来",谈的是"以历史推测未来",这也是一种推理。

一部《周易》,从卦象到文字,处处都在谈推理,说《易经》有归纳无推理,这一说法肯定是不对的。

二、"龙"的解释

"龙战于野,其血玄黄。"

这是坤卦上六爻的爻辞。诠释这一爻辞,《坤·文言》诠释出了这样一段话:"阴疑于阳,必战。为其嫌于无阳也,故称龙焉。犹未离其类也,故称血焉。夫玄黄者,天地之杂也,天玄而地黄。"

"何谓龙"的问题,在六十四卦开篇第一卦的乾卦中,已经有过详细的讨论。这里进行必要的简要回顾。

阳气为龙。乾卦有六爻,六爻皆阳。六爻可以论六龙,显然,这里的六龙是阳气龙。

时间为龙。乾卦六爻可以表达太阳回归年的前六个月,一月一龙,六月六龙,显然,这里的六龙是时间龙。彝族古歌中,十二月就是十二条龙。这里的龙,同样是时间龙。

太阳为龙。乾卦表达的是大明,大明即太阳,显然,这里的龙是太阳龙。彝族文化中的鲁素,华族文化中的洛书;鲁素与洛书,语音极其相近,形式完全一样。鲁素,现代汉语的意思就是龙书。龙为太阳龙!

《坤·文言》谈龙,谈的是阴阳交接为龙。战,并非战斗之战,而是交接之接。此说依据何在?请看以下三大依据:

其一,寒暑可以论阴阳,寒暑之间是相互连接关系,而不是战斗关系。

其二,昼夜可以论阴阳,昼夜之间是相互连接关系,而不是战斗关系。

其二,天地可以论阴阳,天地之间是相互交通关系,而不是战斗关系。

月亮也可以论龙,月缺之后的新月就是龙的复生。月亮圆缺论龙,《周易参同契》有如下之论:"坤乙三十日,东北丧其明。节尽相禅与,继体复生龙。"

阴尽阳来，阳尽阴来。阳气为龙，阴阳交接亦为龙。

将"阴疑于阳，必战"译为阴阳之间的战斗，这样的翻译，缺乏阴阳关系的基本常识。

马王堆出土的《帛书周易·二三子》中，对《坤·文言》论龙的这段话有专门的诠释，原文如下：

> 《易》曰："龙战于野，其血玄黄。"孔子曰："此言大人之广德而施教于民也。夫文之教，采物毕存者，其唯龙乎？""龙战于野"者，言大人之广德而下接民也。"其血玄黄"者，见文也。圣人出鸣教以道民，以犹龙之文也，可谓"玄黄"矣，故曰"龙"。见龙称莫大焉。

这一诠释，诠释在了"圣人施教"上。

圣人施教，施的什么教？

古之圣人施教，首先是天文历法之教。请看以下五大论据。

其一，《尸子》："伏羲始画八卦，别八节而化天下。"

其二，《周髀算经·日月历法》："古者包牺神农．制作为历。"

其三，《管子·五行》："黄帝得蚩尤而明于天道……立五行以正天时……人与天调，然后天地之美生。"

其四，《尚书·尧典》："历象日月星辰，敬授民时。"

其五，《周易·贲·彖传》："观乎天文，以察时变；观乎人文，以化成天下。"

从伏羲氏到黄帝，从黄帝到尧舜，上下几千年，一直以天文历法来教化天下。

"观天之神道，而四时不忒，圣人以神道设教，而天下服矣。"这是《周易·观·彖传》的一句话。这句话告诉后人，春夏秋冬四时就是神道。"圣人以神道设教"教化天下，教化的目的就是让天下与四时合其序。

龙，追溯其根本，就是太阳历的另一种表达。

三、 从自然哲理到人文哲理

从大地之理到人理，从日月之理到人理，《坤·文言》论出了以下几条重要的人文哲理。

第一条，刚柔动静。

从大地之理到人理，从日月之理到人理，《坤·文言》首先论的是"刚柔动静"：

"坤至柔而动也刚，至静而德方，后得主而有常，含万物而化光。坤其道顺乎？承天而时行。"

这里出现"刚柔动静"之说。

"刚柔"之说出于何处？

"刚柔"之说有两个出处：一是出于大地之道——地道；二是出于昼夜，出于日往月来、月往日来形成的昼夜。

《周易·说卦》："立地之道曰柔与刚。"请看，大地可以论刚柔。大地论刚柔，山刚而水柔。

《周易·系辞上》："刚柔者，昼夜之象也。"请看，昼夜可以论刚柔。昼夜论刚柔，昼刚而夜柔。昼夜论刚柔，实际上是日月论刚柔，日刚而月柔。

"动静"之说出于何处？

"动静"之说有两个出处：一是天理可以论动静；二是人理可以论动静。

天理论动静，请看以下四个论断。

其一，《周易·系辞上》："天尊地卑，乾坤定矣。卑高以陈，贵贱位矣。动静有常，刚柔断矣。"这一论断以天地论乾坤，以乾坤论动静。——动静，出于天理地理。

其二，《周易·系辞上》："夫乾，其静也专，其动也直，是以大生焉。夫坤，其静也翕，其动也辟，是以广生焉。"这一论断以乾论动，以坤论静。——动静，出于乾坤。

其三，《周易·系辞上》："圣人有以见天下之动，而观其会通，以行其典礼，系辞焉以断其吉凶，是故谓之爻。"这一论断以天下万事万物论动，普天之下没有不动之物，没有不动之事。——动，出于天下万事万物。动，体现在组成的卦的阴阳两爻之中。

其四，《周易·系辞下》："天地之动，贞夫一者也。"这一论断以天地论动。天地之动，是自动，是恒动。"贞夫一者也"，描述的就是自动恒动。"贞夫一者也"，讲的是不易之易。

人理可以论动静，请看以下四个论断。

其一，《周易·艮·象传》："时止则止，时行则行，动静不失其时，其道光明。"人的行止，必须合时。人的动静，必须合时。合时，一合昼夜之时，二合寒暑之时，三合四时之时，四合八节之时，五合二十四节气之时。——人理的动静必须合时。合时，就是合道。

其二，《周易·系辞上》："易有圣人之道四焉，以言者尚其辞，以动者尚其变，以制器者尚其象，以卜筮者尚其占。"《周易》讲圣人四道，动静之动是四道之一。动静之动，讲的是崇尚变化。变化，天道也。天道，时时刻刻都在变化。《周易·系辞上》："天地变化，圣人效之。"——圣人之动，必须合于天道。

其三，《周易·系辞下》："爻也者，效天下之动者也。"爻组成了八卦。八卦，最早出现的先天八卦。先天八卦，表达的是太阳历的八节。阴阳两爻，组成了先天八卦。爻，是表达太阳历的基础性成分。太阳之动，可以代表天，可以代表道。太阳之动，是用爻表达的。——爻之动，就是人文之动。

其四，《周易·系辞上》："言行，君子之所以动乎天地也。可不慎乎?"君子的一言一行，都要合乎天理，都要合乎地理，归根结底，君子的一言一行，必须符合天地之理。

综上所述，可以得出一个这样的结论："刚柔动静"之说发源于天文地理，发源于太阳月亮，最终落脚于人文。

《乾·文言》讲天理，天地不分家，讲天理离不开地理。《坤·文言》讲地理，天地不分家，讲地理离不开天理。天与地，是一分为二、合二而一的关系。知道这一点，天气与天灾的神秘面纱就揭开了。沿着天地合一而论的思路，完全可以找到各种天灾的规律性、规定性与周期性。

如何做人?《乾·文言》讲的是效法天。

如何做人?《坤·文言》讲的是效法地。

做人，首先是效法天地，其次是效法日月。以永恒的天地日月为坐标，中华先贤后世子孙建立了"如何做人"的榜样。

第二条，积善不积恶。

积善、求善、扬善，是文化与宗教的共同点。抑恶，抑不善，同样是文化与宗教的共同点。

"善有善报，恶有恶报"，这句流传极为广泛的话源于佛教。劝人为善，劝人改恶从善，是佛教教义的基本点。

《坤·文言》中出现与"善有善报，恶有恶报"相似的论断：

"积善之家，必有余庆；积不善之家，必有余殃。"

积善有余庆，积不善有余殃，两者之间存在着必然的因果关系。

一天积一善，天天积善，如此之家必然会有余庆。

一天积一恶，天天积恶，如此之家必然会有余殃。

还记得"种瓜得瓜，种豆得豆"的谚语吗？种瓜种豆与积善积恶，形式不同，原理一样：两者之间有着必然的逻辑关系。

"余庆"、"余殃"的善恶之论，是针对家庭而言的。《周易》中有针对个人的善恶之论吗？

针对个人的善恶之论，《周易·系辞下》有这样一句至理名言："善不积不足以成名，恶不积不足以灭身。"积善，其落脚点是成名；积恶，其落脚点是灭身。出发点与落脚点，可能会有时间长短的差别，但绝不会有因果上的误差。

"余庆"之"余"与"余殃"之"余"，犹如贷款的利息。欠账越久，需要偿还的利息越多。善恶之报，有两种情况：一是立竿见影之报；二是日后之报。立竿见影之报，报在此时此刻。日后之报，或报在一年之后，或报在一生之后，或报在一代之后。

不迷信，是中华文化的基本特色。为什么会出现"日后之报"之说呢？会出现"这一代不还，下一代还"之说呢？这是因为上一代的言行与生活方式直接影响到了下一代，如果两代人一直为恶，恶果肯定结在下一代人身上——不在你身上，就在你儿女子孙身上。

第三条，该隐退时隐退。

乾卦讲自强，坤卦讲隐退。该自强时自强，该隐退时隐退。谈隐退，《坤·文言》有如下之论："天地变化，草木蕃；天地闭，贤人隐。"

变化随天地，这是一部《周易》的基调。

"草木蕃"，自然意义指的是万物繁茂的春夏，人文意义指的是"大道之行"的清平世界。春夏之时，野芳发而幽香，佳木秀而繁阴。天下清平之时，君子应该有所作为，有所担当。

"天地闭"，自然意义指的是万物收藏的秋冬，人文意义指的是"大道既隐"的混乱之时。秋冬之时，万物收藏。天下无道，君子扭转不了局面，也不要助纣为虐，应该隐退，应该"独善其身"。

隐退，《坤·文言》用了一个形象的比喻："括囊，无咎，无誉。"把东西放在囊中，没有过错，也没有名誉。

第四条，黄中通理。

"君子黄中通理，正位居体，美在其中，而畅于四支，发于事业，美之至也。"

《坤·文言》这段话，从"黄中通理"开始，谈养生，谈事业，谈最终的结果——美之极致。

要想真正弄懂这段话，必须首先弄懂何谓"黄中通理"。

黄，是一种颜色。中，是空间概念。"黄中"与"通理"有什么关系？

这与中华先贤的时空观有关！

中华先贤在《素问·金匮真言论》中将时间、空间、颜色巧妙地组合在了一起，《礼记》《吕氏春秋》《淮南子》都延续了组合。时空组合，简介如下。

空间，一分为五，分为东西南北中。

时令，一分为五，分为金木水火土。

颜色，一分为五，分为青赤黄白黑。

东方对应木（四时之春），对应五色中的青色；

南方对应火（四时之夏），对应五色中的赤色；

西方对应金（四时之秋），对应五色中的白色；

北方对应水（四时之冬），对应五色中的黑色；

中央对应土（四时之末的 18 天），对应五色中的黄色。

中央，统领于四方。黄色，土之色。

黄，一具有空间性，二具有时间性。时间与空间都集中在中央枢纽上。

黄，中央之中中庸之中，中平之中。黄与中本来就合于道理。

四、 需要商榷的一条哲理

《坤·文言》中有一条哲理，涉及阴阳之间的根本关系，所以需要认真讨论。这条哲理是："阴虽有美，含之以从王事，弗敢成也。地道也，妻道也，臣道也。地道无成，而代有终也。"

这条哲理以阴阳之阴论地道、论妻道、论臣道，最后结论在"地道无成"上。

天地关系为一阴一阳，这是没有问题的。请看以下两个论断。

其一，《素问·阴阳应象大论》："清阳为天，浊阴为地。"

其二，《素问·阴阳离合论》："天为阳，地为阴。"

但是，天道有成而"地道无成"吗？不是！天道与地道是一分为二、合二而一的关系，两者不可分割而论。在衍生万物的过程中，天地是同劳同功的。请看以下四个论据。

其一，《周易·泰·象传》："天地交而万物通也。"

其二，《周易·否·象传》："天地不交，而万物不通也。"

其三，《周易·序卦》："有天地然后有万物。"

其四，《周易·系辞下》："天地氤氲，万物化醇。"

在以上四个论断中，天与地是密不可分的一体关系，是一分为二、合二而一的一体关系。在衍生万物的过程中，天与地同劳同功。天与地的褒奖，在同一层面上，天道有成，地道同样有成。四个论断中，丝毫没有"地道无成"的意思。

同样的论证方式，可以论证妻道与臣道。

妻道无成吗？不对！夫妇在繁衍子孙的过程中，是同劳同功的。请看下面两个论断。

其一，《周易·系辞上》："乾道成男，坤道成女。"

其二，《周易·系辞下》："天地氤氲，万物化醇。男女构精，万物化生。"

其三，《周易·序卦》："有夫妇然后有父子。"

在以上三个论断中，夫妇是密不可分的一体关系，是一分为二、合二而一的一体关系。在繁衍子孙的过程中，夫妇同劳同功。夫妇的褒奖，在同一层面上，夫道有成，妻道同样有成。三个论断中，丝毫没有"妻道无成"的意思。

臣道可以无成吗？不是！臣道是可以有成的！

蛊卦上九爻辞有非常明确的为臣原则——为臣为的是天下事，而不是王侯家的私事。臣是辅佐君王的栋梁，而不是王侯的奴才。"高尚其事"谈的就是事，就是天下大事。"不事王侯，高尚其事"这一原则被《礼记》所引用，具体出现在《表记》中。

实际生活中，臣道也是可以有成的。尧舜禹中的舜，先为臣后为君，这是不是臣道有成？尧舜禹中的禹先为臣后为君，这是不是臣道有成？！

在元文化中，君是天下的带头人。有大功于天下者方能为君，受天下万民拥戴者方能为君。构木为巢的有巢氏是这样，钻木取火的燧人氏是这样，伏羲氏、神农氏同样是这样。

褒天而贬地，有悖于中华元文化。

褒君而贬臣，有悖于中华元文化。

褒夫而贬妻，有悖于中华元文化。

系
辞

系辞，是诠释卦的文字。

系辞，是诠释爻的文字。

《周易·系辞》（简称《系辞》）是诠释卦、诠释爻的文章。

《系辞》是一部非常重要的哲学著作。

只要你熟读《系辞传》，弄懂其思路与方法，掌握其思路与方法，你就可以写出一流的文章。

只要你熟读《系辞》，弄懂其思路与方法，掌握其思路与方法，进而在此基础上研究问题创作文章，你就可以远离"天下文章一大抄"的耻辱。

《系辞》的全部文字，是对八卦与六十四卦的诠释，换言之，《系辞传》是用文字解释抽象符号的。假如没有这篇《系辞》，抽象符号（八卦与六十四卦）可能永远是个谜。

《系辞》告诉后人以下几点基础性常识：

1. "仰观天文"是人文创造的起始点。

2. 人文的第一源头在天文。

3. 人文创造的始祖是包羲氏而不是黄帝，八卦是包羲氏"仰观天文，俯察地理"之后的作品。

4. "阴阳之义配日月。"阴阳抽象于日月，即阴阳从日月来。

5. "一阴一阳之谓道。"道在太阳法则中，在日月法则中。太阳回归可以重复，可以实证。月亮循环可以重复，可以实证。道，是可道之道，并不玄虚。

6. 包羲氏、神农氏、黄帝、尧、舜五位先贤是中华文明的最大贡献者。

7. 人文创造者同时又是器具发明者，从包羲氏开始，每一位先贤名下都记载有器具发明创造的业绩。

8. 行而论道是先贤的行为特征。

9. "道器并重"是中华文化的核心。

10. 以天理论物理，以天理论人理，以天理论哲理，是《系辞》论证问题的基本方式。

认清这些，《系辞》的大门就打开了。

需要说明的是，物理即万物演化之理，人理即如何为人之理；至于哲理，那就是认识生生之源与生生之物的思路与方法。

天地生万物，所以论证万物必须以天理地理为准；太阳生寒暑，寒暑决定着万物的生死，所以论证万物无论如何不能忘记太阳；日月生昼夜，昼夜决定着万物的动静，所以论证万物无论如何不能忘记日月。天地、日月、寒暑、昼夜，是《系辞》论证问题的基本依据，弄懂了这些，就进入了《系辞》的圣殿。

以天文论人文，是《系辞》的基本方法。

一切都是变动、变化的！天文、日月、寒暑、昼夜，都是变动、变化的，所以人文也应该变动、变化。描述变动、变化，《系辞》中有两句最为关键的话，这两句话是"易穷则变"与"唯变所适"。强调变动、变化，是《系辞》的基本思路。

以日月论阴阳，以一阴一阳论道；中华先贤认识的道，犹如希伯来先贤所认识的上帝。道，是论证一切问题的依据。认识这一基本点，就掌握了《系辞》的精髓。

这里还要指出一个文化差别，即中华先贤主张发明创造，《圣经》中的上帝反对发明创造，中华文化与希伯来文化的基本差别就在这里。

系辞上

第一章

　　天尊地卑，乾坤定矣。卑高以陈，贵贱位矣。动静有常，刚柔断矣。方以类聚，物以群分，吉凶生矣。在天成象，在地成形，变化见矣。

　　是故刚柔相摩，八卦相荡，鼓之以雷霆，润之以风雨，日月运行，一寒一暑。乾道成男，坤道成女。乾知大始，坤作成物。

　　乾以易知，坤以简能。易则易知，简则易从。易知则有亲，易从则有功。有亲则可久，有功则可大。可久则贤人之德，可大则贤人之业。易简而天下之理得矣。天下之理得，而成位乎其中矣。

这是《系辞》开篇第一章，开篇之处含有以下四个方面的内容。一是谈天体模型；二是谈天地之动与万物变化；三是谈男女的形成；四是谈天理易理的简易性。分述如下：

一、天体模型

"天尊地卑，乾坤定矣。卑高以陈，贵贱位矣。动静有常，刚柔断矣。"这三句话建立起的是一个天体模型。

"天尊地卑"，即天在上，地在下。这里分出了上下。上下四方，即宇宙之宇。《周易·系辞下》（简称《系辞下》）中出现"六虚"一词。"六虚"之六，指的就是上下四方三维空间。天在上，地在下，这就是《周易·系辞上》（简称《系辞上》）对天体的基本认识。以天地论上下，以上下论尊卑。"尊"与"卑"是两个单音词，描述的是空间中的上下。《礼记·中庸》："登高必自卑。"意思是：登高必须从低处开始。卑对应的是高，表示的是低。这里的"尊""卑"不涉及价值判断，与后世解释的完全不同。《系辞上》有"崇效天，卑法地"之论，意思是"如何为人"有两个效法的坐标：上，应该效法崇高之天；下，应该效法卑下之地。

"乾坤定矣"是什么意思？《周易·说卦》："乾为天，坤为地。""乾坤定矣"意思是，天体观念形成，空间观念形成，也可以说是宇宙观形成。

"卑高以陈，贵贱位矣"这八个字讲的是定位。"卑高"隐喻的是天地——卑地高天，"以陈"隐喻的是位置摆布。天地的位置分出了高低、上下、尊卑，清清楚楚地展现在那里，摆布在那里，这就是"卑高以陈"。"贵贱位矣"是对位置的形容，高为贵，卑为贱。这里的"贵贱"，本意是指空间中的远近——贵论远，贱论近。远贵近贱，与价值判断无关。

二、 天地之动与万物变化

（一）动静有常

"动静有常，刚柔断矣。"

这句话讲的是天体之动。

天动地静，天刚地柔，一动一静，一静一动，动静平衡，这是中华先贤对天地之动的基本解释。

阳动阴静，阳刚阴柔，一动一静，一静一动，动静平衡，这是中华先贤对阴阳之动的基本解释。

动静，动是绝对的，静是相对的。

新文化运动中，相当一部分批判者把中华文化界定为"静文化"，"静文化"是中华民族落后的根本原因。"动静有常"这四个字描述的是"静文化"吗？

读书不及《周易》，读书不及《系辞》，无法了解中华先贤的动静观。

读书不及太阳历，读书不及阴阳合历，根本不会理解中华先贤对动静的认识。

天体之动是绝对之动，相对之静，这就是中华先贤的动静观。"动静有常"，这四个字是应该牢牢记住的。

（二）物的空间属性与物的类聚性

"方以类聚，物以群分，吉凶生矣。"

这句话讲的是物的分类与空间的关系。

方，四方之方也。方，区域空间也。

一方水土养一方人，一方水土生一方物。

物有空间性！

此物只能生在此地，彼物只能生在彼地。赤道附近的橡胶树，绝对越不过北回归线。——空间属性也。

"橘生淮南则为橘，橘生淮北则为枳。"仅仅一条淮河之隔，就产生了橘枳之别。一样的枝叶，不一样的味道。物有空间性！——空间属性也。

南方水稻，中原小麦，东北大豆高粱，这就是"方以类聚"。

亚洲黄种人，欧美白种人，非洲黑种人，这就是"方以类聚"。

这种物与那种物，往往有伴生关系。

狮子老虎在深林，鲸鱼鲨鱼在大海，小鱼小虾在小溪；雄鹰鲲鹏在蓝天，麻雀燕子在屋檐下，这就是"方以类聚，物以群分"。

黄帝时代有一位贤哲名叫伯高。在《管子·地数》中，伯高与黄帝关于找矿的一段对话：

> 上有丹砂者，下有黄金；
>
> 上有磁石者，下有铜金；
>
> 上有陵石者，下有锡、赤铜；
>
> 上有赭者，下有铁……

物有伴生性，植物是这样，矿物也是这样。

矿有伴生性！地表发现了 A 矿，即可判定地下有 B 矿或 C 矿。伯高就是用矿物的伴生性，向黄帝传授找矿的哲理与方法。利用地表的 A 矿识别地下的 B 矿，这是不是"物以群分"?！

时有寒暑，物有生死。物生物死，这里产生了"吉凶生矣"之吉凶。"一岁一枯荣"的小花小草，荣为吉枯为凶。

一方水土一方物，中华先贤很早就认识到了这一点。

人以类聚，物以群分，中华先贤很早就认识到了这一点。

物有生死，生为吉，死为凶，中华先贤对吉凶作出了如此区分。

（三）从自然变化到人文变化

"在天成象，在地成形，变化见矣。是故刚柔相摩，八卦相荡，鼓之以雷霆，润之以风雨，日月运行，一寒一暑。"

天地是变化的，八卦是变化的。天地变化属于自然变化，八卦变化属于人文变化。这段话讲的是从自然变化到人文变化。

"在天成象，在地成形，变化见矣。"这句话告诉后人，变化首先始于天地。看得见的为象，摸得着的为形。变化，是从天地开始的，是从成形成象开始的。

天地在变化，日月在变化，寒暑在变化，四时在变化，万物在变化，男女在变化，认识变化，描述变化，是《周易》经传的基本点。短短的一句话，留下了"形""象"两个单音词，两个单音词在之后的历史中形成"形象"这个双音词。这里，还留下了"变化"这个双音词。

"是故刚柔相摩，八卦相荡，鼓之以雷霆，润之以风雨，日月运行，一寒一暑。"一切都在动，这是一。动有不同的形态，例如"相摩""相荡""鼓之""润之"，这是二。卦，是人的创造，属于人文。风雨变化、日月运行、寒往暑来，是自然变化。卦中的变化，表达的是自然变化。

三、 男女的形成

"乾道成男，坤道成女。乾知大始，坤作成物。"这段话是谈天体变化的。

谈变化，是从乾卦开始的。

谈变化，是从天地开始的。

"变化"这个双音词，在《周易》文字中出现十多次；"变"这个单音词，在《周易》文字中出现也超过十次；后世"变易"之评价，其来有自。

"乾道成男，坤道成女。"乾坤，首先论的是天地。这段话中的乾坤，论的是男女。乾坤论男女，在一部《周易》的文字之中，这是第一次。《圣经》中的男女——亚当与夏娃——也是在开篇处出现的。解释天地起源的同时也要解释男女的起源，这是中华文化与希伯来文化的共同点。乾坤可以论天地，可以论男女，秦汉以后的乾坤论的是天下、江山、国家、社稷。追溯本源，先天八卦中的乾坤论的是冬至夏至——乾卦表达夏至，坤卦表达冬至。乾坤，是一个双音词，也是两个单音词。乾坤，有无限的象征性。

"乾知大始，坤作成物。"这句话讲的是乾坤的造物功能。天地是万物的创造者，男女是子孙的创造者。天生万物，地养万物，这是中华先贤的基本认识。一切变化的起点，形象之论是以"天"为起点，抽象之论是以"乾"为起点。"大哉乾元，万物资始，乃统天。"《周易·乾·象传》谈"万物资始"，同样是以"乾"为起点的。

应该记住的是，在天地这里中华先贤抽象出了阴阳，抽象出了乾坤，这一抽象的意义实在太大了。大到什么程度？借用高等数学中的一句话来形容，这句话是：趋于无穷大。

这里有必要介绍一下《黄帝内经》对"变"与"化"两个单音词的界定。《素问·天元纪大论》："物生谓之化，物极谓之变。"化，万物初生；变，万物成熟（死亡）。"变"与"化"事关万物的生死演化。

四、易简、简易：天下之至理

"乾以易知，坤以简能。易则易知，简则易从。易知则有亲，易从则有功。有亲则可久，有功则可大。可久则贤人之德，可大则贤人之业。易简而天下之理得矣。天下之理得，而成位乎其中矣。"

易简、简易，直接评价的是乾坤两卦的简易性。

易简、简易，间接评价的是自然天地的简易性。

"天下之理"的特征，在于"易简"二字。不易不简，有悖天理。

化繁为易，化繁为简，这是中华先贤的能力。

阴阳两爻，"易简"到了极点！

正是这个易简、简易的阴阳两爻，吸引了古今中外的思想家、哲学家、军事家、建筑学家，吸引了近代西方的数学家、化学家、物理学家、生物学家。法国传教士白晋认为，中国古老哲学体现在《易》图之中，它以阴阳简明自然的方法表示了所有科学原理。白晋对阴阳评价，达到了无法超越的高度。

一个阴阳两分的太极图，"易简"到了极点。正是这个"易简"的太极图，进入了韩国的国旗，进入了美国科学院院士、美国物理学学会主席、美国哲学学会副主席惠勒教授的演讲集的第一页，这说明什么？是不是说明"易简"的中华文化有永恒而常青的生命力？是不是说明愈易愈简的"天下之理"，愈能被世界所接受？

"易知则有亲，易从则有功。有亲则可久，有功则可大。可久则贤人之德，可大则贤人之业。""有亲""有功""可久""可大"，文中的"两有""两可"是乾坤两卦的进一步评价。

"有亲"，亲在哪里？亲在人人都离不开乾坤两卦。乾坤可以论天地，天地你会离开吗？乾坤还可以论太阳回归年中的起始点与转折点——冬至夏至，冬至夏至你会离开吗？

"有功"，功在何处？功在生万物养万物的无私贡献上，功在生男女养万物的无私贡献上。这，是天地日月的自然之功。天地阴阳，诸子百家论证问题的理论基础，这，是天地日月的人文之功。

"可大"，大在何处？大到无外。一切从时空中来，所以时空可以论一切。阴阳表达的是什么？是时间空间之理。知道这一点，才能明白阴阳为什么在诸子百家中无处不在。知道这一点，才能明白西方一流的科学家为什么会崇敬阴阳。知道这一点，才能明白西方传教士为什么会崇敬阴阳。诸子中有"大到无外，小到无内"之说，这八个字有助于理解"可大"的含义。

"可久"二字，没有必要进行过多的解释。看看洛书河图、太极八卦上下流传了多少年，就明白"可久"的含义了。

至易至简的阴阳，至易至简的卦象，是中华先贤对后世的贡献，也是中华先贤对人类的贡献。这一贡献，是永恒的贡献。

至易至简的阴阳，至易至简的卦象，不用刻意宣传，就传得很久很久。

至易至简的阴阳，至易至简的卦象，不用刻意宣传，就传得很远很远。

第二章

"圣人设卦观象，系辞焉而明吉凶。刚柔相推而生变化。是故吉凶者，失得之象也。悔吝者，忧虞之象也。变化者，进退之象也。刚柔者，昼夜之象也。六爻之动，三极之道也。

是故君子所居而安者，易之序也。所乐而玩者，爻之辞也。是故君子居则观其象而玩其辞，动则观其变而玩其占。是以"自天佑之，吉无不利"。

"观象"与解释"象"，是第二章所讨论的基本问题。

一、 两种人与卦象的关系

这里出现圣人、君子两种人。圣人是卦的创造者与研究者，君子是卦的学习者与研究者。

"圣人设卦观象"，这句话有两重意思：一是"设卦"，二是"观象"。设卦，谈的是卦从何处来。观象，谈的是从天文到人文的触类旁通。

卦如何设？《系辞下》有如下介绍："古者包羲氏之王天下也，仰则观象于天，俯则观法于地，观鸟兽之文与地之宜，近取诸身，远取诸物，于是始作八卦，以通神明之德，以类万物之情。"

这一论断告诉后人，包羲氏是八卦的作者。卦是圣人"仰观天文，俯察地理"之后的作品。

观象，首先应该知道什么是象？象，《系辞上》有如下介绍："圣人有以见天下之赜，而拟诸其形容，象其物宜，是故谓之象。"这一论断告诉后人，卦是圣人"见天下之赜"之后的作品。赜，繁杂、深奥、玄妙也。天下万物是繁杂的，万物之理是深奥、玄妙的。有没有一个简洁、简单的办法把"天下之赜"清楚地表达出来？有！这就是模拟！用相似、象形、象征的办法把"天下之赜"表达出来。"拟诸其形容，象其物宜"即模拟其形容，象征其形容也。象者，相似也，象形也，象征也。

卦与象的关系为何？《系辞下》的介绍如下：有"八卦成列，象在其中矣。"卦中有象，象在卦中。卦即是象，象即是卦。

圣人设卦的目的是什么？

答案是：观象。

卦象中有什么？有天地，有日月，有寒暑，有山泽，有雷风，有万物，有男女，有时间，有空间，有……

卦象，像什么？

什么都像！

卦的无限象征性，《系辞下》用两个论断进行了清晰明白的解释。

其一，"象也者，像此者也。"

其二，"是故，易者象也。象也者，像也。"

在第一个论断中出现"象，像什么"的解释。像什么？答案是："像此者也。"此，这，这个，这里。此，这个物亦或这个理。

在第二个论断中出现"易者象也"的等量代换。为什么敢说易就是象？八卦是六十四卦的基础，六十四卦是《周易》的基础；八卦本身就是象，六十四卦源于八卦，所以六十四卦也是象；六十四卦是《周易》的基础，这就引出了"易者象也"的解释。明白了这个前后演变关系，就会明白"易者象也"的奥秘。

不是什么，什么都是，卦的无限象征性就在这里。

易简之象，吸引古今一流的人才。

军事家面对卦，观其中"如何用兵"的哲理。

医学家面对卦，观其中"如何识病，如何治病"的哲理。

数学家面对卦，观其中"奇偶之数演变"的哲理。

物理学家面对卦，观其中"如何认识质力，如何认识升降"的哲理。

化学家面对卦，观其中"如何认识分解，如何认识化合"的哲理。

建筑学家面对卦，观其中"如何建设都市，如何建设宫室"的哲理。

……

不论是哪一家，只要你认真研究卦，都可以从这里得到启示。

不论你的认识水平有多高，卦都可以与你对话。

"圣人设卦观象"，所观的就是大自然中的无限性。"圣人设卦观象"，所观的就是人文之卦的无限象征性。

二、 何为吉， 何为凶

"系辞焉而明吉凶"这句话告诉后人，系辞丰富但目的简洁，其目的就是让后人"明吉凶"的。何为吉？何为凶？合时为吉，不合时为凶！

《逸周书·武顺解》："天有四时，不时曰凶。"四时春夏秋冬，春生夏长秋收冬藏。人们的生产生活必须遵守四时之序，没有第二条路可走。农民务农、菜农务菜必须合于节令，牧民放牧必须合于节令，渔民捕鱼必须合于节令，山民狩猎必须合于节令，否则就会有辛劳而无收获。合时则吉，不合时则凶。吉，有辛劳有收获。凶，辛辛苦苦，两手空空。合时与不合时，是吉与凶的本义。"凶"这个单音词，在《孟子》中是描述灾年的。

《孟子·梁惠王上》："寡人之于国也，尽心焉耳矣！河内凶，则移其民于河东，移其粟于河内；河东凶亦然。察邻国之政，无如寡人之用心者；邻国之民不加少，寡人之民不加多，何也？"

"凶年不免于死亡。"

"凶年饥岁，君之民，老弱转乎沟壑，壮者散而之四方者，几千人矣。"

合时，首先是合寒暑之序。

　　合时，最基础的是合四时之序。

　　合时，最亲近的是合昼夜之序。

　　昼夜，是日月决定的。日往月来，形成白昼黑夜。白昼黑夜，决定着万物的动静。昼动夜静，是万物自觉遵守的自然法则。今天，猝死的年轻人越来越多，原因何在？颠倒昼动夜静的法则——晚上不睡觉，白天不起床——是猝死的重要原因。

　　青年朋友此处应该牢牢记住"合时为吉，不合时为凶"的论断。

　　北宋大科学家沈括在《梦溪笔谈·象数一》中以冬至论大吉，以夏至论小吉。沈括之论，没有真正认识"两至"生杀之功能。冬至一阳生，万物开始萌芽。这是小花小草一岁一枯荣的荣点。夏至一阴生，万物开始成熟（死亡）。这是小花小草一岁一枯荣的枯点。天生之，天亦杀之。《素问·阴阳应象大论》以阴阳论天地之道，以天地之道论"生杀之本始"。"生杀之本始"就本在冬至夏至两个时令点，如果以生杀论吉凶，冬至论大吉是正确的，而夏至则属于凶而非小吉。《黄帝四经·经法·四度》："极阳以杀，极阴以生。"阴阳两极，循环无穷。生阳之处，万物复生；生阴之处，万物开始枯黄（成熟）。太阳回归，自然而然。冬至夏至，自然而然。万物生死，自然而然。以冬至夏至、万物生死论大吉小吉，与自然法则不符。笔者对《梦溪笔谈》非常敬重，这里之所以讨论沈括的"冬至大吉，夏至小吉"之论，是想提醒读者，真正弄懂太阳历，对于成就一流的学者极为重要。

三、 变化的根源

　　变化的根源何在？

　　答：刚柔的相互推动。

　　何为刚柔？

　　答：日月、寒暑、昼夜、阴阳也。

　　太阳回归，形成的是寒暑；寒暑之间是相互推动关系！寒往暑来，暑往寒来，决定了万物的生死变化。

　　日往月来，形成的是昼夜；昼夜之间是相互推动关系！昼往夜来，夜往昼来，决定了万物的动静变化。

　　"刚柔相推而生变化"这句话告诉后人，变化的根源在"刚柔相推"。

四、四种"象"与一种"道"的解释

(一)"失得之象"解

"是故吉凶者,失得之象也。"得与失,是人生必然面对的两个问题。得失同样可以论吉凶。合时必然有得,得为吉;不合时必然有失,失为凶。《周易》里的吉凶不是迷信,而是逻辑上的必然。

(二)"进退之象"解

"变化者,进退之象也。"仰观天文的观测中,首先观测的是太阳。论变化,首先论的是太阳回归。太阳回归,显示在日影长短两极的变化之中。日影长极而短、短极而长,这就是进退之象。日影长短两极的变化,决定着寒暑两极的变化,决定着万物生死的变化,决定着阴阳二气的升降……太阳回归,日影的进退,是一切变化的总根源。换言之,一切变化都产生在日影的进退之中。以天文论人文,论出了人文中的"进退"。治理天下的圣人,必须深知"进退"二字。

(三)"昼夜之象"解

"刚柔者,昼夜之象也。"昼夜可以论刚柔——昼刚夜柔。昼夜,是日往月来决定的。刚柔,现象上的昼夜,实质上是日月。如果把"刚柔相推而生变化"联系起来,就会知道所有变化的决定因素在太阳与月亮。这里的刚柔相推所引起的变化,实际上是昼夜更替所引起的变化。黄鹂白天歌唱晚上休息,鲜花白天开放晚上闭合;万物昼动夜静,这就是"昼夜相推"引起的变化。

(四)"忧虞之象"解

"悔吝者,忧虞之象也。"吉凶悔吝,是一部《周易》极为重视、反复强调的人生哲理。人生必须面对变化,自然变化与条件变化,变化之中,人的举措有"时不时""当不当""该不该"的判断,判断中就产生了吉凶悔吝。吉凶为得失!悔吝为何?后一段文字中对"悔吝"的解释是:"悔吝者,言乎其小疵也。"疵,本义是指饮食不当引起的肠胃病,人文中的意思是小毛病、小缺点、小过失。疵瑕、疵点,指的是人的小过失,物的小缺点。敬请记住,"悔吝"指的是人的小缺点、小过失。"无咎者,善补过也。"这是对一个"咎"字的补充解释。咎,小错小毛病。无咎者,面对错误的善于补救者。君子不贰过,这是孔夫子的主张。什么意思?意思是君子不会重复同样的错误。知错就改者，"无咎者"也。

（五）"三极之道"解

"六爻之动，三极之道也。"八卦三爻，上爻代表天，下爻代表地，中爻代表人，天地人三极。天道地道人道，如此为三极之道。三极又称三才。三爻是三才的发源地。

六十四卦六爻，六爻分三组，上面两爻代表天，下面两爻代表地，中间两爻代表人，六爻延续的是三极之道。天在动，地在动，人在动，不动不足以为道。理解了这一点，才能理解"六爻之动，三极之道也"之说。爻是动态的，动态之爻表达的是天地人三才之道。这两点，是应该牢记的。

五、"观其象"与"玩其辞"

"是故，君子所居而安者，易之序也。所乐而玩者，爻之辞也。是故，君子居则观其象而玩其辞，动则观其变而玩其占。"

这段话讲的是：学《易》应该如何学。

君子有所居，君子有所动，一动一静既是天理又是人理。居如何？动如何？是这段文字的重点。居，应该"观其象而玩其辞"。象在何处？自然之象在天，人文之象在卦。辞在何处？辞在文字之中。所以，君子安居之时，一应该观天象，二应该览群书。动，应该"观其变而玩其占"。周岁，有寒暑之变；周日，有昼夜之变；万物，有枯荣之变；气候，有风雨之变；所有这些都是由天文变化决定的。所以，君子行动之时，一应该要观察气候物候的变化，二应该观察天文的变化。占，指的是天文观察。占人事之祸福，这是江湖术士的骗钱术。"曰占验者，占其未来之休咎，乃天之变者也。天之变，不许术士妄谈祸福，惑世诬民，律法之所禁者此耳，而怪力乱神亦儒者之所耻言也。"这是朱载堉在《进历书奏疏》中的一段话。何为占？占，是观察天之变化的。妄谈祸福，是江湖术士的鬼把戏。这段话第一解释的是"何为占"，第二批判的是江湖术士骗人术。

"是以'自天佑之，吉无不利'。"佑，助也。佑，辅助，帮助。在《周易》的经传之中，反复出现"自天佑之，吉无不利"这八个字。自，自强之自；自，自己之自。天，自然之天，自然法则之天。先有自佑，后有天佑。遵循天道生产，遵循天道生活；遵循天道做人，遵循天道做事，这就是"自佑"。

顺天者昌！《素问·天元纪大论》："敬之者昌，慢之者亡。无道行私，必得夭殃。"《黄帝四经·经·姓争》："顺天者昌，逆天者亡。"遵循天时生产，遵循天时生活；遵循天德做人，遵循天则做事；必然会得到天佑。自佑天佑，必然有所得。得，吉也，利也。得，吉利也。

自佑之，天佑之！首先是自佑，然后才有天佑。换言之，要想得到天的保佑，首先就要自己保佑自己。自己都不保佑自己，天会保佑你吗？

学习《周易》者，把玩《周易》者，最终能够落脚在"自佑之，天佑之"这一步，这是《系辞》作者的希望。

"自天佑之，吉无不利。"

第三章

象者，言乎象者也。爻者，言乎变者也。吉凶者，言乎其失得也。悔吝者，言乎其小疵也。无咎者，善补过也。

是故列贵贱者存乎位，齐小大者存乎卦，辨吉凶者存乎辞，忧悔吝者存乎介，震无咎者存乎悔。是故卦有大小，辞有险易。辞也者，各指其所之。

这里出现"四言"。一言解释一个问题，"四言"解释四个问题。

一、"四言" 中的各有一用

耳有一用，目有一用，口有一用，鼻有一用，认识各有一用背后的组合作用，才算真正认识人体功能。同理，只有认识卦与爻，以及解释卦与爻的文字，才能真正认识完整的一部《周易》。《系辞上》的一段文字，揭示的是文字与卦象的不同功能与作用。

"象者，言乎象者也。爻者，言乎变者也。"

象，《周易·象传》文字也。象有一用。象之用在于"言乎象"，即《周易·象传》解释的是整个卦象。

爻，抽象符号也。爻有一用。爻之用在于"言乎变"，即爻揭示的是天时变化。

"四言"之中，关键是这前"两言"——象之言与爻之言。

象之言，解释的是抽象之象。以乾坤两卦为例，《周易·象传》从乾坤两卦中解释出了天地的生生功能。纯阳之天，使"万物资始"；纯阴之地，使"万物资生"。乾卦六爻，一爻一条龙；一龙一时，六龙六时；一龙一步变化，六龙六步变化；万物就起始于这一步步变化之中。坤卦六爻，一爻一条龙；一龙一时，六龙六时；一龙一步变化，六龙六步变化；万物就成熟于这一步步变化之中。

天地的生生功能，《系辞下》作出了"天地之大德曰生"的解释。这个解释，是原则性解释。天地的生生功能，《周易·象传》作出的是细致的解释。

象之言，是解释卦象的。

"爻者，言乎变者也。"

爻之变，变的是节令，变的是太阳回归。

八卦有三爻，一爻一节，一节一气。八卦每一卦三爻，每一爻代表是一个节气。每卦三爻，八卦二十四爻；一爻一节，一爻一气，二十四爻二十四节气。爻之变，言的是太阳回归年的气候之变。

六十四卦有六爻，这里的六爻既可以表达太阳回归年的时间之变，又可以表达空间中的十二方之变。

时间之变，爻一可以表达太阳回归年十二月的无限循环，二可以表达太阳回归年的每一天。乾坤两卦，一共十二爻。乾卦六爻，可以表达太阳回归年的前六个月；坤卦六爻，可以表达太阳回归年的后六个月。前六个月，后六个月，这就是乾坤两卦十二爻在时间中的含义。十二月对应空间中的十二方，这就是乾坤两卦十二爻在空间中的含义。

六十四卦表达的是阴阳合历的闰年，闰年十三个月 384 天，六十四卦的 384 爻表达阴阳合历闰年 384 天。一爻一天，384 爻 384 天。

爻之变，一可以表达时间之变，二可以表达空间之变，三可以表达气候中的寒暑之变，四可以表达万物中的生死之变，还可以表达月亮的朔望之变。

爻之言，言的天道变化。

"吉凶者，言乎其失得也。悔吝者，言乎其小疵也。无咎者，善补过也。"

"无咎者，善补过也。"

人非圣贤，孰能无过。有过则改，即是圣贤。"善补过"有两重含义：一是有过则改，二是同样的错误不犯第二次。

"四言"中的前两言，言的是书内的道理。"四言"中的后两言，言的是书外的道理。

书内的道理，言的是天文变化，言的是气候变化，言的是物候变化。

书外的道理，言的是人文哲理，大处言的是合时，小处言的是避免小错误、小过失。

"四言"之后，还强调一个弥补错误的"善补过也"。

二、"五存" 所言的各有一用

是故列贵贱者存乎位，齐小大者存乎卦，辨吉凶者存乎辞，忧悔吝者存乎介，震无咎者存乎悔。是故卦有大小，辞有险易。辞也者，各指其所之。

这段话中出现"五存"之说。"五存"之说解释了五个问题。

"五存"所存之处依次顺序是：①存乎位；②存乎卦；③存乎辞；④存乎介；⑤存乎悔。

从排列顺序上看，"五存"排位第一的是"位"——"列贵贱者存乎位"。

《系辞上》开篇第二句话中就出现了贵贱之位——"卑高以陈，贵贱位矣。"卑者，低也。高者，高也。高下之分，分出了贵贱之位——高贵而低贱。"列贵贱者存乎位"的核心意思是辨别空间方位。

"惟王建国，辨方正位。"这句话在一部《周礼》之中多次出现，这说明先贤在开辟一个新领域时，辨别地理空间方位是第一重要的。

根据《管子·五行》记载，在黄帝时代，奢龙辨别出了东方，祝融辨别出了南方，大封辨别出了西方，后土辨别出了北方。辨别东西南北四方者，都是当时的贤哲。黄帝拜相，拜出了六位相，这四位均在其中。辨别空间的重要性，此处可见一斑。

空间方位的辨别，在中华先贤那里是极其重要的一件大事。

"列贵贱者存乎位"这句话，翻译成现代汉语就是：分出了高贵低贱之位。前面已经说过，这里的贵贱只涉及空间定位，不涉及价值判断。这样说的依据就是《系辞上》中的"崇效天，卑法地"。《系辞上》告诉后人，无论是高贵之天还是低贱之地，都是人效法的对象。一存，存的是空间方位。

"齐小大者存乎卦，辨吉凶者存乎辞，忧悔吝者存乎介，震无咎者存乎悔。"

第一存讲的是自然空间哲理。

第二存为"齐小大者存乎卦"。何为"齐小大"？就是要正视差别，容纳差别。

庄子写《齐物论》，论的就是以不齐为齐。万物参差不齐，正是这个千差万别，组成了生机勃勃的大自然。

仙鹤腿长，鸭子腿短，两者能整齐划一吗？如果把仙鹤的腿截短，把鸭子的腿接长，结果会怎样呢？

人在悬崖上会眩晕，但这里是猿猴戏耍最好的场所，人与猿猴两者之间能整齐划一吗？

齐物论论的是物以不齐而齐之。

同样的卦，为何有小大之分呢？因为表达的对象不同！

乾坤表达天地，天地广大。

坎离表达水火，水火与天地相较，规模小了一级。

家人卦表达的是一个家庭，家庭与水火相较，规模又小了一级。

咸卦表达的是少男少女组成的夫妇，夫妇与家庭相较，规模又小了一级。

鼎卦表达的是一个器具，规模更小。

还有表达牙床的颐卦，规模更小。

同样是三爻的八卦，同样是六爻的六十四卦，容纳的是有小有大的天地万物。

"齐小大者存乎卦。"这句话的意思是，正视宇宙间的繁杂，正视大小不等，用相同的卦表达这参差不齐的自然世界。

第三存是"辨吉凶者存乎辞"。一部《系辞》，最终的落脚点是"辨吉凶"的。

第四存为"忧悔吝者存乎介"。介，有多重含义。介，有特立独行之义，如豫卦爻辞中的"介于石"。介，有大之义，如晋卦爻辞"受兹介福"。介，还有善的含义，此处取其"善"。这一存意思是求善。

《尔雅·释诂第一》："介，善也。"

六十四卦第一卦讲自强，第二卦讲积善。"忧悔吝者"指的是反思者与错误改正者，反思的落脚点，改正错误的落脚点，都应该落脚于一个"善"字上。

第五存是"震无咎者存乎悔"。震，有震动之义。《周易·说卦》："震，动也。"动，分自然之动与人之动。此处，指的是人之动。"无咎者，善补过也。"不走路永远不会跌跤，不过河永远不会湿鞋。凡是人的行动一定会有过错。出错并不要紧，要紧的是"不贰过"，要紧的是将功补过。悔，改悔也。悔，改错也。行动者一定要时时谨慎，事事反思，准备随时改正错误。乾卦爻辞中留下了"朝乾夕惕"之论。"朝乾夕惕"强调的是，日出开始奋斗，夕阳西下开始反思。"震无咎者存乎悔"与"朝乾夕惕"话语不同，但意思相同，强调的是反思，无错之时也应该深思。勇于改正错误，善于将功补过，同时也警惕犯别人犯过的错误。这一存讲的是人生谨慎的态度。

"五存"先讲自然哲理，后讲人文哲理。希望读者朋友能够记住这种论证问题的方式。

"是故卦有小大，辞有险易。辞也者，各指其所之。"

这两句话是总结式的概括。同样的六爻卦，表达的对象有小有大；同样的文字，所讲的哲理有险有易。卦辞、爻辞、系辞，所指的是各种变化也。

第四章

易与天地准，故能弥纶天地之道。

仰以观于天文，俯以察于地理，是故知幽明之故。

原始反终，故知死生之说。精气为物，游魂为变，是故知鬼神之情状。

与天地相似，故不违。知周乎万物而道济天下，故不过。旁行而不流，乐天知命，故不忧。安土敦乎仁，故能爱。范围天地之化而不过，曲成万物而不遗，通乎昼夜之道而知，故神无方而易无体。

"易道"与"天道"的关系以及如何认识天道，是第四章的核心所在。

一、"易与天地准"

"易与天地准"的依据何在？

"易与天地准，是故能弥纶天地之道。"

这是第四章开篇的第一句话，这句话讲的是易道即天道。

要想弄懂"易与天地准"的所以然，第一个问题就是首先要明白"什么是易"。

何谓易？

"日月为易。"这是《周易参同契》中的答案。

日月可以论天道吗？

可以！

太阳本身可以论天道，太阳月亮两者联合同样可以论天道。

日月两者联合可以论道吗？

可以！

道玄，这是《道德经》的结论。太阳不玄，日影不玄，这是仰观天文的结论。日影经得起数学验证，太阳回归经得起数学验证。日影下的天道是可道之道，是可以测量之道，是可以定量之道。

道玄，昼夜不玄。日往月来形成的昼夜，经得起数学的验证。昼夜循环之道，是不道之道，是可以测量之道，是可以定量之道。

二、"仰观天文，俯察地理"之后的成果

（一）认识阴阳

"仰以观于天文，俯以察于地理，是故知幽明之故。"仰观天文，俯察地理，这是中华先贤睁开眼睛认识世界的两大着眼点。仰观天文，俯察地理，这是中华先贤认识天道的两大基本途径。

"仰观"是往上看，"俯察"是往下看，上下的贯穿，将天地贯穿为一个系统的整体。

"知幽明之故"何意也？幽，阴也。明，阳也。寒暑亦阴阳，昼夜亦阴阳。故，缘故，原因也。"知幽明之故"即认识寒暑的根本在太阳回归，认识昼夜的根本在日往月来。认识天道，抽象出阴阳，这是"仰观天文，俯察地理"之后的终极成果。

关于"幽明即阴阳"的解释，请看以下两个论断。

《素问·至真要大论》："帝曰：'幽明何如？'岐伯曰：'两阴交尽故曰幽，两阳合明故曰明，幽明之配，寒暑之异也。'"

《礼记·祭义》："祭日于坛，祭月于坎，以别幽明，以制上下。祭日于东，祭月于西，以别外内，以端其位。日出于东，月生于西，阴阳长短，终始相巡，以致天下之和。"

幽明即寒暑，寒暑即幽明，这是《黄帝内经》对"幽明"的解释。

幽明即日月，日月即幽明，这是《礼记》对"幽明"解释出的第一重意义。幽明即阴阳，阴阳即幽明，这是《礼记》对"幽明"解释出的第二重意义。

总之，幽明在天论的是日月，人文论的是阴阳，气候论的是寒暑。

（二）认识圆周循环

"原始反终，故知死生之说。"这句话解释的是圆周循环运动。

"原始反终"指的是一种始而终，终而始的圆周运动。这里值得追问的问题是：谁在做这种圆周循环运动？

"故知死生之说"讲的是死而复生之说。人死不能复生。这里值得追问的第二个问题是：谁能够死而复生？

不认识太阳回归，不认识月亮圆缺，解读不了这一难题。

立竿测影，确定了一个日影最长点，确定了一个日影最短点，日影就在这两点之间循环。

日影最长点，被中华先贤命名为冬至；日影最短点，被中华先贤命名为夏至；太阳回归就在冬至夏至之间循环。

日影循环，太阳回归，中华先贤创造出了一系列成语，例如"原始反终""终则有始""终而复始""如环无端"等；还有"阳极生阴，阴极生阳"，"寒极生热，热极生寒"等。

"原始反终"描述的是日影在长短两极的循环。"故知死生之说"描述的是"离离原上草，一岁一枯荣"，描述的是万物在寒暑规定下的生死两种状态。

《孙子兵法·兵势》："死而更生，四时是也。"《孙子兵法》告诉后人，四时循环也可以论死生。四时循环的决定因素在太阳回归。

认识"原始反终"为前提的"死生之说"，是不是首先要认识日影循环、太阳回归？

月亮也可以论死生。请看以下两个论断。

其一，《孙子兵法·虚实》："月有死生。"

其二，《鹖冠子·王铁》："月信死信生，终则有始。"

月亮圆缺之变，周而复始，无限循环。

月有圆缺之变，月缺为死，月出为生。月亮圆缺可以论死生。

人死不能复生！所以，论"原始反终"的"死生之说"，只能从天文而论，只能从太阳回归、月亮圆缺而论。

"仰观俯察"之后，中华先贤认识季节变化具有循环往复性，物候变化具有循环往复性，而这两个变化是由于太阳回归循环决定的，是由于日往月来决定的。

描述循环往复，中华先贤创造出了"终而复始"一词。这里摘录几条关于"终而复始"的论断，供读者鉴赏。

其一，《素问·玉版论要》："八风四时之胜，终而复始。"

其二，《逸周书·周月解》："日行月一次，而周天历舍于十二辰，终则复始。"

其三，《孙子兵法·兵势》："终而复始，日月是也。死而更生，四时是也。"

其四，《文子·上德》："天行不已，终而复始，故能长久。"

其五，《鹖冠子·天则》："日不逾辰，月宿其列……弦望晦朔，终始相巡。"

其六，《庄子·秋水》："年不可举，时不可止；消息盈虚，终则有始。"

其七，《吕氏春秋·大乐》："天地车轮，终则复始，极则复反，莫不咸当。"

终则复始，源于太阳回归，源于月亮圆缺。

终则复始，是中华先贤的运动观。

终则复始，是中华先贤对天体运动的基本把握。

《系辞传》延续了中华先贤的运动观。

（三）物质世界与精神世界

"精气为物，游魂为变，是故知鬼神之情状。"

世界分无形与有形两部分，这是《系辞》对外部世界的基本把握。

物有形，精气无形，无形之精气恰恰是形成有形之物的第一基础。

何为精？纯阳为精。《乾·文言》有"纯粹精也"的界定。

何为精？"一气能变曰精。"这是《管子·内业》对"精"的界定。

精与气关系为何？"精也者，气之精者也。"这是《管子·内业》对精与气关系的界定。

精，是动态之精。动态之精，其运动方向是上下交替，其运动轨迹是圆环。"精行四时，一上一下，各与遇，圆道也。"《吕氏春秋·圆道》把"精"界定在与太阳相关的阴阳二气上。冬至，阳气上升；夏至，阴气下降；一升一降，一上一下，其轨迹形成圆道。

精气的造物功能，《吕氏春秋·圆道》有如下描述："物动则萌，萌而生，生而长，长而大，大而成，成乃衰，衰乃杀，杀乃藏，圆道也。"

精气的造人功能，《管子·内业》有如下描述："凡人之生也，天出其精，地出其形，合此以为人。"

利用精气造物者为谁？神！《周易·说卦》对"神造万物"有如是界定："神也者，妙万物而为言者也。""妙万物"即造万物，造万物者为神！这里的神，为自然神。

精气造万物，精气亦造男女，创造万物的功能为神！

鬼与神并列，并称为"鬼神"。何为鬼？人死为鬼！《尸子》对"鬼"有如是界定："鬼者，归也，故古者谓死人为归人。"

物会死，人亦会死，人死称鬼。这里的鬼，为自然鬼。

何为"魂"？阳气曰魂。《春秋左传·昭公七年》："阳曰魂。"

"精""神""魂"有明确的界定吗？有！《灵枢·本神》："故生之来谓之精，两精相搏谓之神，随神往来者谓之魂。"《黄帝内经》明确指出，生物之阳气为精，阴阳两精相搏为神，与造物之阳气相伴而来的为魂。"精""神""魂"统统相关于造物主与造物功能。

认识与解释"物从何处来"，中华先贤投入了相当大的精力。中华先贤一直以"自然而然"的思路与方法解释宇宙，所以在源头的中华文化里没有出现有模有样的、会说话的、会发脾气的人格神。

三、 人道必须合于天道

与天地相似，故不违。知周乎万物而道济天下，故不过。旁行而不流，乐天知命，故不忧。安土敦乎仁，故能爱。范围天地之化而不过，曲成万物而不遗，通乎昼夜之道而知，故神无方而易无体。

人必须认识天道，人道必须合于天道，是这一大段话的两重意思。

"不违""不过""不忧""不过""不遗"，这里出现了"五不"。"五不"的前提，就是认识天道。

"与天地相似"，如何才能"似"？

"天行健，君子以自强不息"这句格言建立起了"天如何，人如何"即以天为师的做人公式。人行合于天行，这里是一似。

"地势坤，君子以厚德载物"这句格言建立起了"地如何，人如何"即以地为师的做人公式。人德合于地德，这里是一似。

以天为师与以地为师，这只是原则之论。原则之论之外还有精细之论。

精细之论在何处？

答：在"天时如何人如何"。

"观乎天文，以察时变。"敬请读者朋友记住，"以察时变"是"观乎天文"的第一落脚点。"仰观俯察"之后，伏羲氏识别出了八节。立竿测影，又分别出了二十四节气。八节、二十四节气，将天时规定在了节令之中。天时，是人行的第一准则。遵循天时，这里又是一似。

农民耕作必须合于天时，这里就是"与天地相似"。

牧民放牧必须合于天时，这里就是"与天地相似"。

渔民捕鱼必须合于天时，这里就是"与天地相似"。

君王行政必须合于天时，这里就是"与天地相似"。

医生诊病必须合于天时，这里就是"与天地相似"。

天时之外还有天德，人德必须合于天德地德。

天德为何？地德为何？大公无私！

主政天下者必须"与天地合其德"，必须以天下为天下人之天下。人德合于天德地德，这里同样是一似。

"与天地相似"，耕种者会有收获！

"与天地相似"，捕鱼者会有收获！

"与天地相似"，放牧者会有收获！

"与天地相似"，狩猎者会有收获！

"与天地相似"，主政天下者会留下美名。请看，传贤不传子的尧舜，时过几千年，美名依旧流传。再看看传子不传贤的历代皇帝，有几人留下了美名?!

天地之间的人，一是必须懂得天理地理，二是绝对不能违背天理地理。弄懂天理地理，然后以天为师，以地为师。"与天地相似，故不违"这句话的落脚点就在这里。

"知周乎万物而道济天下，故不过。"

万物随时而生，万物随时而死。人应该知道万物何时生，何时长，何时成熟，何时收藏；总之，人应该知道万物的生长规律与生长周期。这就是"知周乎万物"。

认识万物，是为了利用万物。

神农氏尝百草，就是利用百草医治百病。

神农氏发明耒耜，就是利用外物发展农耕。

后稷培育五谷良种，就是利用外物改善生活。

人可以利用万物，但必须以时序为准则。据《逸周书》记载，大禹时代就有了春天不进山伐木的禁令，就有了夏天不入水捕鱼的禁令。《逸周书·大聚》："旦闻禹之禁，春三月，山林不登斧，以成草木之长；夏三月川泽不入网罟，以成鱼鳖之长。"

利用万物，但必须珍惜万物。《史记·五帝本纪》记载，黄帝名下就出现"借用水火之物"的政令。

利用万物而造福于天下，这就是"道济天下"。

神农氏以百草造福天下，这就是"道济天下"。

大禹利用水性治水而天下得利，这就是"道济天下"。

后稷以五谷良种而天下得利，这就是"道济天下"。

认识万物的习性、功能与生长周期，以万物为基础而造福天下，这就是"知周乎万物而道济天下"。利用万物，而不伤害万物，这就是"不过"。

"旁行而不流，乐天知命，故不忧。"

"旁"，触类旁通之"旁"也。"流"，流散之"流"也。在天理基础上触类旁通，可以"通于一而万事毕"，可以"以一论万"；没有实验室，中华大地上为什么有那么多发明创造？因为有触类旁通的哲理。讲究道（天理），这是第一。发明器、技、术，这是第二。道术不能分家，术不能离开道。器、技、术，不能违反天理。

何谓"旁行而不流"？在器、技、术的层面上不能流散无穷，不能违反天理也。

何谓"乐天知命"？"乐"，自觉自愿也。"天"，天则也，自然法则也。"知"，认识也，熟知也。"命"，命运也。"乐天知命"，即在生命过程中自觉接受自然法则，自觉按照天则做事。

术有害于天，技有害于天，器技有害于天，这就是今天西方现代化无法延续的根本原因。第一座工业烟囱耸立起来的时候，工业化开始了。亿万工业烟囱耸立起来的时候，危及人类的污染开始了。器、技、术违背了天理，是严重污染的根本原因。面对无法容忍的污染，忧不忧呢？

"安土敦乎仁，故能爱。"

"安土"，安居本土也，热爱故土也。"敦"，厚道，勉力。"仁"，仁义之"仁"，仁爱、仁政之"仁"。坚守宽厚仁义之本性，就会常怀博爱之心。

需要申明的一点是，"安土"与"利涉大川"并不冲突。"安土"之后，可以致远，可以涉于山川大河。

四、"无方"与"无体"的奥秘

"范围天地之化而不过，曲成万物而不遗，通乎昼夜之道而知，故神无方而易无体。"

"范围"，空间界限也。宇宙之宇也。

"天地之化"，天地生生之功能也。"化"，《素问·天元纪大论》的解释是："物生谓之化。""范围天地之化而不过"，讲的是"大到无外，小到无内"的生生之化。"不过"，所有也，无一遗漏也。

"曲"，圆周也，圆环也，周遍。日行（地球公转）轨道，圆环也。寒暑轨道，圆环也。四时轨道，圆环也。"曲成万物而不遗"，讲的是万物不论大小，无一遗漏地形成于这个圆周、圆环之中。

"通乎昼夜之道而知，故神无方而易无体。"

"通"，通晓也，通达，精通也。"昼夜之道"，阴阳之道也。昼者阳，夜者阴。"昼夜之道"，阴阳之道也。"通乎昼夜之道"，通达阴阳之道也。

"通乎昼夜之道而知"，知什么呢？这里借用《文子·九守》中的一句话来说明问题，这句话是："知一即无一之不知也。"

昼夜可以论一日之阴阳，一日之阴阳可以定量在十二时辰之中；一日之阴阳，其转换点在中午子夜。中午子夜，可以用子午两支定量。寒暑可以论一岁之阴阳，一岁之阴阳可以定量在十二月之中，一岁之阴阳，其转换点在冬至夏至。冬至夏至，可以用子午两支定量。

"故神无方而易无体。"

"无方"之"方"，空间方位也。神，无处不在，弥漫于六合（四方上下）之中，不会固定在某一方位上。不在上不在下，不在左不在右，不在前不在后，但无处不在。这里，应该是"神无方"的合理解释。道在何处？《庄子·知北游》中的庄子与东郭子有一场讨论。结论是：道"无所不在"。道，广大不避天地，渺小不避蝼蚁；丑陋不避瓦甓，肮脏不避屎尿。庄子的道"无所不在"，可以借用于此来理解"神无方"。

"易无体"是什么意思，如何理解？如果说日月为易，那么日月是有体的。这里的"易无体"，应该做日月所化之物"没有一定的形式"来理解。太阳就是生命，阳光哺育万物，万物各有各的形式，千差万别。无体者，千差万别之体也。

第五章

一阴一阳之谓道。继之者，善也；成之者，性也。

仁者见之谓之仁，知者见之谓之知，百姓日用而不知，故君子之道鲜矣。

显诸仁，藏诸用，鼓万物而不与圣人同忧，盛德大业至矣哉！

富有之谓大业，日新之谓盛德，生生之谓易，成象之谓乾，效法之谓坤，极数知来之谓占，通变之谓事，阴阳不测之谓神。

至高无上的道，可以论证一切问题的道，可以评判一切的道，是在这一章里出现的。如何认识道？如何运用道？如何自觉接受道的评判，是这一章的核心所在。

一、 上帝·大梵·道

"一阴一阳之谓道，继之者善也，成之者性也。"

寒暑可以论阴阳！一寒一暑就是道。寒暑，决定着万物的生死。寒阴暑阳，太阳决定的这一自然法则，万物之纲纪也。

昼夜可以论阴阳！一昼一夜就是道。昼夜，决定着万物的动静。夜阴昼阳，日月决定的这一自然法则，万物之纲纪也。

寒暑，现象上由太阳回归所决定，实质由地球公转所决定。昼夜，现象上由日往月来所决定，实质上由地球自转所决定。天道的实质实际上是地球的公转和自转。

抽象出了道，等于找到了自己的造物主。

每一种文化，都创造出了一个造物主！

希伯来文化以神（上帝）为造物主。《圣经》一开篇，讲的就是神造宇宙。

印度文化以大梵为造物主。《五十奥义书》讲大梵生空，空生四大（地、火、水、风），四大合和组成了宇宙。

中华文化以道为造物主。道生天地，天地生万物。

造物主的道，也是"如何为人"的终极坐标。

"如何为人"，落脚在一个"善"字上。《礼记·大学》："大学之道，在明明德，在亲民，在止于至善。"

"继之者善也，成之者性也。"讲道理，就是要讲善。讲道理，就是要行善。这是"继之者善也"的所以然。

人性源于天性。《周易·说卦》"立天之道曰仁与义。"讲天性，就要讲仁义。这是"成之者性也"的所以然。

二、 不同的境界， 不同的认识

"仁者见之谓之仁，知者见之谓之知，百姓日用而不知，故君子之道鲜矣。"

道，不同的人有不同的认识。

道，不同境界的人有不同的认识。

仁义之人，在道这里认识到的是仁义。

智慧之人，在道这里认识到的是智慧。

生活在寒暑之中，不知道寒暑就是天道；生活在昼夜之中，不知道昼夜就是天道；这就是仁者、智者之外的一般人。

《道德经·第四十一章》："上士闻道，勤而行之；中士闻道，若存若亡；下士闻道，大笑之。"上士、中士之外的下士不懂道理，也不想弄懂道理。闻道而大笑，这里的笑不是会心一笑之笑，而是讥笑之笑，嘲笑之笑。借助老子的这句话，才能理解"君子之道鲜矣"的所以然。

先秦为何会产生诸子？因为"人不学，不知道"的天道教育。

《金刚经》谈到了五种眼——肉眼、天眼、慧眼、法眼、佛眼。五种眼五种境界，五种境界五种认识能力。肉眼不能认识的，慧眼就能够认识。刘邦认识不了韩信是大英雄，萧何一眼就能认识。不是有"慧眼识英雄"之说吗？五种眼，五种境界也。境界高低不同，认识问题的能力也不同。知道这一点，才能知道为什么会有"仁者见之谓之仁，知者见之谓之知，百姓日用而不知"的不同局面。

三、 无言之道， 造物之用

"显诸仁，藏诸用，鼓万物而不与圣人同忧，盛德大业，至矣哉！"

母鸡下蛋，会咯哒、咯哒地叫。下蛋，显的是仁；咯哒、咯哒地叫，显的是用。显仁而没有藏用，这是母鸡。

道生万物，这里显示的是"诸仁"。道生万物，既不显形又不显声，这里隐藏的是"诸用"。

圣人求道，道不求圣人。圣人之圣，体现在自觉求道上，体现在自觉循道上。创造万物的道，绝对不会迎合任何人，包括圣人。"鼓万物而不与圣人同忧"的含义应该就在这里。

一个"鼓"字与万物有什么关系？请看《礼记·乐记》中的一个论断："地气上升，天气下降，阴阳相摩，天地相荡，鼓之以雷霆，奋之以风雨，动之以四时，暖之以日月，而百化兴焉。"大地惊雷，万物萌生。冬眠的动物昆虫，闻惊蛰之雷声，开始苏醒。"鼓之以雷霆"，出现在《系辞上》的开篇之处，出现在《礼记》之中。"鼓万物"之"鼓"，是万物产生的功能之一。

四、 八个概念

"富有之谓大业，日新之谓盛德，生生之谓易，成象之谓乾，效法之谓坤，极数知来之谓占，通变之谓事，阴阳不测之谓神。"

这一论断中出现了八个概念。

这一论断也解释了八个概念。

何谓"大业"？答：富有！

何谓"盛德"？答：日新！

何谓"易"？答：生生！

何谓"乾"？答：成象！

何谓"坤"？答：效法！

何谓"占"？答：极数知来！

何谓"事"？答：通变！

何谓"神"？答：阴阳不测！

这八个概念，先谈的是自然法则，后谈的是人的认识。这八个概念，是先贤的归纳。

（一）释"富有"

"富有"之"富"，指的不是个人、家庭所拥有的财富，而是天地对万物的包容。《庄子·天地》："有万不同之谓富。"能够包容万种差异，就是富有。天生万物，地载万物。万物是有差异的！差异的万物组成了美丽的大千世界。天地是富有的！富有而不占有，这就是大业。以天理论人理，人之富有也应该富在包容上。

（二）释"盛德"

"盛德"之"盛"，在于日日更新自己。时令在更新，气候在更新，万物在更新。日日都展示出一个新面貌，如此者，天地之盛德也。以天理论人理，人之盛德也应该盛在一个"新"字上——新理论的产生，新器具的创造，日日都展示出自己的新面貌。真正的中华文化是讲究创新的！部部经典中都有"创新"的格言。

《尚书·咸有一德》："终始惟一，时乃日新。"

《尚书·盘庚上》："人惟求旧，器非求旧，惟新。"

《尚书·康诰》："作新民。"

《诗经·大雅·文王》："周虽旧邦，其命维新。"

"苟日新，日日新，又日新。"这是商汤所崇尚的格言。商汤将这句格言刻在自己洗脸的盘子上，以便每天洗脸的时候提醒自己。提醒自己天天要洗掉身上陈旧的东西，天天要更新自己。这一格言被引入了《礼记·大学》，成了儒家的教育方针。

谁真正认识一个"新"字，谁就不会落后。一个人是这样，一个民族也是这样。真正认识一个"新"字，一个人会时时更新自己，一个民族也会时时更新自己。

（三）释"易"

日月可以论易，生生同样可以论易。生生者，生生不息也。易，移动也。太阳回归，有寒暑之变。寒暑之变，决定着万物的生死。太阳就是生命。生生不息，就是由太阳回归决定的，就是由日往月来决定的。

（四）释"乾"

乾，从天文来。乾，属于人文创造。乾为天！在天成象。这里应该是"成象之谓乾"的真正含义。

（五）释"坤"

坤，从地理来。坤，属于人文创造。坤为地！地顺承天。顺承，有顺从、效法之义。大地随天而动，这里应该是"效法之谓坤"的真正含义。

（六）释"占"

前面已经谈过，《文心雕龙·书记》明确指出，占指的是天文观测。天文观测的落脚点是天文历法。天文历法是可以推算的。《孟子·离娄下》"天之高也，星辰之远也，苟求其故，千岁之日至，可坐而致也。"请看，在孟子这里，日月的往来是可以推算的，天文历法是可以推算的。坐在屋子里，可以推算千岁之后的冬至。"极数知来之谓占"讲的是天文历法的推算。

（七）释"事"

天在变化，地在变化，日月星辰在变化，万物也随之变化。懂得天文之变，懂得日月星辰之变，懂得万物之变，如此者，通变也。通变者，懂事也。

（八）释"神"

《圣经》中的神，有形体有模样有脾气；神拟人化，神是人格神。《周易》的神，没有形体，没有模样，没有脾气，这里的神是形而上的神。神，指的是阴阳变化。神，指的是造物功能。"不测"者，变化莫测也。"阴阳不测"者，寒暑之神奇变化也。"阴阳不测"者，昼夜之神奇变化也。

八大概念的基本思路，是从天文到人文，从天理到人理。认识天文人文的统一，天理人理的统一，就真正认识这八大概念。

第六章

夫易广矣大矣。以言乎远则不御，以言乎迩则静而正，以言乎天地之间则备矣。

夫乾，其静也专，其动也直，是以大生焉。夫坤，其静也翕，其动也辟，是以广生焉。广大配天地，变通配四时，阴阳之义配日月，易简之善配至德。

广大配天地，变通配四时，阴阳之义配日月，易简之善配至德。

这一章涉及到几个评价。易之评价，是一；乾坤之评价，是二；天地四时的评价，是三。分述如下：

一、 评价易的四个字

"夫易广矣大矣。以言乎远则不御，以言乎迩则静而正，以言乎天地之间则备矣。"这两句话评价的是易。

广、大、远、近，这四个字是对易做出的评价。易，广矣大矣。远，无边无际；近，近在咫尺。天地之间，易无处不在。

《文子》与《庄子》中有三段话，有助于理解对易的认识，引用如下。

其一，《文子·道原》："夫道者，高不可极，深不可测，包裹天地，禀受无形，原流泏泏，冲而不盈，浊以静之徐清，施之无穷，无所朝夕，表之不盈一握，约而能张，幽而能明，柔而能刚，含阴吐阳，而章三光；山以之高，渊以之深，兽以之走，鸟以之飞，麟以之游，凤以之翔，星历以之行；以亡取存，以卑取尊，以退取先。古者三皇，得道之统，立于中央，神与化游，以抚四方。"

其二，《文子·道原》："执道之要，观无穷之地。"

其三，《庄子·知北游》："东郭子问于庄子曰：'所谓道，恶乎在？'庄子曰：'无所不在。'"

上面三个论断，可以借来加深理解"夫易广矣大矣"这一论断。无论远近，无论高深，无论大小，易无处不在。无论古今，易无时不在。

评价的是易，实际上评价的是道。易，在此可以视为道的代名词。

二、 乾坤之评价

"夫乾，其静也专，其动也直，是以大生焉。夫坤，其静也翕，其动也辟，是以广生焉。"这两句话，前一句评价的是乾，后一句评价的是坤。

评价乾的特征，用的是"动静"两个字。动静也有特征，这就是"动也直"与"静也专"。直，可以理解为直行。中午的日影，每一天都有一个长度。长度点的连线，是一条直线。评价乾的功能，用的是"大生"两个字；大是广大之大，生是生产之生。乾为天，天生万物。"大生"二字，恰当贴切。

评价坤的特征，用的也是"动静"两个字。动静也有特征，这就是"动也辟"与"静也翕"。辟，开启也。翕，闭合也。启闭，属于天文历法。冬至为启，夏至为闭。冬至夏至，是太阳历的两个节令。

评价坤的功能，用的是"广生"两个字；广是广阔之广，生是生产之生。坤为地，天养万物。"广生"二字，贴切恰当。

三、 天地四时的评价

"广大配天地，变通配四时"这两句话评价的是天地四时。

"广大"二字，评价的是天地。天地是广大的，这一点，每个人都能感受得到。

"变通"二字，评价的是四时。四时是循环的，这一点，每个人都能感受得到。

"夫易广矣大矣。"易，可以用"广""大"这两个单音词来形容。

"广大配天地。"天地，可以用"广大"这个双音词来形容。

易，可以论广大；天地，可以论广大；易与天地之间是一个等量代换关系。

四、 阴阳即日月， 易简即至德

（一） 阴阳即日月

"阴阳之义配日月"，这是一个至关重要的论断。阴阳与日月相配，月配阴，日配阳。如此相配，可以在《黄帝内经》与《周髀算经》中找到共鸣之声。

《素问·阴阳离合论》："日为阳，月为阴。"这一论断，直接以日月论阴阳。

《周髀算经·陈子模型》："阴阳之修，昼夜之象。"昼夜是由日往月来决定的。这一论断，间接以日月论阴阳。

太阳本身论阴阳，日月两者可以论阴阳，这是阴阳学说的两大发源地。

《诗经》中也有阴阳之论，那是以山岗的南北而论的。《诗经·大雅·公刘》："既景乃冈，相其阴阳。"诗的意思是：测量日影登山岗，辨别南北阴与阳。山的南半坡向阳的一面为阳，北半坡背阳的一面为阴。以山岗南北论阴阳，这已经进入具体了。《红楼梦·第三十一回》中，史湘云与丫头翠缕之间有一番从根本到具体的阴阳之论，有严肃也有滑稽。总之，很有意思。有兴趣的读者，可以去看看。

《庄子·列御寇》："《易》以道阴阳。"庄子告诉后人，《易经》这部经典的要旨，是阐述阴阳的。所以，要认识《易经》，必须从阴阳入手。阴阳在何处？在太阳月亮。太阳论阴阳，论出的是寒暑。太阳月亮论阴阳，论出的是昼夜。认识阴阳，必须认识寒暑，认识昼夜。

（二） 易简即至德

"易简之善配至德。"易简，是天道的基本特征。《庄子·天地》："无为为之之谓天，无为言之之谓德。"天道至简！不简不易，不能称其为天道。易简、简易，至美至善，是用来与天道相匹配的。

第七章

子曰："易其至矣乎。夫易，圣人所以崇德而广业也。知崇礼卑。崇效天，卑法地。天地设位而易行乎其中矣。成性存存，道义之门。"

解·读

一、 易之容量

"易其至矣乎。"这句话评价的是自然易。自然易应有尽有，无所不包。"易其至矣乎"这句话评价的就是应有尽有，无所不包。

易为何有这么大的容量？请抬头看看天，看看天上的日月星辰。

易为何有这么大的容量？请低头看看地，看看大地运载的万物。

自然易的容量大，人文易的容量同样大。评价人文易的容量，《四库全书·总目经部·易类一》有这样的论断："易道广大，无所不全。旁及天文、地理、乐律、兵法、韵学、算术，以逮方外之炉火，皆可援《易》以为说。"这一评价，是客观的。

二、 崇德广业

"夫易，圣人所以崇德而广业也。"这句话评价的是人文易。

从天时到人时，是从天文到人文的第一落脚点。从天德到人德，是从天文到人文的第二落脚点。从天生自然之器到人创造人工之器，是从天文到人文的第三落脚点。"崇德"与"广业"，是衡量是否为圣人的两大标准。

（一）天德无私

崇德，讲的是人德！德从何处来？德从天地来。《乾·文言》："与天地合其德。"

何谓天德？答：大公无私。

天德无私，地德无私，《礼记》与《吕氏春秋》中均有"天无私覆，地无私载"之论。崇德，崇的就是大公无私。

今天的教科书中，大公无私的典型是祁黄羊。祁黄羊内举不避亲，外举不避仇。

祁黄羊的故事，出于《吕氏春秋·去私》。有心的读者可以查阅一下《吕氏春秋》，祁黄羊的故事之前还有尧舜禹之间的故事。尧舜传贤不传子，以天下为天下人之天下，这才是真正的大公无私。大公无私，就是与天地合其德。天德无私！圣人之德，首先崇的是大公无私之德。

崇德，讲的是做人。广业，讲的是做事。圣人，不是坐而论道者，而是行而论道者。圣人之圣，一要研究道，二要研究器。源头的圣人，站在今天自然科学立场上看，个个都是工程师。

为什么？

因为他们每个人都有自己的发明创造。

发明创造，就是圣人之业。

（二）知崇礼卑

"知崇礼卑。"这句话讲的是知道崇尚上而礼遇下。

崇，崇高也；卑，卑下也。天崇高，地卑下。

"知崇礼卑"，讲究的是为人要知道上下。上知崇高之天，下礼卑下之地。

"崇效天，卑法地。"

这句话讲的是为人的两大效法对象。

为人之坐标，上有崇高之天，下有厚重之地。

《礼记·礼运》："是故夫礼，必本于天，效于地。"儒家讲礼，礼不是源于儒家。儒家讲的礼，发源于天地。

"礼尚往来，往而不来，非礼也；来而不往，亦非礼也。"这是《礼记·曲礼》对人际相互关系的界定。

（三）成性存存

"天地设位而易行乎其中矣。成性存存，道义之门。""天地设位"设的什么位？天尊地卑也。尊卑之分，就是高低之分。天高地低，这就是"天地设位"所设的位。

"易行乎其中矣"讲的是易行乎天地之中。日月为易！自然界，日月行乎天地之中；人文中，易行乎天地之中。

"成性存存，道义之门。"

性，源于天。《周易》谈性，首先是从乾卦开始的。乾道即天道。《周易·乾·象传》："乾道变化，各正性命。"

《礼记》谈性，首先是从天开始的。《礼记·乐记》："方以类聚，物以群分，则性命不同矣。"

人性源于天性。《礼记·中庸》："天命之谓性。"

性，与生俱来。《孟子·告子上》："生之谓性。"

"成性存存，道义之门。"这句话讲的是，认识天性的永恒性，就打开了道义之大门。

"存"，讲的是存在。"存存"，讲的是连续性、持续性与永恒性。性——天性、物性、人性，远古在，今天在，将来在，永远在。

从远古到今天，这是连续性。

从今天到将来，这是持续性。

从远古到永远，这是永恒性。

天性不可改变！天性在阴阳。

人性不可改变！人性在仁爱。

第八章

圣人有以见天下之赜，而拟诸其形容，象其物宜，是故谓之象。

圣人有以见天下之动，而观其会通，以行其典礼，系辞焉以断其吉凶，是故谓之爻。

言天下之至赜而不可恶也，言天下之至动而不可乱也。拟之而后言，议之而后动，拟议以成其变化。

"鸣鹤在阴，其子和之。我有好爵，吾与尔靡之。"子曰："君子居其室，出其言善，则千里之外应之，况其迩者乎。居其室，出其言不善，则千里之外违之，况其迩者乎。言出乎身，加乎民。行发乎迩，见乎远。言行，君子之枢机。枢机之发，荣辱之主也。言行，君子之所以动乎天地也。可不慎乎？"

"同人，先号咷而后笑。"子曰："君子之道，或出或处，或默或语。二人同心，其利断金。同心之言，其臭如兰。"

"初六，藉用白茅，无咎。"子曰："苟错诸地而可矣。藉之用茅，何咎之有，慎之至也。夫茅之为物薄，而用可重也。慎斯术也以往，其无所失矣。"

"劳谦君子，有终，吉。"子曰："劳而不伐，有功而不德，厚之至也。语以其功下人者也。德言盛，礼言恭。谦也者，致恭以存其位者也。"

"亢龙有悔。"子曰："贵而无位，高而无民，贤人在下位而无辅，是以动而有悔也。"

"不出户庭，无咎。"子曰："乱之所生也，则言语以为阶。君不密则失臣，臣不密则失身，机事不密则害成。是以君子慎密而不出也。"

子曰："作易者，其知盗乎？"易曰："'负且乘，致寇至。'负也者，小人之事也。乘也者，君子之器也。小人而乘君子之器，盗思夺之矣。上慢下暴，盗思伐之矣。慢藏诲盗，冶容诲淫。易曰：'负且乘，致寇至。'盗之招也。"

第八章的内容分两部分：前一部分谈的是象；后一部分谈的是爻辞解释。

一、象

（一）象的创造

象，是八卦的另一种说法。"圣人有以见天下之赜，而拟诸其形容，象其物宜，是故谓之象。"这一论断，在《系辞上》出现两次：这里出现一次，最后一段又出现一次。

这一论断谈的是象创造。

为什么要创造象？

因为天下万物太复杂，天下之理太深奥！赜，有深奥之义。把繁杂的万物条理化，把深奥的道理简易化，这是圣人创造象的基本前提。

化繁为简，是创造的方法。

象的产生，是创造的结果。

象是什么？

象就是卦！

"极天下之赜者存乎卦。"这是《系辞上》最后一段话中的一句话。这句话告诉后人，圣人把天下深奥的道理存放在了卦中。象与卦表达的都是"天下之赜"，这是不是说明这样一个事实：象与卦之间存在着同一性。

"八卦成列，象在其中矣。"这是《系辞下》的第一话。这句话在八卦与象之间画出了一个恒等号。

（二）象的三性

"拟诸其形容，象其物宜"这句话分两部分——模仿与相似。

"拟"讲的是模仿，是模拟。"形容"讲的是万物万有之形象。"拟诸其形容"讲的是象是模仿宇宙万物万象而成的。

"象其物宜"讲的是相似性、象形性、象征性。相似什么？象征什么？天体！人体！家庭！万物！一事一物！

相似性、象形性、象征性这"三性"，《周易·系辞下》用两句话做了说明，第一句是："象也者，像此者也。"第二句话是："易者，象也。象也者，像也。"这"三性"给研究者留下了广阔的思考空间。

象不是什么，但什么都是！

象的成分是爻。象即卦，是由阴阳两爻组成的。如果说象（卦）是表达天下至理的，那么，爻表达的是什么呢？请看下面这个论断：

"圣人有以见天下之动，而观其会通，以行其典礼，系辞焉以断其吉凶，是故谓之爻。"圣人有眼睛，眼睛里看到的是什么呢？答："天下之动。"一物在动，万物在动，一切都在动。是什么决定着"天下之动"？太阳！文字之前太阳历是用卦表达的，卦是用阴阳两爻表达的。爻组成了卦，卦表达的是天文历法。

"言天下之至赜而不可恶也，言天下之至动而不可乱也。拟之而后言，议之而后动，拟议以成其变化。"

这一论断谈的是条理化与精密化。

将太阳法则融入卦，将天体、人体融入卦，卦以简洁、优美、明快的形式展示在人们面前，有条有理有序，看起来不会让人有繁杂之感，这里应该是"言天下之至赜而不可恶也"的奥秘所在。

八卦表达的是纯太阳历，六十四卦表达的是阴阳合历。以天文历法为基准观察气候变化，观察物候变化，一切变化都是有序的，这里应该是"言天下之至动而不可乱也"的奥秘所在。

按照天文历法的节令安排生产、安排生活，按照天道进行人文创造，按照天道进行发明创造，按照天道认识解牛之术与养生之术，人的一切活动皆以天道为基准，这里应该是"拟之而后言，议之而后动，拟议以成其变化"的奥秘所在。

二、 爻辞的解释

这里出现了爻辞解释，具体解释了七条爻辞。

解释≠注释。注释，阐明的是本义。解释，是在本义的基础上又延伸出了另一番哲理。

（一）中孚卦九二爻爻辞的解释

"鸣鹤在阴，其子和之。我有好爵，吾与尔靡之。"这是中孚卦九二爻的爻辞原文。

白鹤鸣，幼鹤和，白鹤之间在鸣声中交流。

"在阴"二字，讲的是大山北面的隐蔽之处。白鹤在隐蔽之处鸣叫，幼鹤照样能够听到，并且能够响应。如此者，同声相应也。

鹤的鸣叫声，在先贤的眼里，应该是吉祥之音。《诗经》中就记载了鹤鸣之声。"鹤鸣于九皋，声闻于野。""鹤鸣于九皋，声闻于天。"这两句诗，就出于《诗经·小雅·鹤鸣》。

"我有好爵，吾与尔靡之。"——我有好酒，与朋友分享。

白鹤鸣，幼鹤和，这是美妙悦目的自然景象。

与朋友分享美酒，这是赏心悦目的人间友情。

由白鹤鸣、幼子和的自然现象，由与朋友分享美酒的人间情谊，《系辞传》的作者引申出了君子"言出必善"的哲理：

子曰："君子居其室，出其言善，则千里之外应之，况其迩者乎。居其室，出其言不善，则千里之外违之，况其迩者乎。言出乎身，加乎民。行发乎迩，见乎远。言行，君子之枢机。枢机之发，荣辱之主也。言行，君子之所以动乎天地也。可不慎乎？"

室内的君子，应该是治理天下的栋梁。

君子出善言，千里之外也会有响应者，何况近处呢？君子出恶言——不善之言，千里之外也会有反对者，何况近处呢？言，出于君子之口，入的是民众之耳。善言入耳，赢得民心；恶言入耳，丧失民心。言行，是君子之枢机。枢，本义为门轴。机，本义为弩之扳机。枢机者，指关键。言语如箭，不可轻发；一旦入耳，有力难拔。善言，可以带来荣誉；不善之言，可以带来耻辱。君子之言，感天动地，能不慎重吗？

这里的"善言"与"不善之言"，指的应该是善政与恶政，指的应该是合乎天道之言与违背天道之言。

"出其言善，千里之外应之"绝非虚言。

笔者亲眼看到今天彝族同胞所写的文章：彝族所宗的是颛顼八卦。颛顼八卦表达的是太阳历的八节。

笔者亲耳听到彝族同胞用"高阳"解释"昆明"：彝语的"昆明"，汉语的意思为"高阳"。

高阳为谁？

《史记·五帝本纪》："帝颛顼高阳者，黄帝之孙而昌意之子也。静渊以有谋，疏通而知事；养材以任地，载时以象天，依鬼神以制义，治气以教化，絜诚以祭祀。北至于幽陵，南至于交阯，西至于流沙，东至于蟠木。"

颛顼高阳，汉族同胞大都早已忘记，但今天的彝族同胞还有深刻的记忆。

颛顼时代的天文历法——八卦历，其影响范围是："北至于幽陵，南至于交阯，西至于流沙，东至于蟠木。"

别八节而化天下，从伏羲氏到颛顼，当初影响到了东西南北，今天仍然受到彝族的尊重。

善言者，合于天道之言也。

善政者，合于天道之政也。

（二）同人卦九五爻爻辞的解释

"同人，先号咷而后笑，大师克，相遇。"这是同人卦九五爻的爻辞原文。

《系辞》只解释了前半句——"同人，先号咷而后笑"。

解释"同人，先号咷而后笑"，《系辞》的作者又创造出了"二人同心，其利断金；同心之言，其臭如兰"这两句格言：

"'同人，先号咷而后笑。'子曰：'君子之道，或出或处，或默或语。二人同心，其利断金；同心之言，其臭如兰。'"

"同人"者，目标一致、同心协力的朋友也。"号咷"者，大哭也。朋友见面为何先哭后笑。这应该是古之习俗。

新疆维吾尔族同胞至今还保留着亲朋好友久别重逢时先痛哭后大笑的传统。

"同人，先号咷而后笑"，两军阵上的战斗结束后，活着的战友重逢，先哭后笑是常见的场面。

"或出或处，或默或语"讲的是君子在人生过程中的四种状态，或者说，是君子不可避免的四种境遇。"出"，出世也；"处"，隐世也；"默"，沉默也；"语"，言语也。无论是出世还是隐居，无论是沉默还是发言，真正的君子都应该忠贞不二，始终如一，都应该与朋友讲情义讲信义。

"二人同心，其利断金。"这八个字讲的是同心协力力量大。黄金是贵金属，是不容易砍断的。"其利断金"之说，讲的是同人同心可以办到平时难办的事。

"同心之言，其臭如兰。"这八个字讲的是同心之言犹如兰花一样美。看，赏心悦目；闻，沁入肺腑。

《孟子·尽心上》："穷则独善其身，达则兼善天下。"天下有道，出世；出世，兼善天下。天下无道，隐世；隐世，独善其身。这是孟子所谈的"或出或处"。

（三）大过卦初六爻爻辞的解释

"初六：藉用白茅，无咎。"这是大过卦初六爻的爻辞原文。

白茅，一种婀娜多姿的茅草。先贤重祭祀，祭祀时原本是直接将祭器放在地上，后来进行改革，先在地上铺上白色茅草，然后再把祭器放在茅草上。爻辞中的"藉用白茅，无咎"，讲的是用茅草铺地并没有过错。

由祭祀时白茅铺地这一事例，《系辞》的作者引申出了"慎则无失"的哲理：

"初六，藉用白茅，无咎。"子曰："苟错诸地而可矣。藉之用茅，何咎之有，慎之至也。夫茅之为物薄，而用可重也。慎斯术也以往，其无所失矣。"

这一解释的基本意思是：祭器本来就是放在地上的。现在用白色茅草铺地，将祭器放在茅草上，这怎么会有错误呢？这是极端慎重啊。茅草并不贵重，但是铺垫在祭器下面，其功用是贵重的。祭器下面铺白茅，是一种谨慎小心的做法。事事小心谨慎，就不会出现过失，更不会出现失败了。

谨慎无过失！

谨慎无失败！

（四）谦卦九三爻爻辞的解释

"劳谦君子，有终，吉。"这是谦卦九三爻的爻辞原文。

谦卦谈谦，以形象的比喻——山在下，地在上——告诉人们什么是谦虚。

高山屈居于地下，这是自然之谦。

高士屈居于人下，这是君子之谦。

勤劳而谦虚的君子，其结局一定是善终的。

这是谦卦爻辞的基本意思。

解释这一爻辞，《系辞》的作者又引申出了"勤劳不自夸，有功不自满"的哲理：

"劳谦君子，有终，吉。"子曰："劳而不伐，有功而不德，厚之至也。语以其功下人者。德言盛，礼言恭。谦也者，致恭以存其位者也。"

"劳而不伐"者，勤劳而不自夸也。

"有功而不德"者，有功而不自满也。

勤劳而不自夸，有功而不自满，这就是最大的厚道——"厚之至也"。

有大功于世的君子，也应该谦虚对人。这里应该是"语以其功下人"的基本含义。

"德"为什么要"言盛"？因为"日新之谓盛德"。日新日日新，本来是讲天德的。天德与人德有什么关系呢？《灵枢·本神》："天之在我者，德也。"天德人德是一种德。天德日新日日新，人德同样要日新日日新。这里应该是"德言盛"的所以然。

"礼"为什么要言"恭"？《春秋左传·隐公十一年》："礼，经国家，定社稷，序民人，利后嗣也。"这一论断告诉后人，礼是经纬国家，安定社稷，秩序人民，利于子孙的纲纪。如果没有礼，国难治，社稷难安，人民难以有序。如此混乱，会利于子孙吗？这里应该是"礼言恭"的所以然。礼，秩序也。恭，肃敬，自觉也。"礼言恭"讲的是谨慎地对待秩序，自觉地遵守秩序。

"谦也者，致恭以存其位者也。"有德有礼者，谦者也。谦者，其地位是能够得以延续的。尧舜禹，几千年前的人物，为什么今天仍然是人们歌颂的对象，其神圣的地位始终不变，"劳谦君子"也。

（五）乾卦上九爻爻辞的解释

"亢龙有悔"这是乾卦上九爻的爻辞原文。

乾卦上九爻所言的龙，是夏至龙。夏至，是六阳的阳极点。是阴阳转换的阳极生阴点。太阳回归，决定着阳极生阴。阳极生阴，即物极必反。注释阳极生阴，爻辞的作者引申出了"亢龙有悔"的注释。

解释"亢龙有悔"这一爻辞，《系辞》的作者又引申出了"'三无'而有悔"的人文哲理：

"亢龙有悔。"子曰："贵而无位，高而无民，贤人在下位而无辅，是以动而有悔也。"

以阳极之处来比喻人间的高贵之位，是《周易》的基本立场。阳极之处，在自然界是阳极生阴之处，在哲学中是物极必反之处，在人文中是安而生危之处，是存而变亡之处。阳极，后援无力。这里引申出了"三无"之说——"贵而无位，高而无民，贤人在下位而无辅"。"三无"之说源于《乾·文言》，讲的是虽有贵位却失去了实权，高高在上而失去了民心，有贤明之属下却得不到他们的辅佐，如此局面，动则失败，动则有悔啊。

（六）节卦初九爻爻辞的解释

"不出户庭，无咎。"这是节卦初九爻的爻辞原文。

节卦讲节制。

人是有欲望的！孔夫子将人的欲望归结为"饮食男女"四个字。《礼记·礼运》："饮食男女，人之大欲存焉。"饮食，讲吃喝。男女，讲性欲。这是自然的，是天生的。

人的欲望应该节制，所以六十四卦中有节卦一卦，老子有"知足常乐"之名言。长沙马王堆出土的《黄帝四经·经法·道法》："生有害，曰欲，曰不知足。"人生之害，在于无穷之欲，在于"不知足"。

"不出户庭，无咎。"草原按照节令有休牧期，海洋按照节令有休渔期，山区按照节令有封山禁猎期；休渔、休耕、封山育林期间，在家休息也是正确的。不出门，也没有什么过错。

"不出户庭"与"慎言"——不乱说话之间似乎没有必然的联系。不知为什么，《系辞》的作者会由此引申出"慎言"的结论：

"不出户庭，无咎。"子曰："乱之所生也，则言语以为阶。君不密则失臣，臣不密则失身，机事不密则害成。是以君子慎密而不出也。"

这一论断讲的是慎言——保密。

"君"与"臣"的出现，显然，慎言之言，指的应该是国之大事，亦或国之机密。

治国有"一言兴邦"与"一言丧邦"之说，君臣之言能不慎乎？

人有私密，国有机密。保守秘密，应该慎之又慎。军队泄密，会打败仗！国之泄密，有亡国之险。大臣泄密，肯定会身败名裂，家破人亡。所以，这一论断讲了"三不密"的严重后果——"君不密则失臣，臣不密则失身，机事不密则害成。"

就事论事，《系辞》作者"慎言"的立场是正确的。但是，"慎密而不出"结论是可以商榷的。

试想一下，农民不出门如何耕作？渔民不出门如何捕鱼？牧民不出门如何放牧？同样的道理，山民不出门如何狩猎？

再试想一下，君王不出门如何了解民情？大臣不出门如何办理国之大事？

论证问题应该"以道论之"，而不应该"以书论之"。

《孟子·尽心下》："尽信书，则不如无书。"信然！

（七）解卦六三爻爻辞的解释

"负且乘，致寇至。"这是解卦六三爻的爻辞原文。

解释这一爻辞，《系辞》作者引申出了"小人坐贵位，必然招致灾祸"的哲理。

子曰："作易者其知盗乎？易曰：'负且乘，致寇至。'负也者，小人之事也。乘也者，君子之器也。小人而乘君子之器，盗思夺之矣。上慢下暴，盗思伐之矣。慢藏诲盗，冶容诲淫。易曰：'负且乘，致寇至。'盗之招也。"

"作易者其知盗乎？"爻辞的作者知道强盗之事吗？以疑问代替结论，是这里开头的写作方法。

爻辞说，背负东西又乘车，会招致贼寇的到来。为什么？这是因为：背负货物，是小人之事。车子，是君子之器。背负东西又乘坐车子，与身份不对称。如此会引起强盗的抢劫之心。譬如为君者傲慢，为臣者强暴，如此会招致外敌的侵犯。再譬如有宝物而不收藏，也会招致偷窃。打扮妖冶招摇于公共场合，是挑逗教唆。所以，爻辞作者下了"负且乘，致寇至"的结论。

原 文

第九章

天一，地二；天三，地四；天五，地六；天七，地八；天九，地十。天数五，地数五，五位相得而各有合。天数二十有五，地数三十。凡天地之数五十有五，此所以成变化而行鬼神也。

大衍之数五十，其用四十有九。分而为二以象两，挂一以象三，揲之以四以象四时，归奇于扐以象闰，五岁再闰，故再扐而后挂。

乾之策二百一十有六，坤之策百四十有四，凡三百有六十。当其之日，二篇之策，万有一千五百二十，当万物之数也。是故四营而成易，十有八变而成卦。

八卦而小成，引而伸之，触类而长之，天下之能事毕矣。

显道神德行，是故可与酬酢，可与佑神矣。子曰："知变化之道者，其知神之所为乎。"

解 读

这一章的内容有三：一是奇偶之数，二是天文历法，三是万物之数。这一章有两个落脚点：一是办好"天下之能事"；二是明白"变化之道"。

一、 奇偶之数

奇偶之数，实际上是文化中的一个根本问题。

在西方，最早重视奇偶之数的，当属古希腊哲学家毕达哥拉斯。毕达哥拉斯留下了两句名言："一切都是数。数的关键是单双。"在近代西方，最早重视奇偶之数的，当属德国数学家、哲学家莱布尼茨。莱布尼茨有这样一句名言："0是无，1是上帝，0与1创造了世界。"

在世界的东方，最早记载奇偶之数的经典是《周易》。

（一）奇偶之数的记载

"天一，地二；天三，地四；天五，地六；天七，地八；天九，地十。"一三五七九，这是五个奇数。二四六八十，这是五个偶数。天地论奇偶——天论奇，地论偶。

一奇一偶，组成了中华大地上的第一部书——洛书。

一奇一偶，组成了中华大地上的第一张图——河图。

一奇一偶，组成了先天八卦、后天八卦与六十四卦。

一奇一偶，最早是用抽象符号○●表达的，之后是用抽象符号——-表达的。

○●论阴阳，●论阴○论阳；━━━论阴阳，－－论阴，—论阳。阴阳奇偶，偶论阴，奇论阳。

（二）奇偶之数的相合

"天数五，地数五，五位相得而各有合。天数二十有五，地数三十。"这一论断，讲的是奇偶之数的相合。

相合如何合？《周易》没有解答。

相合如何合？彝族文化里有解答。

1. 奇偶之数的第一种合法　《土鲁窦吉》是这样解释的：

> 天一和天九，
>
> 合二生成十，
>
> 居南方和北方。
>
> 天三和天七，
>
> 合二生成十，
>
> 居东方和西方。
>
> 地二和地八，
>
> 合二生成十，
>
> 居西南东北。
>
> 地四和地六，
>
> 合二生成十，
>
> 居东南西北。
>
> 各主管一方，
>
> 天五管中央。
>
> 所讲宇宙源，
>
> 就是这样的。

天地之数摆布平面上，南北一与九，东西三与七，西南东北二与八，东南西北四与六，五居中央，天地之数的相合，合出的是洛书图形。

奇偶之数表达的是宇宙起源，在中华大地上，只有彝族文化记载了这一点。这一点，至关重要！

2. 奇偶之数的第二种合法　《土鲁窦吉》是这样解释的：

> 天一地六水，
>
> 地二天七火，

天三地八木，

地四天九金，

天五地十土。

天地之数摆布平面上，一六水位于北方，二七火位于南方，三八木位于东方，四九金位于西方，五十土位于中央。天地之数的相合，合出的是河图之图形。

天生之，地成之。天数为生数，地数为成数。若以太阳历而论，一月生物六月成，二月生物七月成，其他以此类推。

洛书中的奇偶之数是分别出现的，河图中的奇偶之数是联合出现的，这是书与图的不同之处。

汉族的河图，彝语称付托；河图与付托，语音极其相近。付托，汉语意思是"阴阳联姻"。

彝族文化解释，河图表达的是十二月阴阳合历。阴阳合历为太阳历、太阴历、北斗历三历合一的历。

3. 奇偶之数与鬼神变化　"天数二十有五，地数三十。凡天地之数五十有五，此所以成变化而行鬼神也。"这一论断是讲天地之数与鬼神变化的。

一三五七九，这是天数。天数之和是 25。

二四六八十，这是地数。地数之和是 30。

25+30＝55，这是天地之数的和。

天地之数与鬼神变化有关系吗？

有！

《周易·说卦》："神也者，妙万物而为言者也。"这一论断告诉后人，生万物者为神！

《周易·系辞上》："阴阳不测之谓神。"这一论断告诉后人，阴阳变化为神！

《尸子》："鬼者，归也。"《列子·天瑞》："精神离形，各归其真，故谓之鬼。鬼，归也，归其真宅。"这两个论断告诉后人，人死为鬼。

寒暑即阴阳，昼夜亦阴阳。阳奇阴偶！阴阳与奇偶之间是等量代换关系：奇偶变化即阴阳变化，阴阳变化即奇偶变化。

因为阴阳变化决定着万物的生死变化，所以奇偶变化也决定着万物的生死变化。

二、　天文历法的推演

大衍之数五十，其用四十有九。分而为二以象两，挂一以象三，揲之以四以象四时，归奇于扐以象闰，五岁再闰，故再扐而后挂。乾之策二百一十有六，坤之策百四十有四，凡三百有六十。当其之日，二篇之策，万有一千五百二十，当万物之数也。是故四营而成易，十有八变而成卦。

这一大段话的本义是讲天文历法推演的。

推演天文历法的证据何在？请看以下依据：

（一）关于天文历法的证据

证据有三，分述如下：

其一，这里出现一个"闰"字。"闰"，是天文历法的专用词。

《素问·六节脏象论》："故大小月三百六十五日而成岁，积气余而盈闰矣。"请看，这里的"闰"字是天文历法的专用词。

《尚书·尧典》："期三百有六旬有六日，以闰月定四时，成岁。"请看，这里的"闰"字是天文历法的专用词。

其二，这里出现一个"五岁再闰"的方法。"三岁一闰，五岁再闰"，这是调整阴阳合历的一种方法。

《汉书·律历志》："三岁一闰，六岁二闰，九岁三闰，十四岁五闰，十七岁六闰，十九岁七闰。"

"五岁再闰"即阴阳合历五年设置两个闰月，这是《周易》记载的方法。"六岁二闰"即阴阳合历六岁设置两个闰月，这是《汉书》记载的方法。五年再闰到六年再闰，这是方法上的改进。方法改进了，但是设置闰月的原则没有改变。

其三，这里出现一个"大衍"二字。唐一行和尚改历，命名为"大衍历"。因为实施于开元年间，又称"开元大衍历"。请看，一行和尚将"大衍"二字直接与天文历法联系在了一起。

"大衍之数五十，其用四十有九"这句话，是历朝历代的算命先生推算"天上何时掉馅饼"的依据。实际上，五十与四十九这两个数据，关乎勾股定理。众所周知，周三径一，是圆周率的表述。周三径一之外，还有一种正方形和直角三角形表述形式，这就是：直五斜七。正方形的边长（直）为五，其对角线（斜）为七。对角线将一个正方形，分为两个直角三角形。直角三角形的勾股长度为五，五的平方为二十五，勾股平方之和为五十，弦的平方数约为四十九。

"大衍之数五十，其用四十有九"这句话的出现说明了什么？说明在中华大地上很早就开始了对直角三角形斜边和正方形对角线的研究。

说明在中华大地上很早就开始了对直角三角形斜边和正方形对角线的研究。运算公式如下：

$$C^2 = 5^2 + 5^2$$

$$C = \sqrt{50}$$

$$C \approx 7.07106781187$$

"大衍之数"的研究，实际上也是对无理数的研究。精确的数字并不是"四十有九"，而是大于 49：

$$7.07^2 \approx 49.9849$$

"大衍之数"的演算，无理数出现了结果之中。

（二）推演的方法

下面是书中的推演，推演分以下几步。

第一步：舍一不用。"大衍之数五十，其用四十有九。"这句话讲的是，从 50 根蓍草中取出一根舍弃不用。

$$50 - 1 = 49$$

所用的是剩余的 49 根。

第二步：一分为二。"分而为二以象两"，将 49 根蓍草，任意分成两份，以象征天地。为什么说象征天地？因为 49 一分为二，无论怎么分，都是一边为奇数（例如 19），一边为偶数（例如 30）。奇数为天数，偶数为地数。

第三步：天地人三才。"挂一以象三"，这句话讲的是从天数中取出一根（19-1=18）。天地生人。先有天地，这一根象征的是人。天地人三才，在此成立。

这里需要说明的是，以后的步骤中还有"挂一"这一步，但是再没有奇数了。"挂一"只能从偶数之中取——从右手边的一组取。

第四步：春夏秋冬四时。"揲之以四以象四时"，这句话讲的是以春夏秋冬四时的四为除数除之。实际操作中，是将剩下的蓍草四根一组、四根一组地分出来。揲，音舍，按定数更迭数物，分成等分。"揲之以四"，即以 4 为除数分除两组蓍草。结果如下：

$$18÷4=4……2$$
$$30÷4=7……2$$

第五步：置闰。"归奇于扐以象闰"，这句话是什么意思？扐，音列，指手指之间。这句话的意思是将余下的蓍草夹到手指之间。

原来从天数中取出来的是 1，"揲之以四"之后的两个余数是 2，余数相加之和为：

$$1+2+2=5$$

5 就是四步推演的结果。四步推演的过程为第一变。

第一变之后，蓍草的数量为：

$$49-5=44$$

除了 44 这个余数之外，还会有另外一个数 40，第一变之后只能有两个数：或 44 或 40。

以 44 为基础，再进行第二变四步推演。

第二变余数有三个：或 40 或 36 或 32。

第三变余数有四个：或 36 或 32 或 28 或 24。

第三变的余数再除以 4，即求得一爻：

$$36÷4=9（9 奇，阳极之数，阳爻）$$
$$32÷4=8（8 偶，少阴之数，阴爻）$$
$$28÷4=7（7 奇，少阳之数，阳爻）$$
$$24÷4=6（6 偶，阴极之数，阴爻）$$

三变求得一爻，求得六爻需要一十八变。六爻，组成了六十四卦中的一卦。知道一十八变的推演过程，才能理解"是故四营而成易，十有八变而成卦"这句话。

（三）万物之数

研究卦，仰观点是天文，落脚点是万物，根本点在节令在种植。

> 乾之策二百一十有六，坤之策百四十有四，凡三百有六十。当其之日，二篇之策，万有一千五百二十，当万物之数也。是故四营而成易，十有八变而成卦。

这里出现一系列数字——216、144、360、11520，这些数字从何而来？请看以下运算：

前面的推演知道，乾之正策为 36，坤之正策为 24，六十四卦每卦六爻，以 6 为乘数进行计算，得：

$$36×6=216$$

$$24×6=144$$

这是乾之策、坤之策的来源。

$$216+144=360$$

这是岁之大数 360 的来源。

$$360×32=11520$$

这是万物之数来源的一种解释，历史上沿用的是这种解释。

32 从何而来？

$$64÷2=32$$

六十四卦一分为二，阴卦 32，阳卦 32，这是前人的解释。

闰年有 384 天。384 乘以 30 有如下结果：

$$384×30=11520$$

这是笔者对万物之数来源的解释。30，是六十甲子的一半。

太阳决定着寒暑，寒暑决定着万物的生死，决定着小花小草的"一岁一枯荣"，万物的生死有一定的周期。

万物生死的周期是由天文决定的。

11520 这个数字，关乎天文周期。

"是故四营而成易，十有八变而成卦。"通过数字推演，运算的应该是天文周期。

八卦，《尸子》说是太阳历的八节。

六十四卦有 384 爻，闰年天数有 384 天。

卦的推演，应该是天文周期的计算，应该是天文历法的计算。

无论如何不能忘记，卦是"仰观天文"的成果。

卦，与算命术无关！

（四）需要探讨的两个问题

一是为什么要如此算？二是还有没有其他算法？

如此算法的根据在哪里？《系辞上》没有解释。这里，形成了一个千古之谜。

二是还有没有其他算法？《系辞上》同样没有解释。这里，又形成了一个千古之谜。

实际上，我们并没有认识祖先。

从天文学到算术，这是中华先贤所走过的路。

当时，中华先贤手中没有计算机。他们有自己独特的智慧，他们会把复杂变为简单——把多位数的乘除法运算变为加减法运算。

汉代有位算学家徐岳，著《数术记遗》一书。书中记载了黄帝时代的三种进制：一是"十十变之"的十进制；二是"万万变之"的万进制；三是"亿亿变之"的亿进制。今天电脑的 U 盘，数用的是兆。

兆之后是什么呢？

《数术记遗》中告诉后人，黄帝时代数有十等。十等者，亿、兆、京、垓、秭、壤、沟、涧、正、载是也。

兆之后还有八位量级单位，亲爱的读者朋友您知道吗？

为求出朔望月的准确数据，《周髀算经》中出现 940 这个分母。亲爱的读者朋友，您知道这个分母是怎么来的吗？

认识卦，必须从天文历法入手，首先从太阳历入手，这样才会真正认识中华文化源头处的伟大。

认识卦，如果从算命术入手，中华文化将毫无意义。

（五）文化的变质

先贤算卦，算的是天文之数，算的是万物之数，后人算卦算的是人事祸福。

从算天文到算人事，这是文化的变质。

人的命运，卦中有启示吗？

敬请记住：六十四卦第二卦中的启示是则地，"地势坤，君子以厚德载物"。

法天则地决定着人的命运，这就是真正的卦理！

三、 触类旁通： 办好天下之能事

"八卦而小成，引而伸之，触类而长之，天下之能事毕矣。"以八卦为基础触类旁通，把"天下之能事"——各式各样的事情——办好，是这段话的核心所在。

八卦，是"仰观天文，俯察地理"的成果。

八卦，表达的是太阳历的八节。

认识八卦，为什么可以把"天下之能事"办好？

因为八卦的根本点，在于"依乎天理"。

依乎天理，当然可以办好"天下之能事"！

何谓"天下之能事"？道器之事，道技之事，道术之事，道艺之事是也。一句话，能工巧匠之事是也。依乎天理，庖丁宰牛的技术炉火纯青。依乎天理，文惠君可以把宰牛之技化为养生之术。

在八卦的基础上触类旁通，可以办好"天下之能事"的例证如下：

1. 源头的中华先贤，个个都是贤能之士。每个人都有自己的发明创造。发明创造开始靠经验，之后靠哲理——"依乎天理"。伏羲氏、神农氏、黄帝的发明创造，件件都产生于"依乎天理"的前提之下，具体都是依照卦理发明的。"依乎天理"发明创造，《系辞上》称为"尚象制器"，又称"道器转化"。详细的讨论，将在《系辞下》进行。

2. 八节八风，是《黄帝内经》论病的基本依据。

3. 中华大地上有八卦村、八卦城，以八卦为基础，建筑学家演化出了一种建筑模式。元大都（北京老城）就是按照八卦模型设计出来的。

4. 诸葛亮以八卦为基础，演化出了军事上的八阵图。《三国演义》中有这个故事，杜甫《八阵图》中有此名句——"功盖三分国，名成八阵图。"离开了卦理，无法理解《三十六计》。离开了太阳历，无法理解《孙子兵法》。

5. 德国数学家、哲学家莱布尼茨看八卦，从中看出了二进制。

6. 物理学家看八卦，从中看出了物理学原理。诺贝尔物理学奖获得者，美国物理学家卡普拉著《现代物理学与东方神秘主义》一书，其中太极、八卦、六十四卦悉数出现。

7. 李约瑟著《中国古代科学思想史》，将卦象视为古代科学之基础。

8. 法国传教士白晋看八卦，从阴阳动静中看出了所有科学的原理。

一是以天文为第一基础创建八卦，二是在八卦基础上触类旁通，这就是源头的中华文化，这就是源头的中华先贤。

动脑研究天理，动手发明器具，这是源头先贤的基本特色与基本主张。

四、 变化之道与神之所为

"显道，神德行，是故可与酬酢，可与佑神矣。子曰：'知变化之道者，知神之所为乎'。"

（一）神在哪里？道在哪里？

将道与神并列而论，是这一论断的独特之处。

道生天地，神妙万物；看不见的道，看不见的神；道与神，同类而异名。

人的眼睛无法看到，但是，人的眼睛可以看到万物的产生、万物的变化，可以看到春生夏长秋收冬藏的规律，这些变化里面显现的就是道，显现的就是神。

神即自然！

道即自然！

变化中显示出了"道"——"显道"。

变化中显示出了"神"——"神德行"。

"酬酢"，主敬客称酬，客还敬称酢。"酬酢"的本义是应酬。这里的酬酢，就是酬神敬神。

"佑神"即顺神。顺神，道法自然也。

知道这些，有助于真正理解"显道，神德行，是故可与酬酢，可与佑神矣"这句话。

（二）变化之道与神之所为

"子曰：'知变化之道者，知神之所为乎'。"

一部《周易》，就是研究变化的。

《周易》六十四卦，论变化是从第一卦开始的。一部《周易》，"变化"一词出现十多次，集中于此，供读者鉴赏。

《周易·乾·象传》："乾道变化，各正性命，保合大和，乃利贞。"

《周易·恒·象传》："日月得天而能久照；四时变化而能久成。"

《周易·坤·文言》："天地变化，草木蕃。"

《周易·系辞上》："在天成象，在地成形，变化见矣。"

《周易·系辞上》："刚柔相推而生变化。"

《周易·系辞上》："变化者，进退之象也。"

《周易·系辞上》："拟之而后言，议之而后动，拟议以成其变化。"

《周易·系辞上》："凡天地之数五十有五，此所以成变化而行鬼神也。"

《周易·系辞上》："知变化之道者，知神之所为乎。"

《周易·系辞上》："天地变化，圣人效之。"

《周易·系辞下》："是故变化云为，吉事有祥。"

《周易·说卦》："故水火相逮，雷风不相悖，山泽通气，然后能变化既成万物也。"

除了"变化"这个双音词，还有"变"这个单音词。一部《周易》之中，"变"这个单音词出现多次，集中于此，供读者鉴赏。

革卦九五爻爻辞："大人虎变。"

革卦上六爻爻辞："君子豹变，小人革面。"

《周易·谦·象传》："天道亏盈而益谦，地道变盈而流谦。"

《周易·贲·象传》："观乎天文，以察时变。"

《周易·剥·象传》："剥，剥也，柔变刚也。"

《周易·系辞上》："君子居则观其象而玩其辞，动则观其变而玩其占。"

《周易·系辞上》："爻者，言乎变者也。"

《周易·系辞上》："精气为物，游魂为变，是故知鬼神之情状。"

《周易·系辞上》："通变之谓事。"

《周易·系辞上》："以动者尚其变。"

《周易·系辞上》："参伍以变，错综其数，通其变，遂成天下之文。"

《周易·系辞上》："非天下之至变，其孰与于此。"

《周易·系辞上》："一阖一辟谓之变。"

《周易·系辞上》："变而通之以尽利。"

《周易·系辞上》："化而裁之谓之变。"

《周易·系辞下》："刚柔相推，变在其中矣。"

《周易·系辞下》："变通配四时。"

《周易·系辞下》："功业见乎变。"

《周易·系辞下》："通其变，使民不倦。"

《周易·系辞下》："易穷则变，变则通，通则久。"

《周易·系辞下》："易之为书也不可远，为道也屡迁，变动不居，周流六虚，上下无常，刚柔相易，不可为典要，唯变所适。"

《周易·系辞下》："道有变动，故曰爻。"

《周易·系辞下》："变动以利言。"

《周易·说卦》："观变于阴阳而立卦。"

《周易》谈变、谈变化，其根源是天文之变，第一个落脚点是人文之变，第二个落脚点是器具之变。

天文之变，首先是太阳之变，其次是日月之变。太阳之变，引起的是寒暑之变。日月之变，引起的是昼夜之变。

人文之变，变出的是阴阳，变出的是图书是八卦。

器具之变，变出的是网罟、耒耜、车船、臼杵、弓矢、宫室、书契……

神之所为在变化之中，知道变化之道就知道神之所为。

第十章

易有圣人之道四焉，以言者尚其辞，以动者尚其变，以制器者尚其象，以卜筮者尚其占。

是以君子将有为也，将有行也。问焉而以言，其受命也如响，无有远近幽深，遂知来物，非天下之至精，其孰能与于此。参伍以变，错综其数，通其变，遂成天下之文，极其数，遂定天下之象。非天下之至变，其孰能与于此。

易，无思也，无为也，寂然不动，感而遂通天下之故。非天下之至神，其孰能与于此。

夫易，圣人之所以极深而研几也。唯深也，故能通天下之志。唯几也，故能成天下之务。唯神也，故不疾而速，不行而至。

子曰："易有圣人之道四焉"者，此之谓也。

一、圣人四道

"易有圣人之道四焉，以言者尚其辞，以动者尚其变，以制器者尚其象，以卜筮者尚其占。"这一论断中，出现圣人"四道"——言、动、制器、卜筮。圣人"四道"，实际上是衡量圣人的四大标准。

（一）言

言，为圣人第一道。言，言语也。言语要讲究文辞，是"以言者尚其辞"的本义。文辞，即合乎天道天理之辞。请看《周易》中的哲理与格言，哪一条、哪一句不是以天道天理而论的。

（二）动

圣人第二道为动。动，行动也。行动要合乎寒暑之变，要合乎昼夜之变。行动要合乎日月变化，是"以动者尚其变"的本义。伏羲氏的捕鱼狩猎是不是要合乎节令？神农氏的耕作，是不是要合乎节令？

（三）制器

圣人第三道为制器。制器，器具的发明创造也。圣人必须有制器的大贡献。伏羲氏结绳为网，神农氏制造耒耜，有巢氏构木为巢，燧人氏钻木取火，黄帝发明舟车……"以制器者尚其象"，简而言之，就是"尚象制器"。创造器具，有一个参照目标——象。象，有自然之象与人文之象之分。小花小草，小鱼小虾，小鸟大鹏，乃至一片树叶一片草叶，都属于自然之象。细心琢磨，自然之象的每一象里都隐藏有新器具的模型。八卦属于人文之象。人文之象里，隐藏有新器具的原理。

（四）卜筮

卜筮，为圣人第四道。圣人"四道"，最重要的是第四道——"以卜筮者尚其占"。历史与现实中解释圣人第四道，全部解释在了人事祸福的预测即所谓的算卦。笔者不赞成这种解释。笔者对"以卜筮者尚其占"的解释是天文观测与天文历法的运算。详细的论述如下：

卜，立竿测影也，天文观测也。卜为立竿测影，依据何在？占卜占卜，占与卜是可以一体而论的。占的本义是什么呢？《文心雕龙·书记》："占，觇也。星辰飞伏，伺候乃见。登观书云，故曰占也。"觇，侦察，窥测。《文心雕龙》告诉后人，占的本义是天文观测。

筮，运算也。《春秋左传·僖公十五年》："筮，数也。物生而后有象，象而后有滋，滋而后有数。"

卜筮，就是天文观测之后的天文历法运算。

源头的先贤，全部是天文观测者，全部是天文历法的制定者。请看以下几个重大例证。

其一，《周髀算经·商高定理》："古者包牺立周天历度。"

其二，《周髀算经·日月历法》："古者包牺神农，制作为历，度元之始。"

其三，《管子·五行》："昔者黄帝得蚩尤而明于天道……立五行以正天时，五官以正人位。人与天调，然后天地之美生。"

其四，《周礼》记载了六种官员，天官、地官之后，就是春官、夏官、秋官、冬官。春夏秋冬，这是太阳历分出的四个季节。

其五，《春秋左传·昭公十七年》记载了黄帝、炎帝、共工、太昊、少昊时代官员设置的原则。官员设置的原则，就是天文历法。

其六，《尚书·尧典》中的尧，最根本的功绩，就是"历象日月星辰，敬授民时"。

其七，《吕氏春秋·勿躬》："大桡作甲子，黔如作虏首，容成作历，羲和作占日，尚仪作占月，后益作占岁。"

其八，《史记·历书》："盖黄帝考定星历，建立五行，起消息，正确闰余。"

源头的先贤，哪一位不是天文观测者？哪一位不是天文历法的制定者？

源头的先贤，哪一位是算命先生？

源头的先贤，哪一位是"天上掉馅饼"的等待者？

姜太公斥责"枯骨死草"的故事。《论衡·卜筮》："周武王伐纣，卜筮之逆，占曰大凶。太公推蓍蹈龟而曰：'枯骨死草，何知吉凶！'"卜用龟壳，筮用蓍草。武王革命之时，算命先生用蓍草龟壳推算，占出了"大凶"的结论。姜太公一把推掉了蓍草，一脚踩碎了龟壳，斥之为"枯骨死草"。结果如何？武王伐纣成功。

在这一论断里，圣人的贡献是有多方面的。

仅仅著书立传，不能称其为圣人。

二、 君子的两大特征

"是以君子将有为也，将有行也。问焉而以言，其受命也如向，无有远近幽深，遂知来物，非天下之至精，其孰能与于此。"

有为、有行，是君子的两大基本特征。

为，如何为？行，如何行？

按天道而为！按天道而行！

如果不知道如何为？如果不知道如何行？

那么就要先有所问！

问谁？

问天！问天道！

具体之问，一问太阳，二问月亮，三问北斗，四问五大行星，五问二十八宿。

弄懂了天文历法，首先弄懂了太阳历，就会明白万物的演化，就会明白小花小草的"一岁一枯荣"。

弄懂了天文历法，首先弄懂了太阳历，就会预知眼前与万里之外的寒暑变化，就会预知万物生长收藏的演化。

天文历法，首先是太阳历，隐含有天下最精微的道理。如果不是天下最精微的道理，怎么会达到这一步呢？

三、 数中的天下之文

"参伍以变，错综其数，通其变，遂成天下之文，极其数，遂定天下之象。非天下之至变，其孰与于此。"这是一个极其重要的论断。

不理解这一重要论断，无法理解这部《周易》，也无法理解"天下之文"——源头的中华文化。

（一）何谓"参伍以变"

参，三也。伍，五也。

"参伍以变"有两重重要含义：一是天文变化周期，一是历法中的定量周期。

天文的三，指的应该是太阳、月亮、北斗星。《三字经》："三光者，日月星。"天文的五，隐喻的是金木水火土五星。

日月星，是变化的。

变化，是有规律的。

规律，是有周期的。

天文中的"参伍以变"，指的应该是日月星变化的规律性与周期性。

笔者这里以天文历法为依据解释"参伍以变"，细论如下：

太阳历的"参伍以变"。立竿测影，制定出了二十四节气。月初为节，月中为气。十五天一节，十五天一气。三五一十五，节与气的"参伍以变"，是由太阳回归决定的。——太阳历本身可以论"参伍以变"。

阴阳合历的"参伍以变"。日月与地球之间，每十五天出现一次直线对应关系。太阳—月亮—地球，如此直线对应关系时，中华先贤定为朔望月的朔，即初一。太阳—地球—月亮，如此直线对应关系时，中华先贤定为朔望月的望，即十五。从初一到十五，从十五到初一，三五一十五，朔望的"参伍以变"，是由太阳、月亮、地球三者对应关系决定的。——阴阳合历可以论"参伍以变"。

气候中的"参伍以变"。《素问·六节脏象论》："五日谓之候，三候谓之气，六气谓之时，四时谓之岁。"气候变化是有规律的。五天一个小变化，三个五天一个中变化。变化中，划分出了四时之时，年岁之岁。气候中的"参伍以变"与节气之变具有一致性，都是由太阳回归决定的。——气与候的变化可以论"参伍以变"。

信潮的"参伍以变"。《灵枢·岁露论》："月满则海水西盛；……月郭空，则海水东盛。"月圆即十五，郭空即初一。十五，海水西盛。初一，海水东盛。凡是江河，都会发生天文大潮。天文大潮有严格的规定性。例如，不到十五钱塘江大潮不会来。所以钱塘江大潮又称为"信潮"。信潮之信，是由太阳、月亮、地球的三点一线的关系决定的。——信潮可以论"参伍以变"。

人文中的"参伍以变"，体现在洛书图形之中。上下之和为十五，左右之和为十五，四维交叉之和为十五。

以上解释，是笔者所认识的"参伍以变"。

（二）何谓"错综其数"

相反为错，相合为综。

一阴一阳，相反为错。一奇一偶，相反为错。

错，交错之错也。一阴一阳，交错成章。一奇一偶，交错成章。《淮南子·天文训》："阳生于阴，阴生于阳。阴阳相错，四维乃通。或死或生，万物乃成。"

综，综合之综也。一阴一阳，相合为综。一奇一偶，相合为综。

彝族文化中的付托，华族的河图；付托，是彝语，汉语意思是联姻。谁和谁联姻？

阴阳！奇偶！

河图中的阴阳是成对出现的。联姻，综合也。

一阴一阳，相合为综。阴奇阳偶，一奇一偶，相合为综。

八卦中的乾坤两卦，一个纯阴，一个纯阳。一阴一阳，相反为错。

八卦中乾坤之外的六卦，全部是阴阳的综合体。一阴一阳，相合为综。

数，计量之数也。数，严格的规定性也。

所谓"错综其数"，就是将天文之变用奇偶之数量化为历法。数，是指量化而言的。

没有严格的定量，换言之，没有算术的量化与验证，中华文化就称不起"伟大"二字了。

天文历法，是一个严密的数理体系。

这个严密的数理体系的基础，是奇数偶数错综复杂的组合。

人文之文，始于天文历法，首先始于太阳历。太阳历，是用数表达的。"错综其数"之数，就是人文的源头。

（三）何谓"通其变"

太阳有回归之变、月亮有圆缺之变、气候有寒暑之变、万物有生死之变……

一切都是变化的！

但是理解变化，首先是理解太阳之变，其次是理解月亮之变。

明白了变化，就是"通"。

明白了太阳回归之变、月亮圆缺之变、气候的寒暑之变、万物的生死之变，就会明白"通其变"的内涵。

（四）何谓"天下之文"

要认识何谓"天下之文"，就要先认识何谓"文"。

何谓"文"？请看以下四个论断。

其一，《黄帝四经·经法·四度》："动静参于天地谓之文。"

其二，《周易·贲·彖传》："观乎天文，以察时变；观乎人文，以化成天下。"

其三，《春秋左传·昭公二十八年》："经天纬地曰文。"

其四，《鹖冠子·度万》："天人同文，地人同理。"

天文在天上，天下之文在何处？

天下之文在历中！

天下之文在书中！

中华大地上的第一部书——洛书，就是记载十月太阳历的。

汉族的洛书，彝族的鲁素（汉语译为龙书），这就是最早的人文创造，这就是最早的"天下之文"。

（五）人文的道理在天文

明白了以上的内容，再看"参伍以变，错综其数，通其变，遂成天下之文"这句话，就会知道这句话有四重意思：

其一，认识天文变化的周期性。

其二，认识天文变化的规律性。

其三，用严肃的数字表达天文变化的周期性、规律性。

其四，从天文变化演化出化育天下的人文。

人文的源头在天文！

人文的道理在天文！

（六）数与象的关系

图书是象！

八卦是象！

书由奇偶之数所组成，图由奇偶之数所组成，卦由奇偶之数所组成，明白了这些，才能明白"极其数，遂定天下之象"的所以然。

太阳历，是用数表达的。

太阴历，是用数表达的。

北斗历，是用数表达的。

天文历法，具有严格的规定性。

天文历法，是一个严密的数理体系。

明白了这些，才能明白"极其数，遂定天下之象"的所以然。

（七）变：《周易》之主题

"非天下之至变，其孰与于此。"

一切都是变化的！这是中华先贤对自然世界即宇宙的基本把握。

天文是变化的！

地理是变化的！《诗经·小雅·十月之交》："高岸为谷，深谷为陵。"请看，《诗经》时代的先贤，研究认识到了大地的变化。大地变化，有高岸深谷之变，有沧海桑田之变。

天在变化，地在变化，日月在变化，小花小草、小鱼小虾在变化。

一切都是变化的！

人文中有了阴阳之变，有了道之变。

变化是绝对的！

不认识变化，不适应变化，就会被自然淘汰。所以，《系辞下》有了"唯变所适"的谆谆教导。

（八）《史记》与《汉书》中的"参伍以变"

《史记》与《汉书》之中，均有"参伍以变"的记载，但是这里只有原则上的天文解释，并没有定量的天文历法解释。笔者将史书中的三条"参伍以变"摘录于此，供读者朋友参考。

其一，《史记·天官书》："为天数者，必通三五。终始古今，深观时变，察其精粗，则天官备矣。"

其二，《史记·天官书》："仰则观象于天，俯则法类于地。天则有日月，地则有阴阳。天有五星，地有五行。"

其三，《汉书·律历志》："《易》曰：'参伍以变，错综其数。通其变，遂成天下之文；极其数，遂定天下之象。'太极运三辰五星于上，而元气转三统五行于下。其于人，皇极统三德五事。故三辰之合于三统也，日合于天统，月合于地统，斗合于人统。五星之合于五行，水合于辰星，火合于荧惑，金合于太白，木合于岁星，土合于镇星。三辰五星而相经纬也。"

四、 无思无为： 自然易的又一评价

"易，无思也，无为也，寂然不动，感而遂通天下之故。非天下之至神，其孰能与于此。"这一论断是对自然易的又一评价。

日月为易！

日月无思，但日月有为。

太阳之为，形成寒暑。

日月之为，形成昼夜，形成朔望。

寒暑、昼夜、朔望，是一切变化的总根源。

自然变化为神！

自然神，是理解这一论断的金钥匙。

五、 通天下之志， 成天下之务

"夫易，圣人之所以极深而研几也。唯深也，故能通天下之志。唯几也，故能成天下之务。唯神也，故不疾而速，不行而至。子曰：'易有圣人之道四焉者，此之谓也。'"

（一）研究自然易的出发点

研究自然易，出发点在何处？

在"极深而研几"。

"极深"，讲究的是弄懂弄通。

"研几"，讲究的是知精知微。

《帛书周易·系辞上》："区几之发，营辰之斗也。"

《周易·系辞下》："几者，动之微。"

几，《帛书周易》讲的是天文。

几，《周易》讲的是变化的精微点。

几点，就是天文变化点，就是节令点。进而言之，几点就是八节点，就是二十四节气的节令点。"清明时节雨纷纷"的清明节，就是几点。

几点，最重要的四个点是冬至夏至、春分秋分。

几点，最基础的两个点是冬至夏至。

研几，就是要能够认识节令点与预测节令点的气候变化。

（二）研究自然易的落脚点

研究自然易，落脚点在何处？

落脚在"通天下之志""成天下之务"上。

这里两次出现"天下"，这才是研究自然易的落脚点！

所谓"通天下之志"，首先是预知天文之旱涝，其次是预知万物之安康。

所谓"成天下之务"，首先办好天下之政事，其次是办好天下之能事。

《尚书·尧典》："期三百有六旬有六日，以闰月定四时，成岁。允厘百工，庶绩咸熙。"按照天文历法办好天下之政事，这里是例证之一。

《论语·卫灵公》："颜渊问'为邦'。子曰：'行夏之时，乘殷之辂。服周之冕。乐则韶舞。'""夏之时"，即夏历——夏代的天文历法。今天沿用的历，仍然是夏历。治理天下，历法第一，这是孔夫子的看法。按照天文历法办好天下之政事，这里是例证之二。

《管子·四时》："唯圣人知四时。不知四时，乃失国之基。""四时"者，历法之代名词也。不懂天文历法，治国就失去了根基，这是管子的看法。按照天文历法办好天下之政事，这里是例证之三。

《管子·五行》："昔者黄帝得蚩尤而明于天道……立五行以正天时，五官以正人位。人与天调，然后天地之美生。"五行是太阳历，是十个月五个季节的太阳历即十月太阳历。黄帝时代的第一要务是"正天时"。治理天下，以"正天时"为根本，这是管子的记载。按照天文历法办好天下之政事，这里是例证之四。

（三）太阳神，日影神

"唯神也，故不疾而速，不行而至。"

理解这里的神，必须从太阳神这里理解起。

理解这里的神，必须从日影神这里理解起。

太阳回归，"不疾而速，不行而至"。

日影长短两极的变化，"不疾而速，不行而至"。

太阳可以言天道，《管子·枢言》有"道之在天者，日也"之论。

日影可以言天道，《周髀算经·陈子模型》有"日中立竿测影，此一者，天道之数"之论。

道与神，同类而异名也。

道，是自然之道。

神，是自然之神。

道之行，"不疾而速，不行而至"。

神之行，"不疾而速，不行而至"。

（四）"圣人四道"的总结

"子曰：'易有圣人之道四焉'者，此之谓也。"这一论断是"圣人四道"的总结。

言语、行动、制器、卜筮，是"圣人四道"。

言语，依乎天理。

行动，依乎天道。

制器，尚象制器。

卜筮，观测天文，制定历法。

"圣人四道"，是行而论道之道，不是坐而论道之道。

第十一章

子曰："夫易，何为者也？夫易，开物成务，冒天下之道，如斯而已者也。"

是故圣人以通天下之志，以定天下之业，以断天下之疑。

是故蓍之德圆而神，卦之德方以知，六爻之义易以贡。圣人以此洗心，退藏于密，吉凶与民同患。神以知来，知以藏往，其孰能与于此哉。古之聪明睿知，神武而不杀者夫。

是以明于天之道，而察于民之故，是兴神物以前民用。圣人以此斋戒，以神明其德夫！

是故，阖户谓之坤，辟户谓之乾。一阖一辟谓之变，往来不穷谓之通。见乃谓之象，形乃谓之器，制而用之谓之法，利用出入，民咸用之谓之神。

是故易有太极，是生两仪，两仪生四象，四象生八卦，八卦生吉凶，吉凶生大业。

是故，法象莫大乎天地，变通莫大乎四时，悬象著明莫大乎日月，崇高莫大乎富贵。备物致用，立成器，以为天下利，莫大乎圣人。探赜索隐，钩深致远，以定天下之吉凶。成天下之亹亹者，莫大乎蓍龟。

是故天生神物，圣人则之。天地变化，圣人效之。天垂象，见吉凶，圣人象之。河出图，洛出书，圣人则之。

易有四象，所以示也。系辞焉，所以告也。定之以吉凶，所以断也。

解读

在这一章里，出现了太极，出现了八卦，出现了图书，这些都是人文中的基本要素。

弄懂了这些基本要素——太极、八卦、河图、洛书，就弄懂了这部《周易》。

弄懂了这些基本要素——太极、八卦、河图、洛书，就弄懂了中华先贤创造的人文。

一、 开物成务

"子曰：'夫易，何为者也？夫易，开物成务，冒天下之道，如斯而已者也。'"

明朝的宋应星，向世人向世界贡献了一部百科全书——《天工开物》。"百科全书"，首先是外国学者评价的。外国学者认为，《天工开物》一书为中国 17 世纪的工艺百科全书。

"开物"一词，就是出于《系辞上》的第十一章。

自然易，日月易，是天工开物之易。

学习《易》，研究《易》，是人工开物之易。

"开物"，是天地日月的自然行为。

"成务"，是《易》学习者的人工行为。

天地生万物，贤者能者制造新器具，发明新技术。用现代的话说，这就是天理与人理的统一。用《系辞》作者的话说，就是"冒天下之道"。

天工开物，人工也要开物。"如斯而已者也"，天理如此，人理如此也。

这里重温以下三个论断。

其一，《周易·系辞上》："生生之谓易。"

其二，《周易·系辞下》："天地之大德曰生。"

其三，《周易·系辞上》："天地变化，圣人效之。"

二、 通天下之志， 定天下之业， 断天下之疑

"是故，圣人以通天下之志，以定天下之业，以断天下之疑。"短短的一句话，三次出现"天下"。

一部《周易》，"天下"一词，出现了六十多次。

以天文化人文，以人文化天下，这就是《周易》之要旨。

"通天下之志，定天下之业，断天下之疑"，这是圣人之要旨。

"通天下之志"通在何处？通在天道天理与圣人之理的统一上。

寒暑有往来，圣人有进退，这就是"通天下之志"。

四时有序，天下大政有序，这就是"通天下之志"。

万物遵循四时之序，养生医病也必须遵循四时之序，这就是"通天下之志"。

天道大公无私，圣人也应该以大公无私之心传天下，以天下为天下人之天下，这就是"通天下之志"。

"定天下之业"定在何处？定在道器转化上。业，不是产业之业，而是事业之业。

何谓事业？道器转化就是事业。《系辞下》："形而上者谓之道，形而下者谓之器，化而裁之谓之变，推而行之谓之通，举而措之天下之民谓之事业。"形而下对应形而上，器对应道，"道器并重"的主张，就是在这一论断中出现的。认识道，再依乎道理转化器，将形而上的道理与形而下的器具一并交给天下之民，这就是"事业"。

这里要介绍一下汉高祖刘邦的一个故事：楚汉相争，刘邦取得了胜利，在未央宫设宴招待文官武将。当着文武大臣的面，刘邦奚落父亲说："始大人常以臣为无赖，不能治产业，不如仲力。今某之业所就孰与仲多？"将天下视为一家私产，始于无赖刘邦。从刘邦开始，历代开国皇帝都是把天下视为家业。刘邦视天下为私产的故事，由《史记·高祖本纪》所记载。与《系辞下》所界定的"事业"相比，汉高祖是不是太低下了?!

"断天下之疑"断在何处？断在预知天下之安危上。天下太平，是中华先贤所追求的一个终极目标。但是，有饮食之需就会有纷争。纷争，既会产生在内部，也会来自于外部。提前发现，提前预知，这就是"断天下之疑"。

预防内乱，卦中的哲理有"损上益下"之论。《道德经·第六十四章》中有"治之于其未乱"之论，《道德经·第七十七章》中有"损之有余而补不足"之论。《素问·四气调神大论》："圣人不治已病治未病，不治已乱治未乱。"这条哲理不但可以用于治病，而且可以用于治国。老子也说过类似的话。

预防外患，《系辞下》中有"弧矢之利，以威天下"的哲理。有锐利之器，有先进之器，才有威风凛凛之天下。有锐利之器，有先进之器，才能威慑外寇的觊觎之心。化天下靠文化，卫天下靠武化。

"通天下之志，定天下之业，断天下之疑"，从三个"天下"这里，是不是可以看出圣人创作《易》的目的?!

"通天下之志，定天下之业，断天下之疑"，三个"天下"这里，有算命术吗?!

三、 神以知来， 知以藏往

"是故蓍之德圆而神，卦之德方以知，六爻之义易以贡。圣人以此洗心，退藏于密，吉凶与民同患。神以知来，知以藏往，其孰能与于此哉。古之聪明睿知，神武而不杀者夫。"

（一）蓍草解

蓍，香草也。多年生草本，全草可入药，茎、叶可制香料。一种香草，无论如何有多重要，也不足以论天下大事。

《系辞》为何会出现这类香草？

这是因为蓍可以论阳论奇数！

《白虎通·蓍龟》："龟阴，故数奇也。蓍阳，故数偶也。"

这里还出现"方圆"之论。

"方圆"之论，相关于天地，相关于阴阳。

《大戴礼记·天圆》："天道曰圆，地道曰方，方曰幽而圆曰明。明者，吐气者也，是故外景。幽者，含气者也，是故内景。"

《吕氏春秋·圆道》："天道圆，地道方，圣王法之，所以立上下。何以说天道之圆也？精气一上一下也，圆周复杂，无所稽留，故曰天道圆。何以说地道之方也？万物殊类殊形，皆有分职，不能相为，故曰地道方。"

天道论圆，地道论方。蓍论圆，卦论方。以方圆为桥梁，蓍与卦可以类比于天与地。

这里之所以出现蓍草，是因为蓍草可以论阴阳之阳，可以论天，可以论奇偶之奇。

天圆地方，万物产生于方圆之中。生万物者为神。所以，蓍圆可以论神。

方，空间四面八方也。知，智也。空间中有无限的智慧。

六爻，可以表达时间，可以表达空间。时间中的太阳回归年的六个月，空间中十二地支的一半。贡与献同义。六爻以简易之易的姿态，把自然之至理献于天下。

（二）洗心的三种理

方之理，圆之理，六爻之理，这是圣人洗心的三种理。

圣人以此三种哲理洗涤心灵，进退于精密精美的天道之中，就可以与天下之民同忧同乐，同得同失。

这三种理，实际上就是天理地理时空之理。

（三）知往知来

明白了天地（方圆）之理，明白了时间空间（六爻）之理，就可以知道以下几种周期：太阳回归的周期；月亮圆缺的周期；寒往暑来的周期；昼往夜来的周期；万物生死的周期；人世间物极必反的周期……"神以知来，知以藏往"的奥秘就在这里。

这里讲"神以知来，知以藏往"，之后讲"彰往察来"，两者表述不同，而根本相通。

以自然法则论往来（历史与未来），以自然法则论吉凶（得失），以自然法则论进退（进取与隐退），这是圣人的应知应会。日月法则中有这样的智慧，自然法则中有这样的智慧，除此之外，还有谁具备这样的智慧呢？

（四）文化与武化

"古之聪明睿知，神武而不杀者夫。"这一论断讲的是"文而化之"与"武而化之"。

耳言聪，目言明；睿言通达，知言智慧。

聪，指耳朵的听力。《尚书·洪范》："听曰聪。"

明，指眼睛的观察能力。《管子·宙合》："见察谓之明。"

睿，指人的认识能力。《说文解字》："睿，深明也，通也。"

知，通智。智，指人的智力、智商。无所不知曰智。《管子·士农工商》："智者知之。"《管子·心术下》："一事能变曰智。"

"聪明睿知"，讲的是圣人之圣，贤人之贤，能人之能。

"聪明睿知"，讲的是以人文化天下的文而化之。

治理天下，一需要聪明才智，二需要神武之威力。

人文化天下，武化卫天下，这是治理天下最基本的两大原则。

武化，是对外的，是对外部敌寇的。武化之武，不是对内的，不是对付天下之民的。这就是"神武而不杀者夫"的意义所在。

如何一统天下，换言之，如何使天下一统？请看孟子与梁襄王的一段对话：

（梁惠王问）："天下恶乎定？"——天下如何才能安定？

吾对曰："定于一。"——天下一统才能安定！

"孰能一之？"——谁能够使天下一统？

曰："不嗜杀人者能一之。"——不嗜杀人的君王能够使天下一统。

孟子与梁惠王的这段对话，记载在《孟子·梁惠王上》。

"神武而不杀者夫。"希望天下治理者，能够记住《周易》的这句话。

"不嗜杀人者能一之。"希望天下治理者，能够记住孟子的这句话。

四、 明于天之道， 察于民之故

"是以明于天之道，而察于民之故，是兴神物，以前民用。圣人以此斋戒，以神明其德夫。"天在先，民在后；天道在先，民故在后；天与民一体而论，是这一论断的特色。

"明于天之道，察于民之故。"这是对天下治理者的两项基本要求。

"明于天道"之语，是在黄帝名下出现的。《管子·五行》："昔者黄帝得蚩尤而明于天道……立五行以正天时，五官以正人位。人与天调，然后天地之美生。"

指导生产，指导生活，是"明于天道"的落脚点，引导天下之民顺应天道，是天下治理者的基本责任。

（一） 明于天之道

"明于天之道"，涉及两大基础内容：一是要知道"天道在何处"；二是要知道"天道如何明"。

天道在何处？天道在太阳法则里，天道在日月法则里。请看以下论断：

1. 《黄帝内经》论天道 "阴阳者，天地之道也。"何谓天地之道？阴阳也。这是《素问·阴阳应象大论》中的答案。何谓阴阳？"日为阳，月为阴。"这是《素问·阴阳离合论》中的答案。——日月可以论天道。

2. 《周髀算经》论天道 "日中立竿测影，此一者，天道之数。"《周髀算经·陈子模型》告诉后人日影可以论天道。日影之数，就是天道之数。——太阳可以论天道。

3. 《逸周书》论天道 "万物春生夏长秋收冬藏，天地之正，四时之极，不易之道。"《逸周书·周月解》告诉后人，春夏秋冬四时可以论天道。——四时是太阳回归决定的。换言之，太阳可以论天道。

4. 《周易》论天道 "大明终始，六位时成，时乘六龙以御天。乾道变化，各正性命。"《周易·乾·象传》告诉后人，六时、六龙可以论天道。

六时、六龙是由大明决定的。大明为何？太阳也。——太阳可以论天道。

5. 《管子》论天道 《管子·枢言》："道之在天，日也。"不知天道在哪里？抬头看看太阳。看见了太阳，就看见了天道。——太阳可以论天道。

太阳单独可以论天道，日月两者联合可以论天道，知道太阳月亮在哪里，就知道天道在哪里！

知道天道在何处，那么如何明于天道呢？

答案只有一个，这就是：天文观测。

观测日出方位！

观测日影长短！

观测月亮圆缺！

从伏羲氏开始，中间经神农氏、黄帝，到尧舜，天文观测活动一直就没有停止过。

认识太阳回归的周期性与规律性，就是认识天道。

认识月亮圆缺的周期性与规律性，就是认识天道。

将太阳回归与月亮圆缺融合为一体，形成阴阳合历，就是认识天道。

明于天之道，就明在太阳历、太阴历与阴阳合历这里。

（二）察于民之故

"察于民之故"，涉及三方面的内容：一是要知道"人从何处来"；二是要知道"民与天的关系"；三是要知道"民与君的关系"。

1. 民从何处来 从天地中走来。请看下面三个论断。

其一，《素问·宝命全形论》："夫人生于地，悬命于天，天地合气，命之曰人。"

其二，《黄帝四经·经·果童》："夫民仰天而生，侍（待）地而食。以天为父，以地为母。"人，从天地中走来！

其三，《管子·内业》："凡人之生也，天出其精，地出其形，合此以为人。和乃生，不和不生。"

管子认为，人不是猴子变的，而是天地联合作用产生的。今天的人由夫妇而生，最初的人由天地而生。

知道"以天为父，以地为母"的哲理，还会有"战天斗地"的愚昧吗？"战天斗地"不就是"战父斗母"吗？

2. 民与天的关系 天民关系为何？天民一体！请看下面几个论断。

其一，《周易·革·彖传》："汤武革命，顺乎天而应乎人。"

这一论断告诉世人与后人，顺天即是应人，应人即是顺天。顺天与应人可以并列而论，得罪了人，如同得罪了天。

其二，《尚书·皋陶谟》："天聪明，自我民聪明。天明畏，自我民明威。"

——耳聪目明。聪明，指的是耳目。天有耳目吗？有！民的耳目就是天的耳目。天与民共用一双眼睛，共用两只耳朵。"天明畏，自我民明威。"这一论断指的是天的赏罚与民的赏罚具有一致性。

其三，《尚书·泰誓中》："天视自我民视，天听自我民听。"眼论视，耳论听。民看到的就等于天看到了，民听到的就等于天听到了。天与民共用一双眼睛，共用两只耳朵。

天的眼睛就是民的眼睛，天的耳朵就是民的耳朵。天民一体，这是中华元文化的基本点。这一基本点，败坏在董仲舒的"天子代表天"的谬论中。

3. 民与君的关系 民与君的关系为何？请看下面三个论断。

其一，《孟子·尽心下》："民为贵，社稷次之，君为轻。"——"民贵君轻"之论，出于孟子，始于道理。

其二，《汉书·郦食其列传》："王者以民为天，而民以食为天。"——"民以食为天"的哲理，被子孙牢牢地记住了；"王者以民为天"的哲理，被子孙完完全全、彻彻底底地忘记了。

其三，君民关系，最精辟的论述在《荀子》。《荀子·哀公》："君者，舟也；庶人者，水也。水则载舟，水是覆舟。"君民关系如水与舟，君为舟而民为水，但水能载舟，亦能覆舟。很多人以为"水能载舟，亦能覆舟"这句话源于唐太宗李世民，实际是源于荀子。

4. 知天知民 知天知民，是为君者的两大基本前提。《国语·楚语》："民，天之生也。知天，必知民矣。"

知天，即知道日月星辰运行的规律性与周期性。

知民，即知道民之所欲。源头的先贤，都是知民爱民、造福于民、有利于民的典范。有巢氏构木为巢，燧人氏钻木取火，伏羲氏结绳为网，神农氏揉木为耒耜，黄帝造舟车造臼杵造弓矢……

知天，以天道化育天下。知民，道器转化造福于民。

5. 天心无常，民心无常 为君者一定要知道"民心无常"这一基本规律。请看以下三个论断。

其一，《尚书·大甲下》："唯天无亲，克敬为亲；民罔常怀，怀于有仁。"

天，不可能保佑一家一姓永远做帝王，这就是"唯天无亲"。天，只亲近敬天爱民的帝王，这就是"克敬为亲"。民，不可能永远归附一家一姓的君主，这就是"民罔常怀"。民，只归附"忧民之忧，乐民之乐"的仁德之君，这就是"怀于有仁"。

其二，《尚书·咸有一德》："天难谌，命靡常。常厥德，保厥位。厥德非常，九有以亡。"

天命难测，命运无常，做君主的必须小心谨慎，修仁德行仁政，才能保其位，否则，会丧失天下。天，处罚过夏桀，处罚过殷纣。历史记载，这些行动都代表了天。所以《周易·革·象传》有"汤武革命而应乎人"的论断。

其三，《尚书·蔡仲之命》："皇天无亲，唯德是辅；民心无常，唯惠之怀。"

皇天无亲无疏，只辅助有德之人；民心无恒无常，只怀念造福于民的仁爱之君。

到了荀子，形成了"君有道从君，君无道从道"的哲理。

到了孟子，形成了"君如何视我，我如何视君"的哲理。

"君有道是君，君无道是贼。"这是真正的儒家文化。"君叫臣死，臣不死为不忠。"这是变质的儒家文化。

6. 民不可随心所欲 民，不是随心所欲之民，而是自觉遵守天道规则之民。《诗经·大雅·烝民》："天生烝民，有物有则。"烝民，众民也，天下大众也。天地生人，天地也为人规定了准则。例如昼夜、寒暑、四时、八节、二十四节气，这些无声的准则是必须自觉遵守的。

7. 从一场争论中看君民关系 君与民孰贱孰贵？《战国策》记载了一场争论。赵威后会见齐国使臣，见面之后，一番客气的问候，其顺序是这样的：赵威后先问岁，再问民，后问王。"使者不悦。曰：'臣奉使威后，今不问王，而先问岁与民，岂先贱而后尊贵者乎？'威后曰：'不然。苟无岁，何以有民？苟无民，何以有君？故有舍本而问末者耶？'"岁，指的是当年的收成。民，指的是齐国国民。王，指的是齐国国君。"民以食为天"，收成好坏，关乎民有食无食，所以赵威后先问岁。民为邦本，所以赵威后再问民。

最后问候的是齐王。民为本，君为末，民重君轻，这是赵威后的基本立场。赵威后的立场，继承的是中华元文化的立场。"不悦"之齐使应属于没有文化的诌媚小人。

以上回顾，是希望读者朋友理解"明于天之道，察于民之故"的真正含义。

五、 是兴神物， 以前民用

"是兴神物，以前民用。圣人以此斋戒，以神明其德夫。"

（一）是兴神物，以前民用

在"是兴神物，以前民用"这一论断中出现"神物"一说。

《系辞》讲"神物"，《象传》讲"神道"；"神物"与"神道"是什么呢？

是虚无缥缈吗？

不是！

应该是天文历法。请看以下依据：

其一，神道即四时之道。《周易·观·象传》："观天之神道，而四时不忒，圣人以神道设教，而天下服矣。"

请看，这里的"神道"是与"四时"并列而论的。"以神道设教"，应该是以四时设教。教育天下人认识四时，顺应四时，与四时合其序，这就是"圣人以神道设教"。还记得尸子的话吗？《尸子》："伏羲始画八卦，别八节而化天下。"八节化天下，四时化天下，这两者本质上完全一致。——神道指的是四时之道，四时之道属于太阳历。

其二，寒暑为神，昼夜为神。《周易·系辞上》："阴阳不测之谓神。"阴阳者，周岁之寒暑也。阴阳者，周日之昼夜也。寒暑，无人推动，自动循环。昼夜，无人推动，自动循环。这里的奇妙变化——"不测"，可以称为"神"。——神指的是寒暑昼夜的奇妙变化。寒暑属于太阳历，昼夜属于阴阳合历。

其三，变化为神。《周易·系辞上》："知变化之道者，知神之所为乎。"

《周易》谈变化，首先是从乾道开始的。《周易·乾·象传》："乾道变化，各正性命，保合大和，乃利贞。"乾道即天道，乾道即太阳之道。太阳之道即太阳历。变化首先是太阳回归的变化。太阳回归的变化决定着万物的生死变化。——变化之道即神道，神道即太阳回归之道。

其四，八卦通神。《周易·系辞下》："古者包羲氏之王天下也，仰则观象于天……于是始作八卦，以通神明之德，以类万物之情。"

八卦为太阳历的八节。

八卦通于神明，神明为何？

《文子·精诚》："阴阳四时非生万物也，雨露时降非养草木也，神明接，阴阳和，万物生矣。"文子告诉世人，神明与四时相关，与阴阳相关。四时阴阳与太阳历相关。——通神明，通的是太阳历。

《黄帝四经·经法·名理》："道者，神明之原也。"道为神明之原！《黄帝四经》告诉人们，神明实际上是道的代名词。太阳可以论道，日影可以论道。——道者，太阳之道。神明之神，太阳神也。

没有节令，不可能出现农业文明。

四时八节，是教化天下的。知道这一点，就知道"以前民用"的含义。

（二）斋戒敬神明

"圣人以此斋戒，以神明其德夫。"斋戒，即沐浴更衣、整洁身心。这是古人祭祀前以示虔诚的一种仪式。《孟子·离娄下》："虽有恶人，斋戒沐浴，则可以祀上帝。"

祭祀，祭什么呢？

祭上帝！

上帝在哪里？

在天文历法中！

《礼记·月令》记载了天子如何以隆重的仪式迎接"四立"——立春立夏立秋立冬的：

立春之日，天子亲帅三公、九卿、诸侯、大夫，以迎春于东郊。

立夏之日，天子亲帅三公、九卿、诸侯、大夫，以迎夏于南郊。

立秋之日，天子亲帅三公、九卿、诸侯、大夫，以迎秋于西郊。

立冬之日，天子亲帅三公、九卿、诸侯、大夫，以迎冬于北郊。

重视天文历法，敬畏天文历法，在中华大地上是有悠久历史的。

这里，要介绍苗族文化中的天文历法。

苗族没有文字，苗族文化是用古歌传承的。每到重大的节日，例如大年节与小年节，苗族同胞都会唱古歌。如此年年相传，口口相传，从古至今。

在苗族古歌中，制历是从盘古开天开始的，开天包括开历。女娲补天，其真实意义就是以太阳历补齐了月亮太阴历，最后制出了阴阳合历。苗族古歌中的故事，在汉代古墓中可以得到验证，因为汉墓中有女娲与伏羲，两人手中一人持规，一人持矩。规与矩，被《黄帝内经》解释为天文历法，被《吕氏春秋》《淮南子》解释为具体的春分秋分。

六、 阖辟之变

"是故阖户谓之坤，辟户谓之乾。一阖一辟谓之变，往来不穷谓之通。"这一论断讲的是太阳回归，讲的是寒暑循环。

阖，闭也；辟，开也。户，门户也。

阖户辟户者，关门开门也。

这里的阖辟，指的是阴阳二气的启闭之变。

分至启闭之变，《春秋左传》中有记载有解释。《春秋左传·昭公十七年》："玄鸟氏，司分者也；伯赵氏，司至者也；青鸟氏，司启者也；丹鸟氏，司闭者也。"

A 氏 B 氏 C 氏 D 氏，官员之姓氏也。

司令之司，主管也。

分，春分秋分；至，冬至夏至；启，立春立夏；闭，立秋立冬。分至启闭者，太阳历的八节也。

分至启闭之变，是在黄帝、太昊、少昊、共工名下记载的，这是《春秋左传》的记载。

此处的阖辟之变为什么与乾坤相联系？

乾，阳也；坤，阴也。

阳气论辟（开），阴气论阖（闭）。

阳气开在何处？阴气闭在何时？阴阳二气阖辟在冬至夏至"两至"之时——冬至一阳升，夏至一阴降。

冬至夏至，一岁一循环，一环扣一环，环环相连。

变，变在太阳回归中，变在寒暑往来中，变在万物变化中。

通，通在寒往暑来，暑往寒来中。

明白了"两至"的无限循环，明白了寒暑的无限循环才能真正明白"阖户谓之坤，辟户谓之乾。一阖一辟谓之变，往来不穷谓之通"。阖辟之变，就是"两至"的循环。

七、 象·器·法·神

"见乃谓之象，形乃谓之器，制而用之谓之法，利用出入，民咸用之谓之神。"这里又归纳出了四个概念——象、器、法、神。

看得见的是象——在天成象。

摸得着的是器——一物是器，万物是器；网罟是器，耒耜是器，弓矢是器。

仿照象制造器，这就是法则之法。

天下之民会使用新器具，这就是神奇之神。

八、 太极裂变与宇宙起源

"是故易有太极，是生两仪，两仪生四象，四象生八卦，八卦生吉凶，吉凶生大业。"这一论断解释的是"宇宙发生论"。

宇宙如何发生？这一问题是人类先贤共同关注的问题，也是每一种文化、每一种宗教必须回答的问题。

《圣经》用神解答了宇宙发生问题，整个宇宙是神创造的。——神，是形象之神。

《五十奥义书》用大梵解答了宇宙发生问题，整个宇宙是大梵创造的。——大梵，是抽象的概念。

《道德经》用道解答了宇宙发生问题，整个宇宙是神创造的。——道，是抽象的概念。

《周易》用太极解答了宇宙发生问题，整个宇宙是神创造的。——太极，是抽象的概念。

敬请记住，宇宙发生的方式，是太极的分裂而变。分裂而变的形式，是一分为二，二分为四，四分为八……

太极，除了宇宙发生论之外，还有天文历法意义。

站在太阳历的立场上看，太极是太阳回归形成的寒暑。寒暑一分为二，又合二为一。寒论阴，暑论阳；阴阳一分为二，又合二为一。寒暑阴阳，形成流传千古，跨越海峡两岸、太平洋两岸的太极图。太极之图既是抽象之图，又是形象之图。

寒暑一分为四为春夏秋冬，这就是四象。春夏秋冬四时有一个代名词，即：少阴太阴，少阳太阳。《汉书·律历志上》有详细的对应：太阴对应冬，太阳对应夏；少阳对应春，少阴对应秋。

四象一分为八为八节——冬至夏至、春分秋分、立春立夏立秋立冬，这就是八卦。

如此解释，笔者有两个依据：一是华族的尸子把八卦解释为八节；二是彝族文化把八卦解释为八节。如果八卦是太阳历的八节，那么演化八卦的太极会与太阳历无关吗？

九、 备物致用， 以利天下

"是故，法象莫大乎天地，变通莫大乎四时，悬象着明莫大乎日月，崇高莫大乎富贵。备物致用，立成器，以为天下利，莫大乎圣人。"这里五次出现"莫大乎"。

所谓"莫大乎"，最好莫过于此也，最大莫过于此也。

五次出现"莫大乎"，讲的是两个创造：一是从天文到人文的创造；二是从天理到器具的创造。

"法象莫大乎天地。"仰观天文，俯察地理，然后创作了八卦。"八卦成列，象在其中矣。"从天文到人文，圣人的作品是八卦——八卦就是象。从天文地理自然法则入手，才能明白"法象莫大乎天地"这句话的真正含义。——从天文到人文，起始点在效法天地。

"变通莫大乎四时。"四时为治国之本，经典的记载，是从《尚书·尧典》开始的。《尚书·尧典》："期三百有六旬有六日，以闰月定四时，成岁。允厘百工，庶绩咸熙。"四时为治国之本，诸子中最经典的论述，是在《管子·四时》出现的。《管子·四时》："唯圣人知四时。不知四时，乃失国之基。"四时变化，治理天下的大政方针也要随四时而变化。从这里入手，才能明白"变通莫大乎四时"这句话的真谛。——从天文到人文，时序第一要紧。

"悬象着明莫大乎日月。"万物生长靠太阳！这句话揭示的是太阳与人文的关系。日月无私照，日月有大公无私的品德。日诚出诚入，月信死月信生，日月有诚信的品德。日月之明是君王效仿的榜样，这里演化出了"与日月合其明"的哲理。太阳回归有一定之数，月亮圆缺有一定之数，中华大地上的算学就是从太阳历、太阴历开始的。太阳回归决定着寒暑，寒阴暑阳，人文的大根大本的一阴一阳，是从太阳历开始的。夜阴昼阳，人文的大根大本的一阴一阳，是由阴阳合历延续的。明白了以上内容，才能明白"悬象着明莫大乎日月"这句话的真正含义。——从天文到人文，效法日月是两大基本点。

"崇高莫大乎富贵"，这句话直接转入了人文。人文第一要，讲的是富贵。以"崇高"二字评价富贵，将富贵列入了人文。讲人文首先讲的是富贵，这是《周易》的基本立场。富，富在何处？富在财富上。贵，贵在何处？贵在品德——诚信，道义，责任与使命上。财富与品德，两分而一体，是密不可分的。富而贵，是崇高的。富而贱，是低下的。没有诚信，不讲道义，没有责任感与使命感，如此者，贱也；即使拥有大量的财富，也称不起一个"贵"字。富与贵是人的欲望，但富贵不从正道而来，是不能接受的，这是孔子的看法。《论语·里仁》："富与贵，是人之所欲也。不以其道得之，不处也。"——人文之文，是崇尚富贵的。

"备物致用，立成器，以为天下利，莫大乎圣人。"这句话谈的仍然是人文。人文第二要，讲的是圣人两大作为——"备物致用"与"立成器"。备天下之物，致天下之用，这是"备物致用"。"立成器"，尚象制器、道器转化也。"备物致用"与"立成器"的目的，不是为了一己之私，而是为了天下——为天下谋利。此处需要说明的一点是，"经世致用"中的"致用"二字，就是从这一论断出发的。——人文之文，崇尚的圣人，不是坐而论道者，而是行而论道者。圣人之圣，必须是有大功于天下者，必须是有利于天下者。

十、 从天文到人文： 图书的形成

"探赜索隐，钩深致远，以定天下之吉凶。成天下之亹亹者，莫大乎著龟。是故天生神物，圣人则之。天地变化，圣人效之。天垂象，见吉凶，圣人象之。河出图，洛出书，圣人则之。易有四象，所以示也。系辞焉，所以告也。定之以吉凶，所以断也。"这一大段话，谈的是人文的具体创造。

研究太阳，认识阴阳。

研究太阳，创造了中华大地上的第一部书。

研究太阳月亮北斗，创造了中华大地上的第一张图。

人文之始的图与书，就是在这段话中出现的。

理解这段话，对于理解中华元文化十分重要。细论如下：

（一）吉凶即得失：治理天下者必须明白的道理

"探赜索隐，钩深致远，以定天下之吉凶。"

探，探宝之探；索，搜索之索。赜，深邃繁杂也；隐，隐藏也。"探赜索隐"，把深邃繁杂的现象弄清楚，把隐藏的那一面展现出来。

钩，鱼钩之钩；致，到达之致。"钩深致远"，把深处的法则钩出来，推测远处不可知的事物。

在"探赜索隐，钩深致远"前提下"以定天下之吉凶"。

吉凶即得失！

"定天下之吉凶"定的是什么？定的是天下之寒暑。寒暑，决定着万物的生死。——寒暑之中有天下之得失。

"定天下之吉凶"定的是什么？定的是天下之四时。四时，决定着万物的生长收藏。——四时之中有天下之得失。

"定天下之吉凶"定的是什么？定的是天下之八节。八节，决定着八种风向。——八风之中有天下之得失。

"定天下之吉凶"定的是什么？定的是天下十二月、二十四节气。十二月、二十四节气决定着农业种植与收获，决定着渔民的出海与休渔，决定着牧民的放牧与休牧。——十二月、二十四节气之中有天下之得失。

（二）蓍龟即阴阳：研究《周易》者必须明白的道理

"成天下之亹亹者，莫大乎蓍龟。"

亹亹，勤勉不倦也。亹亹者，勤勉不倦者也。《诗经·大雅·文王》："亹亹文王，令闻不已。"

蓍，蓍草也。龟，龟壳也。

龟阴，故数偶也。蓍阳，故数奇也。这是《白虎通·蓍龟》对蓍龟的界定。

化天下，首先用的是太阳历。

太阳历，最关键的是冬至夏至。冬至，太阳回归年的起始点。夏至，太阳回归年的转折点。冬至阳旦，夏至阴旦。阴阳，就是从"两至"出发的。

化天下者，一定要懂得太阳法则。

要弄懂太阳法则，首先要弄懂阴阳。

著龟，阴阳之代名词也。

用著龟隐喻阴阳，这是《系辞》作者的本义。问题是后世的子孙忘记了阴阳，而记住了著草与龟壳。

成天下之勤勉不倦者，首先重视的是天文历法。这里有必要回顾五位先贤：

第一位是伏羲氏。伏羲氏治历的记载，经典有《周易》与《周髀算经》，诸子之中有尸子。《周髀算经·商高定理》："古者包牺立周天历度。"《尸子》："伏羲始画八卦，别八节而化天下。"仰观天文，俯察地理之后，伏羲氏创作了八卦，这是《系辞下》的记载。——伏羲氏是中华大地上最早的太阳历制定者。

第二位是神农氏。神农氏治历的记载，经典有《周髀算经》。《周髀算经·日月历法》："古者包牺神农，制作为历。"——制定天文历法，神农氏同样是勤勉不倦者。敬请记住，在《周髀算经》中，神农氏与包牺（伏羲氏）是并列出现的。

第三位是黄帝。关于黄帝治历的记载，诸子之中有管子，汉代文献中有《史记》。"黄帝得蚩尤而明于天道，立五行以正天时"，这是《管子·五行》篇的记载。"盖黄帝考定星历，建立五行，起消息，正闰余。"这是《史记·历书》的记载。——黄帝时代，第一重视的仍然是天文历法。

第四位是颛顼。颛顼治历的记载，中原有《史记》，边陲有夜郎后人的文献。《史记》开篇第一篇《五帝本纪第一》中的颛顼，其功绩之一是"载时以象天"，功绩之二是"治气以教化"。颛顼历，传播范围已经达到东西南北的边远地区——"北至于幽陵，南至于交趾，西至于流沙，东至于蟠木"。今天的彝族同胞，古之夜郎国后人，他们至今仍然纪念颛顼。彝族文献文物中都可以看到颛顼的记载。笔者手中有《精气易发微——彝族文献精气易八卦方法数理研究》与《彝族历史文化研究文集》两部彝族文献，是贵州毕节彝族学者龙正清先生的大作。这两部彝族文献几处出现颛顼。这里引用两条，其一是"彝族至今尚以十月初一过年，是对先祖颛顼的纪念"；其二是云南首府昆明，彝语意思"日正当空"与颛顼号"高阳"相吻合。——以太阳历化天下，颛顼赢得了彝族同胞的衷心爱戴，上下几千年，至今不变。

第五位是尧。《尚书·尧典》中的尧，第一大功绩就是"历象日月星辰，敬授民时。""历象日月星辰"是天文观测，"敬授民时"是制定化育天下的历法。——以天文历法化天下，尧的美名，流传至今。

这里有必要介绍苗族、羌族两个兄弟民族关于天文历法的记载与传说：

苗族的传说。盘古开天，其中包括开历；女娲补天，其中包括补历。盘古开历，传承在苗族古歌里，前面已有介绍。此处介绍一下女娲补历。据湘西苗族学者吴心源先生考证：盘古历为二十八宿历，一月二十八天，一年十三个月，则一年364天。女娲补历，每24年补进了一月（30天），30天是28天加上天日、地日各一天。

$$364 \times 24 + 30 = 8736 + 30 = 8766$$
$$8766 \div 24 = 365.25$$

365.25，这个数据是在《周髀算经·日月历法》中出现的。这个数据，是太阳历的数据。

女娲补历，赶齐了太阳历。女娲补历，补出的是阴阳合历。

365.25是不是女娲时代的数据，可以商榷，可以讨论，但是汉墓中女娲与伏羲却是共同出现的。汉墓中的女娲与伏羲，两人手中一人拿规，一人拿矩。规与矩隐喻着什么？答：天文历法。

规矩权衡，隐喻春夏秋冬四时，这是《素问·阴阳应象大论》的解释。

规与矩，隐喻的是春分秋分，这是《淮南子·时则训》的解释。

如果说，伏羲氏创立的八卦是太阳历的八节，那么，女娲补天即女娲补历之说，绝非空穴来风。

羌族的传说。笔者在成都，亲自听到羌族同胞如下的介绍：燧人氏是羌族先贤。燧人氏在昆仑山立竿测影，制定出了太阳历。

如果亹亹者即勤勉不倦者，那么其勤勉在哪里？不倦在何方？勤勉在天文观测里，不倦在制定天文历法的活动中。

观天文制定天文历法，首先要认识周岁的阴阳（寒暑），其次要认识周日的阴阳（昼夜），蓍龟就是阴阳的代名词。知道以上的内容，有助于真正理解"成天下之亹亹者，莫大乎蓍龟"这句话。

笔者认为，以蓍龟隐喻阴阳，完全没有必要。正是这句话，引起了数千年的文化变质——把大道变为邪术，把表达天文历法的卦解释为"满嘴跑舌头"的算命术。

姜太公不信算命术，前面已有介绍，希望后世子孙能够记住姜太公的

"枯骨死草，何知吉凶"这句话。

庄子同样不相信算命术。庄子以两个故事为例，轻松地调侃了算命术。

故事一：列子的老师算命。这个故事是在《庄子·应帝王》中出现的。大意如下：

郑国有一个神巫季咸，能"知人之生死、存亡、祸福、寿夭……"。季咸的预测，能够精确到年、月、日，世人视其如神。列子结识季咸后，对其佩服得五体投地。列子对自己的老师壶子说："原来我觉得先生已经达到了最高境界，没有想到还有比您更高的！"壶子问清原委之后，让列子把季咸请来给自己预测。季咸先后给壶子预测了四次。

第一次的预测结果是：壶子的死期在十天之内。

第二次的预测结果是：又有了生机。

第三次的预测结果是：壶子内心世界与外表不一，无法预测。

第四次，季咸一见壶子扭头就跑，列子追也没追上。

壶子这时告诉列子说："刚才我所显示的是道的境界，我心境万象俱空，随机应变，像草一样随风摇摆，像水一样随波逐流，他怎么能预测得了呢？"

壶子以四种心境示之四种不同的神态，季咸的四次预测，仅仅从表象上进行判断，所以出现四个结果。最后，不得不逃之夭夭。

故事二：宋元君做梦。这个故事是在《庄子·外物》中出现的。大意如下：

宋元君梦见一位披头散发的人向他求救，说是一个叫余且的渔民捉住了他。宋元君梦醒之后，让人占卜，答案为："这是一只神龟求救。"宋元君从余且那里把神龟弄到了手，是杀是放，犹豫再三，最后又是用占卜做出决断。占卜的结果是："杀掉神龟用来进行占卜。"于是，宋元君开膛剖肚，杀掉了神龟，并钻了七十二个眼用之占卜，次次都灵验。

神龟从余且手中逃脱，又在宋元君手中丧生。预测别人的事次次灵验，自己却逃脱不了开膛剖肚的厄运。如此滑稽的结局，是不是庄子对龟壳占卜的调侃？！

司马迁不相信算命术。司马迁以汉孝武帝办喜事为例，狠狠地挖苦了算命术。这个故事，是在《史记·日者列传》中出现的：

"孝武帝时，聚会占家问之，某日可取妇乎？五行家曰可，堪舆曰不可，建除家曰不吉，丛辰家曰大凶，历家曰小凶，天人家曰小吉，太一家曰大吉。"

皇帝办喜事，当然需要一个好日子。结果是七家算命先生，占出了完全不同的结论——大吉、大凶；小吉、小凶；可、不可。

如此滑稽的结局，是不是司马迁对算命术的批判?!

《诗经·小雅·小旻》："我龟既厌，不我告犹。"这句诗的意思是：龟甲已经厌恶我们了，占卜不出正确的吉凶判断了。人事占卜，在《诗经》时代已经无济于事；几千年后的今天，占卜还会有用吗?!

源头的先贤，个个都是天文观测者，个个都是历法制定者，后世子孙一个劲儿地算命，一个劲儿地希望"天上掉馅饼"，这是不是一种变质?! 西方谚语有云："播下的是龙种，收获的是跳蚤。"以这句谚语为标准，面对从天文卦到算命卦的前后变化，亲爱的朋友，您有何感想呢?

（三）神物即历法：《周易》研究者必须明白的道理

"是故天生神物，圣人则之。"这里出现"天生神物"之说，还出现"圣人则之"之说。

何为"神物"? 请看《周易·观·象传》的"神道"之说："观天之神道，而四时不忒，圣人以神道设教，而天下服矣。"

"神道"，即四时之道。四时论道，《逸周书》中就有此说。《逸周书·周月》："万物春生、夏长、秋收、冬藏。天地之正，四时之极，不易之道。"春夏秋冬四时，可以论"不易之道"，可以论天道，可以论神道。

"是故天生神物，圣人则之"。则，效法也，以此为准也。圣人则神物，则的是寒暑，则的是四时，则的是太阳法则。圣人必须知四时，请看《管子》与《庄子》中的两个论断。

其一，《管子·四时》："唯圣人知四时。"

其二，《庄子·四时》："天地有大美而不言，四时有明法而不议，万物有成理而不说。圣人者，原天地之美而达万物之理，是故至人无为，大圣不作，观于天地之谓也。"

（四）圣人效天地

"天地变化，圣人效之。"

1. 以天为师　凡是人，都应该以天为师，都应该以天为榜样，这是《周易》的基本立场。

《周易·乾·象传》诠释六十四卦第一卦，诠释出了君子之理——"天行健，君子以自强不息。"请看，君子应该以天为师。

《周易·乾·文言》诠释六十四卦第一卦，诠释出了大人之理——"夫大人者，与天地合其德。"请看，大人应该以天为师。

《系辞》诠释卦，诠释出了圣人之理——"天地变化，圣人效之。"请看，圣人应该以天为师。

效法天地，老子在《道德经·第二十五章》留下了一句千古流传的名言："人法地，地法天，天法道，道法自然。"

效法天，孔子在《论语》留下了一句千古流传的名言："唯天为大，唯尧则之。"

效法天地，以天为师，是中华元文化的基本立场。

效法天地，以天为师，是产生中华文明的基本前提。

"以吏为师"，这是秦代李斯提出的主张；"以君为纲"，这是汉代董仲舒提出的主张；这两个主张，都有悖于中华元文化的基本立场。历史证明，中华民族的一步步落后，就是落后在"以吏为师"与"以君为纲"这里。

2. 以天为师的落脚点　以天为师，不仅仅是一个原则，而且有非常实用的落脚点。效法天地，其落脚点在什么地方呢？笔者的总结如下：

第一是制定历法。伏羲氏仰观天文，俯察地理，第一成果是创作八卦。八卦，是太阳与地球的八个对应点。八个对应点，八种气候，八种方位。从天文到人文，八卦是一个里程碑。

第二是创造器具。伏羲氏第二个成果是结绳为网。网罟一可以捕鱼，二可以狩猎。人文创造者，又是器具创造者，圣人必须行而论道，伏羲氏树立了永恒的榜样。

第三是效法天地之品德。治理天下的圣人必须与天地合其德——天无私覆，地无私载，日月无私照，与天地合其德，就合在天下为公的大公无私上。

第四是效法日月之明。治理天下的圣人必须与日月合其明。日月之明，光照天下，没有一丝一毫的私心私欲。日诚出诚入，月信死信生。诚信，是治理天下的圣人应该具有的基本素质。治理天下者，决不能失信于天下。

第五是效法四时之序。春生夏长秋收冬藏，四时之序，天之大道。圣人治理天下，其法令必须与四时合其序。

第六是效法天地的生生之德。《系辞下》："天地之大德曰生。"天地之生生，生出万物。圣人之生生，生出什么呢？圣人之生生，生出新文化，生出新器具，生出新技术，生出新礼仪。

第七是效法天地日新月异之新。"日新之谓盛德。"天地之间一天一个新面貌，一月一个新面貌，日日更新，月月更新。圣人效法天地，也应该日日新，又日新。

第八是效法天地永不停步的变化。日月是变化的！昼夜是变化的！寒暑是变化的！天地是变化的！从这里中华先贤抽象出了"易穷则变"的哲理，进而抽象出了"变则通，通则久"的哲理。变化是绝对的。守旧，相悖于天理，相悖于日月之理，相悖于"易穷则变"的哲理。

第九是效法天地有序的进退。天地变化，变化出了寒暑之间的有序之进退；太阳变化，变化出了日影长短两极之间的有序之进退。进退有序，是天地之理，是太阳之理。治理天下的圣人，必须懂得进退之理。自己有利于天下时，进；后人有利于天下时，退。尧、舜合时而进，合时而退。尧舜之美名之所以流传千古的原因有二：一是有大功于天下，二是知道有序之进退。千万别小看了这"进退"二字，家天下之后的称王称帝者，没有几个认识这"进退"二字的。厮杀别人而进，被别人厮杀而退。当时威风凛凛，过后跳梁小丑。

（五）天垂象，圣人象之

"天垂象，见吉凶，圣人象之。"

"天垂象"，垂的是自然之象，垂的是气候之象。"圣人象之"，创造的是人文之象。

"在天成象。"象在哪里？象在天上。《系辞上》在"天"与"象"之间建立起了必然的联系。

"圣人设卦观象。"象在哪里？象在卦中。《系辞上》在"卦"与"象"之间建立起了必然的联系。

"刚柔者，昼夜之象也。"象具体在哪里？象在昼夜中。《系辞上》在"昼夜"与"象"之间建立起了必然的联系。

"两仪生四象，四象生八卦。"八卦是太阳历的八节，这是尸子的结论。八卦是太阳历的八节，这是彝族八卦的结论。如果说八卦是太阳历的八节，那么，毫无疑问，四象就是涵盖八节的春夏秋冬，两仪就是涵盖春夏秋冬的寒暑。笔者在"寒暑四时"与"象"之间建立起了必然的联系。

"天垂象"，垂的是寒暑，垂的是四时，垂的是八节；"圣人象之"，是把这些自然之象转化为人文之象——天文历法。圣人将自然之象规定在历法里，这里就使生活生产有了规矩，有了准绳。

（六）从天文到人文：图书的形成

"河出图，洛出书，圣人则之。"这十个字组成的一句话，是至关重要的一句话。

中华大地上的第一部书——洛书，是在这里出现的。

中华大地上的第一张图——河图，是在这里出现的。

八卦，是圣人的作品；图书，是圣人则之的圣物；显然，图书的地位要远远高于八卦。从天文到人文，八卦是一个重大的里程碑。那么，图书是什么呢？

中原华夏，有图书之名，无图书之解。

书，表达的是什么呢？

图，表达的是什么呢？

两个根本性的、巨大的千古之谜就此产生！

万幸的是，彝族文化不但保留有图书，而且还保留了对图书的合理解释——书表十月太阳历，图表十二月阴阳合历。这一解释，完全符合"天文学是人类第一学，历法是人类第一法"的历史。

彝族文化是如何解释的？详细介绍如下：

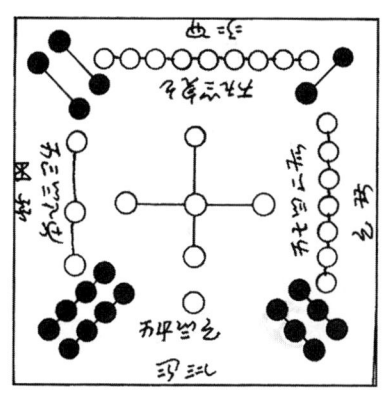

彝族鲁素（龙书）

其一，彝族文化所解释的书。

书之名：鲁素（音近洛书），汉语意思为"龙书"。

书之形：书由○●两个抽象符号所组成。

○为阳，代表奇数；●为阴，代表偶数。奇偶之数，又称天地之数。○●两个抽象符号，在空间中的摆布，彝族典籍《土鲁窦吉》中有这样的歌谣：

> 天一与天九，合二生成十，居北方南方。
>
> 天三与天七，合二生成十，居东方西方。
>
> 地二与地八，合二生成十，居西南东北。
>
> 地四与地六，合二生成十，居东南西北。

图形之中，中央的位置上出现的奇数五——五居中央。

$$1+9=10$$
$$2+8=10$$
$$3+7=10$$
$$4+6=10$$

合十，即上下两数之和为十，是龙书的基本特征。

这首歌谣，《土鲁窦吉》中有，《西南彝志》中有，《宇宙人文论》中有，总之，在彝族典籍中广泛分布。书之根本性与重要性，此处可见一斑。

书中的奇偶之数是各就各位的，换言之，奇偶之数是分别而居的。奇数阳数居于东西南北四方，偶数阴数居于东南、西南、东北、西北四隅。

书之义：表达文字之前的十月太阳历，是书的根本意义。

十月太阳历的十个月一分为二，分前半年与后半年，前半年为阳年，后半年为阴年。——阴阳在此出现。

十月太阳历分十个月，十个月的月序可以用抽象的甲乙丙丁戊己庚辛壬癸来表达。——十天干在此出现。

十月太阳历分五季，五季称五行。五行名称为金木水火土。——五行在此出现。

五行排列顺序为：木一行，火一行，土一行，金一行，水一行。五行顺序以木行为首，以水为终，以土为中。

金木水火土五行与东西南北中五方之间是对应关系。具体对应关系如下：

> 木对应东方；
>
> 金对应西方；
>
> 火对应南方；
>
> 水对应北方；

土对应中央。

五行属于时间，五方属于空间。时空一体的时空观，确立在了十月太阳历。十月太阳历的五行——五个季节——是用奇偶之数表达的。表达方式如下：

奇数 3，表达木一行；

奇数 9，表达火一行；

奇数 7，表达金一行；

奇数 1，表达水一行；

奇数 5，统帅 2、4、6、8 四个偶数表达土一行。

五行的天数是一行 72 天。木一行 72 天；火一行 72 天；金一行 72 天；水一行 72 天。四个奇数 3、9、7、1 各代表 72 天。木火金水四行，一共 288 天。

五行每一行分两个月，每月 36 天。18 天一个节气，每月两个节气，一年分二十节气。敬请记住，二十节气不能精确地指导农业生产中的下种与收获。所以出现"后羿射日"的历法改革。"射日"这个故事，汉族有，彝族有，苗族同样有。"射日"的故事相同，不同的是射日者的名字。十个太阳射掉九个，神话故事背后的真正含义是太阳历的改革——十月太阳历改革为十二月太阳历；二十节气改革为二十四节气。

每月 36 天分三旬，一旬 12 天。12 天的顺序可以用抽象的子丑寅卯辰巳午未申酉戌亥来表达。——十二地支在此出现。

四个偶数 2、4、6、8 各代表 18 天，四个偶数一共 72 天。奇数 5 统帅的四个偶数表达土一行。土一行的天数为：$18 \times 4 = 72$（天）。

彝族十月太阳历对土一行的解释非常重要。只有用十月太阳历土一行的时间属性，才能解释《黄帝内经》中脾对应四时之末 18 天的所以然。

五行的总天数为：$288 + 72 = 360$（天）。

太阳回归即地球公转是不匀速运动，四年之中有三年为 365 天，有一年是 366 天，这是中华先贤发现的规律。

$$365 - 360 = 5（天）$$

$$366 - 360 = 6（天）$$

这 5 天或 6 天不计入五行，彝族先贤用来安排两个年节——冬至过大年，夏至过小年。

四年之中三个平年，平年的大年过 3 天，小年过 2 天。如此，太阳回归年的 365 天得到了合理安排。

四年之中安排一个闰年，闰年的大小两个年节均过 3 天。如此，太阳回归年的 366 天得到了合理安排。

彝族文化告诉世人，文字之前的鲁素，表达的是十月太阳历。

彝族的鲁素，华族的洛书，这就是中华大地上的第一部书。

阴阳五行，根源在十月太阳历，表达在第一部书。

天干地支，根源在十月太阳历，表达在第一部书。

72 与 36 这两个数据，根源在十月太阳历，表达在第一部书。

时空一体的时空观，根源在十月太阳历，表达在第一部书。

可以这样说，十月太阳历奠定了中华大地上的人文基础，表达十月太阳历形成了中华大地上的第一部书。

中华文化的成熟点在十月太阳历！

中华文化的成熟点在第一部书。

必须说明的是，十月太阳历在中原失传了。失去了十月太阳历，阴阳五行、天干地支、72 与 36 这组数据就成了无源之水，无本之木。第一部书就成了神话。万幸的是，十月太阳历在彝族文化里还有保留。笔者在此向保留十月太阳历的彝族同胞表示深深的敬意。

其二，彝族文化所解释的图。

图之名：付托（音近河图），汉语意思为"联姻"。

图之形：图，仍然由○●两个抽象符号所组成。与书不同的是，○与●是一起出现的。联姻，讲的就是阴阳联姻、奇偶联姻。

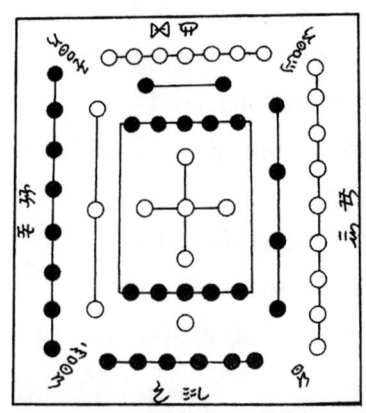

彝族付托

○●两个抽象符号，在空间中的摆布，彝族典籍《土鲁窦吉》中有这样的歌谣：

天一地六水，

地二天七火，

天三地八木，

地四天九金，

天五地十土。

$$6-1=5$$
$$7-2=5$$
$$8-3=5$$
$$9-4=5$$
$$10-5=5$$

差五，即阴阳两数之间的相减之差为五，是付托数字上的重要特征。

这首歌谣，《土鲁窦吉》中有，《西南彝志》中有，《宇宙人文论》中有，总之，在彝族典籍中广泛分布。图之根本性与重要性，此处可见一斑。

奇偶之数分别出现，这是书的特征。奇偶之数一起出现，这是图的特征。

图之义：表达文字之前的十二月阴阳合历，是图的根本意义。

阴阳合历是太阳历、太阴历、北斗历三历合一的历。

太阳历分十二个月，月序用子丑寅卯辰巳午未申酉戌亥来表达。——十二地支的功能在阴阳合历中用于记月。

十二个月每个月30天，30天分三旬，一旬10天，顺序用甲乙丙丁戊己庚辛壬癸来表达。——十天干的功能在阴阳合历中用于记天。

十二月太阳历分四季，春夏秋冬。春夏秋冬用奇偶之数联合（联姻）表达的。表达方式如下。

奇偶之数组成的一六，表达四时之冬；

奇偶之数组成的二七，表达四时之夏；

奇偶之数组成的三八，表达四时之春；

奇偶之数组成的四九，表达四时之秋；

奇偶之数组成的五十，表达统领四方的中央。

图中的五行结构：书中的五行时空结构在图中得到了完美地保留。

一与六，表达北方水；

二与七，表达南方火；

三与八，表达东方木；

四与九，表达西方金；

五与十，表达中央土。

五行时空结构在图的继承，彝族同胞用一个"五兄弟分家"的故事作出了解答。这个故事，非常形象，非常有故事性；看，能让人过目不忘；听，能让人过耳不忘。再次摘录于此，供读者朋友鉴赏：

弟兄五个分家，先分空间，后分时间。

分空间：大哥分管东方，二哥分管南方，三哥分管西方，四哥分管北方，五弟分管中央。

分时间：大哥分管四时之春的 90 天，二哥分管四时之夏的 90 天，三哥分管四时之秋的 90 天，四哥分管四时之冬的 90 天。

春夏秋冬四时每一时，四个哥哥每人分管 90 天。

分时间，把小弟弟忘了。小弟弟问：诸位哥哥，我的呢？四个哥哥连忙每个人拿出 18 天给五弟。这样，五个弟兄每人分管 72 天。

脾主中央，脾主四时之末的四个 18 天，根据在太阳历，首先在十月太阳历。只有认识太阳历，才能进入中医文化的圣殿。只有用十月太阳历土一行的时间属性，才能解释《黄帝内经》中脾对应四时之末 18 天的所以然。《黄帝内经》在夏季之末分出了长夏，实际上长夏之前还有长春，长夏之后还有长秋长冬。长春、长夏、长秋、长冬，这就是四时之末。太阳历的五行结构，就是《黄帝内经》论脾主中央，脾主四时之末 18 天的理论依据。

由书到图，这是一次重大变化。重大的变化，即是重大的进步。图与书的异同，详细讨论如下。

先谈图与书的相同点。相同点有六：

第一，都是表达天文历法的。

第二，都是由抽象符号（奇偶之数）组成的。

第三，都隐藏有时空一体的五行结构。

第四，都隐藏有太阳回归的基本法则。

第五，都以冬至为太阳回归的起始点，都以夏至为太阳回归的转折点。

第六，太阳回归年的时间长度完全一致。

再谈图与书的不同点。不同点有六：

第一，书表达的天文历法是十月太阳历，图表达的天文历法是十二月阴阳合历。

第二，书中的抽象符号（奇偶之数）阴与阳分别而处，图中抽象符号（奇偶之数）阴与阳联合相处。

第三，书中分五行，图中分四时。

第四，书中的十月太阳历四年置一闰，一闰一天；图中的阴阳合历三年置一闰，一闰一个月（30天）。

第五，书中十月太阳历分二十节气，图中的十二月太阳历分二十四个节气。

第六，书中十个月属于纯太阳历，图中的十二月属于太阳历和太阴（月亮）历两种历。

彝族文化告诉世人，文字之前的付托，表达的是十二月阴阳合历。

彝族的付托，华族的河图，这就是中华大地上的第一幅图。

阴阳五行，起始在第一部书，延续在第一张图。

天干地支，起始在第一部书，延续在第一张图。

时空一体的时空观，起始在第一部书，延续在第一张图。

中华文化的精美点在十二月阴阳合历！

中华文化的精美点在第一张图。

图书总结。河图洛书，与天文历法相关，与神龟河马无关。

没有天文历法，是不能自觉种植，自觉收获的。没有天文历法，农业文明无从谈起。只有从这一角度入手，才能真正认识河图洛书。

中华文化不是起于文字，更不是起于儒家道家，而是起于远古时期的天文历法，首先是太阳历，然后是阴阳合历。只有从这一历史进程入手，才能真正认识河图洛书。

天文观测，中华先贤远远领先于世界；制定历法，中华先贤远远领先于世界；只有以天文历法为坐标认识河图洛书，才能真正认识河图洛书。

天文学是人类第一学，历法是人类第一法。创建第一学，制定第一法，中华先贤会落后他人吗？

河图洛书，表达的是文字之前的第一学与第一法，这是笔者对图书的基本看法。

（七）人文以天文为根本

"易有四象，所以示也。系辞焉，所以告也。定之以吉凶，所以断也。"

1. "四象"的分类　"四象"可以分三类：自然四象、卦中四象与抽象四象。自然四象为春夏秋冬四时，卦中四象为乾坤坎离四卦，抽象四象为老阴老阳、少阴少阳。

春夏秋冬四时，是由太阳回归决定的。"所以示也"，是太阳法则的自然展示。

乾坤坎离四卦，是人文对"两分两至"的归纳。"所以示也"，是太阳法则的人文归纳。韩国国旗上的四卦，就是乾坤坎离四卦。

这里要解释一下乾坤坎离四卦的常青意义。乾坤坎离四卦，在《周易·说卦》中被诠释为天地水火。天地水火是万物生长缺一不可的四大要素。水，狭义上的水，广义上的湿度。火，狭义上的火，广义上的温度。万物生长，离不开天地，水是必需的，唯一可以调节的就是温度。袁隆平先生以调整温度为基本方法，成功地完成了水稻杂交。水稻杂交，在"依乎天理"范围之内。"依乎天理"是庖丁的语言，实际上是庄子的语言，用今天的说法是，"依乎天理"即遵照自然法则。真正认识天地水火四大要素，可以在水稻杂交的基础上触类旁通，任何雌雄同体的植物都可以进行杂交的试验。

四象，被中华先贤抽象为老阴老阳、少阴少阳。老阴老阳、少阴少阳，是《黄帝内经》的理论基础。为什么《黄帝内经》会以老阴老阳、少阴少阳为理论基础？其奥秘在于老阴老阳、少阴少阳是天文历法的另一种方式的表达，老阴老阳、少阴少阳是时间空间的另一种方式的表达。请看以下两个依据：

其一，《汉书》论老阴老阳、少阴少阳。《汉书·律历志》：

以阴阳言之，大阴者，北方。北，伏也，阳气伏于下，于时为冬。

大阳者，南方。南，任也，阳气任养物，于时为夏。

少阴者，西方。西，迁也，阴气迁落物，于时为秋。

少阳者，东方。东，动也，阳气动物，于时为春。

东西南北为空间，春夏秋冬为时间，《汉书》将老阴老阳、少阴少阳与时间空间联系到了一起。春夏秋冬，是由太阳回归决定的。老阴老阳、少阴少阳是不是太阳历的另一种方式的表达?！春夏秋冬四时对应东北南西四方，老阴老阳、少阴少阳是不是时间空间的另一种方式的表达?!

其二，彝族典籍《土鲁窦吉》论老阴老阳、少阴少阳。《土鲁窦吉·十生五成》：

> 天一与天九，宇宙南北，居于两方位，合二生成十，它立为老阳。
>
> 天三与天七，宇宙东西，居于两方位，合二生成十，它立为少阳。
>
> 地二与地八，宇宙东北西南，居于两隅位，合二生成十，它立为老阴。
>
> 地四与地六，宇宙东南西北，居于两隅位，合二生成十，它立为少阴。

这里的天地之数，是彝族鲁素（龙书）之数，龙书表达的是十月太阳历，彝族先贤从十月太阳历中抽象出了老阴老阳、少阴少阳。

《土鲁窦吉》与《汉书》相较，方位有所差别，但是两者在根本上是一致的，这就是：老阴老阳、少阴少阳是太阳历的另一种方式的表达，是时间空间的另一种方式的表达。

2. "系辞"的提示 系辞，是诠释卦的。卦，不是文字，而是抽象符号；阅读抽象符号有相当的难度，但阅读文字就会轻松愉快。系辞告诉你的是卦中的哲理，这就是"系辞焉，所以告也"的奥秘所在。

3. 吉凶之断 太阳有回归，日影有损益，寒暑有往来，这里形成"进退"之哲理，这里形成"得失"之哲理，这里形成"存亡"之哲理，也形成"吉凶"之哲理。得失即吉凶，这是《系辞上》所建立的基本公式。宇宙间有相反相成的两个方面，这则是《周易》所建立的基本原则。"吉凶"之说，就在这一基本原则之内。

从自然法则到人文哲理，强调的是事物的相关性亦或事物的一体两面性——有得必有失，有失必有得；吉凶相连，祸福相依。明白了这些常识，就会明白"定之以吉凶，所以断也"的所以然。

第十二章

易曰："自天佑之，吉无不利。"子曰："佑者助也。天之所助者，顺也，人之所助者，信也。履信思乎顺，又以尚贤也。是以自天佑之，吉无不利也。"

子曰："书不尽言，言不尽意。"然则，圣人之意，其不可见乎？子曰："圣人立象以尽意，设卦以尽情伪，系辞焉以尽其言，变而通之以尽利，鼓之舞之以尽神。"

乾坤，其易之蕴邪，乾坤成列，而易立乎其中矣。乾坤毁，则无以见易，易不可见，则乾坤或几乎息矣。

是故，形而上者谓之道，形而下者谓之器，化而裁之谓之变，推而行之谓之通，举而措之天下之民谓之事业。

是故，夫象，圣人有以见天下之赜，而拟诸其形容，象其物宜，是故谓之象。圣人有以见天下之动，而观其会通，以行其典礼。

系辞焉以断其吉凶，是故谓之爻。极天下之赜者存乎卦，鼓天下之动者存乎辞，化而裁之存乎变，推而行之存乎通，神而明之存乎其人。默而成之，不言而信，存乎德行。

一、自佑之，天佑之

"易曰：'自天佑之，吉无不利。'子曰：'佑者助也。天之所助者顺也，人之所助者信也。履信思乎顺，又以尚贤也。是以自天佑之，吉无不利也。'"这是大有卦上九爻的爻辞。这句爻辞又在《周易》经传文字里反复出现六次。

大有卦上九爻爻辞："自天佑之，吉无不利。"

《周易·大有·象传》："大有上吉，自天佑也。"

《周易·系辞上》："是以'自天佑之，吉无不利'。"

《周易·系辞上》："易曰：'自天佑之，吉无不利。'子曰：'佑者助也。天之所助者顺也，人之所助者信也。履信思乎顺，又以尚贤也。是以自天佑之，吉无不利也。'"

《周易·系辞下》："易穷则变，变则通，通则久。是以自天佑之，吉无不利。"

一句话在《周易》出现六次，其重要意义不言而喻。

这句爻辞有什么意义呢？

这句爻辞告诉后人，做人必须自佑，然后才会引起天佑——自佑在前，天佑在后。

天佑自佑之人！

何谓自佑？顺天自强之人。

在文化创造上自强，在发明创造领域里自强，在生产领域里自强，在学问领域里自强；时时有新业绩，年年有新发现……

以"自强"二字起始，以"不息"二字为人生。从能够"自强"那天起，就要坚持"不息"二字，"三天打鱼，两天晒网"是不行的。

如此自佑之人，上天一定会保佑。

像天那样大公无私的人，上天一定会保佑。

像天那样日月那样诚信的人，上天一定会保佑。

遵循昼夜之序、四时之序的人，上天一定会保佑。

天佑自佑之人！

注释《周易》，有人将"自天佑之"诠释为"来自上天的保佑"或"上天降下的保佑"。这样的诠释，显然相悖于《周易》之理。《周易》的基本立场，是主动法天则天的文化，而不是被动等待天佑的文化。中华大地上从一开始就没有上帝赐予的伊甸园，要想生存与发展，必须自己动手动脑，必须自己发明创造。源头的中华先贤，从伏羲氏、神农氏开始，延续于黄帝、尧、舜、大禹，个个都是发明创造者，这就是自强的榜样，这就是自佑的榜样。被动地等待恩赐，不是《周易》的立场。

中国化的佛教禅宗，讲究求佛不如求己。广东佛山、南海地区，流传着一句形象而富有哲理的话："菩萨作揖，求人不如求己。"众生作揖求菩萨，求财求富求平安，可是众生忽略了这样一个事实：菩萨也在作揖。菩萨作揖求谁呢？答案是：菩萨作揖求自己。这句话与"自天佑之"在哲理上相似相通，这句话与"自强不息"在哲理上相似相通，都在强调"自佑"的主动性。

二、书的局限性，言的局限性

"子曰：'书不尽言，言不尽意。'然则，圣人之意，其不可见乎？子曰：'圣人立象以尽意，设卦以尽情伪，系辞焉以尽其言，变而通之以尽利，鼓之舞之以尽神。'"

（一）书的局限性，言的局限性

子曰："书不尽言，言不尽意。"然则，圣人之意，其不可见乎？

如何对待书？如何对待言？是这句话所谈的两大基本问题。

"书不尽言"，讲的是书有局限性。

"言不尽意"，讲的是言有局限性。

先讨论书的局限性。"书不尽言"，即书的局限性，借用庄子所讲的一个故事来说明问题。一个木工视书为糟粕，这个故事是在《庄子·天道》中出现的。故事的原文与译文如下：

> 桓公读书于堂上。轮扁斫轮于堂下，释椎凿而上，问桓公曰："敢问，公之所读者何言邪？"
>
> 公曰："圣人之言也。"
>
> 曰："圣人在乎？"
>
> 公曰："已死矣。"
>
> 曰："然则君之所读者，古人之糟粕已夫！"
>
> 桓公曰："寡人读书，轮人安得议乎！有说则可，无说则死。"
>
> 轮扁曰："臣也以臣之事观之。斫轮，徐则甘而不固，疾则苦而不入。不徐不疾，得之于手而应于心，口不能言，有数存焉于其间。臣不能以喻臣之子，臣之子亦不能受之于臣，是以行年七十而老斫轮。古之人与其不可传也死矣，然则君之所读者，古人之糟粕已夫！"

齐桓公在堂上读书，轮扁在堂下砍削车轮，他放下椎子和凿子走上朝堂，问齐桓公说："冒昧地请问，您所读的书说的是些什么呢？"

齐桓公说："是圣人之言。"

轮扁说："圣人还在世吗？"

齐桓公说："已经死了。"

轮扁说："如此说来，国君所读的书，全是古人的糟粕啊！"

齐桓公说："寡人读书，一个制作车轮的木工怎么敢妄加评议！说出道理来那还可以原谅，说不出道理就得处死。"

轮扁说："我以制作轮子为例阐述读书的道理。砍削车轮，动作慢榫眼松而不坚，动作快榫眼紧而对接不上。不慢不快，得手应心，口不能言说的奥妙，恰恰在不言之中。我无法将这个不言之妙传给儿子，我儿子也不能从我这儿接受这一奥秘，所以我活了七十岁还在砍削车轮。同样的道理，古代圣贤跟他们不言之秘已经死亡了，那么国君所读的书，正是古人的糟粕啊！"

这个故事讲的是书的局限性。

再谈言语的局限性。"言不尽意"，即语言的局限性，借用孟子所讲的一个故事来说明问题。言语的局限性体现在"以文害辞"又"以辞害志"两大方面。孟子的学生咸丘蒙，发现"普天之下，莫非王土。率土之滨，莫非王臣"这两句诗与实际有冲突，便带着这个疑问去请教孟子。孟子做了认真而详细的解答。这个故事是在《孟子·万章上》中出现的。原文与译文如下。

> 咸丘蒙曰："《诗》云：'普天之下，莫非王土。率土之滨，莫非王臣。'而舜既为天子矣，敢问瞽瞍之非臣如何？"

> 孟子曰："是诗也，非是之谓也。劳于王事而不得养父母也。曰此非王事，我独贤劳也。故说诗者，不以文害辞，不以辞害志。以意逆志，是为得之，如以辞而已矣，《云汉》之诗曰：'周余黎民，靡有孑遗。'信斯言也，是周无遗民也。"

咸丘蒙问："《诗经·小雅·北山》上说过，'普天之下没有一块不是天子的土地；环绕土地的四周，没有一人不是天子的臣民。'如果舜既做了天子，瞽瞍却不是臣民，请问又是什么道理呢？"

孟子答："北山有这首诗，但不是你所说的那意思，而是说作者本人为国事劬劳，以致不能奉养父母。他说：'这些事都是天子的事，为什么独我一人劳苦呢？'所以解说诗人，不能以文害辞——因为一句诗而误解了一首诗的意思，不能以辞害志——因为诗内的意思误解诗外的实际。"

错误理解的一句诗，是"以文害辞"，

错误理解的一首诗，是"以辞害志"。

诗会引起误解，语言会引起误会，语言的局限性——言不尽意——就在这里。

这里再借用释迦摩尼的一句话，来说明语言的局限性。《金刚经·第七品》："如来所说法，皆不可取，不可说，非法，非非法。所以者何？一切贤圣皆以无为法而有差别。"

"如来所说法"为什么"皆不可取"？

因为语言有言不尽意的局限性。

那么，哪里没有局限性？答案："无"这里没有局限性。

无，空也，道也，本体也，生生之源也。这里应有尽有，这里没有局限性。

"然则，圣人之意，其不可见乎？"这是继续追问的一句话。既然书与言都有局限性，那么，"圣人之意"是通过什么表达的呢？这里产生了继续追问。继续追问出的答案就是"立象以尽意"。

（二）立象尽意

"子曰：'圣人立象以尽意，设卦以尽情伪，系辞焉以尽其言，变而通之以尽利，鼓之舞之以尽神。'"

圣人之意尽在何处？尽在了象中！

象在哪里？象在卦中！《周易·系辞下》："八卦成列，象在其中矣。"

卦的奥妙，在于抽象。不是什么，什么都是。

伏羲八卦的第一重含义是太阳历的八节，八节对应的是宇宙八方。

八节，时间也；八方，空间也。

融时间空间于一体，这是伏羲八卦的基本特征。一切从时空来，所以时空可以表达一切。物理、人理、医理、数理、乐理、兵理、分解化合之理……

这里应有尽有！人想到的这里有，人没有想到的这里同样有。

圣人之意，圣人之情，尽在天之中，尽在时间空间之中！

注释卦的文字为系辞，系辞的宗旨就是揭示卦中的天地之理、时空之理、变化之理；系辞之宗旨，是化育人的；让人懂得时令的变化，明白变化中的得失，最终达到"应乎天而时行"——顺天而行——的境界。这就是"系辞焉以尽其言，变而通之以尽利，鼓之舞之以尽神"的全部意义。

"鼓之舞之"，应该是"神道设教"中的一种教化方法。教化的目的是知神尽神。"阴阳不测之谓神。""神道"就是阴阳变化之道，就是寒暑变化之道，就是昼夜变化之道。明白昼夜变化，明白寒暑变化，明白四时变化，就是知神尽神了。

三、乾坤易

"乾坤其易之蕴邪？！乾坤成列，而易立乎其中矣。乾坤毁，则无以见易，易不可见，则乾坤或几乎息矣。"

这段话强调的是乾坤两卦的基础性与重要性。

乾坤是易之核心！

乾坤两卦是《周易》之核心！

乾坤者，天地也。"乾坤成列"者，天地设位也。天地设位者，高下之分也。日月为易，变化为易。日月变化在天地之间，这里应该是"乾坤成列，而易立乎其中矣"的基本含义。

天地毁灭了，日月肯定就没有了，变化肯定就没有了，反之，日月没有了，变化没有了，天地也就接近消失了。认识到了这些，才会明白"乾坤毁，则无以见易，易不可见，则乾坤或几乎息矣"这句话的所以然。

四、 形而上与形而下的统一

"是故，形而上者谓之道，形而下者谓之器，化而裁之谓之变，推而行之谓之通，举而措之天下之民谓之事业。"

这句话，是《周易》的核心，也是中华文化的核心。

这一核心，可以抽象在四个字里。这四个字就是：道器并重。

"形而上者"，无形无体也。道，无形无体，看不见也摸不着。《圣经》中的神按照自己的模样创造了亚当，这说明神有形有体。神多次出现在了亚当面前，出现在了挪亚面前，出现在了摩西面前，这证明神有形有体。《周易》中的道，从古至今，从来没有任何人见到过：老子谈道，孔子谈道，管子谈道，孙子谈道，庄子、孟子也谈道，但是谈道之人谁也没有见过道。无形无体，形而上也。

"形而下者"，有形有体也，看得见也摸得着也。器，有形有体。器，分自然之器与人工之器两种。自然之器，即天地万物。一花一叶，一鱼一虾，都属于自然之器。人工之器，即生产工具、生活器具、先进武器。锄头镰刀、锅碗瓢盆、刀枪剑戟，都属于人工之器。

形而上的道与形而下的器，其关系如鸟之两翼，车之两轮。《圣经》中的神，至高无上，一个"器"字无法与之并列并重；《周易》中的道，至高无上，但是一个"器"字可以与之并列并重。道器并重，是《周易》与《圣经》的最大区别。

认识形而上的道，可以发明创造形而下的人工之器。明白了卦理，可以发明创造网罟、耒耜、臼杵、舟车，这就是道器转化。一个带刺的草叶，启示鲁班发明了木工使用的锯，这同样是道器转化。道在卦象中，道在天地万物中，认识自然之道，可以灵活自由地进行器具的发明创造。——这就是"化而裁之谓之变"。

以必须遵循的道理教化天下，让天下人在一举一动之中以道理行事；以有用之器促进生产，改善生活，让天下人在生产生活中获益获利。——这就是"推而行之谓之通"。

宣讲道理，推广器具，这就是圣人之事业。

在远古时期，在道器并重的文化里，称皇称帝者个个都是先进之器的发明者。三皇五帝名下，记载的都是促进天下进步的新器具：燧人氏名下的火，有巢氏名下的小木屋，伏羲氏名下的网罟，神农氏名下的耒耜，黄帝名下的臼杵、弓矢、舟车……

道器并重，如此文化、如此哲理创造了令世界敬仰的中华文明。

家天下以后，尤其是秦汉以后，在伪道无器的文化里，凡是新皇帝上场，伴随的是一场场千千万万人付出生命的战争。陈胜吴广、刘邦项羽、刘阿斗朱元璋，哪一个是先进器具的发明者？历代的守成皇帝中，哪一个不是拼命享乐？制器之理，被胜者为王的历代皇帝所抛弃！

抛弃了"道器并重"的文化，抛弃了"道器并重"的哲理，中华民族一步步走向了落后。抛弃了"道器并重"的文化，抛弃了"道器并重"的哲理，中华民族一步步走向了"东也敢打，西也敢打"而且谁都能打败的境地。

五、 从万物之象到抽象之象

"是故夫象，圣人有以见天下之赜，而拟诸其形容，象其物宜，是故谓之象。圣人有以见天下之动，而观其会通，以行其典礼。系辞焉以断其吉凶，是故谓之爻。极天下之赜者存乎卦，鼓天下之动者存乎辞，化而裁之存乎变，推而行之存乎通，神而明之存乎其人。默而成之，不言而信，存乎德行。"

从天文到人文，这一段话是系统性的总结。

（一）象模型

"是故夫象，圣人有以见天下之赜，而拟诸其形容，象其物宜，是故谓之象。"

从自然世界的万物之象到人文的抽象之象，这是一个空前的、伟大的创造。在世界文化宝库中，唯我中华文化有抽象之象。象，是中华文化的瑰宝。

象在何处？象在八卦中。《系辞下》的答案是："八卦成列，象在其中矣。"

关于象，前面已有讨论，这里再稍加补充。

象，建立了一种模型。

以模型论证问题，是中华先贤所使用的一种方法。

以模型论证问题，是诸子百家所延续的一种方法。

以模型论证问题，是分析实验之外的方法。

不认识象模型这种方法，无法理解中华文化与中医文化的诞生，无法理解诸子百家的诞生。

"大到无外，小到无内"这句话，描述的是宏观宇宙与微观世界，这就是中华先贤创造的模型论。一阴一阳，大可以论宏观宇宙，小可以论微观粒子。

"大到无外，小到无内"这句话，在《黄帝内经》中出现过，在《管子》中出现过，在《庄子》中出现过，在《吕氏春秋》中出现过，这就是"模型论"在诸子中的延续。

"万物负阴而抱阳。"以阴阳为模型，老子论出了万物的结构与成分。

阴阳，表示了所有科学原理。以阴阳为模型，白晋论出了自然百科的理论基础。

象模型，最根本的是自然之道。

象模型，第一级模型是阴阳。

象模型，八卦是重要模型之一。

为了强调"象"的重要性，这一论断在《系辞》中先后出现过两次。

（二）天文卦，天文爻

"圣人有以见天下之动，而观其会通，以行其典礼。系辞焉以断其吉凶，是故谓之爻。极天下之赜者存乎卦，鼓天下之动者存乎辞，化而裁之存乎变，推而行之存乎通，神而明之存乎其人。默而成之，不言而信，存乎德行。"

爻—卦—文辞，从天文到人文，中华先贤进行了如此一步步地创造。

人文的创造，始于仰观天文。

何谓天文？《汉书·艺文志》："天文者，序二十八宿，步五星日月，以纪吉凶之象，圣王所以参政也。"在观测者眼里，日月是动态的，五星是动态的，二十八宿是动态的，一言以蔽之，一切都是动态的。动，是相互联系的。宇宙之大，大到无边无际；蚂蚁之小，小到无法称量；但是，蚂蚁的冬眠、苏醒与宇宙之动是紧密联系在一起的。动，是有一定之规的。一定之规，用现代语言说，就是规定性、规律性与周期性。中华先贤认识到了"天下之动"，同时也认识到了宇宙之动与万物之动的相互联系，然后制定出了太阳历，这里应该是"观其会通，以行其典礼"的基本意义。典礼，法则也。今天的典礼，指的是隆重的仪式。《系辞》中的"典礼"，应该指的是法则——太阳法则、月亮法则、北斗法则，简而言之，就是天文历法。天文历法将天文之动与万物之动联系了、规定在了一定时间之内。明白了这些，有助于真正理解"圣人有以见天下之动，而观其会通，以行其典礼"这句话的真正含义。

爻，是卦的基本成分，换言之，是爻组成了卦。如果说卦是表达天文历法的，那么，爻就是天文历法的细化。以八卦为例，如果说八卦表达的是太阳历的八节，那么组成每一卦的三爻表达的则是三个节令，三八二十四，八卦表八节，二十四爻表达的则是二十四节气。二十四节气，决定着万物的生息。合时有所得，不合时有所失。时乃天道！顺道者昌，逆道者亡。得失即吉凶，昌亡亦吉凶。得失在时令中，吉凶亦在时令中。系辞诠释爻，诠释的就是"合时不合时，顺道不顺道"的吉凶之理。明白了这些，有助于真正理解"系辞焉以断其吉凶，是故谓之爻"这句话的真正含义。

从天文到人文，出现全世界独一无二的卦。"极天下之赜者存乎卦"，这句话描述的是从天文到人文的创造。

"观天之神道，而四时不忒，圣人以神道设教，而天下服矣。"还记得《周易·观·象传》中的这句话吗？

"神道"为何？寒暑变化之道也！昼夜变化之道也！阴阳变化之道也！

"设教"教什么？教天文历法也！教太阳历也！教太阴历也！教北斗历也。教四时、八节、十二月、二十四节气也！

认识天文变化，推广天文历法，让天下人在生产生活中都会认识天文变化，都会运用天文历法，这就是"圣人以神道设教"的根本意义。

太阳回归，"默而成之，不言而信"。

昼夜更替，"默而成之，不言而信"。

四时八节，"默而成之，不言而信"。

日出日落，"默而成之，不言而信"。

月圆月缺，"默而成之，不言而信"。

……

这就是"圣人以神道设教"的教育内容。

《尸子》："伏羲始画八卦，别八节而化天下。"告诉世人，伏羲氏是用太阳历八节教化天下的。

认识天文历法，用抽象符号、文字来表达天文历法，然后在天下推广推行，让天下人受益，这就是"鼓天下之动者存乎辞，化而裁之存乎变，推而行之存乎通，神而明之存乎其人。默而成之，不言而信，存乎德行"的全部含义。

在天为道，在人为德。天道诚信，人道也必须诚信。例如播种，东北谚语有"过了芒种，种了白种"，湖南谚语有"过了立秋，种也没收"。两地的谚语所讲的是人道的"不言而信"。人道必须合于天道，这一点，是不允许商量的。

观天文以指导生产，观天文以指导生活，是中华先贤所掌握的基本常识。

也许有读者会提出这样一个问题：远古时期的先贤，真的掌握了那么丰富、那么精确的天文知识吗？

这里摘录一些观天文制历法的例子，供读者参考：

例一，农夫观天文。"七月流火，九月授衣。"（《诗经·豳风·七月》）

"流火"之火，亦称大火，指的是二十八宿中的心星。坐在船上看青山，山是动态的。站在地球上看星星，星星是动态的。从地球上看心星，心星一直处于运动状态，春天在东，夏天在南，秋天在西，冬天在北。一旦发现心星西移，农夫就知道该准备御寒的衣服了。——《诗经》时代的农夫，已经能以心星为标志判断四时变化了。

例二，农妇观天文。"绸缪束薪，三星在天。今夕何夕，见此良人？"（《诗经·唐风·绸缪》）

这是一首新婚女子思念丈夫的诗。三，参也。三星一说为参宿三星，一说为心宿三星。总之,三星为二十八宿中的星宿。新婚女子以"三星"为标准判断夜间的时间,"三星在天",指三星始出东方,意思是已经入夜了。这首诗分三段,"三星在天"之后,还有"三星在隅","三星在户"之诗句。隅,指东南方。"三星在隅",指夜渐渐深了。户,指南方。"三星在户",指夜半时分的深夜了。当时没有钟表,新婚女子以星宿为标志思念丈夫。——《诗经》时代的新娘子,已经能够以星宿为标志判断夜间变化了。

例三,戍卒观天文。《诗经·小雅·渐渐之石》:"月离于毕,俾滂沱矣。"月,指月球。毕,指毕星。离,通丽,指靠近。月球靠近毕星时,地球上的观测区内就会出现大雨滂沱的天气。——《诗经》时代的戍卒,已经能够以天文预报天气了。

例四,儿童观天文。"童谣云:'丙之晨,龙尾伏辰。'"(《春秋左传·僖公五年》)

这是童谣中的一句。这句童谣中涉及十天干,涉及十二地支,涉及二十八星宿。丙,属于十天干;辰,属于十二地支。龙,青龙也,东方青龙宿也。尾,青龙宿之尾也。子午卯酉,界定出了东西南北四方。辰,位于东南方。伏,隐藏也。"丙之晨,龙尾伏辰",现代汉语的意思是:丙日清晨,东方青龙宿东南方的龙尾看不清。——春秋时期的儿童,也会观天文。

例五,圣贤观天文。《周髀算经·陈子模型》:"故春秋分之日夜分之时,日光所照适至极,阴阳之分等也。冬至夏至者,日道发敛之所生也,至昼夜长短之所极。"这句话的意思是:春分、秋分之日的昼夜交替时,日光恰好照到了极下(太阳视运动到达赤道),这两日的昼夜阴阳是平分的。——创造《周髀算经》的圣贤,观天文精确到了极致,春分秋分昼夜平均,这一结论永远无法推翻。

例六,诸侯观天文。"凡分至启闭,必书云物,为备故也。"(《春秋左传·僖公五年》)分,指春分秋分;至,指冬至夏至;启,指立春立夏;闭,指立秋立冬。"分至启闭",指的是太阳历八节。八节的每一节,必须记载当天的云气云色,记入史册以便对照、预测天气正常与异常的变化。——春秋时期的诸侯国君,非常重视太阳历八节的天气。

例七,黄帝、炎帝以历设官。"秋,郯子来朝,公与之宴。昭子问焉,曰:"少皞氏鸟名官,何故也?"郯子曰:"吾祖也,我知之。昔者黄帝氏以云纪,故为云师而云名;炎帝氏以火纪,故为火师而火名;共工氏以水纪,故为水师而水名；大皞氏以龙纪，故为龙师而龙名。我高祖少皞，挚之立也，凤鸟适至，故纪于鸟，为鸟师而鸟名。凤鸟氏，历正也；玄鸟氏；司分者也；伯赵氏，司至者也；青鸟氏，司启者也；丹鸟氏，司闭者也……仲尼闻之，见于郯子而学之，既而告人曰，吾闻之，天子失官，学在四夷，犹信。"（《春秋左传·昭公十七年》）

黄帝时代、炎帝时代、共工时代、大皞时代、少皞时代，其官员设置全部是以天文历法为依据的，首先是以太阳历八节为依据的。——以天文历法为依据设置官职是从黄帝、炎帝时代开始的。

例八，包牺神农制历。"古者包牺神农，制作为历，度元之始。"（《周髀算经·日月历法》）

《周髀算经》告诉后人，观天文制历法是伏羲氏、神农氏开始的。——伏羲、神农时代，中华大地上就有了天文历法。

例九，三个数据。四个太阳回归年的平均天数为 $365\frac{1}{4}$，这是《周髀算经·日月历法》中出现的数据。

朔望月的平均天数为 $29\frac{499}{940}$，这是《周髀算经·日月历法》中出现的数据。

闰年的天数为 $383\frac{847}{940}$，这是《周髀算经·日月历法》中出现的数据。

亲爱的朋友，您知道这三个数据吗？

知道这三个数据与天文的关系吗？

知道这三个数据与阴阳的关系吗？

知道这三个数据与卦的关系吗？

知道这三个数据与年岁的关系吗？

知道这三个数据与《周易》的关系吗？

您知道这三个数据与中华文化、中医文化的关系吗？

回顾以上这些内容，是为了提醒读者朋友注意以下两点：

其一，没有天文历法常识，无法认识中华元文化，无法认识中医文化。

其二，没有天文历法常识，无法认识《周易》，同时，也无法读懂这篇《系辞》。

系辞下

第一章

八卦成列，象在其中矣。因而重之，爻在其中矣。刚柔相推，变在其中矣。系辞焉而命之，动在其中矣。吉凶悔吝者，生乎动者也。刚柔者，立本者也。变通者，趣时者也。吉凶者，贞胜者也。天地之道，贞观者也。日月之道，贞明者也。天下之动，贞夫一者也。

夫乾，确然示人易矣。夫坤，𬯀然示人简矣。

爻也者，效此者也。象也者，像此者也。爻象动乎内，吉凶见乎外，功业见乎变，圣人之情见乎辞。

天地之大德曰生，圣人之大宝曰位，何以守位？曰仁，何以聚人？曰财，理财正辞、禁民为非曰义。

解读

一、 象形之卦与变化之爻

"八卦成列，象在其中矣。因而重之，爻在其中矣。刚柔相推，变在其中矣。系辞焉而命之，动在其中矣。吉凶悔吝者，生乎动者也。刚柔者，立本者也。变通者，趣时者也。吉凶者，贞胜者也。天地之道，贞观者也。日月之道，贞明者也。天地之动，贞夫一者也。"

这一论断讲了以下几大问题：卦与象的关系问题；爻与变化的关系问题；系辞与变动的关系问题；卦中的天文与人文问题。

（一）卦与象

"八卦成列，象在其中矣。"这一论断揭示的是卦与象的关系问题：卦即是象！象即是卦！

象如何形成？《系辞上》的答案是："圣人有以见天下之赜，而拟诸其形容，象其物宜，是故谓之象。"

卦如何形成？《系辞下》的答案是："古者包羲氏之王天下也，仰则观象于天，俯则观法于地，观鸟兽之文与地之宜，近取诸身，远取诸物，于是始作八卦。"

前一个论断告诉后人，象的根本在"天下之赜"，后一个论断告诉后人，卦的根本在天地万物，两者相互联系，可以得出新的结论："八卦成列，象在其中矣。"

（二）爻与变化

"因而重之，爻在其中矣。刚柔相推，变在其中矣。"卦的成分是爻。八卦每一卦由三爻所组成，六十四卦每一卦由六爻所组成，六十四卦由八卦重叠而来。知道这一点，就知道"因而重之，爻在其中矣"的所以然。

爻分阴阳。阴阳分刚柔，阳刚而阴柔。阴阳可以论寒暑，阴阳可以论昼夜；寒暑之间为相互推动关系，昼夜之间为相互推动关系；寒暑相推决定着万物的生死，昼夜相推决定着万物的动静；知道这些常识，就知道"刚柔相推，变在其中矣"的所以然。

（三）系辞与变动

"系辞焉而命之，动在其中矣。"诠释卦的文字为系辞，诠释爻的文字为系辞。系辞，就是诠释动态之动、变化之动、变通之动的。

动态的天，动态的地；动态的寒暑，动态的昼夜；动态的万物，动态的男女；动态的时间，动态的空间；总之，一切都是动态的。系辞，就是诠释动态之动的。

动，是循环之动。系辞描述循环之动，最经典的句子莫过于"寒往暑来，暑往寒来"与"日往月来，月往日来"。

明白了这些常识，就会明白"系辞焉而命之，动在其中矣"的所以然。

"命之"是动词，这一动词有"揭示"之义。系辞，就是揭示动态规律的。

（四）卦中的人文

"吉凶悔吝者，生乎动者也。刚柔者，立本者也。变通者，趣时者也。吉凶者，贞胜者也。"这段论述，其意义全部在人文之内。

吉凶者，得失也。悔吝，小过小错也。不走路永远不会跌跤，不过河永远不会湿鞋。动，肯定会有得失。动，肯定会有过错。人文之动，都会有得有失，都会有小过小错。"吉凶悔吝者，生乎动者也。"这句话的基本作用是提醒，提醒人们在每一项行动之前要有所防范。

"刚柔者，立本者也。"阳刚阴柔，是天体宇宙之根本。阳刚阴柔，也是立身之本。刚者易折，柔者易废；刚柔相济，立身之本也。

"变通者，趣时者也。"趣，趋也。"趣时"，合时也。人事中的变通，必须合时。《孟子·公孙丑上》："虽有智慧，不如乘势；虽有镃基，不如待时。"这句话的意思是：有智慧，不如有形势；有锄头，不如合时令。镃基，本义是指大锄，引申义为谋略。种植有工具，也要讲时令。有谋略，也要看时机。农民种植，必须合时。渔民打鱼，必须合时。牧民放牧，必须合时。出兵打仗，必须合时。知道这些常识，有助于真正理解"变通者，趣时者也"的所以然。

"吉凶者，贞胜者也。"贞，正也。任何事情都有吉凶两面，但是务必知道的是：善有善报，恶有恶报。吉凶之事，以正取胜。

（五）卦中的天文

"天地之道，贞观者也。日月之道，贞明者也。天地之动，贞夫一者也。"这段论述，其意义全部在天文之内。

天地之道，展示的是规范之正道。

日月之道，展示的是正大光明。

天地之动，展示的是始终如一之大道。

唐朝有唐太宗李世民有"贞观之治"，"贞观"二字就出于此处。

二、易简之乾坤

"夫乾，确然示人易矣。夫坤，聩然示人简矣。"

乾，示人以简易之易；坤，示人以简单之简。

乾坤之理，在于易简。乾坤者，天地也。天地之理复杂吗？非也！天地之理同样在于易简。《周易·系辞上》："易简而天下之理得矣。"

不易不简，不是天地之理。

不易不简，不是乾坤之理。

阴阳之特征，就在于"易简"二字。

中华文化之特征，就在于"易简"二字。

三、效法之爻，象形之象

"爻也者，效此者也。象也者，像此者也。爻象动乎内，吉凶见乎外，功业见乎变，圣人之情见乎辞。"

爻，本义是什么？爻的本义是表达节令的。

象，本义是什么？象的本义是表达八节的。

"效此者也"，表达的是此地此时的节令。"像此者也"，表达的是此地此时的八节。八节对应八方，八节属于时间，八方属于空间。爻与象的第一义，效法的是时间与空间。

太阳回归，抽象在了爻、象之中；万物的生死得失，表现在了爻、象之外的天地之间。功业的建立，建立在了变通之中。所有这些，圣人记载在了文辞之中。

爻与象，都是文字之前的创造。

爻与象，比文字更具有根本性。

四、 五个概念性的解释

"天地之大德曰生，圣人之大宝曰位，何以守位曰仁，何以聚人曰财，理财正辞、禁民为非曰义。"

曰 A，曰 B，曰 C，曰 D，曰 E，这里出现了五个概念性的解释。

何谓"天地之大德"？生生不息之功能也！

何谓"圣人之大宝"？高尚之地位也！

"何以守位"？广施仁政仁爱也！

"何以聚人"？财也！一是教民生财，一是施民与财，如此方能聚人。《六韬·文启》："古之圣人，聚人为家，聚家为国，聚国为天下。"

财，财产之财，财富之财也。《六韬·文师》："天有时，地有财，能与人共之者，仁也；仁之所在，天下归之。"《管子·牧民》："国多财，则远者来。"

如何"理财正辞、禁民为非"？义也。财产公平分配，以天道天理育人，禁民为非作歹，义也。

何谓义？《六韬·文师》："与人同忧同乐，同好同恶者，义也。"《礼记·乐记》："见利而让，义也。"《礼记·经解》："除去天地之害，谓之义。"

第二章

古者包牺氏之王天下也，仰则观象于天，俯则观法于地，观鸟兽之文与地之宜，近取诸身，远取诸物，于是始作八卦，以通神明之德，以类万物之情。作结绳而为网罟以佃以渔，盖取诸离。

包牺氏没，神农氏作，斲木为耜，揉木为耒，耒耨之利以教天下，盖取诸益。日中为市，致天下之民，聚天下之货，交易而退，各得其所，盖取诸噬嗑。

神农氏没，黄帝、尧、舜氏作，通其变，使民不倦，神而化之，使民宜之。易穷则变，变则通，通则久。是以自天佑之，吉无不利。

黄帝尧舜垂衣裳而天下治，盖取诸乾坤。刳木为舟，剡木为楫。舟楫之利以济不通，致远以利天下，盖取诸涣。服牛乘马，引重致远，以利天下，盖取诸随。重门击柝，以待暴客，盖取诸豫。断木为杵，掘地为臼，臼杵之利，万民以济，盖取诸小过。弦木为弧，剡木为矢，弧矢之利，以威天下，盖取诸睽。

上古穴居而野处，后世圣人易之以宫室，上栋下宇以待风雨，盖取诸大壮。古之葬者，厚衣之以薪，葬之中野，不封不树，丧期无数，后世圣人易之以棺椁，盖取诸大过。上古结绳而治，后世圣人易之以书契，百官以治，万民以察，盖取诸夬。

一、八卦：对应天文地理的人文成果

"古者包牺氏之王天下也，仰则观象于天，俯则观法于地，观鸟兽之文与地之宜，近取诸身，远取诸物，于是始作八卦，以通神明之德，以类万物之情。"

阅读这一论断，可以知道一些史实与一系列基本常识。细论如下：

其一，在远古时期的中华大地上，曾经有过一个包牺氏王天下的时代。

其二，包牺氏的伟大贡献是创作了八卦。

其三，包牺氏创作八卦之前，最基础的两项工作是"仰观天文，俯察地理"。观天文、观地理、观鸟兽之文，如此"三观"是创作八卦的第一步。"近取诸身，远取诸物"，如此"两取"是创作八卦的第二步。"三观两取"的全部活动，都是人的活动。包牺氏所观察到的全部是自然现象，包牺氏眼里没有出现神秘——万能之神，没有出现玄虚——鬼鬼怪怪。

其四，包牺氏创作八卦的目的有二：一是"以通神明之德"，二是"以类万物之情"。前面已经谈过，神明实际上是道的代名词。反映天道，表达天道，是包牺氏创作八卦的第一目的。比类万物，比类天体，是包牺氏创作八卦的第二目的。

其五，天文地理为自然之文，八卦为人文，人文源于自然之文。说不完、道不尽的八卦，根植于自然，根植于天地万物。

其六，以简洁、简易的模型表达复杂、繁杂的天地万物，是包牺氏的创作方法。

其七，没有明确指明"八卦第一义"，是这一论断的最大缺陷。

其八，彝族有八卦，水族有八卦，彝族文化、水族文化解释八卦都解释在了太阳历的八节上。"宇宙八角"，是彝族对八卦的命名。宇宙八角，即空间八大方位——东西南北，东北、东南、西南、西北。八角对应八节——冬至夏至，春分秋分，立春、立夏、立秋、立冬。八卦第一义，表达的是太阳历。

其九，华夏的《尸子》解释八卦，解释在了八节上。《尸子》："伏羲始画八卦，别八节而化天下。"有了太阳历，才有了人文之天下。

其十，八卦，是圣人的作品；图书，是圣人效法的圣物。图书，位于八卦之前；六十四卦，位于八卦之后；这一顺序，是《周易》研究者应该清楚的。

《周易》中的文字，全部是诠释卦象、诠释爻辞的；文字，从属于抽象符号；这一顺序，是《周易》研究者应该清楚的。

研究中华元文化，应该高度重视文字之前的抽象符号——图书、太极、八卦，这一根本点，似乎被文化界遗忘了。

二、 第一张渔网： 文化创造者与器具创造者

"作结绳而为网罟以佃以渔，盖取诸离。"这里出现的网罟，是中华大地上的第一张网。

"以佃"指狩猎，"以渔"指捕鱼。第一张网，其功能是捕鱼狩猎。

发明器具，以器具获得丰收，是包牺氏（伏羲氏）为后人树立起的榜样。

做事的方式有两种：有以力取胜；有以智取胜。《列子·汤问》中移山的愚公，用的是以力取胜；《系辞下》中捕鱼狩猎的伏羲氏用的是以智取胜。

做事者，不会用智，只会用笨力，这种人被《周易》界定为"小人"。大壮卦九三爻辞曰："小人用壮，君子用网，贞厉。羝羊触藩，羸其角。"做事讲究智慧，讲究力智结合，这是伏羲氏为后人所树立的榜样。

人文创造者，同时也是器具发明者，这就是伏羲氏为后人树立起的榜样。这一榜样，永恒而常青。

网罟，是仿照离卦发明的。

尚象制器，这是开天辟地的第一例。

尚象制器，这里所"尚"的"象"是离卦卦象。

离卦卦象，中间有规律性的空洞。这里的尚象制器，所"尚"的"象"应该是卦形的形象之象。

《抱朴子·对俗》："太昊师蜘蛛而结网。"仿照蜘蛛网结渔网，这是典型的尚象制器。尚象制器，这里所"尚"的"象"是形象之象。

观测大雁的回归正时——制定历法，仿照凤凰鸣叫调律，这些都是《抱朴子·对俗》记载的"尚象制器"。

三、 最早的交易市场， 最早的农业工具

"包牺氏没，神农氏作，斲木为耜，揉木为耒，耒耨之利以教天下，盖取诸益。日中为市，致天下之民，聚天下之货，交易而退，各得其所，盖取诸噬嗑。"

在中华大地上，发明工具进行农业耕种，是从神农氏开始的。在中华大地上，第一个交易市场，是神农氏创建的。

"斲木为耜，揉木为耒。"这里出现了两个动词——"斲"与"揉"。《庄子·天道》里有"轮扁斲轮"的故事，轮扁斲轮，用力用刀去砍。神农氏斲木，是用力用石头去砍。揉木，一是用手揉扭，使木头变形；二是用火烘烤，使木头变形。这里出现了两件农耕工具——耒耜。

耒耜，是用来耕地的。《周礼》中有耒耜的记载，《孟子》中也有耒耜的记载，《孟子·滕文公上》："陈良之徒陈相，与其弟辛，负耒耜而自宋之滕"，这证明了耒耜的重要性与延续性。

发明工具以减轻体力劳动，同样的体力付出，有工具收获大，无工具收

获小，这里讲究的是不是以智取胜?!

发明工具，以促进生产，这是不是以智取胜的典型?!

神农氏名下有两大功绩：第一大功绩在农业领域；第二大功绩在商业领域。发明耒耜，是农业领域中的功绩；建立交易市场，则是商业领域中的功绩。

神农氏建立了中华大地上的第一个交易市场。"日中为市"，是阳光下的交易。

"致天下之民"，讲的是市场规模。凡天下之民谁都可以来进行交易，不需要任何证件。

"聚天下之货"，讲的是货物的规模。凡天下之货，什么都可以拿来进行交易。

"交易而退"，讲的是按时而来，有序而退。

"各得其所"，讲的是各取所需，买卖公平。

"各得其所"一词在日本，可以出现在天皇诏书中，可以出现在日本外交部的文件中，可以出现在平民的契约中。美国女人类学家鲁思·本尼迪克特研究日本大和民族的"所以然"，著《菊与刀》一书。《菊与刀》第三章的题目，即为"各得其所，各安其分"。

耒耜，是仿照益卦发明的。

尚象制器，所"尚"的"象"是益卦卦象。

《周易·益·象传》："风雷，益。"八卦的巽卦与震卦，组成了六十四卦的益卦。巽为风，震为雷。上风下雷，益。风，无孔不入；雷，天下震动；风柔雷刚，揉木用柔，耕田用刚。这里的尚象制器，所"尚"的"象"应该是卦象中的哲理。

日中为市的市场，是仿照噬嗑卦发明的。

《周易·噬嗑·象传》："雷电，噬嗑。"八卦的离卦与震卦，组成了六十四卦的噬嗑卦。离为电，震为雷。上电下雷，噬嗑。电，能放光明；雷，可震慑。阳光下的交易，必须遵循一定的规矩，必须遵循一定的法则。噬嗑，上牙下牙的互动；交易，人与人的互动，货与货的互动。这里的尚象制器，所"尚"的"象"应该是卦象中的哲理。

四、"使民宜之" 的发明创造

神农氏没，黄帝、尧、舜氏作，通其变，使民不倦，神而化之，使民宜之。易穷则变，变则通，通则久。是以自天佑之，吉无不利。

黄帝尧舜垂衣裳而天下治，盖取诸乾坤。刳木为舟，剡木为楫。舟楫之利以济不通，致远以利天下，盖取诸涣。服牛乘马，引重致远，以利天下，盖取诸随。重门击柝，以待暴客，盖取诸豫。断木为杵，掘地为臼，臼杵之利，万民以济，盖取诸小过。弦木为弧，剡木为矢，弧矢之利，以威天下，盖取诸睽。

上古穴居而野处，后世圣人易之以宫室，上栋下宇以待风雨，盖取诸大壮。古之葬者，厚衣之以薪，葬之中野，不封不树，丧期无数，后世圣人易之以棺椁，盖取诸大过。上古结绳而治，后世圣人易之以书契，百官以治，万民以察，盖取诸夬。

既是天文研究者，又是发明创造者，这是源头先贤的两大特色。

（一）"使民不倦，使民宜之"：治理天下的八字真言

"神农氏没，黄帝尧舜氏作，通其变，使民不倦，神而化之，使民宜之。易穷则变，变则通，通则久。是以自天佑之，吉无不利。"

这一论断首先揭示了一个顺序——帝王之间的先后顺序。这一顺序中神农氏在前，黄帝在后；黄帝在前，尧舜氏在后。不能忘记的是，伏羲氏位于神农氏之前。是人都会老！人老了，应该让下一代的有作为者顺利出现。

这一论断其次揭示了一个自然更替过程——帝王之间的简洁更替。没，暮也，暮年也，去世也。作，为也，继续也，接班也。"没"与"作"之间，没有出现刀光剑影的血腥，没有出现逐鹿中原的厮杀。

这一论断再次揭示了一个更替的标准——能不能"作"是能不能称王称帝的唯一标准。《春秋谷梁传·成公元年》："作者，为也。"作与为，指的是做事。作与为，指的是贡献。没有作为，单单靠血统，在早期的中华大地上，是不能称王称帝的。关于领导者的产生，孔子、墨子、韩非子都记载了一个"选"字，摘录几条，供读者鉴赏。

其一，《礼记·礼运》："大道行矣，天下为公，选贤举能。"

其二，《墨子·尚同上》："是故选天下之贤可者，立以为天子。"

其三，《墨子·尚同中》："是故选天下之贤良、圣知、辩慧之人，立为天子。"

其四，《墨子·尚同下》："是故选择贤者，立为天子。"

其五，《韩非子·五蠹》："上古之世，人民少而禽兽众，人民不胜禽兽

虫蛇，有圣人作，构木为巢以避群害，而民悦之，使王天下，号曰有巢氏。民食果蓏蚌蛤，腥臊恶臭而伤害腹胃，民多疾病，有圣人作，钻燧取火以化腥臊，而民悦之，使王天下，号之燧人氏。"

孔子、墨子、韩非子的记载，清晰地揭示了一个事实：早期的帝王，都是有大功于天下者，是天下人民选贤选出来的。

一个帝王有大功于天下，个个帝王有大功于天下，历法一步步精确，人文不断地创新，器具不断地创新，这里有"通其变"之"变"，这里有"神而化之"之"化"，这里有"使民不倦""使民宜之"的八字真言。

日月为易，易穷则变。日月天天都在变化，日月之变引出了气候之变，气候之变引出了万物之变。以天文论人文，有作为者必须有所变。更新历法，更新人文，更新礼仪，更新器具，更新技术，都在"变"的范围之内。只有这样，才能"通"，才能"久"。自佑之，天佑之！只有这样，才能得到"天佑"。

"使民不倦"与"使民宜之"，这八个字是称皇称帝的基本前提，希望后来者能够记住祖先的话。

（二）十大发明创造

在黄帝、尧、舜名下出现了一系列的发明创造，加上伏羲氏与神农氏，发明创造远远超过十项，为了记忆的方便，简称为"十大发明创造"。

十大发明创造，是在很多个领域出现的——生活领域，生产领域，交通领域，军事领域，农产品加工领域，丧葬领域，以及管理领域。

发明创造先进的器具可以改善生活，可以改善交通，可以促进生产，可以保卫天下太平……

事，是远古的事；理，是常青的理。重视发明创造，源头的中华先贤为后人树立起了光辉榜样。十大发明创造，细论如下：

1. 衣裳　衣食住行，四大课题，衣排第一。中华大地上的衣裳，是在黄帝名下出现的："黄帝尧舜垂衣裳而天下治，盖取诸乾坤。"

从赤身裸体到穿上衣裳，这是中华先贤的一大进步。

"衣裳"应该是两个单音词——"衣"和"裳"。《说文》："上曰衣，下曰裳。"《诗经·邶风·绿衣》："绿兮衣兮，绿衣黄裳。""衣"与"裳"在《诗经》里是分别赞美的。赞美衣，赞美裳，《诗经》留下了美妙的诗句。

《圣经》中的夏娃、亚当，之所以被上帝赶出伊甸园，根本原因是背叛了上帝而听信了蛇，直接原因则是用无花果的树叶制出了衣裳。穿衣裳，在上帝这里，是不允许的。夏娃与亚当，为一件极其简单的衣裳，付出了沉痛的代价：一是永远失去了幸福的伊甸园；二是从此背上了永远赎不完的原罪。

穿衣着裳，不应该受到惩罚，而且应该受到歌颂。这，就是中华先贤！这，就是源头中华文化，即中华元文化。

关于衣裳的出现，《墨子·辞过》有如下的记载：

"古之民，未知为衣服时，衣皮带茭，冬则不轻而温，夏则不轻而清。圣王以为不中人之情，故作诲妇人治丝麻，梱布绢，以为民衣。"

起初的人，不会制作衣裳，穿兽皮，围草索，冬天不轻便也不温暖，夏天不轻便也不凉爽。圣王认为这样不合人情，于是教女子治丝麻、织布匹，从此有了衣裳。衣裳，衣裳，冬天轻便又温暖，夏天轻便又凉爽。

衣食住行，四大课题，黄帝解答了一个"衣"字。在《墨子》这里，创造衣裳的人被称为"圣王"。

衣裳，是仿照乾坤两卦卦象发明的。

尚象制器，所"尚"的"象"是乾坤两卦的卦象。

乾卦卦象为一个整体，坤卦卦象则是两分一体；乾天坤地，天覆盖大地；天地一体，天包裹地；这两大因素应该是发明衣裳的参照坐标。

2. 舟、楫　水，生命之源；江河湖泊，文明之摇篮。水，有说不完的长处，但是，水也有一个短处——阻碍了交通。要到达彼岸，必须有舟船。黄帝尧舜名下出现了舟、楫：

"刳木为舟，剡木为楫。舟楫之利以济不通，致远以利天下，盖取诸涣。"

刳，剖。刳木，剖开木头。"刳木为舟"，剖开木头，制作为舟。剡，削尖。"剡木为楫"，削尖木头为楫。

衣食住行，四大课题，行排位第四。行，有陆地之行，有水路之行，有空中之行，"舟楫之利"解答的是水路之行。水路之行的工具化，是利于天下的一件大事。

舟、楫，是仿照涣卦卦象发明的。

尚象制器，所"尚"的"象"是涣卦的卦象。

涣卦由八卦中的巽卦、坎卦所组成。巽为风，坎为水；风可以行水上，《周易·涣·象传》有"风行水上"之论；巽为木，坎为水；木可以行水上，《周易·涣·象传》有"利涉大川，乘木有功也"之论；"风可以行水上"与"木可以行水上"应该是发明舟船的参照坐标。

3. 牛车马车　陆地行走，比较方便，但负重远行，就是超出了力所能及的范围。车，出现。牛车马车，是在黄帝尧舜名下出现的：

"服牛乘马，引重致远，以利天下，盖取诸随。"

舟船，解答的是水路之行；"服牛乘马"，解答的是陆路之行。陆地之行的工具化，是利于天下的一件大事。

大禹治水之时，创造了四种交通工具——陆行有车，渡水有船，沼泽有橇，登山有檋。《尸子》："陆行乘车，泽行乘舟，山行乘檋，泥行乘橇。"《史记·夏本纪》："陆行乘车，水行乘船，泥行乘橇，山行乘檋。"杜甫写《禹庙》诗，诗云："早知乘四载，疏凿控三巴。"诗中的"四载"，指的就是四种交通器具。

空中之行的工具有人研究吗？有！《列子·汤问》记载了墨翟研究飞鸢的故事，这应该是最早的空中之行飞行器的设想。

"服牛乘马"，是仿照随卦发明的。

尚象制器，所"尚"的"象"是随卦的卦象。

随卦由八卦中的兑卦、震卦所组成。震下兑上，组成了六十四卦中的豫随卦。《周易·随·象传》有"刚来而下柔，动而说"之论。震刚兑柔，刚柔结合，刚柔相随，相随而动，这里应该是发明牛车马车的参照坐标。

4. 重门击柝　人中有圣人，人中有君子，人中有小人，人中也有盗贼，这是《周易》对人的基本分类。盗贼会偷盗，防止偷盗，必须谨慎门户，必须有夜间巡逻。谨慎门户，应该制作大门；夜间巡逻，应该制作警示的工具。门，出现。柝，出现。"重门击柝"，是在黄帝尧舜名下出现的：

"重门击柝，以待暴客，盖取诸豫。"

"重门"，大门房门的重叠。柝，打更用的梆子。《木兰辞》："朔气传金柝"。"击柝"，夜间巡逻，敲打的梆子。

"暴客"，是同种同族同宗内部产生的盗贼。严防盗贼，建立门户、夜间巡逻是两大有效的方法。

"重门击柝"，是仿照豫卦卦象发明的。

尚象制器，所"尚"的"象"是豫卦卦象。

豫卦由八卦中的震卦、坤卦所组成。震上坤下，组成了六十四卦中的豫卦。《周易·豫·象传》："雷出地奋，豫。"

雷是有声之雷，雷声为自然之声，仿照自然之声制造出人工之声，用人工之声敲梆防盗，这里应该是梆子产生的所以然。

5. 臼、杵　燧人氏钻木取火，生食变熟食，这是一大进步。稻谷脱皮，谷变为米，这又是一大进步。稻谷如何脱皮？臼出现，杵出现。稻谷脱皮的工具，是在黄帝尧舜名下出现的：

"断木为杵，掘地为臼，臼杵之利，万民以济，盖取诸小过。"

断，截断也。掘，挖掘也。在石质坚硬的地上挖掘出一个圆形的洞，然后用木棒舂击，如此可以使稻谷脱皮变米。

稻谷脱皮变米，属于粮食加工。民以食为天！臼杵的出现，是利于天下的一件大事。

臼杵，是仿照小过卦发明的。

尚象制器，所"尚"的"象"是小过卦卦象。

小过卦由八卦中的震卦、艮卦所组成。震上艮下，组成了六十四卦中的小过卦。

震为雷，艮为山。雷是动态之雷，山为稳定之山；一个动态系统，一个稳定系统；上动下静的动静结合，这里应该是发明臼杵的参照坐标。

臼杵，最初的动力是人工。后来中华先贤发明了水磨，发明了牛、驴、马拉的碾子，今天有电力的碾米机，每一次动力的更新，就会出现新一代的臼杵。超声波是一种新形式的力，这种力能否产生新一代的臼杵呢？

6. 弧矢　如果说内部有盗贼，外部呢？外部有敌人。如果说"重门击柝"关注的是内部的盗贼，那么，"弧矢之利"关注的则是外部的敌人。预防内部的盗贼，用"重门击柝"。威慑外部的敌人，必须发明先进的武器。弓出现，箭出现。威慑敌人的先进武器，是在黄帝尧舜名下出现的：

"弦木为弧，剡木为矢，弧矢之利，以威天下，盖取诸睽。"

"弦木为弧"，将树藤或竹子经过火的烘烤弯曲成弓。"剡木为矢"，将竹子削尖制作成箭。弓箭，可以狩猎，可以御敌。弓箭，当时的先进武器。有先进的武器，可以威慑敌人。有先进的武器，才有威风凛凛之天下。"弧矢之利，以威天下"的意义，就在这里。

"弧矢之利"属于军事领域。用先进武器来捍卫天下太平，这不仅仅是古代的事，也是当代与未来的事。

弓矢，是仿照睽卦卦象发明的。

尚象制器，所"尚"的"象"是睽卦卦象。

睽卦由八卦中的离卦、兑卦所组成。离上兑下，组成了六十四卦中的睽卦。《周易·睽·象传》："上火下泽，睽。"

离为火，兑为泽；火焰向上，泽水低流，两者相背而行，相反相成的哲理，应该是发明弓箭的参照坐标。

7. 宫室　衣食住行，四大课题，住排位第三。"住"，这一课题的最早解答者应该是有巢氏。有巢氏构木为巢，构筑起中华大地上最早的小木屋。有巢氏名下出现的是巢，黄帝、尧、舜名下出现的是宫室：

"上古穴居而野处，后世圣人易之以宫室，上栋下宇以待风雨，盖取诸大壮。"

从构木为巢到建立宫室，这是一大进步。

建造宫室，《礼记》有记载，《墨子》也有记载。

《礼记·礼运》："昔者先王，未有宫室，冬则居营窟，夏则居橧巢。后圣有作……范金，合土，以为台榭宫室牖户。"

巢，原料为草木。宫室，草木基础上又增加了金属与土。这是《礼记》记载的宫室。

《墨子·辞过》："为宫室之法，曰：室高足以辟润湿，边足以圉风寒，上足以待雪霜雨露，宫墙之高，足以别男女之礼，谨此则止。"

室基之高，目的是避潮湿；四边室壁，防御的是风寒；屋顶设计，遮挡的是雨露霜雪；宫墙高度，别的是男女。墨子不但记载了宫室的建造，而且记载了宫室的建造之法。

宫室，是仿照大壮卦卦象发明的。

尚象制器，所"尚"的"象"是大壮卦的卦象。

大壮卦由八卦中的震卦、乾卦所组成。震为雷，乾为天；震上乾下，组成了六十四卦中的大壮卦。《周易·大壮·象传》："大者正也。"

一个方方正正的"正"字，应该是建筑宫室的基本坐标。雷雨交加在上，圆天遮蔽于下，这里也应该是建筑宫室的基本坐标。

8. 棺椁　人有生有死，人死之后怎么办？黄帝之前，人死之后厚厚地包一层柴草，埋葬在野外，不封土堆，不种树木，服丧也没有一定的期限。黄帝时代开始慎重对待死，埋葬死者的棺椁出现：

"古之葬者，厚衣之以薪，葬之中野，不封不树，丧期无数，后世圣人易之以棺椁，盖取诸大过。"

隆重对待生，严肃对待死，这是中华先贤对待生死的基本态度。生，有一定的庆祝仪式；死，有一定的悼念仪式；生，如何对待？死，如何对待？《周礼》中已经设置了专门主管的官员。生，如何庆祝？死，如何悼念？不同的仪式，《仪礼》已有细致地区分。

棺椁，是仿照大过卦发明的。

尚象制器，所"尚"的"象"是大过卦卦象。

大过卦由八卦中的兑卦、巽卦所组成。兑上巽下，组成了六十四卦中的大过卦。

兑为泽，巽为木。《周易·大过·象传》："泽灭木，大过。"

泽在上，木在下；木头可以埋葬于地下，如此卦象，应该是发明棺椁的基本坐标。

9. 书契 结绳记事，这是一个历史阶段。文字书写，这又是一个历史阶段。在中华大地上，的确出现过一个结绳记事的阶段，因为老子在《道德经·第八十章》有"使民复结绳而用之"的论述。老子认为，结绳记事时代，民风淳朴，天下太平，而文字出现之后，器具越来越多，民心不古了，天下复杂了，所以应该回复到结绳记事的时代。《系辞》的作者与老子的认识不同。《系辞》的作者认为，文字的出现是一大进步，请看下面这一论断：

"上古结绳而治，后世圣人易之以书契，百官以治，万民以察，盖取诸夬。"

上古圣人，结绳而治；后世圣人，书契而治。两种治理天下的方法，都"治"理了天下。书契而治，出现"百官以治，万民以察"的局面。

这里需要追溯一个问题，即：上古时期为何会"结绳而治"？这里的"结绳"，实际上是天文历法的记录。一天结一个疙瘩，五天结一个小疙瘩，三五一十五天结一个大疙瘩。五个小疙瘩是一候，一个大疙瘩是一气，六个大疙瘩就是一个季节了。"五日谓之候，三候谓之气，六气谓之时，四时谓之岁，而各从其主治焉。"（《素问·六节脏象论》）上古时期，治理天下，靠的是天文历法。文字之前的天文历法，是用"结绳记事"表达的。

器具之器与文字的出现，老子认为，这是天下混乱的根源。实际上，天下混乱的根源，不是有器无器，有字无字，而是有道无道。《礼记·礼运》："大道之行也，天下为公。"又："今大道既隐，天下为家。"大道，在根本上。器具与文字，在枝叶上。天下混乱的原因，在于有没有大道，而不是有没有器具与文字。

书契，是仿照夬卦卦象发明的。

尚象制器，所"尚"的"象"是夬卦的卦象。

夬卦由八卦中的兑卦、乾卦所组成。兑上乾下，组成了六十四卦中的夬卦。

兑为泽，乾为天。《周易·夬·象传》："泽上于天，夬。"泽在上，天在下；沼泽之水蒸发于天，天降甘露，这是夬卦卦象的基本含义。书契的出现，利于天下，犹如天降甘露。一个卦象，是否与文字出现相关？答案是肯定的。

如果说，仿照自然之象与抽象之象可以发明器具，那么，仿照自然之象与抽象之象就不能发明文字吗？象形，本来就是"造字六法"中的第一法。象形，可以象形象之象，也可以象抽象之象。仿照夬卦卦象创造文字，应该理解为一个原则，这个原则就是：仿照抽象之象创造文字。尚象可以制器，尚象同样也可以制字。

中华大地之外，大约公元前3000年，古美索不达米亚地区（今天的伊拉克一带）的苏美尔人，创造出了楔形文字。楔形文字，波斯人、巴比伦人、叙利亚人、亚述人都使用过，在公元前3世纪，楔形文字随波斯王国一起灭亡了。古埃及也出现过象形文字，在公元前5世纪灭绝了。唯有汉字，跨越了时间，跨越了空间，时至今日，依然保持着青春活力。汉字生命力常青的奥秘何在？值不值得研究？值不值得追溯？

源头的先贤，个个都是发明创造的典范。先贤发明创造，有这样的几个特点。

其一，个个都有发明创造。

其二，每一代都有发明创造。

其三，每一代的发明创造都不相同。

其四，发明创造分布在不同的领域。

其五，所有的发明创造都具有创新性与唯一性。

《礼记·乐记》："昔者舜作五弦之琴，以歌南风。"请看，孔夫子还记载了舜作五弦琴。

第三章

是故，易者象也。象也者，像也。彖者，材也。爻也者，效天下之动者也。是故吉凶生而悔吝著也。

一、 抽象之象， 什么都像

"易者象也。"这是一句非常重要的结论性的话。

先谈易。易，分自然易与人文易。

自然易在哪里？在日月之中。《周易参同契》："日月为易。"这个论断告诉世人，易在日月中。日月属于天文，所以易为自然易。

人文易在哪里？在乾坤之中。《周易·系辞上》："乾坤成列，而易立乎其中矣。"这个论断告诉世人，易在乾坤中。乾坤两卦是人创作出来的人文，所以易为人文易。

再谈象。象在哪里？一在天地之间，二在八卦之中。《周易·系辞上》："圣人有以见天下之赜，而拟诸其形容，象其物宜，是故谓之象。""天下之赜"，是天地之间的自然景象。象，是圣人根据自然景象创造出来的人文之象。人文之象在哪里？在八卦之中。《周易·系辞下》："八卦成列，象在其中矣。"这个论断告诉世人，象在八卦中。换言之，八卦就是象。

象、易、卦三者是什么关系？答：是恒等关系。

《周易·系辞上》："乾坤成列，而易立乎其中矣。"《周易·系辞下》："八卦成列，象在其中矣。"这两个论断，在 ABC 之间建立起了恒等关系：卦 = 易 = 象。

再谈易之象。易之象，像什么？

易，源于太阳，源于太阳月亮。所以，首先像太阳像月亮。

易之象，首先建立起的是气候循环模型，所以易之象首先像寒暑、像四时、像八节、像二十四节气。

四时对应四方，八节对应八方；易之象，建立起来的是一个时空的模型。

一切都从时空中来，所以时空模型可以论一切。

源于冬至夏至的阴阳，是模型论的基础模型。

阴阳，可以论证问题吗？

请看《道德经》中的一句结论性的话。《道德经·第四十二章》："万物负阴而抱阳。"以阴阳为基本模型，老子论尽了万物之理。

老子的这一结论对吗？

笔者这里举三个例子来说明问题：

例一，门捷列夫化学元素周期表。看看化学元素周期表中的元素，哪一个不是阴阳两分结构？哪一个不是阴阳两种成分？

例二，地壳的基本成分。硅酸盐、碳酸盐、磷酸盐、硫酸盐、氧化物是地球的基本成分，看看哪一种盐不是由阳离子与阴离子团或阳离子团与阴离子团所组成？哪一种氧化物不是由阳离子与阴离子所组成？

例三，零线与火线。看看家庭用电的电线，仅用一条火线会有明亮的电灯吗？

阴阳可以论气候中的寒暑！

阴阳可以论运动中的升降！

阴阳可以论数字中的奇偶！

阴阳可以论物理中的并协原理！

阴阳可以论化学中的分解化合！

阴阳可以论音律中的黄钟大吕！

阴阳可以论人体中的脏腑经脉！

阴阳可以论情绪中的喜怒哀乐！

阴阳可以论疾病中的寒热虚实！

……

阴阳还可以论什么？

法国传教士白晋归纳得最好！白晋认为，阴阳表示了所有科学原理。敬请记住，是"所有科学原理"，而不是一科几科。

抽象之象，什么都像！

阴阳是象！

乾坤两卦是象！

八卦是象！

六十四卦是象！

图是象！

书是象！

创造出抽象之象，是中华先贤为子孙留下的、最为独特的财富。非常遗憾的是，先贤的子孙并没有利用好这笔财富。

二、 裁剪之裁： 道器转化的基本方法

"象者，材也。"

材，通裁。裁，裁剪之裁。

《周易·系辞上》："化而裁之谓之变。"

这里的 "化而裁之"，指的是形而上的道与形而下的器之间的转化。明白道理，变化出器具，这就是 "化而裁之"。

《周易·系辞上》："八卦而小成，引而伸之，触类而长之，天下之能事毕矣。"从八卦到天下之能事，这个过程里面有一个 "化而裁之"。"引而伸之"与 "触类而长之"，就属于 "化而裁之"。

道器之间的转化，属于 "化而裁之"。

道技之间的转化，属于 "化而裁之"。

道术之间的转化，属于 "化而裁之"。

道与兵法之间的转化，属于 "化而裁之"。

道与礼仪之间的转化，属于 "化而裁之"。

道与德行之间的转化，属于 "化而裁之"。

……

裁剪之裁，见繁就简也。

一个太阳回归年，通过裁剪之裁，简化出寒暑，这是一裁。

一个太阳回归年，通过裁剪之裁，简化出四时，这是一裁。

一个太阳回归年，通过裁剪之裁，简化出八节，这是一裁。

一个太阳回归年，通过裁剪之裁，简化出二十四节气，这是一裁。

当然，从太阳回归法则里抽象出阴阳，抽象出音律，抽象出干支，这些都属于裁剪之裁。

以太阳回归法则为基础，通过"化而裁之"，中华先贤创造出了图书，创造出了八卦，创造出了天干地支，创造出了中华文化与中医文化。

面对先贤，后世子孙是不是应该思考一下：

"化而裁之"，我懂吗？

"化而裁之"，我会吗？

在这里，也许有读者会质疑："把'象者，材也'解释为发明创造中的'化而裁之'，可以吗？"

如果有疑问，请看看《系辞上》诠释"何谓象"的一句话——"象者，言乎象者也。"

象，卦后面的文字。"象者，言乎象者也。"卦后面的文字，就是诠释卦象的呀。

卦象属于抽象之象。"尚象制器"，所"尚"的就是形象之象与抽象之象，在卦象——抽象之象——这里"化而裁之"，属于发明创造的基本方法。所以，把"象者，材也"解释为发明创造中的"化而裁之"是完全可以的。

三、 动态之爻， 表达的是天下之动

"爻也者，效天下之动者也。"

爻，表达的是天下之动。

类似的话，在一部《系辞》中反复出现过多次。

《周易·系辞上》："六爻之动，三极之道也。"

《周易·系辞上》："爻者，言乎变者也。"

《周易·系辞下》："八卦成列，象在其中矣。因而重之，爻在其中矣。刚柔相推，变在其中矣。"

《周易·系辞下》："天地之动，贞夫一者也。夫乾，确然示人易矣。夫坤，聩然示人简矣。爻也者，效此者也。"

《周易·系辞下》："爻象动乎内，吉凶见乎外。"

《周易·系辞下》："易之为书也，原始要终以为质也。六爻相杂，唯其时物也。"

《周易·系辞下》："道有变动，故曰爻。"

在中华先贤的视野中，一切都是动态的。基于这一认识，中华先贤创造了阴阳两爻，阴阳两爻组成了卦。卦，首先表达的是太阳历的八节。八节，是太阳与地球的八个对应点。八个对应点，一是具有严格规定性，二是具有无限循环性。知道这些，才能轻松理解"爻也者，效天下之动者也"这句话。

一切都是动态的。彝族文化归纳的最为形象，有必要进行介绍。彝族史诗中有一部名曰《查姆》。查，源头也。姆，诗歌也。《查姆》是一个讨论天地万物起源的史诗。《查姆》第一章的题目为《天地起源》。探索天地起源，《查姆·第一章》留下了非常精彩的诗句，摘录如下，供读者鉴赏：

> 万物在动中生，
>
> 万物在动中演变，
>
> 不动嘛不生，
>
> 不生嘛不长，
>
> 这就是天地的起源，
>
> 这就是万物的起源。

新文化运动中的一些影响很大的学者，把中华文化定位为"静文化"。这一定位，相悖于中华元文化。

四、 一动与四种后果

"是故吉凶生而悔吝者也。"

动，一是天道之动，二是人的行动。

人的行动必须与天道之动一致，这是"不允许商量"的金科玉律。

人的行动完全遵循天道，有大吉大利的结果。例如，按照节令适时种植，如此才能有大丰收。

人的行动完全违背天道，有大凶大恶的结果。例如，不按节令的随意种植，根本不会有收获。《周易·坎·象传》："失道凶也。"

在遵循与违背之间，还有程度不同的情况，这里会产生出吉凶之间的程度不同的悔之吝之（大后悔与小遗憾）的后果。

天道不可违！

天道在哪里？在昼夜之序中。昼不动夜不静，就是违反天道。今天的青年人，猝死者越来越多。可以问一问、查一查，这些猝死者哪一个不是晚上不睡觉，白天不起床的？！

得失在人，原因在天，在于人违反了天道。

一个人违反天道，一个人要付出代价。全球人违反天道，全球人要付出代价。天地人，本来是一分为三、合三为一的一体关系，西方哲学主张主客两分，结果怎么样呢？短短二百多年，天脏了，地脏了，水脏了，空气脏了，气候异常了。下一步，会怎么样呢？先进的原子弹，可以炸平对手；再先进的武器，会战胜天道吗？

人的一举一动，必须合于天道。人的每一个行动，会产生四种结果。这里，有必要重温《系辞上》的一段话：

"是故吉凶者，失得之象也。悔吝者，忧虞之象也。变化者，进退之象也。刚柔者，昼夜之象也。六爻之动，三极之道也。"

敬请注意，在这一论断中，论述问题的基本方法是"以天文论人文"，论述问题的直接方法是"以日月论人文"，最终的结论在"天地人合一而论"的结论上。

"变化者，进退之象也。"这里的"变化"，指的是日影变化。"进退"，指的是日影长极而短、短极而长的太阳回归。论人文之吉凶，首先论在太阳法则里，是吉是凶，是得是失，要看你遵循不遵循太阳法则。

"刚柔者，昼夜之象也。"这里的"刚柔"，指的是日月。这里的"昼夜"，指的是日往月来、月往日来形成的明暗。论人文之吉凶，首先论在日月法则里，是吉是凶，是得是失，要看你遵循不遵循日月法则。

"六爻之动，三极之道也。"六爻，指的是六十四卦每一卦的基本成分。"三极"，是天地人三才的另一种说法。六爻，把天地人放在了一起。天地人之动，必须是融洽的一体之动。人之动，与天地之动相吻合，其结果有吉凶之吉。人之动，如果与天地之动相冲突，其结果有吉凶之凶。人之动，轻微地与天地之动相冲突，其结果有后悔与遗憾的"悔吝"。

吉凶，这两种截然相反的后果，就产生在是不是天地人三才之动的一致与冲突之中。

原文

第四章

阳卦多阴，阴卦多阳，其故何也？阳卦奇，阴卦偶。其德行何也？阳一君而二民，君子之道也；阴二君而一民，小人之道也。

一、卦中的阴阳，卦中的奇偶

"阳卦多阴，阴卦多阳，其故何也？阳卦奇，阴卦偶。"

（一）阳卦多阴，阴卦多阳

这一论断，首先揭示的是阴卦与阳卦的特征。

☳，这是震卦卦象。震卦属阳，但是阴爻二阳爻一，阴爻的数量多于阳爻。"阳卦多阴"，这是阳卦的特征。

☲，这是离卦卦象。离卦属阴，但是三爻之中，阳爻二阴爻一，阳爻的数量多于阴爻。"阴卦多阳"，这是阴卦的特征。

☰，这是乾卦卦象。乾卦，纯阳之卦。纯阳与阴有关系吗？有！纯阳之处恰恰是阴的发源地。阳极生阴。夏至，阳极之处。恰恰是夏至之处，是一阴下降之处。阳极生阴，这是应该记住的一条根本性哲理。

☷，这是坤卦卦象。坤卦，纯阴之卦。纯阴与阳有关系吗？有！纯阴之处恰恰是阳的发源地。阴极生阳。冬至，阴极之处。阴极的冬至之处，恰恰是一阳上升之处。阴极生阳，这是应该记住的一条根本性哲理。

面对"阳卦多阴，阴卦多阳"这一论断，应该明白三条哲理：

第一条哲理是：阳中有阴，阴中有阳。

第二条哲理是：阴阳异名而同类，两分而一体。

第三条哲理是：阴极生阳，阳极生阴。

三条哲理，放在立竿测影的中午日影下，可以轻松地得出正确答案：日影长极而短，短极而长。日影长短两极的变化，是阴极生阳、阳极生阴的变化。阴与阳均变化在中午日影这条直线上，阴阳异名而同类的奥秘就在这里，阳中有阴、阴中有阳的奥秘就在这里。

阴阳，永不重合，永不分离；大可以论宇宙，小可以论微粒。

（二）阳卦奇，阴卦偶。

人文中极其重要的一奇一偶，是在这里出现的。

奇偶之数，是文化的基础。

没有奇偶之数，就无法定量。无法定量，就产生不了度量衡，就产生不了音律。

总而言之，奇偶之数是自然百科的基础。

细而言之，奇偶之数是数理化、音律、军事各科的基础。

"一切都是数，数的关键是单双。"因为这句至理名言，再加上一个直角三角形与一条勾股定理，奠定了毕达哥拉斯在西方哲学中坚实的地位。

"阳卦奇，阴卦偶。"《系辞下》告诉人们，在中华大地上，奇偶之数是从八卦开始的，是从阴阳开始的。

奇偶之数，发源于阴阳。《灵枢·根结》："阴道偶，阳道奇。"奇偶起源于阴阳，《黄帝内经》与《周易》的结论完全一致。

如果说，一阴一阳化育出的是人文之天下；那么，完全可以说，奇偶之数化育的是"定量"的天下。知道这些，才能理解奇偶之数的伟大作用。

论奇偶之数的大哲学家毕达哥拉斯，受到历史尊重，受到世界尊重。这里的问题是：奇偶之数发源地的阴阳八卦，应不应该受到尊重呢?!

二、 君子之道与小人之道

"其德行何也？阳一君而二民，君子之道也；阴二君而一民，小人之道也。"

在天为道，在人为德，在动为行。这一论断论的是以德行为标准论君子之道与小人之道。

这个标准是："一君二民"与"二君一民"。

民多于君，是君子之道。

君多于民，是小人之道。

士兵可以有千千万万，而统帅只能是一人。"如何打？该不该打？"这是战前参谋们的合理争论。"此时此刻打！这样打！"则是统帅关键时刻所下的决心。如果有几个统帅争论不休，你就会错过稍纵即逝的战机。

同样的道理，民可以有千千万万，而君王只能是一人。治理天下，如果君多于民，政出多门，天下人民就会无所适从。《春秋左传·僖公五年》："一国三公，吾谁适从。"

君不能多于民，这是治理天下的基本原则，也是中华先贤早已认识到的基本哲理。违背了这个原则，违背了这条哲理，君王下一步要面临的就是灭顶之灾。

───── 原 文 ─────

第五章

易曰："憧憧往来，朋从尔思。"子曰："天下何思何虑？天下同归而殊涂，一致而百虑。天下何思何虑？日往则月来，月往则日来，日月相推而明生焉。寒往则暑来，暑往则寒来，寒暑相推而岁成焉。往者屈也，来者信也，屈信相感而利生焉。尺蠖之屈，以求信也。龙蛇之蛰，以存身也。精义入神，以致用也。利用安身，以崇德也。过此以往，未之或知也。穷神知化，德之盛也。"

易曰："困于石，据于蒺藜，入于其宫，不见其妻，凶。"子曰："非所困而困焉，名必辱。非所据而据焉，身必危。既辱且危，死期将至。妻其可得见耶？"

易曰："公用射隼于高墉之上，获之无不利。"子曰："隼者，禽也。弓矢者，器也。射之者，人也。君子藏器于身待时而动，何不利之有？动而不括，是以出而有获，语成器而动者也。"

子曰："小人不耻不仁，不畏不义，不见利不劝，不威不惩。小惩而大诫，此小人之福也。"易曰："屦校灭趾，无咎。"此之谓也。

善不积不足以成名，恶不积不足以灭身。小人以小善为无益而弗为也，以小恶为无伤而弗去也，故恶积而不可掩，罪大而不可解。易曰："何校灭耳，凶。"

子曰："危者，安其位者也。亡者，保其存者也。乱者，有其治者也。是故君子安而不忘危，治而不忘乱，是以身安而国家可保也。"易曰："其亡其亡，系于苞桑。"

子曰："德薄而位尊，知小而谋大，力小而任重，鲜不及矣。"易曰：'鼎折足，覆公𫗧，其形渥，凶。'言不胜其任也。"

子曰："知几其神乎？君子上交不谄，下交不渎，其知几乎。几者，动之微，吉凶之先见者也。君子见几而作，不俟终日。"

易曰："介于石，不终日，贞吉。"介如石焉，宁用终日，断可识矣。君子知微知彰，知柔知刚，万夫之望。子曰："颜氏之子，其殆庶几乎？有不善未尝不知，知之未尝复行也。"易曰："不远复，无祗悔，元吉。"

天地氤氲，万物化醇。男女构精，万物化生。易曰："三人行，则损一人，一人行则得其友。"言致一也。

子曰："君子安其身而后动，易其心而后语，定其交而后求。君子修此三者故全也。危以动，则民不与也。惧以语，则民不应也。无交而求，则民不与也。莫之与，则伤之者至矣。"易曰： "莫益之，或击之，立心勿恒。凶。"

解·读

一、 人文思虑与天道循环

（一）人文思虑

"憧憧往来，朋从尔思。"这句话出于咸卦九四爻爻辞。憧憧，有多重含义：成年人的心神不定，儿童的憨愚无知；影子的摇曳不定，往来的络绎不绝。咸卦九四爻爻辞中的"憧憧"，含义在"络绎不绝"上。朋，指朋友。从，顺从，认可。"憧憧往来，朋从尔思。"完整的意思是：往来众多的朋友，认同你的思路。

咸卦，第一重意义揭示的是"少男少女"组成的夫妇。"憧憧往来，朋从尔思"的原始意义，揭示的是从天真的交往到心灵上的相通。道理在人文上，是这八个字的原始意义。

（二）天道循环

"憧憧往来，朋从尔思"，经《系辞》作者的解释，解释出了天道循环。

"日往则月来，月往则日来"揭示的是什么呢？揭示的是天道循环。一阴一阳之谓道。一阴一阳在哪里？在日月里。日为阳，月为阴，阴阳之义配日月。日月论天道，往来论循环。"日往则月来，月往则日来"揭示的是不是天道循环？！

"寒往则暑来，暑往则寒来。"揭示的是什么呢？揭示的同样是天道循环。太阳回归，起始点在冬至，转折点在夏至。冬至论寒，夏至论暑。寒暑可以论阴阳，寒阴而暑阳。一阴一阳之谓道。寒暑论天道，往来论循环。"寒往则暑来，暑往则寒来"揭示的是不是天道循环？！

天下万物繁杂，天道法则却恒常如一；繁杂的万物必须遵循恒常如一的天道法则。

《周髀算经·日月历法》："往者屈，来者信也，故屈信相感。故冬至之后，日右行；夏至之后，日左行；左者往，右者来。"屈信，日影屈伸也，日影往来也，日影盈缩也，日影损益也。

万物的一生一死，小蚯蚓、小蚂蚁的冬眠与苏醒，都是由日影损益决定的。日影损益，换一种说法，即日影盈缩；再换一种说法，即日影屈伸。太阳即生命。万物必须遵循日影屈伸这一基本原则。

日影屈伸，一年一循环。过去如此，今天如此，明天仍然如此。小花小草，一岁一枯荣。去年如此，今年如此，明年仍然如此。小蚂蚁小蚯蚓，一岁一冬眠，一岁一苏醒。去年如此，今年如此，明年仍然如此。

具备了以上常识，就可以轻松理解"往者屈也，来者信也，屈信相感而利生焉"这句话的所以然。

具备了以上常识，就可以轻松理解"尺蠖之屈，以求信也。龙蛇之蛰，以存身也"这句话的所以然。

（三）致用于天下，利用于自身

"精义入神，以致用也。利用安身，以崇德也。过此以往，未之或知也。穷神知化，德之盛也。""精义入神，以致用也。"这句话是一个转折，是从天文到人文的转折。

"精义"者，精深奥妙之义理也。神，前面已经讲过，阴阳变化为神，造物者为神。"精义入神"者，就是要把精深奥妙之义理与变化之神、造物之神吻合在一起。万物生长靠太阳！精妙、精确的寒暑，吻合于太阳回归，这就是"精义入神"。四时八节，吻合于太阳法则，这就是"精义入神"。与变化之神、造物之神吻合，就是为了"致用"。立竿测影，确定二十四节气，就是为了农业生产、渔业生产、畜牧业生产，这就是"致用"。"致用"，致在与生存息息相关的实际层面上。空谈、清谈、洋洋万言的玄虚之论，与中华先贤无关，与中华元文化无关。

"利用安身，以崇德也。"这一论断讲的是"如何安身"。"安身"如何安？安在"崇德"二字。崇，崇尚也。"崇德"，讲的是崇尚天地之德。《周易·乾·文言》："与天地合其德。"天地具有大公无私之德，《礼记·孔子闲居》："天无私覆，地无私载。"安身，人平安家平安子孙平安也。有今天没明天，这就不是"安身"了。祸及子孙、祸及家庭，这更不是"安身"

了。"致用"，致在天下。"利用"，利在自身。自身之安，安在"崇德"上。

（四）天道基础上的推理

"过此以往，未之或知也。穷神知化，德之盛也。"这一段话讲的是推理——天道基础上的推理。

"过去"可知吗？可知！

"未来"可知吗？可知！

太阳回归，一岁一循环。过去是这样，今天是这样，未来仍然是这样。

太阳回归与寒暑更替，两环合一环，太阳回归是可知的，寒暑同样是可知的。寒暑，过去是这样，今天是这样，未来仍然是这样。

太阳回归与四时更替，两环合一环，太阳回归是可知的，四时同样是可知的。四时，过去是这样，今天是这样，未来仍然是这样。

太阳回归与风霜雨雪的转换，两环合一环，太阳回归是可知的，风霜雨雪同样是可知的。风霜雨雪，过去是这样，今天是这样，未来仍然是这样。

穷，穷尽也。神，变化也，太阳法则也。化，物生物死也。认识太阳回归，知道太阳法则，既可以"彰往"，也可以"察来"。这里，应该就是"穷神知化"的所以然。

二、 十条爻辞的解释

（一）困卦六三爻爻辞的解释

"困于石，据于蒺藜，入于其宫，不见其妻，凶。"这是困卦六三爻的爻辞原文。

前进有乱石阻挡，后退又陷于蒺藜之中，这是不是一种困境？！挣脱困境，返回家中，妻子又不见了，这是不是又一重困境？！在外困，返家又困，这不是凶险之凶？！困卦六三爻爻辞，描述的是一个人的双重困境。

双重困境的原因何在？换言之，为何会陷入双重困境？《系辞》的作者作出了"祸由自身起，有此因必有此果"的解释：

"子曰：'非所困而困焉，名必辱。非所据而据焉，身必危。既辱且危，死期将至。妻其可得见耶？'"

不该这样，偏偏这样，原因何在？原因在自身！

"非所困而困"——不该陷入困境，偏偏陷入困境，原因何在？困境是你自身创造的。巨大的顽石，一个人是搬不动的；荆棘丛生的地方，本来就不应该去。身陷乱石之中，荆棘之内，是这个人盲目行动的结果。陷入自身造成的困境，名誉肯定受辱。占据自己不该占据的地位，占据自己不该占据的财产，总之，拥有自己不该拥有的，生命必然有危险。名誉受辱，生命危险；自取其辱，自取灭亡；还会有妻子吗?！

自己创造出自己的困境，一定是做了不应该做的事！一定是做了有悖天道的事！不该如此，你偏偏如此，其结局只能是这样：名必辱，身必危，妻子不可见。

（二）解卦上六爻爻辞的解释

"公用射隼于高墉之上，获之，无不利。"这是解卦上六爻爻辞的原文。

公，王公也。射，射箭也。隼，鹰科，一种凶猛的飞禽。墉，城墙也。高墉，高大城墙也。王公在高高的城墙上，用箭射下一只隼，并且捕获了它，这没有什么不吉利的。——这句爻辞，陈述的是一个故事。

解释这句爻辞，《系辞》作者解释出事背后的理："子曰：'隼者，禽也。弓矢者，器也。射之者，人也。君子藏器于身待时而动，何不利之有？动而不括，是以出而有获，语成器而动者也。'"

隼，猛禽也。弓矢，武器也。射箭者，人也。君子藏利器于身，待时而动，怎么会不利呢？行动能把握时机，动则有收获，这是利器准备在先的缘故啊。

射下猛禽，这是事。利器藏身，有备而来，待机而动，这是理。有此事必有此理，有利之事必有有利之理，"藏器于身待时而动"仅仅适用于射隼吗？

（三）小错应该早惩戒：噬嗑卦初九爻爻辞的解释

"屦校灭趾，无咎。"这是噬嗑卦初九爻爻辞的原文。"屦校"，是一种戴脚镣的刑罚。"灭趾"，是戴脚镣擦破了脚趾。"屦校"，是刑罚。"灭趾"，是后果。"屦校灭趾，无咎。"这一爻辞的意思是什么呢？意思是：戴脚镣受到刑罚，脚趾有点伤害，并没有什么坏处。

为什么？

《系辞》作者对"小惩大诫，小人之福"的解释如下："子曰：'小人不耻不仁，不畏不义，不见利不劝，不威不惩。小惩而大诫，此小人之福也。'易曰：'屦校灭趾，无咎。'"

这段话分前后两部分：前一部分讲的是小人的人生态度，后一部分讲的是刑罚是拯救小人最好的手段。

"不仁"，君子认为是可耻的，小人则无所谓。"不义"，君子是畏惧的，小人则无所谓。"见义勇为"是君子行为，小人则完全相反，不见利益绝对不为。"朝前夕惕"是君子的自觉行为，小人则完全相反，不受到威吓绝不收手。"不耻不仁，不畏不义，不见利不劝，不威不惩。"这就是小人的人生态度。

如此小人，经常越轨，教化已经失去作用，就应该受到刑罚。

《周易·贲·彖传》："观乎人文，以化成天下。"这里讲的是人文教化。《周易·豫·彖传》："刑罚清而民服。"这里讲的是教化之外的严肃惩罚。

教化与刑罚，是《周易》强调的两种教育方法。教化，适用于君子。刑罚，适用于小人。

"屦校"这种戴脚镣的刑罚，在当时可能属于轻度的惩罚。轻度的惩罚，如果能够拯救一个小人，让其改过自新，当然属于好事。所以，这一爻辞结论在"无咎"二字上。

（四）小人应该重惩戒：噬嗑卦上九爻爻辞的解释

"何校灭耳，凶。"这是噬嗑卦上九爻的爻辞原文。

"何"，负荷也。"校"，枷锁也。《论语·微子》："以杖荷蓧。"荷，肩挑也。

"何校"，是一种戴枷锁的刑罚。"灭耳"，带枷锁磨破了耳朵。"何校"，是刑罚。"灭耳"，是后果。"何校灭耳，凶。"这一爻辞的意思是什么呢？意思是：戴枷锁，磨破耳朵，凶险。

为什么？

《系辞》作者对"君子积善成名，小人积恶灭身"的解释如下："子曰：'善不积不足以成名，恶不积不足以灭身。小人以小善为无益而弗为也，以小恶为无伤而弗去也，故恶积而不可掩，罪大而不可解。易曰：'何校灭耳，凶。'"

"积善"者，君子也。"积恶"者，小人也。

君子积善，不论大小，积大善亦积小善；小人则完全不同，以小善为无益而不积，以小恶为无伤而经常为之。

小恶天天积，小恶积成了大恶；大恶积成了大罪，刑罚成了必然——枷锁戴上了。

戴枷锁，应该是比戴脚镣更严重的刑罚。

枷锁戴在脖子上，厚重的枷锁会磨伤耳朵。下一步会怎么样呢？下一步可能会有更严厉的惩罚。所以，这一爻辞的结论在一个"凶"字上。

（五）知危者安：否卦九五爻爻辞的解释

"其亡其亡，系于苞桑。"这句话出于否卦九五爻的爻辞。

"其亡其亡"，指的是一种随时可以致命的危险状态。"系于苞桑"，指的是一种致命危险的原因。这一爻辞的直接意思是：把窝做在脆弱的小草或桑树枝头，随时都有丧命的危险。这一爻辞的间接意思是：危及生命的原因，在于没有稳固的基础。

危险在哪里？亡命的所以然？《系辞》作者的解释如下："子曰：'危者，安其位者也。亡者，保其存者也。乱者，有其治者也。是故君子安而不忘亡，治而不忘乱，是以身安而国家可保也。'易曰：'其亡其亡，系于苞桑。'"

致命的危险在哪里？不在外而在于内。在于懒惰的"安其位"。何谓"安其位"？不自强，不积善，不思进取也。

灭亡的原因在哪里？不在外而在于内。在于懒惰的"保其存"。何谓"保其存"？只图存，不图治，不自新也。

大乱的原因在哪里？不在外而在于内。在于太平之后的骄傲，只满足于眼前的太平，不知道与太平相随的混乱。《素问·四气调神大论》："圣人不治已病治未病，不治已乱治未乱。"《道德经·第六十四章》："治之于其未乱。"天下大治之时，一定要想到另一面。

"安不忘危，治不忘乱。"这是《系辞》作者下出的结论。

"君子安而不忘亡，治而不忘乱，是以身安而国家可保也。"这是应该牢牢记住的一句话，因为它是万古长青的哲理，是万古长青的准则。这一哲理，这一准则，可以用于治身，可以用于治家，可以用于治国，可以用于治天下。

（六）不是你的千万别贪心：鼎卦九四爻爻辞的解释

"鼎折足，覆公餗，其形渥，凶。"这句话是鼎卦九四爻的爻辞原文。

鼎，青铜器也，三足，两耳，最初是一种炊具，后上升为礼器，成为君主、诸侯权力的象征。诸侯，使用九鼎，卿大夫七、五鼎，士一鼎。

"鼎折足"，鼎足折断了。"覆公餗"，珍贵的食物洒出来了。"其形渥"，鼎周围遍地食物，一片狼藉。

鼎足折断了，食物抛洒了，地面肮脏了，是这一爻辞的直接意思。

直接意思背后隐含的意思呢？

《系辞》作者引申出了以下解释："子曰：'德薄而位尊，知小而谋大，力小而任重，鲜不及矣。'易曰：'鼎折足，覆公餗，其形渥，凶。'言不胜其用也。"

功劳小，你千万不要去坐尊贵的位置；智小，你千万不要去谋大事；能力小，你千万不要去承担重任。总之，不是你的千万别贪心，不是你的千万别伸手。否则，就会像"鼎折足"那样，弄得一片狼藉，难以收拾。

夏之后，家天下。家天下中的君王，有多少力不胜任者啊！家天下，哪一家的结局不是一片狼藉。

"德薄而位尊，知小而谋大，力小而任重。"这三句话，是不是可以评价"乐不思蜀"的刘阿斗？！

"德薄而位尊，知小而谋大，力小而任重。"这三句话，是不是可以评价"何不食肉糜"的晋惠帝？！

"德薄而位尊，知小而谋大，力小而任重。"这三句话，是不是可以评价"满洲国皇帝"溥仪？！

（七）几与神的关系：豫卦六二爻爻辞的解释

"介于石，不终日，贞吉。"这句话是豫卦六二爻的爻辞原文。

介，中介，介于两者之间。有人陷入两块石头之间，不到一天就被救出来。如此结果，是吉祥的。如此简单简洁的字面意思，被《系辞》作者解读出了非常重大的意义："子曰：'知几其神乎？君子上交不谄，下交不渎，其知几乎。几者，动之微，吉凶之先见者也。君子见几而作，不俟终日。'易曰：'介于石，不终日，贞吉。'介如石焉，宁用终日，断可识矣。君子知微知彰，知柔知刚，万夫之望。"

一个"几"字，在《周易》之中，占有非常重要的位置：知几，是衡量是否能够称圣的基本标准。

"夫易，圣人之所以极深而研几也。唯深也，故能通天下之志。唯几也，故能成天下之务。唯神也，故不疾而速，不行而至。"这是《系辞上》的一个论断。在这一论断中，可以看出一个"几"字的重要性。圣人必须知几！换言之，能知几者方为圣人。

"区几之发，营辰之斗也。"这是《帛书周易·系辞上》的一个论断。在这一论断中，一个"几"字与天文相关，与日月星三点一线的对应相关。几，《帛书周易》讲的是天文。

还记得吗？八卦的创作，第一基础、第一活动就是仰观天文的"仰则观象于天"。

"几者，动之微。"几，就是天文变化的精微点、精细点。

冬至，太阳直射于南回归线。冬至点，是太阳与地球两点一线的对应点。对应，在时间与空间上，有着严格的规定性。几点，是太阳与地球的对应点。对应，瞬间对应，瞬间离去。如此者，"动之微"也。

同理可以论夏至。夏至，太阳直射于北回归线。夏至点，是太阳与地球两点一线的对应点。

八节，是太阳与地球的八个对应点。

二十四节气，是太阳与地球的二十四个对应点。

初一朔，太阳、月亮、地球，如此三点一线的对应点。十五望，太阳、地球、月亮，如此三点一线的对应。

几点，是天文变化点，是气候变化点，是万物变化点。知几，就知道天文变化、气候变化、万物变化之间严密的对应性关系。知几，就可以指导生产。知几，就可以指导生活。知几，就可以治理天下。圣人之圣，就圣在此处。

变化为神！知几就是知神。顺应天时为吉，违背天时为凶。"吉凶之先见"，不是迷信，而是天文规律的预测。

"知微"，知在前兆上。"知彰"，知在后果上。"知柔"，知在月亮圆缺上。"知刚"，知在太阳回归上。如此者，方能受到万民的敬仰。"君子知微知彰，知柔知刚，万夫之望"的本义，是否应该就在这里？！

如果不是《系辞》的解释，后人能从"介于石，不终日"这一简洁爻辞中挖掘出如此丰富的意义吗？

至于"上交不谄，下交不渎"，以往的解读，大都解释在人事的交往上：上交，不谄媚；下交，不轻慢。笔者认为，这里更根本的意义还是在天文地理上：如何敬慎地对待天文，如何严肃地对待地理。仰观天文，必须一丝不苟，谄媚之态毫无意义；俯察地理，必须严肃认真，轻慢之狂必将受到重罚。

（八）不贰过，不远复：复卦初九爻爻辞的解释

"不远复，无祗悔，元吉。"这是复卦初九爻的爻辞原文。

迷途知返，是好事！

在迷途不远处返回正道，更是好事！

迷途知返，吉祥！

《系辞》作者用一个实例解释这一爻辞："子曰：'颜氏之子，其殆庶几乎？有不善未尝不知，知之未尝复行也。'易曰："不远复，无祗悔，元吉。'"

这里的"颜氏之子"，也许是孔夫子的得意门生颜回。颜氏之子，德行几乎达到完善了。有不善之苗头马上就可以觉察。一旦觉察即刻纠正，错误不再重复。《论语·雍也》："有颜回者好学，不迁怒，不贰过。"《论语》中的颜回，不贰过；《系辞下》的颜氏之子，不远复；两者之间，相似相同，可能是同一个人。

（九）合二而一：损卦六三爻爻辞的解释

"三人行则损一人，一人行则得其友。"这是损卦六三爻的爻辞原文。

谈爻辞之前，先谈一下损益两卦。

"损"与"益"，源于立竿测影下的日影变化。《周髀算经·天体测量》："冬至夏至，为损益之始。"冬至，日影长极而短；夏至，日影短极而长。日影缩短为损，增长为益。日影的损益变化，形成六十四卦中的损益两卦。

"三人行则损一人"有必然性吗？

没有！

如果"三人行则损一人"有必然性，如何解释"桃园三结义"的刘关张？

如果"三人行则损一人"有必然性，三个人都聚不到一起，如何解释"圣人聚人而为家，聚家而为国，聚国而为天下"？

五帝之一颛顼的名下，化天下已经化到了东西南北四方。"北至于幽陵，南至于交阯，西至于流沙，东至于蟠木。"颛顼化天下的功绩，《史记·五帝本纪》做了如是记载。

如果连三个人都容不下，怎么会有"北至于幽陵，南至于交阯，西至于流沙，东至于蟠木"的功绩？

"一人行则得其友"有必然性吗？

有！

只要走正道，一个人会影响四方人。请看下面三个论断。

其一，《周易·系辞上》："君子居其室，出其言善，则千里之外应之。"

其二，《礼记·中庸》："柔远人则四方归之。"

其三，《尚书·尧典》："协和万邦。"

三个论断语言不同，但意思一样，这就是：一个走正道的人，会影响很多人。

这一爻辞的根本意思是一分为二又合二而一。

"天地氤氲，万物化醇。男女构精，万物化生。易曰：'三人行则损一人，一人行则得其友。'言致一也。"

以天理论人理，是这一论断的论证方式。

天地一分为二又合二而一，只有如此，才有"万物化醇"的结果。男女一分为二又合二而一，只有如此，才有"万物化生"的结局。由天理论人理，天理如此，人理也应该如此，人理是不是也应该一分为二又合二而一。两种意见，两种认识，经过商讨达到一致。这就是人理，这应该是"言致一也"的本义。

（十）深交在前，深谈在后；深交在前，求助在后：益卦上九爻爻辞的解释

"莫益之，或击之，立心勿恒，凶。"这是益卦上九爻的爻辞原文。

损益，在《道德经》里，是治理天下的方略。

益卦中的哲理，应该与治理天下者相关。

从卦象结构而论，上九爻位于最高位。九五爻，是君王之位。上九，位于九五之上。所以，这一爻辞应该与君王相关。

坐在君王位置上，如果贪得无厌，无休止地要天下人进贡，此处此时，就会无人理睬，甚至会受到攻击。治理天下者，如果没有利于天下的恒心，前途一定是凶险的。

解读这一爻辞，《系辞》作者引申出了君子修身"三原则"："子曰：'君子安其身而后动，易其心而后语，定其交而后求。君子修此三者故全也。危以动，则民不与也。惧以语，则民不应也。无交而求，则民不与也。莫之与，则伤之者至矣。'易曰：'莫益之，或击之，立心勿恒，凶。'"

"君子安其身而后动。"君子修身"三原则"，这是其一。

修身齐家治国平天下，这是孔夫子所界定的君子之道。修身，讲究三十而立。三十而立，立在何处？文，能安邦定国；武，能调兵遣将。如此者，"安其身"也。"安其身"，是君子之动的前提。如此，才会有人响应你。如果你自己都立不起来，天下人会跟随你吗？"危以动，则民不与也。"民，之所以"不与"，其原因就在于你自己连身都不能安。

"易其心而后语。"君子修身"三原则"，这是其二。深交，交心也。真心换真心，然后才有深知之后的深谈。人民心中没有你，你说个天花乱坠，也没有支持。"惧以语，则民不应也。"民，之所以"不应"，其原因就在于心中没有你。

"定其交而后求。"君子修身"三原则"，这是其三。深交之后，才有解衣推食的慷慨。不是深交的朋友，别人会帮助你吗？换言之，不是深交的朋友，你能求助吗？没有正面的支持，反面的伤害就来了。这里应该是"莫之与，则伤之者至矣"的所以然。

第六章

子曰："乾坤其易之门耶。"乾，阳物也；坤，阴物也。阴阳合德而刚柔有体，以体天地之撰，以通神明之德。其称名也，杂而不越。於稽其类，其衰世之意邪？

夫易，彰往而察来，而微显阐幽，开而当名辨物，正言断辞则备矣。其称名也小，其取类也大。其旨远，其辞文。其言曲而中，其事肆而隐。因贰以济民行，以明失得之报。

一、易之门·玄牝之门·宇宙重叠

"子曰：'乾坤其易之门耶。'乾，阳物也；坤，阴物也。阴阳合德而刚柔有体，以体天地之撰，以通神明之德。其称名也，杂而不越。于稽其类，其衰世之意邪？"

（一）《易》之门户

"乾坤其易之门耶。"这句话告诉后人，乾坤两卦是《易》之门户。

要想打开《易》之大门，必须认识乾坤两卦。

乾坤者，天地也。乾坤者，日月也。乾坤者，男女也。乾坤者，阴阳也。清楚地认识天地、日月、男女，《易》之大门就打开了。

看得见的天地，但讲究不尽的天地；看得见的日月，但讲究不尽的日月；看得见的男女，但讲究不尽的男女；这里，就是打开中华元文化的大门。

（二）阴物阳物与玄牝之门

"乾，阳物也；坤，阴物也。阴阳合德而刚柔有体，以体天地之撰，以通神明之德。其称名也，杂而不越。于稽其类，其衰世之意邪？"

物，有形之物也。

抽象之乾坤，为什么被称为阴物阳物呢？

复杂问题形象化、简单化了。

具有广泛的象征性，是乾与坤的基本特征。但在这一论断中，《系辞》作者是以男女生殖器来论乾坤的。

以男女生殖器论乾坤，可以吗？

当然可以！

乾坤可以论天地，乾坤也可以论男女，这是《周易》的基本立场。

以生殖器论天地万物的生产之门，是老子的基本立场。《道德经·第六章》："玄牝之门，是谓天地根。绵绵若存，用之不勤。"牝，雌性也。玄牝之门，雌性生殖之门也。简言之，生殖器也。天地万物，就是从"玄牝之门"绵绵不绝产生出来的。

所以，男女生殖器是可以论乾坤的。

玄牝之门，就是生产之门。

这里，首先生产的是天地。

实际上，仅仅有玄牝之门，是不能生产的。

为什么？请看《周易参同契》与《春秋谷梁传》中的两个论断。

其一，《周易参同契》："物无阴阳，违天背元。牝鸡自卵，其雏不全。夫何故乎，配合未连。"这一论断告诉后人，没有公鸡的作用，仅仅是母鸡所产的卵，是不会孵出小鸡的。

其二，《春秋谷梁传·庄公三年》："独阴不生，独阳不生，独天不生，三合然后生。"万物与人的出现，第一基础是天地，第二基础是男女雌雄。一种作用，无法生产，无论是独阴，还是独阳。

生产，必须是"阴阳合德"。

"阴阳合德而刚柔有体，以体天地之撰，以通神明之德。"男女交而子孙生也，雌雄交而万物生焉，这里就是"阴阳合德"。天地交而万物通也，这里就是"阴阳合德"。

阳刚阴柔，这是"刚柔有体"。

体，划分也。《周礼·天官》："惟王建宫，以辨方正位，体国经野。"撰，撰述，撰写，创作创造也。中华先贤以一阴一阳为标准来区分天体的运动规律与万物变化的规律，这是"以体天地之撰"。

《黄帝四经·经法·名理》："道者，神明之原也。"道为神明之原，道与神明的关系为一物两名之关系。神明，实际上是道的代名词。一阴一阳之谓道。道生天地，天地生万物；"以通神明之德"，通在了生生不息的功能上。

这里要介绍一个彝文符号◎，在彝族学者普珍的大作《中华创世葫芦》一书中，这个符号代表的是女性生殖器。有意义的是，这个符号恰恰是宇、宙符号的重叠。还记得吗？洛书中第一次出现两个符号〇●，这两个符号，彝语的发音为"土""鲁"，汉语意思为"宇""宙"。"上下四方曰宇，往古来今曰宙。"空间为宇，时间为宙。宇与宙，可以集中在一个◎符号里，而这个符号又恰恰是生产之门，这是不是契合于老子所论的玄牝之门？！

（三）总结与评价

"其称名也，杂而不越。于稽其类，其衰世之意邪？"

男女也好，乾坤也好，阴阳也好，阳物阴物也好，名字可以繁杂，但"杂而不越"，即都没有超越天地造化的范围。

"杂而不越"，是总结也是评价。

"于稽其类，其衰世之意邪？"这句话是第六章第二段话的结论。

"于稽其类"，比类也，类比也。比类、取象比类、援物比类、观象比类，是中华先贤论证问题的重要方法。这里出现"衰世"之说，诠释卦的文字都是比类衰世的。

何为"衰世"？指的是殷朝。《史记·周本纪》："西伯……其囚羑里，盖益《易》之八卦为六十四卦。"成汤所开创殷，到了纣王时期，已经进入了众叛亲离的衰世。西伯（文王），曾被殷纣王囚禁在羑里（河南省汤阴县），在这里以八卦为基础创作出了六十四卦。所以，六十四卦文字——卦辞与爻辞——中的故事与义理，大都取之于殷之衰世。

二、 彰往察来与大小统一

"夫易，彰往而察来，而微显阐幽，开而当名辨物，正言断辞，则备矣。其称名也小，其取类也大。其旨远，其辞文。其言曲而中，其事肆而隐。因贰以济民行，以明失得之报。"

（一）彰往察来

"夫易，彰往而察来，而微显阐幽，开而当名辨物，正言断辞，则备矣。"

在历史与现实中，"彰往察来"是常常被引用的成语。"彰往察来"一词的发源地，就在此处。

彰，彰明也，昭明也。"彰往"，清楚地记载往事也。研究的是以往，关注的是未来。"彰往"的目的，是让历史警示未来。

昨天，今天，明天；昨天是历史，明天是未来；我们站在今天的位置上，回顾昨天就是回顾历史，展望明天就是展望未来。"以史为鉴"一词告诉人们，历史是一面镜子。这面镜子可以警示现实，也可以提醒未来。

彰往察来，实际上是一种推理方法。这种推理方法以历史为依据，推理未来会发生什么事。

一部《易经》，理是彰往察来之理。站在冬至这一天，难道还推测不出夏至吗？难道还推测不出春分秋分吗？《孟子·离娄下》："天之高也，星辰之远也，苟求其故，千岁之日至，可坐而致也。"坐在屋子里，就可以推算千年之后的冬至，这是孟子的话。千年的冬至可以推测，这也是彰往察来。其实，万年、十万年、百万年之后的冬至，同样是可知的。冬至，永远是日影最长的那一天。

寒暑有对称性，昼夜有对称性，阴阳有对称性；冬至夏至有对称性，春分秋分有对称性；知道这一面，就应该会推测另一面；知道光明的一面，就应该会推测黑暗的一面。反之亦然。知道这些，就会明白"微显阐幽"的所以然。

事有名物有名卦有名时令有名，一是定名，二是正名，这两项是中华先贤非常重视的工作。治理天下，关键在正名，这是孔子、管子、尸子的共同认识。正名，《尸子》与《吕氏春秋》之中有精辟之论。《尸子》："治天下之要，在于正名，正名去伪，事成若化，苟能正名，天成地平。"《吕氏春秋·正名》："名正则治，名丧则乱。"正名，正的是规定性。正的是"是"与"不是"。正名，是基础。释名，是建筑。正名与释名，构筑起人文大厦。在一个事物中发现贯通万物的道理，最终达到"通于一而万事毕"的境界，这就是触类旁通。具备了这些常识，才能理解"开而当名辨物，正言断辞，则备矣"这句话的真谛。

（二）一大小

"其称名也小，其取类也大。其旨远，其辞文。其言曲而中，其事肆而隐。因贰以济民行，以明失得之报。"

象征性，是卦的主要特征。

八卦，可以象征一个天体，可以象征一个人体，可以象征一个家庭，可以象征时令八节，可以象征空间八方……

一个卦只有一个名字，但一个卦有丰富的象征性。例如乾卦，自然界可以象征天，家庭中可以象征父，人体中可以象征头，时令可以象征夏至，空间可以象征南方……

太极，可以论宇宙，可以论微粒，这里有"大到无外，小到无内"的象征性。

以上这些常识，有助于理解"其称名也小，其取类也大"这句话。

注释卦的文字，其意旨深远，其风格高雅。

"天行健，君子以自强不息。"如此文字，上下流传了几千年，东西跨越了几万里。这算不算深远？！

"光明""正大""革命""触类""旁通""安不忘危"，如此文字，让人过目不忘，过耳不忘。这算不算高雅？！

了解了以上内容，有助于理解"其旨远，其辞文"这句话。

以天理论人理，以天道论人道，以天时论人时，一部《周易》建立起的坐标是"天如何，人如何"。文字是说理的文字，话语是说理的口气，文字中没有一句"我怎么说，你怎么听"的武断。每一句话，都是以天道而论的。天道圆周循环，是"言曲"之"曲"的根本依据。天道尚中，人文尚中，《周易》多次出现"时中""正中""中正""得中""刚中"等双音词，言必尚中也。

事物是陈列的，道理是隐藏的。《广韵》："肆，陈也。"《诗经·大雅·行苇》："肆筵设席，授几有缉御。"认识事，认识物，一定要挖掘背后的道理。

掌握了以上常识，才会理解"其言曲而中，其事肆而隐"这句话的真正含义。

一寒一暑，一分为二又合二而一。一昼一夜，一分为二又合二而一。一刚一柔，一分为二又合二而一。一阴一阳，一分为二又合二而一。道与器，一分为二又合二而一。因与果，一分为二又合二而一。一分为二又合二而一，是化天下的基本道理。天下之民必须懂得事物的两面性与两面相关性，做任何事情都要考虑到趋吉避凶，都要考虑到减少损失。掌握了以上常识，有助于理解"因贰以济民行，以明失得之报"这句话的真谛。

第七章

易之兴也，其于中古乎。作易者，其有忧患乎？

是故，履，德之基也；谦，德之柄也；复，德之本也；恒，德之固也；损，德之修也；益，德之裕也；困，德之辨也；井，德之地也；巽，德之制也。

履，和而至；谦，尊而光；复，小而辨于物；恒，杂而不厌；损，先难而后易；益，长裕而不设；困，穷而通；井，居其所而迁；巽，称而隐。

履以和行，谦以制礼，复以自知，恒以一德，损以远害，益以兴利，困以寡怨，井以辨义，巽以行权。

一、 忧患与原罪

"易之兴也，其于中古乎。作易者，其有忧患乎？"

中古，指的是《周易》创作的时间。一定要记住的是，《周易》里的卦，是六十四卦。六十四卦，创作于中古。六十四卦由八卦演化而来。八卦，属于上古时期的创造。从上古到中古，中间经历了几千年。

忧患，是人的忧患。天道自然，人道忧患。《论语·卫灵公》："人无远虑，必有近忧。"《孟子·告子下》："生于忧患，死于安乐。"知道孔孟的这两句名言，才能理解"作易者"的忧患之心。

忧，忧虑也。患，祸患也。忧患，何意也？人道必须合于天道，这是不许商量的。天道自然，人道忧患，忧就忧在唯恐违背天道这里。

《圣经》中的亚当夏娃听信了蛇的话，违背了神的意志，这就是"原罪"。亚当夏娃的罪，他们无法完全偿还，必须继续由子孙偿还。凡奉《圣经》为经典者，都是亚当夏娃的子孙，他们必须替亚当夏娃对原罪负责。原罪之债，需要世世代代还下去。

《圣经》讲"原罪"，《周易》讲"忧患"，这是两部经典的重要差别。

中华元文化中没有"原罪"一说。中华先贤从一开始就自觉地遵循天道，作八卦的目的是为了顺应太阳之道，作六十四卦的目的是为了顺应太阳、月亮、北斗之道，中华先贤讲的是忧患。忧患，是一种自觉主动的反思行为。忧患，时时刻刻检查自己的行为是否合于天道，是否违背了天道。乾卦爻辞中出现"朝乾夕惕"之说，意思是：人，从太阳初升开始努力奋斗，在太阳落山时刻开始反思自己。——夕惕，就是忧患之反思。

天地之间，以人为贵，但是人无论如何不能骄傲，要时时刻刻检查自己，看看自己的言行是否违背了天道。

二、 九卦论德

"是故，履，德之基也；谦，德之柄也；复，德之本也；恒，德之固也；损，德之修也；益，德之裕也；困，德之辨也；井，德之地也；巽，德之制也。"

（一）九卦论德

在天论道，在人论德，人行合于道即是德。

履卦、谦卦、复卦、恒卦、损卦、益卦、困卦、井卦、巽卦，论德者一共九卦。

九卦论德，足见对德的重视。

"履，德之基也。"履，直接意思为小心行走，隐含的意思为循礼而行。

基，基础也，起始也。履卦论德，第一步要循礼而行。

"谦，德之柄也。"谦，谦虚、谦恭、谦和也。谦，谦受益之谦。柄，器物的把儿，刀柄、勺柄、叶柄、花柄。谦卦论德，首先要紧的是谦虚。

"复，德之本也。"复，重复，返回。复，复其道。复，不远而复。复卦论德，第一是依道而行，第二是偏离大道时要不远而返。

"恒，德之固也。"恒，久也，恒常也，始终如一也。恒卦论德，最关键的是持久、始终如一。

"损，德之修也。"损，损失也，削减也。损卦论德，贤德之人要懂得自我修正，削减过多的欲望，削减自身的缺点。

"益，德之裕也。"益，增加也。裕，富裕，宽裕，充裕。日进一善，益也。日进一技，益也。益卦论德，贤德之人要懂得自我提高，要日日自强，要日日自新，要日日积善。

除了自我更新，还可以学习朋友的优秀之处。孔子讲，朋友分两种：一种是益友，一种是损友。《论语·季氏》："孔子曰：'益者三友，损者三友；友直，友谅，友多闻，益矣。友便辟，友善柔，友便佞，损矣。'"益友三种，损友三种。正直、包容、见多识广者，这是三种益友。奸诈、阿谀奉承、花言巧语者，这是三种损友。交益友，有益于自己。交损友，有损于自己。

"困，德之辨也。"困，穷也。《尚书·大禹谟》："四海困穷，天禄永终。"辨，分别，分析，明察也。困卦论德，陷入困境的贤德之人要懂得正确辨别下一步前进的方向。

"井，德之地也。"井，水井也。地，固定之地也。井卦论德，贤德之人要像水井一样，信守自己的立场。

"巽，德之制也。"巽，风也。制，制度，制宜也。巽卦论德，贤德之人要像风一样，因地制宜。

（二）九德简评

"履和而至，谦尊而光，复小而辨于物，恒杂而不厌，损先难而后易，益长裕而不设，困穷而通，井居其所而迁，巽称而隐。"

一卦一德，九卦九德。这里，对九德作出了简要评价。

履，礼也，行礼，循礼也。礼，讲祥和，以祥和之态达到极致。

谦，谦和赢得尊重，赢得光彩。

复，不远而复，反求诸己，分辨小错而改之。

恒，恒心如一，无论环境多么繁杂，心不厌倦，行不改道。

损，削减缺点，克制自己，第一步是艰难的，习惯之后就容易了。

益，日行一善，日进一技，丰裕自己，多多益善。

困，变化之点。车到山前疑无路，柳暗花明又一村。

井，位置不变，但施惠的范围是可变的。

巽，无形之风，因地制宜，成万物熟万物，大德而顺，大德而隐。

（三）德与行

"履以和行，谦以制礼，复以自知，恒以一德，损以远害，益以兴利，困以寡怨，井以辨义，巽以行权。"

一卦一种德，九卦九种德。德，要落实在一举一动的日常生活中。

履，以祥和之态与人共处。

谦，以礼仪之规，克制自己，规范自己。

复，自我反思，自我反省，自知之明，回复本性。

恒，天长地久，始终如一。

损，远离损友，远离灾害。

益，兴利，利己利人利国利民利天下。

困，不怨天不尤人。

井，立不变之地，惠四方之人。

巽，风吹大地，随高就低，无一遗漏，无处不及。

第八章

易之为书也不可远，为道也屡迁，变动不居，周流六虚，上下无常，刚柔相易，不可为典要，唯变所适。

其出入以度，外内使知惧。又明于忧患与故，无有师保，如临父母。初率其辞而揆其方，既有典常，苟非其人，道不虚行。

───── 解 读 ─────

一、 唯变所适

"易之为书也不可远，为道也屡迁，变动不居，周流六虚，上下无常，刚柔相易，不可为典要，唯变所适。"这段话是评价《周易》的。

评价"易之为书"，这里谈出了三个要点：一是"不可远"；二是"不可为典要"；三是"唯变所适"。记住并理解了这三个要点，就会理解这段话的精髓。

为什么说"易之为书也不可远"？因为这部书是讲日月变化的，是讲天道法则的。道不远人，人也不能远道。

为什么说"不可以易为典要"？因为日月是变化的，天道是变化的；变化中会出现易作者没有发现的新事物、新问题，而这些新事物、新问题必须靠后人自己认识，自己解决。

要正确理解"不可为典要"，可以借助《金刚经》中的一句话："如来所说法，皆不可取，不可说，非法，非非法。所以者何？一切贤圣皆以无为法而有差别。"书中的理，都是有局限性的理。人的话，都是有局限性的话。太阳没有局限性，天道没有局限性，所以，书不能为典要，一切皆应该"以无为法"。

道是变动之道。"为道也屡迁，变动不居，周流六虚，上下无常，刚柔相易"，这段文字就是描述变动之道的。描述变动之道，出现"六虚"一词。何为"六虚"？四方上下也。四方细分是东西南北。东西南北加上下，六虚也。"六虚"之外还有"六合"一词，《山海经·海外南经》："地之所载，六合之间，四海之内，照之以日月，经之以星辰，纪之以四时，要之以太岁。""六虚""六合"这两个词，代表了中华先贤的宇宙观。

"唯变所适"这四个字，是这段话的落脚点。这四个字，由《周易·系辞下》所记载，实际上这四个字是中华先贤对子孙语重心长的嘱托。天道变化，这是绝对的。天道循环变化，这是绝对的。人效法天，必须效法出一个"变"字，这里没有商量的余地。敬请注意这里出现的一个"唯"字。唯，唯一也，唯此也。只有"唯变"，才有"所适"。除此之外，没有第二条道路。不变，就不能"所适"；前面等待的是什么呢？答案是：死路一条。

二、 道不虚行

"其出入以度，外内使知惧，又明于忧患与故，无有师保，如临父母。初率其辞而揆其方，既有典常，苟非其人，道不虚行。"

读《周易》，从中学习什么？读《周易》，如何读？是这段话的两大内容。

（一）出入以度，外内知惧

"其出入以度，外内使知惧，又明于忧患与故，无有师保，如临父母。"

度，尺度也，定性定量也。度，方圆规矩也。"出入"，出门进门也，收入支出也，出将入相也。"出入以度"，讲的是人生过程中的规矩。

外，身外宇宙也，人生活动也。内，内心也，内心世界也。知，知道也，明白也。惧，惧怕也，恐惧也。"外内知惧"，讲的是人生态度。人不能骄傲，必须以恐惧之心对待外部世界，必须以恐惧之心时刻提醒自己。"战战兢兢，如履薄冰"，这就是《诗经》时代的人生态度。"洊雷，震；君子以恐惧修身。"这就是震卦中所蕴含的人生格言。

"出入以度，外内知惧"，讲的是人生过程中一切要有规矩，一切都必须小心谨慎。

前面讲"作易者，其有忧患乎"，这里讲"又明于忧患与故"，前与后反复强调人必须有忧患意识，不能有丝毫的狂妄。

明白天道，认识卦理，一举一动合于天文历法，首先合于太阳历，如此才能趋吉避凶。如此，犹有师保的教导，犹有父母的呵护。

"无有师保，如临父母。"师、保，是夏商周三代设置的官职，两者都是以道育人的指导者。《礼记·文王世子》："入则有保，出则有师，是以教喻而德成也。师也者，教之以事，而喻诸德者也。保也者，慎其身以辅翼之，而归诸道者也。"师、保，名称不同，任务不同，但施教的最终目的相同。使受教者最终"归诸道者"，是师、保施教的最终目的。

读《周易》，首先要学习的是恐惧与忧患的人生态度。

（二）道不虚行

"初率其辞而揆其方，既有典常，苟非其人，道不虚行。"

初，起初也，第一步也。率，遵循也。率教，教化也。辞，卦辞、爻辞也。揆，探求也，推理也；揆古察今，揆情度理。方，义理也，原理也。"初率其辞而揆其方"，这句话讲的是学习方法。如何学《易》？第一步是读文辞，由文字入手；第二步才是读卦，认识卦中的义理。

典，标准也，法则也。卦中有严格规定性的节令，这就是"典"。常，常态也，永恒也。卦中的节令具有永恒性，例如冬至夏至，从古到今年年有，这就是"常"。"典常"，讲的是具有永恒性的天道，讲的是具有常青性的节令。认识永恒而常青的天道，遵循永恒而常青的太阳历，非圣人不能如此。

道在日影中，道在四时中，太阳可以单独论道；道在昼夜中，道在日月中；日月联合可以论道。道在人之外，道在书之外。道，是自然法则。道，是人必须遵循的自然法则。圣人之圣，就是将天道转化为人道。将天道转化为人道，"道不虚行"也。

掌握了以上常识，有助于真正理解"既有典常，苟非其人，道不虚行"这句话。

读《周易》应该先读文辞，再读抽象之卦。文字是桥梁，天文是彼岸，通过文字到达彼岸，最终明白天文与人的源流关系，道就不算虚行了。

第九章

易之为书也，原始要终，以为质也。六爻相杂，唯其时物也。其初难知，其上易知，本末也。初辞拟之，卒成之终。

若夫杂物撰德，辨是与非，则非其中爻不备。噫！亦要存亡吉凶，则居可知也。知者观其象辞，则思过半矣。

二与四同功而异位，其善不同。二多誉，四多惧，近也。柔之为道，不利远者，其要无咎，其用柔中也。三与五，同功而异位，三多凶，五多功，贵贱之等也。其柔危，其刚胜邪。

一、原始要终

（一）"易之为书"的再评价

评价"易之为书"，这里用了"原始要终"四个字，最后落脚在一个

"质"字上。

"易之为书也，原始要终以为质也。"

质，本性也，本质也。《周易》这部书的本质是什么呢？答：展示的是一个运动过程。进而言之，展示的是一个运动过程接着一个运动过程，从始到终，终点之处又是一个新的起始点，循环不已，如环无端。

一部《周易》，六十四卦，从第一卦乾卦开始，就开始讲运动。《周易·乾·彖传》："大明终始，六位时成，时乘六龙以御天。"大明，太阳也。太阳回归，从始到终，终点之处又重新开始。始终，讲的是一个过程。终始，讲的是一个过程接着一个过程。

《周易》谈天道运行，留下了一系列至理名言，摘录如下，供读者鉴赏。

其一，《周易·蛊·彖传》："终则有始，天行也。"

其二，《周易·恒·彖传》："天地之道，恒久而不已也。利有攸往，终则有始也。"

其三，《周易·系辞上》："原始反终，故知死生之说。"

其四，《周易·说卦》："艮，东北之卦也，万物之所成，终而所成始也。"又："终万物始万物者，莫盛乎艮。"

其五，《周易·序卦》："物不可以终动，止之，故受之以艮。艮者，止也。物不可以终止，故受之以渐。"

以上这些至理名言，表达的是中华先贤的运动观。

天道运行有始有终，终则有始。

太阳回归有始有终，终则有始。

月亮圆缺有始有终，终则有始。

四时循环有始有终，终则有始。

万物生长收藏有始有终，终则有始。

字，是《周易》中的字；理，是《周易》之前的理。《周易》之前，中华先贤早已认识天体运动的循环性。

用"终始"二字描述运动，儒家典籍也留下了一系列至理名言，摘录六条，希望有助于读者理解。

其一，《礼记·乐记》："律小大之称，比终始之序。"

其二，《礼记·乐记》："终始象四时。"

其三，《礼记·乐记》："终始相生。"

其四，《礼记·祭义》："日出于东，月生于西，阴阳长短，终始相巡。"

其五，《礼记·中庸》："诚者，物之终始。"

其六，《礼记·大学》："物有本末，事有终始，知所先后，则近道矣。"

在以上至理名言中，揭示的自然哲理是：

四时运行，终始相生。

日月运行，终始相生。

阴阳更替，终始相生。

寒暑循环，终始相生。

万物生死，终始相生。

天道运行，终始相生。

字，是《礼记》中的字；理，是《礼记》之前的理。儒家完全继承了中华先贤的运动观，也延续了中华先贤的运动观。

用"终始"二字描述运动，《管子》《吕氏春秋》《列子》《孙子兵书》中同样留下了一系列至理名言，这里选择性地摘录几条，供读者鉴赏。

其一，《管子·四时》："穷则反，终则始。"

其二，《孙子兵法·兵势》："终而复始，日月是也。"

其三，《庄子·大宗师》："反复终始。"

其四，《鹖冠子·天则》："弦望晦朔，终始相巡。"

其五，《吕氏春秋·大乐》："天地车轮，终则复始。"

日月、四时、朔望、天地车轮，一切都在运动。运动方式全部是周而复始、原始反终、终则有始。

字，是诸子中的字；理，是诸子之前的理。诸子完全继承了中华先贤的运动观，也延续了中华先贤的运动观。

一切都在动！

动，是循环运动！

终点之处恰恰是新的起点！

知道这些，就会明白《易》之质。

（二）"六爻相杂"的第一义

爻，早于文字！

爻，是表达太阳历的！

爻，是表达太阳历抽象符号的！

爻分阴阳！

阴阳两爻组成了八卦，组成了六十四卦。

八卦，表达的是太阳历八节。

六十四卦，表达的是阴阳合历的闰年。

乾卦六爻，表达的是太阳回归的前六个月；坤卦六爻，表达的是太阳回归的后六个月。

万物生长靠太阳！

万物生长收藏，由春夏秋冬四时所决定。

春夏秋冬四时，由太阳回归所决定。

还记得《周易·乾·象传》诠释乾卦诠释出的哲理吗？"大明终始，六位时成，时乘六龙以御天。乾道变化，各正性命，保合大和，乃利贞。首出庶物，万国咸宁。"

大明即太阳！

太阳回归，决定了阳气一步步上升的前六个月，决定了阴气一步步下降的后六个月。

六个月分六时，六时六条龙，御天的六条龙，六条龙往来决定着万物的生死变化。

掌握了这些常识，才能真正理解"六爻相杂，唯其时物也"这句话。

爻表达的是天文历法，认识爻开始很难，但是，入门之后，就容易了。

认识太阳历，首先要认识冬至夏至两个点。太阳回归年，起始点在冬至，转折点在夏至。冬至夏至，在先天八卦中是用乾坤两卦表达的，在后天八卦中是用坎离两卦表达的。卦变了，节令的本义没有变。太阳回归年一分为二，是一寒一暑，一分为四是春夏秋冬，一分为八是八节。认识爻，首先要认识太阳历。

认识阴阳合历，首先要认识太阳回归年的时间长度，其次要认识月亮圆缺的时间长度，最终必须明白闰年的时间长度，只有这样，才能明白六十四卦的 384 爻表达的是闰年的 384 天。一爻一天，384 爻 384 天。认识爻，其次要认识阴阳合历。

爻，是用"象"的方法来表达天文历法的。象，象形之象也，象征之象也。初爻表示开始，上爻表示终结。

掌握了以上常识，是不是有助于理解"其初难知，其上易知，本末也。

初辞拟之，卒成之终"这句话?!

在人文中，爻有无限的象征性。

三爻与六爻，首先象征的是天之道、地之道、人之道。

三爻，天地人三才之道也!

六爻，天地人三才之道也!

三才之道，以人为贵，以人为本。

三才之道，不讲神秘之道，这里没有人格神与人格鬼。

必须记住的是：三才之道，是天地人三才之道，绝对不是天地君三才之道。

二、 明辨是非

"若夫杂物撰德，辨是与非，则非其中爻不备。噫! 亦要存亡吉凶，则居可知也。知者观其彖辞，则思过半矣。"

辨吉凶，辨是非，是《周易》的基本立场。

辨吉凶，以合时不合时为坐标。辨是非，其坐标为何? 这里的答案有二：一是"杂物撰德"；二是"非其中爻不备"。

(一) 杂物撰德

杂物之杂，有众多、聚集之义。《列子·汤问》："杂然相许。"杂，众人也。《吕氏春秋·仲秋纪》"四方来杂，远乡皆至，则财物不匮，上无乏用，百事乃遂。"杂，聚集也。杂物，众物聚集。

撰德之撰，属于动词，有判断之义。"杂物"如何"撰德"? 因为万物之中隐含有道理。道在天地中，道在万物中，这是庄子的基本立场。庄子认为，小花小草、小鱼小虾，都隐含有道理；屎尿里面，同样也隐含有道理。

"杂物撰德"，就是通过观察万物的正常与异常来判断吉凶、善恶、是非。在天为道，在人为德，在物同样为德。通过万物，可以判断德，可以判断道。

是与非，是这里关注的重点。

万物可以辨别是非吗?

可以!

道生天地生万物。万物正常，天道正常；万物异常，天道异常。

天道在何处? 在太阳法则里!

寒暑，太阳法则也。

四时，太阳法则也。

寒暑之序正常，万物生死之序正常。

四时之序正常，万物生长收藏之序正常。

寒暑之序混乱，万物就会出现异常。

四时之序混乱，万物就会出现异常。

寒暑之序混乱，有寒暑错位之乱，《周髀算经·日月历法》有"日月失度，而寒暑相奸"之说。寒暑的混乱，一定会影响到万物的生长。黄河流域民谚云："该热不热，五谷不结。"寒暑的混乱，一定会有疫病的流行。黄河流域民谚云："该冷不冷，人要断种。"山东民谚云："冬至开了河，尸体垒成摞。"

四时之序混乱，《礼记·月令》与《吕氏春秋·十二纪》中有"春行夏令，夏行秋令，秋行冬令，冬行春令"一说。有是时无是气，有此时无此令，万物与人都会产生疾病。

物候的异常，可以反证气候的异常。气候的异常，可以反证寒暑之气的异常，可以反证四时之气的异常。反证，在判断范畴之内。是与非的判断，是不是可以以杂物之物来判断？！

物，可以论是非；物，也可以论善恶。

有此物必有此道！

道分正邪！

正道生万物，邪道生邪物。日本731部队研发的鼠疫细菌，属于邪道生邪物。海洛因、冰毒的诞生，属于邪道生邪物。邪物，邪恶！

物的善恶属性，在这里可以作出严肃判断。

（二）非其中爻不备

八卦上中下三爻，中爻在中，这非常容易确定。

六十四卦六爻，谁是中爻呢？

答：六爻分两卦，两卦分上下，上下两卦一卦一个中爻，两卦之中有两个中爻。六爻卦中，三四爻为中。

中，不偏不倚之中，为中华先贤所崇尚。

尚中，形成中华先贤亦即中华元文化的基本立场。

一部《周易》，文字中留下了许多"尚中"的词语——"中吉""中行"

"时中""刚中""正中""中正""得中",仅"中正"一词就出现十多次。

下面摘录几句关于"尚中"的至理名言,供读者鉴赏。

其一,《周易·乾·文言》:"刚健中正,纯粹精也。"

其二,《周易·需·彖传》:"位乎天位,以正中也。"

其三,《周易·履·彖传》:"刚中正,履帝位而不疚,光明也。"

其四,《周易·姤·彖传》:"刚遇中正,天下大行也。"

无论什么人,无论做什么事,都要不偏不倚,都要选择一个公平、平衡的路线或方法。

中,本源在天理,反映在物理,应用在人理。明白了这些,才能真正理解"若夫杂物撰德,辨是与非,则非其中爻不备"这句话。

中,可以治国。《礼记·中庸》:"中也者,天下之大本也。"

中,可以医病。《汉书·艺文志》:"经方者,本草石之寒温,量疾病之浅深,假药味之滋,因气感之宜,辨五苦六辛,致水火之齐(剂),以通闭解结,反(返)之于平。及失其宜者,以热益热,以寒增寒,精气内伤,不见于外,是所独失也。故谚曰:'有病不治,常得中医。'"用药的目的,不是杀灭细菌,而是追求平衡。"通闭解结"是方法,"反(返)之于平"是目的。《素问·三部九候论》:"无问其病,以平为期。"中医之中,是中平之中,中和之中,是平衡之中。亲爱的朋友,知道这一点吗?

三、 空间之异与功过之异

"二与四同功而异位,其善不同。二多誉,四多惧,近也。柔之为道,不利远者,其要无咎,其用柔中也。三与五,同功而异位,三多凶,五多功,贵贱之等也。其柔危,其刚胜邪。"

这段话解释的是爻位。爻,空间中分位,人文中分远近、贵贱、吉凶、安危。

(一)六爻内部的对应性

六爻内部,这里分出对应性的两组:二四、三五。

二爻与四爻可以对应而论,三爻与五爻可以对应而论。

原因何在?

二四爻,阴爻也。

三五爻,阳爻也。

对应而论的根本原因在于两者的阴阳属性相同。

（二）空间之异与功过之异

"二与四同功而异位，其善不同。二多誉，四多惧，近也。柔之为道，不利远者，其要无咎，其用柔中也。"

阴爻居偶数位，即阴居阴位，这是正当的位置。二，下卦中心之位也。四，上卦初始之位也。位置不同，功劳荣誉也不同。这里应该是"二多誉，四多惧"的所以然。

"三与五，同功而异位，三多凶，五多功，贵贱之等也。其柔危，其刚胜邪。"

阳爻居奇数位，即阳居阳位，这是正当的位置。三，下卦之上位也。五，上卦中心之位也，君王之位也。位置不同，功劳荣誉也不同。这里应该是"三多凶，五多功，贵贱之等也"的所以然。

"其柔危，其刚胜邪。"

阳刚阴柔，阳居阳刚之位——一三五位，阴居阴柔之位——二四六位，这是应该的，不会有安危之分。一旦位置错乱，就会有安危之分——阴居阳位，危矣。阳居阴位，胜矣。

第十章

易之为书也，广大悉备。有天道焉，有人道焉，有地道焉。兼三才而两之，故六。六者非它也，三才之道也。

道有变动，故曰爻。爻有等，故曰物。物相杂，故曰文。文不当，故吉凶生焉。

一、三才之道

"易之为书也，广大悉备。有天道焉，有人道焉，有地道焉。兼三才而两之，故六。六者非它也，三才之道也。"

"三才者，天地人。"话，出于《三字经》；理，出于八卦的三爻，延续于六十四卦的六爻。

三爻，异常简洁的三爻，表达的却是"广大悉备"的天地人三道——上爻，天道；中爻，人道；下爻，地道。三爻之中，天地人一分为三又合三为一，是一个密不可分的整体。

三爻卦变化为六爻卦，二三得六，这是"兼三才而两之，故六"的所以然。

六爻，分上中下三组，表达的仍然是天地人三才。

将天地人三才合一而论，这种论证方式始于八卦的三爻，延续于六十四卦的六爻。

二、爻·物·文·文不当

"道有变动，故曰爻。爻有等，故曰物。物相杂，故曰文。文不当，故吉凶生焉。"

道，是动态之道。道，是周游六虚之道。动态之道，是用爻表达的。这是"道有变动，故曰爻"的所以然。

爻分阴阳，阴阳两分而相等，何以见得？周岁之中，寒暑两分而相等；周日之中，昼夜两分而相等；寒暑即阴阳，昼夜亦阴阳。昼夜两分而相等，决定着万物的一动一静。寒暑两分而相等，决定着万物的一岁一枯荣；这里是"爻有等，故曰物"的所以然。

"物相杂，故曰文。"何为"物相杂"？阴阳错落相杂也。从天文到人文，首先是从阴阳开始的。中华先贤从太阳回归抽象出了一阴一阳。一阴一阳，首先是用○●表达的，然后是用——－表达的；○●组成了第一部书，组成了第一张图，——－组成了八卦与六十四卦，中华大地的人文成熟于书，精美于图，延续于八卦、六十四卦。图书之中，阴阳错落有致；八卦之中，阴阳错落有致。认识这些，就会明白"物相杂，故曰文"的所以然。

"文不当，故吉凶生焉。"文分两种：一是天文，一是人文。天文不当，会产生天灾；人文不当，会产生人祸。

天文会"不当"吗？

会！

《周髀算经·日月历法》："日月失度，而寒暑相奸。"天文中对人类影响最大的就是太阳和月亮，如果日月运行出现异常，地球上的寒暑次序就会出现混乱。寒暑次序混乱，天灾就发生了。

人文会"不当"吗？

会！

声光电化出现之后，人类开始骄傲。

"上帝死了"的口号喊出来了。

"征服自然"的口号喊出来了。

"战天斗地"的口号喊出来了。

结果怎么样呢？

"上帝死了"，魔鬼来了！

"征服自然"，大自然的报复来了！

"战天斗地"，天上出现漏洞，地上出现污染。

短短二百年过去，人类面临的是"天脏了，地脏了，水脏了，土脏了，气候异常了"的危险局面。今天，有春天无东风，有夏天无南风，有秋天无西风，有冬天无北风，风向的错乱引起了流行性疾病。气候异常，是人文异常引起的。反思，仅仅反思一个"碳排放"上，这里好有一比：大森林中捡树叶，不及根本。

"文不当，故吉凶生焉。"寒暑失序，四时失序，这是天文不当。寒暑失序，四时失序，其后果是天灾。藐视自然法则，藐视太阳法则，藐视日月星法则，肆意违背时序，肆意违背天道，其后果是人祸。"吉凶生焉"，指的是大凶生焉。自然失序，会引起大凶的结果。人文失序，同样会引起大凶的结果。

"文不当"，一言丧邦！

"文不当"，一言让人类失去优美而干净的家园！

"文不当"，一言让人类失去未来！

"征服自然"四个字一句话，毁坏了整个地球。

"文不当，故吉凶生焉。"希望东西方的哲学家、理论家能够真正理解这句话。

"文不当，故吉凶生焉。"希望东西方的莘莘学子认真反省一下，看看在求学的过程中，自己接受了多少不当之文。

第十一章

易之兴也，其当殷之末世，周之盛德邪？当文王与纣之事邪？

是故其辞危，危者使平，易者使倾，其道甚大，百物不废，惧以终始，其要无咎，此之谓易之道也。

解读

一、《周易》 产生的背景

《易》有三种：一曰《连山》，二曰《归藏》，三曰《周易》。

三种《易》，排位第一的是《连山》。《连山易》在中原失传了。

《连山易》还有吗？

有！

今天，居住在贵州省西南部的水族同胞，自称还保留有《连山易》。水族同胞自称是猕韦氏的后代。猕韦氏，是伏羲氏之前的先贤，是中华大地上第一位得道者。《庄子·大宗师》："夫道，有情有信，无为无形；可传而不可受，可得而不可见；自本自根，未有天地，自古以固存；神鬼神帝，生天生地；在太极之先而不为高，在六极之下而不为深，先天地生而不为久，长于上古而不为老。猕韦氏得之，以挈天地；伏羲氏得之，以袭气母；维斗得之，终古不忒；日月得之，终古不息；堪坏得之，以袭昆仑；冯夷得之，以游大川；肩吾得之，以处大山；黄帝得之，以登云天；颛顼得之，以处玄宫；禺强得之，立乎北极；西王母得之，坐乎少广。莫知其始，莫知其终。彭祖得之，上及有虞，下及五伯；傅说得之，以相武丁，奄有天下，乘东维，骑箕尾，而比于列星。"《庄子》这篇宏观大论，起于天道，落脚于天文列星。得道，得的是天文法则。得道，得的是天文历法。

在《庄子》的记载里，猕韦氏早于伏羲氏，远远早于黄帝。水族，自称是猕韦氏的后人。华族、汉族是黄帝的后人，稍加比较就会知道，水族历史的悠久性。

水族同胞介绍《连山易》，介绍的是太阳历。《连山易》的基础是八卦，八卦表达的是太阳历的八节。八卦表八节，这一点与伏羲八卦是一致的。由此可见，《连山易》历史的悠久性。《连山易》中的太阳历，早于伏羲氏，远远早于黄帝。

《归藏易》至今尚无下落。

这里介绍的是《周易》产生的背景！

八卦，是伏羲氏的作品。六十四卦，是文王的作品。文王演《周易》，《史记》中有记载。八卦第一义是太阳历的八节，文王六十四卦是以太阳历八节为基础的。六十四卦，其进步在三大方面：一是在太阳历的基础上融合了太阴历与北斗历；二是揭示"五岁再闰"的闰年方法；三是三百八十四爻揭示出闰年384天的定量。

卦，天文历法也。文字，商周之事也。

明夷卦中的箕子，殷之贤哲也，周之贤臣也。

所以，介绍《周易》，《系辞传》作者界定出了其成书时代是"殷之末世，周之兴起"期间：

"易之兴也，其当殷之末世，周之盛德邪？当文王与纣之事邪？"

以天文论人文，是《周易》论证问题的基本方式。

论人义，首先论的是人生态度。

人生正确的态度是什么呢？

答：惧以终始。

二、 惧以终始

人生，应该持何种态度？

"易之道"作出了"惧以终始"的答案：

"是故其辞危，危者使平，易者使倾，其道甚大，百物不废，惧以终始，其要无咎，此之谓易之道也。"

人生态度，应该居安思危，应该"惧以终始"，只有这样，才能办好家事、国事、天下事。

纣王无道，文王被囚，武王革命，这是文王六十四卦产生的大背景。所以，《周易》中的文辞表现出的是畏惧心态。例如之前的"履虎尾"，例如这里的"惧以终始"。

天文《易》，讲的是天文历法。人文《易》，讲的是人生态度。

做人，必须有恐惧之心，有忧患之义。

做事，都必须先问问"合不合道"。

做每一件事，从始至终，都不能肆意妄为。

做每一件事，从始至终，都应该小心谨慎。

"居安思危"，与这段话意思相近。

"满招损，谦受益"，与这段话意思相近。

"战战兢兢，如临深渊，如履薄冰"，与这段话意思相近。

第十二章

夫乾，天下之至健也，德行恒易以知险。夫坤，天下之至顺也，德行恒简以知阻。能说诸心，能研诸侯之虑，定天下之吉凶，成天下之亹亹者。

是故变化云为，吉事有祥。象事知器，占往知来。天地设位，圣人成能，人谋鬼谋，百姓与能。

八卦以象告，爻彖以情言，刚柔杂居而吉凶可见矣。

变动以利言，吉凶以情迁，是故爱恶相攻而吉凶生，远近相取而悔吝生，情伪相感而利害生。

凡易之情，近而不相得则凶。或害之，悔且吝。

将叛者其辞惭，中心疑者其辞枝。吉人之辞寡，躁人之辞多。诬善之人其辞游，失其守者其辞屈。

一、至健至顺：乾坤两卦的人文再解释

"夫乾，天下之至健也，德行恒易以知险。夫坤，天下之至顺也，德行恒简以知阻。能说诸心，能研诸侯之虑，定天下之吉凶，成天下之亹亹者。"从乾坤两卦中解释出人文哲理，是这段话的出发点与落脚点。

乾论天，天行健。以太阳回归为代表的天行为圆周运动，该转折时会自动转折，该回归时会自动回归。自动运行，"至健"也。自动回归，"知险"也。"恒易"，天行之特征也。

坤论地，地顺天而行。大地是动态的。晋代张华著《博物志》一书，其中有"地有四游"之论："《考星耀》：'地有四游，冬至地行上北而西三万里，夏至地行下南而东三万里，春秋二分其中矣。'地恒动而人不知，譬如人在大舟中闭牖而坐，舟行而人不知也。"请看，地是恒动的。地恒动，指的是地球公转。地球公转，有四个极点——冬至夏至、春分秋分。人在地球上，为什么没有感觉到地球之动？这里打了一个如此贴切的比喻：人坐舟中。人坐在船上，看到的是青山在动，而忘记了是船在动。地顺天运行，"至顺"也。圆周循环，该转弯时自动转弯"知阻"也。"恒简"，地行之特征也。

从天文到人文，首先出现的是指导种植的太阳历。太阳历，最基础的两个点是冬至夏至。洛书中最基础的是这两个点，河图中最基础的还是这两个点，八卦中最基础的仍然是这两个点；这两个点决定着气候中的寒暑，决定着万物的死生，决定着人文中的吉凶；以人文化天下，基本点在天文历法，首先在太阳历。制定天文历法，普及天文历法，是圣人君王的基本任务。请看看伏羲氏、黄帝、颛顼、尧、舜的功绩，哪一个不是天文历法的制定者?! 哪一个不是天文历法的普及者?! 以人文化天下，首先普及的是太阳历的两至两分（冬至夏至、春分秋分），之后是太阴历的朔望，这是农民、渔民、牧民、山民猎人必须明白的基本准则。国，有中央宗主国与四方诸侯国之分。必须向诸侯国颁布历法，是中央宗主国的第一要务。知道吗？东亚诸国——日本、越南、朝鲜，历史上所采用的天文历法，都是中国的天文历法。

知道这些常识，才能真正明白"能说诸心，能研诸侯之虑"这句话。

"定天下之吉凶，成天下之亹亹者。"定天下之吉凶，知在冬至夏至两个点。知天文历法，知太阳法则也，知月亮法则，如此者天下之智者也，如此者天下之勤勉者也，如此者天下之亹亹者也。

二、 行而论道： 圣人之圣的前提

"是故变化云为，吉事有祥。象事知器，占往知来。天地设位，圣人成能，人谋鬼谋，百姓与能。"

仰观天文，认识太阳回归，认识月亮圆缺，认识斗柄循环，认识金木水火土五星的圆周运转，总之认识天文变化，是圣人称圣的第一前提。

从天文中抽象出人文，从天文中抽象出天道，以天道为坐标指导做人做事，尤其以天道为依据进行器具的发明创造，是圣人称圣的第二前提。

圣人应该把认识到的太阳法则昭告天下，让天下人因天文历法而受益，是圣人称圣的基本任务。

站在地球上，以太阳回归为基础推测寒暑，推测八节，推测二十四节气，推测气候的正常与异常，是圣人称圣的不可推卸的责任。

变化，是永恒的！变化，是绝对的！变化，是没有商量的，也是不允许商量的！万物在变化生，万物在变化死。物生为神，物死为鬼。变化本身也可以称神。认识变化的根源与过程，并把这些道理告诉百姓，这样的人才算是真正的圣人。

掌握了这些常识，才能真正理解起于"变化"，终于"圣人成能，人谋鬼谋，百姓与能"这段话的真正含义。

三、"八卦与象， 八卦与吉凶" 的再解释

"八卦以象告，爻彖以情言，刚柔杂居而吉凶可见矣。"

无限的象征性，是八卦的基本特征。

以抽象的形式，八卦向天下人展示出了无穷无尽的哲理：

——太阳历的八节。

——空间的八方。

——一个完整的天体。

——一个完整的人体。

——一个完整的家庭。

——万物生长的一个完整过程。

——一个隐含数理化、音律、医学、军事学、建筑学理论基础的完美体系。

——一个隐含时间空间的完美体系。

……

严格的规定性与无限象征性，是八卦之所以能够完成"以象告"的根本原因。

四、 动中有利， 动中有害

"变动以利言，吉凶以情迁，是故爱恶相攻而吉凶生，远近相取而悔吝生，情伪相感而利害生。"

之前谈吉凶，这里谈利害。

"吉凶"与"利害"，字面不同，意义相同。变化中会产生利，变化中会产生害。合时为吉，不合时为凶。同样的道理，变化合于时，产生利；变化不合于时，产生害。这里的"吉凶"与"利害"，指的是人与自然关系。

"吉凶"与"利害"，还会产生于人与人的关系之中。相爱互利，相恶互害。互利则吉，互害则凶。

远近距离之中，有利害关系吗？

有！

"远亲不如近邻"，这里分的是远近距离。

"远交近攻"，这里分的是远近距离。

"穷在闹市无人问，富在深山有远亲"，这里分的仍然是远近距离。

"情伪相感"之中会产生利害吗？

会！

"是故爱恶相攻而吉凶生，远近相取而悔吝生。"江湖之中能够相害的不仅仅是对手，更多的是朋友，这里是不是近生于害？

《阴符经》中有"害生于恩，恩生于害"的哲理，民间有"一升米养一个恩人，一斗米养一个仇人"的格言，这里是不是近生于害？

五、"易之情" 与 "人之情"

"凡易之情，近而不相得则凶。或害之，悔且吝。将叛者其辞惭，中心疑者其辞枝。吉人之辞寡，躁人之辞多。诬善之人其辞游，失其守者其辞屈。"

以《易》理论人理，以《易》情论人情，是这一大段话的中心内容。

如何辨别人？如何辨别危害自己的人？如何辨别背叛者？如何辨别稳重之人与浮躁之人？这段话建立起了一系列判断标准。

第一个判断标准："近而不相得则凶。"近，亲近也。亲近，有两种后果：一是亲密无间，一是反目成仇。"近而不相得则凶"，指的是后一种结果。

《三国演义》中的吕布，先后杀了两个义父，究其原因，是吕布的权欲、色欲没有得到满足，这是不是"近而不相得则凶"？

"近而不相得则凶"，人与人关系中会出现这样的悲剧，国与国之间关系中同样会出现这样的悲剧。

第二个判断标准："将叛者其辞惭。"朋友之间，会出现背叛者。如何判断？朋友之间说话，本来是快人快语、掷地有声，突然有朋友说话闪烁其词，让人摸不着头脑，话语中且隐含歉意。此处此时，要有提防之心了。"害人之心不可有，防人之心不可无。"老话不老，俗话不俗。当昔日铁杆朋友，说话闪烁其词时，就应该想想这句老话。

第三个判断标准："中心疑者其辞枝。"大事当前，说话枝枝蔓蔓，东也可西也可，没有相应的决断，如此者，内心有疑虑也。

第四个判断标准："吉人之辞寡，躁人之辞多。"这里出现两种人："吉人"与"躁人"。"吉人"与"躁人"的判断，在"辞寡"与"辞多"。辞，言辞也，话语也。吉人，可以解释为稳重之人。躁人，可以解释为浮躁之人。稳重之人，话语少。浮躁之人，话语多。

话，不能随便。尤其是大道理，不可轻说。请看以下两个论断。

其一，《素问·金匮真言论》："非其人勿教，非其真勿授，是谓得道。"

其二，《论语·雍也》："子曰：'中人以上，可以语上也；中人以下，不可以语上也。'"

第五个判断标准："诬善之人其辞游。"诬蔑善人的人，言语没有一定之规，反复无常，一会儿如此，一会儿如彼。

儒家文化将"诚实"之"诚"上升到了"天道"的层面，《礼记·中庸》："诚者，天之道也。诚之者，人之道也。""摩西十诫"中的第九诫为"不可作假见证陷害人"。东西方，空间不同，但道理一样：不能诬陷人。凡是诬陷人的人，一定不能相信。

第六个判断标准："失其守者其辞屈"。贞，坚贞也，忠贞不二也，始终如一也。贞，为什么一部《周易》从卦辞讲到爻辞，从经讲到传？为人的基本道理也。为人，应该忠贞不二，应该始终如一。这就是人品中最重要的操守。芸芸众生之中，有失去操守之人。如何判断失去操守之人？说话理不直气不壮，含含糊糊，支支吾吾者。凡是说话颠三倒四、没有一定之规之人，一定不能相信。

　　这是《系辞》的最后一段话，这段话讲述了一些基本常识，这些常识就是让你去"如何识别人"。

说
卦

　　诠释卦的由来，诠释卦的内涵与外延，总之，诠释"为什么作卦"与"卦表达的是什么"，这是《周易·说卦》（简称《说卦》）的全部内容。

　　《说卦》告诉后人以下几点基础性常识：

　　1. 《易》理通于神明之理。神明者，天道也。天道在哪里？在日影变化中，在四时变化中，在日月变化中。太阳本身可以论道，日月联合同样也可以论道。

　　2. 卦理通于"三道"之理。"三道"者，天道、地道、人道也。"三道"之理为何？《说卦》的诠释是："是以立天之道曰阴与阳，立地之道曰柔与刚，立人之道曰仁与义。"

　　3. 爻分阴阳，阴阳分刚柔，阴阳分仁义。

　　4. 八卦的根本意义在太阳历的八节，先天八卦表达的是八节，后天八卦表达的仍然是八节。

　　先天八卦，最根本的是上下左右四卦——乾坤离坎，乾卦论夏至，坤卦论冬至，离卦论春分，坎卦论秋分。韩国国旗上，太极四周就是乾坤离坎四卦。

　　后天八卦中最重要的是上下左右四卦——震兑离坎，震卦论春，兑卦论秋，离卦论夏，坎卦论冬。这是《说卦》所论的春夏秋冬四卦。

　　春夏秋冬四时，对应东西南北四方；四时，时间也；四方，空间也。时间空间是密不可分的一个整体，这个整体就是由八卦表达的。

万物春生夏长秋收冬藏，四时循环，万物生死，时空物三位一体的时空观，融合在了八卦之中。

5. 八卦可以论圆周运动，圆周运动无限循环，终点与起点是同一个点，终点之处恰恰是新开始的起点。

6. 八卦可以论八种动能，一个卦一种动能。八种动能，可以单独起作用，也可以两两相互作用。

7. 八卦可以论天体。八卦是八个个体，天体是一个整体，整体是由个体组成的；每个个体都有自己的作用——天有天的作用，地有地的作用，风有风的作用，雷有雷的作用……个体的作用不危害整体，整体也不抑制个体作用的发挥。

8. 八卦可以论人体。天体一人体，人体一天体。天体大宇宙人体小宇宙一人一宇宙。

9. 八卦可以论家庭。家庭之中有父母，有儿女。天地喻父母，其他六卦论子女。

10. 八卦本身有无限的象征性，八卦每一卦都有丰富的象征性，为什么？因为八卦是抽象符号，因为八卦表达的是时空。

卦，在人类文化宝库中，独一无二。

四大文明，唯我中华先贤创造了卦。其他民族先贤用文字表达的道理，中华先贤是用卦表达的。

认识到了这些，《说卦》的大门就打开了。

第一章

昔者圣人之作易也，幽赞于神明而生蓍，参天两地而倚数，观变于阴阳而立卦，发挥于刚柔而生爻，和顺于道德而理于义，穷理尽性以至于命。

圣人为什么作易？第一章首先讨论的是这个问题。日月为易。日月法

则，是用卦表达的，卦是由爻组成的，所以，这里具体讨论的是"立卦"与"生爻"。

"立卦"与"生爻"，是人文创作。

人文创作之前，是天文地理的研究，是阴阳变化的追溯。

圣人为什么要作易？"幽赞于神明而生蓍"这句话告诉后人，作易的目的就是要通于"神明"。"神明"为何？天道也。幽者，暗也，阴阳之阴也。《周易·系辞上》："仰以观于天文，俯以察于地理，是故知幽明之故。"吻合于天道，是作易的终极目的。日影就是天道，日影之数就是天道之数，《周髀算经·陈子模型》如是说。蓍，蓍草也。蓍草，在没有算盘之前，是中华先贤使用的演算工具。以蓍草演算工具，计算天道之数。

说蓍草为演算工具，有依据吗？

有！

长沙马王堆汉墓出土的《帛书周易·要》中有"幽赞而达乎数，明数而达乎德"之论。数，是严格规定性的数。演算，是以数为基础的。"幽赞"的目的是要"达乎数"。不计算，如何"达乎数"？没有算盘，没有计算器，演算工具就是蓍草。

"参天两地而倚数"，这句话与《系辞》中的"仰观天文，俯察地理"的活动具有相似性、一致性。天地，"仰观俯察"之对象也。参者，三也，奇数也。两，二也，偶数也。三与二的出现，并且与天地结合而论，这说明奇偶之数是在"仰观俯察"这一阶段出现的。奇偶之数，是算术的基础。严格的定量，是与卦一起伴生出现的。理解这句话，可以奇偶之数组成的"洛书之歌"。"洛书之歌"的歌词：上九下一，左三右七，四二为肩，八六为足，五居中央。奇偶之数，是从第一部书开始的。

"观变于阴阳而立卦，发挥于刚柔而生爻"，这句话点出的是主题。凭什么"立卦"？"观变于阴阳"也。阴阳者，寒暑也，昼夜也。凭什么"生爻"？"发挥于刚柔"也。刚柔者，阴阳也。日月者，天文也。卦与爻，人文也。从天文到人文，卦与爻的出现，是最为基础的一个环节。

"立卦"与"生爻"，是人文创造。创作人文，目的是什么？答："和顺于道德而理于义，穷理尽性以至于命。"在天为道，在人为德。"和顺于道德"者，从天文到人文的转换也。和，合也。顺，遵循也。合和、遵循天道，转化为人的德行。仁义之义，是立人的基本坐标之一。"穷理尽性"者，穷尽道理，明白人性也。"穷理尽性以至于命"者，穷尽道理，明白人性，认识万物生死规律之命运也。命，生命也。命，生死规律也。命，万物枯荣之规定性也。人与万物的命，都是由天道决定的。卦中有天道，天道决定着万物与人的生命。算卦，算的是天文历法，算的是寒暑四时变化，算的是人与万物的生命规律。

第二章

昔者圣人之作易也，将以顺性命之理，是以立天之道曰阴与阳，立地之道曰柔与刚，立人之道曰仁与义。兼三才而两之，故《易》六画而成卦。分阴分阳，迭用柔刚，故《易》六位而成章。

圣人为什么作《易》？第二章仍然讨论的是这一问题。第一章谈立卦，第二章谈立道。立卦的目的，"穷理尽性以至于命"，立道的目的，"顺性命之理"。

立道，立的"三道"。"三道"为何？天之道，地之道，人之道也。

天之道，阴阳也，一阴一阳也，太阳回归也，日月更替也，一阴一阳的无穷转换也。

地之道，刚柔也。刚柔者，山川江海也，"高岸为谷，深谷为陵"之转换也。

人之道，仁义也。博爱为仁，以道而行曰义。

第三章

天地定位，山泽通气，雷风相薄，水火不相射。八卦相错，数往者顺，知来者逆，是故易逆数也。

解读

第三章讲的是天体八大要素，讲的是八大要素之间的相互作用。

天体八大要素，天地也，山泽也，雷风也，水火也。八大要素分四组，两两一组；两两之间，相互作用。相互作用，这是一个永恒的定理。天地交而万物生焉，这就是两两之间相互作用的结果。

始于"天地定位"的八卦，是先天八卦。

《说卦》中的先天八卦

先天八卦，上下两卦是乾坤两卦。乾坤者，天地也。先天八卦，左右两卦是离坎两卦。离坎者，水火也。

上下的位置是乾坤两卦，乾论天、坤论地，这就是"以天地开篇"。"以天地开篇"，这就是先天八卦。敬请刚刚开始研究《周易》的朋友记住这一点。

原文

第四章

雷以动之，风以散之，雨以润之，日以烜之，艮以止之，兑以说之，乾以君之，坤以藏之。

解读

第四章讲的是八大能量。天体八大要素，一种要素一种能量，八大要素八种能量。这里，不仅仅是一种引力，而是八种能量。

动之、散之、润之、煊之、止之、说之、君之、藏之，这就是八卦隐含的八种能量。

第五章

帝出乎震，齐乎巽，相见乎离，致役乎坤，说言乎兑，战乎乾，劳乎坎，成言乎艮。万物出乎震；震，东方也。齐乎巽；巽，东南也。齐也者，言万物之洁齐也。离也者，明也；万物皆相见，南方之卦也；圣人南面而听天下，向明而治，盖取诸此也。坤也者，地也，万物皆致养焉，故曰：致役乎坤。兑，正秋也，万物之所说也，故曰：说言乎兑。战乎乾；乾，西北之卦也，言阴阳相薄也。坎者，水也，正北方之卦也，劳卦也，万物之所归也，故曰：劳乎坎。艮，东北之卦也，万物之所成终而所成始也，故曰：成言乎艮。

第五章讲的是后天八卦。

后天八卦，在平面上是一个圆周之圆。

离坎两卦，取代了乾坤两卦的位置，这是后天八卦的第一特征。

后天八卦，从震卦开始。震卦，东方之卦。对应西方的，是兑卦。上下位置，乾坤两卦被离坎两卦所取代。上离下坎，左震右兑，这是后天八卦中的十字坐标。

东方，震卦；西方，兑卦；南方，离卦；北方，坎卦；四方四卦，这是四维卦。

东南，巽卦；西南，坤卦；西北，乾卦；东北，艮卦；四隅四卦，这是四隅卦。

震卦，春；兑卦，秋；离卦，夏；坎卦，冬；四卦论四时，这是四时卦。

万物终于艮，万物起于艮，圆周无限循环，终点之处又是新的起点。

四方、四时、万物的生长收藏，后天八卦中是三位一体的关系。

后天八卦与先天八卦有何差别？这里需要解释一下：

从先天到后天，演化是从"有天地"开始的。先天八卦，重视的是天地，所以，先天八卦开篇开在以天地为轴心上。

后天八卦，重视的是水火。后天演化，水火是两大关键要素。水为生命之源，在古希腊，是第一哲学家泰勒斯的观点。水为生命之源，在中华大地上，是管子的观点。仅仅有水而没有温度，不可能有繁华的、生机勃勃的自然世界。如若不信，请看看南极与北极。赤道左右，四季常青，冬有不死之草。为什么？水火既济也。有水有火，才有繁华的自然世界。火，广义上的温度。后天演化，重视的是水火。所以，后天八卦开篇开在以水火（离坎）为轴心上。

《说卦》中的后天八卦，揭示的是四时八节。

《说卦》中的后天八卦，揭示的是四面八方。

《说卦》中的后天八卦，揭示的是万物生长收藏的一个过程。

《说卦》中的后天八卦，揭示的是一个无限循环的圆周运动。

《说卦》中的后天八卦，揭示的是时空物三位一体的时空观。

《说卦》中的后天八卦

第六章

神也者，妙万物而为言者也。动万物者，莫疾乎雷。挠万物者，莫疾乎风。燥万物者，莫熯（hàn）乎火。说万物者，莫说乎泽。润万物者，莫润乎水。终万物始万物者，莫盛乎艮。故水火相逮，雷风不相悖，山泽通气，然后能变化既成万物也。

乾坤两卦之外，还有六卦。对于万物来说，一卦一种作用，一卦一用，六卦六用。六卦如何作用于万物？这是第六章讨论的内容。

"神也者，妙万物而为言者也。"生万物者为神，这是《说卦》对"神"的定位。天地生万物，天地就可以称为神。

天地之外，六卦有六大作用，细论如下：

唤醒万物的，莫大乎雷；

吹拂万物的，莫大乎风；

干燥万物的，莫大乎火；

欢娱万物的，莫大乎泽；

滋润万物的，莫大乎水；

终结万物又使万物萌芽的，莫大乎艮。

万物的生成，是能量综合作用的结果。

天地之间的能量，两两作用。水火相济，雷风不相悖离，山泽通气，然后能变化既成万物也。

第七章

乾，健也。坤，顺也。震，动也。巽，入也。坎，陷也。离，丽也。艮，止也。兑，说也。

一卦一种属性，或者说，一卦一种特性。介绍八卦的属性或特性，是第七章的全部内容。

乾，纯阳，刚健也。

坤，纯阴，柔顺也。

震，一阳伏于二阴之下，震动也。

巽，一阴伏于二阳之下，无所不入也。

坎，一阳陷于二阴之间，险也陷也。

离，一阴介于二阳之间，依附也，附丽也。

艮，一阳镇于二阴之上，阻也，止也。

兑，一阴乘于二阳之上，喜也，悦也。

第八章

乾为马。坤为牛。震为龙。巽为鸡。坎为豕。离为雉。艮为狗。兑为羊。

一卦象征一种动物，八卦象征八种动物。

乾，象征矫健之马。

坤，象征温顺之牛。

震，象征飞腾之龙。

巽，象征司晨之鸡。

坎，象征淤泥之中的猪。

离，象征艳丽的山雉。

艮，象征看守门户的狗。

兑，象征令人喜欢的小羊。

第九章

乾为首。坤为腹。震为足。巽为股。坎为耳。离为目。艮为手。兑为口。

以八卦论人体，是第九章的全部内容。

八卦可以论天体，同一个八卦又可以论人体。

天体—人体，人体—天体。

天体论人体，可以吗？

完全可以！

以神的模样论人的模样，这是《圣经》的论证方法。神是谁？宇宙的创造者，本体也。

以大梵论人，论出"大梵似我，我似大梵"，这是《五十奥义书》的论证方法。大梵是谁？宇宙的创造者，本体也。

彝族同胞的经典《宇宙人文论》中，有"一人一宇宙"之说。

知道这些常识，就会明白八卦为什么可以论天体又可以论人体。

第十章

乾，天也，故称乎父。坤，地也，故称乎母。震一索而得男，故谓之长男。巽一索而得女，故谓之长女。坎再索而得男，故谓之中男。离再索而得女，故谓之中女。艮三索而得男，故谓之少男。兑三索而得女，故谓之少女。

解读

八卦，可以象征一个完整而美满的家庭。

一个家庭之中，有父母有子女，一对夫妇衍生出三男三女六个子女，这就是八卦所象征的家庭模型。

乾为父，坤为母；父母共为一家之主。

长男、中男、少男，这是一家之中的三个儿子。

长女、中女、少女，这是一家之中的三个女儿。

从卦象成分上看，乾坤两卦是纯阳（☰）纯阴（☷）之卦，纯阳纯阴结合配成夫妇。夫妇结合，衍生出三男三女六个子女。

乾坤具体如何交合？六个子女如何形成？彝族文化的解释如下：

乾一交于坤，生成长男（☳），取名为震。

乾二交于坤，生成中男（☵），取名为坎。

乾三交于坤，生成少男（☶），取名为艮。

坤一交于乾，生成长女（☴），取名为巽。

坤二交于乾，生成中女（☲），取名为离。

坤三交于乾，生成少女（☱），取名为兑。

乾坤两卦相互交合，形成一个完美的家庭。一对夫妇，六个子女，八卦即是一个完美的家。彝族文化作出了如此完美的解释。

家庭成员有一个分工问题，即每一个家庭成员主管八节中的一个节令，具体分工如下：

乾父主管夏至，坤母主管冬至；

中男主管春分，中女主管秋分；

长男主管立春，少男主管立夏；

长女主管立秋，少女主管立冬。

一个完美的家庭，一个完整的太阳回归年，这也是彝族文化的解释。

（原）（文）

第十一章

乾为天，为圜，为君，为父，为玉，为金，为寒，为冰，为大赤，为良马，为老马，为瘠马，为驳马，为木果。

坤为地，为母，为布，为釜，为吝啬，为均，为子母牛，为大舆，为文，为众，为柄，其于地也为黑。

震为雷，为龙，为玄黄，为旉，为大涂，为长子，为决躁，为苍筤竹，为萑苇，其于马也为善鸣，为馵足，为作足，为的颡。其于稼也为反生。其究为健，为蕃鲜。

巽为木，为风，为长女，为绳直，为工，为白，为长，为高，为进退，为不果，为臭。其于人也为寡发，为广颡，为多白眼，为近利市三倍，其究为躁卦。

坎为水，为沟渎，为隐伏，为矫（rou），为弓轮。其于人也为加忧，为心病为耳痛，为血卦，为赤。其于马也为美脊，为亟心，为下首，为薄蹄，为曳。其于舆也为多眚，为通，为月，为盗，其于木也为坚多心。

离为火，为日，为电，为中女，为甲胄，为戈兵。其于人也为大腹，为乾卦，为鳖，为蟹，为蠃，为蚌，为龟。其为木也，为科上槁。

艮为山，为径路，为小石，为门阙，为果蓏，为阍寺，为指，为狗，为鼠，为黔喙之属。其为木也，为坚多节。

兑为泽，为少女，为巫，为口舌，为毁折，为附决。其为地也，为刚卤，为妾，为羊。

卦，有无限的象征性。

每一卦都有丰富的象征性，解释八卦每一卦的象征性，是第十一章的全部内容。

这里，笔者引用两则题外的话，希望对读者理解卦的象征性有所帮助。

第一则：道在屎尿中。一位东郭子先生，向庄子提出了这样一个问题：道在哪里？

庄子回答：无处不在。

东郭子要求具体一点的解释。

庄子回答：在蚂蚁蝼蛄。

东郭子惊讶：怎么如此卑下？

庄子又答：在砖头瓦砾。

东郭子更是惊讶：怎么越来越卑下？

庄子再回答：在屎尿。

也许是东郭子害怕庄子说出更难听的话，所以对话到此结束。

在对话开始，庄子已经下出了"道无处不在"的结论，这已经是问题的答案了。

既然是无处不在，就没有高低大小之分了，就没有高洁肮脏之分了。

《庄子·天道》："夫子曰：'夫道，于大不终，于小不遗，故万物备。

广乎无不容也，渊乎其不可测也。'"

道在何处？道无处不在。广大不避天地，微小不避小草；洁净不避荷花，肮脏不避屎尿。道，大到包罗万象，小至无所遗漏。

亲爱的读者朋友，八卦既然可以论天体，难道不可以论万物吗？

第二则：上帝无处不在。如果问：上帝在哪里？牧师会做出这样的解释：不在上不在下，不在前不在后，不在左不在右，上帝无处不在。

亲爱的读者朋友，上帝是万物创造者，在万物之中，难道不可以看到创造者吗？

这两则题外话，希望能对你理解题内话有所帮助。

序卦

原文

有天地然后万物生焉。盈天地之间者唯万物，故受之以屯。屯者，盈也，屯者，物之始生也。物生必蒙，故受之以蒙。蒙者，蒙也，物之稚也。物稚不可不养成也，故受之以需。需者，饮食之道也。饮食必有讼，故受之以讼。讼必有众起，故受之师。师者，众也，众必有所比，故受之以比。比者，比也。比必有所畜，故受之以小畜。物畜然后有礼，故受之以履。履者，礼也。履而泰然后安，故受之以泰。泰者，通也。物不可以终通，故受之以否。物不可以终否，故受之以同人。与人同者物必归焉，故受之以大有。有大者不可盈，故受之以谦。有大而能谦必像，故受之以豫。豫必有随，故受之以随。以喜随人者必有事，故受之以蛊。蛊者，事也。有事而后可大，故受之以临。临者，大也。物大然后可观，故受之以观。可观而后有所合，故受之以噬嗑。嗑者，合也。物不可以苟合而已，故受之以贲。贲者，饰也。致饰然后亨则尽矣，故受之以剥。剥者，剥也。物不可以终尽剥，穷上反下，故受之以复，复则不妄矣，故受之以无妄。有无妄，然后可畜，故受之以大畜。物畜然后可养，故受之以颐。颐者，养也。不养则不可动，故受之以大过。物不可以终过，故受之以坎。坎者，陷也。陷必有所丽，故受之以离。离者，丽也。

有天地然后有万物，有万物然后有男女，有男女然后有夫妇，有夫妇然后有父子，有父子然后有君臣，有君臣然后有上下，有上下然后礼仪有所错。夫妇之道不可以不久也，故受之以恒。恒者，久也。物不可以久居其所，故受之以遁。遁者，退也。物不可以终遁，故受之以大壮。物不可以终壮，故受之以晋。晋者，进也。进必有所伤，故受之以明夷。夷者，伤也。伤于外者必反于家，故受之以家人。家道穷必乖，故受之以睽。睽者，乖也。乖必有难，故受之以蹇。蹇者，难者，物不可以终难，故受之以解。解者，缓也。缓必有所失，故受之以损。损而不已必益，故受之以益。益而不已必决，故受之以夬。夬者，决也。决必有所遇，故受之以姤。姤者，遇也；物相遇而后聚，故受之以萃。萃者，聚也。聚而上者谓之升，故受之以升。升而不已必困，故受之以困。困乎上者必反下，故受之以井。井道不可不革，故受之以革。革物者莫若鼎，故受之以鼎。主器者莫若长子，故受之以震。震者，动也。物不可以终动，止之，故受之以艮。艮者，止也。物不可以终止，故受之以渐。渐者，进也。进必有所归，故受之以归妹。得其所归者必大，故受之以丰。丰者，大也。穷大者必失其居，故受之以旅。旅而无所容，故受之以巽。巽者，入也。入而后说之，故受之以兑。兑者，说也。说而后散之，故受之以涣。涣者，离也。物不可终离，故受之以节。节而信之，故受之以中孚。有其信者必行之，故受之以小过。有过物者必济，故受之以既济。物不可穷也，故受之以未济，终焉。

解 读

六十四卦为什么以乾坤两卦为首？六十四卦为什么分上下两部分？六十四卦评论顺序有什么意义？六十四卦为什么终结于未济卦？这是《周易·序卦》简称（《序卦》）的主题内容。

诠释六十四卦顺序的意义，诠释六十四卦开篇之处两卦与转折之处两卦的意义，诠释卦与卦之间顺延与物极必反的关系，这是《序卦》的要点所在。

认识以下基本常识，《序卦》的大门就打开了。

1. 宇宙演化是从"有天地"开始的，人间的演化是从"有男女"开始的，这就是上经开篇于乾坤两卦，下经开篇于咸恒两卦的所以然。

两种演化均为自然演化。演化的起始点，没有出现人格神。中华元文化从一开始崇尚的就是自然。

2. "有 AB 然后有 CD"，这是《序卦》写作的基本方式。

"有天地然后万物生焉"，这一顺序揭示的是因果关系。

"有天地然后有万物，有万物然后有男女"，这一顺序揭示的是一个逻辑关系。

3. 卦与卦之间有两种关系，一种是顺延关系，一种是物极必反关系。顺延关系，例如乾坤屯蒙四卦之间的关系；物极必反关系，例如泰否两卦之间的关系。

4. 六十四卦表达的是一个圆周运动，圆周运动是无限循环运动。

5. 第六十四卦卦名为"未济"。"未济"隐喻的是新运动的新起点。

6. 六十四卦每卦六爻，六爻分三组表达的是天地人三才。爻，把天地人合为一体。天地人，一分为三又合三为一，这一立场始于八卦的三爻，延续于六十四卦的六爻。

7. 六十四卦三百八十四爻，阴阳合历闰年的天数为 384 天；八卦一卦一节，八卦八节，八卦表达的是纯太阳历；六十四卦三百八十四爻，一爻一天，三百八十四爻 384 天，六十四卦表达的是阴阳合历。

8. 卦表达的是天时，天时源于天文。

9. 日月星，天文也；卦，人文也。卦远远早于文字，《周易》从经到传的所有文字，都是诠释卦的，这篇《序卦》诠释的是卦的排列顺序。

10. 卦序中有自然哲理，卦序中有人文哲理。

掌握了这些常识，就可以顺利阅读《序卦》。

笔者这里要告诉读者一个秘密：原来我是鄙视《周易》的，正是《序卦》里的一段话，改变了我的立场。我们这一代所接受的教育，卦就是用来算命骗人的，《周易》是腐朽的、封建迷信的代表作。20 世纪 90 年代中期，在一个名为"星期五书店"里，看到北京大学出版社出版的《易经》，心里直纳闷：北京大学出版社怎么出这样的书？好奇心促使我翻开了这本薄薄的《易经》，也算是有缘，首先映入眼帘的就是《序卦》中的一段话："有天地然后有万物，有万物然后有男女，有男女然后有夫妇，有夫妇然后有父子，有父子然后有君臣，有君臣然后有上下，有上下然后礼仪有所错。"

阅读，朗朗上口；风格，让人过目不忘。啊！怎么如此之美？

看这段话，马上想起赵树理《登记》开篇处的一段话："有个农村叫张家庄，张家庄有个张木匠，张木匠有个好老婆，外号叫个'小飞蛾'。"赵树理是著名作家，《登记》是优秀作品。中学语文课，语文老师高度评价过赵树理，高度评价过《登记》中的这段话。我记得，当时老师评价这种写法为"首尾联珠"的"顶针"。

如果说《登记》中的写法应该受到高度评价，那么，如何看待《序卦》中的写法呢？

"首尾联珠"的"顶针"的写法，首创者显然不是赵树理，而是《序卦》的作者。从文学角度看，"有天地然后有万物，有万物然后有男女"这种句子也是很美的。腐朽的作品，怎么会出现如此优美的句子呢？——原来的立场动摇了。

再翻再看，看到的第二段话是《系辞》中的"日往则月来，月往则日来，日月相推而明生焉。寒往则暑来，暑往则寒来，寒暑相推而岁成焉"，看完这段话，马上掏钱买书。——原有的观念坍塌了。

《周易》，由盲目反对到爱不释手，再到敬重有加，数年之后，经历了从书里到书外、从人文到天文的一个曲折的过程，于是有了读者朋友看到的这篇文字。

杂卦

原 文

乾刚坤柔。比乐师忧。临观之义，或与或求。屯见而不失其居。蒙杂而著。震，起也。艮，止也。损益，盛衰之始也。大畜，时也。无妄，灾也。萃聚，而升不来也。谦轻，而豫怠也。噬嗑，食也。贲，无色也。兑见，而巽伏也。随，无故也。蛊，则饬也。剥，烂也。复，反也。晋，昼也。明夷，诛也。井通而困相遇也。咸，速也。恒，久也。涣，离也。节，止也。解，缓也。蹇，难也。睽，外也。家人，内也。否泰，反其类也。大壮则止，遁则退也。大有，众也；同人，亲也。革，去故也。鼎，取新也。小过，过也。中孚，信也。丰，多故也。亲寡，旅也。离上而坎下也。小畜，寡也。履，不处也。需，不进也。讼，不亲也。大过，颠也。姤，遇也。柔遇刚也。渐，女归待男行也。颐，养正也。既济，定也。归妹，女之终也。未济，男之穷也。夬，决也，刚决柔也，君子道长，小人道忧也。

如果说《序卦》讲的是"有序"，那么，《周易·杂卦》（简称《杂卦》）讲的则是"选择"。

《杂卦》将卦形相反的两卦选择出来两两解释，将卦形相对的两卦选择出来两两解释，如此，卦的意义可以一目了然。

乾坤两卦，乾卦纯阳，坤卦纯阴，两卦卦形截然相反。其卦义，《杂卦传》给出了"乾刚坤柔"的解释。

震艮两卦，震卦一阳在下，艮卦一阳在上，两卦卦形截然相反。其卦义，《杂卦》给出了"震，起也。艮，止也"的解释。

两两解释之外，还有卦的单独解释。例如，中孚卦寓意诚信，丰卦寓意丰盛到极处又会产生忧愁。

卦中隐喻了三种道——天道、地道与人道；卦中隐喻了三种理——天理、地理与人理；道与理，前人可以解释，你也可以解释。

需要记住的是，卦源于天文，卦首先表达的是天文，然后表达的是人文。天文与人文，两分而一体。太阳回归，形成截然相反又两分一体的一寒一暑。寒暑，在温度与形式上截然相反，在实际与哲理上又相互联系。以寒暑为坐标，可以轻松理解杂卦的两两相反又相互联系。

天文是一个大宝库——真正的大宝库，这里有取之不尽用之不竭的宝藏。只有你没有发现的，没有天文没有的。先贤从"仰观天文"开始，创作了书，创作了图，创作了卦，创造出了让世人至今还敬仰的中华文明，后人是不是应该重新开始"仰观天文"，是不是应该在先贤的基础上继续创造？

阅读杂卦，一定要看出其中隐藏的自然哲理。

阅读杂卦，一定要看出其中隐藏的人文哲理。

阅读杂卦，一定要看出其中隐藏的科学哲理。

如此，才是阅读杂卦的正确途径。

卦与算命术毫无关系，如果从卦中看出来功名利禄，那么，这就是标准的"由大道入小术"。

知道这些，就可以顺利阅读这篇《杂卦》。

真传一句话，
假传万卷书

——代后记

　　"真传一句话，假传万卷书"是一句彝族谚语。这句谚语讲的是师徒传承有真假之别：真传，一句话把要点讲清楚；假传，传给你万卷书。

　　"知其要者，一言而终；不知其要，流散无穷。"这是《灵枢》开篇之作《九针十二原》中的一个重要论断。这个论断与彝族谚语相似相通。

　　研读《易经》与《黄帝内经》，必须明白一个"要"字。

　　"要"在何处？"要"在太阳历。

　　太阳回归的完整过程，即是天道。

　　太阳回归的完整过程一分为二，即一阴一阳。太极图产生于此。

　　太阳回归的完整过程一分为三，即一阴一阳加不阴不阳。三分太极图产生于此。

　　太阳回归的完整过程一分为五，即金木水火土五行。洛书产生于此，三星堆五环轮产生于此。

　　太阳回归的完整过程一分为四，即春夏秋冬四时。卍字符产生于此，河图产生于此。

　　太阳回归的完整过程一分为六，即风寒湿热燥暑六气。七衡六间图产生于此。

　　太阳回归的完整过程一分为八，即分至启闭八节。八卦产生于此。

　　太阳回归的完整过程一分为十，即十月太阳历。

太阳回归的完整过程一分为十二，即十二月太阳历。

太阳回归的完整过程一分为二十四，即二十四节气。

太阳回归的完整过程一分为七十二，即七十二候。

太阳回归的最关键的两个点是起始点与转折点：起始点，冬至；转折点，夏至。

"冬至阳旦，夏至阴旦。""两至"抽象出一阴一阳。

一阴一阳，在中华大地上奠定了自然百科的理论基础：

阴阳可以论奇偶，阳奇而阴偶；

阴阳可以论律吕，阳律而阴吕；

阴阳可以论损益，阳益而阴损；

阴阳可以论进退，阳进而阴退；

阴阳可以论枯荣，阳荣而阴枯；

阴阳可以论泰否，阳泰而阴否；

阴阳奠定了数理化的理论基础；

阴阳奠定了诸子百家的理论基础；

……

认识了太阳历，就明白了天道阴阳。

明白了天道阴阳，就明白了中华文化、中医文化的奥秘。

明白了天道阴阳，《易经》与《黄帝内经》的根本奥秘就会一览无余。

天道阴阳，现象上出于太阳回归，实质上出于地球公转。

只要天上的太阳还在，只要地球没有停止公转，中华文化、中医文化的生命力就不会过时。

中华文化、中医文化的大根大本在太阳。太阳历是一个大宝库，这里什么都有，没有的是你还没有发现。

法国科学院院士、数学家、传教士白晋认为，中国古老哲学体现在《易》图之中，它以阴阳简明自然的方法表示了所有科学原理，谨以此一观点作为《换个方法读〈易经〉》的总结。

图书在版编目（CIP）数据

换个方法读《易经》 / 刘明武著. — 长沙 ： 湖南科学技术出版社，2020.11
（2025.4重印）
ISBN 978-7-5710-0802-4

Ⅰ．①换… Ⅱ．①刘… Ⅲ．①《周易》—通俗读物Ⅳ．①B221-49

中国版本图书馆CIP数据核字(2020)第199528号

换个方法读《易经》

著　　者：刘明武
出 版 人：潘晓山
责任编辑：李　忠
出版发行：湖南科学技术出版社
社　　址：长沙市芙蓉中路一段416号泊富国际金融中心
　　　　　http://www.hnstp.com
湖南科学技术出版社天猫旗舰店网址：
　　　　　http://hnkjcbs.tmall.com
印　　刷：长沙艺铖印刷包装有限公司
　　　　　（印装质量问题请直接与本厂联系）
厂　　址：长沙市宁乡高新区金洲南路350号亮之星工业园
邮　　编：410604
版　　次：2020年11月第1版
印　　次：2025年4月第5次印刷
开　　本：710mm×1000mm　1/16
印　　张：54.25
字　　数：870千字
书　　号：ISBN 978-7-5710-0802-4
定　　价：98.00元